枣庄学院中国文化研究与传播系列丛书 /3

La 3-a de la Serio 'Esplorado kaj Disvastigo de Ĉina Kulturo' de Zaozhuang-a Universitato

中世双语对照

en la Ĉina kaj Esperanto

庄 子

ZHUANGZI

Ideologio por la nutrado de libera vivo

世界语博物馆编译

Esperantigita kaj redaktita de Esperanto-Muzeo

编审：孙明孝

Redaktita de Sun Mingxiao

世译：[日] 佐佐木 照央

Esperantigita de Sasaki Teruhiro

译审：[波] 检马奇

Kontrolita de Maciej St. Zięba

北京燕山出版社

图书在版编目（CIP）数据

庄子：中世双语：中文、世界语 / 世界语博物馆
编译. -- 北京：北京燕山出版社, 2021.10
　　ISBN 978-7-5402-6197-9

　　Ⅰ.①庄… Ⅱ.①世… Ⅲ.①《庄子》—通俗读物—
汉语、世界语 Ⅳ.①B223.5-49

中国版本图书馆CIP数据核字(2021)第188497号

庄子：中世双语（中文、世界语）

编　　译：世界语博物馆
责任编辑：金贝伦
封面设计：采薇阁
出版发行：北京燕山出版社有限公司
社　　址：北京市丰台区东铁匠营苇子坑 138 号 C 座
邮　　编：100079
电话传真：86-10-65240430（总编室）
印　　刷：广东虎彩云印刷有限公司
开　　本：787×1092 1/16
字　　数：450 千字
印　　张：25
版　　别：2022 年 1 月第 1 版
印　　次：2022 年 1 月第 1 次印刷
定　　价：800.00 元

中文、世界语对照《庄子》编译人员
Laborintoj de la libro Zhuangzi en la ĉina lingvo kaj Esperanto

Unua eldono en 2022

Tekstoj estas ordigitaj kaj esperantigitaj laŭ klarigoj de Fang Yong kaj Lu Yongpin

序

庄子，是中国古代战国时期宋国人，是道家学派代表人物，思想家、哲学家、文学家，庄学的创立者。

儒、道、佛是中国传统文化构成的三大基础，其核心思想分别是以儒治世、以佛治心、以道治身，这三大基础对中华民族发展起到了巨大的推动作用，对人民群众的思想、生产、生活产生了重要影响。

道是春秋晚期老子创造的思想学说。庄子继承和发扬老子的思想，并更为深入地展开了他对人的生命、生存问题的思考，不但提出一系列令人心动的哲学见解，也带我们走进一个心旷神怡的审美境地。

《庄子》又名《南华经》，是庄子及其后学所著道家经文。《庄子》一书主要反映了庄子的批判哲学、艺术、美学等观点，其内容丰富、博大精深，涉及哲学、人生、政治、社会、美学、宇宙等诸多方面。《庄子》不仅是一本哲学名著，更是文学、审美学上的寓言典范，对中国文学、美学的发展有着不可分割的深远影响。

中国文化的传播与译介活动由来已久，《庄子》的英译本最早出现在 1881 年，目前已知的语种有法语、俄语、德语、日语、韩语、波兰语、阿拉伯等，世界语译本仍为空白。

世界语是 1887 年波兰眼科医生柴门霍夫博士发明的一种世界共通语。世界语语境下的中国文化传播是中国一代世界语者的责任与担当。早在 1918 年，蔡元培就提出用世界语向外国传播我国文化，提高我国国际地位的倡导。我校自 2011 年开设世界语选修课以来，世界语教研如火如荼，2013 年与中华全国世界语协会共建了世界语博物馆，2018 年经教育部批准开设了世界语专业。世界语教学教研工作成为我校的特色之一，用世界语推介中国文化也成为我们的常规教研任务之一。

2017 年，我校中国文化研究与传播中心被认定为"十三五"规划山东省高等学校人文社科研究平台，借助于这个平台和世界语博物馆，我们拟定了中国文化研究与传播系列丛书（世界语）编译计划，目前已经出版了中世双语《墨子》、世界语全译《聊斋志异》等图书。这本中世双语的《庄子》作为该系列丛书的第三本凝聚了我校世界语教研团队了的心血，特聘教授日本佐佐木照央博士承担了全书的翻译工作，波兰的检马奇博士审定了译稿并对中国特有文化词汇做了注解和注释，韩国朴基完博士和日本青年教师佐藤隆介进行了全面校对工作，山东世界语俱乐部会员张一帆、居秀娜和雷晓雪参加了该书的中文校对。所谓民族的就是国际的，经过四国世界语者的共同努力，中世双语《庄子》顺利出版，国际世界语文库里又多了一个中国元素，我代表中华全国世界语协会和枣庄学院，对该书的出版表示祝贺，并向全体编译人员表示感谢！

构建人类命运共同体，是大国的担当和责任，国际文化认同与融合，文明互鉴的是大学研究课题，我们将继续向世界解读中国文化，用世界语讲好中国故事。

曹胜强

中华全国世界语协会副会长

枣庄学院党委书记

2021 年 7 月 26 日

ANTAŬPAROLO

Zhuangzi estis ano de regno Song de la antikva Ĉinio kaj elstarulo de Taoismo, pensulo, filozofo kaj fondinto de Zhuang-ismo.

Konfucismo,Taoismo kaj Monaĥismo estas tri bazoj de la ĉina tradicia kulturo kaj ĝia centra penso estas regi la mondon per konfucismo, ordigi la animon per monaĥismo kaj bonigi la homan korpon per taoismo. Tri bazoj ludas la gravan rolon por la ĉina kulturo kaj havas la gravan influon al pensmaniero, produkdado kaj vivo de la ĉina popolo.

Taoismo estis ideo kaj doktorino kreita de Laozi. Zhuangzi heredis kaj disvastigis la ideon de Laozi, profunde cerbumante la ideon pri vivo kaj kresko, li filozofie eldiris ne nur kompreniĝon, sed anka ǔ gvidis nin al plezura sceno por ĝui la belecon.

La libro Zhuangzi kun la alia nomo Nanhua Jing estis klasikaĵo de Taoismo, verkita de Zhuangzi kaj liaj postuloj, en la libro abunde notis kaj esprimis konceptojn pri kritika filozofio, arto, estetiko, kosmo k. a. Ĝi estas ne nur fama verko pri filozofio, homa vivo, politiko, socio, sed anka ǔ elstara modelo de klasika fabelo pri literaturo, estetiko kaj donis nedivideblan profundan influon al la evoluado de la ĉinaj literaturo kaj estetiko.

Jam delonge komenciĝis la tradukado kaj disvastigo de la ĉina kulturo, la libro Zhuangzi en la versio de la angla lingvo aperis en 1881, nun jam troviĝis konataj eldonaĵoj en la lingvoj araba, germana, japana, franca, korea, rusa, pola, k.a. sed mankas la versio de Esperanto.

Esperanto estas mondlingvo, kreita de pola okulkuracisto d-ro L.L.Zamenhof. La diskonigo de la ĉina kulturo per Esperanto estas devo kaj tasko de ĉinaj esperantistoj. Jam de 1918 sinjoro Cai Yuanpei, la ĉina edukisto proponis propagandi la ĉinan kulturon per Esperanto kaj altigi la internacian lokon de nia lando. De 2011 nia universitato okazigis Esperanto-kursojn kiel nedevigajn lecionojn, la esplorado kaj instruado pri Esperanto estas viglaj, en 2013 ni fondis Esperanto-Muzeon kun ĈEL kaj en 2018 sub la promeso de Ĉina Ministerio pri Edukado la universitato starigis Esperanto-fakon, ke la esplorado kaj instruado pri Esperanto fariĝis unu el specialaj temoj de la universitato kaj la diskonigado de la ĉina kulturo estas anka ǔ unu el niaj normalaj taskoj de la esplorado kaj instruado.

En 2017 la Centro de Esplorado kaj Diskonigado pri la Ĉina Kulturo en la universitato estis registrita kiel la platformo de Esplorado pri Sociscienco kaj Homaro de Shandong-aj Altlernejoj por la 13-a kvinjara plano. Helpate de la platformo kaj Esperanto-Muzeo ni certigis la planon serie esperantigi klasikajn librojn pri la ĉina kulturo, ĝis nun ni jam esperantigis kaj eldonis la librojn Mozi en la ĉina kaj Esperanto kaj La Strangaĵo de Liaozhai en plena esperantigo. La libro Zhuangzi kiel la tria libro en la serio konsumis multajn energiojn de la teamo pri esplorado kaj instruado de Esperanto en nia universitato, doktoro, profesoro Sasaki Teruhiro el Japanio esperantigis la libron, d-ro, profesoro Maciej St. Zięba el Pollando kontrolis la tradukaĵon kaj klarigis la ĉinajn specialajn vortojn, d-ro, profesoro Bak Giwan el Koreio kaj sinjoro SATO Ryusuke el Japanio provlegis la tradukaĵon, sinjorinoj Ju Xiuna, Neĝa kaj Zhang Yifan, la klubanoj de Shandong-a Esperanto-Klubo, korektis la ĉinajn vortojn. Nomate nacia estas internacia, sub la klopodado de esperantistoj en kvar landoj, la libro, Zhuangzi estas orde eldonita, ke en esperantujo aldoniĝas la peco da la ĉina faktoro, en la nomo de ĈEL kaj la universitato mi esprimas mian dankemon kaj gratulon al ĉiuj kunlaborantoj.

Konstrui komumumon de la homara sorto estas devo kaj tasko de la granda lando, interkonfeso kaj interfandado de la internacia kulturo kaj reciproka ĝuado de ĉiu civilizacio estas temoj de la universitatoj. Ni da ŭ re klopodas kompreni la ĉinan kulturon al la mondo, rakonti pri Ĉinio per Esperanto.

Profesoro Cao Shengqiang

vicprezidanto de ĈEL kaj ĉefa estro de Zaozhuang-a Universitato

26-an, julio 2021

Dediĉita al samideano Sun Shoude, la fondinto de la Arbara Parko de Esperanto en Zaozhuang, la historia tero de Qi-Lu regnoj

目录

卷三 杂 篇 Juan San: Za Pian III. ĈAPITROJ DE DIVERSAĴOJ

卷一　内　篇

Juan Yi: Nei Pian

I. INTERNAJ ĈAPITROJ

1、逍遥游 Xiaoyao You

0101

北冥有鱼，其名为鲲。鲲之大，不知其几千里也。化而为鸟，其名为鹏。鹏之背，不知其几千里也。怒而飞，其翼若垂天之云。是鸟也，海运则将徙于南冥。南冥者，天池也。

齐谐者，志怪者也。谐之言曰："鹏之徙于南冥也，水击三千里，抟扶摇而上者九万里，去以六月息者也。"野马也，尘埃也，生物之以息相吹也。天之苍苍，其正色邪？其远而无所至极邪？其视下也，亦若是则已矣。且夫水之积也不厚，则其负大舟也无力；覆杯水于坳堂之上，则芥为之舟，置杯焉则胶，水浅而舟大也。风之积也不厚，则其负大翼也无力。故九万里则风斯在下矣，而后乃今培风；背负青天，而莫之夭阏者，而后乃今将图南。"蜩与学鸠笑之曰：'我决起而飞，枪榆枋而止，时则不至而控于地而已矣，奚以之九万里而南为？'"适莽苍者，三飡而反，腹犹果然；适百里者宿春粮；适千里者三月聚粮。之二虫又何知！小知不及大知，小年不及大年。奚以知其然也？朝菌不知晦朔，蟪蛄不知春秋，此小年也。楚之南有冥灵者，以五百岁为春，五百岁为秋；上古有大椿者，以八千岁为春，八千岁为秋，此大年也。而彭祖乃今以久特闻，众人匹之，不亦悲乎？

汤之问棘也是已："穷发之北，有冥海者，天池也。有鱼焉，其广数千里，未有知其修者，其名为鲲。有鸟焉，其名为鹏，背若太山，翼若垂天之云，抟扶摇羊角而上者九万里，绝云气，负青天，然后图南，且适南冥也。斥鴳笑之曰：'彼且奚适也？我腾跃而上，不过数仞而下，翱翔蓬蒿之间，此亦飞之至也，而彼且奚适也？'"此小大之辩也。

故夫知效一官，行比一乡，德合一君而征一国者，其自视也亦若此矣。而宋荣子犹然笑之。且举世而誉之而不加劝，举世（而）非之而不加沮，定乎内外之分，辩乎荣辱之境，斯已矣。彼其于世，未数数然也。虽然，犹有未树也。夫列子御风而行，泠然善也，旬有五日而后反。彼于致福者，未数数然也。此虽免乎行，犹有所待者也。若夫乘天地之正，而御六气之辩，以游无穷者，彼且恶乎待哉！故曰：至人无己，神人无功，圣人无名。

0102

尧让天下于许由，曰："日月出矣，而爝火不息，其于光也，不亦难乎！时雨降矣，而犹浸灌，其于泽也，不亦劳乎！夫子立而天下治，而我犹尸之，吾自视缺然，请致天下。"

许由曰："子治天下，天下既已治也。而我犹代子，吾将为名乎？名者，实之宾也，吾将为宾乎？鹪鹩巢于深林，不过一枝；偃鼠饮河，不过满腹。归休乎君！予无所用天下为。庖人虽不治庖，尸祝不越樽俎而代之矣！"

0103

肩吾问于连叔曰："吾闻言于接舆，大而无当，往而不返。吾惊怖其言，犹河汉而无极也，大有迳庭，不近人情焉。"

连叔曰："其言谓何哉？"曰："'藐姑射之山有神人居焉，肌肤若冰雪，淖约若处子，不食五谷，吸风饮露；乘云气，御飞龙，而游乎四海之外；其神凝，使物不疵疠而年谷熟。'吾以是狂而不信也。"

连叔曰："然瞽者无以与乎文章之观，聋者无以与乎钟鼓之声。岂唯形骸有聋盲哉！夫知亦有之。是其言也，犹时女也。之人也，之德也，将磅礴万物以为一，世祈乎乱，孰弊弊焉以天下为事！之人也，物莫之伤，大浸稽天而不溺，大旱金石流、土山焦而不热。是其尘垢秕糠，将犹陶铸尧舜者也，孰肯以物为事！宋人资章甫而适诸越，越人断发文身，无所用之。尧治天下之民，平海内之政，往见四子藐姑射之山，汾水之阳，窅然丧其天下焉。"

0104

惠子谓庄子曰："魏王贻我大瓠之种，我树之，成，而实五石，以盛水浆，其坚不能自举也；剖之以为瓢，则瓠落无所容。非不呺然大也，吾为其无用而掊之。"庄子曰："夫子固拙于用大矣。宋人有善为不龟手之药者，世世以洴澼絖为事。客闻之，请买其方百金。聚族而谋曰：'我世世为洴澼絖，不过数金；今一朝而鬻技百金，请与之。'客得之，以说吴王。越有难，吴王使之将；冬，与越人水战，大败越人，裂地而封之。能不龟手一也，或以封，或不免于洴澼絖，则所用之异也。今子有五石之瓠，何不虑以为大樽而浮乎江湖，而忧其瓠落无所容？则夫子犹有蓬之心也夫！"

惠子谓庄子曰："吾有大树，人谓之樗。其大本拥肿而不中绳墨，其小枝卷曲而不中规矩，立之涂，匠者不顾。今子之言，大而无用，众所同去也。"庄子曰："子独不见狸狌乎？卑身而伏，以候敖者；东西跳梁，不辟高下；中于机辟，死于网罟。今夫斄牛，其大若垂天之云。此能为大矣，而不能执鼠。今子有大树，患其无用，何不树之于无何有之乡，广莫之野，彷徨乎无为其侧，逍遥乎寝卧其下？不夭斤斧，物无害者，无所可用，安所困苦哉！"

LIBERA LUDVAGADO

0101

En la Norda Mallumo vivis iu fiŝo, nomata Kun. Tiu Kun estis tiel grandega, ke ne estis sciate kiom da mil lioj[1] longa ĝi estas. Ĝi transformiĝis en birdon, nomatan Peng. Oni ne scias, kiom da mil lioj longa estas la dorso de tiu Peng. Kiam ĝi ekflugis impete, ĝiaj flugiloj similis al nuboj pendantaj el la ĉielo. Kiam maro ekmoviĝis, ĉi tiu birdo tuj transflugis al la Suda Mallumo, kiu estis la Ĉiela Lageto[2].Iu humuristo el regno Qi, sciulo de mirakloj, diris: "Kiam transflugas Peng al la Suda Mallumo, ondoj de la poststrio furioze hulas daŭre tri mil liojn. Ĝi, batante ventegon, leviĝas alten naŭdek mil liojn, kaj post ses monatoj ĝi surteriĝas por ripoza spiro." Blovis ĉien la vento de spirado kiel aeroflagreto, kirlis kune polvo kaj elspiro de vivaĵoj. Ĉu lazuro de la ĉielo estis ĝia ĝusta koloro? Aŭ eble ĝi estis tiel malproksima, ke neatingeblis la limo? Kiam Peng rigardis suben, verŝajne videblis ĉio tiel same. Se akumulita akvo ne estas sufiĉe dika, granda boato ne povas flosi sur ĝi. Se unu taso da akvo estas verŝita en kaveton sur la planko de halo, nur polvero povas flosi sur ĝi kvazaŭ boateto, sed eĉ taseto, alfundiĝinte, ne povas flosi, ĉar la akvo estas tro malprofunda kaj la boato estas tro granda. Kie vento ne akumuliĝas sufiĉe dense, tie al ĝi ne eblas subteni la grandajn flugilojn. Por ke Peng leviĝu naŭdek mil liojn, vento nepre devas blovegi sube. Nun, sub tiu kondiĉo, ĝi flugas sur la vento, surdorse portante la bluan ĉielon, kaj nenio malhelpas al ĝi daŭre veturi. Nun, tiele, ĝi ĝuste strebas al la sudo. Cikado kaj turto mokridas tion, dirante: "Ni foje ekflugas supren impete, strebas sidi sur branĉoj de arboj, kiel ulmo kaj pterokarpo, tamen ne atingante eĉ tien, estas tiritaj suben al tero. Por kio do necesus flugi suden naŭdek mil liojn?" Tiu, kiu iras al proksima kampo, portas manĝaĵon sufiĉan por tri fojoj por ke li revenu hejmen sen malplena ventro. Tiu, kiu iras cent liojn, pretigas anticipe nutraĵon de muelita greno. Tiu, kiu iras mil liojn, kolektas nutraĵon por tri monatoj. Kion do povus kompreni tiuj du malgrandaj? Al malgranda scio ne eblas atingi grandan scion. Mallonga vivanto ne povas kompreni longevivulon. Kiel estas sciate pri tio? Matena fungo ne scias monaton, cikado ne scias jaron kun printempo kaj aŭtuno, ĉar ili vivas mallonge. Sude de regno Chu vivas iu dieca testudo[3], por kiu unu printempo egalas al 500 jaroj kaj unu aŭtuno egalas al 500 jaroj. Antikve estis iu arbo, nomata Granda Kamelio, kies unu printempo estis egala al ok mil jaroj kaj unu aŭtuno – ok mil jaroj. Nun inter homoj estis Peng Zu [4], fama je sia longa vivo, kaj popolo deziras sekvi lin je longviveco. Kiel kompatinde revi pri tio!

Al la demando de Tang, la saĝulo Ji respondis same.[5] "En dezerta ekstrema nordo estas malluma maro, la tiel nomata Ĉiela Lageto. Tie vivas iu fiŝo, vasta kelkmil liojn, kaj neniu scias kiom longa ĝi estas. Oni nomas ĝin Kun. Tie vivas birdego, nomata Peng. Ĝia dorso estas kvazaŭ la monto Tai[6], kaj ĝiaj flugiloj kvazaŭ nuboj, pendantaj sur la ĉielo. Ĝi, ekbatante suprenpuŝantan kirloventegon, leviĝas alten je naŭcent mil lioj. Kaj forlasante nubojn, kun blua ĉielo surdorse, ĝi direktas sin suden, celante al la Suda Mallumo. Koturno, mokridante ĝin, diris: "Kien do ĝi intencas iri? Mi eksaltas supren sed, ne atingante eĉ kelkajn renojn[7], tuj falas suben, kaj flirtas inter kampoj kun artemizioj kaj dornarbustoj[8]. Tio estas ja kulmino de mia flugado. Sed tamen, kien do ĝi aŭdacas iri?" Jen tia estas la diferenco inter la malgranda kaj la granda.Tiel do tiuj, kiuj apenaŭ havas intelekton por enoficiĝi, aŭ kiuj estas kompetentaj por administri vilaĝon, aŭ kiuj estas dungitaj de iu reĝo por regi la landon, tiuj, eble, rigardas sin same, kiel la koturno. Kaj Song Rongzi[9] nur aplombe priridas tiujn. Kion la tuta mondo laŭdegus, tion[10] li ne kune laŭdas; kion la tuta mondo ege akuzus, tion li ne kune riproĉas. Ĉar li mem definitive dividas la temon de io interna kaj io ekstera kaj klarigas la limon de la honorinda kaj la hontinda. Rilate al la mondo, li estas tute ne kalkulema. Sed eĉ por li ankoraŭ ne troviĝas iu arbo por ripozi. Liezi[11] povis veturi, rajdante venton, kviete kaj bonhumore dum 15 tagoj, kaj poste revenis teren. Je akirado de feliĉo, li ne estis kalkulema. Kvankam li liberiĝis eĉ de piedirado, tamen li havis ankoraŭ ion esperi. Sed al tiu homo, kiu, traveturante ĝuste ĉielon kaj teron, kontrolante valvojn de ses aeroj[12], per tio ludvagadas en senlimo – necesis atendi favoran venton[13]. Tiel do estas dirite: "Ĉe la Pleja Homo ne estas egoo, la Dieca Homo ne bezonas alies rekonon pri sia merito, al la Sankta Homo ne bezonatas nomo-reputacio[14]."

0102

Yao[15] mem volis abdiki kaj cedi la tronon al Xu You[16], dirante: "Se temas pri lumigo, kiam suno kaj luno jam aperis, tiam necesas estingi torĉon, ĉu ne? Se temas pri akvumo, kiam pluvas oportune, estas jam vane irigacii, ĉu ne? Se vi heredos la tronon, la mondo estos bone regata. Se mi daŭrigus estri, mi vidus min faranta nur fuŝojn. Do mi petas vin mastri la mondon" .Xu You diris: "Vi, Sinjoro, ekregis la mondon kaj la mondo jam estas regata bone. Nun se mi anstataŭus vin, tio signifus, ke mi faros tion nur por la nomo. La nomo devas esti gasto[17] de substanco. Ĉu mi fariĝus ja la gasto? Troglodito, farante neston en profunda arbaro, kolektas nur branĉetojn; talpo trinkas da riverakvo nur tiom, kiom ĝi satiĝas. Vi foriru hejmen ripozi, ĉar mi ne estas uzebla por la monda afero. Kiam kuiristo mem ne povus mastri en kuirejo, tiuokaze ne povus anstataŭi lin iu pastro, forlasinte sanktan vinujon kaj hakplaton[18]."

0103

Jian Wu demandis Lian Shu[19], dirante: "Mi turnis min al Jie Yu[20] kun demandoj, sed li estas tre granda, ke mi ne ricevis trafan respondon. Miaj demandoj nur iris tien unudirekte, sen respondo. Mi teruriĝis pro lia parolo kvazaŭ pro senlima Galaksio, t. e. tro malproksima, kaj ne proksima al homa sento."

Lian Shu demandis: "Kion li parolis?" Jian Wu respondis: "Li diris: 'En la fora monto Miao Guye[21] vivas unu dieca-homo. Lia haŭto estas kvazaŭ glacia neĝo, kaj li estas supla kvazaŭ virgulino. Ne manĝante kvin grenojn[22], li enspiras venton kaj trinkas roson. Rajdante nubon kaj aeron, kontrolante flugantan drakon, vagadas ekster kvar maroj. Per kondensa koncentriĝo de spiritoj, li ne lasas aĵojn putri, sed lasas grenojn maturiĝi ĉiujare.' Lia eldiro estas tro freneza, ke mi ne kredas lin."

Lian Shu diris: "Tia vi estas. Blindulo ne povas aprezi desegnon de brokaĵo, surdulo ne povas aŭdi belsonojn de perkutinstrumentoj. Blinda kaj surda estas homoj ne nur je la korpo, sed ankaŭ je la intelekto. Vin trafas nun tiu frazo. Tiu dieca-homo kun la virto ĝuste kapablas ampleksi ĉiujn aĵojn kaj fari ĉion unuiĝinta. Oni petus lin regi la mondon, tamen lin ne interesas la ĝenplena monda afero. Nenio povas damaĝi tiun homon. Lin ne dronigus eĉ granda inundo, atinganta la ĉielon; lin ne bruligus eĉ granda sekeco aŭ lafa fluo, karboniganta teron kaj monton. Li povus el sia polvo kaj malpuraĵo, aŭ el ŝeloj, fari reĝojn kiel Yao kaj Shun. Kial li devus okupi sin intence per la mondo de aĵoj?" Iu Song-ano iris al lando Yue por vendi ceremoniajn ĉap-kronojn de Yin-stilo[23]. Sed Yue-anoj estas kun haŭtoj tatuitaj kaj haroj tonditaj, tiel do la kronoj estis ne utilaj. Yao volus regi la popolon en la mondo kaj ordigi ĝuste la regadon ene de kvar maroj. Sed vizitinte la foran monton de Miao Guye kaj supre menciitajn kvar homojn[24], poste alveninte al nordo de la rivero Fen[25], li foranime tute forgesis la mondajn aferojn.

0104

Huizi[26] diris al Zhuangzi: "Reĝo de Wei[27] donis al mi semon de granda kalabaso- kukurbo. Mi semis ĝin, kaj ĝi tiel kreskis, kiel fruktis granda je 5 danoj[28]. Se en ĝi oni enverŝas akvon aŭ sukon, ĝi estas tiom peza kaj malmola, ke ne eblas levi ĝin. Se oni hakas ĝin, oni faras el ĝi ĉerpilon, tamen ne eblas trempi ĝin en akvon. Ĝi estas tro grandaĉa, do mi frakasis ĝin pro senutileco." Zhuangzi diris: "Sinjoro, vi estas ja mallerta je la uzado de granda aĵo. Iu Song-ano iam inventis bonan medikamenton kontraŭ haŭtofendeto. Li kaj liaj familianoj de generacio al generacio okupadis sin pri blankigo de silkaĵoj per riverakvo. Iu gasto aŭdis pri tio kaj petis, ke la gasto aĉetu la ungventon por cent orpecoj[29]. La Song-ano konsiliĝis kun sia familio, dirante: "Ni de generacio al generacio laboris blankigante silkaĵojn, nur por ricevi kelkajn orpecojn. Nun abrupte mi povus vendi mian teknikon por cent orpecoj. Mi petas, permesu al mi doni ĝin al li." La gasto ricevis ĝin. Poste li turnis sin al la reĝo de Wu. Tiam okazis tie malfacilo kun lando Yue. La reĝo de Wu faris lin generalo, kaj en vintro ili batalis sur akvo kontraŭ Yue-anoj[30], kaj plene venkis ilin[31]. La reĝo feŭdis lin landestro per dividita teritorio. Medikamento estis sama en tio, ke kuraceblas la haŭtofendeto. Sed dank' al ĝi unu estis feŭdita, la alia ne povis liberiĝi de blankigo de silkaĵoj. Malsameco kuŝas en la utiligo. Nun vi havas kukurbon je kvin danoj. Kial vi ne pripensus fari el grandaj bareloj floson por rivero aŭ lago? Vin nur ĝenas tio, ke nenie eblas uzi la ĉerpilon. Vi ĉagreniĝas, ĉar vi tenas koron malvasta kvazaŭ sovaĝa artemizio![32] "

Huizi parolis kun Zhuangzi, dirante: "Ĉe mi staras granda arbo, nomata ailanto. Ĝia trunko estas tiel tuberoza kaj malglata, ke ne estas uzebla la ĉarpentista tuĉlineo. Kaj ĝiaj branĉoj kurbiĝis nemezureble. Ĝi staras ĉe la vojo, sed metiistoj ne atentas ĝin. Nuna via parolo estas tro granda, sed tiel neutila, ke publiko tute forirus." Zhuangzi diris: "Ĉu vi ne vidis linkon aŭ mustelon? Ili kaŭras kaj gvatas, atendante preterirontetojn. Aŭ ĉirkaŭsaltadas ĉien ajn, negrave ĉu altan ĉu malaltan, sed finfine falas en kaptilon aŭ mortas en maŝreto. La gruntbovo [33] estas granda, kvazaŭ nubo pendanta el ĉielo, sed, kvankam grandega, ĝi ne povas kapti muson. Nun vi havas grandan arbon kaj vin ĝenas la neutileco. Kial vi ne plantus ĝin en iu dezerta kampo aŭ iu vilaĝo, kie nenio ekzistas? Promenante apud ĝi, nenion farante, vi ripozus kaj dormus malstreĉite sub ĝi. Ĝi ne estos tranĉita antaŭtempe de hakiloj, kaj staros, per neniu damaĝite, neniel uzate. Ĝin obsedus nenia ĝeno."

2. 齐物论 Qi Wu Lun

0201

南郭子綦隐机而坐，仰天而嘘，嗒焉似丧其耦。颜成子游立侍乎前，曰："何居乎？形固可使如槁木，而心固可使如死灰乎？今之隐机者，非昔之隐机者也。"子綦曰："偃，不亦善乎，而问之也！今者吾丧我，汝知之乎？女闻人籁而未闻地籁，女闻地籁而未闻天籁夫！"

子游曰："敢问其方。"子綦曰："夫大块噫气，其名为风。是唯无作，作则万窍怒呺。而独不闻之翏翏乎？山林之畏佳，大木百围之窍穴，似鼻，似口，似耳，似枅，似圈，似臼，似洼者，似污者；激者，謞者，叱者，吸者，叫者，譹者，宎者，咬者，前者唱于而，随者唱喁。泠风则小和，飘风则大和，厉风济则众窍为虚。而独不见之调调、之刁刁乎？"子游曰："地籁则众窍是已，人籁则比竹是已。敢问天籁。"子綦曰："夫（天籁者），吹万不同，而使其自已也。咸其自取，怒者其谁邪！"

0202

大知闲闲，小知间间；大言炎炎，小言詹詹。其寐也魂交，其觉也形开，与接为构，日以心斗。缦者，窖者，密者。小恐惴惴，大恐缦缦。其发若机栝，其司是非之谓也；其留如诅盟，其守胜之谓也；其杀如秋冬，以言其日消也；其溺之所为之，不可使复之也；其厌也如缄，以言其老洫也；近死之心，莫使复阳也。喜怒哀乐，虑叹变慹，姚佚启态。乐出虚，蒸成菌。日夜相代乎前，而莫知其所萌。已乎，已乎！旦暮得此，其所由以生乎！

0203

非彼无我，非我无所取。是亦近矣，而不知其所为使。若有真宰，而特不得其朕。可行已信，而不见其形，有情而无形。

百骸、九窍、六藏，赅而存焉，吾谁与为亲？汝皆说之乎？其有私焉？如是皆有为臣妾乎？其臣妾不足以相治乎？其递相为君臣乎？其有真君存焉？如求得其情与不得，无益损乎其真。

一受其成形，不亡以待尽。与物相刃相靡，其行尽如驰，而莫之能止，不亦悲乎！终身役役而不见其成功，苶然疲役而不知其所归，可不哀邪！人谓之不死，奚益？其形化，其心与之然，可不谓大哀乎！人之生也，固若是芒乎？其我独芒，而人亦有不芒者乎？

0204

夫随其成心而师之，谁独且无师乎？奚必知代而心自取者有之？愚者与有焉。未成乎心而有是非，是今日适越而昔至也。是以无有为有。无有为有，虽有神禹，且不能知，吾独且奈何哉！

0205

夫言非吹也。言者有言，其所言者特未定也。果有言邪，其未尝有言邪？其以为异于鷇音，亦有辩乎，其无辩乎？

道恶乎隐而有真伪？言恶乎隐而有是非？道恶乎往而不存？言恶乎存而不可？道隐于小成，言隐于荣华，故有儒墨之是非，以是其所非而非其所是。欲是其所非而非其所是，则莫若以明。

物无非彼，物无非是。自彼则不见，自知则知之。故曰彼出于是，是亦因彼。彼是，方生之说也。虽然，方生方死，方死方生；方可方不可，方不可方可；因是因非，因非因是。是以圣人不由而照之于天，亦因是也。是亦彼也，彼亦是也。彼亦一是非，此亦一是非。果且有彼是乎哉，果且无彼是乎哉？彼是莫得其偶，谓之道枢。枢始得其环中，以应无穷。是亦一无穷，非亦一无穷也。故曰莫若以明。

0206

以指喻指之非指，不若以非指喻指之非指也；以马喻马之非马，不若以非马喻马之非马也。天地一指也；万物一马也。

可乎可，不可乎不可。道行之而成，物谓之而然。恶乎然？然于然。恶乎不然？不然于不然。物固有所然，物固有所可。无物不然，无物不可。故为是举莛与楹，厉与西施，恢诡憰怪，道通为一。

其分也，成也；其成也，毁也。凡物无成与毁，复通为一。唯达者知通为一，为是不用，而寓诸庸。庸也者，用也；用也者，通也；通也者，得也；适得而几矣。因是已。已而不知其然，谓之道。劳神明为一，而不知其同也，谓之"朝三"。何谓"朝三"？狙公赋芧，曰："朝三而暮四。"众狙皆怒。曰："然则朝四而暮三。"众狙皆悦。名实未亏，而喜怒为用，亦因是也。是以圣人和之以是非，而休乎天钧，是之谓两行。

0207

古之人，其知有所至矣。恶乎至？有以为未始有物者，至矣，尽矣，不可以加矣。其次以为有物矣，而未始有封也。其次以为有封焉，而未始有是非也。是非之彰也，道之所以亏也。道之所以亏，爱之所以成。果且有成与亏乎哉，果且无成与亏乎哉？有成与亏，故昭氏之鼓琴也；无成与亏，故昭氏之不鼓琴也。昭文之鼓琴也，师旷之枝策也，惠子之据梧也，三子之知几乎，皆其盛者也，故载之末年。唯其好之也，以异于彼，其好之也，欲以明之彼。非所明而明之，故以坚白之昧终。而其子又以文之纶终，终身无成。若是而可谓成乎？虽我亦成也。若是而不可谓成乎？物与我无成也。是故滑疑之耀，圣人之所图也。为是不用而寓诸庸，此之谓以明。

0208

今且有言于此，不知其与是类乎，其与是不类乎？类与不类，相与为类，则与彼无以异矣。虽然，请尝言之。有始也者，有未始有始也者，有未始有夫未始有始也者。有有也者，有无也者，有未始有无也者，有未始有夫未始有无也者。俄而有无矣，而未知有无之果孰有孰无也。今我则已有谓矣，而未知吾所谓之其果有谓乎，其果无谓乎？

天下莫大于秋毫之末，而太山为小；莫寿于殇子，而彭祖为夭。天地与我并生，而万物与我为一。既已为一矣，且得有言乎？既已谓之一矣，且得无言乎？一与言为二，二与一为三。自此以往，巧历不能得，而况其凡乎！故自无适有，以至于三，而况自有适有乎！无适焉，因是已。

夫道未始有封，言未始有常，为是而有畛也。请言其畛：有左有右，有伦有义，有分有辩，有竞有争，此之谓八德。六合之外，圣人存而不论；六合之内，圣人论而不议。《春秋》经世先王之志，圣人议而不辩。故分也者，有不分也；辩也者，有不辩也。曰：何也？圣人怀之，众人辩之以相示也。故曰：辩也者，有不见也。

夫大道不称，大辩不言，大仁不仁，大廉不嗛，大勇不忮。道昭而不道，言辩而不及，仁常而不成，廉清而不信，勇忮而不成。五者园而几向方矣。故知止其所不知，至矣。孰知不言之辩，不道之道？若有能知，此之谓天府。注焉而不满，酌焉而不竭，而不知其所由来，此之谓葆光。

0209

故昔者尧问于舜曰："我欲伐宗、脍、胥敖，南面而不释然，其故何也？"

舜曰："夫三子者，犹存乎蓬艾之间。若不释然，何哉？昔者十日并出，万物皆照，而况德之进乎日者乎？"

0210

啮缺问乎王倪曰："子知物之所同是乎？"曰："吾恶乎知之！""子知子之所不知邪？"曰："吾恶乎知之！"

"然则物无知邪？"曰："吾恶乎知之！虽然，尝试言之。庸讵知吾所谓知之非不知邪？庸讵知吾所谓不知之非知邪？且吾尝试问乎女：民湿寝则腰疾偏死，鳅然乎哉？木处则惴栗恂惧，猨猴然乎哉？三者孰知正处？民食刍豢，麋鹿食荐，蝍蛆甘带，鸱鸦耆鼠，四者孰知正味？猨猵狙以为雌，麋与鹿交，鳅与鱼游。毛嫱丽姬，人之所美也；鱼见之深入，鸟见之高飞，麋鹿见之决骤。四者孰知天下之正色哉？自我观之，仁义之端，是非之涂，樊然殽乱，吾恶能知其辩！"

啮缺曰："子不知利害，则至人固不知利害乎？"王倪曰："至人神矣！大泽焚而不能热，河汉沍而不能寒，疾雷破山、（飘）风振海而不能惊。若然者，乘云气，骑日月，而游乎四海之外。死生无变于己，而况利害之端乎！"

0211

瞿鹊子问乎长梧子曰："吾闻诸夫子：'圣人不从事于务，不就利，不违害，不喜求，不缘道，无谓有谓，有谓无谓，而游乎尘垢之外。'夫子以为孟浪之言，而我以为妙道之行也。吾子以为奚若？"

长梧子曰："是皇帝之所听荧也，而丘也何足以知之！且女亦大早计，见卵而求时夜，见弹而求鸮炙。予尝为女妄言之，女以妄听之，奚旁日月，挟宇宙，为其吻合，置其滑涽，以隶相尊？众人役役，圣人愚芚，参万岁而一成纯。万物尽然，而以是相蕴。予恶乎知说生之非惑邪！予恶乎知恶死之非弱丧而不知归者邪！丽之姬，艾封人之子也。晋国之始得之也，涕泣沾襟；及其至于王所，与王同筐床，食刍豢，而后悔其泣也。予恶乎知夫死者不悔其始之祈生乎！梦饮酒者，且而哭泣；梦哭泣者，旦而田猎。方其梦也，不知其梦也。梦之中又占其梦焉，觉而后知其梦也。且有大觉而后知此其大梦也。而愚者自以为觉，窃窃然知之。君乎！牧乎，固哉！丘也与女，皆梦也；予谓女梦，亦梦也。是其言也，其名为吊诡。万世之后，而一遇大圣，知其解者，是旦暮遇之也。"

0212

既使我与若辩矣，若胜我，我不若胜，若果是也，我果非也邪？我胜若，若不吾胜，我果是也，而果非也邪？其或是也，其或非也邪？其俱是也，其俱非也邪？我与若不能相知也，则人固受其黮暗，吾谁使正之？使同乎若者正之，既与若同矣，恶能正之？使同乎我者正之，既同乎我矣，恶能正之？使异乎我与若者正之，既异乎我与若矣，恶能正之？使同乎我与若者正之，既同乎我与若矣，恶能正之？然则我与若与人俱不能相知也，而待彼也邪？何谓和之以天倪？曰：是不是，然不然。是若果是也，则是之异乎不是也，亦无辩；然若果然也，则然之异乎不然也，亦无辩。化声之相待，若其不相待。和之以天倪，因之以曼衍，所以穷年也。忘年忘义，振于无竟，故寓诸无竟。

0213

罔两问景曰："曩子行，今子止；曩子坐，今子起，何其无特操与？"

景曰："吾有待而然者邪？吾所待又有待而然者邪？吾待蛇蚹蜩翼邪？恶识所以然？恶识所以不然？"

0214

昔者庄周梦为胡蝶，栩栩然胡蝶也，自喻适志与，不知周也。俄然觉，则蘧蘧然周也。不知周之梦为胡蝶与，胡蝶之梦为周与？周与胡蝶，则必有分矣。此之谓物化。

UNUECO DE AĴOJ

Nanguo Ziqi[34], apogante sin je kubutapogilo, suprenrigardis la ĉielon kaj suspiris. Foranimite, li ŝajnas kvazaŭ perdinta siajn kuplilojn[35]. Yancheng Ziyou[36] staris antaŭ li kaj diris: "Kiel vi fartas? Via korpo iĝis ja kvazaŭ velkinta arbo kaj via koro iĝis ja kvazaŭ forbrulinta cindro. Nuna apogiĝanto je kubutapogilo ne estas antaŭa apogiĝinto je kubutapogilo." Ziqi diris: "Yanĉjo, estas bone, ke vi demandis tiel. Nun mi perdis min mem, mian egoon[37]. Ĉu vi komprenas tion? Vi aŭdis fajfojn[38] de homo, sed ankoraŭ ne aŭdis fajfojn de la Tero. Aŭ kvankam vi, eble, aŭdis la fajfojn de la Tero, tamen ankoraŭ ne aŭdis fajfojn de la Ĉielo."

Ziyou diris: "Permesu al mi demandi vin pri tio." Ziqi diris: "Granda Glebo[39] ruktadas, kion oni nomas 'vento'. Se[40] foje okazas tio, ĉiuj truoj ekhurlas kaj hojlas. Ĉu vi mem ne aŭdus tion ululanta? Kavernoj de altaj kurbaj montoj kaj arbaroj, kavoj de granda arbo kun ĉirkaŭo je cent wei[41], estas similaj al nazoj, buŝoj, oreloj, aŭ kestoj[42], tasoj, pistujoj, aŭ fosaĵoj, sulkoj. Estas iu, kiu sonas kiel torento, aŭ kiel flugo de sago, aŭ kiel akrega skoldo, aŭ kiel enspiro, aŭ kiel krio, aŭ kiel plorado, aŭ kiel ĝemado, aŭ kiel ululo. Iu ekkantas antaŭe kiel "yú", kaj la alia sekvas kun sono de "yóng"[43]. Al venteto harmonias milde, al forta vento – laŭte. Kun ĉesiĝo de la ventego truoj eksilentas en malpleno. Ĉu vi mem ne vidis, kiel tio moviĝas skuiĝante aŭ tremante? Ziyou diris: "Fajfo de la Tero konsistas el amaso da truoj, kaj fajfo de la homo – el blovinstrumentoj kiel bambuoj. Lasu min, ke mi aŭdacas demandi, kia estas fajfo de la Ĉielo." Ziqi diris: "Ĉe tio[44] ĉiuj blovas malsamaj. Sono eliras per si mem kaj haltas per si mem. Ĉiu el ili agordas sin mem unu kun la aliaj. Kiu do alia impulsas ĉiujn tiel?"[45]

Intelektego estas vasta kaj trankvila, intelekteto – malvasta kaj gvatema. Granda vorto estas arda kaj forta, malgranda vorto – detalema kaj malkonciza. Dum dormado la animoj interrilatas, en vekiĝo malfermiĝas la korpo kaj, tuŝante la aliajn, kunlaboras aŭ kore luktas tutan tagon inter si. Iam estas iu milde ruza, iam – iu bonkore insidema, iam – iu skrupula. Timemuleto maltrankvilas, timemulego stuporas. Estas dirite, ke iu ekagas kvazaŭ rapida arkpafo por juĝi pravecon kaj malpravecon. Estas dirite, ke iu alia restas kvazaŭ laŭ ĵurpromeso por fikse konservi la venkon. Sed oni diras, ke eĉ tiuj mortas kvazaŭ aŭtuno kaj vintro, ĉar ili estingiĝas ĉiutage. Dronigite ili iras ien, de kie ne eblas jam reveni. Oni diras, ke ili maljuniĝas, kvazaŭ kovrite kaj fermite. Koro proksimiĝanta al morto estas nerevigl\u0069gebla. Estas ĝojo, kolero, malĝojo, plezuro. Estas zorgo, bedaŭro, kaprico, aligiteco. Estas facilanimeco, diboĉo, malkaŝeco, afektemo. Kiel muziko aperas el vanto, kiel fungoj naskiĝas el vaporo, tiel tagnokte ŝanĝiĝas homa koro, alterne unu post la alia, ne sciate kial tio ĝermas. Nu, forlasu, forlasu! Ne eblas sciiĝi, de kie estiĝas tiel de mateno ĝis vespero.

0203

Sen 'ili' ne estas 'mi', kaj sen 'mi' nenio estas prenita. Tio ja estas proksima al realo. Sed ne estas sciate, de kiu estas farata tio. Eĉ se ekzistus vera mastro[46], tamen aparte ne troviĝas lia signo.

Kredeblas al mi la ago, tamen ne videblas la formo. Estas io sentebla, tamen ne estas la formo.

La korpo estas ekipita per cent artikoj, naŭ truoj, ses visceroj. Kiu el ili estas la plej intima al mi? Ĉu vi same ĝojas je ĉiuj ĉi-tiuj? Ĉu vi pli favoras unu el ili? Se vi favoras ĉiujn, ili ĉiuj iĝas subuloj, kiel vasaloj kaj kromedzinoj. Ĉu subuloj mem povus regi sin reciproke unuj la aliajn? Aŭ ĉu ili povus fariĝi alterne reĝo kaj subuloj? Devas ekzisti ilia vera reĝo. Negrave ĉu oni sukcesos serĉi kaj akiri la realon aŭ ne, la valoro de vera mastro neniom pliiĝas nek malpliiĝas.Se la korpo estas unufoje ricevita kiel la plena formo, kvankam ĝi ne tuj perdiĝas, tamen pli malpli frue elĉerpiĝos. Koliziante kun la aliaj kaj forfrotiĝante, ĝi iras ĝis la fino subite kvazaŭ kuranta ĉevalo. Neniu povas haltigi tion. Ĉu ne estas ja malĝoje? Dum la tuta vivo ĝi laboras kaj laboras, ne vidante la sukceson. Laciĝinte ĝisoste pro laboro, ĝi ne scias kien reveni por ripozi. Kiel mizera ĝi estas! Eĉ se tiu homo ankoraŭ ne mortus, tamen kia merito troviĝus? La korpo, kiel formo, ŝanĝiĝas, kaj ankaŭ la koro tiel same, kiel ĝi. Ĉu ne eblus diri, ke tio estas granda mizero. Ĉu la homa vivo estas tiom vanta? Vanta[47] nur sole al mi? Aŭ al la aliaj ne vantas?

0204

Se ĉiu homo prenus sian propran koron de sia korpo por sia gvidanto, kiu do ne havus gvidanton? Sed kial povus esti tiel, ke la koro, sciante nepre ŝanĝiĝon, prenus al si la rolon de gvidanto? Tiel kondutas ja nur stultulo. Dum ankoraŭ ne kreskas koro, lia koro jam haste decidas pri praveco kaj malpraveco. Tio estas sama, kiel diri: "Hodiaŭ mi ekiris al lando Yue kaj hieraŭ alvenis tien." Tio farus neeston esto. Eĉ la dieca reĝo Yu ne povis fari neeston esto[48], des pli mi povas fari tion neniel.

La parolo estas malkiel la blovo de ventoj. Kiu parolas, tiu havas ion por diri. Se ne estus decidite, kion oni devas diri, ĉu la parolo povus estiĝi? Oni konsideras la parolon malsama ol naskiĝpepado de birdeto el ovo. Ĉu birdo havas lingvon[49] , aŭ ne havas lingvon?Kial estas kovrita la Vojo, distinganta inter vero kaj malvero? Kial estas kovritaj la vortoj, distingantaj inter praveco kaj malpraveco? Kial la Vojo foriris kaj ne ekzistas? Kial la vortoj ekzistas sed ne havas povon? La Vojo kovriĝis sub malgrandaĵoj, la vortoj kaŝiĝis sub pompaĵoj. Antaŭe estis disputo pri praveco kaj malpraveco inter konfuceanoj kaj mohistoj. Kio estas ne prava ĉe unuj, tio estas prava ĉe la aliaj, aŭ kio estas prava ĉe unuj, tio ne estas prava ĉe la aliaj. Nur per iluminacio[50] tio solveblas. Aĵo ne povas esti ne "tio" kaj la aĵo ne povas esti ne "ĉi tio" . Kiu ne videblas el la vidpunkto de "tio" , ties scio, okaze, estas konebla el "ĉi tio" . Tial do estas dirite: "Tio devenas de ĉi tio, kaj ankaŭ ĉi tio dependas de tio." Jen la teorio, ke ambaŭ tio kaj ĉi tio kune naskas sin samtempe. Ili kune naskiĝas kaj kune mortas. Kune mortinte, kune naskiĝas. Ili kune estas allaseblaj kaj kune iĝas neallaseblaj. Kune estas neallaseblaj kaj iĝas kune allaseblaj. Kie estas jesado, tie estas neado de tio. Kie estas la neado, tie estas la jesado de tio. Tial do la sanktulo ne dependas de la difinita teorio, kaj konfidas ĉion ĉi tion al la Ĉielo, kiu baziĝas sur la jesado.Ankaŭ ĉi tio estas tio. Ankaŭ tio estas ĉi tio. Ankaŭ ĉi tio estas unu tuto kun jesado kaj neado. Ankaŭ tio estas unu tuto kun jesado kaj neado. Ĉu finfine en la limo troviĝas tio kaj ĉi tio? Aŭ en la limo ne troviĝas tio kaj ĉi tio? Kie ne troviĝas paro de tio kaj ĉi tio, tiu punkto estas nomata la akso de Vojo-Tao[51]. Kiam la akso estas metita en la centro de cirklo, ĝuste nur tiam eblas respondi al senlimo. La jesado estas ankaŭ unu en senlimo. La neado estas ankaŭ unu en senlimo. Tial do estas dirite: "Estas la plej preferinde apogi sin sur la klareco de iluminacio."

Por klarigi koncepton de "atributo" [52], ekz. klarigi, ĉu io havas la econ aŭ ne, iĝas pli bone kompari tion kun aĵoj, kiuj ne havas la econ. Por klarigi, ke io estas ĉevalo aŭ ne, iĝas pli bone kompari tion kun ne-ĉevalo, t.e. kun aĵoj, kiuj ne estas ĉevalo. La eco ekzistas kiel unu en la Ĉielo kaj la Tero, la ĉevalo ekzistas kiel unu el ĉiuj aĵoj.Io allasebla estas allasebla, kaj io neallasebla ne estas allasebla. Vojo estiĝas per irado, ankaŭ aĵo estiĝas tia per dirado. Kion oni faras tia? Oni faras tia ion naturan. Kion oni ne faras tia? Oni ne faras tia ion nenaturan. Aĵo en si mem enhavas ion naturan, aĵo en si mem havas ion allaseblan. Nenio estas nenatura kaj nenio estas neallasebla. Tiel do, negrave ĉu temas pri tigo aŭ trunko, ĉu leprulo aŭ Xishi[53], ĉu grandioza aŭ maldeca, ĉu prudenta aŭ stranga, la Vojo-Tao faras ĉion ĉi tion unu tuto.

Kio dividiĝis, tio kompletas; kio kompletis, tio difektiĝas. Ne estas ĉio tute kompleta, nek ĉio tute difekta, kaj tiel ĉio fariĝas denove unu tuto. Nur tiu, kiu atingis ĝin, scias pri la unu tuto, tial do tiu ne alteniĝas aparte al io, kaj lasas ĉion sekvi al ordinareco. La ordinaraĵo estas utila, kaj io utila kondukas, kaj la kondukanto akiras. Eĉ se hazarde akirita, tio estas kompleta. Ĉar li konfidas nur al natura nepreco. Li mem ne konscias kion li faras nature per si mem. Tio estas nomata "Vojo -Tao" [54]. Sed eluzante saĝon por unuigi, se vi ne scias, ke la rezulto estas tute sama, tion oni nomas "Tri en mateno". Kio estas dirite per "Tri en mateno"? Jen tio: "Iu simikondukisto, dononte al simioj hipokaŝtanajn glanojn, diris al ili: 'Mi donas al vi matene po tri shengoj[55] da glanoj kaj vespere po kvar.' Simioj ĉiuj ekkoleris pro tio. Tiam la simikondukisto diris: 'Se tiel, mi donas al vi matene po kvar kaj vespere po tri.' Ĉiuj simioj ekĝojis."

La propono estas sama je la nomo kaj esenco sen ajna ŝanĝo, tamen tie reagis kun kolero aŭ ĝojo. Li lasas ilin laŭplaĉe fari kion ili ŝatas. Tiel do sanktulo per apliko de jesado kaj neado harmoniigas ĉion kaj mem ripozas en la Ĉiela ekvilibro. Tio estas nomata "gajno de ambaŭ flankoj" [56].

0207

Estis iu antikvulo, kies intelekto atingis kulminon. Kiel li ĝin atingis? Li konsideris, ke nenio ekzistis en la komenco. Jam estis atingite ĝis la limo, ke al tio nenion eblas aldoni. Sekve, iu alia konsideris, ke aĵo ekzistis, tamen, sendistinge en la komenco. Sekve, iu tria konsideris, ke kvankam aĵo ekzistis kun distingo, tamen ne troviĝis diferenco inter praveco kaj malpraveco. Poste estiĝis la plena maniero pri distingo de praveco kaj malpraveco, kaj tio estas la kaŭzo, ke kaŝiĝis la Vojo-Tao. Ĉar kaŝiĝis la Vojo, estiĝis la Amo [57]. Sed ĉu tia estiĝo kaj kaŝiĝo vere okazas aŭ ne okazas? Okazas vere la estiĝo kaj la kaŝiĝo. Ekzemple, ekestis la estiĝo kaj la kaŝiĝo, kiam estis ludanta kotoon majstro Zhao. Ne estus estiĝo kaj kaŝiĝo, se ne ludus kotoon la majstro Zhao. Zhao Wen ludis kotoon, sekve Shi Kuang agordis-temperis, Huizi cerbumadis sub platano[58]. Tri homoj atingis la plej alton je sia propra tekniko, do iliaj nomoj estas postlasitaj al generacioj. Ili ŝatis sian teknikon. Sed Huizi malsamas pri tio, ke li[59], ŝatante, provis klarigi tion, kio estas neklarigebla, do li falis en absurdon de sofismo pri "dureco kaj blankeco" [60]. Liaj posteuloj ne fariĝis pli ol kudrantoj de rezonoj[61], tiel do tutan vivon ili fariĝis nenio perfekta pli. Ĉu eblus diri, ke ili fariĝis perfektaj? Se jes, ankaŭ mi fariĝus perfekta. Ne eblas diri, ke ili fariĝis perfektaj. Aĵoj kaj mi ne povas fariĝi perfektaj. Montriĝon de ĥaoso kaj dubo penis eviti la sanktuloj. Tiel do ili ne uzas tion kaj lasas sin vivi en ordinareco. Eblas diri, ke tio estas ja iluminacio.

0208

Nun mi intencas diri ion, tamen mi ne scias, ĉu tio konformas al alies kategorio aŭ ne. Negrave ĉu komformas aŭ ne komformas al alies kategorio, tamen tio certe ne estas io alia ol la kategorio. Interalie, lasu min paroli pri tio. Ĉe Estaĵo estis komenco. Antaŭ la komenciĝinta Estaĵo estis io, kio ankoraŭ ne komenciĝas. Ĉe la komenciĝonta Estaĵo estis antaŭe ankaŭ io, kio ankoraŭ ne komenciĝis. Estis Estaĵo. Estis Ne-estaĵo[62]. Ĉe Ne-estaĵo estis antaŭe io, kio ankoraŭ ne komenciĝas. Ĉe la komenciĝonta Ne-estaĵo estis antaŭe ankaŭ io, kio ankoraŭ ne komenciĝis[63]. Subite, ekestis Estaĵo kaj Ne-estaĵo. Inter Estaĵo kaj

Ne-estaĵo estas ne sciate, kiu estas Estaĵo aŭ kiu estas Ne-estaĵo. Nun mi jam diris ion. Sed estas ne sciate, ĉu la dirita de mi estas Estaĵo aŭ Ne-estaĵo?

En la mondo neniu estas pli granda ol pinto de haroj kreskantaj ĉe aŭtunaj bestoj, kaj neniu estas malpli granda ol la monto Taishan. Neniu vivas pli longe ol mortinta bebo, kaj neniu vivas malpli longe ol Peng Zu[64] . Universo[65] kaj mi naskiĝis kune. Ĉiuj aĵoj kunfandiĝis kun mi en unu. Ĉar jam unuiĝis, ĉu mi havus ion diri? Ĉar jam unuiĝis, ĉu mi havus nenion diri? 1 + vortoj = 2; 2 + 1 = 3[66] . Per tio estas supozate, ke eĉ matematikisto ne povas kalkuli, des malpli ordinaruloj. Se mi turnos min de Ne-estaĵo al Estaĵo, estiĝos 3. Se mi turnos min de Estaĵo al Estaĵo, kiom estos? Estas pli bone lasi ĉion moviĝi per si mem ol mi mem turnadi min.Ĉe la Vojo estis neniu limo de la komenco. Vortoj ne estis konstantaj de la komenco. Pro distingo de "Tio – ĉi tio" [67] estiĝis kampolimo[68]. Permesu al mi diri pri la kampolimo.

Estas maldekstro kaj estas dekstro, estas etiko kaj estas justo, estas divido kaj estas diskurso, estas konkurenco kaj estas lukto. Jen tiuj estas nomataj "ok virtoj" [69]. Rilate al ekstero de ses sferoj[70], sanktuloj[71] ne diskutas pri la ekzistado. Koncernante internon de ses sferoj, sanktuloj opinias pri la ekzisto, sed ne asertas. Okaze de politika historio[72] kaj aferoj de antaŭaj reĝoj, sanktuloj asertas, sed ne rezonas.

Je analizo restas io neanalizebla, je rezonado restas io nerezonebla. Kion signifas tio? Kion sanktuloj tenas en koro, tion homamaso rezonas, asertante kaj argumentante. Tial do estas dirite: "Kiu rezonas, tiu ne vidas."

La Granda Vojo estas nenomebla. La granda rezono estas nedirebla. La granda bonvoleco estas ne bonvoleca. La granda modesteco estas ne humila. La granda kuraĝo estas ne violenta. Asertita vojo ne estas la Vojo. Vorta rezonado ne trafas[73]. Bonvoleco laŭkutima ne esprimas bonan volon. Pura modesteco ne estas fidinda. Brutala temerareco ne sukcesas. La kvin menciitaj, strebante skribi rondon, skribas kvadraton. Tiel do scio, kiu haltas ĝuste antaŭ io nekognebla, estas la plej alta. Kiel eblus scii la nedireblan rezonon, kaj la neaserteblan Vojon? Kiu povus scii, tiu estas nomata la Ĉiela Trezorejo[74]. Enverŝadi tien sed tie ne iĝas plene, ĉerpadi de tie sed ne elĉerpiĝas. Estas ne sciate, de kie tio venas. Tio estas nomata "Kaŝita Lumo" [75].

0209

Antikve Yao demandis Shun, dirante: "Mi volus bati landojn: Zong, Kuai kaj Xu'ao[76]. Sed ĉe mi, sidanta surtrone[77], ne malaperas malklara hezito pri la batado. Kial?"

Shun diris: "Tiuj tri triboj ekzistas inter herboj de artemizioj. Kio igas vin heziti? Antikve dek sunoj aperis vice kaj lumigis ĉion[78]. Sed nenio estas pli bona ol suno de virto[79], interna voĉo de koro."

Nie Que demandis al Wang Ni[80], dirante: "Ĉu vi scias en kio kuŝas la sameco de aĵoj?" Wang Ni diris: "Kiel do mi sciu pri tio?" Nie diris: "Ĉu vi scias tion, ke vi mem ne scias?" Wang diris: "Kiel do mi sciu tion?" Nie diris: "Tiel do nenion eblus scii pri aĵoj?"

Wang diris: "Kiel do mi sciu tion? Tamen mi provus diri jene: Kiel estas sciate, ke la scio, dirita de mi, ne estas nescio? Kiel estas sciate, ke nescio, dirita de mi, ne estas scio? Mi provas demandi vin. Kvankam homoj, se ili dormas kuŝante en humido, eksentas doloron je lumbo aŭ mortas pro paralizo – tamen kiel fartas kobitidoj en tia kondiĉo? Homoj, se ili grimpas arbon, ege konsterniĝas tremetante – tamen kiel fartas simioj? Kiu el tiuj tri vivaĵoj scius bone pri la ĝustan lokon por vivi? Popolo manĝas viandojn de dombestoj, alkoj kaj cervoj manĝas herbojn, skolopendroj manĝas serpentojn kiel bongustaĵon, milvoj kaj korvoj gustumas musojn. Kiu el tiuj kvar scias ĝustan guston? Hundosimila virsimio[81] kuras post simiinon, alko seksumas kun cervo, kobitido ludas kun fiŝo. Mao Qiang kaj Li Ji[82] estas konsiderataj kiel belulinoj. Sed vidante ilin, fiŝoj subnaĝas profunden, birdoj ekflugas supren kaj alten, cervoj forkuras impete. Kiu el tiuj kvar scius ĝuste belon en la mondo? El mia vidpunkto, konfuziĝas la logiko de bonvoleco kaj justo[83], kaj komplikiĝas la vojo de praveco kaj malpraveco. Kiel do mi sciu pri la distingo?"

Nie Que diris: "Vi ne zorgas pri profito-utileco kaj malprofito-senutileco[84]. Ĉu ankaŭ la Pleja Homo ne zorgas pri profito-utileco kaj malprofito-senutileco?" Wang Ni diris: "La Pleja Homo[85] estas dieca! Por li ne eblas esti varme en brulanta marĉego, ne malvarme en glaciiĝinta rivero. Lin ne povas konsterni eĉ tondro, batanta monton, nek ventego, skuanta maron. Homo, kiel li, povas sidi sur nubo kaj aero, rajdi sur suno kaj luno, travagi eĉ eksteren de kvar maroj. Lin ne povas ŝanĝi morto kaj vivo, des malpli tia profito-utileco kaj malprofito-senutileco."

Ququezi [86] demandis Zhang Wuzi[87], dirante: "Mi aŭdis la Majstron[88] diranta: 'Oni diras, ke sanktulo ne okupiĝus pri laboro, nek sekvus profiton, nek evitus damaĝon, nek ĝojus esti sekvata, eĉ ne insistadas la terminon de Vojo,[89] li diras senvorte, ne diras kunvorte, kaj vagadludas ekstere de monda rubo-malpuraĵo.' La Majstro rigardis tiun sintenon frivola, sed mi konsideras tion kiel la praktikadon de la esotera Vojo. Kiel vi opinias pri tio?"

Zhang Wuzi diris: "Eĉ Huangdi[90] konfuziĝus, aŭdante tion. Kial do Qiu[91] povus sufiĉe kompreni pri tio. Ankaŭ vi tro haste prenis tion, kvazaŭ esperus jam kokokrion, vidante nur ovon, kvazaŭ imagus rostitan kolombon, vidante nur katapultan kugleton. Mi diras al vi neseriozan rakonton, do ankaŭ vi aŭdu neserioze, imagante kvazaŭ metus ambaŭflanke sunon kaj lunon, portus universon, kaj kunfandus ilin kaj lasus ilin en ĥaosan mallumon, kaj sklavoj tiam respektas sin unuj la aliajn reciproke[92]. Popolo estas streĉita per laboro, sanktulo estas obtuza kaj malstreĉita. La sanktulo, rigardante la tempon kaj ĉiujn aĵojn pura Unu-tuteco, aprobas ĉion kiel pozitivan kaj ampleksas ĉion kiel pravan. Kiel mi povus scii, ĉu ĝui la vivon estas freneze aŭ ne? Kiel mi povus scii pri tio, ĉu timo de morto similas al tiu, kiu en infaneco forpelite eksteren ne scipovas reveni hejmen? Li Ji estis filino de iu limgardanto en provinco Ai[93]. Kiam ŝin ekprenis regno Jin, ŝi tiom ploregis, ke malsekiĝis ŝia kolumo. Ŝi, venigite al reĝo[94], kuŝiĝis kun la reĝo en lito kaj gustumis viandon. Poste ŝi pentis pro tio, ke ŝi ploris antaŭe. Mi ne scias, ĉu iu mortinto pentas aŭ ne, ke li preĝis por plia vivo antaŭe. Tiu, kiu drinkis vinon en songo, matene vekiĝinte ekploras. Tiu, kiu plorkriis en songo, matene jam gaje ekiras ĉasi. En songo oni ne scias, ke tio estas songo. Povas esti, ke en songo oni faras eĉ songodivenon. Nur poste, vekiĝinte, oni ekscias, ke tio estis songo. Ĝuste kun la granda vekiĝo oni nur poste sciiĝos, ke ĉi tio estis ja granda songo. Sed stultulo opinias sin jam vekiĝinta, apenaŭ sciante klare tion. S-roj nobluloj, oficistoj, kiel obstinaj vi estas! Kaj Konfuceo, kaj vi, ĉiuj estas en songo. Ke mi diras al vi 'songo', ankaŭ tio estas songo. Tiuj vortoj kaj tiuj nomoj pendas en falso. Post miriado[95] da generacioj hazarde aperos unu granda sanktulo, kiu komprenos tion. Eblus renkontiĝi kun li nur en unu momento de mateno ĝis vespero.

0212

Supozu, ke mi kaj vi diskutis. Se vi venkis min, mi ne venkis, sed en tiu okazo, ĉu vi vere pravas kaj mi vere ne pravas? Se mi venkis vin, vi ne venkis min. Ĉu mi vere pravas kaj vi vere ne pravas? Ĉu iu el ni estas prava, aŭ ne prava? Ĉu ambaŭ ni pravas, aŭ ambaŭ ni ne pravas? Nek mi, nek vi povas scii tion. Tiel do oni perdiĝas en mallumo. Ĉu ni tion lasu ĝustigi al la alia homo? Se via samideano ĝustigus tion, kiel eblus ĝustigi al tiu, kiu havas la saman opinion kun vi? Se lasi al mia samideano tion ĝustigi, kiel eblus ĝustigi al tiu, kies opinio estas sama kun mi? Se oni lasus ĝustigi tion al iu tria homo, havanta alian opinion ol ni, ĉar tiu havas tute alian vidpunkton, kiel al li eblus ĝustigi la nian diskuton? Ni lasu solvi tion al iu kvara homo, havanta la saman opinion kun mi, kaj vi[96], ĉar li estas sama je opinio kaj kun mi, kaj kun vi – kiel eblus al li ĝustigi tion? Tiel do nek mi, nek vi, nek aliaj – neniu povas scii prave. Ĉu ni devus atendi ankoraŭ aliajn? Atendi ŝanĝiĝantajn voĉojn estas same, kiel nenion atendi. Lasu ambaŭ vidpunktojn akordiĝi kun la Ĉiela Rigardo[97] kaj dependi de senĉesa ŝanĝiĝo de limoj [98] – jen en tio kuŝas kialo por atingi longdaŭran vivon. Kion signifas 'Akordiĝo kun la Ĉiela Rigardo'? Tio signifas jenon – la Jeso ne estas Jeso, la Tia ne estas Tia[99]. Se la Jeso restas vere Jeso, tiam alia ol la Jeso estas ne Jeso. En tiu okazo ne estiĝas diskuto. Se la Tia estas vere Tia, tiam alia ol Tia estas ne Tia. En tiu okazo ne estiĝas diskuto. Forgesu jarojn de vivdaŭro[100], forgesu juston. Agu je senlimo, tiel do loĝu en la mondo de senlimo[101]."

17

0213

Duonombro[102] demandis ombron, dirante: "Antaŭe vi iris, sed nun vi haltas; antaŭe vi sidis, sed nun staras. Kiel senprincipa vi estas!"

La ombro diris: "Mi iĝas tia, atendante tiun, kiu agas. Ankaŭ tiu iĝas tia, atendante la alian aganton. Ĉu mi esperus iri mem per skvamo de serpento aŭ per flugilo de cikado? Kial mi sciu pri kaŭzo, ke mi iĝas tia? Kial mi sciu pri kaŭzo, ke mi iĝas ne tia?"

0214

Antaŭe Zhuang Zhou[103] sonĝis, ke li fariĝis papilio, fluganta laŭplaĉe, gaje kaj flirte. La papilio ĝuis mem, forrevite, ne sciis, ke ĝi estas Zhou. Subite li, vekiĝinte, elreviĝis kaj trovis, ke li estas Zhou. Nun li ne scias, ĉu en sonĝo de Zhou li fariĝis papilio, aŭ ĉu en sonĝo de papilio li fariĝis Zhou. Sed nepre estas distingo inter Zhou kaj papilio. Tio estas nomata "Aliiĝo[104] de aĵoj".

3. 养生主 Yang Sheng Zhu

0301

吾生也有涯，而知也无涯。以有涯随无涯，殆已！已而为知者，殆而已矣！为善无近名，为恶无近刑；缘督以为经，可以保身，可以全生，可以养亲，可以尽年。

0302

庖丁为文惠君解牛，手之所触，肩之所倚，足之所履，膝之所踦，砉然向然，奏刀騞然，莫不中音，合于《桑林》之舞，乃中《经首》之会。

文惠君曰："嘻，善哉！技盖至此乎？"

庖丁释刀对曰："臣之所好者道也，进乎技矣。始臣之解牛之时，所见无非牛者；三年之后，未尝见全牛也。方今之时，臣以神遇而不以目视，官知止而神欲行。依乎天理，批大郤，导大窾，因其固然，技经肯綮之未尝（微礙），而况大軱乎！良庖岁更刀，割也；族庖月更刀，折也。今臣之刀十九年矣，所解数千牛矣，而刀刃若新发于硎。彼节者有间，而刀刃者无厚，以无厚入有间，恢恢乎其于游刃必有余地矣。是以十九年而刀刃若新发于硎。虽然，每至于族，吾见其难为，怵然为戒，视为止，行为迟。动刀甚微，謋然已解，（牛不知其死也），如土委地。提刀而立，为之四顾，为之踌躇满志，善刀而藏之。"

文惠君曰："善哉！吾闻庖丁之言，得养生焉。"

0303

公文轩见右师而惊曰："是何人也？恶乎介也？天与，其人与？"曰："天也，非人也。天之生是使独也，人之貌有与也。以是知其天也，非人也。"

泽雉十步一啄，百步一饮，不祈畜乎樊中。神虽王，不善也。

0304

老聃死，秦失吊之，三号而出。弟子曰："非夫子之友邪？"曰："然。""然则吊焉若此可乎？"曰："然。始也吾以为其人也，而今非也。向吾入而吊焉，有老者哭之如哭其子，少者哭之如哭其母。彼其所以会之，必有不祈言而言，不祈哭而哭者。是遁天倍情，忘其所受，古者谓之遁天之刑。适来，夫子时也；适去，夫子顺也。安时而处顺，哀乐不能入也，古者谓是帝之县解。"

0305

指穷于为薪，火传也，不知其尽也。

NUTRADO DE VIVO

0301

Nia vivo estas limigita, sed scio estas senlima. Estas danĝere, ke la limigita sekvu la senliman. Do estas tre danĝere strebadi al scio. Se fari bonon, ne proksimiĝu al renomo[105]; se fari malbonon, ne proksimiĝu al puno. Se sia principo estas direkti sin laŭ la natura interrilateco[106], oni povas teni sin sekura, povas plenumi sian vivon, povas nutri siajn parencojn, kaj povas atingi la altan aĝon.

0302

Kuiristo Ding dispecigis bovon por la reĝo Wen Hui[107]. Ĉe ĉiu tuŝado per mano, ĉe ĉiu levado de ŝultro, ĉe ĉiu paŝado de piedoj, ĉe ĉiu premado per genuoj, membroj de bovo estas distranĉataj kun belsono[108]. Kun ĉiu movo de haktranĉilo, ĝi eksonis muzikharmonie, simile al la danco de Morusa Arbaro aŭ al la movimento laŭ Jingshou[109].

La reĝo Wen Hui diris: "Ho, bonege! La tekniko atingis tioman altecon."

Kuiristo Ding flankenmetis la tranĉilon kaj diris: "Mi ŝatas la Vojon pli ol altan teknikon. Kiam mi komencis tiun laboron de bovdispecigo, ĉiuj, kiujn mi vidis, ŝajnis nenio alia ol bovo. Post tri jaroj iĝis jam nevidebla la tuta bovo. Nun mi vidas ne per okuloj, sed per animo. Haltis percepta kapablo kaj funkcias anima volo. Laŭ Ĉiela leĝo estiĝas la granda fendiĝo kaj estas gvidata al la granda truo, kaj ĉio sekvas ĝuste naturon. Tiel do mi ne tuŝas eĉ ajnan ligamenton aŭ tendenon, des malpli neniam ostegon aŭ artikon. Bona kuiristo ŝanĝas ĉiujare la tranĉilon, ĉar ĝi fendetiĝas. Mezaj kuiristoj ŝanĝas ĝin ĉiumonate, ĉar ĝi rompiĝas. Nun mia tranĉilo estas uzata dek naŭ jarojn, tranĉinte kelkmil bovojn. Sed la klingo ŝajnas ia kvazaŭ ĝuste polurita per akrigoŝtono. En artikoj estas fendo kaj klingo ne estas dika. La sendika eniras en la fendon, do nepre estas la vasteco, kie oni lasas la klingon ludi libere en la granda spaco. Tiel do dum dek naŭ jaroj mi uzas ĝin, la klingo similas al iu kvazaŭ nove polurita per akrigoŝtono.Tamen, koncernante la komplikan nodaĵon[110], ĉiam mi vidas malfacilon. Estante timema kaj skrupula, mi koncentriĝas por vidi, kondutas malrapide, movas tranĉilon tre delikate. Brue ŝirite falas la tranĉitaj partoj kvazaŭ terbuloj surteren. Starante kun trancîlo, mi cîrkaŭrigardas kvar direktojn kun koro plena de memkontento. Tiel fine, viŝante trancîlon, mi enmetas ĝin."

La reĝo Wen Hui diris: "Bonege! Mi aŭdis eldiron de la kuiristo Ding. Tio nutras al mi la vivon."

0303

Gongwen Xuan[111] vidis iun ekskonsiliston[112] de edukadoficejo, kaj konsternite diris: "Kio vi estas? Kial al vi estas forhakita unu kruro? De kiu? Ĉu de la Ĉielo aŭ de iu homo?" Li diris: "De la Ĉielo. Nepre ne de la homo. La Ĉielo faris min unukrura. Fizionomio estas io donita. Mi scias, ke tion donis al mi la Ĉielo, sed ne iu ajn homo.

Fazano ĉe marĉo bekas unu fojon je ĉiu deka paŝo, trinkas unu fojon je ĉiu centa paŝo, sed ĝi ne volas esti nutrata en la kaĝo[113]. Eĉ se oni tie traktus vin kvazaŭ reĝon, via animo ne sentus sin bona."

0304

Lao Dan mortis. Qin Shi[114] venis kondolenci pri li, kaj, kriinte tri fojojn, estis forironta.Discîplo diris: "Ĉu vi ne estas amiko de la Majstro?" Li diris: "Jes." Tiu diris: "Se jes, ĉu estus allaseblé kondolenci tiel?" Li diris: "Jes. Unue mi prenis ilin por liaj homoj[115], sed nun, ne. Enirante kondolenci, mi vidis maljunulojn plorkriantaj, kvazaŭ por iliaj mortintaj filoj; junulojn plorkriantaj, kvazaŭ por iliaj mortintaj patrinoj. Ili ĉeestis ĉi tie por eldiri certe vortojn, sed ne havante senton de kondolenco; por plorkrii, sed ne vere volante plorkrii. Tio signifas eviti la Ĉielon kaj kontraŭi sian senton. Ili forgesis kion ili ricevis de li. Antikvuloj diris, ke tiu, kiu evitos la Ĉielon, estu punita. La Majstro venis ĝuste tiam, kiam venis la tempo. Li foriris ĝuste tiam, kiam taŭgis. Laŭ ĝusta tempo, konforme al naturo. Malĝojo aŭ ĝojo ne povas interveni. Antikvuloj diris: "Tio estas Dia malligiteco" [116].

0305

Eĉ se per fingroj jam ne aldonate pli da brulligno, la fajro, foje transdoniĝinte, ne povas forkonsumiĝi [117].

4. 人间世 Ren Jian Shi

0401

颜回见仲尼请行。曰："奚之?"曰："将之卫。"曰："奚为焉?"曰："回闻卫君,其年壮,其行独,轻用其国,而不见其过,轻用民死,死者以国量乎泽若蕉,民其无如矣!回尝闻之夫子曰:'治国去之,乱国就之,医门多疾。'愿以所闻思其则,庶几其国有瘳乎!"

仲尼曰："嘻,若殆往而刑耳!夫道不欲杂,杂则多,多则扰,扰则忧,忧而不救。古之至人,先存诸己,而后存诸人。所存于己者未定,何暇至于暴人之所行!且若亦知夫德之所荡而知之所为出乎哉?德荡乎名,知出乎争。名也者,相札也;知也者,争之器也。二者凶器,非所以尽行也。且德厚信矼,未达人气;名闻不争,未达人心。而强以仁义绳墨之言术暴人之前者,是以人恶有其美也,命之曰菑人。菑人者,人必反菑之。若殆为人菑夫!且苟为悦贤而恶不肖,恶用而求有以异?若唯无诏,王公必将乘人而斗其捷。而目将荧之,而色将平之,口将营之,容将形之,心且成之。是以火救火,以水救水,名之曰益多。顺始无穷,若殆以不信厚言,必死于暴人之前矣!且昔者桀杀关龙逢,纣杀王子比干,是皆修其身,以下伛拊人之民,以下拂其上者也,故其君因其修以挤之。是好名者也。昔者尧攻丛、枝、胥敖,禹攻有扈,国为虚厉,身为刑戮。其用兵不止,其求实无已,是皆求名实者也,而独不闻之乎?名实者,圣人之所不能胜也,而况若乎?虽然,若必有以也,尝以语我来!"

颜回曰："端而虚,勉而一,则可乎?"曰:"恶!恶可?夫以阳为充孔扬,采色不定,常人之所不违,因案人之所感,以求容与其心。名之曰日渐之德不成,而况大德乎?将执而不化,外合而内不訾,其庸讵可乎?"

"然则我内直而外曲,成而上比。内直者,与天为徒。与天为徒者,知天子之与己,皆天之所子,而独以己言祈乎而人善之,祈乎而人不善之邪?若然者,人谓之童子,是之谓与天为徒。外曲者,与人[之]为徒也。擎跽曲拳,人臣之礼也,人皆为之,吾敢不为邪?为人之所为者,人亦无疵焉,是之谓与人为徒。成而上比者,与古为徒。其言虽教,谪之实也。古之有也,非吾有也。若然者,虽直而不病,是之谓与古为徒。若是则可乎?"仲尼曰:"恶!恶可?大多政法而不谍,虽固亦无罪,虽然,止是耳矣,夫胡可以及化!犹师心者也。"

颜回曰:"吾无以进矣,敢问其方。"仲尼曰:"斋,吾将语若。有(心)而为之,其易邪?易之者,皞天不宜。"

颜回曰:"回之家贫,唯不饮酒不茹荤者数月矣。如此,则可以为斋乎?"曰:"是祭祀之斋,非心斋也。"

回曰："敢问心斋。"仲尼曰："若一志！无听之以耳而听之以心，无听之以心而听之以气。听止于耳，心止于符。气也者，虚而待物者也。唯道集虚，虚者心斋也。"

颜回曰："回之未始得使，实自回也；得使之也，未始有回也，可谓虚乎？"夫子曰："尽矣。吾语若：若能入游其樊而无感其名，入则鸣，不入则止。无门无毒，一宅而寓于不得已，则几矣。绝迹易，无行地难。为人使易以伪，为天使难以伪。闻以有翼飞者矣，未闻以无翼飞者也；闻以有知知者矣，未闻以无知知者也。瞻彼阕者，虚室生白，吉祥止止。夫且不止，是之谓坐驰。夫徇耳目内通而外于心知，鬼神将来舍，而况人乎！是万物之化也，禹、舜之所纽也，伏羲、几蘧之所行终，而况散焉者乎！"

0402

叶公子高将使于齐，问于仲尼曰："王使诸梁也甚重，齐之待使者，盖将甚敬而不急。匹夫犹未可动，而况诸侯乎！吾甚慄之。子常语诸梁也曰：'凡事若小若大，寡不道以欢成。事若不成，则必有人道之患；事若成，则必有阴阳之患。若成若不成而后无患者，唯有德者能之。'吾食也执粗而不臧，爨无欲清之人。今吾朝受命而夕饮冰，我其内热与！吾未至乎事之情，而既有阴阳之患矣。事若不成，必有人道之患。是两也，为人臣者不足以任之，子其有以语我来！"

仲尼曰："天下有大戒二：其一，命也；其一，义也。子之爱亲，命也，不可解于心；臣之事君，义也，无适而非君也，无所逃于天地之间；是之谓大戒。是以夫事其亲者，不择地而安之，孝之至也；夫事其君者，不择事而安之，忠之盛也；自事其心者，哀乐不易施乎前，知其不可奈何而安之若命，德之至也。为人臣子者，固有所不得已，行事之情而忘其身，何暇至于悦生而恶死？夫子其行可矣！丘请复以所闻：凡交，近则必相靡以信，远则必忠之以言，言必或传之。夫传两喜两怒之言，天下之难者也。夫两喜必多溢美之言，两怒必多溢恶之言。凡溢之类妄，妄则其信之也莫，莫则传言者殃。故法言曰：'传其常情，无传其溢言，则几乎全。'且以巧斗力者，始乎阳，常卒乎阴，大至则多奇巧；以礼饮酒者，始乎治，常卒乎乱，大至则多奇乐。凡事亦然。始乎谅，常卒乎鄙；其作始也简，其将毕也必巨。夫言者，风波也；行者，实丧也。风波易以动，实丧易以危。故忿设无由，巧言偏辞。兽死不择音，气息茀然，于是并生心厉。克核大至，则必有不肖之心应之，而不知其然也。苟为不知其然也，孰知其所终！故法言曰：'无迁令，无劝成。'过度，益也。'迁令''劝成'，殆事。美成在久，恶成不及改，可不慎与！且夫乘物以游心，托不得已以养中，至矣。何作为报也？莫若为致命。此其难者。"

0403

颜阖将傅卫灵公太子，而问于蘧伯玉曰："有人于此，其德天杀。与之为无方，则危吾国；与之为有方，则危吾身。其知适足以知人之过，而不知其所以过。若然者，吾奈之何？"

蘧伯玉曰："善哉问乎！戒之，慎之，正女身也哉！形莫若就，心莫若和。虽然，之二者有患。就不欲入，和不欲出。形就而入，且为颠为灭，为崩为蹶；心和而出，且为声为名，为妖为孽。彼且为婴儿，亦与之为婴儿；彼且为无町畦，亦与之为无町畦；彼且为无崖，亦与之为无崖。达之，入于无疵。汝不知夫螳螂乎？怒其臂以当车辙，不知其不胜任也，是其才之美者也。戒之，慎之！积伐而美者以犯之，几矣！汝不知夫养虎者乎？不敢以生物与之，为其杀之之怒也；不敢以全物

24

与之，为其决之之怒也；时其饥饱，达其怒心。虎之与人异类，而媚养己者，顺也；故其杀者，逆也。夫爱马者，以筐盛矢，以蜄盛溺。适有蚊虻仆缘，而拊之不时，则缺衔毁首碎胸。意有所至，而爱有所亡，可不慎邪！"

0404

匠石之齐，至乎曲辕，见栎社树。其大蔽（数千）牛，絜之百围；其高临山十仞而后有枝，其可以为舟者旁十数。观者如市，匠伯不顾，遂行不辍。弟子厌观之，走及匠石，曰："自吾执斧斤以随夫子，未尝见材如此其美也。先生不肯视，行不辍，何邪？"曰："已矣，勿言之矣！散木也，以为舟则沉，以为棺椁则速腐，以为器则速毁，以为门户则液樠，以为柱则蠹。是不材之木也。无所可用，故能若是之寿。"

匠石归，栎社见梦曰："女将恶乎比予哉？若将比予于文木邪？夫楂梨橘柚果蓏之属，实熟则剥，剥则辱，大枝折，小枝泄。此以其能苦其生者也，故不终其天年而中道夭，自掊击于世俗者也。物莫不若是。且予求无所可用久矣，几死，乃今得之，为予大用。使予也而有用，且得有此大也邪？且也，若与予也皆物也，奈何哉其相物也？而几死之散人，又恶知散木！"

匠石觉而诊其梦。弟子曰："趣取无用，则为社何邪？"曰："密！若无言！彼亦直寄焉，以为不知己者诟厉也。不为社者，且几有翦乎！且也，彼其所保与众异，而以义誉之，不亦远乎！"

0405

南伯子綦游乎商之丘，见大木焉，有异，结驷千乘，隐将芘其所藾。子綦曰："此何木也哉？此必有异材夫！"仰而视其细枝，则拳曲而不可以为栋梁；俯而视其大根，则轴解而不可为棺椁；咶其叶，则口烂而为伤；嗅之，则使人狂酲三日而不已。子綦曰："此果不材之木也，以至于此其大也。嗟乎神人，以此不材！"

宋有荆氏者，宜楸柏桑。其拱把而上者，求狙猴之杙者斩之；三围四围，求高名之丽者斩之；七围八围，贵人富商之家求樿傍者斩之。故未终其天年而中道已夭于斧斤，此材之患也。故解之以牛之白颡者，与豚之亢鼻者，与人有痔病者，不可以适河。此皆巫祝以知之矣，所以为不祥也。此乃神人之所以为大祥也。

0406

支离疏者，颐隐于脐，肩高于顶，会撮指天，五管在上，两髀为胁。挫针治繲，足以糊口；鼓筴播精，足以食十人。上征武士，则支离攘臂而游于其间；上有大役，则支离以有常疾不受功；上与病者粟，则受三钟与十束薪。夫支离其形者，犹足以养其身，终其天年，又况支离其德者乎！

0407

孔子适楚，楚狂接舆游其门曰："凤兮凤兮，何如德之衰也！来世不可待，往世不可追也。天下有道，圣人成焉；天下无道，圣人生焉。方今之时，仅免刑焉。福轻乎羽，莫之知载；祸重乎地，莫之知避。已乎已乎，临人以德！殆乎殆乎！画地而趋！迷阳迷阳，无伤吾行。吾行郤曲，无伤吾足。"

山木自寇也；膏火自煎也。桂可食，故伐之；漆可用，故割之。人皆知有用之用，而莫知无用之用也。

LA MONDO DE HOMOJ

0401

Yan Hui vizitis Zhong Ni[118] kaj petis la permeson ekvojaĝi. Zhong Ni diris: "Kien vi iras?" Yan Hui respondis: "Mi iras al regno Wei." Zhong Ni demandis: "Por kio?" Yan Hui respondis: "Mi aŭdis, ke la reĝo de Wei[119], plenaĝulo, kondutas arbitre. Li facilanime uzas la ŝtatpotencon kaj ne vidas sian eraron. Ekspluatante la popolon, li facilanime kondukas ilin al la morto, do la regno estas plena de mortintoj, samkiel marĉo plena de bruligitaj kadavroj. La popolo povas nenion fari. Mi antaŭe aŭdis la Majstron diranta: 'Foriru de la regno bone regata, iru al la regno malorda. Kuracisto estas bezonata tie, kie estas multe da malsanuloj.' Mi volus agi laŭ via vorto, kiun mi aŭdis. Mi esperas, ke eble resaniĝos la regno."

Zhong Ni diris: "Ho, probable, vi iros nur por esti ekzekutota. La Vojo-Tao ne deziras miksaĵojn. Se miksaĵoj, ili estas ja multediversaj. Pro multediverseco ekbatalas skismuloj. Skismoj ĉagrenas. Kiu ĉagreniĝas, tiu ne povas savi aliajn. Antikvaj plejaj homoj antaŭ ĉio konvinkis sin havanta en si mem ion idealan, poste ili kun la konvinko turnis sin al aliaj homoj. Dum vi ankoraŭ ne konvinkiĝis pri io, kion vi mem nun posedas, kial vi havus libertempon por iri tien, kie tirano regas? Aldone, ĉu vi scias, pro kio la virto detruiĝas kaj de kie la saĝo[120] estiĝas? La virto detruiĝas pro renomo[121], la saĝo estiĝas de kverelo.

Renomoj estas konkure enlistitaj sur dokumentoj[122], kaj saĝoj estas kvereluloj. Ambaŭ estas iloj por vundi, sed ne por plenumi bonkonduton. Estadas, ke eĉ se kun abunda virto kaj kun firma fido, oni ankoraŭ ne komprenas la homan senton, aŭ eĉ se ne konkuras je renomo, oni ankoraŭ ne komprenas la homan koron. Kiu altrudas per striktaj vortoj[123] sian bonvolecon kaj juston[124] al tirano kaj akuzas ties malbonon, fierante je sia belo, tiu estos nomata 'plagoaltiranto' [125]. Kiu alportas plagon al aliaj, al tiu la aliaj nepre alportos ĝin. Probable, vi estos kalumniita de aliaj homoj. Se ili almenaŭ per si mem ĝis nun ĝojus je saĝo kaj malamus stulton, kial do ili aŭdacus dungi vin por ŝanĝi? Se vi konsilos, la reĝo nepre utiligos vin nur por gajni sian superestrumadon. Tiam vi, kun okuloj blindigitaj de tio, klopodante trankviliĝi je vizaĝo, deziros diri per buŝo ion ajn, provos tenadi vin bonstila, volos en koro efektivigi ion[126]. Tio estos samkiel 'savi fajron per fajro', aŭ, 'savi inundon per akvo'. Tio estas nomata: 'Ju pli multe, des pli malbone'.

Estos senlime, se vi unufoje eksekvos tion. Pro tio, ke vi ripetos vortojn, ne profundajn sen konvinko, vi nepre mortos antaŭ la tirano. Antikve Jie mortigis Guan Longfeng, Zhou mortigis princon Bi Gan[127]. Ĉiuj mortigitoj estis edukitaj kaj, estante subuloj, ili karesis alies popolon[128], do, estante subuloj, ili kontraŭis al siaj supruloj. Tial iliaj reĝoj faligis ilin pro ilia tia personeco, ĉar ili estis ŝatataj famuloj. Antikva reĝo Yao atakis landojn Cong, Zhi kaj Xu'ao, kaj reĝo Yu atakis landon Youhu[129]. Atakitaj landoj ŝanĝiĝis ruinoj, kaj la landestroj estis punmortigitaj, ĉar ili ne ĉesis uzadi la armeojn, nek ĉesis serĉadi al si profiton. Ĉu vi sola ne aŭdis pri tio? Renomon kaj profiton ne eblas konkeri eĉ al sanktuloj. Des malpli al vi. Malgraŭ tio, vi nepre havas ian ideon, ĉu ne? Diru al mi prove."

Yan Hui diris: "Mi estu bonetiketa kaj modesta, diligenta kaj sincera unuanime, ĉu bone?" Zhong Ni diris: "Ho ve, kiel bone? Vi, prenante aktivan jangon via anima pleneco, ekscitiĝas. Via vizaĝesprimo estas tiel ŝanĝiĝema, ke vi ne diferencas de aliaj ordinaruloj. Tiel do vi arbitre antaŭsupozas kion aliuloj sentas, kaj vi klopodas teni vin tia, ke iel vi plaĉu al ili. Tio estas nomata: 'Ne helpas eĉ la virteto akumulata ĉiutage.' Des malpli la granda virto. Tiu, kiun vi devos konsili, insistados la sian kaj ne ŝanĝiĝos. Ekstere li akordus kun vi, sed interne ne adoptas vian opinion. Kien utilus via maniero?"

Yan Hui diris: "Nu, tiuokaze mi estu simple-rekta interne kaj fleksebla ekstere. Por efektivigi mian ideon mi citu kompare la opiniojn de antikvuloj. Estante interne simple-rekta, mi akordigos min kun la Ĉiela naturo. Akordiĝante kun la Ĉiela naturo, mi turnos min al la Ĉiela Filo kaj mi mem. Ĉar ĉiuj estas infanoj de la Ĉielo, kial mi postulus, ke la aliaj rigardu nur mian propran opinion bona aŭ alies opiniojn ne bonaj? Se tiel, oni rigardus min infano, t.e. obeanto de la Ĉiela naturo. Se mi estus ekstere fleksebla, aliaj homoj rigardos min sama kiel sin mem. Portante tabuleton, profunde salutante, kaŭrante je korpo, frotante siajn manojn, mi obeos decregulojn[130] kiel subuloj. Ĉiuj homoj povas fari tion, ĉu mi ne povas fari? Oni ne riproĉus min por tio, kion oni mem faras. Tio signifas, ke oni rigardas min samulo kun si mem. Por efektivigi mian ideon mi komparos ĝin metafore kun la antikva, aspektante kiel disĉiplo de antikvuloj. La vortoj, enhavantaj kritikon, estis jam diritaj de antikvuloj, ne de mi unue eldirataj. Tiuokaze, malgraŭ rekta eldiro eblas eviti riproĉon. Tiel nomata 'fariĝi disĉiplo de antikvuloj'. Se tiel, ĉu atingeblas la celo?"

Zhong Ni diris: "Ho ve! Kial do eblas? Havante multe da politikoj kaj rimedoj, vi ne pripensas. Spite vian persistecon, vi ne estus punita, sed senpli. Fareblas nur tio. Neniom eblas ŝanĝi per tio. Ankoraŭ vi faras nur vian koron gvidanto."

Yan Hui diris: "Mi jam ne havas rimedon por antaŭeniri. Mi aŭdacas demandi vin pri la rimedo." Zhong Ni diris: "Unue vi fastu, tion mi devas diri al vi. Fari tion[131] per sia koro, ĉu estas facile? Kiu diras 'facile', tiu ne konformas al la hela Ĉielo."

Yan Hui diris: "Mia familio estas povra. Mi ne drinkas vinon, nek manĝas ajlon jam kelkajn monatojn. Ĉu tio povas esti taksata kiel 'fasto'?" Zhong Ni diris: "Via estas la fasto por festo, sed ne la fasto por koro."

27

Yan Hui diris: "Mi volus demandi, kio estas la fasto por koro?" Zhong Ni diris: "La alstrebo unuiĝu en vi. Aŭskultu tion ne per oreloj, sed per koro. Plie, ne pere de koro, sed aŭskultu tion per Ĉjio[132]. Ĉar oreloj nur aŭdas, koro nur perceptas signon. Ĉjio estas tiu, kiu en malpleneco[133] atendas ion. La Vojo kolektiĝas en la malpleneco. Malplenigo ja estas la fasto de koro."

Yan Hui diris: "Antaŭe, kiam mi ne ekaŭdis vian instruon, certe troviĝis mia propra memo, kiel Hui. Post aŭdado de la instruo, ne ektroviĝas la ekzisto de Hui. Ĉu eblus nomi tion la malpleneco?"

La Majstro diris: "Jen ĉio! Mi diru al vi, ke vi iru ludi en la kaĝo sed ne zorgu je via renomo. Se oni aŭskultas, vi pepadu; se ne, ĉesu pepi. Akceptu ĉion ajn, kaj damaĝus vin nenio.[134] Loĝu unusole tie, kie nepras, kaj estos sufiĉe. Estus facile ĉesi iradi, sed, se iri, malfacile ne piediri sen surtreti laŭ la tero. Kiel al servanto por homoj, al vi estus facile uzi falson, sed, kiel al servanto de la Ĉielo, al vi estos malfacile uzi falson. Vi aŭdis, ke havanto de flugiloj flugas, tamen vi ne aŭdis, ke nehavanto de flugiloj ankaŭ flugas. Vi aŭdis, ke havanto de scioj scias, tamen vi ne aŭdis, ke nehavanto de scioj ankaŭ scias. Rigardu, ripozante senmove, kaj en la malplena ĉambro estiĝas io blanka. Tie restas bona fortuno. Se ĝi ne restas, tio estas nomata 'sidanta kurado[135]'. Lasu orelojn kaj okulojn komunikiĝi kun interno kaj lasu koron scii eksteron, tiam Spiritoj alvenas resti, des pli homoj. Tiel aliiĝas ĉiuj kaj ĉio. Jen kion Yu kaj Shun atente kunplektis. Jen kion Fu Xi, Ji Qu[136] faris finfine. Des pli bone tio estas al ordinaruloj, al kiuj mankas koncentriĝo[137]."

0402

Duko de lando She, Zigao[138], sendote al regno Qi, konsultis Zhong Ni, dirante: "La reĝo, sendos min, ŝarĝante min per peza respondeco. Regno Qi, kvankam akceptus min kun respekto, tamen ne haste traktus la aferon. Malfacile movi eĉ ordinarulojn, des pli landestrojn. Mi tre timas tion. Vi ĉiam parolas al mi, dirante: 'Je ĉiu afero, ĉu granda aŭ malgranda, sen la ĝusta vojo apenaŭ atingeblas iu ajn agrabla sukceso. Se la afero ne sukcesas, nepre iuj riproĉos la respondeculon. Eĉ se sukcesus, nepre ĉagrenus lin diversaj malsanoj de jino kaj jango kaŝe aŭ malkaŝe. Nur al virtulo eblus poste ne suferi en ajna okazo, negrave ĉu sukcesus la afero aŭ ne.' Mi mangas mallukse kaj turpa kuiristo ordinare ne volas doni al mi ion refreŝigan friskan. Sed nun, ricevinte matene la ordonon, vespere mi prenis la friskan glaciaĵon, ĉar mi havas febron en mia korpo. Mi ankoraŭ ne sciiĝis pri informo de la afero, tamen mi jam estas maltrankvila je diversaj zorgoj kaŝe kaj malkaŝe. Se la afero malsukcesos, nepre oni ekparolos riproĉon. Neniu el reĝaj subuloj kapablus sufiĉe elteni tiun ŝarĝon. Majstro, bonvolu diri al mi ion ajn."

Zhong Ni diris: "Estas du grandaj disciplinoj, la unua estas destino, la dua – devo. Amo de gefiloj al gepatroj estas la destino. Tion ne eblas kompreni per koro. Servado de subuloj al la reĝo estas la devo. Estas nenie ajn, kie troviĝas neniu reĝo. Nenien eskapi inter la Ĉielo kaj la Tero. Tio estas tiel nomataj grandaj disciplinoj. Tial do, kiu servas al gepatroj, al tiu restas nenia alternativo ol esti kontenta. Jen la kulmino de fila pietato. Kiu servas al sia reĝo, tiu devas esti kontenta je ajna servado. Jen la pinto de lojaleco. Kiu servas mem al sia koro, tiu, ne ŝanceliĝante ĉe malĝojo aŭ ĝojo, trankvile obeas al la destino, ĉar li scias fari neniel ol obei. Jen la kulmino de virto. Esti subulo aŭ filo estas tute neeviteble al homo. Oni forgesas sin, plenumante la taskon de ĉiu afero. Ne estas libera tempo por ĝoji la vivon aŭ por malami la morton. Vi devas nur esti iranta. Permesu al mi aldoni tion, kion mi aŭdis. Se inter proksimaj landoj estas farata interŝanĝo, tiam ili nepre rilatas kun fido; se inter malproksimuloj – nepre ili rilatas per fidindaj vortoj. Je vortoj nepre devas esti tiu, kiu transdonas la vortojn. Estas tre malfacile en la mondo transdoni vortojn, esprimantajn ambaŭflankan ĝojon aŭ ambaŭflankan koleron. Ĉar la vortoj de ambaŭflanka ĝojo nepre pleniĝas de beligita pufparolo, kaj la vortoj de ambaŭflanka kolero nepre estas plenaj de troigita parolaĉo. Ĝenerale, la troigita vorto estas malvera. Se malvera, oni ne kredas ĝin firme. Se ne firma estas la kredo, ricevas plagon la transdoninto de la vorto. Do estas dirite en aforismo: ‘Transdoni la realan fakton, kaj ne transdoni troigitan vorton.’ Se tiel, la tasko estas preskaŭ plenumita[139]. Se ludistoj konkuras, kvankam en la komenco ili estas gajaj, tamen en la fino ĉiam malgajaj, ĉar ili kun aplombo uzas finfine multajn ruzaĵojn. Kiuj intertraktas laŭdece, trinkante vinon, tiuj, kvankam en la komenco estas sinregemaj, tamen en la fino ĉiam freneziĝas, ĉar ili kun aplombo falas finfine en strangan orgion. Ĝenerale entute estas same: komenciĝas sincere, finiĝas maldece. Kio estis simpla en la komenco, tio nepre ege komplikiĝas en la fino. Vorto similas al vento kaj ondoj, konduto estas gajno kaj perdo. Vento kaj ondoj facile moviĝas. Gajno kaj perdo facile kondukas al danĝero. Kolero estiĝas senkaŭze, do estiĝas ruzaj vortoj kaj unuflanka rezonado [140]. Bestoj je sia morto kriegas kun iaj ajn voĉoj, spiradas furioze kaj elmontradas vice elkoran ferocon. Kiu iĝas kruela ĝis kulmino, tiu nepre havigas al si malbonan koron per tio, ne sciante pri si mem. Ĉar li ne scias pri si mem, kiel do li scius la finon? Estas dirite en aforismo: ‘Ne ŝanĝu ordonon, ne avidu sukceson, ĉar okazos troigo plia.’ Ŝanĝi ordonon aŭ instigi ŝanĝon endanĝerigas la aferon. Belo fariĝas kompleta en longa tempo. Se foje estiĝus ia malbono, ne eblus korekti ĝin. Estu prudenta. Se vi foje rajdas sur iu veturilo, lasu vian koron ludi tie. Konfidu ĉion al nepreco, kiel neeviteblajn, kaj nutru interne vian kernon, tiel do vi atingos celon. Kion fari por raporti? Nenion alian ol plenumi ordonon ĝis la fino. Jen tiel agi estas ja tre malfacile[141] ”

0403

Yan He fariĝis guvernisto por la kronprinco de la duko Ling en regno Wei[142]. Yan He demandis Qu Boyu[143]: “Supozu, ke estas ĉi tie unu homo. Lia karaktero estas laŭnature feroca. Se senbridi lin per guvernado, nia regno estos endanĝerigita; se bridi lin per guvernado, mi mem estos endanĝerigita. Lia saĝo estas limigita, ke li povas scii nur alies erarojn, sed ne scias, de kie la eraroj estiĝas. Kion fari por mi kun tia homo?” Qu Boyu diris: Bona estas via demando. Estu singarda, estu skrupula, kaj ĝustigu vin mem. Je konduta formo, nenio estas pli bona ol sekvi. Je koro, nenio pli bona ol akordiĝi. Sed kuŝas malbono en ambaŭ tiuj. Kiam oni sekvas, estas preferinde ne deziri tro eniri; kiam akordiĝas, estas preferinde ne deziri tro elmontri sin[144]. Kiu tro eniros laŭ formo, tiu turmentiĝos, pereos, detruiĝos, stumblante falos. Kiu tro elmontras sin je akordiĝo de koro, tiu, kvankam akiros famon kaj gloron, tamen ricevos malbonsorton kaj malfeliĉon. Kiam li volas fariĝi bebo, ankaŭ vi kune kun li fariĝu bebo. Kiam li volas malkonstrui kampolimon, ankaŭ vi kune kun li neniigu la kampolimon. Kiam li volas detrui bordon, ankaŭ vi kune kun li neniigu la bordon. Tiel li atingos kion li deziras, kaj poste vi enkondukos lin al la vojo senerara. Ĉu vi ne scius manton? Ekkolerinte, svingante brakojn, ĝi impetas kontraŭ turniĝantan radon. Ĝi ne scias pri la nevenkebleco. Tia estas belulo, kiu rigardas sin kapabla. Singardu kaj estu skrupula je tio. Kiu fieras je sia akumulita beleco, misfaras tion. Estas danĝere. Ĉu vi ne scius kiel bredi tigron? Ne devas doni al ĝi la vivantan nutraĵon, ĉar pro la kolero tiu mortigas ĉi tiun. Ne devas doni al ĝi la tutan korpon, ĉar pro la kolero tiu disŝiras ĉi tiun. Vidante okazon, ĉu ĝi estas malsata aŭ sata, oni lasas ĝin forkonsumi kolersenton. Kompreneble, tigro diferencas de homo. Sed ankaŭ ĝi flatas al tiu, kiu donas nutraĵon, kaj sekvas. Ĝi tamen mortigas tiun, kiu al ĝi kontraŭas. Inter amantoj de ĉevaloj troviĝas tiu, kiu per kesto ricevas la fekaĵon kaj per konkego la urinon. Tia ĉevalo, kiam oni hazarde ĉe malbona okazo batos pikontan kulon aŭ tabanon, ekmordos enbuŝaĵon, vundos sin je kolo kaj rompas sin je brusto. Malgraŭ plenplene da bona volo, tia amo okaze difektas. Devas esti prudenta."

0404

Ĉarpentisto Shi iris al regno Qi. Kiam li alvenis iun lokon, nomatan Qu Yuan[145], li vidis unu sanktan kverkon[146]. Ĝia ombro povis kovri bovojn, ĝia trunko estis dika je cent wei[147], ĝi estis tiom alta, ke ĝi subenrigardas monton. Branĉoj elkreskis nur post dek renoj super tero. Se konstrui ŝipon el unu branĉo, eblus fari ĉirkaŭ 10 boatojn. Kolektiĝas spekti ĝin amaso da homoj, kvazaŭ sur merkato. Mastro la ĉarpentisto, ne turnante okulojn al ĝi, nur preteriris senhalte. Lernanto de la ĉarpentisto ne satrigardis ĝin, postkuris mastron Shi, kaj diris: "Post kiam mi ekprenis hakilon kaj sekvis vin, mi neniam vidis tiom belan arbon. Sed vi, mastro, ne rigardante ĝin, preteriris senhalte. Kial?" Li diris: "Ĉesu! Ne diru plu. Sentaŭga arbo. Se per ĝi konstrui ŝipon, la ŝipo tuj subakviĝos. Se per ĝi fari ĉerkojn internan kaj eksteran, ili subite putros. Se per ĝi fari ujojn, ili subite ekkrevos. Se per ĝi fari pordojn, tuj ellikiĝos ĝia mucilago. Se per ĝi fari kolonojn, ilin subite ronĝos raŭpoj kaj insektoj. Ĝi ne utilas por ajna materialo. Nenie uzeblas. Tial do ĝi longevivas tiel."

Mastro Shi revenis hejmen. La sankta kverko ekaperis al li en sonĝo, dirante: "Kun kiu vi komparas min? Ĉu vi komparas min kun la utilaj arboj? Fruktarboj kiel kratagoj, piroj, oranĝoj, citronoj, kaj aliaj fruktarboj kaj vinberoj – tiuj arboj estos hontigitaj, post kiam iliaj fruktoj, maturiĝinte, estos rikoltitaj. Branĉoj – grandaj estos rompitaj, malgrandaj estos tiritaj. Ili suferas sian vivon pro sia kapablo. Do ili ne plenumas sian donitan de naturo vivon, survoje mortas junaj. Ili estas disbatataj de monda bagatelaĵo. Al neniu el ili eviteblas tia sufero.   Koncernante min, mi delonge deziris resti senutila, ke nenie mi estu uzata. Nun proksime al morto, mi atingis la celon, per tio mi faris la grandan utilon por mi. Se mi estus iam utila, ĉu al mi eblus atingi la grandan? Vi kaj mi egale estas aĵoj. Kial vi ne povas kompreni nin, kiel ambaŭ aĵojn. Vi mem estas senutilulo, preskaŭ proksima al morto. Vi ne povas kompreni pri la senutila arbo."

Vekiĝinte, la mastro Shi provis diveni signifon de la sonĝo. Iu lernanto diris: "Se estus senutila, pro kio do ĝi fariĝis sanktejo?" Shi diris: "Ŝŝ! Ne diru. Ankaŭ ĝi nur dependas de io. Ĝi konsideras ĉikanemulo tiun, kiu kritikas ĝin. Se ĝi ne fariĝus la sanktejo, ĉu ĝi estus hakita? Tio, ke ĝi tenas sin alie ol amaso, estas ĝuste honorinda. Ĉu estas malproksime supozi tiel?"

0405

Nanbo Ziqi ludvagis sur la monteto de Shang[148], vidis tie iun grandan arbon, tute diferencan de la aliaj. Sub la ŝirmo de ĝia ombro povas ripozi milo da kvarĉevalaj ĉaroj. Ziqi diris: "Kio estas ĉi tiu arbo? Ĝi devas nepre esti iu eksterordinara materialo!" Rigardante supren, li trovis la malgrandajn branĉojn kurbaj, ke ne eblas uzi ilin por trabo aŭ ĉevrono. Rigardante suben, li trovis la grandan radikon krevinta, ke ne eblas fari el ĝi ĉerkon. Li lekis la folion kaj lia buŝo ulceriĝis vundite. Li ekflaris la odoron, kaj ĝi igis lin freneze ebriaĉi pli ol 3 tagojn. Ziqi diris: "Ĝi estas ja arbo, ne utila por materialo. Tial do ĝi kreskis tiel grandega. Ho, ankaŭ Dieca Homo[149] fariĝis tiom granda pro senutileco, samkiel tiu arbo." [150]

En regno Song estas iu regiono, nomata Jingshi[151], kiu estas fama je bonaj arboj, kiel katalpoj, cipresoj kaj morusoj. Se la trunko fariĝas dika je unu spano[152] perimetre aŭ du, iuj hakas ilin por fari sid-stangojn de simioj. Se dika je tri aŭ kvar klaftoj[153], aliaj hakas ilin por altaj firstotraboj. Se dika je 7-8 klaftoj, triaj hakas ilin por fari monolitan panelon de ĉerkoj por nobeloj kaj komercistoj. Tiel do ili, ne plenumante sian naturan jaraĝon, estas hakitaj en juneco. En tio kuŝas malfeliĉo de tiuj materialoj.Ĉe la Festo de Ekzorcado ne estas konsiderataj taŭgaj por oferado al Rivero jen tiuj: bovo kun blanka frunto, porko kun alta nazo, homo kun hemoroidoj. Ĉiuj aŭguristoj kaj ŝamanoj bone scias, ke ili estas konsiderataj kiel malbonaŭguraj. Sed Dieca Homo konsideras ilin simboloj de granda bonaŭguro[154].

0406

Estis iu handikapulo, nomata Shu, kun mentono alkroĉita al umbiliko, kun ŝultroj altigitaj super kapo, kun harplektaĵo direktita al ĉielo, kun kvin truoj[155] turniĝintaj supren, kun gamboj premitaj al ripoj. Per laboro de kudrado kaj lavado li vivtenis sin sufiĉe por manĝi. Per laboro de kribrado kaj senbranigo li sufiĉe povis nutri dek homojn. Kiam aliaj ekmilitiris, tiu handikapulo, svingante brakojn por adiaŭi, vagadis inter ili. Kiam aliaj estis vokitaj de superulo al granda laborservo, tiu handikapulo, havante eternan kriplaĵon, povis eviti la taskon. Kiam la superulo donadis al malsanuloj grenojn, li ricevadis tri zhongojn [156] da greno kaj dek faskojn da brulligno. Eĉ handikapulo, havanta kriplaĵon je korpo, povas sufiĉe nutri sin kaj vivi plene ĝis la jaraĝo donita de la Ĉielo. Des pli, al handikapulo estas dotita ia avantaĝo je virto[157].

Kiam Konfuceo iris al regno Chu, iu frenezulo, nomata Jie Yu[158], alvagis al la grupo, dirante: "Ho, Fenikso, Fenikso,[159] kiel velkis la virto! Estonton ne eblas atendi, estinton ne eblas sekvi. Se sub la Ĉielo estus la Vojo, estiĝus Sanktaj Homoj; se sub la Ĉielo ne estas la Vojo, al Homoj Sanktaj restas nur travivi iel tiel. Ĉar en nuna tempo estas bone, se nur eviteblas puno. Feliĉo estas pli malpeza ol plumo, sed oni ne povas ricevi ĝin per sia manplato. Malfeliĉo estas pli peza ol tero, sed oni ne scias kiel eviti ĝin. Ĉesu, ĉesu turni sin kun virto al homoj. Danĝere, danĝere estas eĉ kuradi etpaŝe[160], laŭ normigitaj decreguloj.

Urtiko, urtiko, nomata 'devojĝanta suno', ne vundu min irantan. Mi iradas zigzage por ne vundi miajn piedojn."

Montaj arboj mem pereas. Graso en fajro brulas per si mem. Cinamo estas manĝebla, do homoj skrapas cinamarbon. Sumako estas uzebla, do homoj splitas ĝin. Ĉiuj homoj scias utilecon de io uzebla, sed ne scias utilecon de neuzeblaĵo.

5. 德充符 De Chong Fu

0501

鲁有兀者王骀，从之游者与仲尼相若。常季问于仲尼曰："王骀，兀者也，从之游者与夫子中分鲁。立不教，坐不议，虚而往，实而归。固有不言之教，无形而心成者邪？是何人也？"仲尼曰："夫子，圣人也。丘也直后而未往耳。丘将以为师，而况不若丘者乎！奚假鲁国，丘将引天下而与从之。"

常季曰："彼兀者也，而王先生，其与庸亦远矣。若然者，其用心也独若之何？"仲尼曰："死生亦大矣，而不得与之变，虽天地覆坠，亦将不与之遗。审乎无假而不与物迁，命物之化而守其宗也。"常季曰："何谓也？"仲尼曰："自其异者视之，肝胆楚越也；自其同者视之，万物皆一也。夫若然者，且不知耳目之所宜，而游心乎德之和，物视其所一而不见其所丧，视丧其足犹遗土也。"

常季曰："彼为己，以其知得其心，以其心得其常心，物何为最之哉？"仲尼曰："人莫鉴于流水而鉴于止水，唯止能止众止。受命于地，唯松柏独也（正），在冬夏青青；受命于天，唯（尧）舜独也正，（在万物之首）。幸能正生，以正众生。夫保始之征，不惧之实。勇士一人，雄入于九军。将求名而能自要者，而犹若是，而况官天地，府万物，直寓六骸，象耳目，一知之所知，而心未尝死者乎！彼且择日而登假，人则从是也。彼且何肯以物为事乎！"

0502

申徒嘉，兀者也，而与郑子产同师于伯昏无人。子产谓申徒嘉曰："我先出则子止，子先出则我止。"其明日，又与合堂同席而坐。子产谓申徒嘉曰："我先出则子止，子先出则我止。今我将出，子可以止乎，其未邪？且子见执政而不违，子齐执政乎？"申徒嘉曰："先生之门，固有执政焉如此哉？子而说子之执政而后人者也？闻之曰：'鉴明则尘垢不止，止则不明也。久与贤人处，则无过。'今子之所取大者，先生也，而犹出言若是，不亦过乎！"

子产曰："子既若是矣，犹与尧争善，计子之德，不足以自反邪？"申徒嘉曰："自状其过，以不当亡者众，不状其过，以不当存者寡。知不可奈何而安之若命，唯有德者能之。游于羿之彀中，中央者，中地也，然而不中者，命也。人以其全足笑吾不全足者多矣，我怫然而怒；而适先生之所，则废然而反。不知先生之洗我以善邪，（吾之自寤邪）？吾与夫子游十九年矣，而未尝知吾兀者也。今子与我游于形骸之内，而子索我于形骸之外，不亦过乎！"子产蹴然改容更貌曰："子无乃称！"

0503

鲁有兀者叔山无趾，踵见仲尼。仲尼曰："子不谨，前既犯患若是矣。虽今来，何及矣！"无趾曰："吾唯不知务而轻用吾身，吾是以亡足。今吾来也，犹有尊足者存，吾是以务全之也。夫天无不覆，地无不载，吾以夫子为天地，安知夫子之犹若是也！"孔子曰："丘则陋矣。夫子胡不入乎？请讲以所闻。"

无趾出。孔子曰："弟子勉之！夫无趾，兀者也，犹务学以复补前行之恶，而况全德之人乎！"

无趾语老聃曰："孔丘之于至人，其未邪？彼何宾宾以学子为？彼且祈以諔诡幻怪之名闻，不知至人之以是为己桎梏邪？"老聃曰："胡不直使彼以死生为一条，以可不可为一贯者，解其桎梏，其可乎？"无趾曰："天刑之，安可解！"

0504

鲁哀公问于仲尼曰："卫有恶人焉，曰哀骀它。丈夫与之处者，思而不能去也；妇人见之，请于父母曰'与为人妻，宁为夫子妾'者，十数而未止也。未尝有闻其唱者也，常和人而已矣。无君人之位以济乎人之死，无聚禄以望人之腹。又以恶骇天下，和而不唱，知不出乎四域，且而雌雄合乎前，是必有异乎人者也。寡人召而观之，果以恶骇天下。与寡人处，不至以月数，而寡人有意乎其为人也；不至乎期年，而寡人信之。国无宰，寡人传国焉。闷然而后应，氾而若辞。寡人丑乎，卒授之国。无几何也，去寡人而行。寡人恤焉若有亡也，若无与乐是国也。是何人者？"

仲尼曰："丘也尝使于楚矣，适见豚子食于其死母者，少焉眴若，皆弃之而走。不见己焉尔，不得类焉尔。所爱其母者，非爱其形也，爱使其形者也。战而死者，其人之葬也不以翣资，刖者之屦，无为爱之，皆无其本矣。为天子之诸御，不爪翦，不穿耳；娶妻者止于外，不得复使。形全犹足以为尔，而况全德之人乎！今哀骀它，未言而信，无功而亲，使人授己国，唯恐其不受也，是必才全而德不形者也。"

哀公曰："何谓才全？"仲尼曰："死生、存亡、穷达、贫富、贤与不肖、毁誉、饥渴、寒暑，是事之变，命之行也。日夜相代乎前，而知不能规乎其始者也。故不足以滑和，不可入于灵府。使之和，豫，通而不失于兑，使日夜无郤而与物为春，是接而生时于心者也。是之谓才全。"

"何谓德不形？"曰："平者，水停之盛也。其可以为法也，内保之而外不荡也。德者，成和之修也。德不形者，物不能离也。"

哀公异日以告闵子曰："始也吾以南面而君天下，执民之纪而忧其死，吾自以为至通矣。今吾闻至人之言，恐吾无其实，轻用吾身而亡其国。吾与孔丘，非君臣也，德友而已矣。"

0505

阐跂支离无脤说卫灵公，灵公说之；而视全人，其脰肩肩。瓮盎大瘿说齐桓公，桓公说之；而视全人，其脰肩肩。

故德有所长，而形有所忘，人不忘其所忘，而忘其所不忘，此谓诚忘。故圣人有所游，而知为孽，约为胶，德为接，工为商。圣人不谋，恶用知？不斫，恶用胶？无丧，恶用德？不货，恶用商？四者，天鬻也。天鬻者，天食也。既受食于天，又恶用人！有人之形，无人之情。有人之形，故群于人；无人之情，故是非不得于身。眇乎小哉，所以属于人也！謷乎大哉，独成其天！

0506

惠子谓庄子曰："人故无情乎?"庄子曰："然。"

惠子曰："人而无情,何以谓之人?"庄子曰："道与之貌,天与之形,恶得不谓之人?"

惠子曰："既谓之人,恶得无情?"庄子曰："是非吾所谓情也。吾所谓无情者,言人之不以好恶内伤其身,常因自然而不益生也。"

惠子曰："不益生,何以有其身?"庄子曰："道与之貌,天与之形,无以好恶内伤其身。今子外乎子之神,劳乎子之精,倚树而吟,据槁梧而瞑。天选子之形,子以坚白鸣!"

SIGNO DE PLENECO JE VIRTO

0501

En regno Lu loĝis iu Wang Tai[161], kies piedo estis dehakita. Li havis da lernantoj tiom multe, kiom Konfuceo. Chang Ji[162] demandis Zhong Ni, dirante: "Wang Tai estas punricevinto kun piedo dehakita. Sed venas al li tiom da lernantoj, kiom al vi, do li dividas kun vi laŭ nombro lernantojn en regno Lu. Starante, li ne instruas; sidante, li ne diskutas. Oni, venante al li malplena, eliras plena, kontentigite de li. Ĉu vere estas ĉe li iu senvorta instruado aŭ li estas perfekta je sia koro eĉ sen kompleta korpo? Kio estas li?" Zhong Ni diris: "La Majstro estas Sankta Homo. Mi devintus iri al li, kvankam nur malfruas. Eĉ mi volus fari lin mia instruonto. Despli homoj, ne egalaj al mi, volus lerni ĉe li. Ne nur en regno Lu, sed el la tuta mondo mi volus venigi al li lernantojn por sekvi lin."

Chang Ji diris: "Li estas sen piedo. Se li superus vin, je korstato li devas esti multe pli alta ol ordinaruloj. Kia estas la korstato de tiuspeca homo, kaj kiel li uzas ĝin?" Zhong Ni diris: "Kvankam morto kaj vivo estus grava, tamen li mem ne ŝanĝiĝas kun tio. Eĉ se renversiĝus la Ĉielo kaj Tero, li mem restos nerenversita. Li, iluminante dubojn, senigas falsojn, kaj li mem ne moviĝas malgraŭ ŝanĝiĝo de aĵoj. Lasante aĵojn metamorfoziĝi, li mem konservas firme la originan fundamenton." Chang Ji diris: "Kial?" Zhong Ni diris: "Se oni rigardas ĉion el la vidpunkto de diferencigo, ĉio ŝajnas diferenca: malsameco inter hepato kaj galo egalas al diferenco inter regnoj Chu kaj Yue. Sed se el la vidpunkto de sameco kaj tuteco, ĉio troviĝas sama kiel unu tuto. Tiuspeca homo ne atentas kion ajn oreloj kaj okuloj sentas bona, sed lasas sian koron ludi harmonie kun virto. En aĵoj li rigardas Unu-tutecon, kaj ne rigardas la difekton. Tial do li atentas perdon de piedo same, kiel forĵetitan terbulon."

Chang Ji diris: "Ŝajnas, ke li faras tion nur por si mem. Li akiris tiun koron per sia propra scipovo, atingis sian konstantan korstaton per tiu koro. Kial do kolektiĝas ĉe li la ĉirkaŭaj homoj?" Zhong Ni diris: "Oni ne povas rigardi sin mem en surfaco de fluanta akvo, sed povas rigardi sin en la akvo staranta senmove. Nur la staranta senmove povas starigi ĉiun, kiu volas stariĝi. Laŭnature, ricevante ordonon de la Ĉielo, nur sole staras pinoj kaj cipresoj, ĉiam verdaj en vintro kaj somero. Laŭ la ordono de la Ĉielo, staris Yao kaj Shun unusole ĝustaj kiel ĉefoj por ĉiuj, kaj, feliĉe, povis ĝustigi sin mem en la vivo, kaj per tio ĝustigis la vivon de la popolo[163]. Konservi la komencon senŝanceliĝante estas ja esenco de sen-timeco.

Bravulo, eĉ unu sola, tamen impetas kontraŭ naŭ armeoj[164]. Eĉ tiu, kiu serĉas nur nomon gloran, povas fari sin tia. Des pli tiu, kiu regas la Ĉielon kaj Teron kaj ampleksas ĉion. Des pli tiu, kiu, konsiderante sian korpon[165] nur loĝejo, siajn orelojn kaj okulojn nur ŝajnoj, faras akiritajn sciojn unu tuto. Lia koro estas neniam mortinta. Li, iam elektonte la tagon, certe ascendos alten por transformiĝi. Tial homoj sekvas lin. Kial li aŭdacus fari la aferon por materiala celo?"

0502

Shentu Jia[166] estis sen piedo, ĉar estis dehakita. Li kune kun Zi Chan[167] lernis ĉe Bohun Wuren. Zi Chan diris al Shentu Jia jenon: "Kiam mi eliras, vi restu malantaŭe; kiam vi unue eliras, mi restu." En la sekva tago, ili ambaŭ ĉeestis kune en la sama klasĉambro, sidante en vico al vico. Zi Chan diris al Shentu Jie: "Se mi unue eliras, tiam vi restu ĉi tie; se vi unue eliras, mi restu. Nun mi ĝuste ekiros eksteren. Ĉu vi povas resti ĉi tie aŭ ne? Vidante ĉefministron, vi aŭdacas ne retiriĝi. Ĉu vi egalas al ĉefministro?" Shentu Jia diris: "Ĉu inter disĉiploj de nia instruisto estas ia distingo, kiel ĉefministro aŭ ne. Ĝojante je via rango de ĉefministro, vi forpuŝas la aliajn malantaŭen. Mi aŭdis vortojn, ke 'se spegulo estas hela, ne tuŝas polvoj kaj malpuraĵoj; se akumuliĝas polvoj kaj malpuraĵoj, la spegulo malhelas.' Se resti longe kun saĝulo, eviteblas eraroj. Malgraŭ ke vi estimas la instruiston granda, vi eldiras tiajn vortojn, – ĉu tio ne estas eraro?"

Zi Chan diris: "Fariĝinte tia, vi ankoraŭ konkurencas je bono kun Yao. Se mi juĝas laŭ via virteco, ŝajnas, ke al vi ne sufiĉas memkritiko." Shentu Jia diris: "Troviĝas multe da homoj, kiuj, ekskuzante[168] sian eraron, plendas, ke ili mem ne meritas punon je la perdo de piedo, sed troviĝas malmulte da homoj, kiuj, ne ekskuzante sian eraron, akceptas, ke ili ne meritas la plutenadon de piedo. Sciante neeviteblecon, trankvile sekvi la sorton ordonitan[169] povas nur virtulo. Estante centre en la pafdistanco de lerta pafarkisto kiel Yi, oni preskaŭ povus esti trafita[170]. Se iu restus ne trafita, tio estas dank' al sorto. Estas amaso, kiuj, havante du piedojn, mokridas min pro forhakita piedo. Mi koleras, apenaŭ eksplodigite. Sed kiam mi vizitas nian Majstron, mi tuj retrankviliĝas kaj revenas hejmen bonhumora. Mi ne scias, ĉu dank' al tio, ke la Majstro lavas min per bono? Pasis 19 jaroj, post kiam mi komencis interrilati[171] kun la Majstro, sed ĝis nun mi neniam sentis min senpieda. Nun vi kun mi devus ludvagadi interne de la korpoj, sed vi serĉas en mi la eksteron de la korpo. Jen kuŝas la eraro." Zi Chan embarasiĝis kaj ŝanĝis mienon, dirante: "Vi ne diru plu."

0503

En regno Lu vivis iu senpiedulo, nomata Shushan Senpieda, kies piedo estis punite dehakita. Li stumble iris vidi Zhong Ni. Zhong Ni diris: "Vi ne estis tiom skrupula, ke vi, kriminte, suferas nun tiel. Por kio hodiaŭ vi alvenis ĉi tien?" Senpiedulo diris: "Mi nur ne komprenis devon kaj facilanime tenis min mem. Tiel do mi perdis piedon. Hodiaŭ mi venis, pensante, ke estas io pli kara ol piedo, kaj, ke mi

37

dediĉu mian tuton al tiu devo. Nenio ne estas gardata de la Ĉielo, kaj nenio ne estas subtenata de la tero. Mi rigardis en vi, la Majstro, la Ĉielon kaj la Teron. Kial do vi traktas min kun tia sinteno?"

Konfuceo diris: "Mi kondutis malbone. Kial vi ne eniras? Bonvolu! Mi petas, lasu min aŭskulti kion vi parolos."

Sed la senpiedulo foriris. Konfuceo diris: "Karaj lernantoj, diligentu! Li estas senpieda, punhakite. Spite ĉi tion, li diligentas lerni, per tio kompensante malbonon de la antaŭa konduto. Des pli la homoj kun kompleta korpo laŭ virto!"

La senpiedulo parolis al Lao Dan jene: "Ke Konfuceo estas la Pleja Homo[172], ĉu tio estas vere? Kion li fervore lernas ĉe vi kaj praktikas? Li ankoraŭ postkuras ege strangan iluzion kaj famon, ne sciante tiujn nura kateno por la Pleja Homo." Lao Dan diris: "Kial vi ne demetis por li la katenon, predikante, ke morto kaj vivo estas unu samo, kaj, ke jesado kaj neado estas la unu tuto. Ĉu eblus tio?" La senpiedulo diris: "La Ĉielo punos [173] lin. Kiel do eblus al mi malkateni lin?"

0504

La reĝo de Lu, duko Ai[174] demandis Zhong Ni, dirante: "En regno Wei vivas unu malbelulo, nomata Aitai Tuo[175]. Se plenkreskuloj, ĉiu ajn, kiu kunestis kun li, ekŝatis lin, ke ne povus foriri de li. Se virinoj, vidante lin, ili petas gepatrojn, dirante: 'Estas preferinde fariĝi lia konkubino ol alies edzino.' Tiaj estas pli ol dekkelkaj. Oni ankoraŭ neniam aŭdis, ke li gvidus aliajn, sed li ĉiam nur harmonias kun aliaj. Li ne savis aliajn de la morto, uzante potencon de ajna rango, kiel reĝo, nek faris aliajn sataj per kolektitaj grenoj-salajroj. Li nur igas la mondon miregi per sia malbeleco. Li nur harmonias kaj ne gvidas, lia scio ne transiras kvar sferojn. Malgraŭ tio, geviroj kolektiĝas antaŭ li. Eble, li havas nepre ion neordinaran, diferencan ol aliaj homoj. Mi alvokis lin kaj vidis lin tiel malbela, ke la mondo miregus. Ne pasis unu monato, post kiam mi kun li konatiĝis, mi jam enamiĝis en lian karakteron. Ne pasis longe ol unu jaro, mi kredis lin tiom, kiom mi konfidus al li la regadon de mia regno, ĉar mankis ĉefministro. Li siavice elturniĝis iel-tiel kaj poste respondis ambigue, kvazaŭ li rifuzus. Mi hontis, ke mi hastis konfidi al li la regnon. Kelkajn tagojn poste li forlasis min kaj foriris. Mi iĝis tre malgaja, sentante min perdinta ion, aŭ homon, kun kiu mi povus ĝoji pri la regno. Kio do estas li?" Zhong Ni diris: "Iam antaŭe mi estis sendita al regno Chu. Laŭvoje mi vidis hazarde porkidojn suĉantaj mamojn de sia mortinta patrino. Dume ili malkviete ekmovadis okulojn, kaj poste ĉiuj forlasis ŝin kaj forkuris. Ĉar ŝi jam ne rigardas ilin. Ĉar ŝi ne estas sama, kiel ili. Ili amis la patrinon ne kiel la formon, sed amis ŝin kiel la uzanton la formon. Kiu mortis sur batalkampo, tiun oni ne sepultas per ĉerko ornamita de plumo[176]. Kies piedoj estis forhakitaj, ties ŝuoj jam ne necesas. Ĉar la fundamento perdiĝis en ĉio. Kiu fariĝis edzino de la Ĉiela Filo, tiu ne trancas ungojn, nek trapikas orelojn por orelringo. Kiu edziĝis, tiu restas ekstere kaj ne estas sendota al ekspedicio[177]. Eĉ tiu, kies korpo estas tute sendifekta, estas traktata tiel. Des pli tiu, kies virto estas tute perfekta.

Nun Aitai Tuo, parolante nenion, estis kredata; meritante nenion, estis ŝatata kaj tiom konfidata eĉ por administri la regnon, kiom li eĉ timigis petanton, ĉu la peto estus akceptita aŭ ne. Tio signifas, ke li nepre estas persono kun tuteca talento[178] kaj senforma virto."

Duko Ai diris: "Kion signifas la tuteca talento?" Zhong Ni diris: "Vivo-morto, ekzisto-pereo, promocio-malpromocio, riĉo-malriĉo, saĝo-malsaĝo, honoro-malhonoro, malsato-soifo, varmo-malvarmo, ĉiuj estas ŝanĝiĝo de materio kaj irado de la Ĉiela ordono. Tage kaj nokte ili interŝanĝiĝas unu post la alia, ke oni ne povas scii la originon de ilia ekpuŝo. Tiel do ili ne havas sufiĉan povon por detrui harmonion kaj ili ne devas interveni en la anima regiono. Lasu ilin harmonie interrilati, trapasi kaj ne perdiĝi en procezo. Lasu ilin tage kaj nokte estiĝi glate, kaj tiel fari printempon kun materioj. Ili, intertuŝiĝante, estiĝas laŭtempe en la koro. Tio estas nomata la tuteca talento."

"Kion signifas la senforma virto?" Zhong Ni diris: "Horizontalo estas situacio pleneca de senmova akvo. Oni povas fari tion mezurilo. Ĉar interne estas kun pleneco tenata kaj la surfaco ne moviĝas. Virtulo estas tiu, kiun bone regas estiĝo kaj harmonio. Dum senforma estas la virto, materioj ne povas disiĝi.[179] "

En iu alia tago, la duko Ai diris al Minzi[180]: "Unue, mi estas reĝo, landestro sub la Ĉielo, sidanta surtrone kun vizaĝo direktita al sudo[181]. Mi rigardis min mem bone konanta ĉion, sentante, ke mi zorgas pri la administrado de popolo kaj malĝojas pri morto de la popoloj. Nun, aŭdinte eldiron de la Pleja Homo, mi timas, ke mi, estante nekompetenta, kondutas per si mem facilanime kaj pereigas mian regnon. Rilato inter mi kaj Konfuceo ne estas tiu de reĝo kun subulo, sed nur de amikoj je virto." [182]

0505

Iu lamhandikapulo-leporlipulo parolis kun la duko Ling de regno Wei[183], kaj la lasta tre ĝojis je tio. Poste, renkontante normalajn homojn kun kompleta korpo, li vidis ilin oblongajn je la kolo. Iu alia handikapulo kun grandega pot-simila tubero parolis kun duko Huan[184]   de regno Qi, kaj al ĉi tiu tre plaĉis tiu. Poste, kiam li vidis normalajn homojn, al li ŝajnis, ke ili havas oblongajn kolojn.

Se virta estas ies personeco, ties formo estas forgesita. Tiel nomata forgeso en ordinara senco estas tio, ke homoj, ne forgesante la forgesendan, forgesas la neforgesendan. Tiel do sanktulo iam okaze ludvagadas, rigardante scion ŝosaĉo malaŭgura, regulon gluiĝaĉa, virton akcesora, teknikon komercema. Sanktulo ne ruzas, kial do necesas uzi scion? Ne tranĉas nek ĉizas, kial do necesas uzi gluon? Li havas nenion perdi, kial do necesas uzi virton? Ne vendas, kial do necesas negoci aŭ komerci? Tiuj kvar estas Ĉiela Kaĉo[185].

La Ĉiela Kaĉo estas nutraĵo el la Ĉielo. Kial do tiu, kiu ricevas jam nutraĵon el la Ĉielo, bezonus homajn artefaritaĵojn? Li havas homan korpon laŭforme, sed li ne havas homan sensan afekcion[186]. Havante homan formon, li apartenas al la amaso, kiel homo. Ne havante homan sensan afekcion, li ne havigas al si ian ajn distingon de aprobo-malaprobo[187]. Tre malvasta kaj malgranda estas tiu, kiu apartenas al homo. Tre libera kaj granda estas tiu, kiu sole atingis perfektecon laŭ la Ĉielo.

0506

Huizi parolis al Zhuangzi, dirante: "Ĉu vere homo devus ne havigi al si sensan afekcion?" Zhuangzi diris: "Jes."

Huizi diris: "Se iu homo ne havus sensan afekcion, kial do oni povus nomi lin homo?" Zhuangzi diris: "La Vojo donas al li eksteran trajton, la Ĉielo donas al li formon. Kial oni ne devus nomi lin homo?"

Huizi diris: "Se li estas nomata 'homo', kial li povus esti sen sensa afekcio?" Zhuangzi diris: "Tio, pri kio vi temas, ne estas la sensa afekcio, dirata de mi. Mi diras, ke sen la sensa afekcio, pri kio mi temas, oni povas ne vundi aliajn kaj sin mem per sento de ŝato-malŝato kaj, ĉiam sekvante naturon, ne avidi por profitigi la vivon."

Huizi diris: "Se li ne profitigus la vivon, per kio oni povus teni sin je sia korpo?" Zhuangzi diris: "La Vojo donas al homo eksteran trajton, la Ĉielo donas al li la formon, kaj tiel ne devus okazadi tio, ke la sento de ŝato-malŝato vundu al li la internon kaj la korpon. Nun vi traktas vian animon kiel eksteran kaj lacigas al vi menson. Apogante vin al arbo, vi kantas poemojn; sidante ĉe la tablo el sterkulio, vi meditas. Donite de la Ĉielo je elita formo, vi okupiĝas pri pepado ĉirkaŭ la temo 'dureco kaj blankeco' [188]."

6. 大宗师 Da Zong Shi

0601

知天之所为，知人之所为者，至矣。知天之所为者，天而生也；知人之所为者，以其知之所知，以养其知之所不知，终其天年而不中道夭者，是知之盛也。虽然，有患。夫知有所待而后当，其所待者特未定也。庸讵知吾所谓天之非人乎？所谓人之非天乎？

且有真人，而后有真知。何谓真人？古之真人，不逆寡，不雄成，不谟士。若然者，过而弗悔，当而不自得也；若然者，登高不慄，入水不濡，入火不热。是知之能假于道也若此。

古之真人其寝不梦，其觉无忧，其食不甘，其息深深。真人之息以踵，众人之息以喉。屈服者，其嗌言若哇。其耆欲深者，其天机浅。

古之真人，不知说生，不知恶死；其出不䜣，其入不距；翛然而往，翛然而来而已矣。不忘其所始，不求其所终；受而喜之，忘而复之。是之谓不以心捐道，不以人助天。是之谓真人。若然者，其心志，其容寂，其颡頯，凄然似秋，暖然似春，喜怒通四时，与物有宜而莫知其极。故圣人之用兵也，亡国而不失人心；利泽施于万世，不为爱人。故乐通物，非圣人也；有亲，非仁也；天时，非贤也；利害不通，非君子也；行名失己，非士也；亡身不真，非役人也。若狐不偕、务光、伯夷、叔齐、箕子、胥馀、纪他、申徒狄，是役人之役，适人之适，而不自适其适者也。

古之真人，其状义而不朋，若不足而不承；与乎其觚而不坚也，张乎其虚而不华也，邴邴乎其似喜乎！崔乎其不得已乎！滀乎进我色也，与乎止我德也；厉乎其似世乎！謷乎其未可制也；连乎其似好闭也，悗乎忘其言也。以刑为体，以礼为翼，以知为时，以德为循。以刑为体者，绰乎其杀也；以礼为翼者，所以行于世也；以知为时者，不得已于事也；以德为循者，言其与有足者至于丘也，而人真以为勤行者也。故其好之也一，其弗好之也一；其一也一，其不一也一。其一与天为徒；其不一与人为徒。天与人不相胜也，是之谓真人。

0602

死生，命也，其有夜旦之常，天也。人之有所不得与，皆物之情也。彼特以天为父，而身犹爱之，而况其卓乎！人特以有君为愈乎己，而身犹死之，而况其真乎！

泉涸，鱼相与处于陆，相呴以湿，相濡以沫，不如相忘于江湖。与其誉尧而非桀也，不如两忘而化其道。

41

夫大块载我以形，劳我以生，佚我以老，息我以死。故善吾生者，乃所以善吾死也。夫藏舟于壑，藏山于泽，谓之固矣。然而夜半有力者负之而走，昧者不知也。藏小大有宜，犹有所遁。若夫藏天下于天下而不得所遁，是恒物之大情也。特犯人之形，而犹喜之若人之形者，万化而未始有极也，其为乐可胜计邪？故圣人将游于物之所不得遁而皆存。善妖善老，善始善终，人犹效之，又况万物之所系而一化之所待乎！

0603

夫道，有情有信，无为无形；可传而不可受，可得而不可见；自本自根，未有天地，自古以固存；神鬼神帝，生天生地；在太极之先而不为高，在六极之下而不为深；先天地生而不为久，长于上古而不为老。希韦氏得之，以挈天地；伏羲氏得之，以袭气母；维斗得之，终古不忒；日月得之，终古不息；堪坏得之，以袭昆仑；冯夷得之，以游大川；肩吾得之，以处大山；黄帝得之，以登云天；颛顼得之，以处玄宫；禺强得之，立乎北极；西王母得之，坐乎少广，莫知其始，莫知其终；彭祖得之，上及有虞，下及五伯；傅说得之，以相武丁，奄有天下，乘东维，骑箕尾，而比于列星。

0604

南伯子葵问乎女偊曰："子之年长矣，而色若孺子，何也？"曰："吾闻道矣。"

南伯子葵曰："道可得学邪？"曰："恶！恶可！子非其人也。夫卜梁倚有圣人之才而无圣人之道，我有圣人之道而无圣人之才，吾欲以教之，庶几其果为圣人乎？不然，以圣人之道告圣人之才，亦易矣。吾犹守而告之，参日而后能外天下；已外天下矣，吾又守之，七日而后能外物；已外物矣，吾又守之，九日而后能外生；已外生矣，而后能朝彻；朝彻，而后能见独；见独，而后能无古今；无古今，而后能入于不死不生。杀生者不死，生生者不生。其为物，无不将也，无不迎也，无不毁也，无不成也。其名为撄宁。撄宁也者，撄而后成者也。"

南伯子葵曰："子独恶乎闻之？"曰："闻诸副墨之子，副墨之子闻诸洛诵之孙，洛诵之孙闻之瞻明，瞻明闻之聂许，聂许闻之需役，需役闻之于讴，于讴闻之玄冥，玄冥闻之参寥，参寥闻之疑始。"

0605

子祀、子舆、子犁、子来四人相与语曰："孰能以无为首，以生为脊，以死为尻，孰知生死存亡之一体者，吾与之友矣。"四人相视而笑，莫逆于心，遂相与为友。

俄而子舆有病，子祀往问之。曰："伟哉！夫造物者，将以予为此拘拘也！"曲偻发背，上有五管，颐隐于齐，肩高于顶，句赘指天。阴阳之气有沴，其心闲而无事，跰𨇨而鉴于井，曰："嗟乎！夫造物者，又将以予为此拘拘也！子祀曰："汝恶之乎？"曰："亡，予何恶！浸假而化予之左臂以为鸡，予因以求时夜；浸假而化予之右臂以为弹，予因以求鸮炙；浸假而化予之尻以为轮，以神为马，予因以乘之，岂更驾哉！且夫得者时也，失者顺也。安时而处顺，哀乐不能入也。此古之所谓县解也；而不能自解者，物有结之。且夫物不胜天久矣，吾又何恶焉？"

俄而子来有病，喘喘然将死，其妻子环而泣之。子犁往问之，曰："叱！避！无怛化！"倚其户与之语，曰："伟哉造化！又将奚以汝为？将奚以汝适？以汝为鼠肝乎？以汝为虫臂乎？"子来曰："父母于子，东西南北，唯命之从。阴阳于人，不翅于父母，彼近吾死而我不听，我则悍矣，彼何罪焉？夫大块载我以形，劳我以生，佚我以老，息我以死。故善吾生者，乃所以善吾死也。今之大冶铸金，金踊跃曰：'我且必为镆铘！'大冶必以为不祥之金。今一犯人之形，而曰'人耳人耳'，夫造化者必以为不祥之人。今一以天地为大炉，以造化为大冶，恶乎往而不可哉！"成然寐，蘧然觉。

0606

子桑户、孟子反、子琴张三人相与友，曰："孰能相与于无相与，相为于无相为？孰能登天游雾，挠挑无极，相忘以生，无所终穷？"三人相视而笑，莫逆于心，遂相与为友。莫然。

有间，而子桑户死，未葬。孔子闻之，使子贡往侍事焉。或编曲，或鼓琴，相和而歌曰："嗟来桑户乎！嗟来桑户乎！而已反其真，而我犹为人猗！"子贡趋而进曰："敢问临尸而歌，礼乎？"二人相视而笑曰："是恶知礼意！"

子贡反，以告孔子，曰："彼何人者耶？修行无有，而外其形骸，临尸而歌，颜色不变，无以命之。彼何人者邪？"孔子曰："彼游方之外者也，而丘游方之内者也。外内不相及，而丘使女往吊之，丘则陋矣！彼方且与造物者为人，而游乎天地之一气。彼以生为附赘县疣，以死为决疭溃痈。夫若然者，又恶知死生先后之所在！假于异物，托于同体；忘其肝胆，遗其耳目；反覆终始，不知端倪，芒然彷徨乎尘垢之外，逍遥乎无为之业。彼又恶能愦愦然为世俗之礼，以观众人之耳目哉！"子贡曰："然则夫子何方之依？"孔子曰："丘，天之戮民也。虽然，吾与汝共之。"子贡曰："敢问其方。"孔子曰："鱼相造乎水，人相造乎道。相造乎水者，穿池而养给；相造乎道者，无事而生定。故曰，鱼相忘乎江湖，人相忘乎道术。"子贡曰："敢问畸人。"曰："畸人者，畸于人而侔于天。故曰：天之小人，人之君子；人之君子，天之小人也。"

0607

颜回问仲尼曰："孟孙才，其母死，哭泣无涕，中心不戚，居丧不哀。无是三者，以善处丧盖鲁国。固有无其实而得其名者乎？回壹怪之。"

仲尼曰："夫孟孙氏尽之矣，进于知矣。唯简之而不得，夫已有所简矣。孟孙氏不知所以生，不知所以死，不知就先，不知就后，若化为物，以待其所不知之化已乎！且方将化，恶知不化哉？方将不化，恶知已化哉？吾特与汝其梦未始觉者邪！且彼有骇形而无损心，有旦宅而无情死。孟孙氏特觉，人哭亦哭，是自其所以乃。且也相与吾之耳矣，庸讵知吾所谓吾之乎？且汝梦为鸟而厉乎天，梦为鱼而没于渊，不识今之言者，其觉者乎，梦者乎？造适不及笑，献笑不及排，安排而去化，乃入于寥天一。"

0608

意而子见许由，许由曰："尧何以资汝？"意而子曰："尧谓我：'汝必躬服仁义而明言是非。'"

许由曰："而奚来为轵？夫尧既已黥汝以仁义，而劓汝以是非矣，汝将何以游夫遥荡恣睢转徙之途乎？"意而子曰："虽然，吾愿游于其藩。"

许由曰："不然。夫盲者无以与乎眉目颜色之好，瞽者无以与乎青黄黼黻之观。"意而子曰："夫无庄之失其美，据梁之失其力，黄帝之亡其知，皆在炉捶之间耳。庸讵知夫造物者之不息我黥而补我劓，使我乘成以随先生邪？"

许由曰："噫！未可知也。我为汝言其大略：吾师乎！吾师乎！赍万物而不为义，泽及万世而不为仁，长于上古而不为老，覆载天地、刻雕众形而不为巧。此所游已。"

0609

颜回曰:"回益矣。"仲尼曰:"何谓也?"曰:"回忘仁义矣。"曰:"可矣,犹未也。"

他日复见,曰:"回益矣。"曰:"何谓也?"曰:"回忘礼乐矣。"曰:"可矣,犹未也。"

他日复见,曰:"回益矣。"曰:"何谓也?"曰:"回坐忘矣。"仲尼蹴然曰:"何谓坐忘?"颜回曰:"堕肢体,黜聪明,离形去知,同于大通,此谓坐忘。"仲尼曰:"同则无好也,化则无常也。而果其贤乎!丘也请从而后也。"

0610

子舆与子桑友,而霖雨十日。子舆曰:"子桑殆病矣!"裹饭而往食之。至子桑之门,则若歌若哭,鼓琴曰:"父邪?母邪?天乎?人乎?"有不任其声,而趋举其诗焉。

子舆入,曰:"子之歌诗,何故若是?"曰:"吾思乎使我至此极者而弗得也。父母岂欲吾贫哉?天无私覆,地无私载,天地岂私贫我哉?求其为之者而不得也。然而至此极者,命也夫?"

44

GRANDA RESPEKTINDA INSTRUISTO

0601

Kiu scias, kion la Ĉielo faras, kaj kiu scias, kion homoj faras, tiu atingis la Plejon. Kiu scias, kion la Ĉielo faras, tiu vivas laŭ la Ĉielo[189]. Sciante kion faras homoj, li kompletigas ion ne sciatan per jam ekzistanta scio kaj per tio nutras sin mem[190]. Kiu, ne mortante juna meze de la vojo, finplenumas jarojn, dotitajn de la Ĉielo, tiu disfloras plene la scion.   Sed estas malfacilo. Nur iu, kiu serĉas ion, ties scio disvolviĝas. Tamen io, kion li atendas, ankoraŭ ne certas. Kiel estas sciate pri tio, ke io Ĉiela, dirita de ni, ne estas la homa, aŭ, ke io homa ne estas la Ĉiela?

Nur post kiam estiĝas la Vera Homo[191], estiĝas la vera scio. Kio estas la Vera Homo? Antikva Vera Homo ne atentis je malfavora situacio de sia aparteno al malmulto, nek fieris je sia sukceso, nek entreprenis sian karieron. Tia homo, eĉ se erarus, ne bedaŭras. Eĉ se trafas lin sukceso, li ne arogantas. Tia homo ne timas, eĉ se grimpas supren kaj alten. Li ne malsekiĝas, eĉ se enirante akvon; ne sentas varmegon, eĉ se enirante fajron. Li fariĝis tia, post kiam la scio, suprenirante, atingis la Vojon.La antikva Vera Homo dormas sen sonĝo kaj vekiĝas sen zorgo. Li manĝas, senatentante ĉu bongusta aŭ ne, kaj spiras profunde el de kalkanoj. Amaso da homoj[192] spiras per gorĝo. Ili, kvazaŭ venkite, eldiras vortojn kvazaŭ vomante.

Ju pli avidemaj ili estas, des pli malprofunde ili ricevas bonŝancon el la Ĉielo.La antikva Vera Homo ne sciis gajegi je la vivo, nek sciis malami la morton. Li ne ĝojis je sia elirado, nek rifuzis eniradon. Li senstreĉe iris kaj senstreĉe venis. Li ne forgesis la komencon, nek serĉis la finon. Ricevinte, li ĝojis je tio; forgesinte, li relernis. Tio estas, tiel nomata "Ne damaĝi la Vojon per koro, ne helpaĉi la Ĉielon per homa artefarado." Tiu estas nomata "Vera Homo". Ĉe tia homo, la koro plenas je la strebo[193], la vizaĝo estas kvieta, la frunto estas alte levita. Li estas friska, kiel aŭtuno, kaj milda, kiel printempo. Sento de ĝojo kaj kolero stabilas tra la kvar sezonoj. Li bone rilatas al ĉirkaŭaĵoj, ne sciante la limon. Tiel do kiam sanktulo mobilizas armeon, eĉ se detruas iun ajn landon, ne perdas koron de la popolo. Kiam li bonfare donas abundan profiton por multaj generacioj, li ne konsideras tion kiel amon[194] al homoj. Tiu, kiu ĝojas je scikono de aĵoj, ne estas sanktulo[195]. Intence intimiĝi ne estas bonvolece. Intence atendi la Ĉielan tempon ne estas saĝe. Kiu ne rigardas profiton kaj malprofiton Unu-tuteco, tiu ne estas noblulo. Kiu perdas sin mem pro renomo, tiu ne estas brava persono. Kiu difektas sin mem, estante malhonesta[196] al naturo, tiu ne povas lasi aliajn homojn labori. Tiuj homoj, kiel Hu Buxie, Wu Guang, Bo Yi, Shu Qi, Jizi Xu Yu, Ji Tuo, kaj Shentu Di[197], prenis alies laboron por sia laboro, prenis alies komforton por sia komforto, sed tamen, ili ne komfortiĝis per sia propra komforto[198].

Antikva Vera Homo, estante laŭforme justa, ne partiemis, kaj, kvankam li ŝajnis senplena, tamen li ricevis nenion de aliuloj. Li, estante kunema, estas soleca sed ne rigida; kvankam streĉiĝinta, tamen estas malplena kaj ne paradema; aspektante malvolonte, li ŝajnas ĝojanta; aspektante malgraŭvole, li agas laŭ nepreco; ekscitiĝinte, li ŝanĝiĝas je koloro de lia vizaĝo; kunestante kun aliaj, li mem restas ĉe sia propra virto. Estante vasta, li ŝajnas mondano. Estante aplomba, li ne povas esti limigita. Estante en vico inter homoj, li ŝajnas fermita. Iam foranimite, li forgesas kion diri. Troviĝas tiu, kiu faras punjuron korpo de homa regno, tiu, kiu faras decregulojn flugiloj, tiu, kiu faras scion altempiga, tiu, kiu faras virton regulo por obei[199]. Kiu faras punjuron korpo, tiu flegme mortigas homojn. Kiu faras decregulojn flugiloj, tiu kondutas laŭ la mondo. Kiu faras scion altempiga, tiu rigardas aferojn neeviteblaj. Fari virton regulo estas facile samkiel piedriri monteton. Kaj ili artefaras tion sincere diligente.   Tiel do ŝati estas unu praveco, kaj ne ŝati ankaŭ estas unu praveco. Unu estas unu, kaj la alia ankaŭ estas unu en la unu tuteco. La unua fariĝas kunulo de la Ĉielo, kaj la alia fariĝas kunulo de homoj. Tiu, ĉe kiu la Ĉielo aŭ la Homo ne supervenkas unu la alian, estas nomata 'Vera Homo'.

0602

Vivi kaj morti estas destinite. Konstanta sinsekvo de nokto kaj tago estas la agado de la Ĉielo. La movado de materio estas neregebla per ajna homa kapablo. Oni aparte rigardas la Ĉielon sia patro kaj amas ĝin per si mem. Des pli la elstaran[200]. Homo, konsiderante sian reĝon pli supera ol si, dediĉas sin al li per sia morto. Des pli al la Vero[201].Kiam fonto senakviĝis, fiŝoj kune restas sur la grundo. Ili, sputante unu al la alia ion humidan, penas malsekigi unu la alian per kraĉaĵoj. Sed tiu reciproka amo ne superas la indiferentecon, ke ili forgesas unu la alian en la rivero kaj lago. Anstataŭ laŭdi Yao-n kaj kondamni Jie-n, estas multe pli bone forgesi ambaŭ ilin kaj unuiĝi kun la Vojo-Tao.La Granda Glebo[202] donis al mi korpon por subteni sur si. Li penigas min per la vivo, senĝenas min per la maljunigo, kaj ripozigas min per la morto. Tial do kiu faras la vivon bona, tiu faras ankaŭ la morton bona. Se oni kaŝas la boaton en ravino kaj la fiŝsptan reton[203] en marĉo, oni pensus la kaŝitan sekura. Tamen okazas, ke nokte forkuras, portante ĝin, iu fortulo. Stultulo ne scias, ke eĉ se kaŝi laŭeble bone iun ajn, ĉu malgrandan aŭ grandan, ne eviteblas la perdiĝo. Kvankam ne eblas kaŝi la mondon sub la Ĉielo, tamen ĝi ne perdiĝas. Ĉar tio estas la granda pasio de konstantaĵoj. Aparte, kiu krime[204] ricevis la homan formon, tiu ĝojas pri tio. Sed la formo de homo estas la plej ŝanĝiĝema, miriadoble de antaŭ la komenco. Ĉu kalkulebla estus ĝia plezuro? Tiel do sanktuloj ludvagadas en ĉiuj neeviteblaj aĵoj, ekzistantaj ĉie, kie ili vivas. Ili vidas la fruan morton bona kaj maljuniĝon bona, vidas la komencon bona kaj la finon bona. Aliaj homoj lernas tion, ĉar ĉiuj materioj kombiniĝas kaj transformiĝas en la unu tuto.

0603

La Vojo-Tao havas pasion kaj kredon, sed havas nenian artefaradon nek formon[205]. Ĝi estas transdonata, sed ne povas esti ricevata. Kvakam akirebla, sed nevidebla. Ĝi havas sian fundamenton kaj sian radikon antaŭ ol la Ĉielo kaj la Tero ekestis, do ĝi traekzistas firme deantikve. Ĝi estigis Spiritojn kaj diojn, la Ĉielon kaj la teron. Ĝi ekzistas super la Pleja Firmamento[206], tamen ĝi mem ne iĝas alta. Ekzistante eĉ sub la limo de ses fundoj[207], ĝi mem ne iĝas profunda. Ekzistante de antaŭ naskiĝo de la Ĉielo kaj la Tero, ĝi ne estas longatempa. Ekzistante pli longe ol antikva epoko, ĝi ne fariĝas maljuna. Xiwei [208] akiris ĝin kaj kontraktis[209] kun la Ĉielo kaj la Tero. Fu Xi[210] akiris ĝin kaj harmoniigis kun patrina aero-Ĉjio[211]. La Granda Ursino akiris ĝin kaj faris ĝin neŝanceliĝi eterne deantikve. La Suno kaj la Luno akiris ĝin kaj faris ĝin ne halti eterne deantikve. Kan Huai akiris ĝin kaj eklogis en Kunlun[212]. Ping Yi akiris ĝin kaj ludvagis en la grandaj riveroj[213]. Jian Wu akiris ĝin kaj eklogis en la granda monto Tai[214]. Huangdi akiris ĝin kaj supreniris nuban ĉielon[215]. Zhuan Xu akiris ĝin kaj eklogis en la Palaco de Xuan.[216] Yu Qiang akiris ĝin kaj staris sur la Norda Poluso[217]. Okcidenta Patrino-Reĝino akiris ĝin kaj sidiĝis sur monto Shaoguang[218]. Neniu scias pri ŝia komenco, neniu scias pri ŝia fino. Peng Zu akiris ĝin kaj longe vivis de la epoko de Shun ĝis la epoko de Kvin Grafoj[219]. Fu Yue akiris ĝin kaj fariĝis ministro sub la reĝo Wu Ding, kiu regis la mondon sub la Ĉielo[220]. Fu Yue supreniris rajdi stelarojn, nomatajn Dongwei kaj Ji–Wei, kaj enviciĝis inter steloj.

0604

Nanbo Zikui[221] demandis Nv Yu, dirante: "Vi havas jam altan aĝon, sed je la kompleksio vi aspektas infano. Kial?" Li respondis: "Ni aŭdis la Vojon."

Nanbo Zikui diris: "Ĉu la Vojo estas lernebla al mi?" Li diris: "Ha, Kiel eblus? Vi ne estas tiu. Jen estis Buliang Yi – li havis la talenton de sanktulo, tamen li ne havigis al si la Vojon de sanktulo. Mi havigis al mi la Vojon de sanktulo, tamen mi ne havis talenton de sanktulo. Ni ekvolus instrui unu la alian, elkore dezirante, ke per tio ni fariĝu finfine sanktuloj. Eĉ se ne eblus atingi la celon, tamen devas esti facile por la havanto de la Vojo de sanktulo instrui al la havanto de la talento de sanktulo. Ni, havante tian konvinkon, instruis unu la alian[222]. Tri tagojn poste ni troviĝis ekstere de la subĉiela mondo. Ekster la mondo ni kun konvinko daŭre ekzercadis. Sep tagojn poste ni povis troviĝi ekstere de materioj: ekster

47

materioj ni kun konvinko daŭrigis ekzercadi. Naŭ tagojn poste ni povis troviĝi ekstere de la vivo. Ekster la vivo ni povis penetri tra io. Post la penetrado povis travidi la nemoveblan. Vidante la nemoveblan, poste neniiĝis tempo pasinta kaj tempo estanta. Sen tempoj pasinta kaj estanta, poste povis eniri en la staton de senmorto-senvivo. Kiu mortigis sian vivon, tiu ne mortas. Kiu vivigas sian vivon, tiu ne vivas. Tiu stato de aĵoj estas jena: neniun ne forsendi, neniun ne akcepti; neniun ne detrui, neniun ne estigi. Tio estas nomata 'Aliro al Paco trans kontraŭo' [223]. Je la aliro al paco, la paco perfektiĝas nur per alirado kaj tuŝado trans kontraŭo."

Nanbo Zikui demandis: "Kie do vi aŭdis tion?" Li diris: "Mi aŭdis tion ĉe La Filo-de-Inko. La Filo-de-Inko aŭdis tion ĉe La Nepo-de-Parkeranto. La Nepo-de-Parkeranto aŭdis tion ĉe La Klarvidanto. La Klarvidanto aŭdis tion ĉe La Per-Aŭdo-Komprenanto. La Per-Aŭdo-Komprenanto aŭdis tion ĉe La Praktikanto. La Praktikanto aŭdis tion La Emociiĝanto. La Emociiĝanto aŭdis tion ĉe La Mallumo-Mistero. La Mallumo-Mistero aŭdis tion ĉe La Enirinta-en-Malplenecon. La Enirinta-en-Malplenecon aŭdis tion ĉe La Pseŭdo-Komenco [224]."

0605

Kvar sinjoroj, Si, Yu, Li kaj Lai[225] kune babilante diris: "Kiu ajn povus rigardi neniecon kapo, vivon spino, morton pugo, kaj scius Unu-tutecon de morto-vivo kaj ekzisto-pereo, kun tiu ni volus amikiĝi." Tiuj kvar homoj ridis, vidante unu la alian, kaj havis nenion kontraŭan al sia koro. Ili finfine amikiĝis inter si.Subite s-ro Yu malsaniĝis. S-ro Si vizitis lin kaj demandis. Yu diris: "Mirinde, la Kreinto[226] intencas fari min tiom mallibera!" Lia dorso kurbiĝis, kvin truoj supreniĝis, mentono mergiĝis sub umbiliko, ŝultroj altiĝis pli ol verto, hartufo direktis al la ĉielo. Malekvilibriĝis la Ĉjio de jino kaj jango[227]. Tamen lia koro restis kvieta kaj senŝanĝa. Li genue iris al la puto kaj vidante sin en spegulo diris: "Ho, la Kreinto ĝuste intencas fari min mallibera!" S-ro Si demandis: "Ĉu vi malamas Lin?" Li respondis: "Ne, kial do mi malamus? Se la Kreinto ŝanĝus mian maldekstran brakon en kokon, mi krius anonci la horon de elkrepuskiĝo. Se li ŝanĝus mian dekstran manon en kuglon, mi pafus strigon por rosti ĝin. Se li ŝanĝus mian pugon en radon kaj mian animon en ĉevalon, mi ekrajdus aŭ aldone kondukus la ĉaron. Ke mi ricevis, tio estis laŭ tempo; ke mi perdas, tio estas laŭ vico. Laŭ tempo kaj laŭ vico ne povas interveni ĝojo aŭ malĝojo. Estas dirite de antikve, ke tio estas 'liberiĝo el alligiteco'. Kiu ne povas esti liberigita, tiu estas alligita al materioj. Materioj ne venkas la Ĉielon por ĉiam. Kion ni devus malami?"

Subite s-ro Lai malsaniĝis. Li, ĝuste mortante, spiradis spasme kaj fajfe. Liaj edzino kaj gefiloj ploris, ĉirkaŭante lin. S-ro Li vizitis lin kaj diris al ili: "Fi, ĉesu! Ne ĝenu la transformiĝon!" S-ro Li apogante sin al la pordo, parolis kun s-ro Lai kaj diris: "Granda estas la Kreinto de transformiĝo. Kion do ĝuste nun Li faras el vi? Kien do Li lasas vin iri. Ĉu Li faros vin hepato de muso? Ĉu Li faros vin brako de insekto?" S-ro Lai diris: "Infano, nur obeante al gepatroj, iras laŭ ilia ordono ien ajn, orienten, okcidenten, suden, norden. Koncernante rilaton de jino kaj jango al homoj, la rilato estas pli forta ol tiu de gepatroj – nun tio igas min proksima al morto. Do, se mi ne aŭskultus, mi mem estus arbitra kaj ili kulpas je nenio. La Granda Glebo ŝarĝis min per la formo[228], penigis min per la vivo, donis komforton al mi per la maljuniĝo, donis al mi ripozon per la morto. Tial do, kiu rigardas sian vivon bona, tiu rigardas ankaŭ sian morton bona. Kiam iu forĝisto estas muldonta metalon, se la metalo aŭdacus diri, ke "Mi fariĝos la fama glavo, samkiel Moye!" [229], la forĝisto nepre taksus ĝin abomeninda metalo. Se iu, muldate, aŭdacus diri, ke "Mi volas fariĝi nur homo, nur homo!", la Kreinto nepre taksus lin abomeninda. Konsideru la Ĉielon kaj la Teron granda forno kaj la Kreinton granda forĝisto. Kien ajn mi iru, ĉie estos bone al mi." Li dormas trankvile kaj vekiĝos iam miregite.

0606

S-roj Sang Hu, Mengzi Fan kaj Qin Zhang[230] triope amikiĝis reciproke, dirante: "Kiu povas esti amikoj, kiu povas interhelpi unu la alian, ne farante intence kune unu por la alia?[231] Kiu do povus supreniri al la ĉielo, ludi en nebuloj kaj vagadi senlime. Kiu do povus reciproke forgesi sian vivon senfine kaj senlime?" Ili triope, rigardante unu la aliajn, ridis sen ajna kontraŭo al koro. Tiel ili amikiĝis reciproke per si mem.

Iom poste s-ro Sang Hu mortis. Dum li ankoraŭ ne estis enterigita, Konfuceo aŭdis pri tio, kaj sendis Zigong por servi al la rito. Amikoj de mortinto aŭ komponis melodiojn, aŭ ludis liuton, kaj kune kantis jene: "Ha, Sang Hu, ha, Sang Hu! Vi revenis al via vero, dum ni restas ankoraŭ kiel homoj."

Zigong haste antaŭeniris, dirante: "Mi aŭdacus demandi, ĉu komformas al decreguloj kanti apud la korpo de mortinto?" Ili duope rigardis unu la alian kaj ridante diris: "Kiel oni[232] scius signifon de decreguloj?" Zigong reveninte raportis al Konfuceo, dirante: "Kio do estas ili? Al ili mankas kulturo. Forlasante la kadavron senzorge, ili kantas apud ĝi, ne ŝanĝante mienojn. Kiel oni povus nomi ilin? Kio do ili estas?" Konfuceo diris: "Ili estas homoj ludantaj translime, ekster la socia formaĵo[233]. Sed mi estas homo ludanta ene de limoj, interne de la socia formaĵo. "La Ekstero" kaj "La Interno" ne akordiĝas unu kun la alia. Mi mem estis senskrupula, ke mi sendis vin al ili por kondolenci. Ili, kiel homoj, amikiĝis kun la Kreinto kaj intencas ludi kun nura Ĉjio[234] de la Ĉielo kaj la Tero. Ili rigardas la vivon nura veruko aŭ tubero, kaj rigardas la morton nura krevo de ŝvelo aŭ ulcero. Tiaj personoj ne atentas, kie ekzistas morto kaj vivo, nek atentas, kiaj ili estis antaŭ la vivo kaj estos post la morto. Ili portempe aliiĝas en diferencajn materiojn kaj pensas, ke unuiĝos en la tuta sameco. Laŭ ili, forgesinte siajn hepaton kaj galon, forlasinte sian sencon de oreloj kaj okuloj, ili senfine kaj senlime ripetadas finon kaj komencon. Ili liberigite vagadas ekster polvoj kaj malpuraĵoj. Ilia afero estas promenadi nenion farante. Kial ili bezonus plenumi la komplikajn mondajn decregulojn kaj montri tion al oreloj kaj okuloj de amaso da mondanoj?" Zigong diris: "Se tiel, kial vi, Majstro, dependas de interno de via socia formaĵo?" Konfuceo diris: "Mi estas homo punita de la Ĉielo[235]. Kaj mi dividas la punon kun vi." Zigong diris: "Permesu al mi demandi, kion signifas la socia formaĵo?" Konfuceo diris: "Fiŝoj kune kreiĝas en akvo. Homoj kune kreiĝas en

Vojo-Tao. Por tiu, kiu kreiĝas en akvo, estas sufiĉe fosi al li lagon kaj nutradi lin. Por tiu, kiu kreiĝas en Vojo, la vivo iĝus stabila, se artefarus nenion[236]. Tial do estas dirite: 'Fiŝoj forgesas sin en la rivero kaj lago; homoj forgesas sin en arto de la Vojo-Tao.' [237] " Zigong diris: "Permesu al mi demandi, kio estas superflua persono?" [238] Konfuceo diris: "Superfluulo estas diferenca de aliaj homoj kaj iĝas konforma al la Ĉielo. Tiel do estas dirite: 'Ĉiela malgrandulo estas homa noblulo, kaj homa noblulo estas Ĉiela malgrandulo[239].' "

0607

Yanhui demandis Zhong Ni, dirante: "S-ro Mengsun Cai, kiam lia patrino mortis, kvankam plorkriis, tamen sen larmo. En la koro, ŝajne, ne doloris. En funebro li ne elmontris malĝojon. Malgraŭ la manko de tri supre menciitaj punktoj, li akiris renomon je bona funebrado en regno Lu. Ĉu eblus akiri renomon sen certa enhavo? Mi, Hui, dubas pri tio."

Zhong Ni diris: "S-ro Mengsun faris tion plej bone, eble, pli progresinte ol vi scias. Malgraŭ ke oni ne povus pli simpligi funebron, la lia estas jam simpligita[240]. Mengsun ne konscias pri la kaŭzo de naskiĝo kaj morto, nek pri antaŭnaskiĝo kaj postmorto. Li nur lasis ĝin ŝanĝiĝi en materion kaj atendis la plian ŝanĝiĝon en la nekonatan. Kial estus sciate pri neŝanĝiĝo de materio, kiam ĝi estos poste ŝanĝiĝonta? Kial estus sciate pri ŝanĝiĝo de materio, kiam ĝi ne estos ĝuste ŝanĝiĝonta? Ŝajnas, ke mi kaj vi nun estas dormantaj kaj ankoraŭ ne vekiĝintaj el songo. Li komprenas, ke kvankam formo ŝanĝiĝas, tamen neniu koro difektiĝas, ke kvankam la loĝejo ŝanĝiĝas, tamen la sento neniam mortas. Nur s-ro Mengsun sola estas vekiĝinta kaj nur alie plorkriis ankaŭ mem, ol la aliaj plorkriis. Jen kial li kondutis tiel. Vidante sin mem, oni konsiderus tiun sin nur kiel "Mi". Sed kiel estas sciate, ĉu mi estas ĉi tiu, kiun oni konsiderus sia memo, aŭ ne? Ekzemple, vi fariĝis birdo en songo kaj flugis supren al la Ĉielo, kaj vi fariĝis fiŝo kaj subakviĝis profunden. Ne estas sciate, ĉu tiu, kiu rakontas tion, estus vekiĝinto, aŭ dormanto. Intenca ĝojo ne superas ridon, la oferata rido ne superas naturan vivaranĝon[241]. Laŭ la aranĝo ĉio elŝanĝiĝas, kaj ĉio eniras en la malplenan tutan unuon de la Ĉielo."

0608

Yi Erzi vizitis Xu You[242]. Xu You diris: "Kion Yao donacis al vi?" Yi Erzi diris: "Yao diris al mi: 'Vi okupu vin pri bonvoleco kaj justo, kaj parolu klare pri praveco kaj malpraveco."

Xu You diris: "Kial vi alvenis ĉi tien? Yao jam tatuis al vi la bonvolecon kaj la juston, puntranĉis vian nazon por instrui al vi mezuron de la praveco kaj la malpraveco. Por kio vi volus ludvagadi laŭ la vojo, vasta, arbitra kaj ŝanĝiĝema?" Yi Erzi diris: "Spite ĉion ajn, mi dezirus ludi almenaŭ en angulo de tiu sfero."

Xu You diris: "Ne eblas. Blindulo ne povas ŝati belan vizaĝon de belulino. Akromatopsiulo ne povas aprezi desegnon de brodaĵoj, koloricitaj blue, flave, blanke kaj nigre." Yi Erzi diris: "Tio, ke Wuzhuang forgesis sian belecon, Juliang forgesis sian fortecon[243] kaj Huangdi forgesis la scion, okazis tiam, kiam ili

estis fandataj en forno kaj inter martelo kaj amboso. Kial ne estus sciate, ke iam la Kreinto, forviŝinte mian

tatuon, redoninte al mi la tranĉitan nazon, kompletigos min kaj lasos al mi sekvi vin?"

Xu You diris: "Ha, ne eblas scii tion. Mi rakontos al vi la ĝeneralan skizon. Nia Majstro, ho, nia

Majstro! Li disrompas ĉion, tamen li ne konscias sian aferon justa; li disvastigas bonfaron al miriado

da generacioj, tamen li ne konscias sian aferon bonvoleca; li ekzistas pli longe ol antikveco, tamen li ne

konscias sin longviva; li subtenas la Ĉielon kaj la Teron kaj skulptas ĉies formojn, tamen li ne konscias sin

lerta. Li nur ludas[244]. "

0609

Yan Hui diris: "Mi pliboniĝis." Zhong Ni diris: "Kion signifas tio?" Yan Hui diris: "Mi forgesis

bonvolecon kaj juston." Zhong Ni diris: "Bone. Sed ankoraŭ ne sufiĉas."

En la alia tago, Yan Hui denove vidis lin kaj diris: "Mi pliboniĝis." Zhong Ni diris: "Kion signifas

tio?" Yan Hui diris: "Mi forgesis decregulojn kaj muzikon." Zhong Ni diris: "Bone. Sed ankoraŭ ne

sufiĉas."

Poste, en la alia tago, Yan Yui denove vidis lin kaj diris: "Mi pliboniĝis." Zhong Ni diris: "Kion

signifas tio?" Yan Hui diris: "Mi sidante sinforgesis." [245] Zhong Ni diris: "Kion signifas tio – 'sidante

sinforgesi' ?" Yan Hui diris: "Forĵetante korpon, reĵetante saĝon, foriĝante de formo, forlasante

intelekton – akordiĝi kun Granda Trapenetrinto[246]. Tio estas nomata 'sidante sinforgesi' ." Zhong Ni

diris: "Se akordiĝos kun ĝi, ne estiĝos ja senso de preferado. Je la transformiĝo estas nenio konstanta [247].

Vi estas tre saĝa. Mi, Qiu, petas vin, lasu al mi postsekvi vin."

0610

Zi Yu kaj Zi Sang estis amikoj. Iam pluvis dek tagojn. Zi Yu diris: "Zi Sang verŝajne suferas de

malsato." Li pakis iom da manĝaĵo kaj iris por doni al Zi Sang manĝi. Enironte la pordon, li aŭdis Zi Sang

kantanta kvazaŭ ploranta. Zi Sang ludante liuton kantis: "Patro! Patrino! La Ĉielo! Homo!" Li apenaŭ

havis voĉon por kanti, kaj tuj nur recitadis la poemon.

Zi Yu enirinte diris: "Kial vi kantas poemon tiel?" Zi Sang diris: "Kiu do faligis min en tian

ekstreman mizeron? Mi ne komprenas. Ĉu gepatroj deziras, ke mi estu mizera? Se la Ĉielo amas egale

ĉiujn, se la Tero amas egale ĉiujn, kial la Ĉielo kaj la Tero igis nur min tiel mizera? Kiel ajn mi serĉu, kiu

do faris tion, mi ne povas trovi iun ajn. Ĉu estas la sorto, kiu faligis min en tian ekstremon?" [248]

7. 应帝王 Ying Di Wang

0701

啮缺问于王倪，四问而四不知。啮缺因跃而大喜，行以告蒲衣子。蒲衣子曰："而乃今知之乎？有虞氏不及泰氏。有虞氏其犹藏仁以要人，亦得人矣，而未始出于非人。泰氏其卧徐徐，其觉于于，一以己为马，一以己为牛，其知情信，其德甚真，而未始入于非人。"

0702

肩吾见狂接舆，狂接舆曰："日中始何以语女？"肩吾曰："告我：君人者以己出经式义度，人孰敢不听而化诸！"狂接舆曰："是欺德也。其于治天下也，犹涉海凿河，而使蚊负山也。夫圣人之治也，治外乎？正而后行，确乎能其事者而已矣。且鸟高飞以避矰弋之害，鼷鼠深穴乎神丘之下以避熏凿之患，而曾二虫之无知！"

0703

天根游于殷阳，至蓼水之上，适遭无名人而问焉，曰："请问为天下。"无名人曰："去！汝鄙人也，何问之不豫也！予方将与造物者为人，厌，则又乘夫莽眇之鸟，以出六极之外，而游无何有之乡，以处圹埌之野。汝又何帠以治天下感予之心为？"

又复问。无名人曰："汝游心于淡，合气于漠，顺物自然而无容私焉，而天下治矣。"

0704

阳子居见老聃，曰："有人于此，向疾强梁，物彻疏明，学道不倦。如是者，可比明王乎？"老聃曰："是于圣人也，胥易技系，劳形怵心者也。且曰虎豹之文来田，猿狙之便、执斄之狗来藉。如是者，可比明王乎？"

阳子居蹴然曰："敢问明王之治。"老聃曰："明王之治：功盖天下而似不自己，化贷万物而民弗恃，有莫举名，使物自喜，立乎不测，而游于无有者也。"

0705.

郑有神巫曰季咸，知人之死生存亡、祸福寿夭，期以岁月旬日，若神。郑人见之，皆弃而走。列子见之而心醉，归，以告壶子，曰："始吾以夫子之道为至矣，则又有至焉者矣。"壶子曰："吾与汝既其文，未既其实，而固得道与？众雌而无雄，而又奚卵焉！而以道与世亢，必信，夫故使人得而相汝。尝试与来，以予示之。"

明日，列子与之见壶子。出而谓列子曰："嘻！子之先生死矣！弗活矣！不以旬数矣！吾见怪焉，见湿灰焉。"列子入，泣涕沾襟，以告壶子。壶子曰："乡吾示之以地文，萌乎不震不正。是殆见吾杜德机也。尝又与来。"

明日，又与之见壶子。出而谓列子曰："幸矣，子之先生遇我也！有瘳矣，全然有生矣！吾见其杜权矣。"列子入，以告壶子。壶子曰："乡吾示之以天壤，名实不入，而机发于踵。是殆见吾善者机也。尝又与来。"

明日，又与之见壶子。出而谓列子曰："子之先生不齐，吾无得而相焉。试齐，且复相之。"列子入，以告壶子。壶子曰："吾乡示之以太冲莫胜，是殆见吾衡气机也。鲵桓之审为渊，止水之审为渊，流水之审为渊。渊有九名，此处三焉。尝又与来。"

明日，又与之见壶子。立未定，自失而走。壶子曰："追之！"列子追之不及，反，以报壶子，曰："已灭矣，已失矣，吾弗及已。"壶子曰："乡吾示之以未始出吾宗。吾与之虚而委蛇，不知其谁何，因以为弟靡，因以为波流，故逃也。"

然后列子自以为未始学而归，三年不出。为其妻爨，食豕如食人，于事无与亲，雕琢复朴，块然独以其形立。纷而封哉，一以是终。

0706

无为名尸，无为谋府，无为事任，无为知主。体尽无穷，而游无朕，尽其所受乎天，而无见得，亦虚而已。至人之用心若镜，不将不迎，应而不藏，故能胜物而不伤。

0707

南海之帝为儵，北海之帝为忽，中央之帝为浑沌。儵与忽时相与遇于浑沌之地，浑沌待之甚善。儵与忽谋报浑沌之德，曰："人皆有七窍，以视听食息，此独无有，尝试凿之。"日凿一窍，七日而浑沌死。

KONFORMO AL REĜA IMPERIESTRO

0701

Nie Que demandis ion al Wang Ni[249]. Li demandis kvar fojojn [pri la distingo de aĵoj], kaj ĉi tiu kvar fojojn respondis, ke ankaŭ li mem ne scias. Nie Que dancante ĝojegis kaj iris al Pu Yizi raporti tion.[250] Pu Yizi diris: "Ĉu vi nun eksciis tion? You Yu ne estis pli alta ol Tai[251]. You Yu per bonvoleco provis regi la popolon kaj gajnis la popularecon. Li ne ekprovis eliri de la regno de ne-homo[252]. Tai, male, dormante kvietadis kaj vekiĝinte vagadis libere. Iam li rigardis sin ĉevalo, iam rigardis sin bovo. Lia saĝo estas fidela al senso, lia virto estas verega. Li de komence neniam ekprovis eniri en la regnon de ne-homo."

0702

Jian Wu renkontis la sanktan frenezulon Jie Yu. Jie Yu diris: "Kion diris al vi Ri Zhongshi?" [253] Jian Wu diris: "Li diris al mi, ke reĝoj-nobluloj devas mem starigi principojn-regulojn, ceremoniojn, juston kaj leĝojn, tiel do neniu ne obeus kaj neniu ne ŝanĝiĝus laŭ tio." Jie Yu diris: "Tio ja estas fi-virto tiel falsa, ke kvazaŭ je la regado de la mondo oni ŝarĝus dorson de kulo per monto, devigante regatojn piede transpaŝi maron aŭ trabori mane kanalon. Ĉu sanktulo regus eksteraĵon[254] por la regado? Se la reĝo unue rektigos sin mem, poste iros la regado per si mem, kaj tiel la aferoj estos farataj bone kaj solide. Se diri aldone, birdoj, flugante alte, evitas mem la damaĝon de sago; musoj, fosante profunden la truon sub la sankta monto, evitas minacon, ke ili ne estu ĉas- aŭ fumpelitaj. Ĉu vi ne scias pri tiuj kreitaĵoj?"

0703

Tian Gen[255] vagadis sude de Yin, atingis la bordon de rivero Liao. Li hazarde renkontis iun Sennomulon[256] kaj demandis lin kiel regi la mondon. La Sennomulo diris: "For, vi vulgarulo! Kian malĝojan demandon vi faras! Mi ĝuste nun interparolas kun la Kreinto, kaj poste, kiam ni satparolos, mi, rajdante sur birdo, forflugante senlimen, volus transflugi limon de ses polusoj[257] eksteren. Kaj mi intencus vagadi en la lando de Nenio, kie troviĝas nenio prizorgenda[258], kaj loĝi en la kampo kun senlima vasteco.

Kial do vi ĉagrenas min je koro per demando pri regado de la mondo?" Tian Gen redemandis plu.La Sennomulo diris: "Lasu vin je koro ludi simple, akordu Ĉjion kun malpleneco, kaj sekvu la naturon de materioj, kaj ne lasu egoon interveni en vin. Tiel do la mondo estos regata."

0704

Yang Ziju[259] renkontis Lao Dan[260] kaj diris: "Jen unu homo, rapida kiel eĥo, forta kiel trabo, penetranta en aĵojn, klarevida, ne laciĝas en la lernado de la Vojo-Tao. Ĉu eblas kompari tiun personon kun Klera Reĝo?" Lao Dan diris: "Kompare kun sanktulo, tiu persono estas nur laborulo, kiu okupas sin per faktaj laboroj kaj artifikaj teknikoj, laciĝante je la korpo kaj ĉagrenante sin je la koro. Belaj feloj de tigro kaj leopardo tiros al si ĉasistojn, facilmova simio kaj hundo, bone ĉasanta animalojn, estos ligitaj en kaĝoj. Kial eblus kompari tiujn kun Klera Reĝo?"

Yang Ziju, ŝokite, diris: "Permesu al mi demandi vin, kia estas la regado fare de la Klera Reĝo?" Lao Dan diris: "Sub la regado de la Klera Reĝo merito kovras la mondon, tamen tio similas, kvazaŭ li mem nenion farus. Li influas ĉies reformadon, tamen la popolo ne dependas de li. Lia nomo ne estas aparte laŭdata spite lian meriton. Li lasas ĉiujn kaj ĉion ĝoji per si mem. Li, starante sur la nemezurebla alteco, ludvagadas en la mondo de neesto kaj esto."

0705

En regno Zheng estis iu dieca aŭguristino, nomata Ji Xian[261]. Ŝi sciigis al homoj morton, vivon, ekziston, pereon, malfeliĉon, feliĉon, vivdaŭron, antaŭtempan forpason, eĉ, kvazaŭ dio, povis ĝuste diveni la tempon: jaron, monaton, semajnon kaj tagon. Popolanoj de Zheng vidante ŝin ĉiuj forkuris. Liezi[262] renkontinte ŝin estas elkore fascinita de ŝi. Reveninte Liezi parolis al Huzi[263], dirante: "Unue mi ekpensis, ke via Vojo estas la plej alta. Sed troviĝas io pli alta ol ĝi." Huzi diris: "Mi instruis por vi nur vortojn, sed ankoraŭ ne esencon. Ĉu vi pensas, ke vi ĝuste akiris jam la Vojon? Eĉ se estus multe da kokinoj, tamen sen koko ne eblas fekundigi ovojn. Vi, havante tian fi-vojon, luktis kun la mondo kaj batite ekkredis alian personon. Tiel vi igis la alian aŭguri vin. Prove, venu kune kun ŝi kaj montru al mi ŝin."

En la sekva tago Liezi kun ŝi vizitis Huzi. Ŝi elirinte de Huzi diris al Liezi: "Ho ve, via Mastro mortos, ne povas vivi. Restas malpli ol dek tagoj. Mi vidis ion strangan, vidis malsekan cindron." Liezi enirinte, ekploris kun larmoj, kaj, kun kolumo malsekigita, diris al Huzi tion. Huzi diris: "Ĵus mi montris min al ŝi en la formo de Tero[264], kiel svaga, ne tremanta nek staranta[265]. Ŝi apenaŭ ne vidis min ŝtopita je la natura vigleco[266]. Prove, ŝi venu kun vi denove."

En la sekva tago, ŝi denove vizitis Huzi. Elirinte, ŝi diris al Liezi: "Estas feliĉe, ke via Mastro vidis min. Li resaniĝis, estante plena je vigleco. Mi vidis ŝanĝon el ŝtopiteco." Liezi enirinte, diris al Huzi tion.

Huzi diris: "Nun ĵus mi montris al ŝi la Ĉielan fekundecon. Ankoraŭ havante nek nomon nek substancon, la ĝermo eliras de sub kalkanoj. Ŝi vidis min havanta bonan signon. Prove, ŝi venu kun vi denove."

En la sekva tago ŝi denove vizitis Huzi. Elirinte ŝi diris al Liezi: "Mi ne povas aŭguri pro tio, ke ne stabilas via Majstro. Unue li stabiligu sin, kaj denove mi aŭguros lin." Liezi enirinte, diris al Huzi tion. Huzi diris: "Mi ĵus montris min al ŝi kiel la plej malplenan kaj senkonkurencan. Ŝi apenaŭ ne vidis min en ekvilibro de mia Ĉjio[267], kie ĉio egalas al la kvieta abismo: estas kaj maro de balenoj, kaj senmova akvo, kaj fluanta akvo. Estas naŭ abismoj entute, tamen ĉi foje nur tri. Prove, ŝi venu denove kun vi."

En la sekva tago ŝi denove vizitis Huzi. Apenaŭ ŝi ekstaris antaŭ li, ŝi tuj konsternite forkuris. Huzi diris: "Postkuru ŝin!" Liezi postkuris sed ne kaptis ŝin. Reveninte li raportis al Huzi, dirante: "Ŝi jam malaperis. Jam perdiĝis. Mi ne kuratingis ŝin." Huzi diris: "Ĵus mi montris min al ŝi en mia antaŭkomenco[268], kie mi estis vanta kaj libermova[269]. Ŝi ne konis kiu estas tiu. Ŝi vidis tiun falanta stango kaj alfluantaj ondoj. Tial do ŝi forkuris[270]."

Poste Liezi sciiĝis, ke li mem de komence ankoraŭ nenion lernis. Li revenis hejmen kaj ne eliris dum tri jaroj. Li kuiris por sia edzino kaj nutris porkojn kvazaŭ homojn. Farante aferojn, li havis nenian kunlaboranton. Li ekzercis por poluri sin mem kaj revenis al sia simpleco. Li ekstaris sola firme sur la grundo, sendepende tenante sian korpon. Eĉ en malorda ĉirkaŭo, li tenis sin simpla en si mem. Kaj tiel en tuta unueco li finis la vivon.

0706

Ne fariĝu ricevinto de famo; ne fariĝu ĉefstabo de intrigo; ne estu ŝarĝita per oficoj; ne fariĝu majstro de intelekto. Submetu korpon tute al senlimo kaj ludu en senmemo[271]. Ricevu sendistinge tute ĉion, kio estas donita de la Ĉielo, kaj estu mem nur malplene vaka. La pleja homo uzas la koron kiel la spegulon. Ne postkuras nek alfrontas, sed nur akceptas, tamen ne alteniĝas. Tiel do li povas venki en ĉio kaj ne vundiĝas.

0707

La reĝo de la Suda Maro nomiĝis Tujo, la reĝo de la Norda Maro nomiĝis Subito, kaj la reĝo de la Centro nomiĝis Ĥaoso[272]. Renkontiĝis iam Tujo kun Subito sur la tero de Ĥaoso, kaj Ĥaoso akceptis ilin tre bone. Tujo kaj Subito deziris danki al la virto de Ĥaoso, dirante: "Ĉiu homo havas sep truojn en si kaj per tiuj li vidas, aŭdas, manĝas kaj ripozas. Sed s-ro Ĥaoso sola ne havas ilin. Ni provu trabori al li ilin." Ĉiutage po unu oni traboris, kaj sep tagojn poste mortis Ĥaoso.

卷二　外　篇

Juan Er: Wai Pian

II. EKSTERAJ ĈAPITROJ

8. 骈拇 Pian Mu

0801

骈拇枝指出乎性哉！而侈于德；附赘县疣出乎形哉！而侈于性。多方乎仁义而用之者，列于五藏哉！而非道德之正也。是故骈于足者，连无用之肉也；枝于手者，树无用之指也；多方骈枝于五藏之情者，淫僻于仁义之行，而多方于聪明之用也。

是故骈于明者，乱五色，淫文章，青黄黼黻之煌煌非乎？而离朱是已。多于聪者，乱五声，淫六律，金石丝竹黄钟、大吕之声非乎？而师旷是已。枝于仁者，擢德塞性以收名声，使天下簧鼓以奉不及之法非乎？而曾、史是已。骈于辩者，累瓦结绳窜句，游心于坚白同异之间，而敝跬誉无用之言非乎？而杨墨是已。故此皆多骈旁枝之道，非天下之至正也。

0802

彼正正者，不失其性命之情。故合者不为骈，而枝者不为跂；长者不为有余，短者不为不足。是故凫胫虽短，续之则忧；鹤胫虽长，断之则悲。故性长非所断，性短非所续，无所去忧也。意仁义其非人情乎！彼仁人何其多忧也？

且夫骈于拇者，决之则泣；枝于手者，龁之则啼。二者或有余于数，或不足于数，其于忧一也。今世之仁人，蒿目而忧世之患；不仁之人，决性命之情而饕贵富。故意仁义其非人情乎！自三代以下者，天下何其嚣嚣也？

且夫待钩绳规矩而正者，是削其性者也；待绳约胶漆而固者，是侵其德也；屈折礼乐，呴俞仁义，以慰天下之心者，此失其常然也。天下有常然。常然者，曲者不以钩，直者不以绳，圆者不以规，方者不以矩，附离不以胶漆，约束不以纆索。故天下诱然皆生而不知其所以生，同焉皆得而不知其所以得。故古今不二，不可亏也。则仁义又奚连连如胶漆纆索而游乎道德之间为哉，使天下惑也！

夫小惑易方，大惑易性。何以知其然邪？自虞氏招仁义以挠天下也，天下莫不奔命于仁义，是非以仁义易其性与？故尝试论之，自三代以下者，天下莫不以物易其性矣。小人则以身殉利，士则以身殉名，大夫则以身殉家，圣人则以身殉天下。故此数子者，事业不同，名声异号，其于伤性以身为殉，一也。臧与谷，二人相与牧羊而俱亡其羊。问臧奚事，则挟策读书；问谷奚事，则博塞以游。二人者，事业不同，其于亡羊均也。伯夷死名于首阳之下，盗跖死利于东陵之上。二人者，所死不同，其于残生伤性均也，奚必伯夷之是而盗跖之非乎！天下尽殉也。彼其所殉仁义也，则俗谓之君子；其所殉货财也，则俗谓之小人。其殉一也，则有君子焉，有小人焉。若其残生损性，则盗跖亦伯夷已，又恶取君子小人于其间哉？

0803

且夫属其性乎仁义者，虽通如曾、史，非吾所谓臧也；属其性于五味，虽通如俞儿，非吾所谓臧也；属其性乎五声，虽通如师旷，非吾所谓聪也；属其性乎五色，虽通如离朱，非吾所谓明也。吾所谓臧者，非仁义之谓也，臧于其德而已矣；吾所谓臧者，非所谓仁义之谓也，任其性命之情而已矣；吾所谓聪者，非谓其闻彼也，自闻而已矣；吾所谓明者，非谓其见彼也，自见而已矣。夫不自见而见彼，不自得而得彼者，是得人之得而不自得其得者也，适人之适而不自适其适者也。夫适人之适而不自适其适，虽盗跖与伯夷，是同为淫僻也。余愧乎道德，是以上不敢为仁义之操，而下不敢为淫僻之行也。

PALMOPIEDULO

0801

Kvankam palmopiedo kaj sesa fingro estiĝas denaske, tamen ili estas superfluaj spite naturan virton[273].

Erupciintaj verukoj kaj pendantaj tuberoj ekaperas poste el korpo kaj ili okaze kronikiĝas, kvazaŭ naskiĝinta kvalito. Malgraŭ ke iu intencas multflanke praktikadi bonvolecon kaj juston, tamen ĉu tiuj povus esti grefteblaj en korpon kvazaŭ kvin organoj[274] ? Sed tio ne estas ĝuste konforma al "la Vojo kaj la Virto" [275]. Tiel do la palmopieduloj havas senutilan karnon, superflue aldonitan. Sesfingruloj havas senutilan fingron, superflue estigitan. Kiu dronas en la konduto de la bonvoleco kaj la justo, tiu volus multflanke aldoni piedon kaj fingron, superfluan al homa sento kun kvin organoj, tro multflanke uzante saĝon kun okuloj kaj oreloj.Tiel, aldonanto de palmopiedo al okuloj diboĉas je kvin koloroj[276], voluptas je desegnoj. Ne bone estas droni en pompaj brokaĵoj kun koloroj: blua, flava, blanka kaj nigra. Tia estis Li Zhu[277]. Kaj aldonanto de la sesa fingro al oreloj diboĉas je kvin tonoj[278], voluptas je ses majoraj gamoj kiel flavaj sonoriloj – el metaloj, ŝtonoj, kordoj, bambuoj – kaj je grand-minoraj tonoj. Ne bone – ĉu? Tia estis la Majstro Kuang[279]. Kiu havas la superfluan fingron en bonvoleco, tiu perdas la virton kaj la denaskan naturon por akiri renomon. Estas malbone devigi la mondon sekvi neplenumeblan leĝregulon per fajfado kaj tamburado. Tiaj estas Zeng kaj Shi[280]. Kiu havas la superfluan fingron en disputo, tiu ŝpinadas frazojn kvazaŭ tegoladi unu sur la alian aŭ kvazaŭ trikadi ŝnurojn. Estas malbone ludadi koron per logikoj pri "dureco kaj blankeco" , inter sameco kaj malsameco, aŭ laciĝi por duonhonoro per senutilaj vortoj. Tiaj estas Yang kaj Mo[281]. Tiel do ĉiuj ĉi tiuj estas la vojoj kun la superflua fingro kaj neĉefa branĉo. Ilia vojo ne estas la plej ĝusta en la mondo.

0802

La persono ĝusta el ĝustaj ne perdas la denaskan senton[282]. Tiel do liaj kuniĝintaj fingroj, eĉ se estus tiuj, ne estas konsiderataj kiel palmopiedoj, kaj lia branĉa fingro ne estas rigardata kiel la sesa. La longeco estas rigardata kiel ne superflua, kaj la mallongeco – kiel ne manko. Tial do, kvankam gambo de anaso estas mallonga, tamen, se oni plistreĉu ĝin, ĝi ĉagreniĝus; gambo de gruo estas longa, tamen, se oni tranĉu ĝin, ĝi malĝojus. Tial io longa denaske ne devus esti forhakita, io mallonga denaske ne devus esti plistreĉita, ĉar ne eblus per tio senigi la ĉagrenon. Tio aludas, ke ankaŭ la devsento de bonvoleco kaj justo ne estas homeca sento. Kiel multe da ĉagrenoj troviĝas ĉe la homo de bonvoleco!

Homo de kunigitaj piedofingroj eksplorus, se oni distranĉus unu de aliaj fingroj. Homo kun superflua fingro ekkrius, se oni mordus ĝin. Ambaŭ homoj, kun fingroj multnombraj kaj malmultnombraj, malĝojas tute egale. Nuntempaj bonvoleculoj ĉagreniĝas grimacante je monda malsano, kaj malbonvoleculoj, detranĉinte denaskan senton, avidas je rango kaj riĉo. Ŝajnas, ke la devsento de bonvoleco kaj justo ne estas homeca sento. Kiel do post tri dinastioj[283] tiom bruegas la tuta mondo?

Ĝustigi per kurbilo, rektilo, cirkelo kaj ortilo estas forskrapi la denaskecon. Ŝnuri kaj solidigi per gluaĵoj estas perforti la virton. Kiu intencas konsoladi koron de la mondo kun oftaj inklinoj al muziko kaj decreguloj, per vana devsento de bonvoleco kaj justo, tiu perdas konstantan naturon. La mondo havas sian konstantan naturon. Laŭ la konstanta naturo io kurbas sen kurbigilo, rektas sen ŝnurrektilo, rondas sen cirkelo, kvadratas sen ortilo, solidiĝas sen gluaĵoj, ligiĝas sen ŝnuroj, ne sciate kial, en la mondo ĉiuj naskiĝas sekvante unu posta la alia, kaj, ne sciate de kie, tute same estas akirita ĉio, kio necesas. Pasinteco kaj nuno estas unu tuto sen dueco, do ne disigebla. Kial estus do necese entrudi inter la virtojn, sinsekve la gluaĵon kaj ŝnuron kiel la devsenton de bonvoleco kaj justo? Tio konfuzas la mondon. La konfuzeto ŝanĝas direkton, la konfuzego ŝanĝas denaskecon. Per kio estas sciate tiel? Post kiam Shun de klano Yu ekkonfuzis la mondon per levo de bonvoleco kaj justo, mondanoj ne devas ne vetkuradi por la bonvoleco kaj justo. Ĉu tio ja ne estas ŝanĝo de denaskeco per la devsento de bonvoleco kaj justo? Prove ni argumentu tion. Post tri dinastioj mondanoj ne devis ne ŝanĝi la denaskecon per eksteraĵoj. Malgranduloj donas sin per tuta korpo al profitoj. Oficiuloj nomataj "shi" [284], sindonas per tuta korpo al honoro, grandoficistoj sindonas per tuta korpo al konservo de sia familio, sanktuloj dediĉas sin per tuta korpo al la mondo. La supre menciitoj, kvankam diversas je aferoj, nomoj kaj rangoj, ĉiuj estas en tute unu samo, vundante sin je sia denaskeco, sindonante per tuta korpo. Iam iu sklavo kun sklava knabo duope paŝtis ŝafojn. Unu el ŝafoj perdiĝis, spite de paro da paŝtistoj. Estas demandite kion la sklavo faris. La sklavo legis libron, portante volumon. La knabo, demandite, diris, ke li ludis ĵet-kubon. Kvankam aferoj estis malsamaj, ambaŭ tute egale perdis la ŝafon. Bo Yi mortis por la honoramo sub la monto Shou Yang[285]. Rabisto Zhi mortis por la profitamo sur la maŭzoleo Dong Ling[286]. Ĉi tiuj du mortis pro malsama kialo, sed ili ambaŭ same vundis sian restintan vivon kaj per tio sian denaskan naturon. Kial oni povus taksi Bo Yi bona kaj rabiston Zhi malbona! La mondo estas plena de sinoferoj. Oni nomas noblulo tiun, kiu oferis sin por bonvoleco kaj justo. Oni nomas malgrandulo tiun, kiu oferis sin por mono kaj riĉaĵo. La sinofero estas unu sama, sed malsamas nomoj kiel noblulo aŭ malgrandulo. Je vundado de la vivo kaj la denaskeco eĉ la rabisto Zhi estas tute egala al Bo Yi. Kial do oni distingas unu de la alia, kiel noblulo kaj malgrandulo?

Kiu obeigas sian denaskan naturon al devsento de bonvoleco kaj justo, tiun homon, eĉ se estus kiel Zeng kaj Shi, mi ne nomus bona eksperto. Kiu obeigas sian denaskan naturon al kvin bongustoj[287], tiun homon, eĉ se estus kiel Yu Er[288], mi ne nomus gustumisto. Kiu obeigas sian denaskan naturon al kvin tonoj, tiun homon, eĉ se estus kiel Majstro Kuang, mi ne nomas muzikisto kun aŭskultpovo. Kiu obeigas sian denaskan naturon pri kvin koloroj, tiun homon, eĉ se estus kiel Li Zhu, mi ne nomas akrevidanto. Mi nomas eksperto nur la homon bonan je virto, sed ne je devsento de bonvoleco kaj justo. Do la bona eksperto laŭ mi ne estas tiel nomata bonvoleculo kaj justulo, sed nur tiu, kiu lasas sin laŭ sento de la denaska naturo[289]. Laŭ mi la aŭskultpovo ne signifas aŭdi la alian, sed aŭdi sin mem. Laŭ mi la akrevido ne estas vidi la alian, sed vidi sin mem. Kiu, vidante nur la alian, ne vidas sin mem, aŭ kiu, serĉante nur la alian, ne komprenas sin mem, tiu akiras nur ion alies, sed ne akiras ion sian, konformigas sin al alies konformo, sed ne al la sia[290]. Tiuj, kiuj konformigis sin al la alies konformo, sed ne al la sia, estis ja rabisto Zhi kaj Bo Yi. Kvankam nur unu estis rabisto, tamen ili ambaŭ egale samas je la devia perverseco. Mi streĉiĝas antaŭ la Vojo kaj Virto[291]. Tiel do mi ne aŭdacas ĉaste konduti laŭ la devsento de bonvoleco kaj justo supre, nek laŭ la devia perverseco sube.

9. 马蹄 Ma Ti

0901

马，蹄可以践霜雪，毛可以御风寒。龁草饮水，翘足而陆，此马之真性也。虽有义台、路寝，无所用之。及至伯乐，曰："我善治马。"烧之，剔之，刻之，雒之。连之以羁絷，编之以皂栈，马之死者十二三矣；饥之，渴之，驰之，骤之，整之，齐之，前有橛饰之患，而后有鞭策之威，而马之死者已过半矣！陶者曰："我善治埴，圆者中规，方者中矩。"匠人曰："我善治木，曲者中钩，直者应绳。"夫埴木之性，岂欲中规矩钩绳哉！然且世世称之曰："伯乐善治马，而陶匠善治埴木。"此亦治天下者之过也。

吾意善治天下者不然。彼民有常性，织而衣，耕而食，是谓同德。一而不党，命曰天放。故至德之世，其行填填，其视颠颠。当是时也，山无蹊隧，泽无舟梁；万物群生，连属其乡；禽兽成群，草木遂长。是故禽兽可系羁而游，鸟鹊之巢可攀援而窥。夫至德之世，同与禽兽居，族与万物并，恶乎知君子小人哉？同乎无知，其德不离；同乎无欲，是谓素朴。素朴而民性得矣。及至圣人，蹩躠为仁，踶跂为义，而天下始疑矣；澶漫为乐，摘僻为礼，而天下始分矣。故纯朴不残，孰为牺尊？白玉不毁，孰为珪璋？道德不废，安取仁义？性情不离，安用礼乐？五色不乱，孰为文采？五声不乱，孰应六律？夫残朴以为器，工匠之罪也；毁道德以为仁义，圣人之过也。

夫马，陆居则食草饮水，喜则交颈相靡，怒则分背相踶。马知已此矣。夫加之以衡扼，齐之以月题，而马知介倪、闉扼、鸷曼、诡衔、窃辔。故马之知而态至盗者，伯乐之罪也。夫赫胥氏之时，民居不知所为，行不知所之，含哺而熙，鼓腹而游，民能以此矣。及至圣人，屈折礼乐以匡天下之形，县跂仁义以慰天下之心，而民乃始踶跂好知，争归于利，不可止也。此亦圣人之过也。

ĈEVALAJ HUFOJ

0901

Ĉevaloj tretas prujnojn kaj neĝojn per siaj hufoj, kaj gardas sin kontraŭ vento kaj malvarmo per haroj. Ili manĝas herbon, trinkas akvon kaj saltas supren batante teron per piedoj. Tio estas la vera denaska naturo de ĉevaloj. Nenie necesas uzi al ili altan terason kaj luksan halon. Sed aperis Bo Le[292], dirante: "Mi povas bone dresi ĉevalojn." Li al ĉevaloj bruletis la harojn kaj razis, skrapetis hufojn kaj brulstampis. Li vicigis ĉevalojn per martingaloj kaj vostrimenoj kaj ligis ilin en la stalo. Tiel do ili mortis du aŭ tri dekonoj. Li igis ilin malsati kaj soifi, igis ilin kuradi kaj trotadi. Li igis ilin marŝi en vico, egale sen malordo. Antaŭe ĝenate de ornamita enbuŝaĵo, malantaŭe minacate de vergo, ili mortis jam pli ol duono.Potisto diras: "Mi bone traktas argilon, por ke la ronda konformu al cirkelo kaj la kuba – al ortilo." Metisto diras: "Mi bone traktas lignon, por ke la arka konformu al kurbilo kaj la rekta – al rektilo-ŝnuro." Ĉu denaska naturo de argilo kaj ligno volus konformi al tiuj mezuriloj, kiel cirkelo, ortilo, kurbilo kaj rektilo-ŝnuro? Sed oni de generacio al generacio laŭdas ilin, dirante: "Bo Le bone traktis ĉevalojn, potisto kaj metisto traktas bone argilon kaj lignojn." Tio estas ankaŭ eraro de regantoj de la mondo.

Miaopinie, ne tia estas la bona reganto de la mondo. Popolo, regata de li, havas denaske la konstantan naturon[293]. Ili teksadas kaj vestiĝas, terkulturadas kaj manĝas. Tio estas nomata "akordiĝo al virto" [294]. Unu tuto, sed ne partiemas. Tio estas nomata "La Ĉiela lasado" [295].   Tial do en la mondo de la pleja virto[296], la piedirado estis plena de kvieta majesteco kaj la rigardo estis plena de firma majesteco.

En tiu tempo ne estis tunelo nek pado en montoj, ne estis boato nek ponto sur marĉoj. Ĉiuj vivis amase kaj apartenis al siaj vilaĝoj. Kortobirdoj kaj dombestoj amasiĝis en gruparoj, herboj kaj arboj kreskis bone. Tiel do oni povis ludi kun kortobirdoj kaj dombestoj ligitaj per ŝnuroj kaj grimpi supren por rigardi nestojn de birdoj kaj pigoj. En la mondo de la pleja virto oni vivis kune kun kortobirdoj kaj dombestoj, kolektiĝis grupe en akordo kun ĉiuj aĵoj. Kiel do oni sciis distingon de nobluloj kaj malgranduloj. Ili estis egalaj je nescio. Ili ne disiĝis de la virto. Ili estis same senavidaj. Tio estas nomata "simpleco" [297]. En la simpleco estas efektivigebla la naturo de la popolo. Tiel nomata Sankta Homo ekaperis, pene lamante ekfaris la bonvolecon kaj ŝanceliĝante sur piedpintoj ekfaris la juston. Tiel oni ekdubis la mondon. Oni

65

arbitre faris la muzikon kaj faris detaleme la decregulojn[298]. Tiam oni ekdividis la mondon. Sen detrui puran simplan arbon, kiel oni povus fari vinbarelon ĉizitan kun desegnoj? Sen detrui jadon, kiel oni povus fari insignon[299]? Sen detrui virton de la natura Vojo, kiel oni enkondukus devon de bonvoleco kaj justo?

Sen disiĝo de natura sento, kiel oni uzus decregulojn kaj muzikon? Sen malordiĝo de kvin koloroj, kiel oni farus desegnojn. Sen malordiĝo de kvin tonoj, kiel oni aplikus ses gamojn? Ke estis detruita la simpla materio kaj artefarita la instrumento, en tio kulpas metiisto. La sanktulo kulpas en tio, ke kun detruo de virto li faris la bonvolecon kaj la juston deviga. La ĉevaloj estante sur la tero manĝas herbojn kaj trinkas akvon. Se ili ĝojas, interkruciĝante kolojn ili frotadas unu la alian. Se ili koleras, turnante sian dorson al la alia kalcitradas unu la alian. Jen estas ĉio, kion la ĉevaloj scias. Oni aldonas al ili jugon kaj ornamaĵon al ilia frunto por bele aranĝi, kaj tiel la ĉevaloj siavice rompas kojnojn, kurbigas jugon, freneze furiozas, elvomas enbuŝaĵon, mordas kondukrimenon. Ke oni lasas ĉevalojn tiel ruze oponadi[300], en tio kulpas Bo Le. En la epoko de la antikva reĝo He Xu[301], popolanoj, sidante hejme, ne sciis kion fari kaj kien iri. Ili nur ĝojis, maĉante manĝaĵon en buŝoj, kaj ludis, batante siajn ventrojn. Al popolanoj nur eblis fari tiel. Kun apero de la sanktuloj, oni inklinis al decreguloj kaj muziko, kaj tiel oni provis korekti formaĵojn de la mondo, strebis trudite al bonvoleco kaj justo, kaj per tio oni konsolis koron de la mondo. Tiel do popolanoj, ekstarante sur piedpintoj, komencis ŝati la scion kaj konkurenci por la profito inter si tiom, kiom estis nehaltigeble. En tio kulpas ankaŭ sanktuloj.

10. 胠箧 Qu Qie

1001

将为胠箧、探囊、发匮之盗而为守备，则必摄缄縢，固扃鐍，此世俗之所谓知也。然而巨盗至，则负匮、揭箧、担囊而趋，唯恐缄縢扃鐍之不固也。然则乡之所谓知者，不乃为大盗积者也？

1002

故尝试论之：世俗之所谓知者，有不为大盗积者乎？所谓圣者，有不为大盗守者乎？何以知其然邪？昔者齐国，邻邑相望，鸡狗之音相闻，网罟之所布，耒耨之所刺，方二千余里。阖四竟之内，所以立宗庙社稷，治邑屋州闾乡曲者，曷尝不法圣人哉？然而田成子一旦杀齐君而盗其国。所盗者，岂独其国邪？并与其圣知之法而盗之。故田成子有乎盗贼之名，而身处尧舜之安，小国不敢非，大国不敢诛，十二世有齐国。则是不乃窃齐国并与其圣知之法，以守其盗贼之身乎？

尝试论之，世俗之所谓至知者，有不为大盗积者乎？所谓至圣者，有不为大盗守者乎？何以知其然邪？昔者龙逢斩，比干剖，苌弘胣，子胥靡，故四子之贤，而身不免乎戮。故跖之徒问于跖曰："盗亦有道乎？"跖曰："何适而无有道邪？夫妄意室中之藏，圣也；入先，勇也；出后，义也；知可否，知也；分均，仁也。五者不备而能成大盗者，天下未之有也。"由是观之，善人不得圣人之道不立，跖不得圣人之道不行；天下之善人少而不善人多，则圣人之利天下也少而害天下也多。

故曰：唇竭则齿寒，鲁酒薄而邯郸围，圣人生而大盗起。掊击圣人，纵舍盗贼，而天下始治矣！夫川竭而谷虚，丘夷而渊实。圣人已死，则大盗不起，天下平而无故矣！圣人不死，大盗不止。虽重圣人而治天下，则是重利盗跖也。为之斗斛以量之，则并与斗斛而窃之；为之权衡以称之，则并与权衡而窃之；为之符玺以信之，则并与符玺而窃之；为之仁义以矫之，则并与仁义而窃之。何以知其然邪？彼窃钩者诛，窃国者为诸侯，诸侯之门而仁义存焉，则是非窃仁义圣知邪？故逐于大盗，揭诸侯，窃仁义并斗斛权衡符玺之利者，虽有轩冕之赏弗能劝，斧钺之威弗能禁。此重利盗跖而使不可禁者，是乃圣人之过也。

故曰："鱼不可脱于渊，国之利器不可以示人。"彼圣人者，天下之利器也，非所以明天下也。故绝圣弃知，大盗乃止；摘玉毁珠，小盗不起；焚符破玺，而民朴鄙；掊斗折衡，而民不争；殚残天下之圣法，而民始可与论议。擢乱六律，铄绝竽瑟，塞瞽旷之耳，而天下始人含其聪矣；灭文章，散五采，胶离朱之目，而天下始人含其明矣；毁绝钩绳，而弃规矩，攦工倕之指，而天下始人有其巧矣。故曰："大巧若拙。"削曾、史之行，钳杨、墨之口，攘弃仁义，而天下之德始玄同矣。彼人含其明，则天下不铄矣；人含其聪，则天下不累矣；人含其知，则天下不惑矣；人含其德，则天下不僻矣。彼曾、史、杨、墨、师旷、工倕、离朱，皆外立其德，而以爚乱天下者也，法之所无用也。

1003

子独不知至德之世乎？昔者容成氏、大庭氏、伯皇氏、中央氏、栗陆氏、骊畜氏、轩辕氏、赫胥氏、尊卢氏、祝融氏、伏羲氏、神农氏，当是时也，民结绳而用之，甘其食，美其服，乐其俗，安其居，邻国相望，鸡狗之音相闻，民至老死而不相往来。若此之时，则至治已。今遂至使民延颈举踵，曰"某所有贤者"，赢粮而趣之，则内弃其亲而外去其主之事，足迹接乎诸侯之境，车轨结乎千里之外，则是上好知之过也。

上诚好知而无道，则天下大乱矣。何以知其然邪？夫弓弩、毕弋、机变之知多，则鸟乱于上矣；钩饵、网罟罾笱之知多，则鱼乱于水矣；削格、罗落、罝罘之知多，则兽乱于泽矣；知诈渐毒、颉滑坚白、解垢同异之变多，则俗惑于辩矣。故天下每每大乱，罪在于好知。故天下皆知求其所不知，而莫知求其所已知者，皆知非其所不善，而莫知非其所已善者，是以大乱。故上悖日月之明，下烁山川之精，中堕四时之施；惴耎之虫，肖翘之物，莫不失其性。甚矣夫好知之乱天下也！自三代以下者是已。舍夫种种之民而悦夫役役之佞，释夫恬淡无为而悦夫啍啍之意，啍啍已乱天下矣。

ŜTELADO DE KOFROJ

1001

Por singardi kontraŭ la ŝtelado el kofro, sako kaj ŝranko, oni nepre vindas ilin per ŝnuroj kaj firmigas serurojn kaj agrafojn. Tio estas tiel nomata saĝeco de mondanoj. Sed okazas, ke iu granda ŝtelisto forkuras portante ŝrankon, levante kofron kaj ŝarĝante sakon surdorse, malgraŭ la prizorgado pere de firmaj seruroj kaj agrafoj. Tiel do la saĝeco de vilaĝano, supre menciita, kontraŭe akumulas predon por la granda ŝtelisto.

1002

Prove, ni argumentu pri tio. Inter tiel nomataj saĝecoj de mondanoj, ĉu troviĝus iu ajn saĝeco, kiu ne akumulus profiton por ŝtelistoj? Inter tiel nomataj sanktecoj, ĉu troviĝus iu ajn sankteco, kiu ne gardus profiton por grandaj ŝtelistoj? De kie estas sciate pri tio? Antikve en regno Qi estis videblaj reciproke la najbaraj vilaĝoj-urboj kaj aŭdeblaj reciproke iliaj kokkrioj kaj bojoj. Areoj, kie estis sternataj la retoj-sejnoj, kaj kampoj, kie agrokulturis plugiloj-hojoj, okupis pli ol dumil liojn kvadratajn[302]. Ene de limoj en kvar direktojn estis konstruita per maŭzoleo kaj altaro al la dio de tero kaj greno. Kaj tiel regantoj de vilaĝoj, domkvartaloj, prefektecoj, bienoj, kantonoj kaj anguloj sekvis sanktulojn[303]. Sed Tian Chengzi iu matene mortigis la reĝon de Qi kaj uzurpis la regnon[304]. Ne nur la regnon, sed ankaŭ li ŝtelis samtempe la leĝojn kompilitajn de tieaj sanktaj saĝoj. Tial do Tian Chengzi, kvankam nomata "rabisto", tamen komforte sidis mem sur la posteno, samkiel Yao kaj Shun. Malgrandaj landoj ne riproĉis lin, grandaj regnoj ne aŭdacis puni lin. Tiele lia dinastio tenis regnon Qi dum dekdu generacioj. Ĉu tio ne signifas, ke li uzurpis la regnon Qi kaj samtempe ŝtelis la leĝojn de sanktaj saĝoj, per kio li gardis sin kiel ŝteliston? Mi provos argumenti pri tio. El inter de tiel nomataj mondanoj, grandaj intelektuloj, ĉu troviĝas iu ajn, kiu ne akumulis predon por grandaj ŝtelistoj? Ĉu el inter sanktuloj troviĝas iu ajn, kiu ne gardis por grandaj ŝtelistoj? Per kio estas sciate pri tio? Antaŭe, Longfeng estis tranĉita; Bi Gan estis senintestigita; Chang Hong estis disŝirita; Zixu estis restigita putri[305]. Ĉar tiuj kvar personoj estis saĝaj, al ili ne eviteblis la tragika morto. Iam unu el ŝtelistanoj demandis la grandan rabiston Zhi: "Ĉu estas Vojo-Tao ankaŭ por ŝtelistoj?" Zhi respondis: "Kien ajn oni iras, nenie povas ne esti la Vojo-Tao. Al ni estas sankteco sondi trezorejon en iu ĉambro. Estas kuraĝo eniri la unua. Estas justo eliri la posta. Juĝi pri ebleco aŭ neebleco etas saĝo. Dividi predon egale estas bonvoleco. En la mondo ankoraŭ ne troviĝas iu ajn granda ŝtelisto, kiu ne posedus la menciitajn kvin principojn[306]." Laŭ tio oni povas vidi, ke al bonulo ne eblas stariĝi sen posedi la Vojon-Taon de bonuloj kaj ankaŭ al Zhi ne eblas ŝteli sen posedi la Vojon-Taon de sanktuloj. En la mondo, da bonuloj estas malmulte, sed da nebonuloj estas multe. Tio signifas, ke la sanktulo profitigas la mondon malpli ol malprofitigas la mondon.Tial do estas dirite: "Sen lipoj frostiĝas dentoj" , kaj "Kiam vino de regno Lu estas maldensa, tiam la urbo Handan estas sieĝota[307]." Estiĝo de sanktulo okazigas grandan kontraŭleĝulon. Batu la sanktulon kaj reliberigu la kontraŭleĝulon[308]. Tiam finfine la mondo estus bone regata. Se rivero elĉerpiĝas, la valo malpleniĝas. Se monteto ebeniĝas, la profundegejo ŝutpleniĝas. Se sanktuloj formortos, ankaŭ kontraŭleĝuloj ne estiĝos. La mondo fariĝos paca kaj senakcidenta. Se ne mortus sanktuloj, ne ĉesus funkcii grandaj ŝtelistoj. Spite ke la sanktuloj unuj post la aliaj regadis la mondon, tio nur profitigis la rabiston Zhi kaj aliajn.   Kiam regantoj, establinte volumenometron, mezuras, tiam ŝtelistoj ruze ekspluatas tion, utiligante la volumenometron. Kiam regantoj, establinte pesilon, pesas, tiam ŝtelistoj ruze ekspluatas tion, utiligante la pesilon. Kiam regantoj, establinte atestilojn, kreas kreditigilojn, tiam ŝtelistoj ruze ekspluatas tion, utiligante la kreditigilojn. Kiam regantoj, establinte bonvolecon kaj juston, rektigas moron, tiam ŝtelistoj ruze ekspluatas tion sub la nomo de bonvoleco kaj justo. Per kio estas sciate pri tio? Kiu ŝtelas bukon, tiu estas punata. Sed kiu ŝtelas landon, tiu fariĝas landestro. Bonvoleco kaj justo apartenas al la pordo de landestroj, do ĉu tio ne signifas, ke landestroj ŝtelas la bonvolecon, juston kaj saĝon? Ili forviŝas la nomon de grandaj ŝtelistoj, fariĝinte landestroj, kaj ŝtelas ĉiujn kune, bonvolecon kaj juston, kaj profiton de volumenometro, pesilo, kreditigiloj. Ilin ne eblas stimuli eĉ per laŭdado, kiel donaco de ĉaroj aŭ kronoj por altranguloj, nek eblas deteni per punado per hakiloj. Sanktuloj kulpas en tio, ke ili multfoje profitigis rabistojn, kiel Zhi, kaj ne povis malpermesi. Tiel do estas dirite: "La fiŝo ne devas forlasi la profundan akvon, kaj la plej akraj iloj de la regno ne devas esti montrataj al homoj[309]." La sanktuloj estas la plej akraj iloj en la mondo. Ili ne devas esti montrataj al la mondo. Tial do, se forlasi la sankton kaj forĵeti la saĝon[310], ĉesos la granda ŝtelado. Se forĵeti la jadon kaj disrompi perlojn, ne okazos la malgranda ŝtelado. Se bruligi atestilojn kaj disŝiri kreditigilojn, la popolo fariĝos simpla. Se frakasi volumenometrojn kaj disrompi pesilojn, la popolo ne kverelos. Nur post kiam frakasitaj estas la sanktaj leĝreguloj de la mondo, la popolo ekpovos diskuti kune. Kiam oni disrompos kaj forĵetos ses tonojn, kiam oni forbruligos fluton kaj liuton, kiam oni ŝtopos orelojn de blinda majstro Kuang, nur tiam ĉiu homo en la mondo havigos al si kapablon de aŭskultado. Kiam oni ruinigos desegnojn kaj disigos kvin kolorojn, kaj kiam oni fermos per gluo okulojn de Li Zhu, nur tiam ĉiu homo en la mondo havigos al si kapablon de luma vidado. Kiam oni rezignos kurbolinilon kaj rektoŝnuron kaj forĵetos cirkelon kaj ortilon, kiam oni katenos fingrojn de metiisto Chui, nur tiam ĉiu homo en la mondo havigos al si la lertecon. Tial do estas dirite: "Granda lertulo similas al mallertulo." Kiam oni forigos la konduton de Zeng kaj Shi, kiam oni fermos la buŝojn de Yang kaj Mo, kiam oni forĵetos bonvolecon kaj juston, nur tiam la virto en la mondo atingos la mirindan unuecon[311]. Se ĉiu homo entenas la lumon, tiam

la mondo ne perdiĝas. Se ĉiu homo havigas al si kapablon de aŭskultado, tiam la mondo ne komplikiĝas.

Se ĉiu homo entenas la saĝon, tiam la mondo ne konfuziĝas. Se ĉiu homo entenas la virton, tiam la mondo

ne deflankiĝas. Tiuj personoj, kiel Zeng kaj Shi, Yang kaj Mo, Majstro Kuang, Metiisto Chui[312], Li Zhu,

estas ĉiuj starigintaj la virton eksteren kaj per tio trobrilegis kaj misgvidis la mondon. Nenie estas uzeblaj

iliaj metodoj.

1003

　Ĉu vi sola ne scias la mondon de la pleja virto? Antikve estis tiaj reĝoj, kiel Rong Cheng, Da Ting,

Bo Huang, Zhong Yang, Li Lu, Li Xu, Xuan Yuan, He Xu, Zun Lu, Zhu Rong, Fu Xi, kaj Shen Nong[313].

Tiam popolo, nodante ŝnurojn, interkonsentis, gustumis la manĝaĵojn bongustajn, vestis la vestaĵon

belan, ĝuis la moron plezurigan, vivis en la loĝejoj pace.　　Spite ke najbaraj landanoj povas vidi unu

la alian kaj aŭdi reciproke kokojn-hundojn kriantaj-bojantaj, popolanoj de ambaŭ landoj ne interrilatas

reciproke ĝis la maljuniĝo kaj la morto. Tia tempo eblis ekzisti nur en la epoko de la pleja regado. Sed

nun oni igas popolanojn kun streĉitaj koloj kaj levitaj kalkanoj atendi saĝulon, dirante: "Jen ie troviĝas

la saĝulo!" Kaj ili iras haste tien, kunportante provizojn. Iuj el ili, forĵetinte siajn gepatrojn interne kaj

forlasinte devon de servado al estroj ekstere, foriras al la landlimo aŭ veturas for eksteren je mil lioj. Tio

okazas pro eraro, ke superuloj ŝatas la saĝon. Se la superulo, ŝatante la saĝon, ignoras la Taon-Vojon, tiam

la mondo ege malordiĝas[314]. Per kio estas sciate tiel? Ju pli multe da aparataĉoj, kiel pafarkoj, arbalestoj,

retoj aŭ harpunĵetiloj, des pli konfuziĝas birdoj supre. Ju pli multe da fiŝkaptiloj, kiel fiŝhokoj kun logaĵoj,

sejnoj, troloj aŭ nasoj, des pli konfuziĝas fiŝoj en akvo. Ju pli multe da bestkaptiloj, kiel kestkaptilo,

enfalujo aŭ kaptoreto, des pli konfuziĝas bestoj ĉe marĉo. Ju pli multe da kuriozaĵoj de logikaĉo, kiel

saĝumaĵo, ĉikanaĵo aŭ sofismaĵo pri "dureco kaj blankeco" aŭ dialektiko pri sameco kaj malsameco, des

pli konfuziĝas mondanoj je parolado. En tio, ke la mondo ĉiam ege konfuziĝas en malluma kaoso, estas

kulpa la inklino al saĝeco. Tiel do ĉiuj en la mondo povas serĉadi kion ne scias, sed tamen neniu povas

serĉi kion jam scias. Ĉiuj povas kritikadi tion, kion oni konsideras malbona, sed tamen neniu povas kritiki

tion, kion oni jam konsideras bona. Per tio ege konfuziĝas. Tiele supre oni damaĝas lumon de la suno kaj la

luno, sube oni forbruligas animojn de la montoj kaj la riveroj, meze oni detruas movadon de kvar sezonoj.

Eĉ neniu el peristalte moviĝantaj vermoj kaj flugilbatadantaj kreitaĵoj ne perdis la denaskan naturon. Kiel

granda estas damaĝo, ke la inklino al saĝo konfuzas la mondon! Depost la tri dinastioj daŭras nur tiele.

Forlasinte simplan laŭnaturan popolon, oni ĝojas pri fervoraj ruzaj flataroj. Forĵetinte la senafektan nenion-

faradon, oni ĝojas pri trudema ambicio. La trudemeco ege konfuzas la mondon.

11. 在宥 Zai You

1101

闻在宥天下，不闻治天下也。在之也者，恐天下之淫其性也；宥之也者，恐天下之迁其德也。天下不淫其性，不迁其德，有治天下者哉？昔尧之治天下也，使天下欣欣焉人乐其性，是不恬也；桀之治天下也，使天下瘁瘁焉人苦其性，是不愉也。夫不恬不愉，非德也。非德也而可长久者，天下无之。

人大喜邪毗于阳。大怒邪毗于阴。阴阳并毗，四时不至，寒暑之和不成，其反伤人之形乎！使人喜怒失位，居处无常，思虑不自得，中道不成章，于是乎天下始乔诘卓鸷，而后有盗跖、曾、史之行。故举天下以赏其善者不足，举天下以罚其恶者不给，故天下之大不足以赏罚。自三代以下者，匈匈焉，终以赏罚为事，彼何暇安其性命之情哉！

而且说明邪，是淫于色也；说聪邪，是淫于声也；说仁邪，是乱于德也；说义邪，是悖于理也；说礼邪，是相于技也；说乐邪，是相于淫也；说圣邪，是相于艺也；说知邪，是相于疵也。天下将安其性命之情，之八者，存可也；亡可也；天下将不安其性命之情，之八者，乃始脔卷、獊囊而乱天下也。而天下乃始尊之惜之，甚矣天下之惑也！

岂直过也而去之邪！乃齐戒以言之，跪坐以进之，鼓歌以儛之，吾若是何哉！

故君子不得已而临莅天下，莫若无为。无为也，而后安其性命之情。故贵以身于为天下，则可以托天下；爱以身于为天下，则可以寄天下。故君子苟能无解其五藏，无擢其聪明，尸居而龙见，渊默而雷声，神动而天随，从容无为，而万物炊累焉。吾又何暇治天下哉！

1102

崔瞿问于老聃曰："不治天下，安藏人心？"老聃曰："汝慎无撄人心。人心排下而进上，上下囚杀，淖约柔乎刚强。廉刿雕琢，其热焦火，其寒凝冰。其疾俯仰之间，而再抚四海之外，其居也渊而静，其动也县而天。偾骄而不可系者，其唯人心乎！昔者黄帝始以仁义撄人之心，尧、舜于是乎股无胈，胫无毛，以养天下之形，愁其五藏以为仁义，矜其血气以规法度。然犹有不胜也。尧于是放欢兜于崇山，投三苗于三峗，流共工于幽都，此不胜天下也。夫施及三王而天下大骇矣。下有桀、跖，上有曾、史，而儒、墨毕起。于是乎喜怒相疑，愚知相欺，善否相非，诞信相讥，而天下衰矣；大德不同，而性命烂漫矣；天下好知，而百姓求竭矣。于是乎釿锯制焉，绳墨杀焉，椎凿决焉。天下脊脊大乱，罪在撄人心。故贤者伏处大山嵁岩之下，而万乘之君忧栗乎庙堂之上。今世殊死者相枕也，桁杨者相推也，刑戮者相望也，而儒、墨乃始离跂攘臂乎桎梏之间。意，甚矣哉！其无愧而不知耻也甚矣！吾未知圣知之不为桁杨椄槢也，仁义之不为桎梏、凿枘也，焉知曾、史之不为桀、跖嚆矢也！故曰：'绝圣弃知而天下大治。'"

1103

黄帝立为天子十九年，令行天下，闻广成子在于空同之山，故往见之，曰："我闻吾子达于至道，敢问至道之精。吾欲取天地之精，以佐五谷，以养民人；吾又欲官阴阳，以遂群生。为之奈何？"广成子曰："而所欲问者，物之质也；而所欲官者，物之残也。自而治天下，云气不待族而雨，草木不待黄而落，日月之光益以荒矣。而佞人之心翦翦者，又奚足以语至道！"

黄帝退，捐天下，筑特室，席白茅，闲居三月，复往邀之。广成子南首而卧，黄帝顺下风膝行而进，再拜稽首而问曰："闻吾子达于至道，敢问治身奈何而可以长久？"广成子蹶然而起，曰："善哉问乎！来！吾语女至道。至道之精，窈窈冥冥；至道之极，昏昏默默。无视无听，抱神以静，形将自正。必静必清，无劳女形，无摇女精，乃可以长生。目无所见，耳无所闻，心无所知，女神将守形，形乃长生。慎女内，闭女外，多知为败。我为女遂于大明之上矣，至彼至阳之原也；为女入于窈冥之门矣，至彼至阴之原也。天地有官，阴阳有藏，慎守女身，物将自壮。我守其一以处其和，故我修身千二百岁矣，吾形未尝衰。"黄帝再拜稽首曰："广成子之谓天矣！"广成子曰："来！余语女。彼其物无穷，而人皆以为有终；彼其物无测，而人皆以为有极。得吾道者，上为皇而下为王；失吾道者，上见光而下为土。今夫百昌皆生于土而反于土，故余将去女，入无穷之门，以游无极之野。吾与日月参光，吾与天地为常。当我，缗乎！远我，昏乎！人其尽死，而我独存乎！"

1104

云将东游，过扶摇之枝，而适遭鸿蒙。鸿蒙方将拊脾雀跃而游。云将见之，倘然止，贽然立，曰："叟何人邪？叟何为此？"鸿蒙拊脾雀跃不辍，对云将曰："游。"云将曰："朕愿有问也。"鸿蒙仰而视云将曰："吁！"云将曰："天气不和，地气郁结，六气不调，四时不节。今我愿合六气之精以育群生，为之奈何？"鸿蒙拊脾雀跃掉头曰："吾弗知！吾弗知！"云将不得问。

又三年，东游，过有宋之野而适遭鸿蒙。云将大喜，行趋而进曰："天忘朕邪？天忘朕邪？"再拜稽首，愿闻于鸿蒙。鸿蒙曰："浮游，不知所求，猖狂，不知所往，游者鞅掌，以观无妄，朕又何知！"云将曰："朕也自以为猖狂，而百姓随予所往；朕也不得已于民，今则民之放也。愿闻一言。"鸿蒙曰："乱天之经，逆物之情，玄天弗成；解兽之群，而鸟皆夜鸣；灾及草木，祸及止虫。意，治人之过也！"云将曰："然则吾奈何？"鸿蒙曰："意，毒哉！仙仙乎归矣！"云将曰："吾遇天难，愿闻一言。"鸿蒙曰："意，心养。汝徒处无为，而物自化。堕尔形体，吐尔聪明，伦与物忘，大同乎涬溟；解心释神，莫然无魂。万物云云，各复其根，各复其根而不知。浑浑沌沌，终身不离；若彼知之，乃是离之。无问其名，无窥其情，物固自生。"云将曰："天降朕以德，示朕以默；躬身求之，乃今也得。"再拜稽首，起辞而行。

1105

世俗之人，皆喜人之同乎己，而恶人之异于己也。同于己而欲之，异于己而不欲者，以出乎众为心也。夫以出乎众为心者，曷尝出乎众哉！因众以宁所闻，不如众技众矣。而欲为人之国者，此揽乎三王之利而不见其患者也。此以人之国侥幸也，几何侥幸而不丧人之国乎！其存人之国也，无万分之一；而丧人之国也，一不成而万有余丧矣。悲夫，有土者之不知也！夫有土者，有大物也。有大物者，不可以物物；而不物，故能物物。明乎物物者之非物也，岂独治天下百姓而已哉！出入六合，游乎九州，独往独来，是谓独有。独有之人，是谓至贵。

大人之教，若形之于影，声之于响。有问而应之，尽其所怀，为天下配。处乎无响，行乎无方。挈汝适复之挠挠，以游无端，出入无旁，与日无始，颂论形躯，合乎大同，大同而无己。无己，恶乎得有有！睹有者，昔之君子；睹无者，天地之友。

1106

贱而不可不任者，物也；卑而不可不因者，民也；匿而不可不为者，事也；粗而不可不陈者，法也；远而不可不居者，义也；亲而不可不广者，仁也；节而不可不积者，礼也；中而不可不高者，德也；一而不可不易者，道也；神而不可不为者，天也。故圣人观于天而不助，成于德而不累，出于道而不谋，会于仁而不恃，薄于义而不积，应于礼而不讳，接于事而不辞，齐于法而不乱，恃于民而不轻，因于物而不去。物者，莫足为也，而不可不为。不明于天者，不纯于德；不通于道者，无自而可。不明于道者，悲夫！何谓道？有天道，有人道。无为而尊者，天道也；有为而累者，人道也。主者，天道也；臣者，人道也。天道之与人道也，相去远矣，不可不察也。

LASI ESTI

Mi aŭdis, ke oni lasu la mondon esti laŭ ĝia plaĉo, sed ne aŭdis, ke oni regu la mondon. Oni lasas ĝin libera por ke ne malpuriĝu la denaska naturo de la mondo. Oni toleras ĝin por ke la virto de la mondo ne transformiĝu. Se la mondo ne malpuriĝus je la denaska naturo kaj je la virto, ĉu necesus iu, kiu regas ĝin? Antikve Yao, regante la mondon, ege ĝojigis la mondon kaj igis homojn ĝuaĉi la denaskan naturon. Tio estas maltrankvila. Kiam Jie regis la mondon, li ege lacigis la mondon kaj igis homojn suferi pro la denaska naturo. Tio estas malagrabla. Ke estas maltrankvila kaj malagrabla, tio ne estas virta. En la mondo estas nenio, kio, ne estante virta, estus longdaŭra. Se homoj nur ĝojegas, tio akcelas jang-on. Se homoj nur koleregas, tio akcelas jin-on. Kiam akceliĝas ambaŭ jin-o kaj jang-o, kvar sezonoj ne venas enorde kaj ne akordiĝas malvarmo kaj varmo. Tio, male, damaĝos la korpon de homoj. Se homoj perdas limon de ĝojo aŭ kolero kaj perdas konstantecon de la vivo, tiam ili ne povas teni sin je prudenteco nek je modereco de ora mezo. Tiuokaze la mondo ekestas aroganta, impertinenta, egocentra kaj atakema, kaj poste estiĝas la konduto de la rabisto Zhi aŭ de konfuceanoj Zeng kaj Shi. Tial ne sufiĉas por tio, ke la tuta mondo rekompencu la bonulojn, ne sufiĉas por tio, ke la tuta mondo punu la malbonulojn. Eĉ se la mondo estas granda, tamen ne sufiĉas, por ke ĝi povu rekompenci la homojn per laŭdado kaj punado. Depost tri dinastioj oni haste kaj malkviete okupiĝas pri la laŭdado kaj la punado. Oni ne povas ripozi, ne havante la tempon por sekvi la senton de denaska naturo. Kaj kiam oni ĝuas vidadon, tiam oni diboĉas je koloroj. Kiam oni ĝuas aŭdadon, tiam oni diboĉas je voĉo. Kiam oni ĝuas bonvolecon, tiam oni konfuzas virton. Kiam oni ĝuas juston, tiam oni kontraŭas providencon. Kiam oni ĝuas decregulojn, tiam oni akcelas la teknikon. Kiam oni ĝuas muzikon, tiam oni akcelas diboĉadon. Kiam oni ĝuas sanktecon, tiam oni akcelas artaĵon. Kiam oni ĝuas intelekton, tiam oni akcelas disputon. Se la mondo kontentas je la denaska naturo, la menciitaj ok ĝuoj estas tute egale tiaj, ĉu ekzistus aŭ ne ekzistus. Se la mondo ne kontentas je la denaska naturo, tiam la ok menciitaj ekkonfuzas la mondon, komplikante, vulgarigante kaj plenŝtopante. Sed la mondanoj ekrespektas tiajn ĝuojn kaj sopiras al ili. Ho ve, kiel la mondo freneziĝas je iluzio! Ĉu oni ne devus nur preterpasi ilin? Sed male, oni laŭdas ilin, eĉ fastante, promocias ilin, respektoplene sidante, kaj dancas laŭ ili, tamburante kaj kantante. Kion do ni povus fari je tio? Tial, se noblulo okupas la postenon de regado, estas nenio pli bona ol nenionfarado. Ĉe nenionfarado oni trankvilas laŭ sento de la denaska naturo. Tiele, kiu zorgas pri si mem pli ol pri regado de la mondo, al tiu oni povas komisii la mondon. Kiu amas regi sin mem pli ol la mondon, al tiu oni povas konfidi la mondon. Tial do, se noblulo ne trudas al si disŝiri siajn kvin organojn, nek elstarigi sian saĝecon, tiuokaze li, estante mem kvieta, ekaperos kvazaŭ drakono, kaj, estante mem silenta, ektondros je sia voĉo, kaj, laŭ la movo de lia koro la Ĉielo sekvos, kaj ĉio vigliĝos, dum oni sidas kviete, nenion farante. Ĉu estus iom da tempo por ni regi la mondon?

1102

Cui Qu demandis Lao Dan, dirante: "Se ne regante la mondon, kiel kontroli la korojn de homoj? [315] " Lao Dan diris: "Vi estu prudenta kaj ne tuŝaĉu la korojn de homoj. La homa koro, subpremate iĝas servila, instigate de flatado ŝveliĝas fieraĉe, kaj marasme forkonsumiĝas je sortoŝanĝoj. Iam la koro, dume estante supla, moligas la rigidaĵon per ĉarmego, sed tamen trančate kaj ĉizate, la homa koro iĝas arda, kvazaŭ bruliganta fajro, kaj iĝas frida, kvazaŭ frostiĝinta glacio. Ĝia movo estas tre subita, ke ĝi trakuras dufoje la eksteron de kvar maroj dum momento de unu kapmoviĝo de subo al supro. Kvankam ĝi dume staras kvieta, kvazaŭ abismo, tamen, foje ekmoviĝante, subite pendiĝas en aero. La homa koro, estante arbitra kaj kaprica, ne estas ligitebla." Antikve la Flava Imperiestro ektuŝaĉis la korojn de homoj per bonvoleco kaj justo. Reĝoj Yao kaj Shun nutris la korpojn de mondanoj, laborante per ĉiuj fortoj tiom ke ili defrotis al si harojn sur femuroj kaj tibioj. Ili, suferigante siajn kvin organojn, faris la aferojn de bonvoleco kaj justo kaj, konsumante energion de sango kaj spiro, rektigis leĝregulojn. Spite ĉion ĉi tion, restis ankoraŭ io neplenumebla. Finfine Yao forsendis Huan Dou al la monto Chong, forpelis etnon San Miao al okcidenta Sanwei, ekzilis Gong Gong al la urbo You. Ĉar al li sen tio nevenkeblis la mondo[316]. Kaj ĉe la tri dinastioj la mondo ege streĉiĝis. Sube troviĝis tirano Jie kaj rabisto Zhi, supre troviĝis konfuceanoj Zeng kaj Shi. Aperadis sinsekve konfuceismo kaj mohismo. En tiu situacio suspektadis sin unu la alian reciproke la ĝojegantoj kaj la koleregantoj, trompadis sin reciproke malsaĝuloj kaj saĝuloj, kritikadis sin reciproke bonuloj kaj malbonuloj, riproĉadis sin reciproke fanfaronuloj kaj honestuloj. Tiele la mondo dekadencis. En la mondo la granda virto iĝis malsama kaj la denaska naturo iĝis plena de ĥaoso. Mondanoj ŝatis intelekton, kaj popolanoj ne povis kontentigi sian senbridan avidon. Tiel do oni provas ekkontroli ilin per hakiloj kaj segiloj, normigi per mezurilo de tuĉŝnuroj, skulpti per boriloj kaj ĉiziloj. Kaj la mondo ege malglate konfuziĝis. Kulpas tio, ke oni tuŝaĉis la korojn de homoj. Tiele saĝuloj kaŝite emeritiĝas en la grandaj montoj aŭ sub la krutaj rokegoj. Reĝoj de dek mil ĉaroj ĉagreniĝas ĉe la halo de maŭzoleo. En la nuna mondo kuŝas vice multe da punmortigitoj, amasiĝas vice multe da katenitoj kaj troviĝas vice multe da punitoj. Tiel do sub la jugo konfuceanoj kaj mohistoj ekagas energie, impetante kaj svingante manojn. Ho ve, terure! Al ili mankas prudenteco, ili ne sentas honton, ho terure. Al kiu ankoraŭ ne estus sciate, ĉu sankta saĝo ne fariĝu la kateno por bridligi, ne sciate, ĉu bonvoleco kaj justo ne povus esti jugo kun ligiloj? Same kiel ne estas sciate, ĉu konfuceanoj Zeng kaj Shi ne estus fajrosago[317] de tirano Jie kaj rabisto Zhi?

Tial mi diras: "Forlasu la sanktecon, forĵetu la saĝecon, kaj la mondo estos bone regata."

76

Pasis 19 jaroj post kiam ekregis la Flava Imperiestro kiel la Ĉiela Filo, kaj liaj ordonoj estis plenumataj en la mondo. Li aŭdis, ke Majstro Guang Cheng loĝas sur la monto Kong Tong, do li iris viziti lin[318]. Tiu diris: "Mi aŭdis, ke vi atingis la plejan Vojon. Mi volus demandi vin, kio estas la senco de la pleja Vojo. Mi dezirus, prenante la esencon de la Ĉielo kaj la Tero, kreskigi kvin cerealojn kaj nutri popolon. Mi dezirus ankaŭ lerni funkcion de la jino kaj jango por vigligi amason da vivantoj. Kiel fari tion?" La Majstro Guang Cheng diris: "Tio, pri kio vi volus demandi, estas la kvalito de aĵoj, tamen tio, kion vi dezirus regi, estas feĉo de restintaĵoj. De kiam vi ekregis la mondon, lumo de la suno kaj la luno difektiĝis pli kaj pli: tiel, ke pluvas dum ne amasiĝis nuboj; tiel, ke falas folioj de herboj kaj arboj ne atendante la flaviĝon. Vi, flatulo, estas malprofunda je koro. Vi ne meritas ja la homon, al kiu indas paroli la plejan Vojon." La Flava Imperiestro retiriĝis, forlasinte la mondon, konstruis al si la apartan ĉambron kaj, sterninte maton el blanka miskanto, kviete sidis tie tri monatojn. Poste denove li iris peti de li. La Majstro Guan Cheng kuŝis, turnante sian kapon al sudo. La Flava Imperiestro kun humila sinteno alproksimiĝis al li, irante surgenue, riverencadis ripete kun kapo mallevita surteren, kaj redemandis, dirante: "Mi aŭdis, ke vi atingis la plejan Vojon. Mi volus demandi vin, kiel vi regas vin mem por longe vivi." La Majstro Guang Cheng stariĝis kaj diris: "Bona demando. Venu, mi diros al vi pri la pleja Vojo. La kvintesenco de la pleja Vojo estas profunda mallumo, la kulmino de la pleja Vojo estas malluma kvieto[319]. Do estas neniel videble, neniel aŭdeble. Se vi tenas vin kvieta je koro, tiam la korpo iĝas ĝusta per si mem. Se oni nepre tenas sin mem kvieta kaj nepre pura, sen zorgado de sia korpo, sen ŝanceliĝo de sia esenco, tiam oni povas longevivi. Se nenion al okuloj vidi, nenion al oreloj aŭdi, nenion al koro scii, via spirito ĝuste gardas la korpon, kaj tiel la korpo longevivas. Estu diskreta interne, fermu vin mem ekstere. Ju pli multe da perceptoj, des pli multe da eraroj. Mi lasas vin supreniri la grandan lumon kaj atingi la fonton de la pleja jango. Mi lasas vin eniri la pordon al la profunda mallumo kaj atingi la fonton de la pleja jino. Sur la Ĉielo kaj la Tero estas la funkcioj, kaj ĉe la jino-jango estas entenata la energio. Estu diskreta kaj singardu, la aĵoj mem plenvigliĝos. Mi gardas la unuecon, per tio sidas en la harmonio. Tial do mi regas min dum 1200 jaroj, tamen mi ankoraŭ ne putras je la korpo." La Flava Imperiestro riverencadis ripete kun kapo mallevita suben, dirante: "Majstro Guang Cheng, per via vorto vi parolas al mi pri la Ĉielo." La Majstro Guang Cheng diris: "Venu, mi diros al vi. Tio mem estas sen limo, tamen ĉiuj homoj konsideras tion havanta la finon. Tio mem estas nemezurebla, tamen ĉiuj homoj konsideras tion havanta la limon. Kiu havigos al si mian Vojon, tiu fariĝos supre imperiestro kaj sube reĝo. Kiu perdas mian Vojon, tiu nur vidas lumon supren kaj iĝas terbulo suben. Cent vivaĵoj, ĉiuj naskiĝas de sub la tero kaj revenas teren. Tial do mi ĝuste forlasos vin, eniros la pordon al senlimo, kaj ludos sur senlima kampo. Mi iĝos tiel luma, kiel suno kaj luno, iĝos tiel eterna, kiel la Ĉielo kaj la Tero. Se oni proksimiĝus al mi, ne vidus min pro minimumo, se oni malproksimiĝus de mi, ne vidus min pro mallumo. Ĉiuj homoj tute mortos, mi sola ekzistos."

1104

Generalo Nubo, Yunjiang, vagis orienten, trapasinte branĉon de sankta arbo Fuyao, hazarde renkontis s-ron Univers-spiron, nomatan Hongmeng[320]. Hongmeng estis ludanta, frapante al si femurojn kaj saltante kvazaŭ pasero. Yunjiang, vidante lin, haltis surprizite, kaj, starante senmove, demandis: "Avo, kio vi estas? Kial vi faras tiel?" Hongmeng, ne ĉesante la frapadon de femuroj kaj paser-saltadon, respondis al Yunjiang: "Mi ludas." Yunjiang diris: "Mi volus demandi vin." Hongmeng suprenrigardis Yunjiang-on, dirante: "Aha?" Yunjiang diris: "Ĉiela spiro ne akordiĝas, Tera spiro estas morna, ses ĉjioj ne harmonias, kvar sezonoj malordas[321]. Nun mi dezirus akordigi ses ĉjiojn kaj per tio kreskigi amason da vivaĵoj. Kiel mi povas fari tion?" Hongmeng, frapante femurojn kaj saltante kvazaŭ pasero, kapneis kaj diris: "Mi ne scias, mi ne scias." Yunjiang ne povis daŭrigi la demandon. Pasis tri jaroj, Yunjiang iris ludi orienten. Trapasinte la kampon de lando Song, li renkontis bonokaze Hongmeng. Yunjian ĝojegis kaj, kurante al li, diris: "Ho, Ĉielo! Ĉu vi forgesis min? Ĉu vi forgesis min?" Riverencante ripete, kun kapo mallevita, Yunjiang dezirus aŭdi lin. Hongmeng diris: "Mi, flosante, ne scias kion serĉi, kaj, estante frivola, ne scias kien iri. Libere ludante, mi vidas nur seniluzion. Kion do mi scias?"Yunjiang diris: "Ankaŭ mi mem faras frivolaĵon, tamen popolo sekvas min kien ajn mi iras. Mi ne devus malklopodi la popolon, sed nun la popolo dependas de mi. Mi petas vin, lasu min aŭdi unu vorton de vi." Hongmeng diris: "Se konfuzi racion de la Ĉielo kaj kontraŭi al sento de aĵoj, la malluma Nigra Ĉielo[322] ne efektiviĝos. Bestoj disiĝas de gregoj kaj komunumoj, ĉiuj birdoj kantas nokte, abnormas herboj kaj arboj, plagoj trafas insektojn. Ho ve, ĉio ĉi tio estas kaŭzita per eraro regi homojn."

Yunjiang diris: "Se tiel, kion mi devas fari?" Hongmeng diris: "Ho ve, vi tute toksiĝis! Tuj foriru! For, subite!" Yunjiang diris: "Estas malfacile por mi vidi Ĉielan Homon. Mi petas vin, mi dezirus aŭdi de vi unu vorton!" Hongmeng diris: "Ho, vi nutru mem vian koron. Se vi nur restu sen ago, ĉirkaŭaĵoj ŝanĝiĝos per si mem. Forĵetu viajn formojn, rezignu viajn perceptojn per oreloj kaj okuloj, forgesu homan etikon kaj aĵojn, kaj tute akordiĝu kun la senlima mallumo. Liberigu koron, forlasu nervon, se estu kvieta kaj sen animo, tiam ĉio vigliĝos kaj revenos al sia propra radiko. Se reveni al la radiko, ĉio senscie en ĥaoso ne disiĝos de ĝi ĝis la fino. Se oni foje eksscios, ĉio disiĝos de ĝi. Se ne demandi la nomon, se ne observi la formon, la aĵoj nature naskiĝas per si mem." Yunjiang diris: "Vi, kiel la Ĉielo, komplezis min per virto, montris al mi per silento. Kion mi mem serĉis per tuta korpo, tion mi nun akiris fine." Li riverencis ripete kun kapo mallevita, stariĝis, adiaŭis kaj foriris.

1105

Mondanoj ĝenerale ĉiuj ĝojas je sameco de aliuloj kun si, malamas la malsamecon. Kiu ŝatas alies samecon kun si kaj malŝatas la malsamecon, tiu en sia koro volas elstari inter la amaso. Sed malgraŭ ke en sia koro li volas elstari inter la amaso, li neniam povos elstari pli ol la amaso. Estu kontenta dependi de la amaso. Kiom ajn vi aŭdus, via kapablo ne superus multediversajn talentojn de la amaso[323]. Tamen kiu volus regi la regnon, tiu vidas nur avantaĝon ĉe tri reĝoj, sed ne ilian aflikton. Tio egalas al spekulacio per regado de regnoj. Kiom da spekulantoj ne perdis regnojn! Sukcesis daŭre ekzisti nur malpli ol unu el dek mil. Perdis regnojn pli ol dek mil, dum eĉ unu ne sukcesis. Ho ve, estas triste, ke tion ne scias regantoj de teroj.La reganto de tero posedas ion grandan. La posedanto de io granda ne povas esti nura aĵo. Estante aĵo, li ne estas nura aĵo. Do li povas esti la aĵo de aĵoj. Kiu klare scias sin la aĵo de aĵoj, jam ne estas nura aĵo. Li povas regi ne nur la popolon sub la ĉielo, sed povas en- kaj eliradi ses regnojn kaj ludvagadi laŭ la tuta mondo, povas sola iri kaj sola veni. Tio estas nomata "Sola Esto" [324]. Tiu "Sola Esto" estas nomata "la Plej Kara" [325]. Instruado fare de la Grandulo similas al la ombro sekvanta formon, aŭ al la sonoro sekvanta voĉon. Demandite, li respondas. La demandanto elverŝas ĉion, kion havas en koro, kaj la Grandulo fariĝas lia akompananto. Li mem situas en la sensonora silento kaj iras ien ajn sendirekte, flekseble iras tien kaj reen kune kun vi, kaj per tio ludvagas senlime kaj el- kaj eniradas ien ajn sendifine. Lia tago ne havas komencon. Liaj vortoj, formo kaj korpo akordiĝas kun la Granda harmonio. En la granda akordiĝo ne estas lia egoo. Sen "memo" kiel eblus esti proprieteco je posedaĵo? Kiu rigardis posedaĵon propra, tiu estis antikvaj reĝoj. Kiu rigardas "neniecon", tiu estas amiko de la Ĉielo kaj la Tero.

1106

Kvankam malalta, tamen uzenda estas aĵo. Kvankam malnobla, tamen fidenda estas la popolo. Kvankam kaŝita, tamen farenda estas la afero. Kvankam brutala, tamen proklamenda estas la leĝo. Kvankam fora, tamen observenda estas la justo. Kvankam intima, tamen disvastigenda estas bonvoleco. Kvankam modera, tamen ripete praktikenda estas decregularo. Kvankam meza, tamen altigenda estas la virto. Kvankam unu sola, tamen ŝanĝiĝenda estas la Vojo. Kvankam spiriteca, tamen ellernenda estas la Ĉielo. Do la sanktulo observas la Ĉielon, sed ne petas helpon[326]. Li plenumas la virton, sed ne laciĝas. Li ekiras de la Vojo, sed ne pedantas. Li povas esti bonvoleca, sed ne esperas tion de aliulo. Li alproksimiĝas al la justo, sed ne alteniĝas. Li konformas al decreguloj, sed sentabua. Li faras aferojn, sed sen vortoj. Li akordiĝas al leĝoj, sed ne trouzas. Li esperas al la popolo, sed ne traktas ĝin malatente. Li devenas de aĵoj, sed ne foriras. Aĵojn ne indas fari ĉefaj, sed ne endas ne trakti ilin atenteme. Kiu ne klaras je la Ĉielo, tiu ne povas esti pura je virto. Kiu ne konas la Vojon, tiu ne povas esti bona per si mem. Kiu ne klaras je la Vojo, tiu estas mizera. Kio estas la Vojo? Estas la Ĉiela Vojo, kaj estas la Homa Vojo. Kara sen artefarado estas la Ĉiela Vojo. Laciga kun artefarado estas la Homa Vojo. La ĉefa estas la Ĉiela Vojo, kaj la pli suba estas la Homa Vojo. Oni ne devas ne kompreni, kiel fora estas distanco inter la Ĉiela Vojo kaj la Homa Vojo [327].

12. 天地 Tian Di

1201

　　天地虽大，其化均也；万物虽多，其治一也；人卒虽众，其主君也。君原于德而成于天，故曰，玄古之君天下，无为也，天德而已矣。以道观言而天下之君正；以道观分，而君臣之义明，以道观能，而天下之官治，以道泛观，而万物之应备。故通于天地者，德也；行于万物者，道也；上治人者，事也；能有所艺者，技也。技兼于事，事兼于义，义兼于德，德兼于道，道兼于天。故曰："古之畜天下者，无欲而天下足，无为而万物化，渊静而百姓定。"《记》曰："通于一而万事毕，无心得而鬼神服。"

　　夫子曰："夫道，覆载万物者也，洋洋乎大哉！君子不可以不刳心焉。无为为之之谓天，无为言之之谓德，爱人利物之谓仁，不同同之之谓大，行不崖异之谓宽，有万不同之谓富。故执德之谓纪，德成之谓立，循于道之谓备，不以物挫志之谓完。君子明于此十者，则韬乎其事心之大也，沛乎其为万物逝也。若然者，藏金于山，藏珠于渊；不利货财，不近贵富；不乐寿，不哀夭；不荣通，不丑穷；寿夭俱忘，穷通不足言矣。不拘一世之利以为己私分，不以王天下为己处显。显则明，万物一府，死生同状。"

　　夫子曰："夫道，渊乎其居也，漻乎其清也。金石不得无以鸣。故金石有声，不考不鸣。万物孰能定之！夫王德之人，素逝而耻通于事，立之本原而知通于神。故其德广，其心之出，有物采之。故形非道不生，生非德不明。存形穷生，立德明道，非王德者邪！荡荡乎！忽然出，勃然动，而万物从之乎！此谓王德之人。视乎冥冥，听乎无声。冥冥之中，独见晓焉；无声之中，独闻和焉。故深之又深，而能物焉，神之又神，而能精焉。故其与万物接也，至无而供其求，时骋而要其宿，大小、长短、修远。"

1202

　　黄帝游乎赤水之北，登乎昆仑之丘而南望，还归，遗其玄珠。使知索之而不得，使离朱索之而不得，使喫诟索之而不得也。乃使象罔，象罔得之。黄帝曰："异哉！象罔乃可以得之乎？"

1203

　　尧之师曰许由，许由之师曰啮缺，啮缺之师曰王倪，王倪之师曰被衣。

尧问于许由曰："啮缺可以配天乎？吾藉王倪以要之。"许由曰："殆哉圾乎天下！啮缺之为人也，聪明睿知，给数以敏，其性过人，而又乃以人受天。彼审乎禁过，而不知过之所由生。与之配天乎？彼且乘人而无天，方且本身而异形，方且尊知而火驰，方且为绪使，方且为物绞，方且四顾而物应，方且应众宜，方且与物化而未始有恒。夫何足以配天乎？虽然，有族有祖，可以为众父，而不可以为众父父。治，乱之率也，北面之祸也，南面之贼也。"

1204

尧观乎华。华封人曰："嘻，圣人！请祝圣人：使圣人寿。"尧曰："辞。""使圣人富。"尧曰："辞。""使圣人多男子。"尧曰："辞。"封人曰："寿、富、多男子，人之所欲也。女独不欲，何邪？"尧曰："多男子则多惧，富则多事，寿则多辱。是三者，非所以养德也，故辞。"封人曰："始也我以女为圣人邪，今然君子也。天生万民，必授之职，多男子而授之职，则何惧之有！富而使人分之，则何事之有！夫圣人，鹑居而鷇食，鸟行而无彰；天下有道，则与物皆昌，天下无道，则修德就闲；千岁厌世，去而上仙，乘彼白云，至于帝乡。三患莫至，身常无殃，则何辱之有！"封人去之，尧随之，曰："请问。"封人曰："退已！"

1205

尧治天下，伯成子高立为诸侯。尧授舜，舜授禹，伯成子高辞为诸侯而耕。禹往见之，则耕在野。禹趋就下风，立而问焉，曰："昔尧治天下，吾子立为诸侯；尧授舜，舜授予，而吾子辞为诸侯而耕。敢问其故何也？"

子高曰："昔尧治天下，不赏而民劝，不罚而民畏。今子赏罚而民且不仁，德自此衰，刑自此立，后世之乱自此始矣。夫子阖行邪？无落吾事！"俋俋乎耕而不顾。

1206

泰初有无，无有无名，一之所起，有一而未形。物得以生，谓之德；未形者有分，且然无间，谓之命；留动而生物，物成生理，谓之形；形体保神，各有仪则，谓之性。性修反德，德至同于初。同乃虚，虚乃大。合喙鸣，喙鸣合，与天地为合。其合缗缗，若愚若昏，是谓玄德，同乎大顺。

1207

夫子问于老聃曰："有人治道若相放，可不可，然不然。辩者有言曰：'离坚白，若县寓。'若是，则可谓圣人乎？"

老聃曰："是胥易技系，劳形怵心者也。执留之狗成思，猿狙之便自山林来。丘，予告若，而所不能闻与而所不能言。凡有首有趾、无心无耳者众，有形者与无形无状而皆存者尽无。其动止也；其死生也；其废起也。此又非其所以也。有治在人，忘乎物，忘乎天，其名为忘己。忘己之人，是之谓入于天。"

1208

将闾葂见季彻曰："鲁君谓葂也曰：'请受教。'辞不获命，既已告矣，未知中否，请尝荐之。吾谓鲁君曰：'必服恭俭，拔出公忠之属，而无阿私，民孰敢不辑！'"季彻局局然笑曰："若夫子之言，于帝王之德，犹螳螂之怒臂以当车轶，则必不胜任矣。且若是，则其自为处危，其观台多物，将往投迹者众。"

将闾葂觑觑然惊曰："葂也汒若于夫子之所言矣。虽然，愿先生之言其风也。"季彻曰："大圣之治天下也，摇荡民心，使之成教易俗，举灭其贼心而皆进其独志，若性之自为，而民不知其所由然。若然者，岂兄尧舜之教民，溟涬然弟之哉！欲同乎德而心居矣！"

1209　子贡南游于楚，反于晋，过汉阴，见一丈人方将为圃畦，凿隧而入井，抱瓮而出灌，搰搰然用力甚多而见功寡。子贡曰："有械于此，一日浸百畦，用力甚寡而见功多，夫子不欲乎？"为圃者卬而视之曰："奈何？"曰："凿木为机，后重前轻，挈水若抽，数如泆汤，其名为槔。"为圃者忿然作色而笑曰："吾闻之吾师：'有机械者必有机事，有机事者必有机心。'机心存于胸中，则纯白不备；纯白不备，则神生不定；神生不定者，道之所不载也。吾非不知，羞而不为也。"子贡瞒然惭，俯而不对。

有间，为圃者曰："子奚为者邪？"曰："孔丘之徒也。"为圃者曰："子非夫博学以拟圣，于于以盖众，独弦哀歌以卖名声于天下者乎？汝方将忘汝神气，堕汝形骸，而庶几乎！而身之不能治，而何暇治天下乎？子往矣，无乏吾事！"

子贡卑陬失色，顼顼然不自得，行三十里而后愈。其弟子曰："向之人何为者邪？夫子何故见之变容失色，终日不自反邪？"曰："始以为天下一人耳，不知复有夫人也。吾闻之夫子，事求可、功求成、用力少、见功多者，圣人之道。今徒不然。执道者德全，德全者形全，形全者神全。神全者，圣人之道也。托生与民并行而不知其所之，汒乎淳备哉！功利机巧，必忘夫人之心。若夫人者，非其志不之，非其心不为。虽以天下誉之，得其所谓，謷然不顾；以天下非之，失其所谓，傥然不受。天下之非誉，无益损焉，是谓全德之人哉！我之谓风波之民。"

反于鲁，以告孔子。孔子曰："彼假修浑沌氏之术者也：识其一，不识其二；治其内，而不治其外。夫明白入素，无为复朴，体性抱神，以游世俗之间者，汝将固惊邪？且浑沌氏之术，予与汝何足以识之哉！"

1210

谆芒将东之大壑，适遇苑风于东海之滨。苑风曰："子将奚之？"曰："将之大壑。"曰："奚为焉？"曰："夫大壑之为物也，注焉而不满，酌焉而不竭，吾将游焉。"

苑风曰："夫子无意于横目之民乎？愿闻圣治。"谆芒曰："圣治乎？官施而不失其宜，拔举而不失其能，毕见其情事而行其所为，行言自为而天下化，手挠顾指，四方之民莫不俱至，此之谓圣治。"

"愿闻德人。"曰："德人者，居无思，行无虑，不藏是非美恶。四海之内共利之之谓悦，共给之之谓安；怊乎若婴儿之失其母也，傥乎若行而失其道也；财用有余而不知其所自来，饮食取足而不知其所从。此谓德人之容。"

"愿闻神人。"曰："上神乘光，与形灭亡，此谓照旷。致命尽情，天地乐而万事销亡，万物复情，此之谓混冥。"

1211

门无鬼与赤张满稽，观于武王之师。赤张满稽曰："不及有虞氏乎！故离此患也。"

门无鬼曰："天下均治而有虞氏治之邪，其乱而后治之与？"赤张满稽曰："天下均治之为愿，而何计以有虞氏为！有虞氏之药疡也，秃而施髢，病而求医。孝子操药以修慈父，其色燋然，圣人羞之。至德之世，不尚贤，不使能，上如标枝，民如野鹿；端正而不知以为义，相爱而不知以为仁；实而不知以为忠，当而不知以为信；蠢动而相使，不以为赐。是故行而无迹，事而无传。"

1212

孝子不谀其亲，忠臣不谄其君，臣，子之盛也。亲之所言而然，所行而善，则世俗谓之不肖子；君之所言而然，所行而善，则世俗谓之不肖臣。而未知此其必然邪！世俗之所谓然而然之，所谓善而善之，则不谓之道谀之人也。然则俗故严于亲而尊于君邪？谓己道人则勃然作色；谓己谀人则怫然作色。而终身道人也，终身谀人也，合譬饰辞聚众也，是始终本末不相坐。垂衣裳，设采色，动容貌，以媚一世，而不自谓道谀；与夫人之为徒，通是非，而不自谓众人，愚之至也。知其愚者，非大愚也；知其惑者，非大惑也。大惑者，终身不解；大愚者，终身不灵。三人行而一人惑，所适者犹可致也，惑者少也；二人惑则劳而不至，惑者胜也。而今也以天下惑，予虽有祈向，不可得也。不亦悲乎！大声不入于里耳，《折杨》《皇荂》，则嗑然而笑。是故高言不止于众人之心，至言不出，俗言胜也。以二缶钟惑，而所适不得矣。而今也以天下惑，予虽有祈向，其庸可得邪？知其不可得也而强之，又一惑也。故莫若释之而不推。不推，谁其比忧？厉之人，夜半生其子，遽取火而视之，汲汲然惟恐其似己也。

1213

百年之木，破为牺尊，青黄而文之，其断在沟中。比牺尊于沟中之断，则美恶有间矣，其于失性一也。跖与曾、史、行义有间矣，然其失性均也。且夫失性有五：一曰五色乱目，使目不明；二曰五声乱耳，使耳不聪；三曰五臭薰鼻，困惾中颡；四曰五味浊口，使口厉爽；五曰趣舍滑心，使性飞扬。此五者，皆生之害也。而杨、墨乃始离跂自以为得，非吾所谓得也。夫得者困，可以为得乎？则鸠鸮之在于笼也，亦可以为得矣。且夫趣舍声色以柴其内，皮弁、鹬冠、搢笏、绅修以约其外，内支盈于柴栅，外重纆缴，睆睆然在纆缴之中而自以为得，则是罪人交臂历指而虎豹在于囊槛，亦可以为得矣。

ĈIELO KAJ TERO

La Ĉielo kaj la Tero estas grandaj, sed egalaj je la transformiĝo. Estaĵoj estas multaj, sed unu tuto je la ordo. Subaj homoj estas amaso da, sed la ĉefo estas la suvereno. La suvereno baziĝas sur la virto, kaj iĝas kompleta laŭ la Ĉielo. Tiel do estas dirite, ke en pratempo antikvaj reĝoj regis la mondon senage. Tio estas ja la granda virto. Se temas pri vortoj laŭ la Vojo, suverenoj en la mondo estas ĝustaj; se pri distingo laŭ la Vojo, estas klara la justo inter reĝo kaj subuloj; se pri kapablo laŭ la Vojo, oficoj en la mondo iĝas enorde; se koncernante ĉion laŭ la Vojo, ĉiuj estaĵoj iĝas pretaj je konformo. Tiel do trapenetranta la Ĉielon kaj la Teron estas la virto. La plenumata en ĉio estas la Vojo. Per kio la supro regas la subon, tio estas la afero. Kio faras la kapablon arto, estas la tekniko. La tekniko kuniĝas kun la afero; la afero kuniĝas kun la justo; la justo kuniĝas kun la virto; la virto kuniĝas kun la Vojo; la Vojo kuniĝas kun la Ĉielo. Tial do estas dirite:

"Ĉe tiu, kiu nutris antikve la mondon, kvankam li mem estis senavida, tamen la mondo iĝis plensufiĉa; kvankam li estis senaga, ĉiuj estaĵoj plenkreskis; kvankam li estis profunde kvieta, ĉiuj popolanoj estis stabilaj." Estas skribite en la libro Rekordo: "Ĉio estas plenumata en la tuta unueco, atingita la kora nenieco kaj submetiĝis la Spiritoj kaj Dioj[328]."

La Majstro diris: "La Vojo kovras kaj subtenas ĉion. Ĝi estas vasta kaj granda. Nobluloj ne devas ne malfermi la koron. Kiu, nenion farante, plenumas ion, tiu estas nomata la Ĉielo. Nenion farante, eldiras ion, tio estas nomata la virto. Ami homojn kaj profitigi estaĵojn estas nomata la bonvoleco. Rigardi malsamajn samaj, tio estas nomata la grandeco. Ne aliigi la aliajn per konduto estas nomata la tolero. Konservi ĉies malsamecon de ĉio, tio estas nomata la riĉeco. Firme teni la virton, tio estas nomata la disciplino. Tio, ke efektiviĝas la virto, estas nomata 'memstarado'. Sekvi la Vojon estas nomata 'preteco'. Tio, ke la strebo ne rompiĝas pro aĵoj, estas nomata 'perfekto'. Noblulo, kiu havigis al si klare ĉi tiujn dek principojn, estas vasta je amplekseco kaj granda je la koro por servadi al aferoj, kaj ĉio iras plenergia. Tia persono tenas kaŝitan oron en la monto kaj tenas kaŝitan perlon en la abismo. Li ne faras varojn kaj trezorojn profitaj, nek proksimiĝas al alta rango kaj riĉo. Li ne amuziĝas per longa vivo, nek malĝojas je frua morto. Ne honoras eminentecon, nek hontas je malriĉeco. Eĉ se havus profiton de unu generacio, li ne faras ĝin sia propraĵo. Eĉ se estus la reĝo en la mondo, li ne faras tion gloro. Ĉar estas ja klare, ke ĉio estas en unu tenejo kaj morto-vivo estas tute sama[329]." La Majstro diris: "La Vojo ekzistas profunde, kaj pura estas la klara fluo. Sen tio ne eblas al bronzo aŭ ŝtono sonori. Pro tio la bronzo kaj ŝtono havas sonon. Ili mem, se ne batite, ne sonoras. Kiu el ĉiuj estaĵoj povus disponi tiel? Havanto de la reĝa virto, estante simpla, hontas je sia lerteco pri aferoj[330]. Li ja zorgas starigi la fundamenton de aferoj kaj zorgas ke lia saĝo atingu diojn[331]. Tial do lia virto estas vasta. Kiam lia koro elmontriĝas, li tuj komprenas ajnan aĵon, estantan antaŭ si. Korpo ne naskiĝas se ne laŭ la Vojo, la vivo ne klaras se ne per la virto. Kiu povas penetri la vivon, tenante la korpon, kaj povas klarigi la Vojon, starigante la virton, tiu estas havanto de la reĝa virto, ĉu ne? Li estas vasta kaj energia, ekaperas subite kaj moviĝas impete. Lin sekvas ĉiuj estaĵoj. Li estas nomata "persono de la reĝa virto". Li vidas en la tuta mallumo kaj aŭdas en senvoĉa silento. En la tuta mallumo li sola vidas tagiĝon kaj en la senvoĉa silento li sola aŭdas harmonion. Profunde kaj profunde penetrante, li povas posedi estaĵojn, kaj, rigardante ilin diecaj kaj diecaj, li povas atingi ilian spiritecon. [332] Je la aliro al ĉiuj estaĵoj, li, farante sin la pleja nenio, sekvas ilian postulon, kaj subite laŭtempe serĉas la lokon, disponendan al ili, estantan granda aŭ malgranda, longa aŭ mallonga, kompakte proksima aŭ malproksima."

1202

La Flava Imperiestro vagis al la nordo de la Ruĝa Akvo. Li supreniris la monton Kunlun[333], rigardis suden kaj revenis hejmen. Li poste trovis, ke li perdis la Nigran Perlon[334]. Li sendis la Saĝulon serĉi ĝin, sed li ne povis trovi. Li sendis la Akrevidulon Li Zhu serĉi ĝin, sed ankaŭ li ne povis trovi. Li sendis la Disputemulon serĉi ĝin, ankaŭ tiu ne povis ĝin trovi. Fine li sendis la Senformulon, kaj la Senformulo eltrovis ĝin. La Flava Imperiestro diris: "Eksterordinara estas tiu Senformulo, li povis trovi ĝin[335]."

1203

La Majstro-Instruanto de Yao estis Xu You, la Majstro-Instruanto de Xu You estis Nie Que, la Majstro-Instruanto de Nie Que estis Wang Ni, la Majstro-Instruanto de Wang Ni estis Bei Yi[336]. Yao demandis al Xu You, dirante: "Ĉu eblas postenigi Nie Que kiel la Ĉielan Filon? Mi tra Wang Ni volus peti lin pri tio." Xu You diris: "Terure! Tio endanĝerigus la mondon. Nie Que, kiel homo, estas saĝa, intelekta, kaj forta je ciferoj, kalkulante rapide[337]. Lia denaska kapablo superas homan nivelon, spite ke li ricevis de la Ĉielo homan korpon. Li lertas malpermesi erarojn. Sed li ne scias, de kie naskiĝas la eraroj. Se surtronigi lin la Ĉiela Filo, li neniigus la Ĉielon pere de homoj. Li aliigus la formon, dum li mem restas homa kiel antaŭe. Li impetus temerare kvazaŭ fajro, kult-adorante scion. Li iĝus misiisto por komenci aferojn. Li farus estaĵojn katenataj. Li klopodus ĉiam, por ke li konformu al ĉirkaŭaĵoj kaj konformu konvene al homoamaso. Li transformus ĉirkaŭaĵon. Al li mankas dekomence la konstanta daŭreco. Kial do li estus sufiĉe kompetenta por la Ĉiela Trono? Sed estas klanoj, estas prapatroj. Li povas fariĝi patro por popolanaj en tiu sfero. Tamen oni ne devas postenigi lin la patro de patroj por la popolo. Li estas gvidanto al malordo. Li estas plago por norda flanko kaj kanajlo por suda flanko[338]."

1204

Yao vizitis la landon Hua[339]. Limgardisto de Hua diris: "Ho, vi estas sankta. Permesu al mi gratuli por la sanktulo. Mi preĝu, ke vi, la sanktulo, longevivu." Yao diris: "Ne necesas." Li diris: "Mi preĝu, ke vi, la sanktulo, estu riĉa." Yao diris: "Ne necesas." Li diris: "Mi preĝu, ke vi, la sanktulo, havu multe da filoj." Yao diris: "Ne necesas." La limgardisto diris: "Esti longeviva, riĉa kaj havanta multe da filoj, deziras homoj. Kial vi sola ne deziras?" Yao diris: "Ju pli multe da filoj, des pli multiĝas zorgoj; ju pli riĉa, des pli da aferoj; ju pli longe vivas, des pli multas hontindaĵoj. Tiu triopo ne nutras virton. Tial do mi fordankas." La limgardisto diris: "Unuavide mi rigardis vin sanktulo, tamen nun vi montriĝas nur noblulo. La Ĉielo naskas multe da popolanoj. Al ĉiu el ili ĝi nepre asignas laboron. Kvankam multaj estas filoj, tamen oni ne devas timi, se donos al ili laboron. Eĉ estu riĉa, se disdonus al homoj la riĉaĵon, estus nenia afero por zorgadi[340]. Sanktulo loĝas kvazaŭ koturno, manĝas kvazaŭ kokido, flugas kvazaŭ birdo, kaj montras sin neniom. Se en la mondo troviĝas la Vojo, li prosperas kune kun ĉiuj estaĵoj. Se en la mondo ne troviĝas la Vojo, li mem ellernas la virton kaj vivas kviete. Kiam li enuiĝas de longdaŭra vivo, tiam li foriras, suprenirante kaj rajdante blankan nubon, atingas Dian landon. Sen tri zorgoj en koro, sen danĝero de korpo, kia hontindaĵo troviĝus?" La limgardisto forlasis. Yao postsekvis lin, dirante: "Mi petas, permesu al mi demandi vin⋯" La limgradisto diris: "Iru nur for!"

1205

Kiam Yao regis la mondon, Bocheng Zigao[341] enfeŭdiĝis kiel unu el landestroj. Post kiam Yao transdonis al Shun la tronon kaj Shun transdonis al Yu, tiu Bocheng Zigao eksiĝis de la posteno de landestro kaj ekterkulturis. Yu iris kaj vidis lin agrokulturanta en la kampo. Yu rapide riverencis lin de sube, laŭ bonaj manieroj, stariĝis kaj ekdemandis lin dirante: "Antaŭe, kiam Yao regis la mondon, vi mem enfeŭdiĝis kiel unu el landestroj. Poste, kiam Yao transdonis al Shun kaj Shun transdonis al mi, vi rezignis la postenon de landestro kaj ekterkulturis. Permesu al mi demandi vin, kial?"

Zigao diris: "Antaŭe, kiam Yao estis reganta la mondon, la popolo diligentis sen laŭdado kaj timis sen punado. Nun vi rekompencas per laŭdado kaj punado la popolon, sed la popolo iĝas malbonvoleca. La virto per tio malfortiĝas kaj la punjuro per tio elstaras. Ekis malordo en postaj generacioj per tio. Kial vi staras ĉi tie? Ne malhelpu al mi fari mian laboron." Li daŭris terkulturi sen rigardi lin denove.

1206

En la komenco estis nenio, nek estaĵo nek nomo. Ekestis Unuo. Estiĝante, la Unuo ankoraŭ ne havis formon. En la Unuo estiĝis io, nomata Virto. Ankoraŭ ne havante formon jam enhavas disdividon, kiu daŭros spontane laŭ interrilato sen limo. Tio estas nomata Destino. Movado de stoko kaj fluo naskas estaĵojn. Estaĵoj naskiĝas kaj kreskas laŭ racio. Tio estas nomata la formo. Korpo de la formo entenas Spiriton. Ĉiu havas sian leĝon-regulon. Tio estas nomata Naturo-Karaktero[342]. La Naturo-Karaktero, disciplinite, revenas al la virto, atingas la saman virton kiel en la komenco. En tiu sameco kuŝas la vanteco. En tiu vanteco troviĝas la grandeco[343]. Kune pepas harmonie birdoj. Kiel la birdoj ĥoras, kunpepante, la Ĉielo kaj la Tero kuniĝas. La kuniĝo apenaŭ videblas kaj ŝajnas malakra aŭ malklara. Tio estas nomata la mistera Nigra Virto, identa kun la Granda Obeo[344].

1207

La Majstro Konfuceo demandis Lao Dan, dirante: "Iu volus posedi Vojon, forlasante la estantan diraĵon pri bono-malbono kaj jeso-neo. Li argumentas, dirante: "Eblas apartigi 'durecon kaj blankecon', klare montrante tion, kvazaŭ pendantan sur alero[345]. Ĉu li povas esti nomata 'Sanktulo'?"Lao Dan diris: "Tiu estas nur kontoristo aŭ teknikisto, kiu iĝas laca je korpo kaj zorgoplena je koro. Li estas samkiel ligita hundo, kapabla gardi domon kaj serĉadi kaŝitaĵon, aŭ lertmova simio, venanta el monta arbaro. S-ro Qiu, mi diras al vi la neaŭdeblan por vi kaj la nedireblan de vi. Estas multe da homoj, kiuj, havante kaj kapon kaj piedon, ne posedas koron nek orelojn. Estas tute neniu, kiu, havante formon, povas ekzistadi kune kun io senforma kaj io senbilda[346]. Rilate al movo kaj halto, morto kaj vivo, falo kaj leviĝo, oni nenion povas fari. Posedi ion estas homece. Forgesi aĵojn, forgesi la Ĉielon, forgesi nomojn kaj sin mem, forgesi sin mem kiel homon. Jen tio estas nomata la enirado en la Ĉielon[347].

1208

Jianglv Mian turnis sin al Ji Che[348], dirante: "La reĝo de Lu diris al mi: 'Mi petas, bonvole instrui min.' Mi rifuzintus, tamen li ne permesis al mi tion. Do mi jam parolis ne sciante, ĉu mia instruo trafis ĝuste aŭ ne. Permesu al mi prezenti mian konsilon. Mi diris al la reĝo de Lu jenon: 'Nepre estu ĝentila kaj modesta, elektu justajn kaj lojalajn personojn, ne allasu ilin flatadi nek favoradi partieme, kaj tiam kiu el popolanoj aŭdacus malpaciĝi?' " Ji Che ridegis, dirante: "Koncernante la reĝan virton, via konsilo similas al manto, kiu kontraŭus al devojiĝinta ĉaro per siaj kolerplenaj brakoj. Do tio nepre ne adekvatas por lia afero. Se farate tiel, lia afero farus nur bruon parade, kvazaŭ altigo de turo. Tiam aĵoj amase kolektiĝos ĉe li, kaj homoamaso, senkviete ĵetante sin, impetos al lia afero, obeante lin.   Jianglv Mian, kun okuloj konsternitaj, diris: "Mi, Mian, restas foranime, aŭdinte vian eldiron. Sed tamen, Majstro, bonvolu diri al mi kion tio signifas?" Ji Che diris: "Kiam la Granda Sanktulo regas la mondon, li nur stimulas koron de la popolo[349], por ke ili mem instruu sin, ŝanĝu sian moron, tute neniigu ĉies ribeleman koron kaj ĉiu promociu sian strebon al memstareco. Lasu la popolon sekvi kion la naturo mem direktas, kaj ili mem ne sciu kial kaj de kie ekaperas sia ago. Ĉu tiaj homoj bezonus rigardi la instruon de Yao kaj Shun kiel de granda frato kaj submeti sin al ili stupore kiel malgranda frato? Tiuj homoj nur dezirus al sia koro akordiĝi kun la virto. "

1209

Zigong iris suden al regno Chu. Sur revena vojo tra regno Jin li estis trapasanta sude de rivero Han kaj vidis unu maljunulon faranta akvumadon por legomejo. Tiu kampulo, enirante laŭ traborita vojeto en puton, elportadas ĉiufoje po unu sitelon da akvo kaj surverŝadas akvon. Spite ke li uzis tro multe da fortoj senpaŭze, oni vidis la efikon malgranda. Zigong diris: "Jen estas maŝino, kiu akvumas cent kampojn[350] en unu tago. Per tre malmulte da peno troviĝas multe da efiko. Ĉu vi ne deziras uzi ĝin?" Kulturanto de legomejo, suprenrigardante lin demandis: "Kiel fari?"

Li respondis: "La maŝino estas farita per traboritaj lignoj. Malantaŭo de ligno estas peza, antaŭo estas malpeza. Ĝi levas akvon facile, kvazaŭ eltirante, kaj tiel rapide, kvazaŭ akvo elŝprucanta. Ĝia nomo estas baskulputo. "

La kulturanto de legomejo ekkoleris kun ŝanĝita vizaĝkoloro kaj poste ekridis, dirante: "Mi aŭdis de mia Majstro jenon: 'Kiu apogas sin sur maŝino, tiu nepre okupas sin per maŝino. Kiu okupas sin per maŝino, tiu nepre havigas al si koron maŝinecan[351]. Kiu havas maŝinecan koron en si, al tiu mankas pura blankeco. Se mankas la pura blankeco, ne stabilas la spirita vivo[352]. Sen stabileco de la spirita vivo oni devojiĝas de la Tao-Vojo.' Mi ne uzas la maŝinon ne pro tio, ke mi ne scias, sed pro tio, ke mi hontas. "

Zigong basokule hontis kaj ne respondis. Iom poste la terkulturanto de legomejo demandis: "Kio do estas vi?" Zigong respondis: "Mi estas unu el lernantoj de Konfuceo." La terkulturanto de legomejo diris: "Ĉu li ne estas tiu, kiu pretendas sin sankta per erudicio, vualas amason per fanfaronado kaj vendas reputacion en la mondo, ludante sole kod-muzikilon kaj triste kantante? Nun vi, forgesante vian spiritan energion Ĉjion[353],   forĵetas vian korpan funkcion, kaj tiel vi estas proksima al li. Ĉu vi havas tempon por okupiĝi pri monda afero? For! Ne malhelpu al mi laboron. "

Zigong hontigite perdis koloron en vizaĝo. Li restis en stuporo sen scii kion fari. Foririnte 30 liojn[354], apenaŭ li resaniĝis. Lia lernanto demandis: "Kio do estas tiu homo? Kial vi, Majstro, vidante lin ŝanĝis mienon, perdis vizaĝkoloron kaj ne povis retrovi vin mem dum la tuta tago?" Li respondis: "Komence mi konsideris nur mian Majstron la unua en la mondo, ne sciante ekziston de tia persono. Mi aŭdis mian Majstron diranta: 'Afero postulas la efektivigon kaj utileco postulas la kompletigon. La Vojo de Sanktulo[355] estas gajni pli da profitoj per malpli da uzado de fortoj[356].' Sed nun ne tio. Kiu prenas la Vojon, tiu estas kompleta je la virto; kiu estas kompleta je la virto, tiu estas kompleta je la formo; kiu estas kompleta je la formo, tiu estas kompleta je la spiriteco. Perfekta je spiriteco estas la Vojo de Sanktulo. Je sia vivo li kune iras kun la popolo ĉien ajn, ne sciate kien. Jen vaste estas la simpla pureco. En koro de tiu persono tute ne nestas penso pri profito-utileco aŭ lerta tekniko. Tia persono ne iras tian Vojon, kiu ne konformas al lia strebo. Li ne faras tion, kio ne konformas al lia koro. Kiel ajn iuj en la mondo

88

laŭdus lin kaj aprobus lian opinion, li ne atentus tute aplombe. Kiel ajn iuj en la mondo mallaŭdus lin kaj malaprobus lian eldiron, li ne malakceptus sengêne. Laŭdo aŭ mallaŭdo fare de la mondo al li tute ne profitas aŭ malprofitas. Tia persono devus esti nomata la Persono de Perfekta Virto. Mi mem ja nomas min nur Popolano de Vento kaj Ondo[357]." Li, reveninte al regno Lu, parolis al Konfuceo pri tio.　Konfuceo

diris: "Li nur provizore lernis la arton de s-ro Ĥaoso[358]. Li nur scias pri unu, sed ne scias pri la dua. Li

lernis nur ĝian internon, sed ne la eksteron. Vi ĝuste miregis je tiu, kiu eniris en senmakulecon kun klara blankeco, je tiu, kiu revenis al simpleco sen ago, je tiu, kiu kun denaska naturo kaj kun spirito ludvagadas inter mondanoj[359]. Koncernante la arton de s-ro Ĥaoso, eĉ mi kaj vi neniel povus kompreni ĝin."

1210

　　Zhun Mang ĝuste estis iranta orienten al la Granda Valo kaj renkontis hazarde Yuan Feng ĉe iu plaĝo de la Orienta Maro[360]. Yuan Feng demandis: "Kien vi nun iras?" Respondis: "Nun ĝuste iras al la Granda Valo." Demandis: "Kion vi faros tie?" Respondis: "La Granda Valo ja estas la spaco neplenigebla, kiom ajn da akvo oni enverŝus, kaj, neelĉerpiĝebla, kiom ajn da akvo oni ĉerpus. Mi ĝuste volas ludi tie."

Yuan Feng diris: "Ĉu vi ne interesiĝas pri la popolo havanta migdalajn okulojn[361]?　Mi petas vin, bonvolu aŭdigi min pri la Sankta Regado." Zhun Mang diris: "La Sankta Regado? Enoficigi kompetentulojn kaj ne perdiĝu la kompetenteco, promocii kapablulojn kaj ne perdiĝu ilia kapablo. Observu ĉiun realan situacion, lasu fari ĉion, kion oni devas fari, kaj plenumiĝos agoj kaj vortoj per si mem, kaj tiel ŝanĝiĝos la mondo. Tiam laŭ moveto de mano aŭ fingro de reganto kolektiĝos la popoloj el kvar direktoj. Tio estas nomata la Sankta Regado."

"Mi petas, bonvolu diri al mi pri la Virta Homo." Respondis: "La Virta Homo estas tiu, kiu, restante sen pensado, irante sen zorgo, ne havas ĉe si rezonadon pri bono-malbono aŭ belo-malbelo. En la tuta mondo ĉirkaŭita de kvar maroj oni ĝojas profitigi reciproke unu la alian kaj trankvile liveradi reciproke unu al la alia. Sen li oni malĝojas kvazaŭ bebo perdinta la patrinon, aŭ kvazaŭ iranto perdinta la vojon. Havante multe da riĉaĵoj, oni mem ne scias de kie ili venas. Prenante sufiĉe multe da manĝaĵoj kaj trinkaĵoj, oni ne scias de kie ili estas portataj[362]. Tio estas nomata 'Ujo de Virta Homo'."

"Mi petas, bonvolu diri al mi pri la Dieca Homo." Respondis: "Supra Dieco rajdas lumon, perdiĝinte je la formo. Tio estas nomata 'Brila Vanteco'. Se oni plenumis la destinon kaj elĉerpis la denaskan senton, tiam la Ĉielo kaj la Tero ekĝojas, ĉiuj aferoj estingiĝos kaj ĉio revenos denove al la denaska sento. Tio estas nomata 'Kunmiksiĝo en Mallumo[363]'."

Men Wugui kaj Chizhang Manji rigardis la militiron de la reĝo Wu[364].　　　Chizhang Manji diris:

"Li ne egalas al Shun, la klano de You Yu[365]. Do li infektiĝis je tia malsano." Men Wugui demandis: "Ĉu You Yu ekregis la regnon, post kiam ĝi iĝis jam glate regata, aŭ post kiam ĝi malordiĝis?" Chizhang Manji respondis: "Se oni dezirus, ke ĝi glate restu regata, kial do oni bezonus klanon de You Yu por fari tion? La maniero, per kiu You Yu kuracas tumoron, similas meti perukon sur kalva kapo, t.e. samkiel voki kuraciston post nekuracebla malsaniĝo. Tio, ke obeema filo kun trista mieno flegas per medikamento sian bonkoran patron, hontigas la Sanktulon[366]. En la mondo, kiun regas la pleja virto, ne estas estimata la saĝo, nek estas uzata la kapablulo. Superulo estas samkiel nura branĉo de pli alta arbo, kaj la popolo samkiel sovaĝaj cervoj. Eĉ ne sciante la vorton 'justo', la popolo kondutas ĝuste. Ne sciante la vorton 'bonvoleco', la popolo amas sin reciproke unu la alian. Ne sciante la vorton 'lojaleco', la popolo kondutas honeste. Ne sciante la vorton 'fideleco', la popolo kondutas konvene. Oni reciproke praktikas tion nekonscie nature, sed ne rigardas tion la favora donitaĵo[367]. Tial do ne restas eĉ spuroj de iliaj agoj, nek estas transdonitaj iliaj aferoj al posteuloj.

Tio, ke obeema filo ne flatadas siajn gepatrojn, kaj tio, ke lojala subulo ne lakeas al sia estro, estas bonega kiel subulo kaj filo[368]. Kiu ĉiam jesadas al diritaĵoj de gepatroj kaj aprobas iliajn kondutojn bonaj, tiu estas nomata de mondanoj senmerita filo. Kiu ĉiam jesadas al diritaĵoj de la estro kaj aprobas lian konduton bona, tiu estas nomata de mondanoj senmerita subulo[369]. Sed ankoraŭ ne estas sciate, ĉu tia opinio nepre pravas aŭ ne. Oni ne nomas flatulo tiun, kiu jesas al diritaĵoj de mondanoj kaj aprobas bona la bonon konsideratan de mondanoj[370]. Se tiel, ĉu mondanoj estas pli majestaj ol gepatroj kaj pli respektindaj ol estro? Nomate sin lakeo, ili flamiĝas kun kolorigita vizaĝo pro indigno. Nomate sin flatulo, ili ekkoleras kun ruĝiĝinta vizaĝo. Malgraŭ tio, ili mem restas tia lakeo aŭ flatemulo ĝis la morto.Ili kolektas amason ĉirkaŭ si per lerta parolado kaj per ornamitaj vortoj, sed la parolado malkoheras je branĉo kaj trunko de la komenco ĝis la fino. Vestite bele kaj multekolore, ili kun esprimoplena vizaĝo flatadas la tutan mondon. Spite ĉion ĉi tion, ili ne nomas sin flatemuloj-lakeoj. Rigardante sin unu el lernantoj de iu Majstro, ili havas saman fiksitan opinion partieme pri jesado-neado, malgraŭ tio, ili ne nomas sin unuj el popolamaso. Jen kulmino de stulteco. Kiu scias sin stulta, ties stulteco ne estas granda. Kiu scias sin ŝanceliĝanta, ties ŝanceliĝo ne estas granda. Granda Ŝanceliĝanto ne komprenas sin ĝis la fino. Granda Stultulo ne inspiriĝas ĝis la fino[371]. Kiam oni iras triope, se unu el tri malorientiĝas[372], oni povas atingi la celon pro malpli da devojiĝanto. Se du el tri malorientiĝas, oni ne povas atingi la celon malgraŭ granda peno, ĉar plimulte da ili estas devojiĝantoj. Nun la tuta mondo malorientiĝas. Kiel ajn mi preĝus por direkti rekten, neatingebla estos la celo. Estas ja triste. Granda klasiko-muziko ne estas aŭdata per oreloj de vilaĝa popolamaso, sed oni gaje ridetas je popularaj kantoj kiel "Rompiĝinta saliko" aŭ "Reĝa floro" . Tiel do altaj vortoj ne estas akceptataj en la koro de popolamaso. Ne aŭdeblas plej altevalora vorto, ĉar superas vulgaraj vortoj. Du trionoj da piedoj ŝanceliĝas, do neatingebla estas la celo. Kaj nun la tuta mondo ŝanceliĝas. Kiom ajn mi preĝus por direkti rekten, nenio akireblas. Se sciante tion, trudi tamen al aliuloj, ke ili faru ion neatingeblan, estas ankaŭ unu ŝanceliĝo. Pli preferinde estas ne altrudi, sed nur lasi ilin. Se ne altrudi, neniu ĉagreniĝos. Sed, mi dividas la jenan ĉagrenon de povrulo. Iam meznokte, iu leprulino naskis sian bebon. Ŝi, haste preninte en mano fajron, ekrigardas, nur timante, ĉu la bebo similus al ŝi aŭ ne.

1213

Centjara arbo, hakite, fariĝis bovloj por ceremonia vino, beligitaj per koloroj blua kaj flava. Ties splitoj estas forĵetitaj en defluilon. Se kompari la ceremonian bovlon kun la splitoj en defluilo, kvankam malsamas je beleco aŭ malbeleco, tamen samas je la perdo de denaska naturo. Rabisto Zhi kun konfuceanoj Zeng kaj Shi estis diferencaj je sia konduto justa aŭ maljusta, sed egalaj je la perdo de denaska naturo. En perdo de denaska naturo troviĝas kvin specoj. La unua rilatas al okuloj. Kvin koloroj malordigas okulojn kaj malklarigas ilin. La dua – al oreloj. Kvin sonoj malordigas orelojn kaj malakrigas ilin. La tria – al nazo. Kvin odoroj incitas nazon kaj nazkataro trafas frunton. La kvara – al buŝo. Kvin gustoj malpurigas buŝon kaj malsanigas ĝin. La kvina – al koro. Elekto kion preni aŭ forĵeti malkvietigas la koron kaj igas la denaskan naturon superfluganta. Tiuj kvinopo ĉiuj estas obstaklo al la vivo. Kvankam Yang kaj Mo, ekstarante de komence sur piedpintoj, memfidas sin atingintaj la veron, tamen, el mia vidpunkto, ili tute ne atingis la Vojon[373] . Se la atinginto suferas, kiel do eblus taksi lin atinginta[374]? Ĉu oni povus rigardi atingintaj kolombon aŭ palumbon, kiuj sidas en kaĝo? Se oni povus rigardi atingintaj tiujn, kiuj blokas sian internon per elektoj, sonoj kaj koloroj, aŭ tiujn, kiuj ĉirkaŭligas sian eksteron per leda ĉapo, alced-pluma krono, sceptro, zonego kaj basko – tiujn baritajn interne kaj amasigitajn ekstere per diversaj ŝnuroj kaj ĉirkaŭligitajn per ŝnuroj –, tiam endus konsideri atinginta ankaŭ krimulon katenitan je mano kaj fingroj, kaj ankaŭ tigron kaj leopardon en la kaĝo.

13. 天道 Tian Dao

1301

天道运而无所积，故万物成；帝道运而无所积，故天下归；圣道运而无所积，故海内服。明于天，通于圣，六通四辟于帝王之德者，其自为也，昧然无不静者矣。圣人之静也，非曰静也善，故静也，万物无足以扰心者，故静也。水静则明烛须眉，平中准，大匠取法焉。水静犹明，而况精神？圣人之心静乎！天地之鉴也，万物之镜也。夫虚静、恬淡、寂漠、无为者，天地之平而道德之至，故帝王、圣人休焉。休则虚，虚则实，实者伦矣。虚则静，静则动，动则得矣。静则无为，无为也则任事者责矣。无为则俞俞，俞俞者忧患不能入，年寿长矣。夫虚静、恬淡，寂漠、无为者，万物之本也。明此以南乡，尧之为君也；明此以北面，舜之为臣也。以此处上，帝王天子之德也；以此处下，玄圣素王之道也。以此退居而闲游，江海山林之士服；以此进为而抚世，则功大名显而天下一也。静而圣，动而王，无为也而尊，朴素而天下莫能与之争美。夫明白于天地之德者，此之谓大本大宗，与天和者也；所以均调天下，与人和者也。与人和者，谓之人乐；与天和者，谓之天乐。庄子曰："吾师乎，吾师乎！齑万物而不为戾，泽及万世而不为仁，长于上古而不为寿，覆载天地、刻雕众形而不为巧，此之谓天乐。故曰：'知天乐者，其生也天行，其死也物化；静而与阴同德，动而与阳同波。'故知天乐者，无天怨，无人非，无物累，无鬼责。故曰：'其动也天，其静也地，一心定而王天下；其鬼不祟，其魂不疲，一心定而万物服。'言以虚静推于天地，通于万物，此之谓天乐。天乐者，圣人之心，以蓄天下也。"

夫帝王之德，以天地为宗，以道德为主，以无为为常。无为也，则用天下而有余；有为也，则为天下用而不足。故古之人贵夫无为也。上无为也，下亦无为也，是下与上同德，下与上同德则不臣；下有为也，上亦有为也，是上与下同道，上与下同道则不主。上必无为而用天下，下必有为为天下用，此不易之道也。故古之王天下者，知虽络天地，不自虑也；辩虽雕万物，不自说也；能虽穷海内，不自为也。天不产而万物化，地不长而万物育，帝王无为而天下功。故曰：莫神于天，莫富于地，莫大于帝王。故曰：帝王之德配天地。此乘天地，驰万物，而用人群之道也。

本在于上，末在于下；要在于主，详在于臣。三军五兵之运，德之末也；赏罚利害，五刑之辟，教之末也；礼法度数，形名比详，治之末也；钟鼓之音，羽旄之容，乐之末也；哭泣衰绖，隆杀之服，哀之末也。此五末者，须精神之运，心术之动，然后从之者也。末学者，古人有之，而非所以先也。君先而臣从，父先而子从，兄先而弟从，长先而少从，男先而女从，夫先而妇从。夫尊卑先后，天地之行也，故圣人取象焉。天尊地卑，神明之位也；春夏先，秋冬后，四时之序也。万物化作，萌区有状，盛衰之杀，变化之流也。夫天地至神，而有尊卑先后之序，而况人道乎！宗庙尚亲，朝廷尚尊，乡党尚齿，行事尚贤，大道之序也。语道而非其序者，非其道也。语道而非其道者，按取道！是故古之明大道者，先明天而道德次之，道德已明而仁义次之，仁义已明而分守次之，分守已明而形名次之，形名已明而因任次之，因任已明而原省次之，原省已明而是非次之，是非已明而赏罚次之。赏罚已明而愚知处宜，贵贱履位，仁贤不肖袭情，必分其能，必由其名。以此事上，以此畜下，以此治物，以此修身，知谋不用，必归其天，此之谓太平，治之至也。故《书》曰："有形有名。"形名者，古人有之，而非所以先也。古之语大道者，五变而形名可举，九变而赏罚可言也。骤而语形名，不知其本也；骤而语赏罚，不知其始也。倒道而言，迕道而说者，人之所治也，安能治人！骤而语形名赏罚，此有知治之具，非知治之道，可用于天下，不足以用天下。此之谓辩士，一曲之人也。礼法度数，形名比详，古人有之，此下之所以事上，非上之所以畜下也。

1302

昔者舜问于尧曰："天王之用心何如？"尧曰："吾不敖无告，不废穷民，苦死者，嘉孺子而哀妇人。此吾所以用心已。"舜曰："美则美矣，而未大也。"尧曰："然则何如？"舜曰："天德而出宁，日月照而四时行，若昼夜之有经，云行而雨施矣。"尧曰："胶胶扰扰乎！子，天之合也；我，人之合也。"

夫天地者，古之所大也，而黄帝、尧、舜之所共美也。故古之王天下者，奚为哉？天地而已矣。

1303

孔子西藏书于周室，子路谋曰："由闻周之征藏史有老聃者，免而归居。夫子欲藏书，则试往因焉。"孔子曰："善。"

往见老聃，而老聃不许，于是翻十二经以说。老聃中其说，曰："大漫，愿闻其要。"孔子曰："要在仁义。"老聃曰："请问：仁义，人之性邪？"孔子曰："然。君子不仁则不成，不义则不生。仁义，真人之性也，又将奚为矣？"老聃曰："请问：何谓仁义？"孔子曰："中心物凯，兼爱无私，此仁义之情也。"老聃曰："意，几乎后言！夫兼爱，不亦迂乎！无私焉，乃私也。夫子若欲使天下无失其牧乎？则天地固有常矣，日月固有明矣，星辰固有列矣，禽兽固有群矣，树木固有立矣。夫子亦仿德而行，循道而趋，已至矣，又何偈偈乎揭仁义，若击鼓而求亡子焉？意，夫子乱人之性也！"

1304

士成绮见老子而问曰："吾闻夫子圣人也，吾故不辞远道而来愿见，百舍重茧而不敢息。今吾观子，非圣人也。鼠壤有余蔬而弃妹之者，不仁也；生熟不尽于前，而积敛无崖。"老子漠然不应。

士成绮明日复见，曰："昔者吾有刺于子，今吾心正却矣，何故也？"老子曰："夫巧知神圣之人，吾自以为脱焉。昔者子呼我牛也而谓之牛，呼我马也而谓之马。苟有其实，人与之名而弗受，再受其殃。吾服也恒服，吾非以服有服。"

士成绮雁行避影，履行遂进而问："修身若何？"老子曰："而容崖然，而目冲然，而颡颓然，而口阚然，而状义然，似系马而止也。动而持，发也机，察而审，知巧而睹于泰，凡以为不信。边境有人焉，其名为窃。"

1305

夫子曰："夫道，于大不终，于小不遗，故万物备。广广乎其无不容也，渊乎其不可测也。形德仁义，神之末也，非至人孰能定之！夫至人有世，不亦大乎！而不足以为之累。天下奋棅而不与之偕，审乎无假而不与利迁，极物之真，能守其本，故外天地，遗万物，而神未尝有所困也。通乎道，合乎德，退仁义，宾礼乐，至人之心有所定矣。"

1306

世之所贵道者，书也，书不过语，语有贵也。语之所贵者意也，意有所随。意之所随者，不可以言传也，而世因贵言传书。世虽贵之，我犹不足贵也，为其贵非其贵也。故视而可见者，形与色也；听而可闻者，名与声也。悲夫，世人以形色名声为足以得彼之情！夫形色名声果不足以得彼之情，则知者不言，言者不知，而世岂识之哉！

桓公读书于堂上，轮扁斫轮于堂下，释椎凿而上，问桓公曰："敢问：公之所读者何言邪？"公曰："圣人之言也。"曰："圣人在乎？"公曰："已死矣。"曰："然则君之所读者，古人之糟魄已夫！"桓公曰："寡人读书，轮人安得议乎！有说则可，无说则死。"轮扁曰："臣也以臣之事观之。斫轮，徐则甘而不固，疾则苦而不入，不徐不疾，得之于手而应于心，口不能言，有数存焉于其间。臣不能以喻臣之子，臣之子亦不能受之于臣，是以行年七十而老斫轮。古之人与其不可传也死矣，然则君之所读者，古人之糟魄已夫！"

LA ĈIELA VOJO

1301

La Ĉiela Vojo[375] moviĝas ne stagnante, do ĉio spontane fariĝas kompleta. La Reĝa Vojo moviĝas ne stagnante, do la subĉiela mondo submetiĝas. La Sankta Vojo moviĝas ne stagnante, do ĉiuj en la mondo ĉirkaŭata de maroj sekvas. Kiu estas iluminiĝinta de la Ĉielo, familiara kun la Sankteco kaj ĉie kaj ĉiam kutima al la Reĝa Virto, tiu kondutas per si mem, estante nekonscie kvieta kaj trankvila. La Sankta Homo estas kvieta ne pro tio, ke li konsideras la kvietecon bona, sed por ke nenio el miriado da estaĵoj povu konfuzi lian koron. Se kvieta estas akvo, ĝi povas klare speguli barbojn kaj brovojn, povas esti konforma al nivelmezurilo per sia glata surfaco, uzata de granda metiisto kiel normo. Pri akvo estas klare, ke meritas kvieteco. Des pli pri la Spirito. Sanktulo estas kvieta je koro. Tio estas spegulo por la Ĉielo kaj la Tero, spegulo por ĉio. Tio, ke estas malplene, kviete, trankvile, senavide, silente kaj senage, estas la horizontalo en la Ĉielo kaj la Tero, kaj la morala kulmino de la Vojo kaj la Virto. Tial do reĝoj kaj sanktuloj ripozas ĉi tie. Se ripozas, malpleniĝas la koro; se malplenas, pleniĝos; se plenas, fruktodonas racie en ordo. Kiu malplenas je koro, tiu estas ja kvieta; kiu kvietas, tiu ja nature moviĝas; kiu nature moviĝas, tiu ja akiras. Se kvieta, nenion fari; se sankta reĝo estas nenion faranta, ĉiu respondeculo plenumas sian taskon. Al tiu, kiu nenion faras, estas ĝojplene kaj gaje; Kiu gajas, al tiu ne eblas resti ajna zorgo kaj timo, do tiu vivas longe. Ke estas malplene, kviete, trankvile, senavide, silente kaj senage, tio estas ĉies fundamento. Klare kompreninte tion, surtroniĝis la reĝo Yao. Klare kompreninte tion, submetiĝis Shun, kiel ministro-subulo. Starigite supren kun tiu sinteno, la reĝo posedas virton de la Ĉiela Filo. Starigite suben kun tiu sinteno, la kaŝa sanktulo posedas la Vojon de senkrona reĝo. Kiu, eksiĝinte kun tiu sinteno, ludvagadas, al tiu submetiĝas superaj personoj en riveroj, maroj, montoj kaj arbaroj. Kiu, promociiĝinte kun tiu sinteno, pacigas la mondon, ties merito fariĝas tre granda, ke la renomo elstaras rimarkinda kiel la unua sub la Ĉielo. Estante kvieta, li iĝas sankta; moviĝante, li iĝas reĝo; senagante, li estas respektinda. Kvankam li estas simpla per si mem, tamen neniu en la mondo povas rivali kun li je la beleco. Kio estas klara je virto de la Ĉielo kaj la Tero, tio estas nomata 'Granda Fonto' aŭ 'Granda Origino' [376]. Tio harmonias kun la Ĉielo. Tio egaligas kaj harmoniigas la mondon, kaj tial harmonias kun homo. Tio, kio harmonias kun homo, estas nomata 'Homa Plezuro'. Tio, kio harmonias kun la Ĉielo, estas nomata 'Ĉiela

Plezuro' [377]. Zhuangzi diris[378]: "Mia Majstro, mia Majstro! Vi dispecigas ĉion, sed tio ne nomiĝas 'Krueleco'. Rekompenco etendiĝas al multaj generacioj, sed tio ne nomiĝas 'Bonvoleco'. Kvankam kreskas de antikveco, tamen tio ne nomiĝas 'Longa Vivo'. Kvankam kovras la Ĉielon kaj la Teron kaj skulptas amason da formoj, tamen tio ne nomiĝas 'Lerteco'. Tio estas ja nomata 'la Ĉiela Plezuro'." Tial do estas dirite: "Por scianto de la Ĉiela Plezuro la vivo estas rotacio de la Ĉielo kaj la morto estas transformiĝo de estaĵo. En kvieto li havas ĉe si jino kun virto, en moviĝo havas ĉe si jango kun ondo[379]." Tial, kiu scias la Ĉielan Plezuron, tiu ne ricevas koleron de la Ĉielo, nek ricevas malbenon de homoj, nek zorgon pri aĵoj, nek riproĉon de Spiritoj. Tial do estas dirite: "Kun moviĝo kvazaŭ la Ĉielo, kun kvieteco kvazaŭ la Tero, kun koro fiksita en unu, li estas la reĝo en la mondo. La Spiritoj ne turmentas lin kaj lia animo ne laciĝas, lia koro estas fiksita en unu, do al li ĉio submetiĝas." Tio signifas, ke lia malpleneco kaj kvieteco kovras la Ĉielon kaj la Teron, kaj penetras en ĉion. Tio estas nomata 'la Ĉiela Plezuro'. La Ĉiela Plezuro estas nutri la mondon pere de la koro de sanktuloj.La virto de la reĝo tenas la Ĉielon kaj la Teron prapatra, la Vojon-Virton ĉefa kaj la senagon konstanta. Sen ago li uzas la mondon, havante rezervitan energion. Kun ago li estas uzata de la mondo, kaj al li perdiĝas la rezervita energio. Tial do antikvuloj estimis la senagon.Se la supro estas senaga kaj ankaŭ la subo estas senaga, tiuokaze la subo fariĝas egala al la supro je la virto. Se la subo al la supro estas egala je la virto, tiuokaze la subo ne estas subulo. Se la subo estas agema kaj ankaŭ la supro estas agema, tiuokaze la supro kaj la subo fariĝas samaj je la vojo. Se la supro kaj la subo samas je la vojo, tiam la supro ne estas ĉefo. Kiam la supro, estante nepre senaga, uzas la mondon, kaj la subo, estante nepre agema, estas uzata de la mondo – tio estas la Senŝanĝa Vojo[380]. Tial, reĝoj de la antikva mondo ampleksis per sia saĝo la Ĉielon kaj la Teron, sed la reĝoj mem ne zorgadis. Ilia kapablo de diskurso kovris ĉion, sed ili mem ne predikis. Kvankam ilia kapablo atingis ĉion de la mondo, tamen ili mem ne agis. La Ĉielo ne fabrikas, sed ĉio transformiĝas. La Tero ne kreskigas, sed ĉio mem kreskas. Reĝo ne agas, sed la mondo meritas. Tiel do estas dirite: "Nenio estas pli dieca ol la Ĉielo, nenio estas pli riĉa ol la Tero, neniu estas pli granda ol reĝo imperiestro." Do estas dirite: "La virto de reĝo imperiestro direktas la Ĉielon kaj la Teron." Tio estas la Vojo por ke li rajdu la Ĉielon-Teron, kuradu sur ĉio kaj uzu gregon de homamaso[381]. Fundamento estas ĉe la supro, bagatelaĵoj estas ĉe la subo.

Gravaĵo estas ĉe la ĉefo, detalaĵoj estas ĉe vasaloj. Mobilizo de tri armeoj kaj kvin armiloj estas bagatelaĵo de la virto. Laŭdo kaj puno, profito-utilo kaj malprofito-senutilo, leĝaro de kvin punoj, estas bagatelaĵoj de instruo. Decreguloj, sistemo de leĝoj, ciferoj kaj mezuroj, komparado de formo kaj nomo, estas bagatelaĵoj de administrado[382]. Sono de sonoriloj kaj tamburoj, danc-ornamaĵoj el plumoj kaj haroj, estas bagatelaĵoj de muziko. Plorkriado, laŭranga funebra vesto kun kruda ŝnuro, estas bagatelaĵoj de kondolenco. Ĉi tiuj kvin bagatelaĵoj estas nur sekvantoj post la spirita rotacio kaj la kora moviĝo. Eĉ antikvuloj okupiĝis pri scienco de bagatelaĵoj, sed tion ne indas estimi kiel precedenton. Estro antaŭiĝas kaj subuloj sekvas, patro antaŭiĝas kaj gefiloj sekvas, pli maljuna frato antaŭiĝas kaj pli juna frato sekvas, pliaĝulo antaŭiĝas kaj malpliaĝulo sekvas, viro antaŭiĝas kaj virino sekvas, edzo antaŭiĝas kaj edzino sekvas. Nobleco-malnobleco kaj antaŭiĝo- postsekvo estas rotacio de la Ĉielo kaj la Tero. Tial do sanktuloj prenis tion kiel modelon. Tio, ke la Ĉielo estas pli nobla kaj la Tero estas pli malnobla, estas la rango de dia klareco. Tio, ke printempo kaj somero antaŭiĝas kaj aŭtuno kaj vintro postsekvas, estas vicordo de kvar sezonoj. Tio, ke ĉiuj estaĵoj ŝanĝiĝas kaj naskiĝas, kaj tio, ke diversas formoj de ĝermado kaj de progreso-regreso, estas fluo de ŝanĝiĝo. La plej dieca Ĉielo kaj Tero havas vicordon inter nobleco kaj malnobleco kaj inter antaŭiĝo kaj postsekvo, des pli la homa Vojo. Respekti parencojn en la prapatra maŭzoleo, respekti altrangulojn en la kortego, respekti pliaĝulojn en la komunumo, respekti saĝulojn en la aferoj – estas vicordo de la Granda Vojo.Parolante pri Vojo, se oni ignorus la vicordon, tiu Vojo ne estus la Vojo. Kiam la priparolata Vojo ne estas la Vojo, kiel oni povas kompreni la Vojon? Do antikvuloj, por klarigi la Grandan Vojon, unue klarigis la Ĉielon, kaj poste la Vojan virton – moralon. Post klarigo de la Voja virto, sekve studis bonvolecon kaj juston. Post klarigo de la bonvoleco kaj justo, sekve studis decan observon al la ranga devo. Post klarigo de la deca observo de la ranga devo, sekve studis rilaton inter formo kaj nomo. Post klarigo de formo-nomo, sekve studis enoficigon laŭ kompetenteco. Post klarigo de la kompetenteco, sekve studis poentadon pri laboro. Post klarigo de la poentado, sekve studis juĝon pri sukceso kaj malsukceso. Post klarigo de la juĝo, sekve studis pri laŭdado-punado. Post klarigo de la laŭdado-punado, sekve oni pristudas asignadon de stultuloj-intelektuloj laŭ konvena ordo, asignadon de nobeloj-malnobeloj laŭ oportuna rango, asignadon de bonvolecaj, saĝaj, netaŭgaj laŭ cirkonstanco, kaj dividas laboron laŭ kapablo inter kompetentuloj kaj nekompetentuloj, por ke la laboro nepre estu konforma al la nomo. Tiel do oni servas al la supro kaj nutras la subon, administras aĵojn, perfektigas sin mem. Oni ne uzas ruzaĵon nek intrigon. Ĉio estas nepre konfidata al la Ĉielo. Tio estas nomata 'Granda Paco', t.e. la kulmino de regado. Do en la Libro[383] estas dirite: "Estas formo kaj estas nomo[384]." Kvankam troviĝas ĉe antikvuloj la tezo de formo-kaj-nomo, tamen ĝi ne antaŭiĝas ĉion. La antikva priparolanto de Granda Vojo povis prezenti la formon-nomon nur en la kvina turniĝo kaj povis paroli pri laŭdado-punado nur en la naŭa turniĝo[385]. Kiu subite parolas pri la formo-nomo, tiu ne scias la fonton. Kiu subite parolas pri la laŭdado-punado, tiu ne scias la komencon. Kiu renverse parolas pri la Vojo kaj predikas kontraŭ la Vojo, tiu devas esti regata de la aliuloj. Kial li povus regi ilin? Kiu subite parolas pri la formo-nomo kaj laŭdo-punado, tiu, kvankam scius ilon por regado, tamen ne scias la Vojon por la regado. Li estas uzata de la mondo, tamen li ne havas sufiĉan forton uzi la mondon. Li estas nomata 'persono de vortoj aŭ homo de unuflanka tordiĝo'. Koncerne de decreguloj, leĝoj, detalaj reguloj, ciferoj kaj mezuroj, komparado de formo kaj nomo, kvankam eĉ antikvuloj havis tiujn, tamen por ke la subuloj servu al la superuloj, sed ne por ke la superuloj paŝtu la subulojn.

1302

Antikve Shun demandis Yao, dirante: "Kion vi tenas en via koro, kiel reĝo?"

Yao respondis: "Mi ne kondutas arogante antaŭ senvoĉa popolo, nek forlasas mizeran popolon. Mi lamentas pri mortintoj, simpatias kun beboj kaj kompatas virinojn. Tion mi tenas en mia koro." Shun diris: "Estas tre bele. Sed tio estas ankoraŭ ne granda."Yao demandis: "Se tiel, kiel do fari?"Shun respondis: "Per la Ĉiela virto estiĝas la paco[386]. La suno kaj la luno brilas kaj kvar sezonoj iras. Konstantas tago kaj nokto.

Iras nuboj, liverante pluvon. Jen tiel." Yao diris: "Mi zorgadis kaj klopodadis[387] maltrafe. Vi atentas harmonion kun la Ĉielo. Mi atentis harmonion kun homoj."

La Ĉielon kaj la Teron antikvuloj rigardis grandaj; la Flavan Imperiestron kaj Yao-n kaj Shun-on ili konsideris belaj. Kion faris la antikvaj reĝoj al la mondo? Nur sekvis la Ĉielon kaj la Teron.

1303

Konfuceo [388] volus deponi kelkajn verkojn okcidente por la reĝa domo de dinastio Zhou. Zilu[389] diris sian ideon: "Mi aŭdis, ke en la biblioteko de Zhou estas iu biblitekisto, nomata Lao Dan. Li eksiĝis de la ofico kaj loĝas hejme. Se vi, Majstro, volas deponi la librojn, prove iru viziti lin."Konfuceo diris: "Bona ideo."

Li iris kaj vidis Lao Dan. Sed la lasta ne konsentis helpi. Tial la unua montris dek du klasikaĵojn[390] kaj ekparolis pri ili. Lao Dan interrompis lian paroladon, dirante: "Tro longe. Diru koncize la esencon, mi petas." Kongzi diris: "La esenco konsistas en bonvoleco kaj justo." Lao Dan diris: "Permesu al mi demandi vin, ĉu bonvoleco kaj justo estas la denaska naturo de homoj?" Kongzi diris: "Jes. Sen bonvoleco noblulo ne povas plenumi taskon kaj sen justo li ne povas vivi. Bonvoleco kaj justo vere estas la denaska naturo de homoj. Kio alia estas necesa?" Lao Dan diris: "Permesu al mi demandi vin, kion vi nomas bonvoleco kaj justo?" Kongzi diris: "Ĝui ĉion en la koro, ami universale[391] sen egoo. Jen tio estas sento de bonvoleco kaj justo." Lao Dan diris: "Ho! Apenaŭ. Koncernante la lastan frazon, ĉu la universala amo ne estas ĉirkaŭfraza? Intenci forigon de egoo ankaŭ estas la egoo. Vi, Majstro, dezirus, ke la mondo ne perdu sian paŝtiston[392]. Sed la Ĉielo kaj la Tero havas sian propran konstantecon. La suno kaj la luno havas sian lumon. Steloj havas sian vicordon. Birdoj kaj bestoj havas sian gregon. Arboj havas sian pozicion. Ankaŭ vi, Majstro, se vi libere iros, sekvante la naturan virton, paŝos laŭ la Vojo, tiam je ĉio estos atingite per si mem. Kial vi bezonus laŭte recitadi kaj meti supren bonvolecon kaj juston? Tio similas kvazaŭ serĉadi perdiĝintan infanon per batado de tamburo. Ho ve! Vi, Majstro, konfuzas la homan denaskan naturon![393] "

1304

Shi Chengqi[394] renkontis Laozi kaj diris: "Mi aŭdis, ke vi, Majstro, estas sanktulo. Spite malproksiman vojon mi venis vidi vin sen ripozo dum cent tagnoktoj, per kaloj plenkovrite. Nun mi vidas vin, ke vi ne estas sanktulo. Mankas al vi bonvoleco, ke vi forlasis vian fratinon, malgraŭ ke ĉe vi estas sufiĉe da nutraĵoj en truo de ratoj. Vi rezervas senlime spite ke antaŭ vi restas multe da manĝaĵoj, kuiritaj kaj nekuiritaj." Laozi nur ne respondis aplombe.En la sekva tago Shi Chengqi denove venis vidi lin kaj diris: "Hieraŭ mi pikparolis al vi, sed nun mi sentas mian koron vanta. Kial?" Laozi diris: "Mi mem ne faras min alligita al tiu, kiu estas lerte intelekta kaj diece sankta. Hieraŭ, se vi vokus min bovo, tiam mi nomiĝus bovo; se vi vokus min ĉevalo, tiam mi nomiĝus ĉevalo. Kiam troviĝas la realeco, se oni ne akceptus la donitan nomon, tiuokaze oni ricevos denove damaĝon. Ĉiam mi obeas la obeendan. Por mi tio ne estas nura obeo por obeo."

Shi Chengqi sekvis Laozi, sen treti lian ombron, piedirante samkiel ansero, paŝante piedŝove, demandis: "Kio estas perfektigo de personeco?" Laozi diris: "Via mieno estas kruta per si mem, viaj okuloj estas malkvietaj per si mem, via frunto estas elstara per si mem, via buŝo estas bojanta per si mem, via sinteno estas tro aroganta per si mem. Vi similas al ĉevalo, ligite haltigita. Aktiva sed dume sindetenas, kvazaŭ sago elpafota de arbalesto. Inspektas, juĝante; observas per saĝa lerteco, afektante aplombon, rigardas ĉion kun dubo. Troviĝas tia homo ĉirkaŭ landlimo, kies nomo estas ŝtelisto."

1305

La Majstro diris: "La Vojo estas senfina je grandeco, senpreterlasita je malgrandeco. Tiel do ĝi estas ĉiopreta. Ĝi estas tre vasta, ke ĝi nenion ne ampleksas, kaj tre profunda, ke nemezurebla estas la profundeco. Por la Spirito estas bagatelaj la formaleca virto, bonvoleco kaj justo. Se ne la Pleja Homo, kiu do povus difini ilin? Ĉu ne estas tro grandege por la Pleja Homo posedi la mondon? Sed li ne konsideras tion laciga. Dum mondanoj klopodas enpotenciĝi, li ne konkuras kun ili. Li atentas pri senŝajnigo kaj ne ŝanĝiĝas per profito. Li penetras profunde la veron de aĵoj kaj povas firme teni la fundamenton. Tiel do, eĉ se estante ekstere de la Ĉielo kaj la Tero kaj forlasante ĉiujn estaĵojn, li ankoraŭ neniam ĝenas sin en la spirito. Li iras laŭ la Vojo konforme al la virto. Li forlasas bonvolecon kaj juston kaj forpelas la decregulojn kaj muzikon. Do la koro de la Pleja Homo estas stabila.

1306

En la mondo, tiu, kiu estimas la Vojon, estimas librojn. Sed libroj konsistas nur el vortoj, do la vortoj enhavas ion estimindan. Kio estas estimata en la vortoj, tio estas signifoj. Sed estas io, kion la vortoj sekvas. Tio, kion la vortoj sekvas, estas netransdonebla per vortoj. Sed oni transdonas librojn pro tio, ke en la mondo la vortoj estas estimataj. Tamen, mi konsideras ne sufiĉe estiminda tion, kion oni en la mondo estimas, ĉar oni estimas ion ne estiminda. Io videbla per la rigardado estas formo kaj koloro. Io aŭdebla per la aŭskultado estas nomo kaj voĉo. Bedaŭrinde, oni konsideras formon kaj koloron, nomon kaj voĉon, nur sufiĉaj por akiri realon. Sed la formo kaj la koloro, la nomo kaj la voĉo, ne sufiĉas por atingi la realon. Do, kiu scias, tiu ne diras; kiu diras, tiu ne scias[395]. Sed ĉu oni en la mondo komprenas tion?Duko Huan[396] estis leganta libron sur balkono. Sub la balkono iu radfaristo, nomata Pian, estis ĉizanta la radon.

Li, paŭzante ĉizadon, demandis supren al la duko Huan: "Mi aŭdacas demandi, kion vi, Sinjoro Duko, legas?" La duko respondis: "Vortojn de Sanktulo." Demandis: "Ĉu la Sanktulo vivas?" La duko respondis: "Li jam mortis." Diris: "Se tiel, do tio, kion Sinjoro legas, estas nur feĉo de iu antikvulo." La duko Huan diris: "Koncernante libron, kiun mi legas, kial simpla radfaristo povus argumenti? Se ci povos sinpravigi, mi toleros. Se ne, ci mortos." Radfaristo Pian diris: "Mi observas tiel el la vidpunkto de mia laboro. Se oni malrapide ĉizus radon, la rado, tro malfirma, ne fiksiĝus; se rapide, ĝi, tro firma, ne eniras. Necesas ĉizi nek malrapide, nek rapide. Tio eblas nur per manoj kaj konforme al koro. Per buŝo ne eblas tion diri. Kvankam devus esti certe iu ciferado en tio[397], sed tamen mi ne povas transdoni la sekreton

per vortoj al mia filo[398]. Ankaŭ mia filo ne povas ricevi tion de mi. Tiel do mi, maljunulo de 70-jara,

ĉizadas radojn. Ankaŭ antikvuloj mortis kun io netransdonebla. Sekve, kion vi legas, tio estas nur feĉo de

antikvuloj."

14. 天运 Tian Yun

1401　天其运乎？地其处乎？日月其争于所乎？孰主张是？孰维纲是？孰居无事推而行是？意者其有机缄而不得已邪？意者其运转而不能自止邪？云者为雨乎？雨者为云乎？孰隆施是？孰居无事淫乐而劝是？风起北方，一西一东，有上彷徨，孰嘘吸是？孰居无事而披拂是？敢问何故？

巫咸袑曰："来！吾语汝。天有六极五常，帝王顺之则治，逆之则凶。九洛之事，治成德备，监照下土，天下戴之，此谓上皇。"

1402 商太宰荡问仁于庄子。庄子曰："虎狼，仁也。"曰："何谓也？"庄子曰："父子相亲，何为不仁？"

曰："请问至仁。"庄子曰："至仁无亲。"太宰曰："荡闻之：无亲则不爱，不爱则不孝。谓至仁不孝，可乎？"庄子曰："不然。夫至仁尚矣，孝固不足以言之。此非过孝之言也，不及孝之言也。夫南行者至于郢，北面而不见冥山，是何也？则去之远也。故曰：以敬孝易，以爱孝难；以爱孝易，以忘亲难；忘亲易，使亲忘我难；使亲忘我易，兼忘天下难；兼忘天下易，使天下兼忘我难。夫德遗尧、舜而不为也，利泽施于万世，天下莫知也，岂直太息而言仁孝乎哉！夫孝悌仁义，忠信贞廉，此皆自勉以役其德者也，不足多也。故曰：至贵，国爵并焉；至富，国财并焉；至愿，名誉并焉。是以道不渝。"

1403

北门成问于黄帝曰："帝张《咸池》之乐于洞庭之野，吾始闻之惧，复闻之怠，卒闻之而惑，荡荡默默，乃不自得。"

帝曰："汝殆其然哉！吾奏之以人，征之以天，行之以礼义，建之以太清。（夫至乐者，先应之以人事，顺之以天理，行之以五德，应之以自然，然后调理四时，太和万物。）四时迭起，万物循生；一盛一衰，文武伦经；一清一浊，阴阳调和，流光其声；蛰虫始作，吾惊之以雷霆；其卒无尾，其始无首；一死一生，一偾一起；所常无穷，而一不可待。汝故惧也。吾又奏之以阴阳之和，烛之以日月之明；其声能短能长，能柔能刚，变化齐一，不主故常；在谷满谷，在坑满坑；涂郤守神，以物为量。其声挥绰，其名高明。是故鬼神守其幽，日月星辰行其纪。吾止之于有穷，流之于无止。予欲虑之而不能知也，望之而不能见也，逐之而不能及也，傥然立于四虚之道，倚于槁梧而吟。（心穷乎所欲知，）目（知）穷乎所欲见，力屈乎所欲逐，吾既不及已夫！形充空虚，乃至威仪。汝威仪，故怠。吾又奏之以无怠之声，调之以自然之命，故若混逐丛生，林乐而无形；布挥而不曳，幽昏而无声。动于无方，居于窈冥。或谓之死，或谓之生；或谓之实，或谓之荣。行流散徙，不主常声。世疑之，稽于圣人。圣也者，达于情而遂于命也。天机不张而五官皆备，此之谓天乐，无言而心说。故有焱氏为之颂曰：'听之不闻其声，视之不见其形，充满天地，苞裹六极。'汝欲听之而无接焉，尔故惑也。乐也者，始于惧，惧故祟。吾又次之以怠，怠故遁；卒之于惑，惑故愚；愚故道，道可载而与之俱也。"

1404

孔子西游于卫。颜渊问师金曰："以夫子之行为奚如?"师金曰："惜乎，尔夫子其穷哉！"

颜渊曰："何也?"师金曰："夫刍狗之未陈也，盛以箧衍，巾以文绣，尸祝齐戒以将之。及其已陈也，行者践其首脊，苏者取而爨之而已。将复取而盛以箧衍，巾以文绣，游居寝卧其下，彼不得梦，必且数眯焉。今而夫子，亦取先王已陈刍狗，聚弟子游居寝卧其下。故伐树于宋，削迹于卫，穷于商周，是非其梦邪? 围于陈蔡之间，七日不火食，死生相与邻，是非其眯邪? 夫水行莫如用舟，而陆行莫如用车。以舟之可行于水也，而求推之于陆，则没世不行寻常。古今非水陆与? 周鲁非舟车与? 今祈行周于鲁，是犹推舟于陆也，劳而无功，身必有殃。彼未知夫无方之传，应物而不穷者也。且子独不见夫桔槔者乎? 引之则俯，舍之则仰。彼，人之所引，非引人 [者] 也，故俯仰而不得罪于人。故夫三皇五帝之礼义法度，不矜于同，而矜于治。故譬三皇五帝之礼义法度，其犹楂梨橘柚邪！其味相反，而皆可于口。故礼义法度者，应时而变者也。今取猨狙而衣以周公之服，彼必龁啮挽裂，尽去而后慊。观古今之异，犹猨狙之异乎周公也。故西施病心而矉（其里），其里之丑人见之而美之，归亦捧心而矉（其里）。其里之富人见之，坚闭门而不出；贫人见之，携妻子而去之走。彼知矉美而不知矉之所以美。惜乎！而夫子其穷哉！"

1405

孔子行年五十有一而不闻道，乃南之沛，见老聃。老聃曰："子来乎? 吾闻子北方之贤者也，子亦得道乎?"孔子曰："未得也。"老子曰："子恶乎求之哉?"曰："吾求之于度数，五年而未得也。"老子曰："子又恶乎求之哉?"曰："吾求之于阴阳，十有二年而未得。"老子曰："然。使道而可献，则人莫不献之于其君；使道而可进，则人莫不进之于其亲；使道而可以告人，则人莫不告其兄弟；使道而可以与人，则人莫不与其子孙。然而不可者，无他也，中无主而不止，外无正而不行。由中出者，不受于外，圣人不出；由外入者，无主于中，圣人不隐。名，公器也，不可多取。仁义，先王之蘧庐也，止可以一宿而不可（以）久处，觏而多责。古之至人，假道于仁，托宿于义，以游逍遥之墟，食于苟简之田，立于不贷之圃。逍遥，无为也；苟简，易养也；不贷，无出也。古者谓是采真之游。以富为是者，不能让禄；以显为是者，不能让名；亲权者，不能与人柄。操之则慄，舍之则悲，而一无所见，以窥其所不休者，是天之戮民也。怨、恩、取、与、谏、教、生、杀，八者，正之器也，唯循大变无所湮者，为能用之。故曰：正者，正也。其心以为不然者，天门弗开矣。"

1406

孔子见老聃而语仁义。老聃曰："夫播穅眯目，则天地四方易位矣；蚊虻噆肤，则通昔不寐矣。夫仁义惨然，乃愤吾心，乱莫大焉。吾子使天下无失其朴，吾子亦放风而动，总德而立矣，又奚桀然若负建鼓而求亡子者邪？夫鹄不日浴而白，乌不日黔而黑。黑白之朴，不足以为辩；名誉之观，不足以为广。泉涸，鱼相与处于陆，相呴以湿，相濡以沫，不若相忘于江湖。"

孔子见老聃归，三日不谈。弟子问曰："夫子见老聃，亦将何规哉？"孔子曰："吾乃今于是乎见龙。龙合而成体，散而成章，乘云气而养乎阴阳。予口张而不能嗋，（舌举而不能詘）]予又何规老聃哉！"子贡曰："然则人固有尸居而龙见，雷声而渊默，发动如天地者乎？赐亦可得而观乎？"遂以孔子声见老聃。

老聃方将踞堂而应微曰："予年运而往矣，子将何以戒我乎？"子贡曰："夫三皇五帝之治天下不同，其系声名一也。而先生独以为非圣人，如何哉？"老聃曰："小子少进！子何以谓不同？"对曰："尧授舜，舜授禹，禹用力而汤用兵，文王顺纣而不敢逆，武王逆纣而不肯顺，故曰不同。"老聃曰："小子少进！余语汝三皇五帝之治天下。黄帝之治天下，使民心一，民有其亲死不哭而民不非也。尧之治天下，使民心亲，民有为其亲杀其杀而民不非也。舜之治天下，使民心竞，民孕妇十月生子，子生五月而能言，不至乎孩而始谁，则人始有夭矣。禹之治天下，使民心变，人有心而兵有顺，杀盗非杀人，自为种而天下耳，是以天下大骇，儒墨皆起。其作始有伦，而今乎妇女，何言哉！余语汝：三皇、五帝之治天下，名曰治之，而乱莫甚焉。三皇之智，上悖日月之明，下睽山川之精，中堕四时之施。其智惨于蛎虿之尾，鲜规之兽，莫得安其性命之情者，而犹自以为圣人，不可耻乎？其无耻也！"子贡促促然立不安。

1407

孔子谓老聃曰："丘治《诗》、《书》、《礼》、《乐》、《易》、《春秋》六经，自以为久矣，熟知其故矣；以干者七十二君，论先王之道而明周、召之迹，一君无所钩用。甚矣，夫人之难说也！道之难明邪？"老子曰："幸矣，子之不遇治世之君也！夫六经，先王之陈迹也，岂其所以迹哉！今子之所言，犹迹也。夫迹，履之所出，而迹岂履哉！夫白鶂之相视，眸子不运而风化；虫，雄鸣于上风，雌应于下风而风化。类自为雌雄，故风化。性不可易，命不可变，时不可止，道不可壅。苟得于道，无自而不可；失焉者，无自而可。"

孔子不出三月，复见曰："丘得之矣。乌鹊孺，鱼傅沫，细要者化，有弟而兄啼。久矣，夫丘不与化为人！不与化为人，安能化人！"老子曰："可。丘得之矣！"

LA ĈIELA TURNADO

1401

Ĉu la Ĉielo turnas sin? Ĉu la Tero mem lokiĝas? Ĉu la suno kaj la luno konkuradas sin reciproke pri la loko? Kiu do ĉefe tiras, kaj kiu do ligas per ŝnuroj? Kiu, mem nenion farante, lasas tion moviĝi kaj iradi. Aŭ ĉu estas iu mekanismo, kiu necesigas tion? Aŭ ĉu ili mem turniĝas kaj mem ne povas ĉesiĝi? Ĉu nubo fariĝas pluvo, aŭ pluvo fariĝas nubo? Kiu mastrumas tion? Kiu, mem nenion farante, movas tion lascive[1]? Vento leviĝas de norde, iam blovas okcidenten, iam orienten, kaj denove leviĝas kaj vagadas. Kiu do el- kaj enspiradas, kiu do, mem nenion farante, turnomovas? Permesu al mi demandi vin, kial?La ŝamano Xian[399] alvokis dirante: "Venu! Mi diros al vi. La Ĉielo havas ses apogeojn kaj kvin konstantaĵojn[400]. Se la reĝo obeas ilin, la mondo estos regata; se kontraŭas, estiĝos sinistro. Se li sekvas naŭ disĉiplinojn[401], kompletos la regado kaj perfektiĝos la virto, kaj brile kondukos la suban teron, kaj la mondo submetiĝos. Oni nomos lin la supra reĝo."

1402

S-ro Dang, la kanceliero de regno Shang[402], demandis Zhuangzi pri bonvoleco.   Zhuangzi diris: "Tigroj kaj lupoj estas bonvolecaj." Dang diris: "Kion do signifas via eldiro?" Zhuangzi diris: "Ĉu tio, ke patro kaj filo reciproke amas sin, ne estas bonvoleca? Dang diris: "Bonvolu diri al mi, kio estas la pleja bonvoleco?"

Zhuangzi diris: "Ĉe la pleja bonvoleco mankas korinklino." La kanceliero diris: "Mi, Dang, aŭdis jene: 'Sen korinklino estas ne amo, kaj sen amo estiĝas malfidelo al gepatroj'. Ĉu eblus konsideri la plejan bonvolecon kiel malfidelon al gepatroj?" Zhuangzi diris: "Tute ne. La pleja bonvoleco estas tiel altvalora, ke ne eblus esprimi per la termino de fila pietato. Via opinio ne superas la terminon de fila pietato, sed eĉ ne atingas la terminon de fila pietato. Kiu iris suden kaj atingis la urbon Ying, tiu jam ne povas vidi la nordan monton Ming[403]. Kial? Li foriris laŭgrade malproksimen. Tial do estas dirite:

---

[1]   Antikvuloj rigardis rilaton de nubo kaj pluvo lasciva 淫乐 , kvazaŭ rilaton inter geviroj.

'Respektante plenumi taskon de fila pietato estas facile, sed amante malfacile. Amante plenumi taskon de fila pietato estas facile, sed forgesi gepatrojn estas malfacile. Forgesi gepatrojn estas facile, sed forgesigi gepatrojn pri mi estas malfacile. Forgesigi gepatrojn pri mi estas facile, sed tute forgesi la mondon estas malfacile. Tute forgesi la mondon estas facile, sed tute forgesigi la mondon pri mi estas malfacile[404].'

La virtuloj preterlasis reĝojn Yao kaj Shun kaj ne faris samkiel ili. Tiujn, kiuj donis profiton al dek-mil generacioj, la mondo ne scias. Ili estis fremdaj al tiu, kiu nur diradas fervore bonvolecon kaj filan pietaton. Koncerne de fila pietato, respekto de pliaĝuloj, bonvoleco, justo, lojaleco, sincereco, fido, pureco, ĉiuj mem estas altrudado de rolo, kiun la virto ludas. Ĉiujn ne indas laŭdegi. Tial do estas dirite: 'La plej nobla malakceptas titolon, donatan de la regno, la plej riĉa reĵetas regnan trezoron, kaj la plej alta voto ignoras honoron.' Tiele la Vojo estas neanstataŭigebla."

1403

Beimen Cheng demandis la Flavan Imperiestron, dirante: "Vi, Imperiestro, okazigis koncerton de muziko xianchi sur la kampo de Dongting. Aŭdante ĝian komencon, mi ektimis. Aŭdante sekve, mi sentis min langvora. Aŭdante la finon, mi konfuziĝis. Fascinite kaj senvorte, mi restis foranima[405]." La Imperiestro diris: "Vi preskaŭ pravas. Mia muziko estas kvankam ludata de homoj, tamen sonas fare de la Ĉielo, iras laŭ decreguloj kaj justo, estas konstruita per la Vojo de la Granda Puro. [La plej alta muziko unue konformas al homa afero, sekvas rezonon de la Ĉielo, iras laŭ kvin virtoj[406], konformas al la naturo.]

Poste ĝi harmonias kun la rezono de kvar sezonoj, kaj akordiĝas kun ĉio. Kaj poste kvar sezonoj sekvas unu post la alia, ĉiuj estaĵoj naskiĝas laŭvice. Unu fortiĝas, la alia malfortiĝas. Milda kaj streĉita tonoj sonas bonorde[407], unu iĝas hela, la alia iĝas malhela, tiel harmonias jino kaj jango. La voĉo fluas kvazaŭ lumo.

Por ke vintrodormantaj vermoj kaj insektoj vekiĝu kaj ekmoviĝu, mi surprizas ilin per tondro kaj hajlo. La fino sen vosto, la komenco sen kapo. Jen morto kaj jen vivo, jen falo kaj jen leviĝo. Ĉie kaj ĉiam sen fino, do eĉ unu ne estas atendebla. Tial do vi ektimis. Mi ludis ĝin per akordiĝo de ino kaj jango, prilumis ĝin per briloj de suno kaj luno. La voĉoj povis esti kaj mallonga kaj longa, kaj mola kaj malmola, kaj ŝanĝiĝas kaj unuiĝas, ne farante konstantecon ĉefa. Se estas valo, la valo pleniĝas de tiuj voĉoj; se estas kavo, la kavo pleniĝas. Kovrante krevojn, ili gardas spiriton; faras estaĵojn tonkvanto[408]. La voĉoj tremas larĝe, kaj la signifo alte lumiĝas. Tiel do Spiritoj konservas sian misteran okultecon, la suno, la luno kaj la steloj iras laŭ sia ordo. Mi haltigas ĝin je la lasta limo, kaj lasas ĝin fluanta senĉese. Vi volus pripensi ĝin, sed ne povas scii. Vi volus observi ĝin, sed ne povas vidi; postkuri ĝin, sed ne povas kuratingi. Stuporigite, vi staras sur la vojkruco kun kvar malplenaj direktoj. Vi nur, apogante vin ĉe velkinta paŭlovnio, mallaŭte kantetas. Okuloj finas la vidpovon tie, kien vi deziris rigardi, fortoj elĉerpiĝas tie, kien vi deziris kuratingi. Ankaŭ al mi mem jam nenion eblas fari je tio. Formo estas regata per malpleneco kaj atingis laŭokaze libermovon. Ankaŭ vi, estante en la libermovo, eksentis vin langvora. Sekve mi ludis ĝin per senlangvoraj voĉoj, farante la melodion laŭ ordono de naturo. Tial do ŝajnas, kvazaŭ dense naskiĝus miksaĵoj unuj post aliaj. Amaso da ĝuoj, senformaj, diverĝas ĉien, ne altirite. Ĉe mistera krepusko iĝas senvoĉe, moviĝas nenien, kaj restas en silenta mallumo[409]. Tio estas nomata aŭ morto, aŭ vivo, aŭ realo, aŭ prospero. Iras, fluas, disiĝas vane. Ne faras ordinaran voĉon ĉefa. Mondanoj dubas ĝin, sed sanktuloj ja pripensas amplekse. La Sanktuloj atingas la senton kaj renkontas la ordonon. Sen tio, ke la Ĉiela mekanismo ekstreĉiĝas, liaj kvin sentorganoj[410] estas pretaj. Tio estas nomata la Ĉiela Ĝuo. Senvorte la koro ĝojas. Tiel do s-ro You Yan[411] faris odon, dirante: 'Aŭskultas ĝin, ne aŭdante la voĉon; rigardas ĝin, ne vidante la formon. Ĝi plenigas la Ĉielon kaj la Teron, kaj kovras ses polusojn.' Vi ja dezirus aŭskulti ĝin, sed ne akceptis. Do vi konfuziĝis. Muziko komenciĝas de timo. Oni timas, do estas obsedota. Sekve post tio mi prezentas langvoron. Oni langvoras, do fuĝas. Fine konfuziĝas. Konfuziĝas, do stultiĝas. Stultiĝas, do troviĝas la Vojo. Oni devas teni la Vojon kaj kunesti kun ĝi[412].

1404

Konfuceo iris okcidenten al regno Wei. Yan Yuan demandis muzikiston, nomatan Jin, dirante: "Kiel vi opinias pri la vojaĝo de nia Majstro, Konfuceo?" La muzikisto Jin diris: "Bedaŭrinde, via Majstro ja suferos." Yan Yuan diris: "Kial?" La muzikisto Jin diris: "Dum la pajlhundo ankoraŭ ne estas prezentata al festo, ĝi estas enmetita en la bambua kesto kaj estas vestita per tuko, ornamita per desegnaĵo kaj brodaĵo. Kaj akompanas ĝin la pastro, kiu ekzorcis sian pekon per abstino kaj sinlavo. Jam post la prezentado ĝin distretadas je ĝia kapo kaj vertebro pasantoj, aŭ prenas kaj bruligas ĝin en forno herbosarkistoj. Se iu denove prenus ĝin, enmetus en sian bambuan keston, vestus ĝin per brodaĵo kaj desegnaĵo, kunloĝus kaj dormus apud ĝi, tiam li ne povus havi bonan sonĝon, sed nepre havus oftan koŝmaron. Nun via Majstro prenas la pajlhundon[413], jam prezentitan al antaŭaj reĝoj, kaj kolektas disĉiplojn kaj kunloĝas kaj dormas apud ĝi. Tiel do al li okazis, ke iuj hakis arbon sur li en regno Song kaj aliaj forviŝis eĉ liajn piedsignojn en regno Wei, okazadis, ke li estis en malfacilo en landoj de Shang kaj Zhou. Ĉu tio ne estas la sonĝaĉo? Sieĝite inter regnoj Chen kaj Cai[414] li ne manĝis kuritaĵon dum sep tagoj, estis apenaŭ inter la vivo kaj morto. Ĉu tio ne estas ja koŝmaro? Por veturi akvon nenio estas pli bona ol boato, por veturi teron nenio estas pli bona ol ĉaro. Por iri laŭ akvo oni devas uzi boaton. Se oni volus puŝi la boaton laŭ tero, oni ne povus movi ĝin antaŭen eĉ je kelke da distanco ĝis la morto. La antikva epoko kaj la nuna estas malsamaj, kiel akvo kaj tero. Dinastio Zhou kaj regno Lu malsamas, kiel boato kaj ĉaro. Se praktiki politikon de Zhou en nuna regno Lu, tio egalas puŝi boaton surtere. Estas lacige kaj senutile. Nepre al la korpo estas danĝere. Li ankoraŭ ne scias, ke estas ŝanĝiĝo al senfiksita direkto, ke por eviti senelirejon necesas konformado al nunaj estaĵoj. Ĉu iam vi ne vidis baskulputon? Se tiri ĝin, ĝi malleviĝas, se demeti, ĝi leviĝas supren. Ĝi estas tirata de homo, sed ne tiras la homon. Do ĝi neniom estas kulpigata de homoj pri leviĝo kaj malleviĝo.Koncernante decregulojn, juston kaj leĝojn, la Tri Majestuloj kaj Kvin Imperiestroj[415] fieris ne pri la senŝanĝa sameco, sed pri la regebleco. Se esprimi per metaforo, la decreguloj, justo kaj leĝoj ĉe la Tri Majestuloj kaj Kvin Imperiestroj similas al azarolo, piro, oranĝo kaj pampelmuso. Je la gustoj malsamas unuj kun la aliaj, sed ĉiuj estas manĝeblaj kaj agrablaj por la lango kaj la palato. Sed decreguloj, justo kaj leĝoj ŝanĝiĝas konforme al la tempo. Nun prenu por ekzemplo simion. Se oni vestus ĝin per vestaĵo de duko Zhou, ĝi nepre ekmordus, disŝirus, kaj forĵetus tiun, kaj malkontentus[416]. Ni vidas diferencon inter nuno kaj antikvo tiel same, kiel malsamecon inter la simio kaj la duko Zhou. Antaŭe Xishi pro malsano je koro malridetis, kuntirante brovojn[417]. Iu malbela samvilaĝanino, vidante ŝin bela, post sia reveno hejmen metis manon sur la koron kaj ektiris brovojn. Sed vidante tion, najbara riĉulo ne eliris plu el sia domo kaj firme fermis la pordon. Malriĉulo, vidante tion, ekpreninte manon de sia edzino, forkuris. Ŝi eksciis grimacon bela, sed ne sciis, kial la grimaco estiĝas bela. Bedaŭrinde, ankaŭ via Majstro falos en malfacilon."

1405

Konfuceo, jam 51-jara, tamen al li ankoraŭ ne estas konate pri la Vojo. Do li iris suden al Pei [418] por vidi Lao Dan[419]. Lao Dan diris: "Ho, bonvenon al vi. Mi aŭdis, ke vi estas norda saĝulo. Ĉu vi trovis la Vojon?" Konfuceo diris: "Ankoraŭ mi ne povas." Laozi diris: "Kie vi serĉas ĝin?" Konfuceo diris: "Mi ekserĉis ĝin en la sfero de reguloj kaj kalkuloj[420].   Pasis kvin jaroj, sed mi ne povis trovi." Laozi diris: "Kaj kie vi sekve serĉis ĝin?" Konfuceo diris: "Mi ekserĉis ĝin en la teorio de jino-jango[421]. Pasis dek du jaroj, sed mi ankoraŭ ne povis trovi." Laozi diris: "Kompreneble. Se estus oferebla la Vojo, oni ne devus ne oferi ĝin al sia estro. Se la Vojo estus donacebla, oni ne devus ne donaci al siaj gepatroj. Se la Vojo estus direbla, oni ne devus ne diri al siaj gefratoj. Se la Vojo estus heredebla, oni ne devus ne heredigi ĝin al siaj filoj kaj nepoj. Sed ne eblas. Ne estas alia kialo ol la jena: 'Kiu ne havas subjekton interne en si mem, tiun la Vojo preterpasas[422]. Kiu ne havas ekstere de si justecon, al tiu la Vojo ne aliras. Se oni ne akceptas ekstere tion, kio eliras de interne, tiuokaze la sanktulo nenion elmontras. Kiam io eniras de ekstere, se mankas subjekto ene de ricevanto, tiuokaze la sanktulo ne klopodas plu.' Fameco-populareco estas publika ilo, el kiu oni ne devas preni tro multe[423]. Bonvoleco kaj justo estas portempa loĝejo de antaŭaj reĝoj. Sufiĉas, ke tie eblas loĝi nur unu nokton, sed ne eblas resti tie tro longe, ĉar ricevos multe da riproĉo. Antikva Pleja Homo rigardis bonvolecon portempa Vojo, faris juston portempa loĝejo, kaj tiel ludvagadis en vanteco. Li nutris sin per modesta rizkampo, memstaris per tereno nepruntebla[424]. Ludvagado estas senago[425]. Estas facile nutri sin per la modesta rizkampo. Per la tereno nepruntebla nenion elpremi. Antikvuloj nomis tion 'ludo por serĉi la veron[426]' .   Iu faras riĉaĵon grava, sed ne povas donaci la salajron al aliuloj. La alia faras eminentecon grava, sed ne povas cedi la famon. La tria estas allogita al potenco, sed ne povas doni la aŭtoritaton al aliuloj. Propriigante tiujn al si, ili timas. Forĵetante, ili malĝojas. Sed ili neniom reflektas sin repripense, senĉese gvate celas tiujn. Ili estas ja popolanoj, mortpunataj de la Ĉielo. Venĝemo kaj sento de dankoŝuldo, prenado kaj donado, averto kaj instruo, vivigo kaj mortigo, – tiuj ok agoj estas iloj por ĝustigo. Povas utiligi ilin nur tiu, kiu, sekvante grandan ŝanĝiĝon, ne enfermas sin en bigoteco. Tial do estas dirite: 'Ĝustigo estas memĝustigo[427], do kies koro fariĝis nenatura, al tiu ne malfermiĝas la Ĉiela pordo' ."

1406

Konfuceo renkontis Lao Dan kaj parolis pri bonvoleco kaj justo.Lao Dan diris: "Se grajnoŝelo eniris en okulon, ĉio en kvar direktoj de la ĉielo kaj la tero turniĝas alia je pozicio. Se ies haŭton kulo aŭ tabano pikis, tiu ne povas dormi tutan nokton. Bonvoleco kaj justo pikas per si mem nian koron kaj konfuzas. Ne estas pli granda perturbo ol ili. Vi lasu al la mondo ne perdi la simplecon. Vi moviĝu sekvante la venton kaj staru antaŭ ĉio kun natura virto. Kial vi agas supernature, kvazaŭ, portante tamburon, serĉus perdiĝintan infanon[428]." Cigno estas blanka, ne baniĝante ĉiutage. Korvo estas nigra, ne fulgomakulate ĉiutage. Pri la naturo de blankeco kaj nigreco ne eblas argumenti per vortoj. Kiam elsekiĝis fonto, fiŝoj, kune restigite surtere, donas reciproke unu al la alia humidan spiron aŭ ŝprucigas salivon unu al la alia por malsekigeti. Sed tamen, tio ne estas pli bona ol reciproka forgeso en rivero kaj lago[429].   Konfuceo, reveninte de la renkontiĝo kun Lao Dan, ne parolis dum tri tagoj. Iu disĉiplo demandis: "Kiam vi vidis Lao Dan, kion vi admonis al li?" Konfuceo diris: "Mi ĝuste nun vidis drakon. La drako, volviĝinte, fariĝas kompleta je unu korpo; etendiĝinte, fariĝas elstare belega[430]. Rajdante sur nubo kaj aero, ĝi nutras jinon kaj jangon. Mi, kun buŝo streĉita, ne povis fermi la buŝon, [kun lango levita, ne povis elparoli.] Kion do mi povus admoni al Lao Dan?" Zigong diris: "Do, ĉu li sidas firma, kvazaŭ mortinto, kaj vidas, kvazaŭ drako, lia voĉo kvazaŭ tondro sed silentas kvazaŭ akva profundegejo, kaj impetas kvazaŭ la Ĉielo kaj la Tero? Ankaŭ mi devas observi lin." Fine li laŭ rekomendo de Konfuceo vizitis Lao Dan.Lao Dan ĝuste sidis en la ĉambro kaj akceptis lin, dirante malforte: "Mi, jam maljuna, travivis multajn jarojn. Kian admonon vi ĝuste donos al mi?" Zigong diris: "Regadmaniero de la mondo inter Tri Majestuloj kaj Kvin Imperiestoj estis malsama, tamen ilia fameco estas tute sama. Sed vi sola rigardas ilin ne sanktaj. Kial?"Lao Dan diris: "Venu pli proksimen. Kial vi konsideras ilin malsamaj?" Zigong respondis: "Yao cedis la tronon al Shun, Shun transdonis al Yu. Yu uzis la forton kaj Tang uzis la militpovon. La reĝo Wen obeis al Zhou kaj ne aŭdacis kontraŭi. La reĝo Wu kontraŭis al Zhou kaj ne volis obei[431]. Tial do malsamas." Lao Dan diris: "Venu pli proksimen, junulo. Mi rakontos al vi pri la regadmaniero de la mondo fare de Tri Majestuloj kaj la Kvin Imperiestroj. En sia regado de la mondo la Flava Imperiestro faris la koron de popolo unu. Do inter la popolo aperis tiu, kiu ne lamentas ĉe la morto de gepatroj. Kaj la popolo ne riproĉis tiun[432]. En sia regado de la mondo, Yao faris la koron de la popolo ligiĝema. Pro ligiĝemo al siaj gepatroj kaj parencoj popolanoj traktis maldelikate aliulojn, sed ili ne riproĉis tion[433].   En sia regado de la mondo Shun igis la koron de la popolo konkurenci. Popolanoj deziris, ke sia bebo povu paroli jam en la kvina monato post la naskiĝo, kvankam ĝis naskiĝo bezonas dek monatoj en la ventro de gravedulino. Ili ne ĝispensas, kio antaŭ ĉio estas ja la bebo. Tiel do komenciĝis, ke homoj mortis tro frue. En sia regado de la mondo Yu igis la koron de la popolo ŝanĝiĝi. Ĉiu homo havigis al si egocentran koron kaj armilon, por ke oni obeu al li.

'Mortigi ŝteliston estas ne hommortigo' [434]. Ĉiu konsideris sin mem semo de la mondo, kiu nur ekzistas por si sola. Tio ege konsternis la mondon. Leviĝis ĉiuj konfuceistoj kaj mohistoj, kiuj ekfabrikis siajn etikojn. Nun tiuj etikoj influas virinojn kaj filinojn[435]. Kion oni povas diri pri tio? Mi rakontas al vi pri la regado de Tri Majestuloj kaj la Kvin Imperiestroj. Oni nomus tion 'regado', sed ĝi estis nenio alia ol malordo. Saĝeco de Tri Majestuloj supre estis malpli brila ol la lumo de la suno kaj la luno, sube kontraŭis al Spiritoj de la montoj kaj riveroj, kaj meze malpliigis favoron de kvar sezonoj. Ilia saĝo estas pli venena ol vosto de skorpio. Eĉ malgrandaj bestoj ne povas pace vivi laŭ sento de denaska naturo. Malgraŭ tio, ili konsideris sin mem sanktaj. Ilia senhonteco estas hontinda." Konsternite, Zigong staris maltrankvila.

1407

Konfuceo diris al Lao Dan: "Mi ellernis La Ses Klasikaĵojn: La Poeziojn, La Dokumentojn, La Decregulojn, La Muzikon, La Ŝanĝiĝojn kaj La Printempojn kaj Aŭtunojn[436]. Mi mem okupiĝis pri tiuj temoj de longe, kaj mi konsideras, ke mi scias bone ilin. Mi vizitadis jam 72 landestrojn, predikadis pri la Vojo de antaŭaj reĝoj kaj klarigis la aferojn de Zhou kaj Zhao[437]. Sed neniu el ili akceptis mian ideon. Ho, terure! Estas malfacile konvinki homojn, kaj malfacile klarigi la Vojon." Laozi diris: "Vi estas feliĉa, ke vi ne estas akceptata de la reĝoj, regantaj la nunan mondon. La Ses Klasikaĵoj estas diritaĵoj de antaŭaj reĝoj. Ili estas nur postsignoj. Kio estas dirita de vi, tio estas ankaŭ la postsigno. La postsigno estas farita per ŝuoj, do ne estas la ŝuoj mem. Geegretoj, rigardante unu la alian sen movo de pupiloj, koncipiĝas. Insektoj, kiam viro ĉirpas alvente, ino respondas subvente, tiel koncipiĝas. Vivaĵoj per si mem konsistas el masklo kaj femalo, tiel do koncipiĝas. Neŝanĝebla estas la denaska naturo, kaj la destino ne estas aliigebla. Nehaltigebla estas la tempo, neŝtopebla estas la Vojo. Laŭ la Vojo estas nenio, kio ne povus estiĝi per si mem. Sen la Vojo, nenio estiĝeblas.Konfuceo ne eliris eksteren dum tri monatoj. Li denove renkontis Lao Dan kaj diris: "Mi komprenis. Pigoj estas elkovitaj, fiŝoj eligas laktumon, ammofiloj aliformiĝas[438].

Kiam naskiĝis juna frato, ekkrias la pli maljuna frato. Dum longe mi ne fariĝis la homo laŭ natura ŝanĝiĝo. Se mi ne ŝanĝiĝus en la homon, kiel do al mi eblus ŝanĝi aliajn homojn." Laozi diris: "Bone, s-ro Qiu! Vi komprenis."

15. 刻意 Ke Yi

1501

刻意尚行，离世异俗，高论怨诽，为亢而已矣，此山谷之士，非世之人，枯槁赴渊者之所好也。语仁义忠信，恭俭推让，为修而已矣，此平世之士，教诲之人，游居学者之所好也。语大功，立大名，礼君臣，正上下，为治而已矣，此朝廷之士，尊主强国之人，致功并兼者之所好也。就薮泽，处闲旷，钓鱼闲处，无为而已矣，此江海之士，避世之人，闲暇者之所好也。吹呴呼吸，吐故纳新，熊经鸟申，为寿而已矣，此道引之士，养形之人，彭祖寿考者之所好也。若夫不刻意而高，无仁义而修，无功名而治，无江海而闲，不道引而寿，无不忘也，无不有也，澹然无极而众美从之，此天地之道，圣人之德也。

故曰：夫恬淡寂寞，虚无无为，此天地之平而道德之质也。故曰：圣人休休焉，则平易矣，平易则恬淡矣。平易恬淡，则忧患不能入，邪气不能袭，故其德全而神不亏。故曰：圣人之生也天行，其死也物化；静而与阴同德，动而与阳同波；不为福先，不为祸始；感而后应，迫而后动，不得已而后起。去知与故，循天之理，故无天灾，无物累，无人非，无鬼责。其生若浮，其死若休；不思虑，不豫谋；光矣而不耀，信矣而不期；其寝不梦，其觉无忧；其神纯粹，其魂不疲。虚无恬淡，乃合天德。故曰：悲乐者，德之邪；喜怒者，道之过；好恶者，德之失。故心不忧乐，德之至也；一而不变，静之至也；无所于忤，虚之至也；不与物交，淡之至也；无所于逆，粹之至也。故曰：形劳而不休则弊，精用而不已则劳，劳则竭。水之性，不杂则清，莫动则平，郁闭而不流，亦不能清，天德之象也。故曰：纯粹而不杂，静一而不变，淡而无为，动而以天行，此养神之道也。

夫有干越之剑者，匣而藏之，不敢用也，宝之至也。精神四达并流，无所不极，上际于天，下蟠于地，化育万物，不可为象，其名为同帝。纯素之道，惟神是守，守而勿失，与神为一，一之精通，合于天伦。野语有之曰："众人重利，廉士重名，贤人尚志，圣人贵精。"故素也者，谓其无所与杂也；纯也者，谓其不亏其神也。能体纯素，谓之真人。

POLURADO DE VOLO

1501

Poluradi volon kaj altigi konduton, liberiĝi de homa mondo kaj apartiĝi de profanujo, kun alta idealo indigni kaj kritiki, nur tenante sin alta. Tia estas la persono de monto kaj valo, sed ne mondanoj. Tion preferas iu izolito en profunda abismo. Paroladi pri bonvoleco, justo, lojaleco kaj fideleco, kaj teni sin humila-cedema, nur klopodante por sin klerigi. Tia estas la persono strebanta pacigi la mondon kaj instrui homojn. Tion preferas tiu, kiu lernas vojaĝante aŭ sidante hejme. Iu parolas pri la granda merito, starigas la grandan honoron kaj la decregulojn inter estroj kaj subuloj kaj ĝustigas la rilaton de supro-subo, nur strebante fari la regadon. Tia estas la persono de kortego, strebanta respekti regnestron kaj firmigi la ŝtaton. Tion preferas tiu, kiu strebas fari meriton por grandigi teritorion de la regno. Iu loĝas en densa provinco aŭ sur vasta kampo kaj tie hokadas fiŝon, nur nenion farante. Tia estas la persono de rivero kaj maro. Tion preferas tiu, kiu evitante la mondon ĝuas liberan tempon. Iu en- kaj elspiradas aeron, eligante la malnovan kaj enigante la novan. Li ekzercadas movon de animaloj, samkiel urso kaj birdo, nur por vivi longan vivon. Tia estas la persono, induktanta Tao-energion[439]. Li nutras sian korpon. Tion preferas tiu, kiu zorgas pri longviveco, kiel Peng Zu[440]. Kiu povus esti alta sen poluradi intence la volon, se povus sinklerigi sen bonvoleco kaj justo, se povus regadi landon sen avido je merito kaj honoro, se povus esti libera sen rivero kaj maro, se povus esti longviva sen induki la Tao-energion, nenion ne perdante kaj nenion ne havante, tiam tiu persono povus atingi senfinan kvietecon kaj amaso da beleco sekvas lin. Tio estas la Vojo-Tao de la Ĉielo kaj la Tero, tio estas la virto de sanktuloj.Tiel do estas dirite: "En trankvila pureco, kvieta soleco kaj vanta nenio, nenion farante, oni estas paca sub la Ĉielo kaj la Tero. En tio kuŝas la morala kvalito de Tao kaj virto." Tiel do estas dirite: "Sanktuloj ripozas. En la ripozo estas paco kaj facileco. La paco kaj facileco estas pure trankvila. En la pacan facilecon kaj la puran trankvilon ne povas invadi ajna spleno, nek povas trafi ajna noca aero." Tial do ĉe la virto mankas nenio al spirito. Tiel do estas dirite: "La vivo de sanktulo estas la irado de la Ĉielo. Lia morto estas transformiĝo en materion. En la senmoveco jino kun virto akordiĝas, en la moviĝo jango kun ondoj akordiĝas." Li ne fariĝas heroldo por feliĉo, nek fariĝas komenco de malfeliĉo. Nur eksentante, li respondas; premite, ekmoviĝas; ne havante ĉe si alian rimedon, nur devontigite, li ekstaras. Forigante saĝon kaj rezonadon, li sekvas la leĝon de la Ĉielo. Tial li ricevas

111

nek plagon el la Ĉielo, nek zorgojn pri materioj, nek riproĉojn de homoj, nek akuzon de Spiritoj. Li vivas kvazaŭ ŝvebante, mortas kvazaŭ ripozante. Li ne tro cerbumas, ne antaŭintrigas, lumas senbrile, konvinkas sin sen ajna atendo. Dormante, ne sonĝas; vekiĝinte, ne splenas. Lia menso estas pura, lia animo ne laciĝas. En vanta malpleneco li estas simpla. Do tio konformas al la Ĉiela virto. Estas dirite: "Malĝojo kaj plezuro estas noca al virto, ĝojo kaj kolero estas devojiĝo el de Tao, amo kaj malamo estas erariga al virto." Tial do mensostato sen emocio de ĝojo-malĝojo kondukas al virto. Koro, unuiĝinta sen ŝanceliĝo, kondukas al kvieteco. Koro sen oponado kondukas al kompreno de vanteco. Koro, malligita el de materio, kondukas al simpleco. Koro sen-spitema kondukas al eleganteco. Estas dirite: "Se la korpo, laciĝinte, ne ripozas, tiam eluziĝos. Se la menso, senĉese uzate, laciĝas, kaj laciĝis, tiam elĉerpiĝos." Akvo laŭ nature, se ne miksite, estas pura, se ne movite, estas ebena. Sed se ŝtopite ne fluas, ĝi ne povas resti pura. Tio estas ja fenomeno de la Ĉiela virto. Estas dirite: "Menso, samkiel akvo, se estas pura ne makuligate, se ununure kvieta ne ŝanceliĝante, se simpla nenion farante, tiam moviĝas laŭ la irado de la Ĉielo. Jen la Vojo, nutranta menson."

Posedantoj de glavoj el regnoj Wu kaj Yue konservas ilin en kestoj kaj ne aŭdacas uzi ilin praktike, ĉar ili estas la plejaj trezoroj. Spiritoj[441] en kvar direktoj ŝvebas laŭvice, kaj atingante ĉien ajn, eĉ supren ĝis la

Ĉielo, suben ĝis la profunda tero. Ili transformiĝas kaj kreskigas ĉiujn estaĵojn, ne montrante sian figuron. Ili faras sian nomon egala al Dio. La pure simpla Vojo-Tao gardas menson. Tiu, gardante, ne perdas ĉi tiun, tiel do unuiĝas kun la menso. Traunuiĝinte, la spirito kuniĝas kun la Ĉiela etiko. Estas dirite en la parolado de kamparanoj: "Popolanoj rigardas profiton grava, honestaj personoj – famon grava, saĝaj personoj – la strebon alta, sanktuloj – la spiriton kara." Tiel do, kiu estas simpla, tiu ne estas makulota, kaj kiu estas pura, ties spirito ne estas difektota. Tiu, kiu povas enkorpigi la purecon kaj simplecon, estas nomata la Vera Homo.

16. 缮性 Shan Xing

1601

缮性于俗学，以求复其初，滑欲于俗思，以求致其明，谓之蔽蒙之民。

古之治道者，以恬养知。知生而无以知为也，谓之以知养恬。知与恬交相养，而和理出其性。夫德，和也；道，理也。德无不容，仁也；道无不理，义也；义明而物亲，忠也；中纯实而反乎情，乐也；信行容体而顺乎文，礼也。礼乐徧行，则天下乱矣。彼正而蒙己德，德则不冒，冒则物必失其性也。

古之人，在混芒之中，与一世而得澹漠焉。当是时也，阴阳和静，鬼神不扰，四时得节，万物不伤，群生不夭，人虽有知，无所用之，此之谓至一。当是时也，莫之为而常自然。

逮德下衰，及燧人、伏羲始为天下，是故顺而不一。德又下衰，及神农、黄帝始为天下，是故安而不顺。德又下衰，及唐、虞始为天下，兴治化之流，浇淳散朴，离道以善，险德以行，然后去性而从于心。心与心识，知而不足以定天下，然后附之以文，益之以博。文灭质，博溺心，然后民始惑乱，无以反其性情而复其初。

由是观之，世丧道矣，道丧世矣。世与道交相丧也，道之人何由兴乎世，世亦何由兴乎道哉？道无以兴乎世，世无以兴乎道，虽圣人不在山林之中，其德隐矣。隐，故不自隐。

古之所谓隐士者，非伏其身而弗现也，非闭其言而不出也，非藏其知而不发也，时命大谬也。当时命而大行乎天下，则反一无迹；不当时命而大穷乎天下，则深根宁极而待。此存身之道也。

古之行身者，不以辩饰知，不以知穷天下，不以知穷德，危然处其所而反其性已，又何为哉！道固不小行，德固不小识。小识伤德，小行伤道。故曰：正己而已矣。乐全之谓得志。

古之所谓得志者，非轩冕之谓也，谓其无以益其乐而已矣。今之所谓得志者，轩冕之谓也。轩冕在身，非性命也，物之傥来，寄者也。寄之，其来不可御，其去不可止。故不为轩冕肆志，不为穷约趋俗，其乐彼与此同，故无忧而已矣。今寄去则不乐，由之观之，虽乐，未尝不荒也。故曰：丧己于物，失性于俗者，谓之倒置之民。

FLIKADO DE DENASKA NATURO

1601

Iu volus fliki denaskan naturon per profana lernado kaj serĉas reveni al la komenco, la alia volus reguligi deziron per profana pensado kaj serĉas atingi la klerigon[442].　　　Oni nomas ilin senvidpovaj popolanoj.Antikvaj posedintoj de la Vojo-Tao nutris la intelekton per simpla trankvileco. Ili, sciante vivi, nenion artefaras per la intelekto. Ili nomis tion la nutrado de trankvileco per la intelekto. La intelekto kaj la trankvileco nutras sin reciproke per mutuala apogo, kaj tiel elmontriĝas de la denaska naturo la harmonia rezono. La virto estas harmonio, la Vojo estas rezono. Sen la virto, bonvoleco iĝas neampleksa, sen la Vojo, justo iĝas ne rezona. Se klara estas la justo, estaĵoj proksimiĝas en lojaleco. En pura vereco, la muziko reflektas senton. Fidela ago kun ampleksa korpo laŭ skribita kulturo estas decreguloj. Per anticipa troigo de la decreguloj kaj muziko malordiĝas la mondo. Oni, ĝustigante ilin, kaŝas la per-si-meman virton. La virto ne devas esti kovrita, ĉar, se ĝi estu kovrita, la aĵoj nepre perdas la denaskan naturon.Antikvuloj, estante en ĥaosa krudeco, kune kun samtempuloj de sia generacio, atingis la simplan trankvilecon. En tiu tempo harmonie kvietis jino kaj jango, Spiritoj ne tumultis, kvar sezonoj turniĝis en ordo, ĉio sen difekto, amaso da estaĵoj ne mortis tro frue. Homoj, kvankam saĝaj, tamen ne havis okazon uzi sian intelekton. Tio estas nomata la Pleja Unu-tuteco[443]. En tiu tempo oni ne artefaris ion, sed vivis ĉiam spontanee laŭ la naturo[444].

Kun kadukiĝo de la virto, aperis Suiren kaj Fu Xi, ekregis por la mondo[445].　　　Ĉar tio estas nur konformiĝo, sed ne Unu-tuteco, do la virto kadukiĝis plu. Aperis Shen Nong kaj Huan Di kaj ekregis por la mondo. Tio estis nur stabiligo, sed eĉ ne konformiĝo, do la virto kadukiĝis plu. Aperis Tang (Yao) kaj Yu (Shun) kaj ekregis por la mondo. Ili eklevis la fluon de transformigo je regado, maldensigis purecon kaj frakasis simplecon. Ili okupiĝis je sia bonfarado, devojiĝante de Tao, kaj kondutis, endanĝerigante la virton. Kaj poste, forĵetante la denaskan naturon, ili obeis al sia koro. Koro kaj koro, unu la alia, havigis al si sian intelekton aŭ konscion, do ekmankis la stabileco al la mondo. Do, poste, estis aldonata la kulturo kaj abundiĝis la vastaj scioj. La kulturo pereigis la kvaliton kaj la vastaj scioj malfortigis la koron. Poste popolanoj ekkonfuziĝis, kaj ne revenas plu al la komenco de la denaska naturo.Se ni observas tion el tiu vidpunkto, la mondo perdis la Vojon, la Vojo perdis la mondon. Kaj la mondo kaj la Vojo, unu la alia perdis sin reciproke. Kiel la persono de la Vojo povus ekflori, kaj kiel la mondo povus ekflori laŭ la Vojo? La Vojo ne povas flori en la mondo, kaj la mondo ne povas flori laŭ la Vojo. Kaŝiĝis la virto de sanktuloj, malgraŭ ke ili ankoraŭ ne foriras en la monton kaj la arbaron. Ili estas kaŝitaj, spite ke mem ne bezonas kaŝi sin. Antikvaj tiel nomataj ermitoj estis ne videblaj ne pro tio, ke ili mem kaŝis sin, nek pro tio, ke ili fermis siajn buŝojn por ne paroli, nek pro tio, ke ili ne publikigis la scion, sekrete entenante ĝin. Tiaj estis nur ĉar la ordono de tempo ege diferencis de ili. Eĉ se la ordono de tempo favorus ilin kaj ili povus libere fari ĉion ajn en la mondo, tiam ili ne restigus sian piedsignon, reveninte ĝuste al la Unu-tuteco. Se la ordono de tempo ne favoris ilin kaj ili falis en mizeron, tiam ili lasis sian radikon profundiĝi, atendante kviete la kulminon. Jen en tio kuŝas la Vojo, laŭ kiu oni povis teni sian ekzistadon.Antikve, tiu, kiu tenis sian ekzistadon, ne ornamis la scion per elokvento, nek ĝis ekstremo posedis la mondon pere de scio. Li nur, memstarante en soleco, revenis al la denaska naturo. Kion necesas fari plu? La Vojo estas ja neatingebla per ageto, la virto – per scieto. La scieto damaĝas la virton, la ageto – la Vojon. Tial do estas dirite: "Nur ĝustigu sin mem." Perfekta ĝojo – tio estas nomata efektivigo de aspiro.Antikve la efektivigo de aspiro ne signifis atingon de la altrango, kiel luksa ĉaro kaj krono. Tio signifis, ke ili neniom estas profitigaj al la ĝojo. La efektivigo de aspiro por nuntempuloj estas akiro de luksa ĉaro kaj krono. Kio ekzistas en la altrango, tio ne estas denaske dotita naturo, sed nur hazarde alveninta akiritaĵo. Oni ne povas preventi la hazardan alvenon de la akiritaĵo, nek povas bari al ĝi la foriron. Tial do oni ne devas lasi la strebon arbitra por la luksa ĉaro kaj krono, nek devas turni sin al vulgaraĵo pretekste de sia mizera vivteno. Ĝoji estas tute egale, ĉu tiel aŭ aliel, sed estu nur sen ajna spleno. Nun oni malĝojas, kiam foriras de si la akiritaĵo. El tiu vidpunkto, malgraŭ ke efemere ĝojus, oni neniam povas eviti steriliĝon. Tial do estas dirite: "Kiu perdas sin mem por eksteraĵo kaj sian denaskan naturon por vulgaraĵo, tiu nomiĝas popolano invertita, staranta kapmalsupren."

17. 秋水 Qiu Shui

1701

秋水时至，百川灌河，径流之大，两四渚崖之间，不辨牛马。于是焉河伯欣然自喜，以天下之美为尽在己。顺流而东行，至于北海，东面而视，不见水端，于是焉河伯始旋其面目，望洋向若而叹曰："野语有之曰'闻道百，以为莫己若'者，我之谓也。且夫我尝闻少仲尼之闻而轻伯夷之义者，始吾弗信，今我睹子之难穷也，吾非至于子之门则殆矣，吾长见笑于大方之家。"

北海若曰："井蛙不可以语于海者，拘于墟也；夏虫不可以语于冰者，笃于时也；曲士不可以语于道者，束于教也。今尔出于崖涘，观于大海，乃知尔丑，尔将可与语大理矣。天下之水，莫大于海，万川归之，不知何时止而不盈；尾闾泄之，不知何时已而不虚；春秋不变，水旱不知。此其过江河之流，不可为量数。而吾未尝以此自多者，自以比形于天地而受气于阴阳，吾在天地之间，犹小石，小木之在大山也，方存乎见少，又奚以自多！计四海之在天地之间也，不似礨空之在大泽乎？计中国之在海内，不似稊米之在大仓乎？号物之数谓之万，人处一焉；人卒九州，谷食之所生，舟车之所通，人处一焉。此其比万物也，不似毫末之在于马体乎？五帝之所连，三王之所争，仁人之所忧，任士之所劳，尽此矣。伯夷辞之以为名，仲尼语之以为博，此其自多也，不似尔向之自多于水乎？"

河伯曰："然则吾大天地而小毫末，可乎？"北海若曰："否。夫物量无穷，时无止，分无常，终始无固。是故大智观于远近，故小而不寡，大而不多，知量无穷；证明今故，故遥而不闷，掇而不企，知时无止；察乎盈虚，故得而不喜，失而不忧，知分之无常也；明乎坦涂，故生而不悦，死而不忧，知终始之不可故也。计人之所知，不若其所不知；其生之时，不若未生之时；以其至小，求穷其至大之域，是故迷乱而不能自得也。由此观之，又何以知毫末之足以定至细之倪？又何以知天地之足以穷至大之域？"

河伯曰："世之议者皆曰：'至精无形，至大不可围。'是信情乎？"北海若曰："夫自细视大者不尽，自大视细者不明。夫精，小之微也；垺，大之殷也。故异便，此势之有也。夫精粗者，期于有形者也；无形者，数之所不能分也；不可围者，数之所不能穷也。可以言论者，物之粗也；可以意致者，物之精也；言之所不能论，意之所不能察致者，不期精粗焉。是故大人之行，不出乎害人，不多仁恩；动不为利，不贱门隶；货财弗争，不多辞让；事焉不借人，不多食乎力，不贱贪污；行殊乎俗，不多僻异；为在从众，不贱佞谄；世之爵禄不足以为劝，戮耻不足以为辱；知是非之不可为分，细大之不可为倪。闻曰：'道人不闻，至德不得，大人无己。'约分之至也。"

河伯曰:"若物之外,若物之内,恶至而倪贵贱?恶至而倪小大?"北海若曰:"以道观之,物无贵贱;以物观之,自贵而相贱;以俗观之,贵贱不在己。以差观之,因其所大而大之,则万物莫不大;因其所小而小之,则万物莫不小。知天地之为稊米也,知豪末之为丘山也,则差数睹矣。以功观之,因其所有而有之,则万物莫不有;因其所无而无之,则万物莫不无。知东西之相反,而不可以相无,则功分定矣。以趣观之,因其所然而然之,则万物莫不然;因其所非而非之,则万物莫不非。知尧、桀之自然而相非,则趣操睹矣。昔者尧、舜让而帝,之、快让而绝;汤、武争而王,白公争而灭。由此观之,争让之礼,尧、桀之行,贵贱有时,未可以为常也。梁丽可以冲城,而不可以窒穴,言殊器也;骐骥骅骝,一日而驰千里,捕鼠不如狸狌,言殊技也;鸱(鸺)夜撮蚤,察毫末,昼出瞋目而不见丘山,言殊性也。故曰:'盖师是而无非,师治而无乱乎?'是未明天地之理,万物之情者也。是犹师天而无地,师阴而无阳,其不可行明矣。然且语而不舍,非愚则诬也。帝王殊禅,三代殊继。差其时,逆其俗者,谓之篡夫;当其时,顺其俗者,谓之义徒。默默乎河伯!汝恶知贵贱之门、小大之家!"

河伯曰:"然则我何为乎?何不为乎?吾辞受趣舍,吾终奈何?"北海若曰:"以道观之,何贵何贱,是谓反衍;无拘而志,与道大蹇。何少何多,是谓谢施。无一而行,与道参差。严乎若国之有君,其无私德;悠悠乎若祭之有社,其无私福;泛泛乎其若四方之无穷,其无所畛域。兼怀万物,其孰承翼?是谓无方。万物一齐,孰短孰长?道无终始,物有死生,不恃其成;一虚一满,不位乎其形。年不可举,时不可止。消息盈虚,终则有始。是所以语大义之方,论万物之理也。物之生也,若骤若驰,无动而不变,无时而不移。何为乎?何不为乎?夫固将自化。"

河伯曰:"然则何贵于道邪?"北海若曰:"知道者必达于理,达于理者必明于权,明于权者不以物害己。至德者,火弗能热,水弗能溺,寒暑弗能害,禽兽弗能贼。非谓其薄之也,言察乎安危,宁于祸福,谨于去就,莫之能害也。故曰:天在内,人在外,德在乎天。知天人之行,本乎天,位乎得。蹢躅而屈伸,反要而语极。"

曰:"何谓天?何谓人?"北海若曰:"牛马四足,是谓天;洛马首,穿牛鼻,是谓人。故曰:无以人灭天,无以故灭命,无以得殉名。谨守而勿失,是谓反其真。"

1702

夔怜蚿,蚿怜蛇,蛇怜风,风怜目,目怜心。夔谓蚿曰:"吾以一足趻踔而行,予无如矣。今子之使万足,独奈何?"蚿曰:"不然。子不见夫唾者乎?喷则大者如珠,小者如雾,杂而下者不可胜数也。今予动吾天机,而不知其所以然。"

蚿谓蛇曰:"吾以众足行,而不及子之无足,何也?"蛇曰:"夫天机之所动,何可易邪?吾安用足哉!"

蛇谓风曰:"予动吾脊胁而行,则有似也。今子蓬蓬然起于北海,蓬蓬然入于南海,而似无有,何也?"风曰:"然。予蓬蓬然起于北海而入于南海也,然而指我则胜我,鳅我亦胜我。虽然,夫折大木,飞大屋者,唯我能也,故以众小不胜为大胜也。为大胜者,唯圣人能之。"

1703 孔子游于匡,宋人围之数匝,而弦歌不辍。子路入见,曰:"何夫子之娱也?"孔子曰:"来,吾语汝。我讳穷久矣,而不免,命也;求通久矣,而不得,时也。当尧、舜(之时)而天下无穷人,非智得也,当桀、纣(之时)而天下无通人,非智失也,时势适然。夫水行不避蛟龙者,渔父之勇也;

117

陆行不避四虎者，猎夫之勇也；白刃交于前，视死若生者，烈士之勇也；知穷之有命，知通之有时，临大难而不惧者，圣人之勇也。由处矣！吾命有所制矣。"

无几何，将甲者进，辞曰："以为阳虎也，故围之。今非也，请辞而退。"

1704 公孙龙问于魏牟曰："龙少学先王之道，长而明仁义之行，合同异，离坚白；然不然，可不可；困百家之知，穷众口之辩，吾自以为至达已。今吾闻庄子之言，茫焉异之，不知论之不及与，知之弗若与？今吾无所开吾喙，敢问其方。"

公子牟隐几大息，仰天而笑曰："子独不闻夫坎井之蛙乎？谓东海之鳖曰：'吾乐与！出跳梁乎井干之上，入休乎缺甃之崖；赴水则接腋持颐，蹶泥则没足灭跗；还虷、蟹与科斗，莫吾能若也。且夫擅一壑之水，而跨跱坎井之乐，此亦至矣，夫子奚不时来入观乎？'东海之鳖左足未入，而右膝已絷矣。于是逡巡而却，告之海曰：'夫千里之远，不足以举其大；千仞之高，不足以极其深。禹之时十年九潦，而水弗为加益；汤之时，八年七旱，而崖不为加损。夫不为顷久推移，不以多少进退者，此亦东海之大乐也。'于是坎井之蛙闻之，适适然惊，规规然自失也。且夫智不知是非之境，而犹欲观于庄子之言，是犹使蚊负山，商巨驰河也，必不胜任矣。且夫智不知论极妙之言，而自适一时之利者，是非坎井之蛙与？且彼方跐黄泉而登大皇，无南无北，奭然四解，沦于不测；无东无西，始于玄冥，反于大通。子乃规规然而求之以察，索之以辩，是直用管窥天，用锥指地也，不亦小乎？子往矣！且子独不闻夫寿陵余子之学行于邯郸与？未得国能，又失其故行矣，直匍匐而归耳。今子不去，将忘子之故，失子之业。"

公孙龙口呿而不合，舌举而不下，乃逸而走。

1705

庄子钓于濮水，楚王使大夫二人往先焉，曰："愿以境内累矣！"庄子持竿，不顾，曰："吾闻楚有神龟，死已三千岁矣，王巾笥而藏之庙堂之上。此龟者，宁其死为留骨而贵乎，宁其生而曳尾于涂中乎？"二大夫曰："宁生而曳尾涂中。"庄子曰："往矣！吾将曳尾于涂中。"

1706

惠子相梁，庄子往见之。或谓惠子："庄子来，欲代子相。"于是惠子恐，搜于国中三日三夜。庄子往见之，曰："南方有鸟，其名为鹓鶵，子知之乎？夫鹓鶵发于南海而飞于北海，非梧桐不止，非练实不食，非醴泉不饮。于是鸱得腐鼠，鹓鶵过之，仰而视之曰：'吓！'今子欲以子之梁国而吓我邪？"

1707

庄子与惠子游于豪梁之上。庄子曰："儵鱼出游从容，是鱼之乐也。"惠子曰："子非鱼，安知鱼之乐？"庄子曰："子非我，安知我不知鱼之乐？"惠子曰："我非子，固不知子矣；子固非鱼也，子之不知鱼之乐，全矣。"庄子曰："请循其本。子曰'汝安知鱼乐'云者，既已知吾知之而问我，我知之豪上也。"

AŬTUNA AKVEGO

1701

Venas la tempo de aŭtuna akvego, cento da riveroj enfluas en la Flavan Riveron. Per fluo grandiĝas la distanco inter ambaŭ bordoj tiel, ke ne distingeblas transriveraj bestoj, ĉu bovoj aŭ ĉevaloj. Jen ĝojegas la s-ro Rivergrafo[446] fierante, ke tuta belo de la mondo apartenas nur al li mem. Laŭ la fluo li direktis orienten kaj atingis la Nordan Maron[447]. Rigardis la orientan flankon – ne videblis la ekstremo de akvo. Tiam li ekturnis sin al s-ro Ruo[448], vidante oceanon kaj ĉagreniĝante diris: "Estas dirite ĵargone, ke iu, aŭdinte pri la Vojo nur cent fojojn, fieris je sia supereco ol la aliaj. Tiu estas mi. Kiam antaŭe mi aŭdis iun subtaksanta la valoron de Zhong Ni kaj aŭdis iun malestimanta la justecon de Bo Yi, mi ne povis kredi tion unuatempe. Nun mi vidas vian neelĉerpeblan vastecon. Se mi ne alvenus al via pordo, mi estus apenaŭ endanĝerigita, ke mi iĝus mokridata de multaj granduloj je la Vojo. Ruo de la Norda Maro diris: "Rano en puto ne povas paroli pri maro, ĉar li vivas en la limigita spaco. Somera insekto ne povas paroli pri glacio, ĉar ĝi estas ligita al la tempo. Pedanto ne povas paroli pri la Vojo-Tao, ĉar li estas tordita per io instruita. Nun vi eliris de viaj bordoj kaj, vidante grandan maron, sciiĝis pri via malbeleco. Tiel do nun ni kun vi povas paroli pri grandaj rezonoj.   Neniu akvo en la mondo estas pli granda ol maro. Kelkdek mil riveroj eniras tien, ne sciate kiam ĉesos. Sed tie akvo ne pleniĝas tro. Malgraŭ ke ie, tra loko nomata Weilv[449], ellikiĝus akvo, ne sciate ĝis kiam, tamen ĝi ne malpleniĝas. Ne ŝanĝiĝas en printempo kaj en aŭtuno. Okazas nek inundo, nek sekeco. Ĝi multe superas ĉiujn fluojn de riveroj eĉ nekalkuleblaj per nombro kaj kvanto. Sed mi mem neniam fieris pri ĝia multeco, ĉar ĝi formiĝis laŭ la Ĉielo kaj la Tero, ricevinte la Ĉjion de jino kaj jango[450]. Mi mem, ekzistante inter la Ĉielo kaj la Tero, estas samkiel nura ŝtoneto aŭ arbeto en la granda monto. Mi ĝuste rigardas mian ekziston malgranda. Kial mi povus vidi min granda? Ĉu tio, ke eĉ la Kvar Maroj ekzistas inter la Ĉielo kaj la Tero, ne estas simila al nura kaveto de ŝtono en marĉego? Ĉu ekzistado de Centra Lando en la mondo ne similas al unu grajno de rizo en la granda tenejo? Se kalkuli miriadon da estaĵoj, homaro estas nur unu el ili. El homoj loĝantaj nur tie, kie produktiĝas grenoj kaj pasas veturiloj kiel boatoj kaj ĉaroj, ĉiu persono estas unu ero. Ĉu kompare kun multaj estaĵoj, li ne similas al unu hareto de la korpo de ĉevalo? Jen nur tia estas la homa afero kiel heredo de Kvin Imperiestroj, luktado de Tri Reĝoj,

119

zorgo de bonvoleculoj kaj penado de respondecaj personoj[451]. Honorigi famon de Bo Yi je lia eksiĝo aŭ erudicion de Zhong Ni je liaj vortoj kiel grandajn aferojn, ĉu tio ne similas al via fiero je grandeco de via akvo?"

S-ro Rivergrafo diris: "Tiel do, ĉu estos sufiĉe, se mi konsideros la Ĉielon kaj la Teron granda kaj la ekstreman pinton malgranda?" Ruo de la Norda Maro diris: "Ne. Kvanto de estaĵoj estas senlima, la tempo ne ĉesas, dividado estas ĉiam ŝanĝiĝanta kaj senlima[452], rilato inter komenco kaj fino estas nedistingebla. Tial do Granda Sciulo observas el la vidpunkto de malproksimeco kaj proksimeco. Tiel, io eta ne estas malgranda, kaj io ega ne estas granda. Diapazono de scio estas senlima. Se klare kompreni estinton kaj estanton, oni ne ĉagreniĝas je la fora pasinteco, nek surpiedpinte hastas je la mallonga nuno. Ĉar oni scias, ke la tempo estas senĉesa, kaj perceptas, ke estas pleniĝo kaj malpleniĝo. Tiel do oni, gajninte, ne ĝojegas, perdinte, ne ĉagreniĝas, ĉar scias, ke divido estas nekonstanta. Se oni klare komprenas, ke la vojo konsistas el la glata kaj la kota, tiam ne endas vidi, ke la vivo ne estas ĝojo kaj la morto ne estas plago, ĉar scias, ke la fino kaj la komenco estas nedividebla. Se kalkuli kiom da scioj akireblaj al homoj, la scio estas neniel pli granda ol la nesciata. La tempo de vivdaŭro neniel pli longa ol la tempo antaŭ la naskiĝo. Havante nur malgrandan scion, oni serĉas akiri la grandan pri la vasta areo – jen tial oni ŝanceliĝas, konfuziĝas kaj ne povas akiri ĝin por si.   El tiu vidpunkto, kiel eblus certe rigardi la ekstreman pinton de hareto la malplej granda, kaj kiel eblus absolute konsideri la Ĉielon kaj la Teron la plej granda areo[453] ?" Rivergrafo diris: "Ĉiuj diskutantoj diras, ke la pleja minimumo estas senforma kaj la pleja maksimumo ne estas ampleksebla. Ĉu tio estas kredinda informo?" Ruo de la Norda Maro diris: "Kiu rigardas ion grandan el la mikra vidpunkto, ne povas kapti tuton. Kiu rigardas ion malgrandan el la makra vidpunkto, ne povas klare distingi detalon. Mikro estas ege malgranda, makro estas tro grandega. Malsamas ambaŭ pozicioj pro konveneco kaj ĉe ili estas nura tendenco[454]. Ĉe tiu, kiu havas la formon, estas grado de malgrandeco kaj grandeco, sed kiu ne havas la formon, tiu estas nedividebla per nombro. Kaj ankaŭ kiu estas neampleksebla, tiu estas ne elĉerpebla per nombro. Rilate al kruda grandeco de aĵoj oni povas argumenti per vortoj. Rilate al mikro de aĵoj oni povas atingi per supozo. Sed transe de kruda grandeco kaj mikro, jam ne eblas argumenti per vortoj, nek eblas atingi per supozo. Tial do grandulo kondutas tiel, ke li ne malhelpu aliajn, sed ke li ne insistu pri bonvoleco kaj dankŝuldo, ke li agadu ne por profito, ke li ne malestimu nenobelojn, ke li ne konkurencu je riĉa posedaĵo, sed ke li ne rezignu sin kaj ne cedu tro. Je la afero li ne pruntas helpon de aliuloj, sed li ne insistas, ke oni manĝu nur per sia laboro. Sed tamen, li ne malestimas laboron de avidulo. Lia konduto estas unika, alia ol mondanoj, sed ne konsideras ekstravagancon bona. Do li agadas obeante al popolamaso kaj ne malrespektas la flatadon de miellangulo. Monda salajro aŭ rango ne povas sufiĉe stimuli lin. Minaco de mortigo aŭ hontigo ne povas sufiĉe ofendi lin. Li scias nedivideblecon inter jesado kaj neado kaj nedistingeblecon inter grando kaj malgrando. Mi aŭdis, ke persono de la Vojo-Tao ne estas aŭdata kaj la pleja virto ne estas akirebla. Al grandulo mankas egoo – 'Mi'. Tio estas kulmino de divido[455].   Rivergrafo diris: "Ie ajn, ekstere de aĵo aŭ interne de aĵo, kiel vidi distingon de grando kaj malgrando kaj kiel vidi distingon inter la nobla kaj la malnobla?" Ruo de la Norda Maro diris: "El la vidpunkto de Tao, ĉe estaĵoj ne estas nobleco-malnobleco. El la vidpunkto de estaĵoj, ĉiu el ili rigardas sin nobla kaj la aliajn malnoblaj. El la vidpunkto de popola opinio, la taksado pri nobleco-malnobleco ne apartenas al si mem. El la vidpunkto de diferenceco, se granda estas tiu, kiu estas rigardata kiel granda, tiam ĉiuj ne devas esti ne grandaj, kaj se malgranda estas tiu, kiu estas rigardata kiel malgranda, tiam ĉiuj ne devas esti ne malgrandaj. Se la Ĉielo kaj la Tero estas perceptata kiel malgranda ero, egala al unu nura grajno, aŭ se la pinto de hareto estas rigardata granda kiel monto, tiuokaze videblas la relativeco je grado de diferenco. El la vidpunkto de merito, se utila estas ĉiu, kiu estas rigardata kiel utila, tiuokaze ĉiuj ne estas ne utilaj, kaj se neutila estas ĉiu, kiu estas rigardata kiel neutila, tiuokaze ĉiuj ŝajnas neutilaj. Se scii reciprokan kontraŭon inter oriento-okcidento kaj scii, ke unu ne povas esti sen la alia, tiam nur limigita difino montriĝas la divido de merito. El la vidpunkto de prefero, se pravas tio, kio estas rigardata kiel prava, tiam ĉio ne estas ne prava, kaj se ne pravas tio, kio estas rigardata kiel ne prava, tiam ĉio estas ne prava. Se scii, ke Yao kaj Jie konsideris la sian prava kaj la alian neprava, tiam videblas la arbitra manipulado de prefero inter praveco-malpraveco[456]. Antaŭ longa tempo Yao cedis la tronon al Shun, sed kiam Kuai cedis la tronon al Zi, la regno pereis[457]. Tang kaj Wu prenis la tronon per lukto, sed la duko Bai luktis por la trono kaj li pereis[458]. El tia vidpunkto, pri regulo de luktado aŭ cedado, pri konduto de Yao aŭ Jie, kaj pri demando de nobleco kaj malnobleco, decidas tempo kaj ne povas esti aŭtentika konstanteco je rezulto. Per trabego eblas rompi muron de kastelo, sed ne eblas ŝtopi truon, ĉar diferencas la funkcio. Qiji kaj Huali[459] estas ĉevaloj trakurantaj mil mejlojn en unu tago, malpli taŭgas por kapti ratojn ol sovaĝkato kaj mustelo, ĉar diferencas la talento. Strigoj nokte distingas pulon kaj perceptas pinton de hareto, sed tage ne povas vidi per siaj elstaraj okuloj eĉ montetojn, ĉar diferencas la naturo. Tiel do estas dirite: "Kiu, farante pravecon sia ĉefo, ignoras malpravecon, aŭ kiu, farante regadon sia ĉefo, ignoras tumulton, tiu ne komprenas klare la rezonon de la Ĉielo kaj la Tero, nek la realon de ĉiuj estaĵoj. Tio similas, ke fari la Ĉielon ĉefo kaj ignori la Teron, aŭ fari jinon ĉefo kaj ignori jangon. Estas klare, ke oni ne povas fari tiel. Sed oni ne ĉesas paroli tian rezonadon. Tio estas stulta kaj trompiga.   Imperiestroj kaj reĝoj malsamas je la maniero de abdiko. Tri dinastioj diferencas je la transdonado de trono. Tiu, kiu maltrafis tempon aŭ kontraŭis al kutimo, estis nomata uzurpinto. Tiu, kiu trafis tempon kaj obeis al kutimo, estis nomata justulo. Silenton, silenton, s-ro Rivergrafo! Kiel do vi scias pri klasoj noblaj-malnoblaj kaj pri familioj grandaj-malgrandaj?"

Rivergrafo diris: "Se tiel, kion do mi devas fari? Kion do mi ne devas fari? Por mi kion rezigni, kion akcepti, kion preni, kion forĵeti? Finfine, kion al mi fari?" Ruo de la Norda Maro diris: "Observi el la vidpunkto de Tao, kio do estas nobla aŭ kio do estas malnobla, – tio estas nomata 'ebeniĝo de kontraŭo' [460]. Ne alteniĝu al via ideala strebo, ĉar tio estas granda lamigo de Tao. Kio malmulta kaj kio multa, – ĉio estas nomata "Dankinda donataĵo" [461]. En via konduto ne strebu al nur sola unuigo, ĉar tio estas malkonforma al Tao. Estu severa samkiel regnestro, sen privata virto. Estu favora samkiel la sanktejo por festado, sen privata beno. Estu vasta samkiel senfinaj kvar direktoj, sen teritoria limo.

Ampleksu universale ĉiujn estaĵojn. Kiun do aparte gardi sub flugiloj? Tio estas nomata 'Sen devio'. Unu-tuteco de ĉiuj estaĵoj[462]. Ne gravas, kiu estas mallonga aŭ kiu estas longa. Tao ne havas finon kaj komencon. Ĉe estaĵoj estas morto kaj vivo. Ne estas kalkulebla la perfektiĝo. Jen malplena iufoje, jen plena alifoje. La formo ne estas farata kiel fiksa digno. Jaro estas neprokrastebla, tempo estas nehaltigebla. Je cirkonstancoj iĝas jen plene, jen malplene. Jen finiĝas, jen komenciĝas. Tial do oni parolas pri leĝoj de la granda justo kaj argumentas pri reguloj de ĉiuj estaĵoj. La vivo de estaĵoj estas rapida kvazaŭ ĉevala troto aŭ galopo. Ekzistas neniu movo senŝanĝa, neniu tempo sentransira. Kion fari? Kion ne fari? Lasu ĉion turniĝi per si mem." Rivergrafo demandis: "Se tiel, kial do vi estimas la Taon kara?". Ruo de la Norda Maro respondis: "Kiu scias la Tao-n, tiu nepre atingas la rezonon de natura leĝo. Kiu atingis la rezonon, tiu nepre klare vidas cirkonstancojn. Kiu klare vidas cirkonstancojn, tiu ne damaĝas sin per aĵoj. La plejan virtulon ne eblas aflikti varmego de fajro, nek dronigo de akvo. Lin povas damaĝi nek malvarmo nek varmo. Lin povas ataki nek rabobirdoj nek bestoj. Mi ne diras, ke li malatentas tiujn. Mi diras, ke li antaŭdistingas la danĝerecon-sendanĝerecon. Li tenas sin trankvila kaj en malfeliĉo kaj en feliĉo, tenas sin prudenta je sia foriro kaj aliro. Do neniu povas damaĝi lin. Tiel do estas dirite: 'La Ĉielo ekzistas interne, la homo ekstere, la virto enestas en la Ĉielo.' Se scii la agon de la Ĉielo kaj homoj, la fonto enestas en la Ĉielo kaj la digno enestas en la virto. Do, ŝanceliĝante tien kaj reen flekse kaj rekte, oni revenos al la esenca punkto kaj parolos la kulminon de Tao."

Rivergrafo demandis: "Kion vi nomas la Ĉielon? Kion vi nomas homon?"

Ruo de la Norda Maro respondis: "Bovo kaj ĉevalo havas respektive kvar piedojn. Tio estas nomata 'la Ĉiela' ago. Bridante la bovon je kolo, trabori truon je la nazo estas nomata 'la homa' ago. Tiel do estas dirite: "Ne pereigu la Ĉielon per homa ago. Ne detruu la Ĉielan ordonon per homa arbitro. Ne lasu al vi per akiritaĵo sekvi famon. Tenu vin prudenta kaj ne perdu tion. Tio estas nomata 'reveno al la vero'.""

1702

Unupieda besto, nomata Kui[463], enviis al skolopendro, la skolopendro enviis al serpento, la serpento enviis al vento, la vento enviis al okuloj, la okuloj enviis al koro. Kui diris al la skolopendro: "Mi unupiede iras hopante, do malpli rapide ol vi. Kiel bona vi sentas vin, irante sola kun multaj piedoj!" La skolopendro diris: "Ne. Ĉu ne vidis homon sputanta al mi? Kiam li sputas la grandan, la sputaĵo ŝajnas perlo, – la malgrandan, ĝi ŝajnas gaso, nekalkuleble disŝprucanta suben sur min. Nun mi moviĝas laŭ mekanismo de la Ĉielo. Mi ne scias kial estas tiel."

La skolopendro diris al serpento: "Kvankam mi iras per multaj piedoj, tamen malpli rapide ol vi, havanta neniun piedon. Kial?" La serpento diris: "Tio estas laŭ la mekanismo de la Ĉielo. Kial do estus ŝanĝeble? Kiel do al mi uzeblas piedo?"

La serpento diris al vento: "Mi iras, movante vertebron kaj ripojn, kaj mi havas formon. Nun vi ekkirlas siblante sur la Norda maro kaj siblante eniras en la Sudan maron, havante neniun formon. Kial?" La vento diris: "Jes. Mi siblante ekkirlas sur la Norda maro kaj eniras en la Sudan maron. Sed eĉ fingro povas ekstari kontraŭ min kaj piedo povas treti min. Tamen mi rompas grandajn arbojn kaj forblovi grandajn domojn. Tio nur al mi eblas. Ĉar mi ne venkas amason da malgrandaĵoj, mi povas venki la grandajn. Venki la grandajn povas nur sanktulo."

1703

Kiam Konfuceo estis vojaĝanta en Kuang, Song-anoj amase ĉirkaŭbaris lin kun minaca streĉo[464].

Spite tion, li ne ĉesis ludi liuton, kantante. Zilu[465] eniris vidi lin kaj demandis kial la Majstro nun amuzas

sin. Konfuceo diris: "Nu, mi diru al vi jenon. Mi delonge abomenis mizeron, sed ne eviteblas la sorto. Mi delonge esperis normalan viv-kurson, sed ne favoras min la tempo. Ĉe Yao kaj Shun ne troviĝis en la mondo mizeruloj, ne pro tio, ke la homoj havis intelekton. Ĉe Jie kaj Zhou ne troviĝis en la mondo homoj de normala viv-kurso, ne pro tio, ke la homoj perdis intelekton. La tempo kaj cirkonstanco ne afablis ilin. Vojaĝanto sur akvo ne timas serpento-drakon. Tia estas kuraĝo de fiŝistoj. Vojaĝanto sur tero ne timas rinocero-tigron. Tia estas kuraĝo de ĉasistoj. Antaŭ glavoj elingigitaj rigardi egale la morton samkiel la vivon estas kuraĝo de bravuloj. Konsiderante la mizeron dependanta de la sorto kaj la viv-kurson dependanta de la tempo, neniom timi ĉe malfacilego, – tio estas kuraĝo de sanktuloj. Vi, You[466], estu

trankvila. Al mi estas destinite per la sorto."

Post kelka tempo, iu homo armita per kiraso alvenis por adiaŭi, dirante: "Ni prenis vin por Yang Hu, do ĉirkaŭis vin[467]. Nun evidentiĝis, ke vi ne estas tiu. Revenonte ni petas de vi pardonon."

1704

Gongsun Long demandis Mou, la princon de regno Wei[468], dirante: "Mi lernis de mia juneco la Vojon de antaŭirintoj kaj kreskiĝinte studis pri bonvoleco kaj justo, kaj praktikadis ilin. Mi sintezis samecon kun malsamecon, apartigis durecon kaj blankecon, jesadon kaj neadon, pravecon kaj malpravecon. Mi embarasis sciojn de cento da famaj pensuloj kaj faligis argumentojn de amaso da buŝoj en ekstreman malfacilon. Mi taksis min atinginta la plejan alton. Sed nun mi aŭdis la opinion de Zhuangzi kaj aliiĝis, mirkonsternite. Mi ne scias, ĉu mia argumentado estas malpli konvinka ol la lia, ĉu mia scio malpli alta ol la lia. Nun mi povas diri nenion. Ĉu mi aŭdacus demandi vin pri tio?"

La princo ĉe sia kubutapogilo suspiregis kaj pro grandega konsterno ekridis, dirante: "Ĉu vi iam ne aŭdis pri bufo en putaĉo. Turnante sin al kelonio de la Orienta Maro, ĝi diris – 'Kiel mi ĝojas! Mi saltadas sur la gardreloj ekstere de puto kaj ripozadas ĉe la rando de tegolo ene de la puto. Plonĝinte en la akvon, mi tenas mian mentonon sur akseloj. Sur la koto mi trempas miajn krurojn kaj mergas la piedojn en ŝlimon. Kompare kun kullarvoj, kraboj kaj ranidoj, neniu povus superi min. Aldone, mi regas unu akvofonton kaj ĝojas, starante fiere sur la puto. Mi sentas min la plej bona je humoro. Kial vi ne venos al mi vidi tion?' La kelonio de la Orienta Maro enirintus tien, sed dum maldekstra piedo ankoraŭ ne enirantis, la dekstra genuo jam kroĉiĝis en la enirejo. Do ĝi hezitis eniri kaj retiriĝis, rakontante pri la maro: 'La grandeco de ĝi estas nemezurebla kun malproksimeco de mil lioj, la profundeco estas nekompareble kun alteco de mil renoj[469]. En la epoko de reĝo Yu okazadis inundo naŭ fojojn en dek jaroj, sed la akvo de la maro neniom multiĝis. En la epoko de reĝo Tang atakadis granda sekeco sep fojojn en ok jaroj, sed akvonivelo ĉe la bordoj neniom ŝanĝiĝis. Sen ŝanĝiĝo spite longecon aŭ mallongecon de la tempo, spite multecon aŭ malmultecon, estas la granda ĝojo de la Orienta Maro.' Aŭdinte tion, la bufo en la putaĉo ege konsterniĝis kaj konfuziĝis, restante tute foranima. Ankaŭ vi, ne sciante limon de praveco kaj malpraveco, volus observi la paroladon de Zhuangzi, kvazaŭ kulo surdorse ŝarĝita de monto aŭ diplopodo[470] deziranta transnaĝi la

Flavan Riveron. Nepre mankas forto por la tasko. Ĉu tiu, kiu, ne scipovante argumenti pri la plej subtilaj vortoj, adaptas sin al la portempa profito, ne similas al la bufo en la putaĉo? Des pli la scio de Zhuangzi vaste turniĝas de sub la Terfundo al la Ĉiela supro, energie kaj libere malkomponante ĉiun ajn en kvar direktoj, sen sudo, sen nordo, ondante nemezureble kien ajn, sen oriento, sen okcidento, ekiras de la Nigra Mallumo kaj revenas al la Granda Vojo. Vi, reguligante-reguligante, esploras ĉion per analizo kaj serĉas ĉion per logiko, kvazaŭ observus la Ĉielon tra truo de tubeto aŭ sondus la Teron per kudrilo. Tro malgranda estas via diapazono. Vi foriru! Ĉu vi sola ne aŭdis pri iu junulo de urbo Shouling, kiu volus lerni la irmanieron de Handan-anoj[471]? Dum li ne povis ellerni ĝin, li forgesis kiel piediradi laŭ antaŭa kutimo, tiel do revenis hejmen rampante. Se vi ne foriros, ankaŭ vi forgesos vian antaŭan pensmanieron kaj perdos vian laboron."

Gongsun Long, stuporigite kun buŝo malfermita, kun lango levita, forkuris.

1705

Zhuangzi estis fiŝhokanta ĉe la rivero Pu[472]. Reĝo de Chu[473] antaŭsendis du grandajn oficistojn al li kun la peto, ke li degnu veni por helpi la regadon. Zhuangzi ne turnis sian vizaĝon al ili, tenante fiŝkanon. Li diris: "Mi aŭdis, ke en regno Chu estas la sankta testudo, jam mortinta kiam tri mil jaraĝa[474]. La reĝo kovras ĝin per tuko kaj tenas en la kesto en la maŭzoleo. Ĉu tiu testudo preferus, ke ĝia osto estu tenata respektplene post la morto? Aŭ ke ĝi mem vivu, trenante la voston en koto?" Du grandaj oficistoj diris: "Ke ĝi vivu, trenante voston en koto." Zhuangzi diris: "Foriru! Ankaŭ mi ĝuste nun trenas mian voston en koto."

1706

Kiam Huizi estis ĉefministro en Liang[475], Zhuanzi iris vidi lin. Iu denuncis al Huizi, dirante: "Zhuangzi alvenis por fariĝi ĉefministro anstataŭ vi." Pro tio Huizi, timante, serĉis lin en tuta regno dum tri tagnoktoj.

Zhuangzi alvenis vidi lin kaj diris: "En la sudo vivas iu sankta birdo, nomata Yuanchu[476], ĉu vi konas ĝin? Tiu Yuanchu flugas de la Suda Maro al la Norda Maro. Krom ĉe la arbo de paŭlovnio ĝi ne ripozas, krom frukton de bambuo ĝi ne manĝas, krom el dolĉa fonto ĝi ne trinkas[477]. Kiam iu milvo akiris putran muson, Yuanchu estis fluganta preter. La unua, vidante la lastan, minacis: 'Frr!' . Ĉu ankaŭ vi volus minaci min per via regado de Liang?"

Zhuangzi kaj Huizi estis kune promenantaj laŭ vadŝtono ĉe rivero Hao[478].　　　　Zhuangzi diris:

"Kiel trankvile naĝas fokseno! La fiŝo ĝojas." Huizi diris: "Vi ne estas fiŝo. Kial do vi scias, ke la fiŝo ĝojas?" Zhuangzi diris: "Vi ne estas mi. Kial do vi scias, ke mi ne scias la fiŝon ĝojanta?" Huizi diris: "Mi ne estas vi. Certe mi ne scias vin. Vi certe ne estas fiŝo. Estas certe, ke vi ne scias la fiŝon ĝojanta." Zhuangzi diris: "Bonvolu reveni al la komenco. Vi diris: 'Kial vi scias la fiŝon ĝojanta? T. e. vi jam sciis, ke mi scias pri tio. Tial do vi demandis tiel. Mi mem sciis tion ĉe la rivero Hao."

18. 至乐 Zhi Le

1801

天下有至乐无有哉？有可以活身者无有哉？今奚为奚据？奚避奚处？奚就奚去？奚乐奚恶？夫天下之所尊者，富、贵、寿、善也；所乐者，身安、厚味、美服、好色、音声也；所下者，贫贱、夭恶也；所苦者，身不得安逸，口不得厚味，形不得美服，目不得好色，耳不得音声；若不得者，则大忧以惧，其为形也亦愚哉！夫富者，苦身疾作，多积财而不得尽用，其为形也亦外矣。夫贵者，夜以继日，思虑善否，其为形也亦疏矣。人之生也，与忧俱生，寿者惛惛，久忧不死，何（之）苦也。其为形也亦远矣！烈士为天下见善矣，未足以活身。吾未知善之诚善邪？诚不善邪？若以为善矣，不足活身；以为不善矣，足以活人。故曰："忠谏不听，蹲循勿争。"故夫子胥争之，以残其形；不争，名亦不成。诚有善无有哉？

今俗之所为与其所乐，吾又未知乐之果乐邪？果不乐邪？吾观夫俗之所乐，举群趋者，坑坑然如将不得已，而皆曰乐者，吾未（知）之乐也，亦未（知）之不乐也。果有乐无有哉？吾以无为诚乐矣，又俗之所大苦也。故曰："至乐无乐，至誉无誉。"

天下是非果未可定也。虽然，无为可以定是非。至乐活身，唯无为几存。请尝试言之。天无为以之清，地无为以之宁，故两无为相合，万物皆化 [生]。芒乎芴乎，而无从出乎！芴乎芒乎，而无有象乎！万物植植，皆从无为殖。故曰："天地无为也，而无不为也。"人也孰能得无为哉！

1802

庄子妻死，惠子吊之，庄子则方箕踞鼓盆而歌。惠子曰："与人居，长子、老、身死，不哭，亦足矣，又鼓盆而歌，不亦甚乎！"

庄子曰："不然。是其始死也，我独何能无慨然！察其始而本无生，非徒无生也，而本无形非徒无形也，而本无气。杂乎芒芴之间，变而有气，气变而有形，形变而有生，今又变而之死，是相与为春秋冬夏四时行也。人且偃然寝于巨室，而我叫叫然随而哭之，自以为不通乎命，故止也。"

1803

支离叔与滑介叔观于冥伯之丘，昆仑之虚，黄帝之所休。俄而瘤生其左肘，其意蹶蹶然恶之。

支离叔曰："子恶之乎？"滑介叔曰："亡。予何恶？生者，假借也；假之而生生者，尘垢也。死生为昼夜。且吾与子观化而化及我，我又何恶焉？"

1804

庄子之楚，见空髑髅，销然有形，撽以马捶，因而问之，曰："夫子贪生失理而为此乎？将子有亡国之事，斧钺之诛而为此乎？将子有不善之行，愧遗父母妻子之丑而为此乎？将子有冻馁之患而为此乎？将子之春秋故及此乎？"于是语卒，援髑髅枕而卧。

夜半，髑髅现梦曰："子之谈者似辩士。视子所言，皆生人之累也，死则无此矣。子欲闻死之说乎？"庄子曰："然。"髑髅曰："死，无君于上，无臣于下，亦无四时之事，泛然以天地为春秋，虽南面王乐，不能过也。"庄子不信，曰："吾使司命复生子形，为子骨肉肌肤，返子父母妻子、闾里、知识，子欲之乎？"髑髅深颦蹙頞曰："吾安能弃南面王乐而复为人间之劳乎！"

1805

颜渊东之齐，孔子有忧色，子贡下席而问曰："小子敢问：回东之齐，夫子有忧色，何邪？"

孔子曰："善哉汝问！昔者管子有言，丘甚善之，曰：'主小者不可以怀大，綆短者不可以汲深。'夫若是者，以为命有所成而形有所适也，夫不可损益。吾恐回与齐侯言尧、舜、黄帝之道，而重以燧人、神农之言。彼将内求于己而不得，不得则惑，人惑则死。且女独不闻邪？昔者海鸟止于鲁郊，鲁侯御而觞之于庙，奏《九韶》以为乐，具太牢以为膳。鸟乃眩视忧悲，不敢食一脔，不敢饮一杯，三日而死。此以己养养鸟也，非以鸟养养鸟也。夫以鸟养养鸟者，宜栖之深林，游之坛陆，浮之江湖，食之鳅鲦，随行列而止，委蛇而处。彼唯人言之恶闻，奚以夫挠挠为乎！《咸池》、《九韶》之乐，张之洞庭之野，鸟闻之而飞，兽闻之而走，鱼闻之而下入，人卒闻之，相与环而观之。鱼处水而生，人处水而死，故必相与异，其好恶故异也。故先圣不一其能，不同其事。名止于实，义设于适，是之谓條达而福持。"

1806

列子行，食于道从，见百岁髑髅，攓蓬而指之曰："唯予与汝知尔未尝死，未尝生也。若果养乎？予果欢乎？"种有几，得水则为䜌，得水土之际则为蛙蟭之衣，生于陵屯则为陵舄，陵舄得郁棲则为乌足，乌足之根为蛴螬，其叶为蝴蝶。胡蝶，胥也化而为虫，生于灶下，其状若脱，其名为鸲掇。鸲掇千日为鸟，其名曰干余骨。干余骨之沫为斯米，斯弥为食醯。颐辂生乎食醯，黄軦生乎九猷，瞀芮生乎腐蠸。羊奚比乎不箰，久竹生青宁，青宁生程，程生马，马生人，人又反入于机。万物皆出于机，皆入于机。

127

LA PLEJA PLEZURO

1801

Ĉu en la mondo estas la pleja plezuro, aŭ ne? Ĉu troviĝas ia rimedo ebligi nin vivi plenan vivon, aŭ ne? Nun, kion fari, al kiu fidi, kion eviti, al kiu resti fidela, kion sekvi, kion forlasi, je kio ĝoji, kion rezigni? Kio estas respektata nun en la mondo, tio estas riĉaĵo, eminenteco, longviveco kaj bono. Kio estas nun plezuriga, tio estas sekureco, frandaĵo, bela vestaĵo, amoro kaj belsono. Kio estas neŝatata, tio estas malriĉeco, malnobleco, frua morto kaj malbono. Kio estas amara, tio estas ke al vivo mankas komforta ripozo, al buŝo mankas frandaĵo, al korpo mankas bela vestaĵo, al okuloj mankas belulino, al oreloj mankas belsono. Se ili mankas, oni ege malkvietiĝas kaj timas. Ili koncernas nur formon, t. e. korpon, do estas stulte prizorgadi tro.La riĉuloj ellaciĝas pro troa laboro, kaj ili mem ne povas eluzi kion ili akumulis amase. Kion ili faras por sia korpo, kiel sian vivmanieron, tio estas nura eksteraĵo. La eminentuloj ĉiam tagnokte pripensadas bonon aŭ nebonon. Ilia vivmaniero ankaŭ estas senenhava.   Post kiam homoj naskiĝis, ilia vivo iras kune kun ĉagreno. Longevivuloj demenciĝas aŭ longe splenas. Kia sufero tio estas! Ilia vivmaniero ankaŭ estas malproksima de plezuro. Inteligenciuloj[479] trovas al si bonon kaj faras ĝin por la

mondo. Sed ankoraŭ ne sufiĉas fari sin mem vivplena. Mi ankoraŭ ne scias, ĉu la laŭdata bono estas vere bona aŭ vere ne bona. Kio estas laŭdata kiel bona, tio ne povas lasi homon vivplena. Okazas ankaŭ, ke kio estas rigardata kiel ne bona, tio povus allasi homon vigla. Tial do estas dirite: "Se lojala konsilo ne estas aŭdata, obeu kaj ne baraktu." Zixu luktis kaj pereigis sin[480]. Sed se li ne luktus, lia famo ne estiĝus.

Ĉu tio estas vere la bono, aŭ ne?Nun kion mondanoj faras plezuro, tion mi ankoraŭ ne scias juĝi, ĉu la plezuro estus vere plezuriga aŭ ne plezuriga. Kiam mi vidas la mondanojn plezurantaj, ŝajnas al mi, ke ili amase impetas, ĝuste timante ĉu ne eblus akiri la deziratan. Sed ili ĉiuj diras, ke ili plezuras. Mi ankoraŭ ne plezuras je tio, nek ankoraŭ malplezuras. Ĉu vere estas plezuro? Aŭ ne estas? Mi vere konsideras senagon plezuro, spite ke la senago estus suferiga por mondanoj. Tial do mi diras, ke la pleja plezuro estas senplezuro[481] kaj la pleja honoro estas senhonoro.En la mondo ankoraŭ ne certas distingo de praveco

kaj malpraveco. Sed en la senago eblas certiĝi tio. Nur la senago ebligas homojn vivi en la pleja plezuro. Ni provu argumenti pri tio. La Ĉielo estas pura per la senago. La Tero estas kvieta per la senago. Per kombiniĝo de senago en ambaŭ sferoj ĉio transformiĝas. Ne estas vidate klare en mallumo kaj subtilo, de kie ĉio elvenas. En subtilo kaj mallumo ne estas vidate ĉu estas ĉies fenomemo. Sed ĉiuj aĵoj plenumas sian atribuitan taskon, kaj ĉiuj, sekvante la senagon, generas kaj kreskas. Do estas dirite: "La Ĉielo kaj la Tero estas senaga, sed troviĝas nenio, kion ili ne faras." Kiu el homoj povas atingi tiun senagon?

1802

Edzino de Zhuangzi mortis. Huizi venis kondolenci pri tio. Zhuangzi ja kun siaj kruroj malstreĉitaj, tintigante pelvon, estis kantanta. Huizi diris: "Vi, travivante kune kun ŝi, kreskigis gefilojn kaj maljuniĝis. Spite tion, vi ne plorkrias pro ŝia morto. Tio ankoraŭ allaseblus. Sed tintigi pelvon kaj kanti estas tro ekscese.Zhuangzi diris: "Vi ne pravas. Ĝuste kiam ŝi mortis, mi sola ne povis ne ĉagreniĝi unuafoje. Sed primeditante ŝian komencon, mi ekpensis, ke la vivo ne estis de komence. Ne nur mankis la vivo, sed origine ne ekzistis la organismo mem[482]. Ne nur mankis la organismo, sed origine ne ekzistis Ĉjio[483]. El inter miksa ĥaoso en subtila mallumo okazis iu ŝanĝiĝo kaj estiĝis Ĉjio. Ĉjio ŝanĝiĝis kaj estiĝis organismo. La organismo ŝanĝiĝis kaj estiĝis vivaĵo. La lasta denove ŝanĝiĝis kaj ĉi tiu nun mortis. Tio estas sama, kiel sekvante moviĝas la kvar sezonoj, printempo, aŭtuno, vintro kaj somero. La homo, mia edzino, kviete dormas en la granda ĉambro. Ke mi plorkriegus, sekvante plorsinglutus, tion mi konsideras nekomforma al la ĉiela ordono[484]. Tial do mi ĉesis plorĝemadi."

1803

Oĉjo Zhili kaj oĉjo Huajie[485] renkontiĝis sur la monteto Mingbo ĉe Kunlun[486], kie iam restis la Flava Imperiestro. Ili subite ektrovis, ke ĉe la maldekstra kubuto de Huajie ekaperis tumoro. Ŝajnis, ke la lasta ege embarasiĝus pro tio. Oĉjo Zhili diris: "Ĉu vi malŝatas tion?" Oĉjo Huajie diris: "Ne. Kial mi malŝatus. Vivo estas io pruntita portempe. Naskiĝinte per portempa pruntado, la vivanto iĝas plena de rubaĵoj kaj malpuraĵoj. Morto kaj vivo estas kvazaŭ la tago kaj la nokto. Mi kun vi vidas transformiĝon. La transformiĝo venis al mi. Kial do mi devas malŝati tion?"

1804

Zhuangzi estis vojaĝanta al regno Chu, kaj vidis kranion kun sekigita formo. Li frapetis ĝin per sia ĉevalvipo kaj demandis ĝin: "Ĉu vi fariĝis tia pro tio, ke vi estis malprudente avara? Aŭ pro tio, ke via lando pereis kaj vi estis mortigita per armiloj? Aŭ pro tio, ke vi, farante malbonon, malhonoris familion, gepatrojn, edzinon kaj gefilojn? Aŭ pro tio, ke vin afliktis frostiĝo aŭ malsatiĝo? Aŭ pro natura forpaso de vivjaroj?" Alparolinte tiel, li faris ĝin kapkuseno kaj ekdormis.Noktmeze, la kranio aperis en sonĝo kaj diris: "Vi parolis al mi kvazaŭ babilemulo. Kio estas dirita, ĉio estas nur zorgo de vivantoj. Ĉe mortintoj estas neniom da zorgo. Ĉu vi volus aŭdi la parolon de mortinto?" Zhuangzi diris: "Jes." La kranio diris: "Post la morto jam estas neniu reĝo supre, nek subuloj sube, nek zorgoj pri la aferoj de kvar sezonoj. Sekvante naturon, oni faras la Ĉielon kaj la Teron printempo-aŭtuno poreterne. Eĉ ajna plezuro de reĝa trono ne superas ol tio." Zhuangzi, ne kredante, diris: "Se mi povus peti de Dio la Reganto, ke vi revivu kun korpo, ostoj, karnoj kaj haŭtoj, kaj ke vi revenu denove al gepatroj, edzino, gefiloj kaj konatoj en via hejmo, ĉu vi ne dezirus vian reviviĝon?" La kranio profunde sulkis brovojn kaj nazon, dirante: "Kial do mi povus forĵeti la plezuron pli altan, ol la reĝa, kaj retroveni denove al la zorgoplena homa mondo?"

1805

Kiam Yan Hui[487] estis ekiranta orienten al regno Qi, Konfuceo aspektis maltrankvila. Zigong venis de sia sidejo al li kaj demandis: "Permesu al mi demandi vin. Kial vi maltrankviliĝis, kiam Hui ekiris orienten?"

Konfuceo respondis: "Via demando estas tre bona. Unu antaŭa eldiro de Guanzi tre plaĉas al mi. Li diris: 'Sako malgranda ne povas enhavi la grandan aĵon, ĉerpilo mallonga ne povas elĉerpi de profunda akvo'. Tiel do mi komprenas, ke afero efektiviĝas laŭ la natura ordono kaj al ĉiu formo utilas la konvena uzado. Je tio oni ne povas redukti nek aldoni. Mi timas, ke Hui predikus al la regnestro de Qi la Vojon de sanktaj reĝoj kiel Yao, Shun kaj la Flava Imperiestro, kaj aldone parolus pri Suiren kaj Shen Nong. Se la estro ekserĉus ion nefareblan al si mem, li tuj embarasiĝos pro neebleco. Embarasite, li mortigos Hui. Ĉu vi ne aŭdis jenon? Antaŭe unu mara birdo surteriĝis en iu suburbo de Lu. Regnestro de Lu bonvenigis la birdon per vino en la maŭzoleo, kaj regalis per muzik-koncerto de Jiu Shao kaj per kuiraĵo de diversaj viandoj por amuzigi ĝin[488]. La birdo vertiĝis, ĉagreniĝis kaj ne povis manĝi eĉ unu peceton, nek trinki unu taseton. Tiel tri tagojn poste ĝi mortis. Tio estas nutri birdon per nutraĵo nur konvena al homo, sed ne konvena al la birdo. Se nutri birdojn, oni devas lasi ilin loĝi en la profunda arbaro, ludi surborde, naĝi en rivero kaj lago, manĝi kobitidojn kaj fiŝetojn, kungrupiĝi, viciĝi kaj ripozi, vagadi libere ie ajn. Birdoj ne amas eĉ aŭdi voĉojn de homoj. Kial bruegi por ili? Se okazigi koncerton de xianchi kaj Jiu Shao sur la kampo de Dongting, tiam birdoj, aŭdinte tion, forflugos, bestoj, aŭdinte tion, forkuros, fiŝoj, aŭdinte tion, subakviĝos suben, spite ke ordinaraj homoj, aŭdante tion, kune alvenas kaj spektas tion. Fiŝoj vivas loĝante en la akvo, sed en la akvo mortos homoj. Ambaŭ nepre diversas unu de la alia, ĉar ili diferencas je sia sento de ŝato kaj malŝato. Antaŭaj sanktaj reĝoj ne postulis, ke ĉiuj estu samaj je kompetenteco, nek ke la aferoj estu samaj[489]. Nomo estas konforma al realo, justo staras laŭ adaptebleco[490]. Tio estas nomata: 'Ju pli la racio atingita, des pli la feliĉo tenata' [491]."

1806

Liezi estis vojaĝanta kaj, ĉe vojflanko manĝante, trovis cent-jaran kranion. Li eltiris artemizon kaj per ĝi montris al la kranio, dirante: "Nur mi kaj vi scias, ke estas nek morto, nek vivo. Ĉu tia estas la fina rezulto de via nutrado, kaj de via ĝojo[492]? Semo havas ĝermon[493]. En la akvo ĝi fariĝas akvoplanto. Ĉe la bordo de akvo ĝi fariĝas sfagna robo de bufo. Ĉe tomba monteto ĝi fariĝas plantago. Se la plantago kreskas sur la fekunda tero, ĝi fariĝas herbo, nomata korva kruro. Ĝia radiko fariĝas larvo, nomata majskarabo, kaj ĝiaj folioj fariĝas papilioj. Poste papilio baldaŭ transformiĝas en insekton vivantan sub forno, kiel elŝeliĝante. Ĝia nomo estas grilo. La grilo post mil tagoj fariĝas birdo. Ĝia nomo estas pigo. Ties salivo fariĝas mikrobo, nomata ŝimo. Tiu ŝimo fariĝas aspergilo, de kiu naskiĝas laktobacilo, nomata

Yi lu[494]. Kaj huanghuang naskiĝas el jiuyou. Maorui naskiĝas el putriĝinta larvo. Yangxi kuniĝinte kun malnova putra bambuo, naskas qingning.[495] Qingning naskas leopardon[496]. Leopardo naskas ĉevalon. Ĉevalo naskas homon. Homo revenas denove kaj eniras en ĝermon. Ĉiuj estaĵoj eliras el la ĝermo kaj eniras en la ĝermon[497].

19. 达生 Da Sheng

1901

达生之情者，不务生之所无以为；达命之情者，不务知之所无奈何。养形必先之以物，物有余而形不养者有之矣；有生必先无离形，形不离而生亡者有之矣。生之来不能却，其去不能止。悲夫！世之人以为养形足以存生，而养形果不足以存生，则世奚足为哉！虽不足为而不可不为者，其为不免矣！夫欲免为形者，莫如弃世。弃世则无累，无累则正平，正平则与彼更生，更生则几矣！事奚足弃而生奚足遗？弃事则形不劳，遗生则精不亏。夫形全精复，与天为一。天地者，万物之父母也；合则成体，散则成始。形精不亏，是谓能移；精而又精，反以相天。

1902　子列子问关尹曰："至人潜行不窒，蹈火不热，行乎万物之上而不慄。请问何以至于此？"

关尹曰："是纯气之守也，非智巧果敢之列。居，予语汝。凡有貌象声色者，皆物也，物与物何以相远？夫奚足以至乎先？是色而已。则物之造乎不形，而止乎无所化，夫得是而穷之者，物焉得而止焉！彼将处乎不淫之度，而藏乎无端之纪，游乎万物之所终始，一其性，养其气，合其德，以通乎物之所造。夫若是者，其天守全，其神无隙，物奚自入焉！夫醉者之坠车，虽疾不死。骨节与人同而犯害与人异，其神全也，乘亦不知也，坠亦不知也，死生惊惧不入乎其胸中，是故遻物而不慑。彼得全于酒而犹若是，而况得全于天乎！圣人藏于天，故莫之能伤也。"复仇者不折镆干，虽有忮心者不怨飘瓦，是以天下平均。故无攻战之乱，无杀戮之刑者，由此道也。不开人之天，而开天之天，开天者德生，开人者贼生。不厌其天，不忽于人，民几乎以其真。

1903

仲尼适楚，出于林中，见痀偻者承蜩，犹掇之也。仲尼曰："子巧乎！有道邪？"曰："我有道也。五六月累丸二而不坠，则失者锱铢；累三而不坠，则失者十一；累五而不坠，犹掇之也。吾处身也，若厥株拘；吾执臂也，若槁木之枝。虽天地之大，万物之多，而唯蜩翼之知。吾不反不侧，不以万物易蜩之翼，何为而不得！"孔子顾谓弟子曰："用志不分，乃凝于神，其痀偻丈人之谓乎！"

1904

颜渊问仲尼曰："吾尝济乎觞深之渊，津人操舟若神。吾问焉，曰：'操舟可学邪？'曰：'可。善游者数能。若乃夫没人，则未尝见舟而便操之也。'吾问焉而不吾告，敢问何谓也？"

仲尼曰："善游者数能，忘水也。若乃夫没人之未尝见舟而便操之也，彼视渊若陵，视舟之覆犹其车却也。覆却万方陈乎前而不得入其舍，恶往而不暇！以瓦注者巧，以钩注者惮，以黄金注者婚。其巧一也，而有所矜，则重外也。凡外重者内拙。"

1905

田开之见周威公，威公曰："吾闻祝肾学生，吾子与祝肾游，亦何闻焉?"田开之曰："开之操拔篲以倚门庭，亦何闻于夫子!"

威公曰："田子无让! 寡人愿闻之。"开之曰："闻之夫子曰：'善养生者，若牧羊然，视其后者而鞭之。'"

威公曰："何谓也?"田开之曰："鲁有单豹者，岩居而水饮，不与民共利，行年七十而犹有婴儿之色，不幸遇饿虎，饿虎杀而食之。有张毅者，高门、悬薄，无不走也，行年四十而有内热之病以死。豹养其内而虎食其外，毅养其外而病攻其内，此二子者，皆不鞭其后者也。"仲尼曰：'无入而藏，无出而阳，柴立其中央。三者若得，其名必极。'夫畏途者，十杀一人，则父子兄弟相戒也，必盛卒徒而后敢出焉，不亦智乎! 人之所取畏者，衽席之上，饮食之间，而不知为之戒者，过也。"

1906

祝宗人元端以临牢册，说彘曰："汝奚恶死? 吾将三月豢汝，十日戒，三日齐，藉白茅，加汝肩尻乎彫俎之上，则汝为之乎?"为彘谋，曰不如食以糠糟，而错之牢册之中。自为谋，则苟生有轩冕之尊，死得于腞楯之上，聚偻之中，则为之。为彘谋则去之，自为谋则取之，所异彘者何也？

1907

桓公田于泽，管仲御，见鬼焉。公抚管仲之手曰："仲父何见?"对曰："臣无所见。"公返，诶诒为病，数日不出。

齐士有皇子告敖者曰："公则自伤，鬼恶能伤公! 夫忿滀之气，散而不反，则为不足；上而不下，则使人善怒；下而不上，则使人善忘；不上不下，中身当心，则为病。"

桓公曰："然则有鬼乎?"曰："有。沈有履，灶有髻。户内之烦壤，雷霆处之；东北方之下者，倍阿、鲑蛒跃之；西北方之下者，则泆阳处之。水有罔象，丘有峷，山有夔，野有彷徨，泽有委蛇。"

公曰："请问，委蛇之状何如?"皇子曰："委蛇，其大如毂，其长如辕，紫衣而朱冠。其为物也，恶闻雷车之声，则捧其首而立。见之者殆乎霸。"桓公辴然而笑曰："此寡人之所见者也。"于是正衣冠与之坐，不终日而不知病之去也。

1908

纪渻子为王养斗鸡。十日而问："鸡已乎?"曰："未也。方虚骄而恃气。"十日又问。曰："未也。犹应向景。"十日又问。曰："未也。犹疾视而盛气。"十日又问。曰："几矣。鸡虽有鸣者，已无变矣，望之似木鸡矣，其德全矣，异鸡无敢应者，反走矣。"

1909

孔子观于吕梁，悬水三十仞，流沫四十里，元鼋鱼鳖之所不能游也。见一丈夫游之，以为有苦而欲死也，使弟子并流而拯之。数百步而出，披髪行歌而游于塘下。

孔子从而问焉，曰："吾以子为鬼，察子则人也。请问，蹈水有道乎？"曰："亡，吾无道。吾始乎故，长乎性，成乎命。与齐俱入，与汩偕出，从水之道而不为私焉。此吾所以蹈之也。"孔子曰："何谓始乎故，长乎性，成乎命？"曰："吾生于陵而安于陵，故也；长于水而安于水，性也；不知吾所以然而然，命也。"

1910

梓庆削木为鐻，鐻成，见者惊犹鬼神。鲁侯见而问焉，曰："子何术以为焉？"对曰："臣，工人，何术之有！虽然，有一焉。臣将为鐻，未尝敢以耗气也，必齐以静心。齐三日，而不敢怀庆赏爵禄；齐五日，不敢怀非誉巧拙；齐七日，辄然忘吾有四肢形体也。当是时也，无公朝，其巧专而外骨消；然后入山林，观天性，形躯至矣，然后成见鐻，然后加手焉；不然则已。则以天合天，器之所以疑神者，其是与！"

1911

东野稷以御见庄公，进退中绳，左右旋中规。庄公以为文弗过也，使之钩百而反。

颜阖遇之，入见曰："稷之马将败。"公密而不应。少焉，果败而反。公曰："子何以知之？"曰："其马力竭矣，而犹求焉，故曰败。"

1912

工倕旋而合规矩，指与物化而不以心稽，故其灵台一而不桎。忘足，履之适也；忘腰，带之适也；（知）忘是非，心之适也；不内变，不外从，事会之适也。始乎适而未尝不适者，忘适之适也。

1913

有孙休者，至门而诧子扁庆子曰："休居乡不见谓不修，临难不见谓不勇；然而田原不遇岁，事君不遇世，摈于乡里，逐于州部，则胡罪乎天哉？休何遇此命也？"

扁子曰："子独不闻夫至人之自行邪？忘其肝胆，遗其耳目，芒然彷徨乎尘垢之外，逍遥乎无事之业，是谓'为而不恃，长而不宰'。今汝饰知以惊愚，修身以明污汙，昭昭乎若揭日月而行也。汝得全而形躯，具而九窍，无中道夭于聋盲跛蹇而比于人数，亦幸矣，又何暇乎天之怨哉！子往矣！"

孙子出。扁子入，坐有间，仰天而叹。弟子问曰："先生何为叹乎？"

扁子曰："向者休来，吾告之以至人之德，吾恐其惊而遂至于惑也。"

弟子曰："不然。孙子之所言是邪？先生之所言非邪？非固不能惑是。孙子所言非邪？先生所言是邪，彼固惑而来矣，又奚罪焉？"

扁子曰："不然，昔者有鸟止于鲁郊，鲁君悦之，为具太牢以享之，奏《九韶》以乐之，鸟乃始忧悲眩视，不敢饮食。此之谓以己养养鸟也。若夫以鸟养养鸟者，宜栖之深林，浮之江湖，食之以委蛇，则平陆而已矣。今休，款启寡闻之民也，吾告以至人之德，譬之若载鼷以车马，乐鴳以钟鼓也。彼又恶能无惊乎哉？"

KOMPRENO DE VIVO

1901

Kiu komprenis la realon de vivo, tiu ne penas ellabori ion ajn nefareblan en la vivo. Kiu komprenis la realon de fatalo, tiu ne penas ellabori ion ajn nefareblan per la intelekto. Por nutri korpon nepre necesas aĵoj antaŭ ĉio. Sed okazas, ke malgraŭ abundaj aĵoj ne eblus nutri korpon. Por ke estu vivo, nepre necesas antaŭ ĉio nedisiĝo de la korpo. Sed okazas, ke malgraŭ la nedisiĝo de la korpo perdiĝas la vivo. Nehaltigebla estas la alveno de vivo, ankaŭ nehaltigebla estas la foriro. Kiel bedaŭrinde estas! Oni en la mondo pensas, ke se nur eblus nutri la korpon, tiam ekzisteblus la vivo. Sed ne sufiĉas nur nutri la korpon por teni la vivon ekzistanta. Se tiel, kion fari por sufiĉi en la mondo?Kvankam sciante, ke io farebla ne sufiĉe multas, tamen oni ne povas ne fari tiel, – ĉar tio estas supozata kiel neevitebla. Se oni deziras eviti tion por la korpo, estas preferinde forlasi la mondajn aferojn. Se forlasos, estos neniu ĝeno. Sen ĝeno, oni povas esti rekta kaj ekvilibra. Estante rekta kaj ekvilibra, oni povas revigliĝi per tio. Se revigliĝos, revenos al la deirpunkto. Kial estas preferinde forĵeti aferojn? Kial estas preferinde forlasi vivon? Se forĵeti aferojn, la korpo ne laciĝos. Se forgesi vivon, menso ne difektiĝos. Se la korpo kun tuta menso revigliĝos, vi fariĝos unu kun la Ĉielo. La Ĉielo kaj la Tero estas la patrino de ĉiuj estaĵoj. Unuiĝinte, estiĝas la korpo. Disiĝinte, revenas al la komenco. Kiam sendifekta estas la korpo kun menso, estas nomate 'transformiĝebla'. Ju pli da energio de spiriteco, des pli eblas reciproki sin kun la Ĉielo.

1902

La Majstro Liezi demandis limgardiston Yin[498], dirante: "La Pleja Homo ne sufokiĝas subakviĝante, ne brulvundiĝas tretante sur fajro, ne timas irante super ĉion. Permesu al mi demandi vin, kiel li povis atingi tion?" La limgardisto Yin diris: "Ĉar li tenas en si puran Ĉjion. Ne pro tio, ke li havas saĝon, lertecon, decidemon, kuraĝon k. c. Jen aŭskultu, mi rakontos al vi. Ĝenerale, kio havas vizaĝon, aspekton, voĉon, koloron, ĉio estas aĵo. Unu aĵo kaj aliaj aĵoj, ili ne malproksimiĝas reciproke unu de la alia. Kiel ili povus atingi la plej foran? Ili estas nur koloroj kaj formoj, ne plu. Io kreota ankoraŭ ne havas formon, kaj io kreita haltas tie, kie jam ne restas io transformiĝebla. Do, kiu povis jam atingi la kulminon, tiun la aĵoj neniel povas haltigi. Li ĝuste restas modera ene de la neekscesa kaj situas sin en senekstrema regulo. Li ludvagadas ĉie ajn, kie komenciĝas kaj finiĝas ĉiuj aĵoj. Unuiĝinte kun la denaska naturo, nutrante la Ĉjion,

135

akordiĝante al la virto, li komprenas la fonton de la kreitaĵoj. Tian personon gardas plene la Ĉielo, kaj lin ne falpuŝas dioj. Kiel la aĵoj povus interveni? Se iu drinkemulo falis el de ĉaro, li ne mortas, kvankam iomete vundite. Liaj ostoj kaj artikoj estas samaj, kiel de aliuloj. Diference de la aliaj, li ne vundiĝas, ĉar lia spirito estas en sia tuteco, ke tute egale li ne scias, ĉu li rajdas, ĉu falas. En lian koron ne envenas ajna sento, kiel morto, vivo, surprizo, timo. Do li ne timas kontraŭ ajna aĵo. Kvankam li havas tiun tutecon pere de vino, tamen li estas tia. Des pli tuteco de la Ĉielo. Sanktulo estas ŝirmata de la Ĉielo. Tial do povas vundi lin nenio kaj neniel. Ajna venĝemulo ne havigus al si venĝosenton al akraj glavoj, ajna flamemulo ne havigus al si venĝosenton al falinta sur sin tegolo. Tiel la mondo restas paca. Tiel ne okazus agresemaj militoj, ne estus puno per mortigo. Tion ebligas la Tao. Ne malfermu la homan naturon, sed malfermu la Ĉielan naturon.[499] Kiu malfermas la Ĉielan, tiu naskas virton. Kiu malfermas la homan, tiu naskas kanajlon. Ne malŝatu la Ĉielan. Ne preteratentu la homan. Por ke la popolo alproksimiĝu al la vero[500]. "

1903

Zhong Ni estis iranta al regno Chu. Pasante tra iu arbaro, li vidis ĝibulon kaptanta cikadojn, kvazaŭ facile plukanta. Zhong Ni diris al li: "Kiel lerta vi estas! Ĉu estas iu sekreta maniero? Li respondis: "Jes, mi havas la manieron. Se oni kvin-ses monatojn trejnadas meti du balojn unu sur la alia, ke ili balanciĝu kaj ne falu de sur la pinto de stango, tiam malmultiĝos la probableco de malsukceso. Se tri baloj ne falas, malsukceso iĝas je unu dekono. Se kvin baloj ne falas, jam eblas kaptadi tiel facile, kiel plukadi. Mi tenas min kvazaŭ rigida stumpo kaj miajn kubutojn similaj al mortobranĉoj. Kia ajn estu la grandeco de la Ĉielo kaj la Tero kaj la nombro de ĉiuj aĵoj, mi konas nur flugilojn de cikado. Mi, ne ŝanceliĝante tien, reen kaj flanken, koncentriĝas nur super flugiloj de cikado, tute forlasinte ĉion. Kial ne sukcesus kapti?" Konfuceo, turnante sin al disĉiploj, diris: "Tenu strebon sendisfenda kaj koncentriĝu je spirito. Jen tion diris la ĝibulo[501]."

1904

Yan Yuan demandis Zhong Ni, dirante: "Mi iam transiris la abismon, nomatan 'Pokala profundo', vidis boatiston stiranta diece. Mi demandis lin, ĉu eblas lerni stiri la boaton. Li diris, ke eblas. – Bona naĝanto povas post kelkfoja trejnado. Se subakvisto, li, eĉ ne vidinta antaŭe boaton, tuj povas stiri ĝin. – Mi demandis kial, sed li ne respondis plu. Ĉu mi povus demandi vin, kion la diritaĵo signifas?"

Zhong Ni diris: "Bona naĝanto povas post kelkfoja sperto, ĉar li forgesas la akvon. Subakvisto, eĉ antaŭe ne vidinta boaton, tuj povas, ĉar li vidas la abismon kvazaŭ la teron. Eĉ se okazus renverso de la boato, li vidas tion kvazaŭ iu ĉaro retiriĝus malantaŭen. Kiom ajn da renverso aŭ retiriĝo viciĝas antaŭ li, li ne estas implikota tien, kaj ĉie ajn li ne perdas sian liberecon. En pafarka vetludo oni pafas lerte la celon, se veti je tegolo. Se veti je fajna buko, oni pafas iomete kun skrupulo. Se veti je oro, oni pafas kun hezitado. Lerteco de pafarkisto estas sama. Kion oni zorgas grava, tio estas io ekstera. Ĝenerale, se rigardi la eksteraĵon grava, tiam la interno iĝas fuŝa."

1905

Tian Kaizhi vizitis dukon Wei de Zhou[502]. La duko Wei diris: "Mi aŭdis, ke s-ro Zhu Xian lernis kiel vivi. Vi kun s-ro Zhu Xian kune vagadis. Kion vi aŭdis de li?" Tian Kaizhi diris: "Mi nur balais ĉe li pordon kaj korton. Kion do mi povis aŭdi de la Majstro?"

La duko Wei diris: "Vi, Tianzi, ne humiliĝu tro. Mi tre volus aŭdi ion." Tian Kaizi diris: "Mi aŭdis la Majstron diri jenon: 'Kiu bone nutras la vivion, tiu similas al paŝtisto de ŝafoj. Vidante la postrestantan el ŝafaro, oni devas vipi ĝin.'"

La duko Wei demandis: "Kion signifas tio?" Tian Kaizhi diris: "En regno Lu vivis iu, nomata Shan Bao. Loĝante inter rokoj, trinkante akvon, li ne interrilatis kun popolanoj nek kundividis profiton. Sepdekjara, li ankoraŭ aspektis infano je sia vizaĝokoloro. Por sia malfeliĉo, li renkontis tigron malsatan, kiu mortigis lin kaj formanĝis lin. Vivis iu, nomata Zhang Yi. Li interrilatadis kun ĉiuj, ĉu altranguloj ĉu etuloj. Li, kvardekjara, malsaniĝis je febro, kaj mortis. Bao nutris sian internon, tamen ekstere tigro formanĝis lin. Yi nutris la eksteron, sed interna malsano atakis lin. Tiuj du personoj ne vipis la postrestantajn." Zhong Ni diris: "Ne kaŝu vin, nek elmontru vin, estu meze staranta en la centro kvazaŭ velkinto. Se vi sintenos je tiuj tri, via nomo nepre atingos kulminon de reputacio." Kiam iu vojaĝos eksteren, se antaŭe sur la vojo unu el dek estis mortigita, parencoj de vojaĝonto, ekzemple patro, filoj, fratoj, avertos lin, nepre akompanigos al li gardistojn kaj lasos lin ekiri. Tio estas ja saĝo, ĉu ne? Oni devas prizorgi ankaŭ interne en la dormĉambro dum amorado, kaj dum drinkado kaj manĝado. Eraras tiu, kiu ne scipovas preventi tion.

1906

Iu diservisto, vestite en nigra ceremonia vesto kaj krono, vizitis kaĝon de oferota porko kaj diris al la porko: "Kial ci malamas la morton? Mi nutris cin ĝuste tri monatojn, ekzercis dum dek tagoj, abstinis dum tri tagoj, kaj poste sternos blankan junkon kaj metos sur la gravuritan hakplaton ciajn ŝultrojn kaj postaĵojn. Ĉu ci deziras tion?" Sed, se konsideri la situacion de la porko, mi imagas, ke tiu ĉi preferus manĝi simplajn grajnŝelojn kaj branojn, sidante en la kaĝo, ol morti. Sed homoj, el la vidpunkto de sia kariero, se povas ricevi respekton vivante kun fajna ĉaro kaj altranga krono, mortinte per luksa ĉerkĉaro, preferas esti oferita, ĉirkaŭate per multaj ornamaĵoj. El la vidpunkto de la porko, oni rifuzos tion. El la vidpunkto de sia kariero, oni akceptas tion. En kio kuŝas la diferenco inter tiuj?

1907

Duko Huan estis ĉasanta ĉe marĉo kun sia ministro Guan Zhong kiel kondukisto[503]. La duko vidis ja iun fantomon. Li, prenante la manon de Guan Zhong, demandis: "Paĉjo Zhong[504], ĉu vi vidis iun?" Guan Zhong respondis: "Mi nenion vidis."

Reveninte, la duko ekdeliris kaj malsaniĝis. Li ne eliris dum kelke da tagoj. Inter oficistoj de regno Qi estis iu, nomata Huangzi Gao'ao, kiu diris: "Via Moŝto, vi mem damaĝas vin. Kiel iu fantomo povus damaĝi vin? Kaŭzas tion tro amasiĝinta Ĉjio. Se ĝi divergas kaj ne revenas, tiam okazas manko. Se ĝi iras supren kaj ne reiras suben, tiam ĝi igas la homon kolerema. Se ĝi iras suben kaj ne reiras supren, ĝi igas la homon forgesema. Se ĝi, irante nek supren nek suben, trafas la koron, centron de la korpo, tiam ĝi faras la homon malsana."

La duko Huan demandis: "Se tiel, ĉu vere ekzistas fantomoj?" Respondis: "Jes. En koto ekzistas t. n. Lv. En forno ekzistas Ji. En rubujo ene de domo loĝas Leiting. Sub nordorienta angulo saltadas Pei' a kaj Guilong. Sub sudokcidenta angulo loĝas Yiyang. En akvo ekzistas Wangxiang. Sur monteto ekzistas Shen, sur monto – Kui. Sur herbejo vagas Panghuang. En marĉo ekzistas Weiyi[505]."

La duko diris: "Diru al mi, kia estas la Weiyi." Huangzi diris: "Weiyi estas tiel granda kiel nabo, tiel longa kiel timono. Ĝi vestiĝas en purpura robo kun vermiljona krono. Ĝi estas malbela. Aŭdante tondron, ĝi tuj tenas kapon supren. Kiu vidis ĝin, tiu preskaŭ fariĝos konkerinto de la mondo." La duko Huan laŭte ridegis dirante: "Jen tiun mi vidis." Li vestiĝis formale kun krono kaj sidiĝis. Ne pasis unu tago, lia malsano malaperis, dum ne sciate.

1908

Ji Shengzi ekbredis batalkokon por reĝo. Dek tagojn poste la reĝo demandis: "Ĉu la batalkoko estas jam preta?" Ji respondis: "Ankoraŭ ne. Ĝi estas tro fiera kaj blufas." Pasis aliaj dek tagoj. La reĝo demandis same, Ji respondis: "Ankoraŭ ne. Ĝi reagas al alies krio kaj figuro." Pasis aliaj dek tagoj. La reĝo denove demandis, kaj Ji respondis: "Ankoraŭ ne. Vidante la alian, ĝi tuj ege ekscitiĝas." Pasis aliaj dek tagoj. La reĝo denove demandis, kaj Ji respondis: "Preskaŭ preta. Spite ke la aliaj kokerikas al ĝi, ĝi ne ŝanĝiĝas. Se vidi ĝin de malproksime, ĝi similas al ligna statuo de koko. Ĝia virto estas plene perfekta. Aliaj kokoj ne aŭdacas kontraŭi al ĝi, sed ili tuj imponite forkuras.

1909

Konfuceo iris al Lvliang, por rigardi kiel akvo falas de alteco de tridek renoj, kaj torentas ŝaŭmante je kvardek liojn[506]. Tie ne povas loĝi salamandroj, amfibioj, fiŝoj kaj testudoj. Jen rigardu, unu homo naĝas tie! Oni konsideris, ke li volus mortigi sin pro malĝojo. Konfuceo igis disĉiplojn alkuri al torento por savi lin. Sed tiu homo post naĝado je cent paŝoj eliris de akvo. Li iras promeni laŭ la bordo, kantante kun haroj malaranĝitaj.Konfuceo sekvis lin kaj demandis lin dirante: "Mi dubis vin fantomo, sed vi montriĝas homo. Diru al mi – Ĉu estas iu sekreto por tranaĝi la akvon?" Li respondis: "Ne. Mi havas nenian sekreton. Mi ekvivis pro iu kialo, kaj kreskis laŭ nature, kaj fariĝis tia laŭ sorto. Mi plonĝas centron al kirlo en akvon, elakviĝadas kun ondoj, sekvas la akvan vojon, ne farante mem per mia volo. Jen tial mi tranaĝas la torenton." Konfuceo demandis: "Kion signifas ekvivi pro iu kialo, kreski laŭ nature, fariĝi laŭ sorto?" Li respondis: "Tio, ke mi naskiĝis ĉe montkresto kaj loĝas ĉe la montkresto, estas la kialo. Tio, ke mi kreskis kun torento de akvo, estas naturo. Tio, ke mi ne scias kiel iĝi tia, estas la sorto."

1910

Lignoĉizisto Zi Qing, ĉizinte lignon faris stativon por muzikiloj-sonoriloj[507]. La stativo estas

konstruita. Kiu vidis, tiu miregis, ke ĝi estus farita de la Spirito. La markizo de regno Lu, vidante ĝin,

demandis la ĉiziston, dirante: "Kiun teknikon vi uzas por fari ĝin?" Li respondis: "Mi estas metiisto.

Kiun teknikon posedas mi? Tamen mi havigis al mi nur unu proceduron. Ekfarante stativon, mi antaŭ ĉio

penas ne perdi Ĉjion. Nepre ordigas la koron[508] kaj faras la koron kvieta. Ordigante tri tagojn, mi ne zorgas

pri laŭdo, rango aŭ salajro. Ordigante kvin tagojn, mi ne zorgas pri kritiko, honoro, lerteco aŭ mallerteco.

Ordigante sep tagojn, mi trankvile forgesas min mem, havantan kvar membrojn kaj korpon. Je tiu tempo,

jam al mi ne estas ofico nek reĝa korto. Je koncentriĝo en la gravurado malaperas ĉio ekstera, distranta

min. Poste mi eniras al monto en arbaron por observi la plej bonan formon el arboj laŭ la Ĉiela naturo. Post

kiam mi prezentas al mi la farotan stativon, mi aldonas ja la manon. Se ne tiel, mi ĉesus laboron. Tiel do

mia Ĉiela naturo akordiĝas al la Ĉiela naturo de ligno[509]. Jen, eble estus la kaŭzo, kial oni suspektis mian

laboron farita de la Spirito."

1911

Iu maneĝisto, nomata Dongye Ji, montris al la duko Zhuang sian teknikon. Ĉevalo iras antaŭen-

malantaŭen[510] tiel rekte, kiel laŭ tuĉlineo, turnas sin dekstren kaj maldekstren tiel ronde, kiel per cirkelo.

La duko Zhuang pensis, ke eĉ desegno[511] estus malpli preciza ol la spuro. La duko ordonis al Dongye, ke

ĉi tiu trakuradu cent hurdojn[512] kaj poste revenu. Yan He[513] vidis tion kaj enirinte diris al la duko: "La

ĉevalo de Ji tuj kadukiĝos." La duko silentis kaj ne respondis. Iom poste ĝi vere kadukiĝis kaj revenis. La

duko demandis Yan: "Kial vi sciiĝis tion?" Li respondis: "Malgraŭ ke la ĉevalo jam elĉerpiĝis je sia

forto, oni postulis al ĝi kuri plue. Tial do mi diris, ke ĝi kadukiĝos[514]."

1912

Iu metiisto, nomata Chui[515] , desegnis linion tiom precize kvazaŭ laŭ lineo kaj cirkelo. Liaj fingroj

akordiĝis kun aĵoj tiom nature, ke li mem ne bezonas intenci. Do fundamento de lia spirito tute koncentriĝis

en unu, kaj estis ne katenita. Oni forgesas siajn piedojn, kiam la ŝuoj estas komfortaj. Forgesas talion, kiam

la zono estas komforta. Forgesas je praveco-malpraveco de scio, kiam la koro estas komforta. Okazas nek

ŝanĝiĝo je interno, nek obeo je ekstero, kiam la afero iras komforte. Kio komforta de la komenco, ne iĝas

malkomforta – tio estas komforto de forgesita komforteco[516].

1913

Sun Xiu venis al la pordo de Majstro Bian Qingzi[517] kaj plendis, dirante: "Kiam mi estis en vilaĝo, oni ne rigardis min seneduka. Kiam mi estis en malfacileco, oni ne rigardis min senkuraĝa. Sed se mi kultivis sur la kampo, la jaro ne favoris min. Se mi servis al landestro, la mondo ne favoris min. Tiel mi estas forlasita hejme en la vilaĝo, ekzilita en la urbo. Je kio mi pekus tiel, kiel ricevus Ĉielan koleron? Pro kio mi devus renkonti ĉi tiun sorton?"

La Majstro Bian diris: "Ĉu vi ne aŭdis pri la Pleja Homo, kondutanta per si mem. Li forgesis sian hepaton kaj galon, forlasis siajn orelojn kaj okulojn, vagadis malligite ekster kotoj kaj polvoj, promenadis en senaga disciplino[518]. Tio signifas, ke li faras sed ne apogas sin sur sia forto, progresas sed ne mastras.

Nun vi ornamas sian scion kaj konsternas malsaĝulojn. Vi disciplinas sin mem kaj klare dismontras per tio alies malpuron, kvazaŭ vi irus, parade tenante sunon kaj lunon. Vi ricevis la korpon tute perfektan kun naŭ truoj, vivante en la mezo de la vojo sen tia difekto kiel surdo, blindo, lamo aŭ kriplaĵo. Kompare kun multaj homoj vi estas pli feliĉa ol aliaj. Kial do vi havas tempon por plendi kun rankoro al la Ĉielo kontraŭ sia malbonsorto? Vi, iru for!"

Sunzi foriris. Bianzi eniris kaj sidiĝis, iom poste ĉagreniĝis, kun vizaĝo supren al ĉielo.Disĉiplo demandis: "Majstro, kial vi ĉagreniĝas?"

Bianzi diris: "Ĵus alvenis s-ro Xiu. Mi parolis al li pri la virto de la Pleja Homo. Mi timas, ke tio eble konsternis lin kaj ege konfuzis lin."

La disĉiplo diris: "Tute ne gravas, ĉu diritaĵo de Sunzi estus prava, aŭ diritaĵo de Majstro estus malprava. Io malprava ja ne povus konfuzi la pravan. Se diritaĵo de Sunzi estas malprava kaj via diritaĵo estas prava, tiam estas nenio malbona, ĉar li venis ĉi tien jam konfuziĝinte." Bianzi diris: "Ne eblas diri tiel. Okazis antaŭe, ke flugis unu birdo al la suburbo de Lu kaj haltis. Landestro de Lu ĝojis je tio, regalis la birdon per diversaj viandoj kaj per koncerto de la muziko Jiu Shao. Sed la birdo malĝojis, vertiĝis, kaj povis manĝi nenion. Estis tiele pro tio, ke oni nutris la birdon laŭ sia propra maniero. Estus bone, se la birdo estus nutrata laŭ naturo de la birdo mem, t, e., loĝante en la profunda arbaro, flosante sur rivero kaj lago, manĝante libere, sentante sin nur paca surtere. Nun s-ro Xiu estas homo kun malvasta vidkampo. Malgraŭ tio mi parolis al li pri la Pleja Homo. Se diri alegorie, mi provis rajdigi muson sur ĉevalĉaro aŭ amuzigi paseron per sonoriloj kaj tamburoj. Kial ne li estus perpleksigita?"

20. 山木 Shan Mu

2001

庄子行于山中，见大木，枝叶盛茂，伐木者止其旁而不取也。问其故，曰："无所可用。"庄子曰："此木以不材得终其天年。"

夫子出于山，舍于故人之家。故人喜，命竖子杀雁而享之。竖子请曰："其一能鸣，其一不能鸣，请奚杀？"主人曰："杀不能鸣者。"

明日，弟子问于庄子曰："昨日山中之木，以不材得终其天年；今主人之雁，以不材死。先生将何处？"庄子笑曰："周将处夫材与不材之间。材与不材之间，似之而非也，故未免乎累。若夫乘道德而浮游则不然。无誉无訾，一龙一蛇，与时俱化，而无肯专为；一上一下，以和为量，浮游乎万物之祖；物物而不物于物，则胡可得而累邪！此神农、黄帝之法则也。若夫万物之情，人伦之传，则不然。合则离，成则毁，廉则挫，尊则议，有为则亏，贤则谋，不肖则欺，胡可得而必乎哉？悲夫！弟子志之，其唯道德之乡乎！

2002

市南宜僚见鲁侯，鲁侯有忧色。市南子曰："君有忧色，何也？"鲁侯曰："吾学先王之道，修先君之业，吾敬鬼尊贤，亲而行之，无须臾（离）居，然不免于患，吾是以忧。"市南子曰："君之除患之术浅矣。夫封狐文豹，栖于山林，伏于岩穴，静也；夜行昼居，戒也；虽饥渴隐约，犹旦胥疏于江湖之上而求食焉，定也。然且不免于网罗机辟之患，是何罪之有哉？其皮为之灾也。今鲁国独非君之皮邪？吾愿君枯形去皮，洒心去欲，而游于无人之野。南越有邑焉，名为建德之国。其民愚而朴，少私而寡欲；知作而不知藏，与而不求其报；不知义之所适，不知礼之所将；猖狂妄行，乃蹈乎大方；其生可乐，其死可葬。吾愿君去国捐俗，与道相辅而行。"

君曰："彼其道远而险，又有江山，我无君车，奈何？"市南子曰："君勿形巨，勿留居，以为舟车。"

君曰："彼其道幽远而无人，吾谁与为邻？吾无粮，我无食，安得而至焉？"

市南子曰："少君之费，寡君之欲，虽无粮而乃足。君其涉于江而浮于海，望之而不见其崖，愈往而不知其所穷。送君者皆自崖而反，君自此远矣！故有人者累，见有于人者忧。故尧非有人，非见有于人也。吾愿去君之累，除君之忧，而独与道游于大莫之国。方舟而济于河，有虚船来触舟，虽有偏心之人不怒。有一人在其上，则呼张歙之；一呼而不闻，再呼而不闻，于是三呼邪，则必以恶声随之。向也不怒而今也怒，向也虚而今也实。人能虚己以游世，其孰能害之！"

2003

北宫奢为卫灵公赋敛以为钟，为坛乎郭门之外，三月而成上下之悬。王子庆忌见而问焉，曰："子何术之设？"

奢曰："一之间，无敢设也。奢闻之：'既彫既琢，复归于朴。'童乎其无识，躺乎其怠疑；萃乎芒乎，其送往而迎来；来者勿禁，往者勿止；从其强梁，随其曲传，因其自穷。故朝夕赋敛而毫毛不挫，而况有大途者乎！"

2004

孔子围于陈、蔡之间，七日不火食。大公任往吊之，曰："子几死乎？"曰："然。""子恶死乎？"曰："然。"任曰："予尝言不死之道。东海有鸟焉，其名曰意怠。其为鸟也，纷纷秩秩，而似无能；引援而飞，迫胁而栖；进不敢为前，退不敢为后；食不敢先尝，必取其绪。是故其行列不斥，而外人卒不得害，是以免于患。直木先伐，甘井先竭。子其意者饰知以惊愚，修身以明汙，昭昭乎若揭日月而行，故不免也。昔吾闻之大成之人曰：'自伐者无功，功成者堕，名成者亏。'孰能去功与名，而还与众人？道流而不明居，得行而不名处；纯纯常常，乃比于狂；削迹捐势，不为功名。是故无责于人，人亦无责焉。至人不闻，子何喜哉？"

孔子曰："善哉！"辞其交游，去其弟子，逃于大泽，衣裘褐，食树栗，入兽不乱群，入鸟不乱行。鸟兽不恶，而况人乎！

2005

孔子问子桑户曰："吾再逐于鲁，伐树于宋，削迹于卫，穷于商周，围于陈蔡之间。吾犯此数患，亲交益疏，徒友益散，何与？"

子桑雽曰："子独不闻假人之亡与？林回弃千金之璧，负赤子而趋。或曰：'为其布与？赤子之布寡矣。为其累与？赤子之累多矣。弃千金之璧，负赤子而趋，何也？'林回曰："彼以利合，此以天属也。"夫以利合者，近穷祸患害相弃也；以天属者，迫穷祸患害相收也。夫相收之与相弃亦远矣。且君子之交淡若水，小人之交甘若礼；君子淡以亲，小人甘以绝。彼无故以合者，则无故以离。"

孔子曰："敬闻命矣！"徐行翔佯而归，绝学捐书，弟子无挹于前，其爱益加进。

异日，桑雽又曰："舜之将死，真泠禹曰：'汝戒之哉！形莫若缘，情莫若率。'缘则不离，率则不劳；不离不劳，则不求文以待形；不求文以待形，故不待物。"

2006

庄子衣大布而补之，正协系履而过魏王。魏王曰："何先生之惫邪？"

庄子曰："贫也，非惫也。士有道德不能行，惫也；衣弊履穿，贫也，非惫也。此所谓非遭时也。王独不见夫腾猿乎？其得楠梓豫章也，揽蔓其枝而王长其间，虽羿、蓬蒙不能眄睨也。及其得柘棘止枸之间也，危行侧视，振动悼慄，此筋骨非有加急而不柔也，处势不便，未足以逞其能也。今处昏上乱相之间，而欲无惫，奚可得邪？此比干之见剖心证也夫！"

2007 孔子穷于陈蔡之间，七日不火食，左据槁木，右击槁枝，而歌猋氏之风，有其具而无其数，有其声而无宫角，木声与人声，犁然有当于人之心。

颜回端拱还目而窥之。仲尼恐其广己而造大也，爱己而造哀也，曰："回，无受天损易，无受人益难。无始而非卒也，人与天一也。夫今之歌者其谁乎？"

回曰："敢问无受天损易。"仲尼曰："饥渴寒暑，穷桎不行，天地之行也，运物之泄也，言与之偕逝之谓也。为人臣者，不敢去之。执臣之道犹若是，而况乎所以待天乎！"

"何谓无受人益难？"仲尼曰："始用四达，爵禄并至而不穷，物之所利，乃非己也，吾命有在外者也。君子不为盗，贤人不为窃。吾若取之，何哉？故曰：鸟莫知于鹆，目之所不宜处，不给视，虽落其实，弃之而走。其畏人也，而入诸人间，社稷存焉尔。"

"何谓无始而非卒？"仲尼曰："化其万物而不知其禅之者，焉知其所终？焉知其所始？正而待之而已耳。"

"何谓人与天一邪？"仲尼曰："有人，天也；有天，亦天也。人之不能有天，性也，圣人安然体逝而终矣。"

2008

庄周游于雕陵之樊，睹一异鹊自南方来者，翼广七尺，目大运寸，感周之颡而集于栗林。庄周曰："此何鸟哉？翼殷不逝，目大不睹。"迁裳躩步，执弹而留之。睹一蝉方得美荫而忘其身；螳蜋执翳而搏之，见得而忘其形；异鹊从而利之，见利而忘其真。庄周怵然曰："噫！物固相累，二类相召也。"捐弹而反走，虞人逐而谇之。

庄周反入，三月不庭。蔺且从而问之："夫子何为顷间甚不庭乎？"庄周曰："吾守形而忘身，观于浊水而迷于清渊。且吾闻诸夫子曰：'入其俗，从其俗。'今吾游于雕陵而忘吾身，异鹊感吾颡，游于栗林而忘真，栗林虞人以吾为戮，吾所以不庭也。"

2009

阳子之宋，宿于逆旅。逆旅人有妾二人，其一人美，其一人恶，恶者贵而美者贱。阳子问其故，逆旅小子对曰："其美者自美，吾不知其美也；其恶者自恶，吾不知其恶也。"

阳子曰："弟子记之！行贤而去自贤之行，安往而不爱哉？"

LA ARBO DE MONTO

2001

Kiam Zhuangzi estis iranta en iun monton, trovis unu grandan arbon plenplenan de folioj. Iu arbohakisto staris apude, sed ne intencis haki ĝin. Zhuangzi demandis lin: "Kial?" Li respondis: "Ĝi uzeblas por nenio." Zhuangzi diris: "Ĉi tiu arbo ne utilas por ligno, do povas travivi longe ĝis la natura morto."

Zhuangzi, elirinte de la monto, tranoktis en la domo de sia malnova amiko. La amiko ekĝojis kaj ordonis al juna servisto mortigi anseron por kuiri. La servisto demandis: "Kiun mortigi? Ĉu tiun, kiu povas gaki, aŭ tiun, kiu ne povas gaki?" La mastro respondis: "Mortigu tiun, kiu ne povas gaki."

En la sekva tago, disĉiplo demandis Zhuangzi, dirante: "Hieraŭ rilate al la arbo de monto, ĝi povas longe vivi ĝis la natura morto pro sia senutileco. Nun la ansero de la mastro mortis pro sia senutileco. Kiun do vidpunkton vere prenas vi, Majstro?" Zhuangzi ridante diris: "Mi, Zhou, volus situi inter la utila kaj la senutila. Sed tiu pozicio laŭokaze tiel diversas unu de la alia, ke, kvankam simila, tamen estas tute malsama. Do neeviteblas miskompreno. Ne tia estas tiu, kiu laŭ la Tao kaj virto flos-vagadas.[519] Li

estas ne honorata nek riproĉata. Iam estante drako, iam estante serpento, li transformiĝas laŭtempe. Li ne restas faranto de nur unu sola afero. Iam supren, iam suben, li harmonias entute kiel la tuta kvanto. Li flos-vagadas ĉe la fonto de ĉies fontoj, kie aĵoj ekzistas per si mem kiel aĵo en aĵo, kaj por si mem kiel malaĵo en aĵo[520]. Do, kial li ĝenus sin? Tio estas la leĝo de Shen Nong kaj la Flava Imperiestro. Tiel do ĉies

realo kaj la kodo de homa etiko ne restas sama. Kuniĝo estas tuj disiĝo, perfektiĝo estas tuj ruiniĝo. Iu brava tuj estos tordita, iu respektinda tuj estos akuzita, faranto de afero tuj estos renversita, saĝulo tuj estos viktimo de ruza intrigo, humilulo tuj estos trompita. Kiel do eblus atingi nepre la atenditan rezulton? Ho, domaĝe! Miaj disĉiploj, nur alstrebu tien, al la hejmo de la Tao kaj ĝia virto[521].2002 S-ro Shinan Yiliao

vizitis la markizon de regno Lu, kiu aspektis trista. S-ro Shinan demandis kial la reĝo sentas sin tiel trista. La markizo de Lu diris: "Mi lernas la Vojon de antaŭaj sanktuloj kaj mastri la aferojn de antaŭaj reĝoj. Mi respektas Spiritojn kaj estimas saĝulojn. Mi mem faras la aferojn kaj neniam disiĝas de tio. Malgraŭ tio neeviteblas al mi afliktoj. Mi ĉagreniĝas je tio." S-ro Shinan diris: "La maniero, kiel vi penas forigi la afliktojn, estas tro supraĵa. Vulpoj kun riĉaj haroj kaj leopardoj kun bela felo loĝas en montoj kaj

144

arbaroj, kuŝas en krutaj kavernoj, tenante sin kvietaj. Ili vagadas nokte kaj kuŝas tage, restante skrupulaj por singardo. Eĉ suferante pro malsatiĝo, ili evitas homojn kaj serĉas manĝaĵojn ĉe riveroj kaj lagoj. Tio estas ilia regulo. Spite ĉion ĉi tion, al ili estas neevitebla la malfeliĉo de kaptiloj kiel reto kaj enfalejo. Kiu kulpas je tio? Kulpa estas ilia felo. Ĉu nuna regno Lu por vi ne estas la felo? Mi dezirus, ke vi detranĉu la formon por forigi la felon. Purigu vian koron kaj forlasu vian avidon. Vagadu en senhoma kampo. En la sudo de Yue estas unu provinco, nomata la Lando de Establita Virto. Tie la popolo estas naiva kaj simpla, havante da egoismo kaj avideco tre malmulte. La popolo scias kultivi kaj produkti, ne sciante akumuladi. Ili nur donas, ne postulante la rekompencon. Ili ne scias kien apliki la juston, nek kiel sekvi la decregulojn. Kvankam nur kondutas propravole, freneze kaj senkonscie, tamen la popolo iras al la Granda Direkto[522].

Ilia vivo povas esti ĝojiga, ilia morto povas ricevi taŭgan funebron. Mi dezirus, ke vi foriru de via regno, forlasu la vulgaran mondon kaj iru laŭ la Tao helpante unu al la alia reciproke."

La reĝo diris: "La Vojo estas malproksima kaj kruta, estas barita ankaŭ per riveroj kaj montoj. Mi ne havas ŝipon nek ĉaron. Kion fari?" S-ro Shinan diris: "Vi konsideru via ĉaro tion, ke vi ne havas arogantecon nek alligitecon."

La reĝo diris: "La Vojo estas malluma kaj fora, kaj senhoma. Ĉe mi ne estos provizo, nek mangaĵo, kiel mi povus atingi la celon?"

S-ro Shinan diris: "Vi elspezu malmulte, reduktu vian avidon, kaj, malgraŭ malmulteco, al vi sufiĉos la manĝoprovizo, eblos transiradi riverojn, transflosadi maron. Tiam eĉ se rigardi, antaŭ vi ne videblas ajna klifo. Ju pli vi iros, des pli ne estas sciate, kie elĉerpiĝos la limo. De sur la bordo revenos hejmen ĉiuj vin akompanintaj, do vi sola foriros de tie plu malproksimen.Do, kiu posedas homojn, tiu laciĝas. Kiu estas posedata de homoj, tiu ĉagreniĝas. Tial do Yao ne posedis homojn, nek vidis sin posedata de homoj. Mi petas vin forĵeti la reĝan laciĝon kaj forigi la reĝan ĉagrenon. Kaj vi sola vagu laŭ Tao atingi la regnon de Granda Krepusko.[523]   Kiam oni transiras riveron per ŝipo, se iu malplena boato tuŝis la ŝipon, eĉ koleremulo ne indigniĝos. Sed se unu homo troviĝas sur la boato, oni laŭte alkrios: 'For!' Se unu krio ne estis aŭdata, tri fojojn alkrios, nepre kun insultegoj. Je la unua kazo oni ne koleris, sed en la dua koleris, ĉar antaŭe estis malplene, sed poste nun ekzistas reala homo. Tiel same, kiu povos igi sin malplena kaj ludi en la mondo, tiun nenio povos damaĝi."

2003

Beigong She kolektis por la duko Ling imposton kaj faris sonorilojn. Ekster la kastela pordo li konstruis podion. En tri monatoj estas finkonstruita du vicoj da pendobretoj de sonoriloj, supra vico kaj suba vico. Princo Qingji, vidante tion, demandis: "Kian teknikon vi uzis por konstrui?"

She diris: "Nur unu[524], krome nenion alian mi ne aŭdacis fari. Mi aŭdis jenon. Post tajlado kaj polulado, denove reveni al simpleco. En malpleneco estu senkonscie fari aferon, estu malskrupule kaj pigre por dubi homojn. Rilate al kuniĝo kaj disiĝo, lasu foriranton, akceptu alvenanton. Lasu alveni, ne barante, kaj lasu foriri, ne haltigante. Lasu obstinulon oponi laŭ plaĉe, lasu ruzulon obei laŭ plaĉe, kaj lasu ĉiun

145

konduti per sia propra nepreco[525]. Tiel do, eĉ se matene-vespere impostigate, oni neniom senkuraĝiĝas. Des pli bone faros la aferon havanto de Granda Vojo[526]."

2004

Kiam Konfuceo estis sieĝata ĉe landlimo inter regnoj Chen kaj Cai[527], li ne povis manĝi la kuiritaĵon. Dagong Ren[528] venis al li konsoli, dirante: "Vi baldaŭ mortos." Li respondis: "Jes, certe." Ren demandis: "Ĉu vi malŝatas morton?" Li respondis: "Jes." Ren diris: "Mi provu paroli al vi pri la Vojo por senmorto. Ĉe la Orienta maro estas iu birdo, nomata Pigro. La birdo ŝajnas nekapabla, fuŝbatante flugile. Nur helpate ĝi povas ekflugi. Vivante kune kun aliaj en amaso, ĝi ne aŭdacas iĝi la unua je antaŭenirado, nek la lasta je retiriĝo. Je manĝado ĝi ne aŭdacas esti la unua kaj prenas nepre la restaĵon. Tial ĝi ne estas ekskludata de la vico en grupo, kaj la fremdaj ne turmentas ĝin. Tiel ĝi evitas afliktojn. Arbo, rekte staranta, estos unue hakita. Puto kun dolĉa akvo estos unue elĉerpita. En tiu senco, vi ornamas vin per erudicio kaj konsternas stultulojn. Per la memkulturiĝo vi malkaŝas en lumo alies malpuron, kvazaŭ vi brilante irus kun la suno kaj la luno. Tial do vi ne povas eviti malfeliĉon. Antaŭe mi aŭdis iun kompletan grandulon dirinta: 'Kiu fieras mem, tiu ne meritas. Kiu meritas, tiu falas. Kiu atingis renomon, tiu difektiĝas.' Kiu do povus forĵeti sian meriton kaj renomon, kaj retroiri al unu el la popolamaso? Tao fluas, sed ne lumate pri ĝia ekzisto. Virto estas farata, sed ne nomate pri la loko. Sennoma virtulo laŭ nevidebla Tao, estante pura-pura kaj ordinara-ordinara, estas komparebla al frenezulo. Li forviŝis sian piedsignon, forĵetis sian aŭtoritaton, kaj ne faras sian meriton kaj renomon sciata. Tial do li ne akuzas aliajn, kaj la aliaj ne akuzas lin. La Pleja Homo ne zorgas je reputacio. Kial vi ĝojas je tio?"

Konfuceo diris: "Bone. Rezigni la interrilaton, foriri de la disĉiploj, fuĝi al marĉego, vestiĝi en felo kaj kruda vestaĵo, manĝi glanon kaj kaŝtanon, se tiele, irante en bestaron mi ne konfuzus gregon, enirante en birdaron ne konfuzus ilin je vicordo. Eĉ birdoj kaj bestoj ne malamus min, des pli homoj." [529]

2005 Konfuceo demandis s-ron Sang Hu[530], dirante: "Mi estadis ekzilita el regno Lu du fojojn. En regno Song mi estus apenaŭ premita per arbo hakita, en regno Wei eĉ miaj piedsignoj estis forviŝitaj, en Shang kaj Zhou[531] mi estis suferigita pro ekstrema mizero, ĉe landlimo inter Chen kaj Cai mi estis sieĝita. Min trafis kelkaj afliktoj, mia rilato kun parencaro maldensiĝis pli kaj pli, kaj miaj lernantoj kaj amikoj disiĝis de mi pli kaj pli. Kial?"

S-ro Sang Hu diris: "Ĉu vi iam ne aŭdis kiel eskapis iu Jia-ano[532], nomata Lin Hui, forĵetinte la jadon valoran je mil orpecoj[533], sed portante surdorse la bebon. Oni demandis: 'Ĉu por la mono? Sed bebo kostas malpli. Ĉu por ĝeno? Sed bebo povas ĉagreni pli. Kial forĵeti la jadon valoran je mil orpecoj kaj anstataŭe porti surdorse la bebon?' Lin Hui respondis: 'Kiu elektas jadon, tiu estas ligita kun profito. Ligiteco kun bebo apartenas al la Ĉielo. Kiuj elektas profiton, tiuj forĵetas unu la alian en urĝa malfeliĉego[534]. Kiuj elektas la apartenantan al la Ĉielo, tiuj akceptas unu la alian en urĝa malfeliĉego.

Malproksima estas la distanco inter reciproka forĵetado kaj reciproka akceptado. Sed la rilato inter nobluloj estas sensapora kvazaŭ pura akvo. La rilato inter etuloj estas dolĉa kvazaŭ vino. Sensaporeco de nobluloj kondukas al amo. Dolĉeco de etuloj kondukas al ekskludo[535]. Kiuj akordiĝas sen kialo, tiuj disiĝas sen kialo."

Konfuceo diris: "Mi respektoplene aŭdis vian konsilon." Li foriris tute senĝene kun kvieta paŝo. Reveninte hejmen, li detenis sin de la lernado laŭ sensignifaj libroj. Disĉiploj, jam sen antaŭa formala saluto, amas lin multe pli profunde.Alian tagon s-ro Sang Hu aldone diris: "Ĉe sia morto Shun ordonis al Yu, dirante: 'Vi atentu jenon. Io, havanta formon, estu rigardata laŭ leĝo-kaŭzeco. Io, koncernanta senton, estu rigardata laŭ natura normo[536],' la leĝo-kaŭzeco estas nedisigebla, la normo ne estas peniga.

Oni devas sendise kaj senpene atendi formiĝon, ne serĉante ornamadon. Ne serĉi ornamadon sed atendi formiĝon – tio nepre ne signifas nuran atendon de materia ŝanĝiĝo[537]."

2006

Iam Zhuangzi vestis sin en robaĉego flikaĵplena, kun fi-ŝuoj truitaj kaj noditaj per ŝnuroj, kaj renkontiĝis kun reĝo de Wei[538].

La reĝo de Wei demandis: "Ĉu vi, Majstro, ekstreme ellaciĝis?"

Zhuangzi diris: "Pro malriĉo, sed ne pro ellaciĝo. Ke iu personeco, havante virton, ne povas fari aferon, tio estas pro ellaciĝo. Ke vestoj estas ĉifonaj kaj ŝuoj plenas je truoj, tio estas pro malriĉeco, sed ne pro ellaciĝo. Tio estas pro tio, ke ne favoras la tempo. Ĉu via reĝa Moŝto ne vidis simiojn viglaj, kiam ili ludas sur arboj, kiel dafnifilo, katalpo, kamforo? Ili saltadas kaj pendiĝas de branĉo al branĉo, de liano al liano, kiel fieraj reĝoj, dum longe. Tiam eĉ lerta pafarkisto, kiel Yi aŭ Peng Meng, ne povus celfiksi al tiuj simioj. Se ili estus inter pikarboj, kiel bukso, dornarbeto, pikarbuso, ponciro, tiuokaze ili moviĝus zorgeme kontraŭ danĝero, rigardante maltrankvile, tremante kaj timante. Tio estas ne pro tio, ke iliaj muskoloj kaj ostoj abrupte rigidiĝis, sed pro tio, ke en malkonvena loko ili ne povas vigle moviĝi.Nun, estante inter malklaraj superuloj kaj kapricaj ministroj, kiel oni povus ne ellaciĝi, kiom ajn dezirus tion? Tio estas ja simptomo de tiu Bi Gan[539], dissekcita por vidi lian koron."

2007

Konfuceo falis en malfacilegon ĉe la landlimo inter Chen kaj Cai. Sep tagojn li ne manĝis kuiritan manĝaĵon. Dume li, per maldekstra mano tenante velkintan arbon, per dekstra mano batante ĝin kun velkinta branĉo, estis kantanta pecon de klano Yan[540]. Estis tia kiel perkut-instrumento, sed ne troviĝis

147

muzikiloj por melodio. Estis voĉo, sed sen gamo[541]. Ligna sono kun homa voĉo movis homan koron, kvazaŭ pluganta virbovo.

Yan Hui kun rekta pozo kaŝe direktis tien okulojn. Zhong Ni ektimis, ke Yan Hui troigu la situacion, kaj, ke li pro troa amo al li ege kompatu lin. Konfuceo diris: "Hui, estas facile malatenti pri malprofito pro la Ĉielo, sed estas malfacile malatenti pri profito, ricevata de la homoj. Ne estas komenco, nek fino. Homoj kun la Ĉielo estas unu tuto. Se tiel, kiu do estas nuna kantanto, mi aŭ la Ĉielo?"

Hui diris: "Permesu al mi demandi vin, kion signifas la frazo: 'Estas facile malatenti pri la malprofito pro la Ĉielo' ?" Zhong Ni diris: "Malfavora fenomeno, kiel malsato, soifo, malvarmo, varmego, ekstrema senelirejo, estas fenomeno farata de la Ĉielo kaj la Tero, t. e. rezulto de memturniĝo de materio. Tiel nomata ĉio moviĝas kune kun ili. Sed homoj, servantaj al supro, ne povas aŭdaci foriri de tio. La Vojo de subuloj ja estas tia. Tial do, des pli oni atendas la Ĉielon."

Hui diris: "Kion signifas la frazo: 'Estas malfacile malatenti pri profito, ricevata de la homoj' ?" Zhong Ni diris: "Ekdungite, oni en la komenco progresas al kvar direktoj. Rango kaj salajro kune altiĝas senĝene. Ke iu persono ricevas materian profiton, tio ne dependas de la persono mem. Nia sorto estas posedata de io ekstera. Noblulo ne ŝtelas, saĝulo ne ŝteletas. Se ni akirus profiton, kio do ni estus? Estas dirite: 'Neniu birdo estas pli saĝa ol hirundo. Trovante lokon malkonvena, ĝi ne ĵetas rigardon kaj tuj rapide forflugas, eĉ se ĝi faligus akiritaĵon. Ĉar ĝi timas homojn. Malgraŭ tio ĝi turnas sin al inter homoj, ĉar tie ekzistas por ĝi ia nesto, kiel la sanktejo al dioj de tero kaj greno' ."

Al la demando, kion signifas la frazo – Ne estas komenco, nek fino –, Konfuceo diris: "Ĉio transformiĝas multdiverse, ne sciate al kiu heredanto. Kiel eblus scii kie io finiĝas? Kiel eblus scii kie io komenciĝas? Tion estas ĝuste nur atendi."

Al la demando, kion signifas – 'Homoj kun la Ĉielo estas unu tuto' –, Zhong Ni diris: "Ke ekzistas homoj, tio estas dank' al la Ĉielo. Ankaŭ la Ĉielo ekzistas dank' al la Ĉielo[542]. Sed estas denaska naturo, ke homoj ne povas regi la Ĉielon. Do sanktulo nur kviete forirante mortas je la korpo kaj finiĝas."

2008

Zhuang Zhou promenis en arbaro de Diaoling[543]. Li vidis unu strangan pigon alflugantan de sudo. Ĝi havas flugilojn vastajn je sep chioj, okulojn grandajn je unu cun[544]. Ĝi preterflugis lian frunton kaj eniris en la kaŝtanarbaron. Zhuang Zhou diris: Kiu estas ĉi tiu birdo? Kun siaj flugilegoj ĝi ne povas flugi rekte, kun siaj okulegoj ne povas vidi." Li, faldante baskon supren, postkuris kaj kun pafarko en mano celis al ĝi. Vidu, unu cikado en bela ombro ripozas forgesante sin. Kaj unu manto embuske gvatas por kapti la cikadon, ankaŭ forgesante sin en la observado. La stranga pigo sekvas la manton por kapti ĝin, forgesante la realon por profito. Zhuang Zhou konsterniĝis, dirante: "Ho, estaĵoj ĝenerale ofendas reciproke unu la alian, kaj paro de profito kaj malprofito alvokas unu la alian reciproke alterne." [545] Forĵetinte pafarkon li estis retroiranta. Gardisto de ĝardeno postkuris lin kaj riproĉis. Zhuang Zhou revenis hejmen kaj ne aperis publike[546] dum tri monatoj. Lin Ju vidante tion demandis: "Kial vi dume tute ne aperas publike?" Zhuang Zhou diris: "Alkroĉiĝante nur la eksteran formon, mi forgesis min mem. Observante malpuran akvon, mi perdiĝis ĉe pura abismo. Mi aŭdis majstron diranta: 'Se eniras inter vulgarulojn, obeu leĝon de la vulgaruloj.' Nun mi iris al Diaoling kaj tie mi forgesis min mem. Do stranga pigo tuŝis min je frunto. Promenante en la kaŝtanarbaro mi forgesis realon, do gardisto de la kaŝtanarbaro ege riproĉis kaj hontigis min. Jen kial mi ne aperis antaŭ publiko."

2009

Yangzi[547] survoje al regno Song tranoktis en iu hotelo. La hotelmastro havas du kromvirinojn: unu estas bela, la alia – malbela. La malbela estas traktata kiel nobla, la bela – kiel malnobla. Yangzi demandis kial. La hotelmastro respondis jene: "La bela konsideras sin bela, sed mi ne scias ŝian belecon. La malbela konsideras sin turpa, sed mi ne scias ŝian malbelecon."

Yangzi diris: "Vi, mia lernanto, notu tion. Kiu kondutas saĝe, forĵetante fieraĉan koron je sia saĝeco, tiu nepre estas amata ĉie ajn."

149

21. 田子方 Tian Zifang

2101 田子方侍坐于魏文侯，数称奚工。文侯曰："奚工，子之师邪？"子方曰："非也。无择之里人也，称道数当，故无择称之。"文侯曰："然则子无师邪？"子方曰："有。"曰："子之师谁邪？"子方曰："东郭顺子。"文侯曰："然则夫子何故未尝称之？"

子方曰："其为人也真，人貌而天虚，缘而保真，清而容物。物无道，正容以悟之，使人之意也消。无择何足以称之！"

子方出，文侯躺然，终日不言，召前立臣，而语之曰："远矣，全德之君子！始吾以圣知之言、仁义之行为至矣。吾闻子方之师，吾形解而不欲动，口钳而不欲言。吾所学者，直土偶尔！夫魏真为我累耳！"

2102

温伯雪子适齐，舍于鲁。鲁人有请见之者，温伯雪子曰："不可。吾闻中国之君子，明乎礼义而陋于知人心，吾不欲见也。"

至于齐，反舍于鲁，是人也又请见。温伯雪子曰："往也旗见我，今也又旗见我，是必有以振我也。"出而见客，入而叹。

明日见客，又入而叹。其仆曰："每见之客也，必入而叹，何邪？"曰："吾固告子矣：'中国之民，明乎礼义而陋乎知人心。'昔之见我者，进退一成规，一成矩，从容一若龙，一若虎，其谏我也似子，其导我也似父，是以叹也。"

仲尼见之而不言。子路曰："吾子欲见温伯雪子久矣，见之而不言，何邪？"仲尼曰："若夫人者，目击而道存矣，亦不可以庸声矣。"

2103

颜渊问于仲尼曰："夫子步亦步，夫子趋亦趋，夫子驰亦驰，夫子奔逸绝尘，而回撑若乎后矣。"

夫子曰："回，何谓邪？"曰："夫子步，亦步也，夫子言，亦言也，夫子趋，亦趋也，夫子辩，亦辩也，夫子驰，亦驰也，夫子言道，回亦言道也。及奔逸绝尘而回撑若乎后者，夫子不言而信，不比而周，无器而民蹈乎前，而不知所以然而已矣。"

仲尼曰："屋！可不察与！夫哀莫大于心死，而人死亦次之。日出东方而入于西极，万物莫不比方。有目有足者，待日而后成功，是出则存，是入则亡。万物亦然，有待也而死，有待也而生。

吾一受其成形，而不化以待尽；效物而动，日夜无隙，而不知其所终；熏然其成形，知命不能规乎其前，丘以是日徂。吾终身与汝，交一臂而失之，可不哀与！汝殆著乎吾所以著也。彼已尽矣，而女求之以为有，是求马于唐肆也。吾服汝也甚忘，汝服吾也亦甚忘。虽然，女奚患焉！虽忘乎故吾，吾有不忘者存。"

2104

孔子见老聃，老聃新沐，方将被发而干，蛰然似非人。孔子屏而待之，少焉见曰："丘也眩与？其信然与？向者先生形体掘若槁木，似遗物离人而立于独也。"老聃曰："吾游心于物之初。"

孔子曰："何谓邪？"曰："心困焉而不能知，口辟焉而不能言，尝为汝议其将。至阴肃肃，至阳赫赫；肃肃出乎天，赫赫发乎地；两者交通成和而物生焉。或为之纪，而莫见其形。消息满虚，一晦一明；日改月化，日有所为，而莫见其功。生有所乎萌，死有所乎归，始终相反乎无端，而莫知乎其所穷。非是也，且孰为之宗！"

孔子曰："请问游是。"老聃曰："夫得是，至美至乐也。得至美而游乎至乐，谓之至人。"

孔子曰："愿闻其方。"曰："草食之兽不疾易薮，水生之虫不疾易水，行小变而不失其大常也，喜怒哀乐不入于胸中。夫天下也者，万物之所一也。得其所一而同焉，则四支百体将为尘垢，而死生终始将为昼夜而莫之能滑，而况得丧祸福之所介乎！弃隶者若弃泥涂，知身贵于隶也，贵在于我而不失于变。且万化而未始有极也，夫孰足以患心！已为道者解乎此。"

孔子曰："夫子德配天地，而犹假至言以修心，古之君子，孰能脱焉？"老聃曰："不然。夫水之于汋也，无为而才自然矣。至人之于德也，不修而物不能离焉，若天之自高，地之自厚，日月之自明，夫何修焉！"

孔子出，以告颜回曰："丘之于道也，其犹醯鸡与！微夫子之发吾覆也，吾不知天地之大全也。"

2105

庄子见鲁哀公。哀公曰："鲁多儒士，少为先生方者。"庄子曰："鲁少儒。"哀公曰："举鲁国而儒服，何谓少乎？"庄子曰："周闻之：儒者冠圆冠者，知天时；履句屦者，知地形；缓佩玦者，事至而断。君子有其道者，未必为其服也；为其服者，未必知其道也。公固以为不然，何不号于国中曰'无此道而为此服者，其罪死！'"

于是哀公号之五日，而鲁国无敢儒服者。独有一丈夫儒服而立乎公门，公即召而问以国事，千转万变而不穷。

庄子曰："以鲁国而儒者一人耳，可谓多乎？"

2106

百里奚爵禄不入于心，故饭牛而牛肥，使秦穆公忘其贱，与之政也。有虞氏死生不入于心，故足以动人。

2107

宋元君将画图，众史皆至，受揖而立；舐笔和墨，在外者半。有一史后至者，儃儃然不趋，受揖不立，因之舍。公使人视之，则解衣般礴，臝。君曰："可矣，是真画者也。"

2108

文王观于臧，见一丈夫钓，而其钓莫钓，非持其钓，有钓者也，常钓也。文王欲举而授之政，而恐大臣父兄之弗安也；欲终而释之，而不忍百姓之无天也。于是旦而属之夫夫曰："昔者寡人梦见良人，黑色而髯，乘驳马而偏朱蹄，号曰：'尔而政于臧丈人，庶几乎民有瘳乎！'"诸大夫促然曰："先君王也。"文王曰："然则卜之。"诸大夫曰："先君之命，王其无它，又何卜焉！"

遂迎臧丈人而授之政。典法无更，偏令无出。三年，文王观于国，则列士坏植散群，长官者不成德，庾斛不敢入于四境。列士坏植散群，则尚同也；长官者不成德，则同务也；庾斛不敢入于四境，则诸侯无二心也。

文王于是焉以为太师，北面而问曰："政可以及天下乎？"臧丈人昧然而不应，泛然而辞，朝令而夜遁，终身无闻。

颜渊问于仲尼曰："文王其犹未邪？又何以梦为乎？"仲尼曰："默，汝无言！夫文王尽之也，而又何论刺焉！彼直以循斯须也。"

2109

列御寇为伯昏无人射，引之盈贯，措杯水其肘上，发之，适矢复沓，方矢复寓。当是时，犹象人也。伯昏无人曰："是射之射，非不射之射也。尝与汝登高山，履危石，临百仞之渊，若能射乎？"

于是无人遂登高山，履危石，临百仞之渊，背逡巡，足二分垂在外，揖御寇而进之。御寇伏地，汗流至踵。伯昏无人曰："夫至人者，上窥青天，下潜黄泉，挥斥八极，神气不变。今汝怵然有恂目之志，尔于中也殆矣夫！"

2110

肩吾问于孙叔敖曰："子三为令尹而不荣华，三去之而无忧色。吾始也疑子，今视子之鼻间栩栩然，子之用心独奈何？"

孙叔敖曰："吾何以过人哉！吾以其来不可却也，其去不可止也。吾以为得失之非我也，而无忧色而已矣。我何以过人哉！且不知其在彼乎，其在我乎？其在彼邪，亡乎我。在我邪？亡乎彼。方将踌躇，方将四顾，何暇至乎人贵人贱哉！"

仲尼闻之曰："古之真人，知者不得说，美人不得滥，盗人不得劫，伏羲、黄帝不得友。死生亦大矣，而无变乎己，况爵禄乎！若然者，其神经乎泰山而无介，入乎渊泉而不湿，处卑细而不惫，充满天地，既以与人，己愈有。"

2111.

楚王与凡君坐，少焉，楚王左右曰凡亡者三。凡君曰："凡之亡也，不足以丧吾存。夫'凡之亡也，不足以丧吾存'，则楚之存不足以存存。由是观之，则凡未始亡而楚未始存也。"

TIAN ZIFANG

2101

Tian Zifang estis asidua al la markizo Wen de regno Wei[548]. Li laŭdis iun Xi Gong. La markizo Wen demandis: "Ĉu li estas via instruisto?" Zifang diris: "Ne. Mia samvilaĝano. Lia opinio pri Tao ofte trafas. Do mi laŭdas lin." La markizo Wen demandis: "Ĉu vi ne havas la instruiston?" Zifang diris: "Mi havas." La markizo Wen demandis: "Kiu estas via instruisto?" Zi Fang respondis: "Dongguo Shunzi." La markizo Wen diris: "Se tiel, kial vi ne laŭdis lin antaŭe?" Zi Fang respondis: "Kiel homo, li estas persono de vero. Lia vizaĝo estas homa, sed kvazaŭ lia koro estus ĉionampleksa kiel Ĉiela malpleneco[549]. Sekvante kombinon de interrilatoj, li firme tenas la veron[550]. Estante pura, li ampleksas

aĵojn. Se en iu aĵo ne troviĝas la Tao, li mem ĝustigas tion per sia ekzemplo kaj komprenigas aliajn, tiel do lasas al homoj estingi la arbitran volon. Kiom ajn mi laŭdu lin, ne sufiĉas mia laŭdado al li."

Zifang foriris. La markizo Wen konsternite tutan tagon ne parolis. Poste li ekdiris al la staranta apude subulo: "Estas malproksime, por ke mi fariĝu noblulo de perfekta virto. Komence mi pensis, ke estus sufiĉe, se lerni la eldirojn de sanktaj intelektuloj kaj konduton de bonvoleco kaj justo. Aŭdante pri la instruisto de Zifang, mi kvazaŭ frakasiĝis je mia korpo kaj ne volus moviĝi, nek volus paroli kun buŝo ŝlosita. Kion mi antaŭe lernis, tio estis vere nura terpupo. Eĉ la regno Wei vere fariĝis nur laciga ŝarĝo por mi."

2102

Wenbo Xuezi[551] estis iranta al regno Qi, survoje tranoktis en regno Lu. Iu Lu-ano petis renkontiĝi kun li. Wenbo Xuezi diris: "Ne. Mi aŭdis, ke nobluloj en la Centra Regno, kvankam klare konas decregulojn, tamen estas malvastaj je kompreno de homa koro. Mi ne deziras vidi tiun."

Li, atinginte Qi, retroiris al Lu. Tiu persono denove petis renkontiĝon. Wenbo Xuezi diris: "Tien survoje li petegis vidi min, kaj nun denove sur revena vojo ankaŭ petegas vidi min. Nepre li havus ion por konsili al mi." Li eliris vidi la gaston. Reveninte, li suspiris.

En la sekva tago denove vidis, kaj reveninte, suspiris. Lia servanto demandis lin: "Kial vi nepre suspiras ĉiufoje post la renkontiĝo kun la gasto?" Li diris: "Mi jam diris al vi, ke popolanoj de la Centra

Regno scias pri decreguloj kaj justo klare, sed pri la homa koro scias malvaste. Tiu, kiun mi vidis, tenas sin tiel preciza je la konduto kiel aŭ cirkelo, aŭ ortilo, tiel aplomba kiel aŭ drakono, aŭ tigro. Kaj li admonas min kvazaŭ filo, kaj instruas min kvazaŭ patro. Tial do mi suspiras."

Zhong Ni siavice vidis lin kaj diris nenion. Zilu demandis: "Vi, mia Majstro, delonge deziris renkontiĝi kun Wenbo Xuezi. Post la renkontiĝo vi nenion diras, kial?" Zhong Ni diris: "Rilate al tiu homo, mi tuj vidis, ke li havas la Taon. Ne eblas esprimi pri li per vortoj."

2103

Yan Yuan demandis Zhong Ni, dirante: "Mi piediras, kiam vi piediras. Mi trotas, kiam vi trotas. Mi galopas, kiam vi galopas. Sed kiam vi impetas, restigante polvon, tiuokaze mi nur mirigite postrestas." La Majstro diris: "Hui, kion vi volus diri?" Yan Hui diris: "Kiam vi piediras, ankaŭ mi piediras. – tio signifas, ke mi parolas la samon, kion vi parolas. Kiam vi trotas, ankaŭ mi trotas. – tio signifas, ke mi argumentas la samon, kion vi argumentas. Kiam vi galopas, ankaŭ mi galopas. – tio signifas, ke mi parolas pri la Tao tiel same, kiel vi parolas pri la Tao. Kiam vi impetas, restigante polvon, tiuokaze mi nur mirigite postrestas. – tio signifas, ke mi neniel povas kompreni kial oni kredas vin, eĉ se vi ne parolas; kial oni proksimiĝas unu al la alia, eĉ se vi ne organizas grupon; kial oni kolektiĝas, eĉ se vi ne havas rangon."

Zhong Ni diris: "Ho, ni ne devas ne esplori bone pri tio. Nenia malĝojo estas pli granda ol morto je koro. Ĉar la morto je homa korpo estas nur la sekundara. La suno eliras de oriento kaj subiras al okcidenta limo. Ĉiuj estaĵoj direktas sin laŭ tio. Kiu havas okulojn kaj piedojn, tiu, nur atendante tion, sukcesas fari ion. Se eliras, tiam ekekzistas. Se subiras, tiam estingiĝas. Ĉio iras tia. Atendante, mortas; atendante, vivas. Unufoje ricevinte la formon por kreski, ni atendas la elĉerpiĝon de la formo neŝanĝebla. Se ni moviĝas laŭ rendimento de aĵoj tagnokte senĉese, tiam pri la fino estos ne sciate. Ni formiĝas spontane kaj scias la ordonon de la Ĉielo ne antaŭdifinebla. Tiel mi, Qiu, estas iranta ĉiutage laŭ natura nepreco. Eĉ se mi kun vi kunvivas nun man-en-mane, tamen iam perdiĝos. Tre bedaŭrinde. Vi lernas ĉe mi nur tion, kio aperas eksteren. Ĝi estas nur tio, ke jam elĉerpiĝis. Vi serĉas ĝin same, kiel oni serĉus ĉevalon sur vaka bazoro. Tute estos forgesita tio, ke mi servadis al vi, kaj ankaŭ tio, ke vi servadis al mi. Sed vi ne bezonas ĉagreniĝi pro tio. Malgraŭ ke vi forgesos la antaŭan min, ĉe mi restos ankaŭ io neforgesebla."

2104

Konfuceo vizitis Lao Dan. Lao Dan, baninte sin freŝa, kaj ĝuste estis sekiganta harojn. Li, senmova, ne similas al homo. Konfuceo senĝene atendis lin. Iom poste Konfuceo diris, vidante lin: "Mi, Qiu, apenaŭ blindiĝus aŭ vere konvinkiĝus, al mi ŝajnas, ke via korpo staris firme kvazaŭ velkinta arbo, forlasinte aĵojn kaj disiĝinte de io homeca, estis staranta unu en soleco." Lao Dan diris: "Mi lasis mian koron ludvaganta en la komenco de estaĵo." Konfuceo diris: "Kion signifas tio?" Lao Dan diris: "La koro, kiom ajn baraktus, ne povas scii; la buŝo, kiel ajn perforte malfermus, ne povas paroli. Sed mi provu diskuti por vi ĝuste pri tio. La pleja jino estas kviete pasiva, la pleja jango estas vigle aktiva. Io kviete pasiva devenas de la Ĉielo, kaj io vigle aktiva devenas de la Tero. Tiuj ambaŭ du miksiĝas kaj la komponaĵo estiĝas, kaj naskiĝas estaĵoj. Aŭ tio estus reguligata de iu, sed ne videblas la formo de la reguliganto. Jen malaperas, jen aperas, jen pleniĝas, jen malpleniĝas. Iam mallumas, iam lumas. Tagojn kaj monatojn la estaĵoj ŝanĝiĝas kaj transformiĝas, ĉiutage estas farate senĉese. Sed ne estos vidata la rezulto. Kie estas la vivo, tie burĝonas; kie estas la morto, tien retroiras. Inter la komenco kaj la fino, kontraŭanta unu al la alia, ne troviĝas iliaj ekstremoj kaj estas ne sciate kie estas la finfina limo. Rilate al ne-esto kaj esto, kiun do konsideri kiel la originon!"

Konfuceo demandis: "Bonvolu diri al mi, kion signifas tio, ke vi estis ludvaganta." Lao Dan diris: "Atinginto de tiu stadio akiras la plejan belecon kaj la plejan plezuron. Kiu, atinginte la plejan belecon, ekludas en la pleja plezuro, tiu estas nomata la Pleja Homo."

Kofuceo diris: "Mi petas vin, ke vi montru al mi la rimedon por atingi tion." Lao Dan diris: "Bestoj herbomanĝantaj ne malŝatas ŝanĝi herbejon. Reptilioj, vivantaj en akvo, ne malŝatas ŝanĝi profundan akvon. Eĉ se okazas malgranda ŝanĝiĝo, ili ne perdas la grandan konstantecon. Ĝojo, kolero, malĝojo kaj plezuro ne penetras en ilian bruston. La mondo estas ejo, kie tute unuiĝas ĉiuj estaĵoj. Akirinte la Unu-tutecon, ĉio akordiĝas en la tuta sameco. Tiam kvar membroj kaj cent pecoj de korpo fariĝas nur polvoj. Morto-vivo kaj komenco-fino fariĝas nur unu tagnokto. Jam nenio povus konfuzi iun ajn. Des malpli interveno de gajno-malgajno kaj feliĉo-malfeliĉo. La persono forĵetas sian sklavecon, samkiel forĵetas koton kaj ŝlimon, ĉar sentas sin mem nobla eĉ en sklaveco. La nobleco kuŝas en li mem, do ĝi neniom estus perdita pro ŝanĝiĝo. Ĉio transformiĝas sen la komenco sen la fino. Ĉu tio povus aflikti la koron? Kiu jam praktikas la Taon, tiu komprenas tion."

Konfuceo diris: "Majstro, via virto kovras la Ĉielon kaj la Teron. Plue, vi kulturas vian koron per la pleja vorto. Kiu el antikvaj nobluloj povus paroli tiel, kiel vi?" Lao Dan diris: "Ne, ne pravas. Akvo fluas nature kun nenio farata. Ankaŭ la virto de la Pleja Homo, nenion mem kultivante, ne povas disiĝi de estaĵoj. Tio estas same, kiel la Ĉielo estas mem alta, la Tero estas mem dika kaj la suno kaj la luno estas mem lumantaj. Kion ili kulturas?"

Konfuceo eliris kaj diris al Yan Hui: "Rilate al Tao, mi, Qiu, similas kvazaŭ al muŝeto en la vina vazo. Se la Majstro ne malfermus al mi la kovrilon, mi ne povus scii la grandan tutecon de la Ĉielo kaj la Tero."

2105

Zhuangzi vizitis dukon Ai de regno Lu[552]. Duko Ai diris: En Lu troviĝas multe da konfuceanoj, sed malmulte da viaj adeptoj." Zhuangzi diris: "En Lu estas da konfuceanoj nur malmulte." Duko Ai diris: "En la tuta Lu troviĝas kostumoj de konfuceanoj. Kial vi opinias, ke estas malmulte da ili?" Zhuangzi diris: "Mi, Zhou, aŭdis, ke konfuceanoj portas rondan kronon por scii la Ĉielan tempon, metas al si kvadratajn ŝuojn por scii la teran formon, portas ornamaĵon kun kvin koloroj ĉe la zono por fari rezolutan decidon. Noblulo kun Tao ne ĉiam vestas sin en tia kostumo. Kiu vestas sin en tia kostumo, ne ĉiam scias la Taon. Se Via Moŝto ne opinias tiel, kial vi ne dekretu al la tuta regno, ke oni mortopunu tiun, kiu ne sciante Taon vestas sin en la kostumo de konfuceano?"

Pasis kvin tagoj post kiam la duko Ai dekretis tion, kaj en Lu aŭdacis vesti sin en konfuceana kostumo neniu krom unu. Tiu unu viro ekaperis en la konfuceana kostumo ĉe la pordo de la duko. La duko invitis lin kaj demandis lin pri ŝtataj aferoj, multediversaj, kaj li ne konfuziĝis je la respondo.Zhuangzi diris: "En Lu estas trovita nur unu konfuceano. Ĉu eblus diri tion 'multe'?"

2106

Baili Xi ne atentis sian titolon kaj salajron gravaj en sia koro. Pro tio, ke li faras bovojn grasaj, la duko Mu de regno Qin komisiis al li administradon de la ŝtato spite lian malnobelan devenon. Klano de You Yu ne atentis la morton kaj vivon gravaj en sia koro. Do li povis movi homojn[553].

2107

Reĝo Yuan de regno Song iam volis pentraĵon, do amaso da pentristoj alvenis. Ili ricevis pentrilojn, kaj, likante pinton de peniko, ektuĉis. Duono de ili staris ekstere. Poste unu pentristo venis, aplombe kaj ne hastante. Li ricevis pentrilon, sed ne restante, revenis al ripozejo. La duko sendis homon por vidi lin. Li malvestiĝis, etendis siajn krurojn kaj estis nuda. La reĝo diris: "Bone. Tiu estas vera pentristo."

2108

Reĝo Wen[554] faris ekskurson al Zang[555]. Li vidis unu viron hokfiŝantan. Lia fiŝado ne estis la t. n. fiŝado. Ne havante ian intencon fiŝi, li estis fiŝanta. Kaj ĉiam fiŝis[556].Reĝo Wen ekvolus promocii lin kaj komisii al li regadon. Sed la reĝo timis, ke ministroj, patro, fratoj estu maltrankvilaj. Fine li malnodigis tion. Ĉar al li ne elteneblas, ke la popolo vivu sen la Ĉielo, tiel do li diris al grandaj oficistoj jene: "Hieraŭ mi sonĝis. Iu kun nigra vizaĝo kaj barbo estis rajdanta sur la makulhava ĉevalo kun vermiljona hufo kaj ordonis dirante: 'Se konfidi la regadon al la viro de Zang, la popolanoj espereble resaniĝos." Grandoficistoj humiliĝante respektplene diris: "Tiu estas la antaŭa reĝo[557]." Reĝo Wen diris: "Se tiel, divenu tion per aŭgurado." La grandoficistoj diris: "La antaŭa reĝo ordonis. Nenio alia. Kial bezonus aŭguri?"

Finfine oni invitis la viron el Zang, kaj komisiis al li la regadon. Li ŝanĝis nenion en la leĝa kodo, dekretis nenion devian. Tri jarojn poste la reĝo vidis la regnon tia, ke vicoj da oficistoj likvidis frakciojn, malorganizis klikojn, ĉefoj ne faras troan favoraĉon kaj fremdaj mezuriloj ne intervenas trans la kvar landlimoj. Tio, ke vicoj da oficistoj likvidis frakciojn kaj malorganizis klikojn, estas ja akordiĝo. Tio, ke ĉefoj ne favoraĉas, estas justa arango de funkcioj. Tio, ke ne intervanas trans limoj fremdaj mezuriloj, signifas, ke landestroj ne havas mallojalecon.Tial do reĝo Wen volus fari tiun viron Granda Majstro, fari sin mem lia subulo sidanta kun vizaĝo al nordo, kaj demandis lin dirante: "Ĉu eblas etendigi la politikon de tia regado al la tuta mondo?" La viro de Zang, ne respondante klare, malakceptis la proponon iel kaj tiel, matene kaj vespere, kaj fuĝis for. Poste jam ne estis aŭdate pri li.Yan Yuan demandis Zhong Ni, dirante: "Reĝo Wen ankoraŭ ne estis perfekta. Kial li devis manovri per tia sonĝo?"

Zhong Ni diris: "Silentu. Vi ne devas diri tiel. Reĝo Wen faris kion li povis. Kial do oni povus akuzi lin? Li obeis honeste la nepran necesecon."

2109

Lie Yukou montris sian pafark-arton al Bohun Wuren[558]. Li tiris sagon, kun plenplena taso da akvo starigita sur sia kubuto, kaj ekpafis. Sagoj trafis ĝuste la celon unu post la alia kaj unu sur la alia. Dume li staris senmove kvazaŭ statuo. Bohun Wuren diris: "Via arkpafado estas nur konscia pafado por pafi, sed ne estas pafado nekonscia. Prove, vi rampu supren al alta monto, stariĝu ĉe danĝera ŝtono sur la abismo profunda je cent renoj[559], ĉu vi povus pafi?"

Tiel do ili supreniris al la alta monto, stariĝis ĉe la danĝera ŝtono sur la abismo profunda je cent renoj. Bohun Wuren retiriĝis de dorse, kun piedoj atingitaj eĉ trans la randon je du trionoj de plando, kaj invitis Yukou-on antaŭeniri ĝis tie. Yukou kuŝiĝis sin surteren, ŝvitante sur la tuta korpo ĝis la kalkanoj. Tiam Bohu Wuren diris: "La Pleja Homo ne ŝanĝiĝas je spirito, eĉ se li irus supren ĝis la blua ĉielo, suben en la hadeson, al la ekstremoj de ĉiuj ok direktoj. Nun vi estas tremanta pro timego. Je tia koro apenaŭ trafus celon via sago."

2110

Jian Wu demandis Sunshu Ao[560], dirante: "Vi tri fojojn fariĝis ĉefministro, sed vi ne fieras tion gloro, tri fojojn eksiĝis kaj ĉagreniĝis je nenio. Unue mi dubis vin. Sed nun mi vidas vin kaj vian nazon tre leĝera kaj libera. Kiel vi regas vian koron?"

Sunshu Ao diris: "Per kio mi superas aliajn? Mi opinias venantojn nerifuzeblaj, forirantojn nehaltigeblaj. Mi konsideras, ke gajni aŭ malgajni ne koncernas min mem. Do mi neniom ĉagreniĝas. Je kio mi estus pli supera ol aliaj? Mi ne scias. Kialo kuŝas en la aliaj, aŭ en mi mem? Se en la aliaj, mi mem havas nenion ĉagreni. Se en mi mem, mi ne bezonas ĉagreni la aliajn. Mi mem hezitas ĝuste nun kaj ĝuste nun zorgas pri ĉirkaŭo de kvar direktoj. Neniom da libera tempo mi havas por scii, kiu estas nobla aŭ kiu malnobla."

Zhong Ni, aŭdinte tion, diris: "Koncerne de antikva Vera Homo, neniu intelektulo povus plezurigi lin, neniu belulino povus allogi lin, neniu ŝtelisto povus minaci lin, eĉ Fu Xi kaj la Flava Imperiestro ne povus amikiĝi kun li. Lia morto kaj vivo estas granda, kaj nenio povus ŝanĝi lin mem. Des malpli titoloj kaj salajroj. Je la persono kiel li, eĉ montego ne povus malhelpi al lia spirito travagadi, profunda akvofonto ne povus malsekigi lian spiriton, eĉ se ĝi plonĝus tien. Li ne laciĝas ie ajn en malalta mizereco, sed vivas plenplena en la Ĉielo kaj la Tero. Ju pli multe li donas al la aliaj, des pli multe li mem havigas al si."

2111

Reĝo de Chu sidis kune kun landestro de Fan[561]. Iom poste dekstra kaj maldekstra servistoj al la reĝo de Chu raportis tri fojojn, ke la lando Fan estas pereinta. La landestro de Fan diris: Tio, ke Fan pereas, ne povas perdigi al mi la mian ekzistadon. La pereo de Fan ne povas perdigi mian ekziston, kaj la ekzistado de la regno Chu ne povas igi vian ekziston daŭronta. El tia vidpunkto eblus diri, ke Fan ankoraŭ ne ekpereis, kaj Chu ankoraŭ ne ekekzistas[562]."

22. 知北游 Zhi Bei You

2201　知北游于元水之上，登隐弅之丘，而适遭无为谓焉。知谓无为谓曰：“予欲有问乎若：何思何虑则知道？何处何服则安道？何从何道则得道？”三问而无为谓不答也，非不答，不知答也。

知不得问，返于白水之南，登狐阕之丘，而睹狂屈焉。知以之言也问乎狂屈。狂屈曰：“唉！予知之，将语若，中欲言而忘其所欲言。”

知不得问，返于帝宫，见黄帝而问焉。黄帝曰：“无思无虑始知道，无处无服始安道，无从无道始得道。”知问黄帝曰：“我与若知之，彼与彼不知也，其孰是邪？”

黄帝曰：“彼无为谓真是也，狂屈似之，我与汝终不近也。夫知者不言，言者不知，故圣人行不言之教。道不可致，德不可至。仁可为也，义可亏也，礼相伪也。故曰：‘失道而后德，失德而后仁，失仁而后义，失义而后礼。礼者，道之华而乱之首也。’故曰：‘为道者日损，损之又损之，以至于无为，无为而无不为也。’今已为物也，欲复归根，不亦难乎！其易也，其唯大人乎！生也死之徒，死也生之始，孰知其极！人之生，气之聚也；聚则为生，散则为死。若死生为徒，吾又何患！故万物一也，是其所美者为神奇，其所恶者为臭腐；臭腐复化为神奇，神奇复化为臭腐。故曰：‘通天下一气耳。’圣人故贵一。”知谓黄帝曰：“吾问无为谓，无为谓不应我，非不我应，不知应我也。吾问狂屈，狂屈中欲告我而不我告，非不我告，中欲告而忘之也。今予问乎若，若知之，奚故不近？”黄帝曰：“彼其真是也，以其不知也；此其似之也，以其忘之也；予与若终不近也，以其知之也。”

狂屈闻之，以黄帝为知言。

2202

天地有大美而不言，四时有明法而不议，万物有成理而不说。圣人者，原天地之美而达万物之理。是故至人无为，大圣不作，观于天地之谓也。

今彼神明至精，与彼百化，物已死生方圆，莫知其根也，扁然而万物自古以固存。六合为巨，未离其内；秋毫为小，待之成体。天下莫不沉浮，终身不故；阴阳四时运行，各得其序。惛然若亡而存，油然不形而神，万物畜而不知。此之谓本根，可以观于天矣。

2203

啮缺问道乎被衣，被衣曰：“若正汝形，一汝视，天和将至；摄汝智，一汝度，神将来舍。德将为汝美，道将为汝居，汝瞳焉如新生之犊，而无求其故！”

158

言未卒，啮缺睡寐。被衣大悦，行歌而去之，曰："形若槁骸，心若死灰，真其实知，不以故自持。媒媒晦晦，无心而不可与谋。彼何人哉！"

2204

舜问乎丞曰："道可得而有乎？"曰："汝身非汝有也，汝何得有夫道？"

舜曰："吾身非吾有也，孰有之哉？"曰："是天地之委形也；生非汝有，是天地之委和也；性命非汝有，是天地之委顺也；孙子非汝有，是天地之委蜕也。故行不知所往，处不知所守，食不知所味。天地之强阳气也，又胡可得而有邪？"

2205

孔子问于老聃曰："今日安闲，敢问至道。"

老聃曰："汝齐戒，疏瀹而心，澡雪而精神，掊击而知。夫道，窅然难言哉！将为汝言其崖略。夫昭昭生于冥冥，有伦生于无形，精神生于道，形本生于精，而万物以形相生。故九窍者胎生，八窍者卵生。其来无迹，其往无崖，无门无房，四达之皇皇也。邀于此者，四肢强，思虑恂达，耳目聪明，其用心不劳，其应物无方。天不得不高，地不得不广，日月不得不行，万物不得不昌，此其道与！且夫博之不必知，辩之不必慧，圣人已断之矣。若夫益之而不加益，损之而不加损者，圣人之所保也。渊渊乎其若海，巍巍乎其终则复始也，运量万物而不匮，则君子之道，彼其外与！万物皆往资焉而不匮，此其道与！中国有人焉，非阴非阳，处于天地之闲，直且为人，将反于宗。自本观之，生者，喑噫物也。虽有寿夭，相去几何？须臾之说也。奚足以为尧、桀之是非！果蓏有理，人伦虽难，所以相齿。圣人遭之而不违，过之而不守。调而应之，德也；偶而应之，道也。帝之所兴，王之所起也。人生天地之间，若白驹之过卻，忽然而已。注然勃然，莫不出焉；油然漻然，莫不入焉。已化而生，又化而死，生物哀之，人类悲之。解其天弢，堕其天𧘪，纷乎宛乎，魂魄将往，乃身从之，乃大归乎！不形之形，形之不形，是人之所同知也，非将至之所务也，此众人之所同论也。彼至则不论，论则不至；明见无值，辩不若默。道不可闻，闻不若塞。此之谓大得。"

2206

东郭子问于庄子曰："所谓道，恶乎在？"庄子曰："无所不在。"东郭子曰："期而后可。"庄子曰："在蝼蚁。"曰："何其下邪？"曰："在稊稗。"曰："何其愈下邪？"曰："在瓦甓。"曰："何其愈甚邪？"曰："在屎溺。"东郭子不应．庄子曰："夫子之问也，固不足质。正获之问于监市履豨也，每下愈况。汝唯莫必，无乎逃物。至道若是，大言亦然。周，遍，咸三者，异名同实，其指一也。尝相与游乎无何有之宫，同合而论，无所终穷乎！尝相与无为乎！澹而静乎！漠而清乎！调而闲乎！寥矣吾志，无往焉而不知其所至，去而来而不知其所止，吾已往来焉而不知其所终；彷徨乎冯闳，大知入焉而不知其所穷。物物者与物无际，而物有际者，所谓物际者也；不际之际，际之不际者也。谓盈虚衰杀，彼为盈虚非盈虚，彼为衰杀非衰杀，彼为本末非本末，彼为积散非积散也。"

159

2207

婀荷甘与神农同学于老龙吉。神农隐几阖户昼瞑，婀荷甘日中栫户而入，曰："老龙死矣！"神农（隐几）拥杖而起，博然放杖而笑，曰："天知予鄙陋慢旦，故弃予而死。已矣！夫子无所发予之狂言而死矣夫！"

弇堈吊闻之，曰："夫体道者，天下之君子所系焉。今于道，秋毫之端万分未得处一焉，而犹知藏其狂言而死，又况夫体道者乎！视之无形，听之无声，于人之论者，谓之冥冥，所以论道而非道也。"

2208

于是泰清问乎无穷曰："子知道乎？"无穷曰："吾不知。"

又问乎无为。无为曰："吾知道。"曰："子之知道，亦有数乎？"曰："有。"曰："其数若何？"无为曰："吾知道之可以贵，可以贱，可以聚，可以散。此吾所以知道之数也。"

泰清以之言也问乎无始，曰："若是，则无穷之弗知与无为之知，孰是而孰非乎？"无始曰："不知深矣，知之浅矣；弗知内矣，知之外矣。"于是泰清中而叹曰："弗知乃知乎！知乃不知乎！孰知不知之知？"

无始曰："道不可闻，闻而非也；道不可见，见而非也；道不可言，言而非也。知形形之不形乎？道不当名。"

无始曰："有问道而应之者，不知道也。虽问道者，亦未闻道。道无问，问无应。无问问之，是问穷也。无应应之，是无内也。以无内待问穷，若是者，外不观乎宇宙，内不知乎太初，是以不过乎昆仑，不游乎太虚。"

2209

光耀问乎无有曰："夫子有乎？其无有乎？"（无有弗应也。）光耀不得问，而熟视其状貌，窅然空然，终日视之而不见，听之而不闻，搏之而不得也。

光耀曰："至矣，其孰能至此乎！予能有无矣，而未能无无也；及为无有矣，何从至此哉！"

2210

大马之捶钩者，年八十矣，而不失豪芒。大马曰："子巧与？有道与？"

曰："臣有守也。臣之年二十而好捶钩，于物无视也，非钩无察也。是用之者，假不用者也以长得其用，而况乎无不用者乎！物孰不资焉？"

2211

冉求问于仲尼曰："未有天地可知邪？"仲尼曰："可。古犹今也。"冉求失问而退，明日复见，曰："昔者吾问'未有天地可知乎'，夫子曰：'可。古犹今也。'昔者吾昭然，今日吾昧然，敢问何谓也？"仲尼曰："昔之昭然也，神者先受之；今之昧然也，且又为不神者求邪！无古无今，无始无终。未有子孙而有子孙，可乎？"冉求未对。仲尼曰："已矣，末应矣！不以生生死，不以死死生。死生有待邪？皆有所一体。有先天地生者，物邪？物物者非物。物出不得先物也，犹其有物也。犹其有物也，无已。圣人之爱人也终无已者，亦乃取于是者也。"

2212

颜渊问乎仲尼曰："回尝闻诸夫子曰：'无有所将，无有所迎。'回敢问其由。"

仲尼曰："古之人外化而内不化；今之人内化而外不化。与物化者，一不化者也。安化安不化？安与之相顺，必与之莫多。希韦氏之囿，黄帝之圃，有虞氏之宫，汤武之室。君子之人，若儒墨者师，故以是非相和也，而况今之人乎！圣人处物不伤物。不伤物者，物亦不能伤也。唯无所伤者，为能与人相将迎。山林与，皋壤与，（与我无亲），使我欣欣然而乐与！乐未毕也，哀又继之。哀乐之来，吾不能御，其去弗能止。悲夫！世人直为物逆旅耳！夫知遇而不知所不遇，（知）能能而不能所不能。无知无能者，固人之所不免也。夫务免乎人之所不免者，岂不亦悲哉！至言去言，至为去为。齐知之所知，则浅矣。"

161

SCIO VAGAS NORDE

2201

S-ro Scio[563] vagis norde, ĉe la Nigra Fonto. Kiam supreniris profundan monteton, li hazarde

renkontiĝis kun s-ro Senago-Senparolo. Scio diris al Senago-Senparolo: "Mi volus demandi vin. Kiel

pensi kaj kiel konsideri por scii la Taon? Kia loko kaj kia servado kondukas al la restado en la Tao? Kia

sekvado kaj kia vojo kondukas al la akiro de la Tao?" Al tiuj tri demandoj ne respondis Senago-Senparolo,

ne pro tio, ke ne estas respondo, sed pro tio, ke ĝi ne scias kiel respondi.Scio ne povis demandi plue,

revenis suden, al la Blanka Akvo. Kiam supreniris sur monteton de Soleca Ripozo, li vidis s-ron Frenezo-

Obstinon. Scio per samaj vortoj demandis Frenezo-Obstinon. Ĉi tiu respondis: "Ho, mi scias tion. Nun mi

rakontos al vi."

Ĝi volus paroli, sed dume forgesis kion ĝi volus diri. Scio, ne povinte demandi plu, turnis sin al

la imperiestra palaco. Vidante la Flavan Imperiestron, li redemandis. La Flava Imperiestro diris: "Sen

pensado, sen konsiderado, ekkoneblas la Tao. Sen loko, sen servado, ekripozeblas en la Tao. Sen sekvado,

sen vojo, ekakireblas la Tao." Scio demandis la Flavan Imperiestron: "Mi ĉe vi sciĝis tion. Antaŭaj

ambaŭ ne sciis. Kiu do pravas?" La Flava Imperiestro diris: "S-ro Senago-Senparolo vere pravas. S-ro

Frenezo-Obstino estis proksima al la vero. Mi kun vi finfine ne estas proksimaj al la vero. Kiu scias, ne

diras. Kiu diras, ne scias. Tial do sanktuloj praktikas nedireblan instruon. La Tao estas neatingebla. La virto

estas neakirebla. Eblas fabriki bonvolecon. Eblas senigi juston. Decreguloj trompas unu la alian. Tial do

estas dirite: 'Post kiam la Tao perdiĝis, estiĝas virto. Post kiam virto perdiĝis, estiĝas bonvoleco. Post

kiam bonvoleco perdiĝis, estiĝas justo. Post kiam justo perdiĝis, estiĝas decreguloj. Do decreguloj estas

floro de Tao, kaj samtempe la komenco de malordo.' [564] Tial do estas dirite: 'Kiu faras por la Tao, tiu

malgrandigas sin ĉiutage. Malgrandigante sin pli kaj pli, tiu atingas senagon. Nenion fari estas ja samkiel

nenion ne fari' [565]. Sed nun por tiu, kiu jam faras aĵojn, kiel ajn tiu dezirus reveni al la radiko, tamen estas

malfacile, ĉu ne? Nur por grandulo estus facile. La vivo estas adepto de la morto. La morto estas komenco

de la vivo. Kiel estas sciate pri la leĝo reganta? La vivo de homo estas kolektiĝo de Ĉjioj. La kohero

estas vivo, kaj la disperso estas morto. Se la vivo kaj la morto estas kunuloj, je kio do mi ĉagreniĝus?

Ĉar ĉio estas unu tuto. Io bela faras diecan miraklon, io malbela – fiodoran putraĵon. La fiodora putraĵo transformiĝas ja en la diecan miraklon, kaj la dieca miraklo transformiĝas ja en la fiodoran putraĵon. Tial do estas dirite: 'Tra la mondo estas nur unu tuto de Ĉjioj.' [566]　　Do sanktuloj estimas la Unu-tutecon." Scio diris al la Flava Imperiestro: "Mi faris demandon al la Senago-Senparolo, sed la lasta ne respondis al mi. Ĝi ne respondis al mi pro tio, ke ĝi ne povoscias respondi al mi. Mi faris demandon al la Frenezo-Obstino. Ĝi volus paroli al mi, sed ne finparolis al mi. Ĝi parolintus al mi pro tio, ke ĝi forgesis la respondon. Nun mi faris demandon al vi, kaj vi scias respondi. Kial vi estas neproksima al la vero?" La Flava Imperiestro diris: "Ĉar la unua atingis la veron, tial ĝi ne scias. La dua proksimiĝas al la vero, do ĝi forgesis. Mi kaj vi finfine ne estas proksimaj al tio, ĉar al ni atingeblus ĝi per la scipovo."

La Frenezo-Obstino aŭdis tion kaj taksis la Flavan Imperiestron scianta paroli.

2202

La Ĉielo kaj la Tero havas la grandan belecon, sed nenion diras. La Kvar sezonoj havas la klaran regulon, sed nenion argumentas. Ĉiuj estaĵoj havas sian rezonon, sed ne eksplikas. Saĝuloj deziras baziĝi sur la beleco de la Ĉielo kaj la Tero, atingi la rezonon de ĉiuj estaĵoj. Tiel do la Pleja Homo estas senaga, la granda saĝulo ne artefaras. Estas dirite, ke ili observas la Ĉielon kaj la Teron.

Nun diece klaras la pleja esenco, per kiu la estaĵoj transformiĝas tiel multediverse, kiel morto, vivo, kvadrato, rondo, ne sciante pri siaj radikoj. Universe kaj nature ekzistas ĉio firme de antikveco. La Universo[567], kvankam estas granda, tamen ne disigita interne de Tao. Hararo de aŭtunaj bestoj kvankam estas malgranda, tamen estiĝas kaj kreskas per funkcio de Tao. La mondo ne ĉesas flosadi supren kaj malsupren kaj eterne ne iĝas malnova. Jino kaj jango, kaj kvar sezonoj respektive moviĝas laŭvice en ordo. Tio, spite ke ne videblas klare kvazaŭ nenio, tamen ekzistas. Malgraŭ ke ŝajnas senforma, tamen estas la spirito. Tio nutras kaj kreskigas ĉiujn estaĵojn, sed ne sciate. Tio estas nomata 'Fonta Radiko', perceptebla tra la Ĉielo[568].

2203

Nie Que demandis Bei Yi pri la Tao[569]. Bei Yi diris: "Vi, ĝustigu vian formon, koncentru la vidpovon en unu, vi atingos ja la Ĉielan harmonion. Forlasu vian scion, unuigu vian animon, la spiritoj ja venos en vin. La virto ĝuste faros vin bela. La Tao ĝuste faros vin sia loĝejo. Viaj okuloj iĝos naturaj, kvazaŭ ĉe novenaskiĝinta bovido, ne serĉos egoistan memon."

Antaŭ ol li finintus la paroladon, Nie Que ekdormis. Bei Yi ĝojegis kaj foriris, kantante jenon. "Ties formo kvazaŭ velkinta korpo. Ties koro kvazaŭ mortinta cindro. Vera estas ties reala scio. Ne havante ĉe si egoistan memon, meze kaj nebule, vivas senzorge, nenion havante en koro, ne harfendas. Kiu do estas tiu homo?"

2204

Shun demandis al sia instruisto Cheng: "Ĉu eblas akiri kaj posedi la Taon?" [570] Cheng diris: "Vi ne posedas eĉ vin mem, kial vi povus posedi la Taon?"

Shun diris: "Se mi ne posedas min mem, kiu do posedas min?" Cheng diris: "La Ĉielo kaj la Tero komisiis al vi la formon. Ankaŭ la vivo ne estas via posedaĵo. Tio estas harmonio, komisiita de la Ĉielo kaj la Tero al vi. Ankaŭ denaska naturo kaj sorto ne estas via posedaĵo. Tio estas submetiĝo, komisiita de la Ĉielo kaj la Tero al vi. Ankaŭ nepo ne estas via posedaĵo. Tio estas elŝeliĝo, komisiita de la Ĉielo kaj la . Tero. Tial do estas ne sciate al homo, kien li, irante, atingos; kie li, loĝante, tenos sin; kion li, manĝante, gustumas. Nur estas forta janga Ĉjio[571] de la Ĉielo kaj la Tero. Kiel la homo mem povus posedi ion ajn?"

2205

Konfuceo demandis Lao Dan: "Hodiaŭ ni havas liberan tempon, do permesu al mi demandi vin pri la pleja Tao."

Lao Dan diris: "Vi abstinu, sinlavu je koro, purigu spiriton blanka kiel neĝo, kaj frakasu vian scion. La Tao estas tre profunda, ke estas malfacile paroli per vortoj. Kion mi parolos al vi, tio estas nura kompendio. La brilo naskiĝas en mallumo. Io, havanta ordon, naskiĝas en senformo. Spiritoj naskiĝas en Tao. Fonto de korpo naskiĝas el energio. Ĉiuj estaĵoj naskiĝas kun forma aspekto. Estaĵoj kun naŭ truoj naskiĝas el utero, kaj estaĵoj kun ok truoj naskiĝas el ovoj. Ili venas de io senpostsigna kaj iras al senlimo, survoje estas nek pordo nek ĉambro, iras ĉien al kvar direktoj. Kiu sekvas tiun vojon, tiu fariĝas forta je membraro, penetrebla je pensado, akra kaj klara je oreloj kaj okuloj, ne laciĝas spite koron zorgoplenan, konformiĝas al ĉio ajn. Tiam la Ĉielo ne devas ne alta, la Tero ne devas ne vasta, la suno kaj la luno ne devas ne rondiradi, ĉiuj estaĵoj ne devas ne disfloradi. Tia estas la Tao. Kiu estas erudicia, tiu ne nepre estas sciulo. Kiu estas elokventa, tiu ne nepre estas saĝulo. Sanktulo estas malligita de tio. Se profitis, ne pliigi profiton; se malprofitis, ne pliigi malprofiton. Tia sinteno estas ĉe la sanktulo. Lia sinteno estas tiel profunda kiel maro, tiel ekstreme alta, kaj por li la fino estas ja denova komenco. Utiligi ĉion sen manko – tio estas la vojo de noblulo. Li estas ekstera. Lasi ĉiun iri helpi kiun ajn sen manko – tio estas ja la Tao." Homo ekzistas en Meza lando[572], nek nur je jino, nek nur je jango. Li loĝas inter la Ĉielo kaj la Tero. Nun li fariĝis homo, sed ĝuste turnos sin al prapatro. Se observi lin el de la fonto, vivanto estas estaĵo kiel kondensiĝo de Ĉjioj. Spite ke iu estas longeviva, alia – mallongeviva, kiom da diferenco estas je tio? Ĝojo estas nur momenta. Kial do eblus taksi reĝojn Yao kaj Jie bona aŭ malbona? Fruktoj kaj kukurboj havas kialon de ekzistado. Rilate al la homa ordo, kvankam estus komplike, tamen ili estas similaj unu al la aliaj je dentoj aŭ jaroj de vivdaŭro. Sanktulo ne kontraŭas al io renkontata, nek estas alligita al io trapasinta. Ke li konformas sin al harmonio, tio estas lia virto. Tio estas la Tao, ke li konformas sin al hazardo. Jen kie ekvigliĝas imperiestro, jen kie ekestiĝas reĝo." "La tempodaŭro de homa vivo en la mondo estas nura momento, kvazaŭ blanka ĉevalo trakuras spaceton. Abrupte-vigle ekaperas, lante-fluante malaperas. Naskiĝas transformiĝinte, kaj transformiĝinte mortas. Kompatinde estas pro tio al vivaĵoj, triste estas pro tio al homaro. Malligante sagujon, donitan de la Ĉielo, forĵetante tornistron, donitan de la Ĉielo, polvosimile leĝere estas ĝuste ironta la spirito-animo. Kaj sekvas ĝin la korpo. Tio estas ja la granda reveno. Io senforma formiĝis, kaj la formo senformiĝos. Pri tio ĝenerale estas sciate al homoj. Je tia nepra estonto ne necesas klopodi. Sed popolamaso same argumentas pri tio. Kiu estas atinginta, tiu ne diskutas. Kiu diskutas, tiu ne estas atinginta. Klara vido ne indas. Estas preferinde silenti ol argumenti. La Tao estas neaŭdebla, pli bone estas ŝtopi orelojn ol aŭdi. Ĉar tio estas nomata la granda akiro[573]."

2206

Dongguozi demandis Zhuangzi: "Kie troviĝas la tiel nomata Tao?" Zhuangzi diris: "Troviĝas ĉie ajn." Dongguozi diris: "Ĉu vi povus pli precize diri?" Zhuangzi diris: "Estas ĉe talpogrilo kaj formiko." Dongguozi diris: Kiel malalta!" Zhuangzi diris: "Ekzistas en sovaĝa panico." Dongguozi diris: "Pli malalta." Zhuangzi diris: "Ekzistas en tegolo kaj kahelo." Dongguozi diris: "Ju pli, des malpli alta." Zhuangzi diris: "Ekzistas en urino kaj fekaĵo." Dongguozi ne respondis.Zhuangzi diris: "Via demando mem maltrafas la esencon. Kiam iu inspektoro demandis la intendanton de merkato pri ekzameno de porko, la lasta diris, ke ekzameni porkon je membroj ju pli malaltaj, des pli bone sciate pri la kvalito. Vi ne alteniĝu nur al nepreco. Ne preterlasu aĵojn. La Tao estas tia. Ankaŭ la grandaj vortoj estas tiaj.

"Kompleteco", "Universeco", "Tuteco" – ĉiu el tri, kun nomoj diversaj, enhavas la saman realon, kiel unusamecon je la signifo. Prove, ni kune ludu en la palaco de Nenio. Kune diskutu pri io senlima-senfina. Kune faru nenion. Estu simpla kaj kvieta, vasta kaj pura, harmonia kaj serena. Nia koro estas nur vanta. Nenien iradas, kaj ne estas sciate al ĝi pri loko por atingi. Jen forirante, jen alvenante, ni ne scias kie halti. Ni iradas tien kaj reen, ne sciante kie estos la fino. Vagante en konfliktplena vasteco[574], ni eniros en la Grandan Scion, sed ne scias kie estos la limo. Kiu faras aĵon aĵo, tiu estas Senlima Infinito. Aĵo havas la limon, do ĝi estas limigita. De Senlima Infinito al limigitaĵo, kaj de limigitaĵo al Senlima Infinito[575]. Tio estas nomata la procedo de 'pleniĝo, malpleniĝo, atrofio, morto'. La Tao plenigas kaj malplenigas, sed Ĝi mem ne estas plena, nek malplena. Ĝi faras fonton ekstrema, sed Ĝi mem ne estas fonto, nek ekstremo. Ĝi amasigas kaj dispersas, sed Ĝi mem ne amasiĝas, nek dispersiĝas."

2207

A Hegan[576] kun Shen Nong kune lernis ĉe maljuna Longji[577]. Kiam Shen Nong siestis ĉe kubutapogilo, A Hegan eniris al li tagmeze, malferminte pordon, kaj diris, ke Longji mortis. Shen Nong stariĝis de kubutapogilo, apogante sin al bastono. Sed forĵetinte la bastonon, ekridis kaj diris: "La Ĉielo scias min tordita, obstina, maldiligenta, aroganta, do forlasis min per tio, ke lasis Longji-n morti. La Majstro mortis, ne dirinte al mi eĉ unu frenezan vorton por klerigi min."

Yan Gangdiao aŭdinte tion diris: "Al tiu, kiu praktikas la Taon, kolektiĝas nobluloj en la mondo. Malgraŭ ke Longji sciis da Tao nur dek milonon, tiom malpli, kiom unu haro el abunda aŭtuna hararo, tamen Shen Nong rigardis lin havanta la frenezan vorton, kaj bedaŭris, ke li mortis sen transdoni ĝin. Des pli praktikanto de la Tao. La Tao estas senforma, kiel ajn oni volus rigardi, kaj estas senvoĉa, kiel ajn oni volus aŭskulti. Homoj, diskutante pri ĝi, nomas ĝin 'mallumo de mallumo'. Oni diskutas la Taon, sed la diskutata Tao ne estas ja la Tao mem."

2208

Koncernante tion, s-ro Grandpuro demandis s-ron Senlimon dirante: Ĉu vi konas la Taon?" Senlimo diris: "Mi ne konas."

Grandpuro demandis s-ron Senagon. Senago diris: "Mi konas la Taon." Grandpuro demandis: "Ĉu estas grado, ĝis kiom vi konas?" Senago respondis: "Mi konas Taon, sciante ke ĝi povas esti nobla, povas esti malnobla, povas esti kondensa, povas esti dispersa. Pri tiaj gradoj estas sciate de mi."

Grandpuro kun samaj vortoj demandis s-ron Senkomencon, dirante: "Senlimo ne konas kaj Senago konas, tiel do, kiu el ili pravas kaj kiu malpravas?" Senkomenco diris: "Tio estas jen tiel. Ke la unua ne konas, signifas, ke li ne konas profunde. Ke la dua konas, signifas, ke li konas malprofunde, ne konas interne, nur konas ekstere." Ĉe tio Grandpuro meze suspiris dirante: "Ne koni estas ja koni, koni estas ja ne koni. Kiel estas sciate pri tio, ke ne koni estas ja koni?"

Senkomenco diris: "La Tao estas neaŭdebla. Io aŭdebla ne estas la Tao. La Tao estas nevidebla. Io videbla ne estas la Tao. La Tao estas nedirebla. Io direbla ne estas la Tao. Sciu, ke tiu, kiu faras formon formita, mem ne havas formon. Taon ne eblas diri per nomo."

Senkomenco diris: "Kiu demandite pri la Tao respondas, tiu ne scias Taon. Ankaŭ la demandinto de Tao ne povas aŭdi pri Tao. Pri la Tao ne eblas demandi. Eĉ se demandite, oni ne povas respondi al la demando. Spite ke ne eblas demandi, se demandus, tio estas senelirebla demando. Spite ke ne eblas respondi, se respondus, tio estas respondo senenhava. Senenhava respondo atendas demandon senelireblan! Tiuj homoj ne vidas ekstere la Universon, ne scias interne la Grandan Komencon. Por ili ne eblas transiri la monton Kunlun[578], nek eblas ludi en la Granda Malpleneco[579]."

2209

S-ro Lumo demandis s-ron Neeston, dirante: "Majstro, ĉu vi ekzistas aŭ ne ekzistas?"

Lumo, ne ricevinte respondon, estis rigardanta lian staton kaj vizaĝon. Sed estis nur vake kaj malplene. Rigardante lin tutan tagon, li vidis nenion. Li provis aŭskulti lin, sed aŭdis nenion. Li etendis manon, sed tuŝis nenion.Lumo diris: "Kia kulmino! Kiu povus atingi tian kulminon? Mi povas distingi la Eston kaj la Nenion, sed ne povas atingi la staton, ke eĉ la Nenio ne ekzistas. Kiel tiu, kiu alteniĝas je Nenio-Esto, povus atingi tian kulminon?" [580]

2210

Ĉe iu generalo servis unu bukofaristo. Li estas okdek-jara, sed neniom perdis lertecon. La generalo diris: "Vi estas lertega. Ĉu estas iu sekreta Vojo?"

166

Li respondis: "Mi havas ion konservi. De kiam mi estis dudek-jara, mi ŝatas forĝi bukon. Aliajn aĵojn mi ne rigardis. Escepte de buko, mi nenion esploris." Kiu povas tiel utiligi la aĵon, ke lertiĝas je la uzado de io ajn kvazaŭ io senutila, tiu vidas nenion senutila. Kial do la aĵo mem ne helpus al li?" [581]

2211

Ran Qiu demandis Zhong Ni: "Ĉu oni povas scii, kio estis, kiam ankoraŭ ne ekzistis la Ĉielo kaj la Tero?" Zhong Ni respondis: "Jes, povas. Antikve estis same, kiel nun." Ran Qiu sen plua demando retiriĝis. Kaj en sekva tago denove li vidis lin, kaj diris: "Hieraŭ mi demandis, ĉu eblas scii, kio estis, kiam ankoraŭ ne ekzistis la Ĉielo kaj la Tero. Vi, Majstro, respondis: 'Jes, eblas. Antikve estis same, kiel nun.' Hieraŭ al mi ŝajnis, ke mi komprenis. Sed hodiaŭ estas al mi malklare. Mi aŭdacas demandi vin, kion signifas tio?" Zhong Ni diris: "Hieraŭ al vi estis klare, ĉar unue via spirito ricevis tion. Nun al vi estas malklare, ĉar iu nespirito igis vin tiel postuli. Sen antikvo, sen nuno; sen komenco, sen fino. Ĉu iu, ne havanta gefilojn kaj nepojn, povos havigi al si posteulojn?" Dum Ran Qiu ne respondis, Zhong Ni ekdiris: "Jam sufiĉe! Ne respondu. Ne eblas per vivo preni la vivon por alia ol morto, nek eblas per morto preni la morton por alia ol vivo. Morto kaj vivo ne atendas unu la alian, sed ambaŭ ili konsistas en unu tuto. Estas io antaŭ ol la Ĉielo kaj la Tero estiĝas. Ĉu ĝi estus aĵo? Ne estas aĵo tiu, kiu faras aĵojn estantaj kiel aĵoj. Aĵo mem ne povas esti anticipe antaŭ ol aĵo. Kiu estus antaŭ ol la aĵo, tiu estus nura Nenio. Estas ja io senfina. Sanktulo amas homojn. Li havas la amon laŭ tia rezono[582]."

2212

Yan Yuan demandis Zhong Ni: "Mi iam aŭdis de la Majstro diranta: 'Ne sendate, nek akceptate'. Mi aŭdacas demandi vin kiel ludi, komprenante la aludon."

Zhong Ni diris: "Antikvuloj ŝanĝiĝis ekstere, sed interne ne ŝanĝiĝis. Nuntempuloj ŝanĝiĝas interne, sed ekstere ne ŝanĝiĝas. Transformiĝante kune kun aĵoj, tiu ne ŝanĝiĝas je la Unu-tuteco. Estas ŝanĝiĝo, estas ne ŝanĝiĝo, estas ankaŭ reciproka frotado unu kun alia. Tie nepre ne estis troiĝo. Antikve estis parko de Xiwei, ĝardeno de la Flava Imperiestro, palaco de klano de You Yu, halo de Tang kaj Wu[583]. Nobluloj, kiel mastroj de konfuceanoj kaj mohistoj, diskutadis unu kontraŭ alia pro praveco-malpraveco[584]. Des pli nuntempuloj. Sanktulo loĝas ĉe aĵoj, ne difektante aĵojn. Kiu ne difektas aĵojn, tiun la aĵoj ne difektas. Nur nedifektiĝemulo estas sendata kaj akceptata de homoj. Al mi donas grandegan ĝojon montoj, arbaroj, marĉoj kaj kampoj. Sed, dum ankoraŭ ne finiĝas ĝojo, tuj sekvas ankaŭ malĝojo. Alvenon de malĝojo kaj ĝojo ni ne povas reguligi. Ilian foriron ni ne povas haltigi. Estas bedaŭrinde. Mondano estas nur portempa gastejo de aĵoj. Li scias renkontiĝon, sed al li ne estas sciate pri malrenkontiĝo. Li povas scii nur eblon, al li ne eblas scii pri neeblo. Al li ne eviteblas io nescigebla kaj io neebla. Zorgante eviti, tamen li ne povas eviti. Kia malĝojo tio estas! La pleja vorto estas forigo de vorto, la pleja ago estas forigo de ago. Kiel facilanime estas al li scii ĝenerale ĉion ajn."

卷三 杂 篇

Juan San: Za Pian

III. ĈAPITROJ DE DIVERSAĴOJ

23. 庚桑楚 Gengsang Chu

2301

老聃之役有庚桑楚者，偏得老聃之道，以北居畏垒之山。其臣之画然知者去之，其妾之挈然仁者远之；拥肿之与居，鞅掌之为使。居三年，畏垒大穰。畏垒之民相与言曰："庚桑子之始来，吾洒然异之。今吾日计之而不足，岁计之而有余。庶几其圣人乎！子胡不相与尸而祝之，社而稷之乎？"

庚桑子闻之，南面而不怿然。弟子异之。庚桑子曰："弟子何异于予？夫春气发而百草生，正得秋而万宝成。夫春与秋，岂无得而然哉？天道已行矣。吾闻至人，尸居环堵之室，而百姓猖狂不知所如往。今以畏垒之细民，而窃窃焉欲俎豆予于贤人之间，我岂杓之人邪？吾是以不释于老聃之言。"

弟子曰："不然。夫寻常之沟（洫），巨鱼无所旋其体，而鲵鳅为之折；步仞之丘陵，巨兽无所隐其躯，而孽狐为之祥。且夫尊贤授能，先善与利，自古尧、舜以然，而况畏垒之民乎！夫子亦听矣！"庚桑子曰："小子来！夫含车之兽，介而离山，则不免于网罟之患；吞舟之鱼，宕而失水，则（蝼）蚁能苦之。故鸟兽不厌高，鱼鳖不厌深。夫全其形性之人，藏其身也，不厌深眇而已矣。且夫二子者，又何足以称扬哉！是其于辨也，将妄凿垣墙而殖蓬蒿也。简发而栉，数米而炊，窃窃乎又何足以济世哉！举贤则民相轧，任知则民相盗。之数物者，不足以厚民。民之于利甚勤，子有杀父，臣有杀君，正昼为盗，日中穴胚。吾语汝：大乱之本，必生于尧、舜之间，其末存乎千世之后。千世之后，其必有人与人相食者也。"

南荣厨促然正坐曰："若趎之年者已长矣，将恶乎托业以及此言邪？"庚桑子曰："全汝形，抱汝生，无使汝思虑营营。若此三年，则可以及此言矣。"南荣趎曰："目之与形，吾不知其异也，而盲者不能自见；耳之与形，吾不知其异也，而聋者不能自闻；心之与形，吾不知其异也，而狂者不能自得。形之与形亦譬矣，而物或间之邪，欲相求而不能相得？今谓厨曰：'全汝形，抱汝生，勿使汝思虑营营。'趎勉闻道达耳矣。"庚桑子曰："辞尽矣。曰：奔蜂不能化获蠋，越鸡不能伏鹄卵，鲁鸡固能矣。鸡之与鸡，其德非不同也，有能与不能者，其才固有巨小也。今吾才小，不足以化子，子胡不南见老子？"

南荣趎赢粮，七日七夜至老子之所。老子曰："子自楚之所来乎？"南荣趎曰："唯。"老子曰："子何与人偕来之众也？"南荣趎惧然顾其后。老子曰："子不知吾所谓乎？"南荣趎俯而惭，仰而叹曰："今者吾忘吾答，因失吾问。"老子曰："何谓也？"南荣趎曰；"不知乎？人谓我朱愚。知乎？反愁我躯。

不仁则害人，仁则反愁我身；不义则伤彼，义则反愁我已。我安逃此而可？此三言者，厨之所患也，愿因楚而问之。"老子曰："向吾见若眉睫之间，吾因以得汝矣，今汝又言而信之。若规规然若丧父母，揭竿而求诸海也。汝亡人哉，惘惘乎！汝欲反汝情性而无由入，可怜哉！"

南荣趎请入就舍，召其所好，去其所恶，十日自愁，复见老子。老子曰："汝自洒濯，孰哉郁郁乎！然而其中津津乎犹有恶也。夫外获者不可繁而捉，将内揵；内获者不可缪而捉，将外揵。外、内获者，道德不能持，而况放道而行者乎！"南荣趎曰："里人有病，里人问之，病者能言其病，然其病病者犹未病也。若趎之闻大道，譬犹饮药以加病也，趎愿闻卫生之经而已矣。"老子曰："卫生之经，能抱一乎！能勿失乎！能无卜筮而知吉凶乎！能止乎！能已乎！能舍诸人而求诸己乎！能翛然乎！能侗然乎！能儿子乎！儿子终日嚎而嗌不嗄，和之至也；终日握而手不掜，共其德也；终日视而目不瞚，偏不在外也。行不知所之，居不知所为，与物委蛇，而同其波。是卫生之经已。"

南荣趎曰："然则是至人之德已乎？"曰："非也。是乃所谓冰解冻释者能乎？夫至人者，相与邀食乎地而邀乐乎天，不以人物利害相撄，不相与为怪，不相与为谋，不相与为事，翛然而往，侗然而来。是谓卫生之经已。"曰："然则是至乎？"曰："未也。吾固告汝曰：'能儿子乎？'儿子动不知所为，行不知所之，身若槁木之枝而心若死灰。若是者，祸亦不至，福亦不来。祸福无有，恶有人灾也！"

2302

宇泰定者，发乎天光。发乎天光者，人见其人。人有修者，乃今有恒。有恒者，人舍之，天助之。人之所舍，谓之天民；天之所助，谓之天子。

学者，学其所不能学也；行者，行其所不能行也；辩者，辩其所不能辩也。知止乎其所不能知，至矣；若有不即是者，天钧败之。

备物以将形，藏不虞以生心，敬中以达彼，若是而万恶至者，皆天也，而非人也，不足以滑成，不可纳于灵台。灵台者，有持而不知其所持，而不可持者也。

不见其诚己而发，每发而不当，业入而不舍，每更为失。为不善乎显明之中者，人得而诛之；为不善乎幽闲之中者，鬼得而诛之。明乎人、明乎鬼者，然后能独行．卷内者，行乎无名，卷外者，志乎期费。行乎无名者，唯庸有光；志乎期费者，唯古人也，人见其企，犹之魁然。与物穷者，物入焉；与物阻者，其身之不能容，焉能容人！不能容人者无亲，无亲者尽人。兵莫憯于志，镆铘为下；寇莫大于阴阳，无所逃于天地之间。非阴阳贼之，心则使之也。

2303

道通其分也，其成也，毁也。所恶乎分者，其分也以备；所以恶乎备者，其有以备。故出而不反，见其鬼；出而得、是谓得死。灭而有实、鬼之一也。以有形者象无形者而定矣。

出无本，入无窍。有实而无乎处，有长而无乎本标，（有所出而无本者有长，）有所出而无窍者有实。有实而无乎处者，宇也；有长而无本标者，宙也。有乎生，有乎死，有乎出，有乎入，入出而无见其形，是谓天门。天门者，无有也，万物出乎无有。有不能以有为有，必出乎无有，而无有一无有。圣人藏乎是。

2304

古之人，其知有所至矣。恶乎至？有以为未始有物者，至矣，尽矣，弗可以加矣。其次以为有物矣，将以生为丧也，以死为反也，是以分矣。其次曰始无有，既而有生，生俄而死；以无有为首，以生为体，以死为尻。孰知有无死生之一守者，吾与之为友。是三者虽异，公族也。昭、景也，著戴也，甲氏也，著封也。非一也。

有生，暗也，披然曰移是。尝言移是，非所言也。虽然，不可知者也。腊者之有膍胲，可散而不可散也；观室者周于寝庙，又适其偃焉，为是举移是。

请尝言移是：是以生为本，以智为师，因以乘是非。果有名实，因以己为主；使人以己为节，因以死偿节。若然者，以用为知，以不用为愚；以彻为名，以穷为辱。移是，今之人也，是蜩与学鸠同于同也。

2305

蹍市人之足，则辞以放傲，兄则以妪，大亲则已矣。故曰：至礼有不人，至义不物，至智不谋，至仁无亲，至信辟金。

2306

彻志之悖，解心之缪，去德之累，达道之塞。富、贵、显、严、名、利六者，勃志也；容、动、色、理、气、意六者，缪心也；恶、欲、喜、怒、哀、乐六者，累德也；去、就、取、与、知、能六者，塞道也。此四六者不荡胸中则正，正则静，静则明，明则虚，虚则无为而无不为也。道者，德之钦也；生者，德之光也；性者，生之质也。性之动谓之为，为之伪，谓之失。　知者，接也；知者，谟也；知者之所不知，犹睨也。

动以不得已之谓德，动无非我之谓治，名相反而实相顺也。

2307

羿工乎中微而拙于使人无己誉，圣人工乎天而拙乎人。夫工乎天而俍乎人者，唯全人能之。唯虫能虫，唯虫能天。全人恶天，恶人之天，而况吾天乎人乎！

2308

一雀适羿，羿必得之，威也；以天下为之笼，则雀无所逃。是故汤以庖人笼伊尹，秦穆公以五羊之皮笼百里奚。是故非以其所好笼之而可得者，无有也。

2309

介者拸画，外非誉也；胥靡登高而不惧，遗死生也。夫复謵不馈而忘人，忘人，因以为天人矣。故敬之而不喜，侮之而不怒者，唯同乎天和者为然。出怒不怒，则怒出于不怒矣；出为无为，则为出于无为矣。欲静则平气，欲神则顺心，有为也欲当，则缘于不得已，不得已之类，圣人之道。

173

GENGSANG CHU

2301

El disĉiploj de Lao Dan estis iu, nomata Gengsang Chu[585], kiu mastris aparte la Vojon, predikitan de Lao Dan. Li ekloĝis norde de la monto Wei Lei.[586] Li forlasis siajn saĝajn subulojn-klerulojn, forigis siajn bonvolecajn servantinojn kaj ekloĝis inter krudaj kampuloj, dungante diligentan grumon. Tri jarojn poste la monta vilaĝo Wei Lei fariĝis ege riĉa kun abunda rikolto. Popolanoj de Wei Lei kune diradis: "Ni estis konsternitaj kaj suspektemaj en la komenco, kiam s-ro Gengsang Chu alvenis unuafoje ĉi tien. Ŝajnis al ni, ke da ĉiutaga profito estas ne sufiĉe, sed montriĝas, ke da ĉiujara profito fariĝis sufiĉe pli kaj pli, kaj eĉ kun pluso. Tio estas ja certe la afero de sanktulo. Kial ni kune ne gratulu, por ke li fariĝu 'enpersonigita dio en nia landa sanktejo kun altaro de tero kaj greno[587] ' ?"

Gengsang Chu, aŭdinte tion, turnis sin al sudo kaj eksentis sin malkontenta. Unu disĉiplo suspektis tion. Gengsang Chu diris jene: "Kial vi suspektas min? Kiam venas printempo, cent herboj naskiĝas. Ĝuste en aŭtuno maturiĝas miriadoj da fruktoj. La printempo kaj la aŭtuno ne povas ne fari tion, ĉar estas farata la Granda Tao. Mi aŭdis, ke la Pleja Homo sidas kviete en malvasta ĉambreto kaj popolanoj freneze faras kion ajn ili deziras, ne sciante kien iradi. Nun povraj Wei Lei-anoj ŝtele volas prokulti min, celebrante per sankta ceremonio, por apoteozi min inter saĝuloj. Ĉu mi estus gvidanto kvazaŭ la Norda Kulero[588]? Se estus tia, mi kontraŭus al la vortoj de Lao Dan."

La disĉiplo diris: "Tute ne. En ordinara fosaĵeto granda fiŝo ne povas turnadi sin je sia korpo, sed salamandro kaj kobitido povas naĝi libere. Sur malalta monteto grandaj bestoj nenien povas kaŝi sian korpon, sed ruzaj vulpoj faras tiun lokon feliĉa. Respekti saĝulojn kaj kompensi kapablulojn, preferi bonon kaj multigi profiton, – estas meritinde ekde antikvaj Yao kaj Shun, des pli por popolanoj de Wei Lei. Vi devas aŭskulti ilin." Gengsang Chu diris: "Mia karulo, venu ĉi tien! Bestego, tiel granda kiel ronĝanta ĉaron, se disiĝas de la monto, tiam ne povas eviti suferon de reto-kaptilo. Fiŝego, tiel granda kiel englutanta boaton, se elsaltas eksteren kaj perdas akvon, tiam nur fariĝas viktimo de formikoj. Jen tial birdoj kaj bestoj ne malŝatas la altan, fiŝoj kaj testudoj ne malŝatas la profundan. Do, tiu, kiu volas travivi sian vivon plenplene per tuta korpo, kaŝas sin, kaj ne malŝatas ja la profundan nerimarkindan lokon.   Krome, tiuj du reĝoj Yao kaj Shun, kial ili rajtus ricevi laŭdon? Koncernante ilian paroladon, ili nur traboradis truojn en muroj de popolanoj kaj lasis herbaĉojn kreskadi. Ili estis tiel ruze artifikemaj, ke zorgadis detaleme hararanĝi aŭ kalkuladis ĉiun grajnon de rizo antaŭ ol kuiri. Kiel ili povus savi mondon? Per promocio de saĝuloj ili alvokis reciprokan konflikton inter popolanoj. Se stimuli saĝon, tiam popolanoj ekŝtelas unuj de la aliaj. Per tiuj rimedoj ne eblas sufiĉe feliĉigi la popolon. Popolo estas tre arda je profito. Por sia profito filo mortigas sian patron, vasalo mortigas reĝon, oni faras ŝteladon-rabadon eĉ tagmeze, enpenetras tra muron dumtage. Mi diras al vi pri la origino de granda malordo. Tio naskiĝis certe ĉe la reĝoj Yao kaj Shun, kaj daŭros ĝis la fino de postaj mil generacioj. Kaj post mil generacioj, homoj nepre manĝos homojn unuj la aliajn."

Nanrong Chu[589], humiliĝinte, sidiĝis rektpoze kaj diris: "Mi, jam maljuna, vivas multajn jarojn, kiel do mi devas ekzerci min por vivi laŭ viaj vortoj?" Gengsang Chu diris: "Vi tenu vian korpon plena je formo kaj konservu plene vian vivon. Ne okupu vin per trudpensoj tro zorgeme. Se tiel vivi tri jarojn, vi atingos la mensostaton, diritan de mi." Nanrong Chu diris: "Laŭ formo de okuloj al mi ne eblas distingi diferencon, sed tamen blindulo mem ne povas vidi. Ankaŭ laŭ la formo de oreloj al mi ne eblas distingi diferencon, tamen surdulo mem ne povas aŭdi. Laŭ la formo de koro al mi ne eblas distingi la diferencon, tamen frenezulo mem ne povas kompreni. Partoj, apartenante al korpo, malsamas unu al la alia. Kio apartigas ilin unu de la alia, ĉu materioj? Mi dezirus akordigi ilin unu kun la alia, sed tamen ne povas sukcesi. Nun vi diris al mi: 'Vi tenu vian korpon plena je formo kaj konservu plene vian vivon. Ne okupu vin per trudpensoj tro zorgeme.' Mi zorgeme aŭdis vin parolanta pri Tao, kaj via parolo atingis nur miajn orelojn." Gengsang Chu diris: "Miaj vortoj elĉerpiĝis. Estas dirite: 'Vespo ne povas transformiĝi en raŭpon, koko de lando Yue ne povas elkovi ovon de cigno, sed koko en regno Lu povas elkovi ĝin.' Koko apartenas al kokaro. La virto[590] ne malsamas inter ili. Nur estas diferenco je grandeco inter kapablulo kaj nekapablulo, tiu – granda, ĉi tiu malgranda. Nun mia kapablo estas malgranda, ke ne sufiĉas ŝanĝi vin. Kial ne vi ekiros suden vidi Laozi?"

Nanrong Chu pakis provianton, iris sep tagojn kaj sep noktojn, kaj atingis la loĝejon de Laozi. Laozi diris: "Vi venis de Gengsang Chu, ĉu ne?" Nanrong Chu diris: "Jes." Laozi diris: "Kial do vi alvenis ĉi tien kun amaso da homoj?" Nanrong Chu, konsternite, turnis sin malantaŭen. Laozi diris: "Vi ne scias, kion signifas mia eldiro." Nanrong Chu mallevis la kapon, kaj, levinte ĝin, diris triste: "Mi nun forgesis kiel respondi." Laozi diris: "Kion vi signifas?" Nanrong Chu diris: "Se mi ne scias, tiuokaze oni opinias min stulta. Se mi scias, tiam mi mem, reflektante, suferas pro spleno je mia kapo. Se mi ne havas bonvolecon, mi vundas aliajn. Se mi havas bonvolecon, mi, reflektante, suferas pro spleno je mia koro. Se mi estas maljusta, mi difektas ĝin. Se mi estas justa, mi, reflektante, suferas pro spleno je mia memo. Kien al mi estus pli bone fuĝi de tia stato? Tiuj tri problemoj afliktas min. Dank' al la Majstro Chu, mi turnas min al vi kun demandoj." Laozi diris: "Vidante vian glabelon, mi komprenis vin. Aŭdinte nun vian konfeson, mi konvinkiĝis je tio. Vi estas nur normigita stereotipo[591]. Kiam perdiĝis gepatroj, vi serĉas ilin en maro per stango en mano[592]. Vi mem perdis vin stupore. Spite ke vi deziras reveni al via reala sento, al via denaska naturo, neniel eblas. Kiel kompatinde!"

Nanrong Chu petis, ke li eniru en la pensionon. Tie dum dek tagoj li ekzercadis streĉi sin, por ke li havigu al si la bonon kaj forigu de si la malbonon. Li renkontis denove Laozi. Laozi diris: "Ke vi purigadis vin multe, tio videblas plene. Sed el vi ankoraŭ tralikiĝas io malbona. Via ekstero estas tro multe ĉirkaŭligita, ke ne eblas forigi ĝin. Do vi gardas internon, barinte la eksteran. Tiu, al kiu estas ĉirkaŭligita la interno, ne povas forigi ĝin, do gardas eksteron, barinte la internan. Al kiu estas ĉirkaŭligitaj ambaŭ ekstro kaj interno, tiu ne povas teni la Taon, nek la virton. Des pli ne eblas konduti laŭ la Tao."

Nanrong Chu diris: "Por ekzemplo, iu vilaĝano malsaniĝis. Oni demandas kiun malsanon li havas. Li povas respondi pri la malsano. Tiuokaze, malgraŭ la malsano, li ankoraŭ ne tute estas malsana. Kiam mi demandas pri la Tao, mi estas simila al tiu, kiu grandigas la malsanon, prenante medikamenton. Mi volus aŭdi rimedon kiel teni la korpon sana." Laozi diris: "La metodo de sanigo estas enhavi Unu-tutecon. Ne perdu tion. Ne apogu vin sur aŭgurado kaj diveno de bonsorto aŭ malbonsorto. Sciu kie halti. Sciu kie fini. Sciu forlasi aferon de aliuloj, kaj serĉu aferon ĉe si mem. Sciu esti leĝera, sciu esti vaka. Sciu esti kvazaŭ bebo. Bebo, tutan tagon kriante, ne raŭkiĝas. Ĉar akordiĝas tute harmonie. Bebo, tutan tagon premante manon, ne suferas de kramfo. Ĉar laŭ la natura virto. Tutan tagon fikse rigardante, ĝi ne palpebrumas. Ĉar ĝi tute estas malligita al la ekstero. Bebo ne scias kien iri, ne scias kion fari. Ĝi estas libera, estante kun aĵoj. Harmonias kun ondoj. Jen tio estas la rimedo de saniĝo."

Nanrong Chu diris: "Nu, tia estas ja la virto de la Pleja Homo?" Laozi diris: "Ne. Tio estas tiel nomata, nur degelo de glacio, liberiĝo. La Pleja Homo kune manĝas kun la Tero, kune ĝojas kun la Ĉielo. Li ne implikiĝas en konflikton kun homoj pro profito kaj malprofito. Li kun ili ne faras suspektindaĵon, nek intrigon nek aferon. Li iras leĝere kaj venas kun vaka koro. Tio estas nomata la rimedo de saniĝo." Nanrong Chu diris: "Ĉu tio estas la plej alta?" Laozi diris: "Ankoraŭ ne. Mi admonas vin: 'Povosciu esti kvazaŭ bebo.' La bebo moviĝas, ne sciante kion fari, kaj iras, ne sciante kien. Ĝia korpo similas kvazaŭ al branĉo de velkinta arbo, kaj ĝia koro kvazaŭ al mortinta cindro. Se estus tia, ne atakus vin kia ajn malfeliĉo, nek venus al vi kia ajn feliĉo. Se estus nek feliĉo nek malfeliĉo, kial povus estiĝi iu ajn homa sufero?"

2302

Kiu estas stabila kun grandspaca trankvileco, tiu radias la Ĉielan lumon. Kiu radias la Ĉielan lumon, tiu vidas homon kiel la homon mem. Kiu elkulturas sin mem, tiu havigas al si konstantecon en nuno. Eĉ se homoj forĵetus la havanton de konstanteco, la Ĉielo helpas lin. Kiu estas forĵetita de homoj, tiu estas nomata 'Ĉiela popolano' [593]. Kiu estas helpata de la Ĉielo, tiu estas nomata 'Ĉiela Filo'. T. n. lernado inklinas lerni la nelerneblan, praktikado inklinas praktiki la nepraktikeblan, diskutado inklinas diskuti la nediskuteblan. Sed konado haltas tie, kie jam ne eblas scii pli. Tio estas ja la limo. Se iu transpasas tion, lin detruas la Ĉiela Ekvilibriganto[594].

176

Konservu aĵojn por la bontenado de korpo, gardu la koron kontraŭ io neatendita, respektu la Mezon por atingi la celon, kaj se okazus miriado da malbonoj, tiam ĉio estas je la dispono de la Ĉielo, sed ne homoj. Tia malbonsorto ne povas renversi lin, ne povas eniri internen en la spiritan bazon, dum li firme tenas sian spiritan bazon[595]. Kiu ne scias ĝin ekzistanta, tiu ne povas teni ĝin firme. Kiu, ne vidante tion menciitan vera, volus ekiri mem, ties ĉiu ekiro maltrafas. Se la destinitaĉo invadas lin kaj ne forĵeteblas, ĉiu misfaradas ĉiufoje pli kaj pli[596].

Kiu faras malbonon en klara lumo, tiun homoj akuzas. Kiu faras malbonon en mallumo, tiun akuzas la Spiritoj. Kiu estas senkaŝe justeca kaj antaŭ homoj kaj antaŭ la Spiritoj, tiu per tio povos iri sola sendepende. Kiu zorgas interne, praktikas sennome; kiu, zorgante ekstere, strebas al konsumado de aĵoj, estas komercisto. Kvankam homoj rigardas lin staranta sur piedopintoj, tamen li mem fieras je la antaŭirado. Kiu ĉasas aĵojn ĝis fine, tiu estas penetrata de la aĵoj. Kiu rigardas aĵojn efemeraj, tiun la aĵoj ne povas engluti. Kial la aĵoj povus engluti la homon? Tiu, kiun ne englutas aĵoj, ne intimas al ili. Kiu ne intimas al ili, tiu perfektigas al si la homecon[597]. Neniu armilo estas pli akra ol la strebo. Eĉ la fama glavo 'Moye' ne superas ĝin. Estas nenio pli granda ol jino-jango. Nenien oni povas fuĝi de ili inter la Ĉielo kaj la Tero. Tamen vundas homon ne jino-jango, sed la koro.

2303

La Tao efektiviĝos, trairante stadion de dividiĝo[598] kaj de sintezo. Do ĝia efektiviĝo estas samtempe procezo de detruo. Sed la dividitaĵo iĝas malbona pro tio, ke oni rigardas la dividitaĵon kiel kompletan. Tial do tia kompleteco estas malbona. Ĝi, kiel dividita parto, havas sian propran kompletecon. Do kiam io foje eliris, tiam tio jam ne povas reen reveni. Tiel do restas nur vidi la fantomon, ĉar kiam io foje eliris, tiam tio ricevas tiel nomatan morton. Kiam io estingiĝas, restas al ĝi reale nur unu – fantomiĝi. Iu havanta formon stabiliĝas pere de iu nehavanta formon. Tio eliras sen fonto, kaj eniras sen aperturo. Estas realo, sed sen loĝejo. Estas daŭreco, sed ne estas komenco nek fino. Kio eliras sen fonto kaj eniras sen aperturo, tio estas realo. Kio estas la realo, sed sen loĝejo, tio estas senlimaj dimensioj de spaco. Kio havas daŭrecon, sed sen komenco kaj fino, tio estas universo sen tempa limo. Kiu ekzistas je la vivo, ekzistas je la morto, ekzistas je la eliro, ekzistas je la eniro, tamen ĉe el- kaj enirado ne videblas la formo, tiu estas la tiel nomata Ĉiela Pordo. Ĉe la Ĉiela Pordo estas Nenio. Ĉiuj estaĵoj eliras el la Nenio. Io estanta ne povas fari estaĵon ekestanta, sed nepre eliras de la Nenio. La Nenio de esto estas unu tuto de Nenio kaj Io Estanta. Jen kie sanktulo konservas sin.

2304

Ankaŭ antikvuloj atingis la saĝon. Kion ili atingis? Iu konsideris, ke aĵoj de komence ne ekzistis. Tiu ideo jam atingis la kulminon. Estis nenion aldoni. La sekva konsideris aĵojn ekzistantaj kaj rigardis la vivon perdo, la morton – reveno. Tiel li dividis la estaĵojn. La tria diris, ke en la komenco estis Nenio. Poste estiĝas la vivo, kaj la vivo iras baldaŭ al morto. La kapo estas Nenio, la korpo estas la vivo, kaj la postaĵo estas la morto. Li scias Unu-tutecon de Nenio kaj Io estanta, de morto kaj vivo. Mi faris lin mia amiko. Tiuj tri menciitaj, kvankam diferencas, sed apartenas al reĝa familio de Tao. Tio estas same kiel en regno Chu: Zhao kaj Jing laŭ heredo, Jia laŭ feŭdo fariĝis reĝoj, kvankam ili ne estas samaj unu kun la alia[599].

La vivo estiĝas en nigra fulgo de kaldrono. Malkovri estas nomate la transmovo de praveco. Mi provu paroli pri la transmovo de praveco, malgraŭ ke tio estas nedirebla per vortoj, ĉar ne konebla per intelekto. Se diri parabole, ĉe vintra festo de bova oferaĵo, ĝia viscero kaj hufoj kaj devas esti apartigitaj kaj ne devas esti apartigitaj. Kiu vizitas ĉambrojn de lito kaj de altaro, tiu iam eniras ankaŭ la necesejon. Tia estas ekzemplo por la transmovo de praveco.Prove mi parolu pri via transmovo de praveco. Vi faras la vivon baza, faras saĝon instruisto, kaj tiel per tio kalkulas pravecon kaj malpravecon. Rezulte estiĝas apartiĝo de nomo kaj realo. Tiel do vi faras vin mem alta je kvalito. La aliajn homojn vi rigardas kiel partojn de vi mem. Tiel do kompense al partiĝo estas morto. Tia persono rigardas iun utilan saĝa, iun senutilan stulta, elstarecon renoma, mizeron hontinda. Jen kia esta la transmovo de praveco ĉe nuntempuloj. Li estas tute sama, kiel tiuj cikado kaj kolombo.

2305

Se iu surtretis alies piedon surstrate, tiu pardonpetas ĝentile. Se piedon de sia frato, oni nur krietas 'Ho!' . Se piedon de unu el siaj gepatroj, oni nenion diras[600]. Do estas dirite: 'La pleja decregulo ne dependas de homoj, la pleja justo ne distingas aĵojn, la pleja saĝo ne intrigas, la pleja bonvoleco ne havas apartan korinklinon al gepatroj, la pleja fido rezignas pri oro' [601] .

2306

Demetu ŝprucon de strebado, solvu eraron de koro, forigu laciĝon de virto, eliminu ŝtopiĝon de la Tao. Altrango, riĉo, eminenteco, prestiĝo, renomo, profito – tiuj ses estas ŝprucoj de strebado. Aspekto, ago, ampasio, rezonado, emo, volo – tiuj ses estas erarigiloj de koro. Malamo, deziro, ĝojo, kolero, malĝojo, plezuro – tiuj ses estas lacigiloj de virto. Rezigno, aliĝo, preno, dono, scio, kapablo – tiuj ses estas ŝtopigiloj de la Tao[602]. Kiam tiuj kvar sesopoj ĉesos ekscitiĝi en la brusto, oni rektiĝos. Se rekta, oni estos kvieta. Se kvieta, oni iluminiĝos. Ilumiĝinte, oni estos malligita. Malligite, oni estos senaga kaj estos sen-senaga. La Tao estas fonto de virto. La vivo estas lumo de virto. Denaska naturo estas kvalito de la vivo. Movado de la denaska naturo estas nomata 'ago' . Misago estas nomata 'perdo' . Sciado estas aliro. Sciado estas serĉado. Kio ankoraŭ ne estas sciata, tion oni ŝtelrigardas. Spontana ago laŭ nepreco – tio estas nomata la agado laŭ virto. Ago, en kiu ne perdiĝas memstareco, estas nomata 'regado' . Ambaŭ agoj ŝajnas unu kontraŭ la alia laŭ la nomo, sed en realo kongrue akordiĝas unu kun la alia.

2307

Arkpafisto Yi lerte trafis eĉ tre malgrandan celon, sed estis mallerta por preventi la aliulojn laŭdi lin. Sanktulo estas lerta je rilato al la Ĉielo, sed mallerta je rilato al homoj. Ke estas lerta je la Ĉielo kaj bona rilate al homoj, tio eblas nur al tutplena homo. Insekto povas rilati bone al insekto, kaj samtempe povas rilati bone al la Ĉielo. Sed eĉ tutplena homo iam malamas la Ĉielon kaj malamas la homan naturon[603]. Des pli ni la Ĉielon kaj homojn.

2308

Kiam unu pasero flugas al Yi, li nepre povas paffaligi ĝin, tiuokaze li nur povus fieri je sia potenco. Por la mondo pli bone estas fari kaĝon, el kiu la pasero povas fuĝi nenien. Tial do, Tang igis kuiriston Yi Yin eniri en lian kaĝon, la duko Mu de regno Qin enigis Baili Xi en la kaĝon per felo el kvin ŝafoj. Tiel, oni povus akiri iujn ŝatatajn kapablulojn, uzante kaĝon.

2309

Kiu ricevis punon de detranĉo je unu kruro, tiu jam ne sentas malhonoron eĉ se iradas sen la ornamo de vesto. Punlaborulo ne timas grimpi la altan krutaĵon, ĉar li jam forlasis la vivon kaj la morton. Kiu havas jam nenion hontindan, tiu forgesas homojn. Li forgesas sin kiel homon, ĉar li fariĝis la Ĉiela homo. Li, eĉ respektate, ne ĝojas; malrespektate, ne koleras. Ĉar li akordiĝis kun la Ĉiela harmonio, li fariĝis tia. Malgraŭ ke li ekkolerus, li reale ne koleras, ĉar la kolero devenas de nekolero. Aperas senaga farado, ĉar la ago devenas de senago. Se vi dezirus kvieton, lasu Ĉjion ebena; se vi dezirus diecon, lasu vian koron obeema. Oni deziras, ke sia farata ago trafu ĝuste. Se tiel, agu necesigite per nepreco[604]. La necesigiteco estas la Tao de sanktuloj.

24. 徐无鬼 Xu Wugui

2401

徐无鬼引女商见魏武侯，武侯劳之曰："先生病矣！苦于山林之劳，故乃肯见于寡人。"

徐无鬼曰："我则劳于君，君有何劳于我！君将盈嗜欲，长好恶，则性命之情病矣；君将去嗜欲，千好恶，则耳目病矣。我将劳君，君有何劳于我？"武侯怅然不对。

少焉，徐无鬼曰："尝语君吾相狗也。下之质，执饱而止，是狸德也；中之质，若视日；上之质，若亡其一。吾相狗，又不若吾相马也。吾相马，直者中绳，曲者中钩，方者中矩，圆者中规，是国马也，而未若天下马也。天下马有成材，若恤若失，若丧其一，若是者，超轶绝尘，不知其所。"武侯大悦而笑。

徐无鬼出，女商曰："先生独何以说吾君乎？吾所以说吾君者，横说之则以《诗》、《书》、《礼》、《乐》，纵说之则以《金板》、《六弢》，奉事而大有功者不可为数，而吾君未尝启齿。今先生何以悦吾君，使吾君说若此乎？"

徐无鬼曰："吾直告之吾相狗马耳。"女商曰："若是乎？"曰："子不闻夫越之流人乎？去国数日，见其所知而喜；去国旬月，见其所尝见于国中者喜；及期年也，见似人者而喜矣。不亦去人愈久，思人愈深乎？夫逃虚空者，藜藋柱乎鼪鼬之迳，良位其空，闻人足音跫然而喜矣，又况乎昆弟亲戚之謦欬其侧者乎！久矣夫，莫以真人之言謦欬吾君之侧乎！"

2402　徐无鬼见武侯，武侯曰："先生居山林，食芧栗，厌葱韭，以摒寡人久矣！夫今老邪，其欲干酒肉之味邪？其寡人亦有社稷之福邪？"

徐无鬼曰："无鬼生于贫贱，未尝敢饮食君之酒肉，将来劳君也。"君曰："何哉，奚劳寡人？"曰："劳君之神与形。"武侯曰："何谓邪？"徐无鬼曰："天地之养也一，登高不可以为长，居下不可以为短。君独为万乘之主，以苦一国之民，以养耳目鼻口，夫神者不自许也。夫神者，好和而恶奸。夫奸，病也，故劳之。唯君所病之，何也？"

武侯曰："欲见先生久矣。吾欲爱民而为义偃兵，其可乎？"徐无鬼曰："不可。爱民，害民之始也；为义偃兵，造兵之本也。君自此为之，则殆不成。凡成美，恶器也。君虽为仁义，几且伪哉！形固造形，成固有伐，变固外战。君亦必毋盛鹤列于丽谯之间，无徒骥于锱坛之宫，无藏逆于德，无以巧胜人，无以谋胜人，无以战胜人。夫杀人之士民，兼人之土地，以养吾私与吾神者，其战不知孰善？胜之恶乎在？君若勿已矣，修胸中之诚，以应天地之情而勿撄。夫民死已脱矣，君将恶乎用夫偃兵哉！"

2403

黄帝将见大隗乎具茨之山，方明为御，昌寓骖乘，张若諨朋前马，昆阍、滑稽后车。至于襄城之野，七圣皆迷，无所问途。

适遇牧马童子，问途焉，曰："若知具茨之山乎？"曰："然。""若知大隗之所存乎？"曰："然。"

黄帝曰："异哉小童！非徒知具茨之山，又知大隗之所存。请问为天下。"小童曰："夫为天下者，亦若此而已矣，又奚事焉！予少而自游于六合之内，予适有瞀病，有长者教予曰：'若乘日之车而游，于襄城之野。'今予病少痊，予又且复游于六合之外。夫为天下亦若此而已。予又奚事焉！"

黄帝曰："夫为天下者，则诚非吾子之事。虽然，请问为天下。"小童辞。

黄帝又问。小童曰："夫为天下者，亦奚以异乎牧马者哉！亦去其害马者而已矣！"黄帝再拜稽首，称天师而退。

2404

知士无思虑之变则不乐，辩士无谈说之序则不乐，察士无凌谇之事则不乐，皆囿于物者也。招世之士兴朝，中民之士荣官，筋力之士矜难，勇敢之士奋患，兵革之士乐战，枯槁之士宿名，法律之士广治，礼教之士敬容，仁义之士贵际。农夫无草莱之事则不比，商贾无市井之事则不比。庶人有旦暮之业则劝，百工有器械之巧则壮。钱财不积则贪者忧，权势不尤则夸者悲。势物之徒乐变，遭时有所用，不能无为也。此皆顺比于岁，不物于易者也，驰其形性，潜之万物，终身不反，悲夫！

2405 庄子曰："射者非前期而中，谓之善射，天下皆羿也，可乎？"惠子曰："可。"庄子曰："天下非有公是也，而各是其所是，天下皆尧也，可乎？"惠子曰："可。"

庄子曰："然则，儒墨杨秉四，与夫子为五，果孰是邪？或者若鲁遽者邪？其弟子曰：'我得夫子之道矣，吾能冬爨鼎而夏造冰矣。'鲁遽曰：'是直以阳召阳，以阴召阴，非吾所谓道也。吾示子乎吾道。'于是为之调瑟，废一于堂，废一于室，鼓宫宫动，鼓角角动，音律同矣。夫或改调一弦，于五音无当也，鼓之二十五弦皆动，未始异于声而音之君已。且若是者邪？"

惠子曰："今夫儒墨杨秉，且方与我（以）辩，相拂以辞，相镇以声，而未始吾非也，则奚若矣？"

庄子曰："齐人蹢子于宋者，其命阍也不以完，其求钘钟也以束缚，其求唐子也而未始出域，有遗类矣！夫楚人寄而蹢阍者，夜半于无人之时而与舟人斗，未始离于岸，而足以造于怨也。"

2406

庄子送葬，过惠子之墓，顾谓从者曰："郢人垩慢其鼻端若蝇翼，使匠石斫之。匠石运斤成风，听而斫之，尽垩而鼻不伤，郢人立不失容。宋元君闻之，召匠石曰：'尝试为寡人为之。'匠石曰：'臣则尝能斫之。虽然，臣之质死久矣。'自夫子之死也，吾无以为质矣，吾无与言之矣。"

2407

管仲有病,桓公问之曰:"仲父之病病矣,可不谓云,至于大病,则寡人恶乎嘱国而可?"管仲曰:"公谁欲与?"公曰:"鲍叔牙。"曰:"不可。其为人絜廉,善士也,其于不己若者不比之,又一闻人之过,终身不忘。使之治国,上且逆乎君,下且逆乎民。其得罪于君也,将弗久矣!"

公曰:"然则孰可?"对曰:"勿已,则隰朋可。其为人也,上忘而下(不)叛,愧不若黄帝而哀不己若者。以德分人谓之圣,以财分人谓之贤。以贤临人,未有得人者也;以贤下人,未有不得人者也。其于国有不闻也,其于家有不见也。勿已,则隰朋可。"

2408

吴王浮于江,登乎狙之山。众狙见之,恂然弃而走,逃于深蓁。有一狙焉,委蛇攫搔,见巧乎王。王射之,敏给搏捷矢。王命相者趋射之,狙执死。

王顾谓其友颜不疑曰:"之狙也,伐其巧、恃其便,以敖予,以至此殛也。戒之哉!嗟乎,无以汝色骄人哉!"颜不疑归,而师董梧,以助其色,去乐辞显,三年而国人称之。

2409

南伯子綦隐几而坐,仰天而嘘。颜成子入见曰:"夫子,物之尤也。形固可使若槁骸,心固可使若死灰乎?"

曰:"吾尝居山穴之中矣。当是时也,田禾一睹我,而齐国之众三贺之。我必先之,彼故知之;我必卖之,彼故鬻之。若我而不有之,彼恶得而知之?若我而不卖之,彼恶得而鬻之?嗟乎!我悲人之自丧者,吾又悲夫悲人者,吾又悲夫悲人之悲者,其后而日远矣。"

2410

仲尼之楚,楚王觞之,孙叔敖执爵而立,市南宜僚受酒而祭,曰:"古之人乎,于此言已!"

曰:"丘也闻不言之言矣,未之尝言,于此乎言之。市南宜僚弄丸而两家之难解,孙叔敖甘寝秉羽而郢人投兵。丘愿有喙三尺!"

彼之谓不道之道,此之谓不言之辩。故德总乎道之所一,而言休乎知之所不知,至矣。道之所一者,德不能同也。知之所不能知者,辩不能举也。名若儒、墨而凶矣。故海不辞东流,大之至也。圣人并包天地,泽及天下,而不知其谁氏。是故生无爵,死无谥,实不聚,名不立,此之谓大人。狗不以善吠为良,人不以善言为贤,而况为大乎!夫为大不足以为大,而况为德乎!夫大(备矣),莫若天地;然奚求焉而大备矣?知大备者,无求、无失、无弃,不以物易己也。反己而不穷,循古而不摩,大人之诚。

2411 子綦有八子,陈诸前,召九方歅曰:"为我相吾子,孰为祥。"九方歅曰:"梱也为祥。"子綦瞿然喜曰:"奚若?"曰:"梱也将与国君同食以终其身。"子綦索然出涕曰:"吾子何为以至于是极也!"

九方歅曰:"夫与国君同食,泽及三族,而况父母乎!今夫子闻之而泣,是御福也。子则祥矣,父则不祥。"

182

子綦曰："歕，汝何足以识之？而梱祥邪，尽于酒肉。入于鼻口矣。而何足以知其所自来？吾未尝为牧而牂生于奥，未尝好田而鹑生于宎，若勿怪，何邪？吾所与吾子游者，游于天地。吾与之邀乐于天，吾与之邀食于地；吾不与之为事，不与之为谋，不与之为怪；吾与之乘天地之诚而不以物与之相撄，吾与之一委蛇而不与之为事所宜。今也然有世俗之偿焉！凡有怪征者，必有怪行，殆乎，非我与吾子之罪，几天与之也！吾是以泣也。"

无几何而使梱之于燕，盗得之于道，全而鬻之则难，不若刖之则易，于是乎刖而鬻之于齐，适当渠公之街，然身食肉而终。

2412

啮缺遇许由，曰："子将奚之？"曰："将逃尧。"曰："奚谓邪？"曰："夫尧畜畜然仁，吾恐其为天下笑。后世其人与人相食与！夫民不难聚也，爱之则亲，利之则至，誉之则劝，致其所恶则散。爱利出乎仁义，捐仁义者寡，利仁义者众。夫仁义之行，唯且无诚，且假乎禽贪者器。是以一人之断制利天下，譬之犹一覕也。夫尧知贤人之利天下也，而不知其贼天下也，夫唯外乎贤者知之矣。"

2413

有暖姝者，有濡需者，有卷娄者。

所谓暖姝者，学一先生之言，则暖暖姝姝而私自说也，自以为足矣，而未知未始有物也，是以谓暖姝者也。

濡需者，豕虱是也。择疏鬣（长毛），自以为广宫大囿，奎蹄曲隈，乳间股脚，自以为安室利处，不知屠者之一旦鼓臂布草操烟火，而己与豕俱焦也。此以域进，此以域退，此其所谓濡需者也。

卷娄者，舜也。羊肉不慕蚁，蚁慕羊肉，羊肉膻也。舜有膻行，百姓悦之，故三徙成都，至邓之虚而十有万家。尧闻舜之贤，举之童土之地，曰冀得其来之泽。舜举乎童土之地，年齿长矣，聪明衰矣，而不得休归，所谓卷娄者也。

是以神人恶众至，众至则不比，不比则不利也。故无所甚亲，无所甚疏，抱德炀和以顺天下，此谓真人。于蚁弃知，于鱼得计，于羊弃意。以目视目，以耳听耳，以心复心，若然者，其平也绳，其变也循。古之真人，以天待之，不以人入天。古之真人，得之也生，失之也死；得之也死，失之也生。

2414

药也，其实堇也，桔梗也，鸡壅也，豕零也，是时为帝者也，何可胜言！勾践也以甲楯三千栖于会稽，唯种也能知亡之所以存，唯种也不知身之所以愁。故曰鸱目有所适，鹤胫有所节，解之也悲。

故曰风之过河也有损焉，日之过河也有损焉。请只风与日相与守河，而河以为未始其撄也，恃源而往者也。故水之守土也审，影之守人也审，物之守物也审。

故目之于明也殆，耳之于聪也殆，心之于殉也殆。凡能其于府也殆，殆之成也不给改。祸之长也兹萃，其反也缘功，其果也待久。而人以为己宝，不亦悲乎！故有亡国戮民无已，不知问是也。

故足之于地也践，虽践，恃其所不蹍而后善博也；人之于知也少，虽少，恃其所不知而后知天之所谓也。知大一，知大阴，知大目，知大均，知大方，知大信，知大定，至矣。大一通之，大阴解之，大目视之，大均缘之，大方体之，大信稽之，大定持之。

　　尽有天，循有照，冥有枢，始有彼。则其解之也似不解之者，其知之也似不知之也，不知而后知之；其问之也，不可以有崖，而不可以无崖。颉滑有实，古今不代，而不可以亏，则可不谓有大扬推乎！阖不亦问是已，奚惑然为！以不惑解惑，复于不惑，是尚大不惑。

XU WUGUI

2401

Ermito Xu Wugui pere de Nv Shang ricevis aŭdiencon ĉe markizo Wu de regno Wei[605]. Markizo Wu

esprimis konsolon al li, dirante: "Vi malsaniĝis pro peniga vivo en la monto kaj la arbaro. Do vi finfine

konsentis renkontiĝi kun mi." Xu Wugui diris: "Estas mi, kiu konsolus vin, Via Moŝto. Pro kio do vi

konsolas min? Vi plenigas ja laŭvole vian arbitran deziron, estante preferema je ŝato-malŝato. Do vi havigis

malsanon al via sento de denaska naturo. Sed se vi forigus la arbitran deziron kaj preferemon je ŝato-

malŝato, tiuokaze vi malsaniĝos je la oreloj kaj okuloj. Ĝuste mi volas konsoli vin, kial do vi volus konsoli

min?"

La markizo Wu konsternite ne respondis. Iom poste Xu Wugui diris: "Interalie, mi rakontos al vi kiel

mi taksas hundojn. La hundo de malalta kvalito senĉese satmanĝadas. Tia estas la virto de linko. La hundo

de meza kvalito ŝajnas vidanta la sunon. La hundo de alta kvalito ŝajnas tute perdinta al si la Unu-tutecon.

Mia taksado de hundoj estas malpli bona ol mia taksado de ĉevaloj. Laŭ mia taksado, iu ĉevalo kuras rekte

kvazaŭ laŭ tuĉŝnuro, turnas rekte kvazaŭ laŭ L-forma ortilo kaj kvazaŭ kvadrate, kaj rondiras kvazaŭ laŭ

cirkelo. Tia estas la ĉevalo plej bona en la regno. Sed ĝi ne povas esti pli bona ol la ĉevalo la plej bona en la

mondo. La mondskala ĉevalo kun kompleta denaska kapablo ŝajnas vanta, foranima, kvazaŭ tute perdinta

al si la Unu-tutecon. Tia ĉevalo superas ĉion, forkuras kaŝite de polvoj, do ne estas sciate kie ĝi vivas." La

markizo Wu ĝojegis, ridante.Xu Wugui eliris de la renkontiĝo. Nv Shang diris: "Majstro, kion do vi

parolis al nia reĝo? Tio, kio estis parolata de mi al la reĝo, estis iam pri La Poezioj, La Decreguloj kaj La

Muziko, iam pri La Bronza Tabulo, La Ses Sagujoj[606], kaj pri La Servoj al Aferoj, kaj pri La Merituloj,

ceteroj nekalkuleblaj. Sed mi ankoraŭ ne vidis nian reĝon elmontranta dentojn. Nun, Majstro, kion vi

parolis al nia reĝo por tiom ĝojegi lin?"

Xu Wugui diris: "Mi nur rakontis al li pri mia maniero taksi hundojn kaj ĉevalojn." Nv Shang diris:

"Ho, tiel." Xu Wugui diris: "Ĉu vi ne aŭdis pri iu ekzilito de regno Yue? Kelkajn tagojn poste, forlasinte

sian landon, li ekĝojis vidante sian konaton. Dek tagojn poste li ekĝojis vidante lian samlandanon.

Monatojn poste li ekĝojis vidante homon iam vidintan liajn samlandanojn. Jaron poste li ekĝojis vidante

homon similan al samlandano. Ju pli longe for de siaj homoj, des pli profunde sopiras pri ili. Kiu fuĝas for en dezertan vakon, plenan de herboj kiel kenopodio aŭ sambuko, kaj plenan de bestoj kiel musteloj aŭ flugsciuloj, tiu en la vaka dezerto ege ekĝojas je ajna homa sono, aŭdante iun homon piedirantan. Des pli ĝojas pri proksimaj voĉoj, eĉ tusoj de fratoj kaj parencoj. Eble de longe ne estis aŭdata de nia reĝo la voĉo de Vera Homo aŭ la tuso de proksimuloj."

2402

Xu Wu Gui ricevis aŭdiencon ĉe la markizo Wu. La markizo Wu diris: "Majstro, vi, loĝante en la monta arbaro, manĝas nur glanon kaj kaŝtanon kaj satmanĝas poreon kaj ajlon. De longe vi ne vizitis min kiel gasto. Ĉu vi nun maljuniĝis? Aŭ vi ekdezirus gustumi vinon kaj viandon? Aŭ vi adorvizitas por mi kun beno al la altaro de dioj de tero kaj grenoj?"

Xu Wu Gui diris: "Mi naskiĝis malriĉa kaj mizera, do ne aŭdacas trinki kaj manĝi la reĝan vinon kaj viandon. Ĝuste mi alvenis por konsoli vin." La reĝo diris: "Por kio? Kiel vi konsolas min?" Xu Wu Gui diris: "Mi konsolas vin je via spirito kaj korpo." La markizo Wu diris: "Kion do signifas tio?" Xu Wu Gui diris: "La Ĉielo kaj la Tero egale nutras homojn en unu tuto. Ne plimulte al altranguloj, nek malplimulte al malaltranguloj. Vi fariĝis la ĉefo en la regno kun dek mil militĉaroj kaj donas al la popolo en la regno suferon. Per tio vi nutras vin je oreloj, okuloj, nazo kaj buŝo. Via spirito ne permesas al vi tion, ĉar la spirito amas la pacon kaj malamas diboĉon. La diboĉado estas malsano. Do mi devas konsoli tion. Kiel do vi malsaniĝis?"

La markizo Wu diris: "De longe mi volus vidi vin, Majstro. Mi dezirus ami la popolon, fari juston kaj forlasi armilojn. Ĉu eblas?" Xu Wu Gui diris: "Ne, ne eblas. Ami la popolon estas la komenco damaĝi la popolon. Forlasi armilojn por justo estas la fonto de ekspansio de armado. Eĉ se vi mem ekfarus tion, estus apenaŭ plenumeble. Ĝenerale, fari belon estas malbone kiel la rimedo. Kvankam vi intencus efektivigi bonvolecon kaj juston, tamen apenaŭ ne falsus la aferon. Kreante formon laŭforme, oni nepre ekarogantas, kaj nepre ŝanĝiĝos al la direkto de luktado kontraŭ ekstero. Via Moŝto, ne lasu preni militan formacion 'Vico de Gruoj' sub via observa turo, nek lasi soldatojn kaj ĉevalojn marŝi antaŭ la palaco de altaro Zitan. Ne havigu al vi ion kontraŭan al la virto, ne provu superi aliajn per lerteco, nek per intrigo, nek per milito. Se mortigi soldatojn kaj popolanojn, se aneksi alies landojn, se per tio nutri nin kaj niajn diojn, tiam ne estos sciate, kiu en la milito estus pli bona, kie estus la venko? Se vi volus fari ion ajn en nepra neceso, kulturu sincerecon en via brusto. Per tio vi respondu al la sento de la Ĉielo kaj la Tero, kaj ne konfuziĝu. Tiam la popolo estos liberigita el la morto. Kial do Via Moŝto devus pripensi forĵeti armilojn?"

2403

La Flava Imperiestro volus viziti s-ron Grandan Glebon en la monto Juci[607]. Akompanis lin Fang Ming kiel kondukisto de kaleŝo, Chang Yu dekstre de li, Zhang Ruo kaj Xi Peng kiel rajdantoj de antaŭaj ĉevaloj, Kun Hun kaj Gu Ji kiel postsekvantoj de kaleŝo. La grupo atingis la kampon de Xiangcheng. Tie la sankta sepopo perdis la vojon. Estas neniu por demandi.

Hazarde venis iu knabo, paŝtanta ĉevalojn. Demandis lin pri la vojo, ĉu li konas la monton Juci. Li diris: "Jes." "Ĉu vi scias, kie loĝas s-ro Granda Glebo?" Li diris: "Jes."

La Flava Imperiestro diris: "Kia mirinda knabo! Li konas ne nur la monton Juci, sed ankaŭ loĝejon de s-ro Granda Glebo. Ĉu mi povus demandi vin kiel regi la mondon?" La knabo diris: "Reganto de la mondo estas jen tia, kia nun estas farata de mi. Kio alia en la afero? Mi, juna, ludas ene de la Spaco kun ses limoj[608]. Kiam mi malsaniĝis je okuloj, iu grandulo instruis al mi, ke mi rajdu la sunan ĉaron kaj ludu en la kampo de Xiangcheng. Nun mi iomete resaniĝas. Do mi denove volus ludvagadi trans la ses limojn de la Spaco. Regi la mondon estas tiel same, kiel tio. Kion alian mi farus je aferoj?"

La Flava Imperiestro diris: "Kvankam regi la mondon estas certe ne via afero, tamen mi deziras demandi vin pri la mondo." La malgranda knabo rezignis respondi.

Sed la Flava Imperiestro denove demandis. La knabeto diris: "Kia diferenco troviĝas inter la regado de la mondo kaj la paŝtado de ĉevaloj? Nur forigi tion, kio damaĝas la ĉevalojn."

La Flava Imperiestro riverencadis kaj retiriĝis, nomante la knabon la ĉiela instruisto.2404 Intelektulo ne ĝojas sen ia modulado de pensoj. Retoro ne ĝojas sen kohera rezonado. Inspektoro ne ĝojas sen aferoj de esplordemandado. Ĉiuj estas kaptataj per aĵoj. Monduma elstarulo fervoras servadi en la kortego. Mezakvalita servanto de la popolo promociiĝas en la ofico. Fortulo fiere pliviligiĝas ĉe ia malfacilo. Bravulo ekscitiĝas ĉe la konflikto. Soldato ĝojas je la milito. Rigidanimulo alteniĝas je la famo. Juristo okupiĝas je vasta administrado. Specialisto de decreguloj kaj muziko fervoras je la formalaĵoj. Persono de bonvoleco kaj justo zorgadas je la nobleca interrilato. Kampuloj ne interesiĝas pri alio ol kulturado-sarkado. Komercistoj ne interesiĝas pri alio ol aferoj de merkato. Simpluloj diligentas matene kaj vespere. Centspecaj metiistoj laboras energie kaj lerte kun aparatoj kaj instrumentoj. Avaruloj malĝojas, se ne amasiĝas mono kaj posedaĵo. Fieruloj tristas, se ilia potenco ne superas. Spekulantoj ĝojas je ŝanĝiĝo. Kiu estas rigardata utila konforme al tempo, tiu ne povas teni sin senaga. Ĉiuj konforme al sia jaraĝo ne povas ŝanĝi aĵojn, sed lasas sian korpon kaj naturon mergiĝi en ĉiuj aĵoj. Kaj tiel ili ne povas reveni al sia naturo ĝis la fino de vivo. Kia tragedio!

2405

Zhuangzi diris: "Se oni nomus bona pafarkisto tiun, kiu, pafinte senpripense, trafis celon, tiam ĉiuj en la mondo fariĝus Yi. Ĉu eblus tiel nomi?" Huizi diris: "Jes, eblas." Zhuangzi diris: "En la mondo ne troviĝas iu publike akceptata vero, kaj ĉiu konsideras la sian vero. Se tiel, ĉiuj en la mondo povas fariĝi Yao. Ĉu eblus nomi tiel?" Huizi diris: "Jes, eblas."

Zhuangzi diris: "Tiel do, ekzistas kvar skoloj – konfuceanoj, mohistoj, yangzhuistoj, nia skolo[609], aldone estas via skolo, do troviĝas nun kvin skoloj. Kiu el ili pravas? Aŭ, eble, tio memorigas min pri epizodo de Lu Ju, kies disĉiplo diris: 'Mi kaptis vian Vojon. En vintro al ni eblas fabriki adoban forneton kaj en somero fari glacion.' Lu Ju diris: 'Tio estas ja samkiel inviti jangon per jango, jino per jino. Tio ne estas mia, tiel nomata Vojo. Mi montros al vi mian Vojon.' Dirinte tiel, li pretigis du citarojn agorditaj. Li starigis unu en la halo, la alian en la ĉambro. Plukis noton gong sur unu citaro, tuj ekmoviĝis la sama noto

187

gong sur la alia. Plukis noton jue sur unu, tuj ekmoviĝis la sama noto jue sur la alia. Ĉar tonalto de noto estas sama. Sekve, li reagordis unu kordon diference de aliaj kvin notoj. Se li plukis unu kordon, tiam ĉiuj 25 kordoj kune ekresonis. La kordoj ne malsamas de komence. Estas plukita la reĝa sono de gamo. Jen tiel same vi insistas vian superecon[610]. "

Huizi diris: "Nun troviĝas skoloj de konfuceanoj, mohistoj, yangzhuistoj kaj viaj, kiuj disputas kun mi per dialektiko kaj kritikas reciproke unu la alian per vortoj, kaj atakas reciproke per voĉoj. Sed ili neniam povas trarefuti min. Kial, laŭ via opinio, estas tiel?"

Zhuangzi diris: "Iu Qi-ano sendis sian filon al regno Song. La filo kun kruro forhakita eklaboris kiel pordgardisto. La patro akiris sonorilojn, li skrupule konservis, kovrante kaj vindante ilin. Sed por sia filo, foririnta, li ne provis eliri de sia teritorio[611]. Li ne scias, kio estas pli grava, samkiel vi. Iu Chu-ano laboris kiel pordgardisto. Noktomeze neniu estis apud la pordo. Li ekkverelis kun alvenanta boatisto, dum ankoraŭ ĉi tiu ne atingis la bordon. Samkiel vi, li nur incitis rankoron[612]. "

2406

Zhuangzi sur revena vojo el funebro preteriris la tombon de Huizi, kaj diris al sia akompananto: "Iu Ying-ano(Chu-regnano) ŝmiris sur la pinto de sia nazo per stuko kun dikeco je muŝa flugilo, lasis al metiisto Shi tranĉi la stukon. La metiisto Shi svingis hakilon kiel vento, la peco de stuko eksonis tranĉite. Kun la tuta stuko fortranĉita, la nazo restis nevundita, kaj Ying-ano staras neniom perturbite. Reĝo Yuan de regno Song, aŭdinte tion, venigis la metiiston Shi kaj diris: 'Vi provu por mi fari la samon.' Shi respondis: 'Antaŭe mi povis tranĉi trafe. Sed mia kunulo de longe mortis.' Post kiam la Majstro Huizi mortis, ankaŭ mi jam havas neniun kiel kunulon. Tiel do mi havas neniun por interparoli kune."

2407

Kiam Guan Zhong malsaniĝis, duko Huan demandis lin, dirante: "Vi malsaniĝis serioze. Do mi ne devas ne diri. Se via malsano iĝus en krizo, al kiu mi povus konfidi la ŝtatan aferon?" Guan Zhong diris: "Al kiu Via Moŝto mem volus konfidi?" La duko diris: "Bao Shuya[613]." Guan Zhong diris: "Ne devas.

Kiel personeco, li estas bona, pura kaj integra. Sed li donas neniom da atento al tiu, kiu estas malpli alta je kvalito ol li mem. Se li sciiĝis pri ies eraro, li ne povas forgesi ĝin ĝis la fino de sia vivo. Se vi igus lin administri la ŝtaton, li certe okazigos implikaĵojn supre kun reĝo, sube agacos la popolon. Do li estos punita de Via Moŝto baldaŭ post nelonge."

La duko diris: "Se tiel, kiu do estas taŭga?" Respondis: "Se sen alia kandidato, taŭgas Xi Peng. Kiel personeco li estas tia, ke, kvankam lin forgesas la supro, sed tamen la subo kune sekvas lin. Li hontas, ke li ne estas tia, kia estis la Flava Imperiestro. Li kompatas tiun, kiu estas malpli alta je kapablo ol li. Kiu havas virton komune kun aliaj homoj, tiu estas nomata 'sankta'. Kiu dividas proprieton kun aliaj homoj, tiu estas nomata 'saĝa'. Kiu kun saĝo intencas regi homojn de supre, tiu ne povus akiri subtenon de homoj. Sed kiu kun saĝo turnas sin de sube al homoj, tiu ne povas ne akiri subtenon de homoj. Eble, okazus, ke li ne aŭdos ion rilate al la ŝtata afero, kaj, eble, okazus, ke li ne aŭdos ion rilate al familia afero. Tamen se sen alia kandidato, tiam taŭgas Xi Peng."

2408

Reĝo de Wu ŝipis laŭ la rivero Chang Jiang kaj survoje estis grimpanta sur monton de simioj. Amaso da simioj, vidante lin, ektimis kaj tuj forkuris en profundan veprejon. Dume unu simio libere pendadis kaj saltadis de branĉo al branĉo, montrante sian lertecon al la reĝo. La reĝo pafis ĝin. Ĝi tuj kaptis la alflugantan sagon. La reĝo ordonis al siaj akompanantoj pafadi ĝin. La simio estas fine mortigita.La reĝo turnis sin al sia amiko Yan Buyi, dirante: "Tiu simio fieris pri sia lerteco. Ĉi-okaze, fidinte sian talenton, ĝi tro arogantis antaŭ mi, tiel do finfine mortis. Tio donas al vi bonan instruon. Ho, ankaŭ vi ne montru arogantan mienon antaŭ homoj." Yan Buyi, reveninte, vizitis Majstron Dong Wu kaj strebis forviŝi sian orgojlan mienon[614]. Yan Buyi forlasis la komfortan vivon kaj eksiĝis de la alta posteno. Tri jarojn poste samlandanoj laŭdis lin.

2409

Nanbo Ziqi[615] sidis ĉe kubutapogilo kaj spiradis, rigardante supren la ĉielon. Yan Chengzi eniris kaj diris: "Majstro, vi estas elstara, transcendas aĵojn. Vi igis vian korpon simila al velkinta arbo, vian koron simila al mortinta cindro?"

Nanbo Ziqi diris: "Iam mi loĝis en monta kaverno. Ĝuste tiam vizitis min Tian He unufoje[616]. Qi-anoj laŭdadis lin tri fojojn pro tio. Nepre mi unue donis la okazon, tial do li ekkonis mian nomon. Certe mi vendis min parade, do li aĉetis min. Se mi ne donus la okazon, kiel li povus scii pri tio? Se mi ne vendus min, kiel li povus aĉeti min. Ho ve! Mi malĝojis je tiu, kiu perdis sin mem. Mi malĝojis je mi mem, perdinta min. Kaj aldone mi malĝojis pro tio, ke mi malĝojas je mi mem. Poste pasis multe da tagoj for."

2410

Zhong Ni vizitis regnon Chu. La reĝo de Chu okazigis la toston. Sun Shu'ao staris kun pokalo, Shinan Yiliao ricevis vinon kaj oferverŝis[617]. Oni diris: "Antikvuloj parolis ion ĉe tia okazo."

Zhong Ni diris: "Mi, Qiu, aŭdis pri 'la parolado sen vorto'. Rilate tion mi neniam ĝis nun parolis, sed hodiaŭ mi diros al vi pri tio. S-ro Shinan Yiliao, ĵonglante buletojn, solvis malfacilon inter du familioj. S-ro Sun Shu'ao estis trankvile kuŝanta kun ventumilo, kaj tiel soldatoj de Ying forlasis armilojn[618]. Permesu al mi daŭre aldoni mian bekon pli longe je tri ĉioj.

La unua ago povus esti nomata 'Senvoja Vojo', kaj la dua povus esti nomata 'Senvorta Parolo'. Virto estas inkluzivita en unu tuto de Tao, kaj parolo ĉesis je la limo, kie ne estas konebla per scipovo. Sed al la Unu-tuteco de Tao-Vojo ne povas esti egala la virto. Kio ne estas konebla per scipovo, tion ne eblas esprimi per parolado. Do tia maniero, kiel konfuceanoj kaj mohistoj traktas la nomojn, estas malbona[619].

189

Maro estas tre granda, ke ĝi ne rifuzas akcepti riverojn, fluantajn orienten. Sanktuloj, favorate de la Ĉielo kaj la Tero, donis profiton al la mondo, sed ne estas sciate kiuj estis ili. Do ili ne havis titolon en la vivo, nek postmortan nomon. Nek monon kolektitan nek nomon starigitan – tia estas la Grandulo.   Hundo estas taksata kiel bona ne pro tio, ke ĝi bojas. Homo estas taksata kiel saĝa ne pro tio, ke li parolas bonajn vortojn. Des pli la taksado de grandeco. Por esti taksata kiel granda ne sufiĉas esti nur granda. Des pli la taksado de virto. Neniu havas la virton pli grandan ol la Ĉielo kaj la Tero. Kion postulas la Ĉielo kaj la Tero? – Nenion. Ĉar jam abundas. Kiu scias sin havanta multe, tiu postulas nenion, perdas nenion, forĵetas nenion kaj ne ŝanĝas sin por aĵoj. Li revenas al si mem senlime, sekvas la antikvan kaj ne forfrotiĝas. Jen kia estas la sincereco de la Grandulo."

2411

Ĉe Ziqi estis ok gefiloj. Antaŭ ili estis alvokita Jiufang Yin, fiziognomikisto. Ziqi diris al li: "Aŭguru por mi destinon de gefiloj. Kiu el ili ricevos feliĉan sorton?" Jiufang Yin diris: "Via filo, Kun, estos bonsorta." Ziqi surprizite ekĝojis kaj demandis: "Kial?" Jiufang Yin respondis: "Ĉar Kun manĝos kune kun reĝo la saman manĝaĵon ĝis la fino de sia vivo." Ziqi ekploris kun larmoj, dirante: "Kial do mia filo devus ricevi tian ekstreman sorton?"

Jiufang Yin diris: "Se li povos kune manĝi kun la reĝo la saman manĝaĵon, la profito disvastiĝos al tri parencaroj. Des pli al gepatroj. Malgraŭ tio vi, aŭdinte, ekploris. Tio malhelpos la bonsorton. Kvankam la filo estus bonaŭgura, tamen la patro – malbonaŭgura." Ziqi diris: "S-ro Yin, kiel vi povas scii tion sufiĉe. Kun povus esti bonaŭgura, eble, li ĝissate gustumos vinon kaj viandon per sia nazo kaj buŝo. Sed ne estos sciate, de kie ili venas. Ekzemple, kiam mi neniam paŝtis ŝafojn, malantaŭ mia domo ekaperus grego de ŝafoj; kiam mi neniam ĉasis, en nordorienta angulo ekaperus koturnoj, en tiu okazo kial ne mi havus dubon pri tio? Kie mi kun miaj gefiloj vagas kaj ludas, tie ni estas en la Ĉielo kaj la Tero. Mi kun ili ricevas ĝojon de la Ĉielo, manĝaĵon de la Tero. Mi kun ili ne faras entreprenon, nek intrigon, nek strangaĵon. Mi kun ili vivas honeste laŭ la Ĉielo kaj la Tero, por ke aĵoj ne tuŝu nin superflue. Mi kun ili vivas libere en Unu-tuteco, ne farante fuŝkonvene aferojn. Sed nun al ni estus donita iu monda sankcio! Ĝenerale, se troviĝas iu stranga antaŭsigno, tiam nepre okazos io stranga. Estas danĝere. Je tio ne kulpas mi nek mia filo. La Ĉielo, probable, donos al ni tion. Tial mi ploras."

Iom poste li veturigis sian filon Kun al regno Yan. Survoje lin kaptis rabistoj. Ili supozis, ke estus malfacile vendi lin en kompleta korpo. Do ili tranĉis al li piedon por faciligi la vendon. Ili vendis lamulon kun piedo tranĉita en regno Qi. Hazarde li estas vendita al iu duko Qu[620], kiel pordgardisto, tiel do li povis manĝadi viandon dum sia tuta vivo.

2412

Nie Que hazarde renkontis Xu You kaj demandis lin: "Kien vi iras nun?" Xu You respondis: "Mi ĝuste rifuĝas nun de Yao." [621] Nie Que demandis: "Kial?" Xu You diris: "Yao brutosimile blinde klopodas je bonvoleco. Li estos mokridata de la mondo, – mi timas, – homoj de postaj generacioj estos vorantaj homojn unuj la aliajn inter si. Kolekti amason da popolanoj ne estas malfacile. Se amu ilin, ili proksimiĝas. Se profitigu ilin, ili alvenas. Se laŭdu ilin, ili diligentas. Se ili estas traktataj malbone, ili disiras. Ami kaj profitigi devenas de bonvoleco kaj justo. Estas malmulte da homoj, farantaj neprofitoĉase bonvolecon kaj juston, sed multe da homoj, farantaj ilin por profito. Je la konduto de bonvoleco kaj justo tute mankas honesteco. Edifo de bonvoleco-justo liveras al rabobirdoj kaj avaruloj konvenan ilon. Tio estas ja arbitra decido de unu persono por profitigi la mondon, kiel hermetike nevidebla. Yao scias nur tion, ke saĝuloj profitigas la mondon, sed ne scias, ke ili damaĝas la mondon. Tion oni scias nur krom saĝuloj."

2413

Estas naivulo, estas atendemulo, estas kroĉiĝemulo[622].

Tiel nomata naivulo estas tiu, kiu naive obeas la vorton de unu instruisto, kiel la sian propran, kaj mem estas kontenta je tio. Li ne scias aĵojn, ankoraŭ ne estiĝantajn.Atendemulo estas sama, kiel laŭso sur porko. La laŭso elektas al si vilaron, kiun ĝi faras sia vasta palaco kaj granda parko. Ĝi trovas sian rezidejon ĉe forko, hufo, kurbaj anguloj, inter mamoj, inter femuroj, kaj faras ilin por si ripozejoj kaj konvenaj lokoj. Ĝi ne scias, ke iam buĉisto foje svingos sian brakon sur sternita herbo kaj rostos aŭ fumaĵos la porkon, kun kiu ankaŭ ĝi mem estos forbruligita. Ĝia vivo estas tia – iradi antaŭen kaj malantaŭen depende de la lokoj. Tiu estas nomata 'atendemulo'. Kroĉiĝemulo estas Shun, la reĝo. Ne ŝafaĵo sopiras formikojn, sed formikoj sopiras ŝafaĵon. Ĉar la ŝafaĵo odoras. Shun kondutas kun ŝafaĵodoro. Popolamasoj ĝojas je tio. Tiel do li transloĝadis tri fojojn kaj ĉie konstruis la ĉefurbojn. Eĉ dezerto de Deng transformiĝis en la urbon kun pli ol cent mil domoj. Yao aŭdis pri la saĝeco de Shun, kaj feŭdis al li virgan teron, dirante: 'Mi petas vin fari la teron riĉa.' Shun, feŭdite sur la virga tero, kie loĝis longe dum maljuniĝis kun feblaj dentoj kaj feblaj aŭd-vid-povoj. Sed li ne povis ripozi nek reveni hejmen. Li estas tiel nomata alkroĉiĝemulo.Tial do al Dieca Homo ne plaĉas alproksimiĝo de homamaso. Eĉ se la homamaso alproksimiĝas, li ne amikiĝas kun ili. Ĉar ne amikiĝas, li ne klopodas profitigi ilin. Al ili sintenas li ne tro intima nek tro malintima. Kun entenata virto kaj varma harmonio, li akordiĝas al la mondo. Li nomiĝas 'Vera Homo'. Li forĵetas la saĝon kvazaŭ formiko, la kalkulon kvazaŭ fiŝo, la volon kvazaŭ ŝafo. Li rigardas tion, kio estas vidata, aŭskultas tion, kio estas aŭdata, kaj atentas per koro tion, kio revenas al koro. Tia persono estas trankvila kvazaŭ ekvilibra ŝnurmezurilo, kaj li transformiĝas laŭ konforme. Antikva Vera Homo atendas la ordodnon per la Ĉielo. Li eniras en la Ĉielon, ne apogante sin al homoj. La antikva Vera Homo akirinte ĝin vivas, perdinte ĝin mortas aŭ akirinte mortas, perdinte vivas.

2414

Ekzemple medikamentoj. Ili fakte estas venenoj, kiel akonito, platikodono, celozio, toksfungo[623].

Tiuj estas laŭtempe laŭokaze efikas kiel reĝo, do ne eblas diri kiu efiko el ili superas.Goujian kun tri mil soldatoj estis sieĝata sur la monto Kuaiji[624]. Tiam nur Zhong sola antaŭsciis la estontan restarigon el de nuna perdo[625]. Sed li mem ne sciis la sian venontan tragikon. Tial do estas dirite: 'Okuloj de strigo taŭgas laŭokaze, kruroj de gruo utilas laŭokaze. Estus triste al ili, se depreni iliajn membrojn. ' Estas dirite, ke se blovegas vento, rivero difektiĝas, kaj se la suno brilegas, rivero difektiĝas. Kiom ajn la suno kaj vento difektus aŭ kune protektus, la rivero mem de komence ne haltas, ĉar ĝi estas iranta de la fonto. Tiel do akvo gardas la teron skrupule, ombro akompanas la homon skrupule, aĵoj kunas aĵojn unu la alian skrupule. Sed ĝenerale antaŭ danĝero estas elmetata la homa kapablo, ĉar nur dume okuloj vidas klare, nur dume oreloj aŭdas, nur dume koro estas obeema. Foje la danĝero fariĝis reala, estas jam malfacile resaniĝi. Mizero kreskas kaj svarmas sur la mizero. Resaniĝo dependas ja de la bonsorta ĉirkaŭaĵo. Endas longe atendi la bonan rezulton. Sed homo inklinas nur fidi sian forton, estimante sin mem kiel trezoron. Ĉu ne estas bedaŭrinde? Pro tio neniam ĉesas ŝtatpereigo kaj murdo de popoloj. Oni ne scias kiel demandi pri tio.Piedoj tretas tuŝante nur parton de la tero. Sed ili povas konfide paŝi apogante sin sur la netuŝata vasta parto. Homa scio estas malgranda. Sed apogante sin sur la nesciata parto, li povos sciiĝi pri tio, kion la Ĉielo poste sciigos. Scii pri la Granda Unu-tuteco, scii pri la Granda jino, scii pri la Grandaj Okuloj, scii pri la Granda Ekvilibro, scii pri la Granda Metodo, scii pri la Granda Fido, scii pri la Granda Stabileco, – tio estas ja atingoj de la celado. Pere de la Granda Unu-tuteco eblas penetri ion, pere de la Granda jino eblas malnodi ion, pere de la Grandaj Okuloj eblas vidi ion, pere de la Granda Ekvilibro eblas rilatigi ion, pere de la Granda Metodo eblas realigi ion, pere de la Granda Fido eblas atingi ion, pere de la Granda Stabileco eblas posedi ion.En la fonto estas la Ĉielo, sekve estas lumo, en mallumo estas la akso, en la komenco estas io. Kompreno pri io similas al nekompreno. Scio pri io similas al nescio. Kio estas ne sciata, tio poste estos sciata. Al la demando pri tio – ne povas ekzisti la bordo, nek povas esti senbordo. En zigzagoj troviĝas la realo, kiu ne ŝanĝiĝas antikve kaj nune, ĉar nedifektebla estas la realo. Ĉu ne eblus diri, ke estas iu Granda Universa Leĝo[626]? Kial ne demandadi pri tio? Kial oni perpleksas tiel? Malnodi la perplekson sen perpleksi kaj denove reveni al senperplekso – jen estas ja la pleja senperplekseco.

25. 则阳 Zeyang

2501

则阳游于楚，夷节言之于王，王未之见，夷节归。彭阳见王果曰:"夫子何不谭我于王?"王果曰:"我不若公阅休。"彭阳曰:"公阅休奚为者邪?"曰:"冬则捉鳖于江，夏则休乎山樊。有过而问者，曰:"此予宅也。"夫夷节已不能，而况我乎! 吾又不若夷节。夫夷节之为人也，无德而有知，不自许，以之神其交，固颠冥乎富贵之地，非相助以德，相助消也。夫冻者假衣于春，暍者反冬乎冷风。夫楚王之为人也，形尊而严，其于罪也，无赦如虎。非夫佞人正德，其孰能桡焉! 故圣人，其穷也使家人忘其贫，其达也使王公忘其爵禄而化卑；其于物也与之为娱矣，其于人也乐物之通而保己焉。故或不言而饮人以和，与人并立而使人化父子之宜。彼其乎归居，而一闲其所施。其于人心者，若是其远也。故曰待公阅休。"

2502

圣人达绸缪，周尽一体矣，而不知其然，性也。复命摇作，而以天为师，人则从而命之也。忧乎知，而所行恒无几时，其有止也若之何! 生而美者，人与之鉴，不告则不知其美于人也。若知之，若不知之，若闻之，若不闻之，其可喜也终无已，人之好之亦无已，性也。圣人之爱人也，人与之名，不告则不知其爱人也。若知之，若不知之，若闻之，若不闻之，其爱人也终无已，人之安之亦无已，性也。

旧国旧都，望之畅然。虽使丘陵草木之缗，入之者十九，犹之畅然，况见见闻闻者也，以十仞之台县众闲者也!

冉相氏得其环中以随成，与物无终无始，无几无时。日与物化者，一不化者也，何尝舍之! 夫师天而不得师天，与物皆殉，其以为事也若之何? 夫圣人未始有天，未始有人，未始有始，未始有物，与世偕行而不替，所行之备而不洫，其合之也若之何? 汤得其司御门尹登恒为之傅之，从师而不囿，得其随成。为之司其名，之名嬴法，得其两见。仲尼之尽虑，为之傅之。容成氏曰:"除日无岁，无内无外。"

2503

魏莹与田侯牟约，田侯牟背之。魏莹怒，将使人刺之。

犀首闻而耻之曰："君为万乘之君也，而以匹夫从仇！衍请受甲二十万，为君攻之，虏其人民，系其牛马，使其君内热发于背，然后拔其国。忌也出走，然后抶其背，折其脊。"

季子闻而耻之曰："筑十仞之城，城者既十仞矣，则又坏之，此胥靡之所苦也。今兵不起七年矣，此王之基也。衍，乱人，不可听也。"

华子闻而丑之曰："善言伐齐者，乱人也；善言勿伐者，亦乱人也；谓伐之与不伐乱人也者，又乱人也。"君曰："然则若何？"曰："君求其道而已矣。"

惠子闻之而见戴晋人。戴晋人曰："有所谓蜗者，君知之乎？"曰："然。""有国于蜗之左角者曰触氏，有国于蜗之右角者曰蛮氏，时相与争地而战，伏尸数万，逐北旬有五日而后反。"

君曰："噫！其虚言与？"曰："臣请为君实之。君以意在四方上下有穷乎？"君曰："无穷。"曰："知游心于无穷，而反在通达之国，若存若亡乎？"君曰："然。"曰："通达之中有魏，于魏中有梁，于梁中有王。王与蛮氏有辩乎？"君曰："无辩。"客出而君惝然若有亡也。

（客出），惠子见，君曰："客，大人也，圣人不足以当之。"惠子："夫吹筦也，犹有嗃也；吹剑首者，映而已矣。尧舜，人之所誉也；道尧舜于戴晋人之前，譬犹一映也。"

2504

孔子之楚，舍于蚁丘之浆。其邻有夫妻臣妾登极者，子路曰："是稯稯何为者邪？"仲尼曰："是圣人仆也。是自埋于民，自藏于畔。其声销，其志无穷，其口虽言，其心未尝言，方且与世违，而心不屑与之俱。是陆沉者也，是其市南宜僚邪？"

子路请往召之。孔子曰："已矣！彼知丘之著于己也，知丘之适楚也，以丘为必使楚王之召己也；彼且以丘为佞人也。夫若然者，其于佞人也，羞闻其言，而况亲见其身乎！而何以为存？"子路往视之，其室虚矣。

2505

长梧封人问子牢曰："君为政焉勿卤莽，治民焉勿灭裂。昔予为禾，耕而卤莽之，则其实亦卤莽而报予；芸而灭裂之，其实亦灭裂而报予。予来年变齐，深其耕而熟耰之，其禾蘩以滋，予终年厌飧。"

庄子闻之曰："今人之治其形，理其心，多有似封人之所谓，遁其天，离其性，灭其情，亡其神，以众为。故卤莽其性者，欲恶之孽，为性萑苇；兼葭始萌，以扶吾形，寻擢吾性，并溃漏发，不择所出，漂疽疥癕，内热溲膏是也。"

2506

柏矩学于老聃，曰："请之天下游。"老聃曰："已矣！天下犹是也。"又请之，老聃曰："汝将何始？"曰："始于齐。"

至齐，见辜人焉，推而强之，解朝服而幕之，号天而哭之曰："子乎子乎！天下有大菑，子独先离之。"曰："莫为盗，莫为杀人？荣辱立，然后睹所病；货财聚，然后睹所争。今立人之所病，聚人之所争，穷困人之身，使无休时，欲无至此，得乎！古之君人者，以得为在民，以失为在己；以正为在民，以枉为在己。故一形有失其形者，退而自责。今则不然，匿为物而愚不识，大为难

194

而罪不敢，重为任而罚不胜，远其涂而诛不至。民知力竭，则以伪继之，日出多伪，士民安取不伪！夫力不足则伪，知不足则欺，财不足则盗。盗窃之行，于谁责而可乎？

2507

蘧伯玉行年六十而六十化，未尝不始于是之而卒诎之以非也，未知今之所谓是之非五十九年非也。万物有乎生而莫见其根，有乎出而莫见其门。人皆尊其知之所知，而莫知恃其知之所不知而后知，可不谓大疑乎！已乎已乎！且无所逃。此所谓然与然乎！

2508 仲尼问于大史大弢、伯常骞、狶韦曰："夫卫灵公饮酒湛乐，不听国家之政；田猎毕弋，不应诸侯之际。其所以为灵公者何邪？"

大弢曰："是因是也。"伯常骞曰："夫灵公有妻三人，同滥而浴。史鰌奉御而进所，搏币而扶翼。其慢若彼之甚也，见贤人若此其肃也，是其所以为灵公也。"狶韦曰："夫灵公也死，卜葬于故墓不吉，卜葬于沙丘而吉。掘之数仞，得石椁焉，洗而视之，有铭焉，曰：'不冯其子，灵公夺而里之。'夫灵公之为灵也久矣，之二人何足以识之！"

2509

少知问于太公调曰："何谓丘里之言？"太公调曰："丘里者，合十姓百名而以为风俗也，合异以为同，散同以为异。今指马之百体而不得马，而马系于前者，立其百体而谓之马也。是故丘山积卑而为高，江河合水而为大，大人合并而为公。是以自外入者，有主而不执；由中出者，有正而不距。四时殊气，天不赐，故岁成；五官殊职，君不私，故国治；文武（殊能），大人不赐，故德备；万物殊理，道不私，故无名。无名故无为，无为而无不为。时有终始，世有变化，祸福淳至，有所拂者而有所宜；自殉殊面，有所正者有所差。比于大泽，百材皆度；观于大山，木石同坛。此之谓丘里之言。"

少知曰："然则谓之道，足乎？"太公调曰："不然。今计物之数，不止于万，而期曰万物者，以数之多者号而读之也。是故天地者，形之大者也；阴阳者，气之大者也。道者为之公。因其大以号而读之，则可也。已有之矣，乃将得比哉？则若以斯辩，譬犹狗马，其不及远矣！"

少知曰："四方之内，六合之里，万物之所生恶起？"太公调曰："阴阳相照，相盖相治；四时相代、相生相杀，欲恶去就，于是桥起；雌雄片合，于是庸有。安危相易，祸福相生，缓急相摩，聚散以成。此名实之可纪，精微之可志也。随序之相理，桥运之相使，穷则反，终则始，此物之所有。言之所尽，知之所至，极物而已。睹道之人，不随其所废，不原其所起，此议之所止。"

少知曰："季真之莫为，接子之或使，二家之议，孰正于其情？孰偏于其理？"太公调曰："鸡鸣狗吠，是人之所知，虽有大知，不能以言读其所自化，又不能以意（测）其所将为。斯而析之，精至于无伦，大至于不可围，或之使，莫之为，未免于物而终以为过。或使则实，莫为则虚。有名有实，是物之居；无名无实，在物之虚。可言可意，言而愈疏。未生不可忌，已死不可徂。死生非远也，理不可睹。或之使，莫之为，疑之所假。吾观之本，其往无穷；吾求之末，其来无止；无穷无止，言之无也，与物同理；或使莫为，言之本也，与物终始。道不可有，有不可无。道之为名，所假而行。或使莫为，在物一曲，夫胡为于大方？言而足，则终日言而尽道；言而不足，则终日言而尽物。道物之极，言默不足以载；非言非默，议其有极。"

195

ZE YANG

2501

Kiam Zeyang vojaĝis al regno Chu, Yi Jie raportis pri li al reĝo, sed la reĝo ne donis al Zeyang aŭdiencon. Yi Jie revenis hejmen. Peng Yang vidis Wang Guo kaj diris: "Vi, Majstro, kial ne peras por mi al la reĝo?" [627] Wang Guo diris: "Mi ne estas pli taŭga ol Gong Yuexiu por tiu rolo." Peng Yang diris:

"Kio estas Gong Yuexiu?" Wang Guo diris: "Li kaptas testudojn ĉe la rivero en vintro, ripozas en arbaro de monto en somero. Se iu trapasanto demandas lin, li diras – 'Ĉi tiu estas mia rezidejo.' Tiu Yi Jie ne estas kapabla je la perado. Des malpli mi. Mi estas malpli taŭga ol Yi Jie. Personeco de Yi Jie estas jen tia – senvirta, sed havanta scion. Li ne permesas al si interrilati elkore kun homoj, blindigite de riĉo kaj alta rango. Li ne konsideras reciprokan helpon virto, do li ne estas aktiva je reciproka helpado, dum frostiĝanto bezonas vestaĵon printempe varman aŭ insolaciulo soifas vintre fridan venton. Personeco de la reĝo de Chu estas jen tia – majesta je formo, kaj severa. Li je la punado neniom toleras, kvazaŭ tigro. Neniu povus persvadi lin, krom flatemulo aŭ vera virtulo. Se temas pri sanktulo, estante en sia mizerego, li igas siajn familianojn forgesi la malriĉecon, kaj, atinginte la altecon, li igas la reĝon kaj dukon forgesi la altrangecon kaj salajron kaj ŝanĝiĝi en humilulojn. Rilate al aĵoj, li ĝuas kun ili. Rilate al homoj, li ĝuas la interrilaton, kunirante, sed konservante sin mem. Tiel do li, senvorte, lasas homojn kune trinki kaj akordiĝi, kune starante mem unuvice kun homoj, lasas homojn fariĝi gepatroj kaj gefiloj en amikeca rilato. Sed li mem loĝas en nura unu ĉambreto por sterni sin. Li tenas sin tiel profunda je sia homeca koro. Do mi diras al vi, 'Atendu Gong Yuexiu!'

2502

Sanktulo, penetrante eĉ komplikaĵon, aranĝas ĉion en Unu-tuteco, sed ne konscias mem pri sia ago. Tio estas ja lia denaska naturo. Li laŭ la Ĉiela ordono agas, farante la Ĉielon sia mastro. Homoj postsekvas lin kaj konsideras tion la Ĉiela ordono. Sed ili ĉagreniĝas je sia konduto pro sia scio, do, dum ne pasis kelka tempo, ĉiam haltas. Kio eblus al ili?Kiam vivas iu denaska belulino, se oni ne donus al ŝi spegulon kaj ne sciigus ŝin, ŝi mem ne scius sin bela. Tamen tute egale, ĉu ŝi scias aŭ ne scias, ĉu ŝi aŭdas aŭ ne aŭdas, ne ĉesas tio, ke estas ĝojinde je ŝia beleco, kaj ke homoj ŝatas ŝin. Ĉar tio estas denaska naturo. Estas same, kiel sanktulo amas homojn. Homoj nomas lin tia. Se oni ne sciigus al li tion, li ne scius, ke li amas homojn.

Sed tute egale, ĉu li scias aŭ ne scias, ĉu li aŭdas ne aŭdas, ne ĉesas tio, ke li amas homojn, kaj ke homoj vivas pace kun li. Ĉar tio estas la denaska naturo.Malnova lando, malnova urbo, se videblas eĉ de for, oni ekĝojas. Malgraŭ ke montetoj estas kovritaj per herboj-arboj kaj naŭ dekonojn estas vidate jam malklare, tamen ĝojiga estas la hejma pejzaĝo. Des pli ĝojige estas, kiam vidas kion vidis antaŭe, aŭdas kion aŭdis antaŭe, kaj kiam estas vidata la turo alta je dek renoj super popolamaso.[628]

S-ro Ran Xiang[629] situis ĉe la akso en la centro de cirklo-rado kaj sekvis kreskadon-ŝanĝiĝon. Aĵoj kiel punktoj sur la cirklo-rado ne havas finon nek komencon, nek tempon kiel jaron aŭ sezonon. Kun ĉiama turniĝo de aĵoj ne turniĝas la unu punkto. Eĉ se oni prove forĵetus tiun punkton kaj volus, ke la Ĉielo estu majstro, ne eblus fari la Ĉielon majstro. Ĉar tiam ĉiu kun aĵoj turniĝos. Kial eblus fari ian ajn aferon tiel? Por sanktulo ne troviĝis la Ĉielo de komence, nek homoj de komence, nek komenco de komence, nek aĵoj de komence. Li estis iranta kune kun la mondo kaj ne anstataŭigis ĝin. Je sia konduto ĉio estas preta kaj ne kadukiĝas. Nenio povus malhelpi lin konformiĝi al la Vojo. Reĝo Tang trovis iun grumon Yin Dengheng havanta strebon senĉese ascendi, kaj faris lin sia mentoro. Tang sekvis lin kiel mentoron kaj ne ĉirkaŭbaris lin. Tiel do Tang akiris la frukton, kiu sekve kreskis. Tang donis al li la nomon de administranto. Tio estas nomata 'plusa metodo'[630], akirite per unu rimedo du eltrovojn. Ankaŭ Zhong Ni elstudis tutforte tion por fariĝi mentoro. S-ro Rong Cheng[631] diris: "Sen tago ne estas jaro, sen interno ne estas ekstero."

2503

Reĝo Ying de Wei faris traktaton kun markizo Tian Mu[632]. Markizo Tian malplenumis ĝin. Reĝo Ying ekkoleris. Li volus sendi iun sikarion por mortigi la markizon.

Generalo Gongsun Yan aŭdis tion kaj hontis pro tio[633]. Li diris: "Via Moŝto, estante la estro de dek mil batalĉaroj, degnus uzi plebanon por venĝi. Mi petas, ke vi donu al mi armeon el du cent mil soldatoj kaj lasu min ataki lin por vi. Mi kaptos liajn popolanojn, bovojn kaj ĉevalojn. Mi igos la markizon tiom bedaŭri, ke li febriĝu interne kaj suferu pro ekzantemo surdorse. Post tio mi okupos lian regnon. Se generalo Tian Ji eskapus, mi pafos al lia dorso kaj disrompos lian spinon."

Jizi[634], aŭdinte tion, hontis kaj diris: "Kiam oni intencas konstrui kastelon altan je dek renoj, se la kastelo devus esti detruita en la tempo, kiam oni estas konstruinta ĝis dek renoj, punlaboruloj nepre ege turmentiĝus. Nun pasis sep jaroj, post kiam ĉesis la milito. Dum tiu paca periodo vi devas firmigi la bazon. Generalo Yan estas perturbanto, kiun oni ne devas aŭskulti."

Huazi, aŭdinte tion, naŭziĝis kaj diris: "Kiu insistas ataki regnon Qi, estas perturbanto, kaj ankaŭ kiu insistas ne ataki, estas perturbanto. Kaj kiu kritikas ambaŭ perturbantojn, estas ankaŭ perturbanto." La reĝo demandis: "Tiam, kion do mi devas fari?" Respondis: "Via Moŝto, nur serĉu mem por vi la Vojon!"

Huizi, aŭdinte tion, rekomendis al la reĝo konsiliĝi ĉe Dai Jinren[635]. Dai Jinren diris: "Ĉu Via Moŝto konas tiel nomatan helikon?" La reĝo respondis: "Jes." Dai Jinren daŭre diris: "Ĉe iu heliko sur la maldekstra korno estas unu regno, nomata klano Chu-provokemuloj, kaj sur la dekstra korno de heliko estas alia regno, nomata klano Man-kruduloj. Ambaŭ ili militadis por teritorio unu kontraŭ la alia, mortis kelkdek mil homoj. Ili peladis-repeladis unu la alian dum 15 tagoj kaj retiriĝis."

La reĝo diris: "Ha, tio estas fifabelo." Dai Jinren diris: "Mi petas vin, ke vi prenu ĝin kiel realon. Ĉu vi opinias, ke estas limo al kvar direktoj kaj supro kaj subo?" La reĝo diris: "Ne estas limo." Dai Jinren diris: "Kiu scipovas lasi sian koron ludi trans la senlimo kaj poste rerigardas niajn atingeblajn landojn, al tiu ŝajnas, ke niaj landoj estas tiom malgrandaj, ĉu ili ekzistus aŭ ne." La reĝo diris: "Certe." Dai Jinren diris: "Unu el niaj landoj estas regno Wei, kaj en Wei estas urbo Liang, kaj en Liang estas la reĝo. Ĉu estas diferenco inter la reĝo kaj la klano Man?" La reĝo diris: "Ne diferencas."

La gasto eliris. Huizi vizitis la reĝon. La reĝo diris: "Tiu gasto estas grandulo. Eĉ sanktulo povus esti malpli granda ol li." Huizi diris: "Li estas kiel blov-instrumento. Se oni blovas, ĝi sonas laŭte. Se oni blovus trueton de tenilo de glavo, sonus nur spirado. Yao kaj Shun estas laŭdataj, sed antaŭ Dai Jinren ili ŝajnus similaj nur al spirado."

2504

Konfuceo iris al regno Chu. Li ripozis en iu taverno ĉe la monteto, nomata Formiko[636]. Li najbare trovis unu personon ĉirkaŭatan de viraj kaj inaj sekvantoj, ascendantaj supren. Zilu demandis: "Kion faras ĉi homoj, kiuj svarmas tie?" Zhong Ni diris: "Ili estas sekvantoj al sanktulo, kiu mem eniris en la popolon por vivi sen renomo. Li mem kaŝis sin ĉe kampodigeto. Spite ke lia famo ne estas laŭta, tamen lia aspiro estas senlima. Kvankam li parolas per buŝo, tamen en koro estas vorto, ankoraŭ ne parolata. La direkto de lia vivo estas tute malsama al de mondanoj, do lia koro malestimas vivon kun ili. Tiel do li subteriĝis. Lia nomo estas Shinan Yiliao." [637]

Zilu demandis Konfuceon: "Ĉu mi iru alvoki lin?" Konfuceo diris: "Ĉesu. Li eksciis min aperinta antaŭ li, kaj eksciis min iranta al Chu. Li supozas, ke mi nepre persvados la reĝon de Chu dungi min. Do li rigardas min flatanto. Tia persono hontas, nur aŭdante la vorton 'flatulo', des pli vidante la korpon per siaj okuloj. Kial li volus kune sidi kun mi?" Zilu iris vidi lin, sed la ĉambro estis malplena.

2505

Iu limgardisto de Zhangwu demandis Zilao[638] dirante: "Ĉu reĝo ne estas fuŝa je administrado? Ĉu li ne estas disdisa je regado de la popolo? Antaŭe mi faris rizon. Se terkulturis fuŝe, ankaŭ la rikolto fariĝis rekompence fuŝa. Se priklis disdise, ankaŭ la rikolto iĝis rekompence disdisa. En alia jaro, mi tute ŝanĝis manieron, profunde terkulturis kaj plugis bone, tiel do rizo fruktis amase kaj riĉe, mi povis satmanĝi tutan jaron."

Zhuangzi, aŭdinte tion, diris: "La maniero, kiel nunaj homoj regas sin je la korpo kaj reguligi sin je la koro, ege similas al la diritaĵo de la limgardisto. Ili fuĝas de la Ĉielo, disiĝas de la denaska naturo, detruas la senton, pereigas la spiriton, – jen tiel faras homamaso. Kiu traktas fuŝe la denaskan naturon, tiu

198

kreskigas ŝosojn de avareco kaj herbaĉojn al denaska naturo, kiel kanojn, fragmitojn, arundojn. Komence ili ŝajnus helpi nian korpon, sekve kreskaĉas pli alte ol nia denaska naturo, ne elektas lokojn por svarme amasiĝi, disfaladi, tralikiĝi, reaperadi, ĝuste samkiel paroniĥio, ulcero, febro, diabeto."

2506

Bo Ju[639] estis lernanta ĉe Lao Dan kaj iam diris al li: "Permesu al mi vojaĝi la mondon." Lao Dan diris: "Ĉesu. La mondo estas sama, kiel ĉi tie." Bo Ju denove petis lin pri tio. Lao Dan demandis: "Komence kien vi vojaĝos?" Bo Ju respondis: "Mi komence vojaĝos al regno Qi."

Li alvenis al la regno Qi. Li vidis tie la krucumitan. Li formovis la kadavron, kaj, per sia formala vesto kovris ĝin. Li plorkriis al la Ĉielo, dirante: "Ho ve, ho ve! En la mondo estas granda malfeliĉo. Vi pli frue estas atakita per tio. Estas dirite: 'Ne ŝtelu, ne mortigu!' Sed post kiam estas starigite pri distingo de honoro-malhonoro, troviĝis ja malsano. Post kiam estis amasigite je varoj kaj posedaĵoj, troviĝis ja konflikto. Nun oni starigis la kaŭzon de homa malsano, amasigis la kaŭzon de homa konflikto, kaj tiel suferigas ekstreme homojn, ne donas al ili la tempon por ripozi. Ĉu eblus nun haltigi tion, kiom ajn oni dezirus? Antikvaj reĝoj atribuis sukceson al la popolo, malsukceson al si mem; atribuis rektecon al la popolo, imputis malrektecon al si mem. Do, se ili trovis eĉ unu homon difektinta la korpon, ili, reveninte, kulpigis sin mem pro tio. La nunaj ne estas tiaj. Kaŝante farendan aĵon, ili rigardas nescianton malsaĝa. Altrudante grandan malfacilon, ili kulpigas tiun, kiu ne povas disponi. Altrudante pezan taskon, ili punas tiun, kiu ne povas plenumi. Farante vojon malproksima, ili akuzas tiun, kiu ne povas atingi. Popolanoj trovas per sia scio kaj forto nenian rimedon, alian ol elturniĝi per fraŭdo. Se multiĝas fraŭdo pli kaj pli, kial popolanoj kaj oficistoj povus ne trompadi. Sen forto, oni fraŭdas, sen saĝo, oni trompas, sen mono, oni ŝtelas. Kiun do oni povus riproĉi pro la ŝtelado?"

2507

Qu Boyu[640], travivante dum sesdek jaroj, ŝanĝadis sin sesdek fojojn. Ne okazis tiel, ke li poste ne neis kion li komence konsideris jesa. Estas ne sciate, ĉu nuna jeso ne iĝus sama, kiel tio, kio estis negata kvindek naŭ fojojn en la pasinteco. Ĉio havas la naskiĝon, sed oni ne povas vidi la radikon. Ĉio eliras, sed oni ne povas vidi la pordon. Spite ke ĉiuj respektas konatan scion, ne esperas scii, ke la scio estas akirebla nur post kiam oni komprenas ion nekoneblan. Ankaŭ pri tio estas ege suspektende. Nu lasu, lasu. Nenien eskapi. Ĉu pravus ankaŭ tio, kio estas dirita de mi supre?

2508

Zhong Ni demandis historiistojn s-rojn Da Tao, Bo Changqian kaj Xi Wei[641], dirante: "Duko Ling de regno Wei drinkadis kaj orgiadis, ne okupante sin pri administrado de la ŝtato. Li absorbiĝis en ĉasado per retego aŭ sagoj sur kampo kaj ne klopodis interrilati kun aliaj landestroj. Spite tion, kial oni nomas lin duko Ling[642] post la morto?"

Da Tao diris: "Ĉar tio konformas al la realo." Bo Changqian diris: "La duko Ling havis tri edzinojn, kun kiuj li kune baniĝis. Iam s-ro Shi Qiu ricevis aŭdiencon ĉe la duko, la lasta akceptis lin ĝentile kaj helpeme kun ekzorcilo en mano. Malgraŭ ke li estis ege pigra, li tenis sin tiel ĝentile al saĝulo. Tial do oni nomas lin post la morto duko Ling." Xi Wei diris: "Kiam la duko Ling mortis, oni aŭguris pri la antaŭdecidita loko por entombigi. Montriĝis tie malbonsorta. Sekve oni aŭguris, ĉu entombigi en iu dezerto. Montriĝis bonsorta. Oni fosis teron profunde je kelkaj renoj, hazarde trovis tie ŝtonan ĉerkon. Oni lavis ĝin kaj vidis ĝin havanta epitafon, en kiu estis skribite: 'Ne eblas konfidi la postan al la filo, ĉi tiun lokon prenos la duko Ling'. La postmorta nomo Ling estis jam decidita antaŭ longa tempo. Kiel do tiuj du historiistoj povus scii tion?"

2509

S-ro Scietulo demandis la grandan dukon Harmoniulon, dirante: "Kion signifas la vortoj 'opinio de komunumo[643]'?" La duko Harmoniulo diris: "Komunumo konsistas el dek familinomoj kaj cent personnomoj, kaj konsistigas unuon de moro. En ĝi akordiĝas la malsamaj kaj fariĝas unu samo. En ĝi ankaŭ disiĝas unu samo kaj estiĝas malsameco.   Nun, por ekzemplo, kvankam ĉevalo konsistas el cent membroj, tamen ne eblas nomi ĉiun membron ĉevalo. Sed ĉevalo kun cent membroj kunligitaj, staranta antaŭ vi, estas nomata la ĉevalo. Tiel do montoj fariĝis altaj kun terpecoj amasigitaj. Riveroj fariĝis grandaj kun akveroj kunigitaj. Grandulo fariĝis ĝeneraleca, ĉar li estas tiel ampleksa, ke li ne alteniĝas al sia subjekto, rilate al io envenanta de ekstere en sin mem, kaj li ne rifuzas la aliajn, spite ke li konvinkiĝas prava je ĉio elvenanta de interne de si mem. Kvar sezonoj diferencas je Ĉjio, sed la Ĉielo ne partiemas, do konsistigas jaron. Kvin oficoj en administrado estas malsamaj, sed reĝo ne partiemas, do estas regata la regno. Grandulo ne partiemas al civilaj kaj militaj oficistoj, ĉar li estas virta. Kvankam ĉiuj estaĵoj havas respektive sian apartan rezonon, tamen Tao ne estas privata. Tial do Tao ne havas la nomon. Ĝi estas sennoma, do senaga. Kvankam senaga, tamen nenio estas farata sen ĝi. La tempo havas la komencon kaj la finon. La mondo havas ŝanĝiĝon kaj transformiĝon. Malfeliĉo kaj feliĉo estas alfluantaj alterne, portante la neakcepteblan malkonvenon kaj la bonvenan konvenon. Ĉiu malsamas je la surfaco laŭ sia naturo, havante konformecon kaj malkonformecon. Tion oni eblas kompari kun la granda marĉo, kie estas en ordo ĉiuj cent materialoj. Vidu la grandan monton, kie arboj kaj ŝtonoj kune staras kiel unu tuto. Jen la tiel nomata opinio de komunumo."

S-ro Scietulo diris: "Se tiel, ĉu eblas nomi ĝin Tao?" Granda duko Harmoniulo diris: "Ne. Nun, ekzemple, uzu esprimon de kalkulado. Oni uzas esprimon 'dek mil aĵoj', sed ĝi ne signifas 'dek milojn da aĵoj', sed montras nekalkuleblan multecon je nombro. Signifitaĵo malsamas al la dirita vorto. Samkiel tio, la Ĉielo-Tero signifas ion grandan je formo, jino-jango signifas ion grandan je Ĉjio, Tao signifas ian ĝeneralan amplekson je ago. Do legu tiajn esprimojn kiel nur signifon de 'grandeco', ne plu. Tion oni devas kompreni nur kiel komparon. Se diri relative, por ekzemplo, komparante ĉevalon kun hundo, ili estas malproksimaj je la kvalifiko."

200

S-ro Scietulo diris: "En kvar direktoj, en ses dimensioj, naskiĝas ĉiuj estaĵoj, sed kiel tio okazas?" Granda duko Harmoniulo diris: "Jino kaj jango radias sin unu la alian reciproke, kovras sin reciproke unu la alian, regas sin unu la alian reciproke. Kvar sezonoj alternas unu post la alia, naskiĝas unu post la alia, mortigas unu la alian. Bondeziro kaj malbondeziro, rifuzo kaj akcepto sekvante leviĝas alterne. Viro kaj ino pariĝas unu kun la alia ĉiam konstante. Paco kaj danĝero alternas unu post la alia, malfeliĉo kaj feliĉo naskiĝas unu post la alia, malrapido kaj rapido je movo frotas unu post la alia, per tio estiĝas kolektiĝo kaj disiĝo. Jen tion oni devas konsideri ĉe la difino de nomo kaj realo, devas alstrebi skrupule observi la detalojn. Sekvante viciĝas la movado reciproke laŭ rezono, serio da movo funkcias reciproke unu kun la alia. Se atingis la ekstremon, revenas. Se finiĝis, komenciĝas. Tia estas la ekzistado de aĵoj. Elĉerpiĝas vortoj tie, kie estas atingite per scio ĝis nura konebla ekstremo de aĵoj. Kiu observas Taon, tiu ne sekvas ĝin tie, kie ĝi malaperas, ne serĉas fonton tie, kie ĝi ekaperas, kaj ĉesas diskuti pri ĝi." S-ro Scietulo demandis: "Ji Zhen opinias, ke estis neniu kreinto. Jiezi opinias, ke estas iu, kiu igas[644]. Kiu el

argumentoj de du pensuloj estas prava je realo kaj kiu el ili devias de rezono?" Granda duko Harmoniulo diris: "Kokoj krias, hundoj bojas – tio estas sciata de homoj. Sed eĉ granda sciulo ne povas diri per vortoj, de kie estiĝas tiel, nek povas supozi kia estos en futuro. Malgraŭ ke oni dividas objekton por analizi tiom detale, kiom ĝi dispeciĝas infinite ĝis limo, aŭ tiom infinite grande, kiom ĝin ne eblas entutigi. Kiu insistas pri la ekzistado de faranto, kaj kiu insistas pri la neekzistado, tiuj ambaŭ ne evitas regitecon per aĵoj, ĉar la aĝoj estas netranspaseblaj, do finfine ili falas en eraron. La unua konsideras la faradon reala, la dua – la nenionfaradon malplena. Por la unua estas nomo kaj estas realo – tio estas rezidejo de estaĵoj. Por la dua ne estas nomo, nek realo – tio estas vanteco de estaĵoj. Ju pli da parolo aŭ da penso, des pli senenhava la vorto. Kiu ankoraŭ ne naskiĝis, tiu ne povos eviti sian naskiĝon. Kiu jam mortis, tiu ne povas kontraŭi sian morton. La vivo kaj la morto ne estas malproksimaj unu de la alia, sed ne eblas klare observi ilian rezonon. La eldiroj, ke estas faranto, aŭ, ke ne estas faranto, ambaŭ estas nura hipotezo dubenda. Se ni rigardas la fonton, tiam ĝi foriras infinite senlime. Se ni rigardas la pinton de futuro, tiam ĝi alvenas infinite senĉese. Pri tiu senlimeco kaj senĉeseco ne estas vorto por esprimi. Koncernante aĵojn la rezono estas sama. Ĉu estis unue kreinto aŭ ne – tio estas samkiel la fonto, esprimata pere de vortoj pri la fino kaj komenco de aĵoj. La Tao ne povas esti rigardata kiel esto, kaj la esto ne povas esti rigardata kiel nenio. Tio estas nomata la Tao, nur hipoteze. Ĉu estas faranto aŭ nenionfaranto – tio estas nur unu aspekto de aĵoj. Kiel do eblus fari tion la Granda Regulo? Se vorto estus sufiĉa je esprimpovo, tiam per la vortoj dum tuta tago eblus penetri la Taon. Kvankam vorto estas ne sufiĉa, tamen, se temas pri aĵoj kaj se tutan tagon esplori per vortoj, eblus penetri ilin. La Tao estas la pleja ekstremo de aĵoj, ke ne eblas atingi ĝin per vortoj aŭ per nevortoj. Nek per difino de vortoj, nek per silento, sed nur per dialogo estas diskuteble pri la ekstremo."

26 外物 Wai Wu

2601

外物不可必，故龙逢诛，比干戮，箕子狂，恶来死，桀、纣亡。人主莫不欲其臣之忠，而忠未必信，故伍员流于江，苌弘死于蜀，藏其血三年而化为碧。人亲莫不欲其子之孝，而孝未必爱，故孝己忧而曾参悲。 木与木相摩则然，金与火相守则流。阴阳错行，则天地大絯，于是乎有雷有霆，水中有火，乃焚大槐。有甚忧两陷而无所逃，蠉蝡不得成，心若县于天地之间，慰暋沈屯，利害相摩，生火甚多，众人焚和。月固不胜火，于是乎有僓然而道尽。

2602

庄周家贫，故往贷粟于监河侯。监河侯曰："诺。我将得邑金，将贷子三百金，可乎？"

庄周忿然作色曰："周昨来，有中道而呼者。周顾视，车辙中有鲋鱼焉。周问之曰：'鲋鱼来！子何为者邪？'对曰：'我，东海之波臣也。君岂有斗升之水而活我哉？'周曰：'诺。我且南游吴越之王，激西江之水而迎子，可乎？'鲋鱼忿然作色曰：'吾失我常与，我无所处。吾得斗升之水然活耳，君乃言此，曾不如早索我于枯鱼之肆！'"

2603

任公子为大钩巨缁，五十犗以为饵，蹲乎会稽，投竿东海，旦旦而钓，期年不得鱼。已而大鱼食之，牵巨钩，錎没而下，骛扬而奋鬐，白波若山，海水震荡，声侔鬼神，惮赫千里。任公子得若鱼，离而腊之，自制河以东，苍梧已北，莫不厌若鱼者。 已而后世辁才讽说之徒，皆惊而相告也。夫揭竿累，趣灌渎，守鲵鲋，其于得大鱼难矣。饰小说以干县令，其于大达亦远矣。是以未尝闻任氏之风俗，其不可与经于世亦远矣。

2604

儒以《诗》、《礼》发冢。大儒胪传曰："东方作矣，事之何若？"小儒曰："未解裙襦，口中有珠。""《诗》固有之曰：'青青之麦，生于陵陂。生不布施，死何含珠为！'接其鬓，压其顪，儒以金椎控其颐，徐别其颊，无伤口中珠！"

老莱子之弟子出（取）薪，遇仲尼，反以告，曰："有人于彼，修上而趋下，末偻而后耳，视若营四海，不知其谁氏之子。"老莱子曰："是丘也，召而来！"

仲尼至。曰："丘！去汝躬矜与汝容知，斯为君子矣。"仲尼揖而退，蹙然改容而问曰："业可得进乎？"老莱子曰："夫不忍一世之伤而骜万世之患，抑固窭邪，亡其略弗及邪？惠以欢为骜，终身之丑，中民之行进焉耳。相引以名，相结以隐。与其誉尧而非桀，不如两忘而闭其所誉。反无非伤也，动无非邪也。圣人踌躇以兴事，以每成功。奈何哉，其载焉终矜尔！"

2606 宋元君夜半而梦人被发窥阿门，曰："予自宰路之渊，予为清江使河伯之所，渔者余且得予。"

元君觉，使人占之，曰："此神龟也。"君曰："渔者有余且乎？"左右曰："有。"君曰："令余且会朝。"

明日，余且朝。君曰："渔何得？"对曰："且之网得白龟焉，其圆五尺。"君曰："献若之龟。"

龟至，君再欲杀之，再欲活之，心疑，卜之，曰："杀龟以卜，吉。"乃刳龟，七十二钻而无遗策。

仲尼曰："神龟能见梦于元君，而不能避余且之网；知能七十二钻而无遗策，不能避刳肠之患。如是，则知有所困，神有所不及也。虽有至知，万人谋之。鱼不畏网而畏鹈鹕。去小知而大知明，去善而自善矣。婴儿生无石师而能言，与能言者处也。"

2607 惠子谓庄子曰："子言无用。"庄子曰："知无用而始可与言用矣。天地非不广且大也，人之所用容足耳。然则厕足而垫之，致黄泉，人尚有用乎？"惠子曰："无用。"庄子曰："然则无用之为用也亦明矣。"

庄子曰："人有能游，且得不游乎？人而不能游，且得游乎？夫流遁之志，决绝之行，噫，其非至知厚德之任与！覆坠而不反，火驰而不顾，虽相与为君臣，时也，易世而无以相贱。故曰至人不留行焉。夫尊古而卑今，学者之流也。且以狶韦氏之流观今之世，夫孰能不波？唯至人乃能游于世而不僻，顺人而不失己，彼教不学，承意不彼。目彻为明，耳彻为聪，鼻彻为颤，口彻为甘，心彻为知，知彻为德。凡道不欲壅，壅则哽，哽而不止则跈，跈则众害生。物之有知者恃息，其不殷，非天之罪。天之穿之，日夜无降，人则顾塞其窦。胞有重阆，心有天游。室无空虚，则妇姑勃豀，心无天游，则六凿相攘。大林丘山之善于人也，亦神者不胜。德溢乎名，名溢乎暴，谋稽乎弦，知出乎争，柴生乎守官，事果乎众宜。春雨日时，草木怒生，铫鎒于是乎始修，草木之到植者过半而不知其然。静然可以补病，眦搣可以休老，宁可以止遽。虽然，若是劳者之务也，（非）佚者之所未尝过而问焉。圣人之所以骇天下，神人未尝过而问焉；贤人所以骇世，圣人未尝过而问焉；君子所以骇国，贤人未尝过而问焉；小人所以合时，君子未尝过而问焉。

演门有亲死者，以善毁爵为官师，其党人毁而死者半。尧与许由天下，许由逃之；汤与务光，务光怒之；纪他闻之，帅弟子而踆于窾水，诸侯吊之；三年，申徒狄因以踣河。荃者所以在鱼，得鱼而忘荃；蹄者所以在兔，得兔而忘蹄；言者所以在意，得意而忘言。吾安得忘言之人而与之言哉！"

EKSTERAJ AĴOJ

Ne eblas esperi nepre la eksterajn aĵojn. Longfeng estis ekzekutita, Bi Gan estis murdita, Jizi freneziĝis, Elai mortis, Jie kaj Zhou perdiĝis. Homa mastro ne povas ne deziri lojalecon de siaj subuloj, sed tamen la lojaleco ne ĉiam estas fidata. Tial do Wu Yuan estis ekzilita al la rivero Chang Jiang, Chang Hong mortis en lando Shu kaj lia sango, konservita dum tri jaroj, ŝanĝiĝis en verdan jadon. Homaj gepatroj ne povas ne deziri filan pietaton de siaj gefiloj, sed tamen filo kun sia fila pietato ne ĉiam estas amata. Tial do Xiao Ji ĉagreniĝis, Zeng Shen tristis.[645] Se oni frotas arbon kun arbo, ekbrulas. Se oro kun fajro kunestas, fluidiĝas. Se jino kaj jango moviĝas komplike, la Ĉielo kaj la Tero ege fluktuas, ke ektondras, fulmas, fajras en pluvo, kaj ekbrulas eĉ granda arbo kiel soforo. Homo, atakite per troa spleno, disduobliĝas en si mem, do nenien eskapi kaj neniom sukcesi pro mensa perturbo, obsedite per vermo de melankolio. Koro, kvazaŭ pendas sin inter la Ĉielo kaj la Tero, enuas kaj falas profunden en amasiĝintan depresion. Kalkulado de profito kaj malprofito kune frotas kaj forkonsumas homojn kaj da fajro naskiĝas tro multe. Multe da popolamasoj forbruligas harmonion. Dum monato estas ne estingebla la fajro[646]. Jen tiel detruiĝas kaj elĉerpiĝas la Tao.

Familio de Zhuang Zhou estis malriĉa. Li iris al markizo Jianhe por pruntepreni grenon.[647] La markizo Jianhe diris: "Bone. Mi ricevos monon el mia feŭdo. Tiam mi pruntedonos al vi tri centoj da oro. Bone?"

Zhuang Zhou ekkoleris kun ŝanĝita vizaĝkoloro kaj diris: "Hieraŭ alvenante ĉi tien, mi aŭdis iun alvokanta meze de la vojo. Mi turnis min tien kaj vidis karason restanta en sulko fare de rado. Mi demandis ĝin: 'Ho, s-ro Karaso, kion vi faras ĉi tie?' La Karaso respondis: "Mi devenis de ondoj ĉe la Orienta Maro. Se vi havas akvon, bonvolu doni al mi kelke da akvo por vivigi min." Mi diris: "Konsentite. Mi ĝuste estas veturanta suden al reĝoj de la regnoj Wu kaj Yue, de tie mi sendos al vi akvon de Okcidenta Rivero por komplezi vin. Bone?" La Karaso ekkoleris, ŝanĝante vizaĝkoloron, kaj diris: "Mi perdis mian ordinaran kondiĉon kaj nenie loĝi. Do mi deziras havigi al mi nur kelke da akvo por vivi. Sed vi respondis per tiaj vortoj, samkiel vi preferus vidi min vendota en budo sekigite."

2603

Princo Ren[648] elfaris grandan fiŝhokon kaj grandan fiŝfadenon, kun kvindek kastritaj virbovoj[649] kiel logaĵoj, kaj sidante ĉe la monto Kuaiji[650], ĵetadis la fiŝkanon al Orienta Maro kaj ĉiumatene hokfiŝadis.

Tutan jaron li ne gajnis fiŝon. Unu jaron poste iu granda fiŝo almordis logaĵon. La fiŝego tiradis hokon, mergiĝadis suben, svingante siajn naĝilojn, saltadis tiom furioze, kiom ondoj leviĝadis kvazaŭ montoj, marakvo tremadis kvazaŭ boligite. La fiŝego tiel kriadis kvazaŭ ogro aŭ fantomo, ke estis minacataj la loĝantoj en najbara teritorio de mil lioj kvadrate. Princo Ren kaptis la fiŝegon, distranĉis ĝin en pecetojn kaj sekigis. Ĉiuj loĝantoj oriente de la rivero Zhejiang kaj norde de la monto Cangwu satmanĝis pecetojn de la fiŝego. Tiel do posteuloj, ŝatantoj de malsinceraj onidiroj, transsendadis kun miro tiun rakonton unuj al la aliaj. Kiu iras al irigacia kanaleto fiŝi kun malgrandaj kano kaj fadeno, celante salamandron aŭ karason, al tiu estas malfacile gajni la grandan fiŝon. Kiu ornamas sin per malgrandaj opinioj kaj celas enoficiĝi gubernia ĉefo, al tiu estas malproksime atingi la grandan. Kiu ankoraŭ ne komprenas la manieron de Princo Ren, tiu ne povas diskuti la ŝtatan politikon, malproksiman je la kapablo.

2604

Iuj konfuceanoj ŝtelas de tomboj, recitante frazojn de La Poezioj kaj La Decreguloj.

Iu pligranda konfuceano diris al la alia: "Jam tagiĝas oriente. Kiel iras la afero?"

La malpligranda konfuceano respondis: "Ankoraŭ ne demetis vestaĵon, kaj en la buŝo restas perlo. Estas skribite en La Poezioj: 'Verdas, verdas tritikoj kreskantaj sur la kampo dekliva de monteto. La mortinto ne donis almozon dum sia vivo, kial post la morto li rajtus enhavi perlon?' " [651]

Preninte barbon de la mortinto, premante ĝian makzelon, ĉi tiu konfuceano batis mentonon per martelo kaj disigis vangon. Tiel li elprenis el ĝia buŝo la perlon sendifektan.

2605

Unu disĉiplo de Lao Laizi[652] eliris kolekti brullignojn. Survoje li renkontis Zhong Ni. Reveninte, li raportis, dirante: "Tie estis iu homo kun longa korpo kaj mallongaj kruroj, kun ĝiba dorso kaj malantaŭaj oreloj, rigardis kvazaŭ li regus kvar marojn. Mi ne scias kiu li estas kaj al kiu klano li apartenas." Lao Laizi diris: "Tiu estas Qiu. Invitu lin ĉi tien." Zhong Ni alvenis. Lao Laizi diris: "S-ro Qiu, se vi forĵetus vian arogantecon kaj vian manieron ŝajnigi vin sciulo, vi fariĝus noblulo." Zhong Ni, riverencante, retropaŝis, kaj demandis humile kun vizaĝo ŝanĝita, dirante: "Ĉu mi povas progresigi mian lernadon plie?" Lao Laizi diris: "Ĉar vi ne povas elteni la difekton de la nuna generacio, vi des malpli atentas la longdaŭran damaĝon de miriado da generacioj. Ĉu tia estas vi pro tio, ke vi, povrulo, estis molestata dum longe, aŭ pro tio, ke al vi mankas la kompreno? Predilekcii aŭ flati homojn por plezurigi kaj fierigi estas abomeninde en la vivo. Jen kion vi ne pripensas. Tia estas ja la konduto de la meza popolano. Ili altiras homojn per fameco de nomo, ligas sin reciproke por kundividi sekreton[653]. Kvankam vi laŭdas Yao kaj mallaŭdas Jie, sed tamen estas preferinde forgesi ambaŭ ilin kaj ĉesi tian laŭdadon. Kiu estas reflektema, tiu ne devas ne vundiĝi; kiu moviĝas, tiu ne povas ne tordiĝi. Sanktuloj faras la aferon heziteme laŭ nepreco, do ili sukcesas ĉiufoje. Kial do, vi ne ĉesas esti orgojla?"

2606

Reĝo Yuan de Song sonĝis iam noktomeze[654]. Iu, kun haroj taŭzitaj, rigardis tra la pordo kaj diris: "Mi ekiris de la profunda abismo de Zailu, sendite de la Pura Rivero al Grafo de la Flava Rivero. Survoje fiŝisto Yu Ju kaptis min." La reĝo Yuan, vekiĝinte, igis iun diveni tion.   La divenisto diris: "Tiu estas sankta testudo." La reĝo diris: "Ĉu inter fiŝistoj troviĝas iu, nomata Yu Ju?" Subuloj, dekstra kaj maldekstra, diris: "Troviĝas." La reĝo diris: "Mi ordonas, ke Yu Ju venu al la kortego vidi min."

En la sekva tago Yu Ju alvenis al la kortego. La reĝo diris: "Kion vi fiŝkaptis?" Yu Ju respondis: "En mia reto estas kaptita iu blanka testudo, ronda je kvin chioj diametre." La reĝo diris: "Oferu tiun testudon."

La testudo estas alportita. La reĝo aŭ volus mortigi ĝin, aŭ volus lasi ĝin vivanta. – Li ŝanceliĝis en la koro, do igis diveni kion fari.Estas dirite per la diveno: "Se mortigi la testudon, estos bonsorte."

La testudo estas disŝirita. Per ĝia krusto oni divenadis sepdek du[655] fojojn, kaj neniam maltrafis je la divenado.Zhong Ni diris: "La sankta testudo povis aperi en sonĝo de la reĝo, sed ĝi ne povis eviti la reton de Yu Ju. Ĝi povis divenadi trafe sepdek du fojojn sen eraro. Sed ne povis eskapi malfeliĉon je la dissekcado de intestoj. Tiel, je scio estas la limo, je spirito estas io neebla. Eĉ havanto de la pleja scio povas esti enkaptita de multaj homoj per intrigo. Fiŝo ne timas reton, sed timas pelikanon. Liberigite el malgranda scio, iĝas klara la granda scio. Liberigite el fiksita ideo pri bono, estiĝas la vera bono. Bebo naskiĝinte povos ekparoli sen elstara instruisto, nur se ĝi kune vivas kun iu ajn kapabla paroli."

2607

Huizi diris al Zhuangzi: "Viaj paroloj estas senutilaj."

Zhuangzi diris: "Nur komprenante la senutilecon, oni povas ekscii la utilecon de parolo. Tero ne estas malvasta, sed granda. Sed punktoj, kiujn homo uzas por treti dum paŝoj, estas nur tiom grandaj, kiom piedoj. Malgraŭ tio, se oni fosus teron ĝis la terfundo krom la punktoj de piedoj, ĉu restintaj partoj estus utilaj al la piediranto?"

Huizi diris: "Ne utilas."

Zhuangzi diris: "Tiel do, estas klare, ke ankaŭ io neuzata estas utila."

Zhuangzi diris: "Ĉu tiu, kiu scipovas ludi, povus ne ludi? Ĉu tiu, kiu ne scipovas ludi, povus ludi? Ĉu strebo al vagado kaj ermitiĝo, aŭ konduto detranĉi de si mondaĵojn, ho, ne estas tasko de persono kun la pleja scio kaj plena virto?[656] Iuj stumblas kaj falas, ne revenante. Aliaj kuregas kvazaŭ fajro, ne rigardante malantaŭen. Kvankam oni fariĝas aŭ estro aŭ subulo unu al la alia, tamen tio estas nur portempe. Ĉar ŝanĝiĝos generacioj, ne necesas malestimi unu la alian reciproke. Tial do estas dirite: 'La Pleja Homo ne haltas je sia irado.' Respekti antikvon kaj malestimi la nunon estas maniero de pedantoj. Se rigardi la nunon el la vidpunkto de manieroj de Xiwei[657], ĝi povus ŝajni skuiĝanta kiel ondoj. Nur la Pleja Homo povas ludi sen devio en la mondo. Li, eĉ se obeante al la aliaj homoj, ne perdas sin mem. Pedantoj instruas, sed ne lernas. La Pleja Homo aŭdas ilian opinion, sed ne estas katenita de ili." "Okuloj trapenetras, tio estas klara vidpovo. Oreloj trapenetras, tio estas klara aŭdo. Nazo trapenetras, tio estas akra flarsento. Buŝo trapenetras, tio estas dolĉa gustosento. Koro trapenetras, tio estas perceptpovo. Scio trapenetras, tio estas virto. Ĝenerale, Tao ne volas esti ŝtopata. Ŝtopiĝo estas sufokiĝo. Sufokiĝo estas senĉesa subpremo. Subpremate, estiĝas amaso da damaĝoj. Estaĵoj, havantaj scipovon, dependas de la spirado. Je la malvigleco de la spirado ne kulpas la Ĉielo. La Ĉielo lasas la spiradon senĉese tagnokte. Kontraŭe, estas la homo, kiu ŝtopas la truojn. Al la korpo apartenas vicoj da malplenaj pordoj. Tia estas la koro, ludanta en la Ĉielo. Se mankas malpleneco en la ĉambro, edzino kaj bopatrino kverelas unu kun la alia. Se la koro ne ludas en la Ĉielo, ses truoj de sensorganoj ekkonfliktas reciproke unu kun la alia inter si. Al homo estas bone en granda arbaro, monteto kaj monto. Ĉar lia spirito ne eltenas la ŝtopiĝon. Virto elverŝiĝas vane en la ĉasado de renomoj, renomoj elverŝiĝas en inundan torenton. Intrigo elpensiĝas en senelireja krizo, saĝo elmontriĝas vante pro konflikto. Abatiso naskiĝas en defendo. Aferoj de la administrado estas farataj flate al la konveno de popolamaso. En printempo, kiam pluvas kaj sunas, herboj kaj arboj ekkreskas furioze. Oni ekkulturas kun hojoj kaj plugiloj. Sed herboj kaj arboj denove kreskas subite, dum oni terkulturas nur duonon, tamen oni ne scias kial. Se teni sin trankvila, oni povas resaniĝi. Se masaĝi ĉirkaŭon de okuloj, eblas moderigi maljuniĝon. Kvieto ebligas haltigi maltrankvilon. Sed tiuj rimedoj estas por laborantoj. Por ripozantoj ili ne necesas, do preterlasataj sen demandi. Pri kio sanktuloj zorgas streĉite por la mondo, tion Dieca Homo preterlasas sen ajna demando. Pri kio saĝuloj zorgas streĉite por la generacio, tion la sanktuloj preterlasas sen demando. Pri kio nobluloj zorgas streĉite por la regnoj, tion la saĝuloj preterlasas sen demando. Pri kio malgranduloj zorgas por konformiĝi al tempo, tion la nobluloj preterlasas sen demando." "Iam apud la pordo Yan de regno Song loĝis iu homo, kies patro mortis. Li bone maldikiĝis pro malsato por esprimo de fila pietato, do li, laŭdate, estas enoficigita kun rango. Sekve, duono da samvilaĝanoj mortis pro malsato. Yao volus transdoni al Xu You la mondon, sed Xu You fuĝis. Tang volus transdoni la tronon al Wu Guang, sed Wu Guang ekkoleris. Ji Tuo, aŭdinte tion, foriris kun siaj disĉiploj al la rivero Kuan por kaŝi sin. Landestroj alvenis por konsoli lin dum tri jaroj. Shentu Di pro la sama kialo ĵetis sin en riveron.[658] Naso ekzistas por kapti fiŝon. Post kiam la fiŝo kaptita, oni jam forgesas la nason. Kaptilo kun klapo ekzistas por kapti leporon. Kaptinte leporon, oni jam forgesas la klapon. Vorto ekzistas por kapti signifon. Kaptinte signifon, oni jam povas forgesi la vorton. Kiel mi dezirus renkontiĝi kun iu, kiu povas forgesi vorton, kaj mi dezirus interparoli kune kun li!"

27. 寓言 Yu Yan

2701

寓言十九，重言十七，卮言日出，和以天倪。

寓言十九，藉外论之。亲父不为其子媒。亲父誉之，不若非其父者也。非吾罪也，人之罪也。与己同则应，不与己同则反；同于己为是之，异于己为非之。

重言十七，所以已言也，是为耆艾。年先矣，而无经纬本末以期年耆者，是非先也。人而无以先人，无人道也；人而无人道，是之谓陈人。

卮言日出，和以天倪，因以曼衍，所以穷年。不言则齐，齐与言不齐，言与齐不齐也，故曰（言）无言。言无言，终身言，未尝（不）言；终身不言，未尝不言。有自也而可，有自也而不可；有自也而然，有自也而不然。恶乎然？然于然。恶乎不然？不然于不然。恶乎可？可于可。恶乎不可？不可于不可。物固有所然，物固有所可，无物不然，无物不可。非卮言日出，和以天倪，孰得其久！万物皆种也，以不同形相禅，始卒若环，莫得其伦，是谓天均。天均者，天倪也。

2702

庄子谓惠子曰："孔子行年六十而六十化，始时所是，卒而非之，未知今之所谓是之非五十九非也。"

惠子曰："孔子勤志服知也。"庄子曰："孔子谢之矣，而其未之尝言。孔子云：'夫受才乎大本，复灵以生。鸣而当律，言而当法，利义陈乎前，而好恶是非直服人之口而已矣。使人乃以心服而不敢蘁立，定天下之定。'已乎已乎！吾且不得及彼乎！"

2703

曾子再仕而心再化，曰："吾及亲仕，三釜而心乐；后仕，三千钟而不洎，吾心悲。"

弟子问于仲尼曰："若参者，可谓无所县其罪乎？"曰："既已县矣。夫无所县者，可以有哀乎？彼视三釜、三千钟，如观（鸟）雀蚊虻相过乎前也。"

2704

颜成子游谓东郭子綦曰：自吾闻子之言，一年而野，二年而从，三年而通，四年而物，五年而来，六年而鬼入，七年而天成，八年而不知死、不知生，九年而大妙。生有为，死也。劝公以其（私），

209

死也有自也；而生阳也，无自也。而果然乎？恶乎其所适？恶乎其所不适？天有历数，地有人据，吾恶乎求之？莫知其所终，若之何其无命也？莫知其所始，若之何其有命也？有以相应也，若之何其无鬼邪？无以相应也，若之何其有鬼邪？"

2705

众网两问于景曰："若向也俯而今也仰，向也括（撮）而今被发，向也坐而今也起，向也行而今也止，何也？"

景曰："搜搜也，奚稍问也！予有而不知其所以。予，蜩甲也？蛇蜕也？似之而非也。火与日，吾屯也；阴与夜，吾代也。彼吾所以有待邪？而况乎以有待者乎！彼来则我与之来，彼往则我与之往，彼强阳则我与之强阳。强阳者，又何以有问乎！"

2706

阳子居南之沛，老聃西游于秦，邀于郊，至于梁而遇老子。老子中道仰天而叹曰："始以汝为可教，今不可也。"

阳子居不答。至舍，进盥漱巾栉，脱屦户外，膝行而前，曰："向者弟子欲请夫子，夫子行不闲，是以不敢。今闲矣，请问其过。"老子曰："而睢睢盱盱，而谁与居？大白若辱，盛德若不足。"阳子居蹴然变容曰："敬闻命矣。"

其往也，舍者迎将，其家公执席，妻执巾栉，舍者避席，炀者避灶。其反也，舍者与之争席矣。

PARABOLOJ

2701

En ĉi tiu verko, naŭ dekonoj konsistas el paraboloj, sep dekonoj – el historiaj anekdotoj, kaj la aliaj – el spritaĵoj, eldirataj ĉiutage kiel sintezo per la Ĉiela Perspektivo.

Naŭ dekonojn da paraboloj mi priparolis, prunteprenante el eksteraj fontoj. Patro mem ne svatas geedziĝon por sia filo, ĉar la laŭdado fare de patro ne superas la faratan de la aliulo, kiu ne estas la patro. Tial do je la uzado de paraboloj kulpas ne mi, sed la aliuloj, kiuj sintenas jene: "Se ilia opinio estas sama kun la mia, mi konsentas, sed se malsama, mi kontraŭas. Se samas kun mi, mi jesas, sed se malsamas, mi neas."

Sep dekonoj da anekdotoj estas diritaĵoj fare de veteranoj-antaŭirintoj, ne de tiuj, kiuj nur maljuniĝis sen preciza logiko kaj ne indas al la nomo de antaŭirintoj. Tiu, kiun ne indas nomi antaŭirinto, ne estas persono de Tao. Ne persono de Tao estas nomata 'banalulo' .La spritaĵoj, eldirataj ĉiutage kiel sintezo per la Ĉiela Perspektivo, ĉar etendiĝas universe, tial daŭras vivi jarojn senfine.[659] Ne pere de vortoj estas atingita la konkordo. Konkordo per vortoj ne estas vera konkordo. Vortoj kun konkordo ne estas vera konkordo. Tial do estas dirite: 'Estas parolo sen vorto kaj vorto sen parolo. Eĉ se paroladi tutan vivon, tio povas esti samkiel ankoraŭ ne diris. Eĉ se tutan vivon ne parolis, tio povas esti samkiel neniam ankoraŭ ne diris.' [660] Estas en parolado per si mem io allasebla. Estas per si mem io neallasebla. Estas per si mem io natura. Estas per si mem io nenatura. Kiel je la natureco oni konsideras naturon natura? Kiel je la nenatureco oni konsideras nenaturon nenatura? Kiel je la allasebleco oni konsideras la allaseblan allasebla? Kiel je la neallasebleco oni konsideras la neallaseblan neallasebla? Aĵoj principe havas ion naturan. Aĵoj principe havas ion allaseblan. Estas neniu aĵo, ne havanta naturon. Estas neniu aĵo, ne havanta ion allaseblan. Se spritaĵo, eldirata ĉiutage, ne harmonius kun la Ĉiela Observado, kiel ĝi povus havigi al si la eternecon? Ĉiuj aĵoj estas semoj. Ili ne estas samaj je la formo, sed cedas lokojn unu al la alia reciproke, sen komenco sen fino kiel cirklo, ne distingante la limon. Tio estas nomata 'Ĉiela Ekvilibro' . La Ĉiela Ekvilibro estas sama, kiel la Ĉiela Observado." [661]

2702

Zhuangzi diris al Huizi: "Ĝis sia 60-jaraĝa, Konfuceo ŝanĝiĝis 60 fojojn. Kion li opiniis prava en la komenco, tion li neis en la fino. Kion li nun konsideras jesa, ne estas sciate, ĉu tio estis neita je la 59-foja, aŭ ne."

Huizi diris: "Ĉu ĉar Kongzi diligentadis, sekvante la alstrebon por scii?" Zhuangzi diris: "Kongzi rezignis tian sciadon. Sed tamen li neniam diris pri tio. Kongzi diris: 'Mi ricevis la kapablon el de la Granda Fonto, do mi redonas tien la spiriton, kaj renaskiĝos. Tiam kio sonas, tio konformas al muzika tono; kion mi diras, tio trafas la leĝon. Profito kaj justo estas banalaj antaŭ tio. Ankaŭ rilate al la ŝato-malŝato aŭ praveco-malpraveco, nur simple obeu al buŝoj de homoj kaj tiel al vi eblos igi homojn sekvi vin elkore kaj ili ne aŭdacos kontraŭstari al vi. Tiel estos starigita la monda stabileco[662].' Ni ĉesu, ni ĉesu! Ni neniel povos atingi tion."

2703

Zengzi estis du fojojn enoficigita kaj lia koro du fojojn ŝanĝiĝis. Li diris: "Mi estis tre feliĉa je koro, kiam mi servis miajn gepatrojn, dum mi ricevis salajron je nura tri fu da greno. Post ilia morto, mi enoficiĝis kun salajro je tri mil chong, sed mi sentas min malpli feliĉa ol antaŭe, kaj malĝojas[663]."

Iu disĉiplo demandis Zhong Ni, dirante: "Personon, kiel Zeng Shen, eblas nomi homo senpeka, ĉu ne?" Zhong Ni diris: "Li jam havas ĉe si ion por prizorgi. Ĉu tiu, kiu havas nenion por prizorgi, povus malĝoji? Estus tute egale, ĉu rigardi da salajroj tri fu aŭ tri mil chong, samkiel vidi paseron, kulon kaj tabanon preterpasantaj[664]."

2704

Yan Cheng Ziyou diris al Dongguo Ziqi[665]: "Aŭdante viajn vortojn, en la unua jaro mi estis simpla, en la dua jaro mi iĝis obeema, en la tria jaro al mi komunikeblas, en la kvara jaro mi akordiĝis kun aĵoj, en la kvina jaro mi perceptis ion alvenanta, en la sesa jaro mi sentis Spiriton eniranta min, en la sepa jaro sentis la Ĉielon kompleta, en la oka jaro mi sciis nek morton nek vivon, en la naŭa jaro mi sentis grandan misteron. La vivo ekzistas por la morto. Se per la mio alstrebas la tuton, la morto estas nature per si mem, sed la nasko aŭ la aktiva vivo estiĝas ne per si mem. Ĉu vere estus tiel diri? Kiam tio konformas al la realo, kaj kiam ne konformas? La Ĉielo havas la ciklon kaj la nombron, sur la Tero estas la bazo por ekzistado de homoj. Kie do ni devas serĉi la principon? Al ni ne eblas scii pri la fino, do, se tiel, kiumaniere troveblus neekzistado de la Ĉiela ordono? Al ni ne eblas scii pri la komenco, do, se tiel, kiumaniere troveblus la ekzistado de la Ĉiela ordono? Troveblas iam nedisigebla korelacio de rekompenca kaŭzeco, do, se tiel, kiumaniere oni povus konstati neekzistadon de Spiritoj? Iam ne troviĝas korelacio, do, se tiel, kiumaniere eblus konstati ekzistadon de Spiritoj?"

2705

Duonombro demandis Ombron, dirante: "Vi antaŭe mallevis kapon, sed nun levis. Antaŭe viaj haroj estis aranĝitaj, sed nun malaranĝiĝis. Vi antaŭe sidis, sed nun staras. Vi antaŭe iris, sed nun haltas. Kial?"

La Ombro respondis: "Vi ĉikanas kaj ĉikanas. Kia fi-demandeto! Mi havas neniun scion pri tio. Malplena ŝelo de cikado kaj malplena haŭto de serpento similas al mi, sed ne samas. Kun fajro kaj kun suno mi estiĝas, sed kun mallumo kaj kun nokto mi malaperas. Do kun ili mi havas interrilaton, atendante ilin. Kiel mi atendas ilin? Kiam ili venas, ankaŭ mi venas. Kiam ili foriras, ankaŭ mi foriras. Kiam ili forte lumas, ankaŭ mi forte figuras. Kial vi bezonas demandi min pri tio?"

2706

Yang Ziju vizitis la sudan urbon Pei[666]. Lao Dan jam estis veturanta okcidenten al regno Qin. Yang Ziju direktis sin al Liang kaj suburbe li renkontiĝis kun Laozi. Laozi meze de la vojo suprenrigardis la ĉielon kaj diris, suspirante: "Komence mi taksis, ke vin indus instrui, sed nun mi ne povas."

Yang Ziju respondis nenion kaj revenis al sia tranoktejo, lavis sin en pelvo, gargaris, viŝis sin per viŝtuko, kombis al si harojn. Turnante sin al Laozi, li demetis siajn ŝuojn ekstere, iris genuopaŝe, kaj diris al Laozi: "Antaŭe mi, kiel lernanto, dezirus peti de vi instruon, sed vi ne havis tempon dum irado, do mi ne aŭdacis demandi. Nun vi estas libera, mi volus demandi vin pri la kialo de via lasta eldiro."Laozi diris: "Kun okuloj majestaj kaj oblikvaj, vi tenas vin tro aroganta. Kiu do volus sidi kune kun vi? La Venuso[667] ŝajnas humila, kvazaŭ hontigite, la plena virto ŝajnas io nesufiĉa." Yang Ziju reĝustigis sin, ŝanĝinte sian mienon, kaj diris: "Mi respektplene aŭskultis vian instruon." Unuafoje, kiam li venis al gastejo, la gastejanoj akceptis lin tre ĝentile, la mastro mem pretigis la sidkusenon al li, kaj mastrino alportis tukon kaj kombilon. Iuj gastoj evitis la proksimajn al li sidkusenojn kaj aliaj ne proksimiĝis al forno por varmigi sin kune kun li. Sed post lia reveno de la vizito de Laozi, la gastoj konkurence kun li estis prenantaj por si sidkusenojn apud li.

28. 让王 Rang Wang

2801

尧以天下让许由，许由不受。又让于子州支父，子州支父曰："以我为天子，犹之可也。虽然，我适有幽忧之病，方且治之，未暇治天下也。"夫天下至重也，而不以害其生，又况他物乎！唯无以天下为者，可以托天下也。

舜让天下于子州支伯，子州支伯曰："予适有幽忧之病，方且治之，未暇治天下也。"故天下大器也，而不以易生，此有道者之所以异乎俗者也。

舜以天下让善卷，善卷曰："余立于宇宙之中，冬日衣皮毛，夏日衣葛絺；春耕种，形足以劳动；秋收敛，身足以休食；日出而作，日入而息，逍遥于天地之间而心意自得。吾何以天下为哉？悲夫！子之不知余也！"遂不受。于是去而入深山，莫知其处。

舜以天下让其友石户之农，石户之农曰："卷卷乎后之为人，葆力之士也。"以舜之德为未至也，于是夫负妻戴，携子以入于海，终身不反也。

2802

大王亶父居邠，狄人攻之。事之以皮帛而不受，事之以犬马而不受，事之以珠玉而不受，狄人之所求者土地也。大王亶父曰："与人之兄居而杀其弟，与人之父居而杀其子，吾不忍也。子皆勉居矣！为吾臣与为狄人臣奚以异！且吾闻之，不以所用养害所养。"因杖策而去之。民相连而从之，遂成国于岐山之下。夫大王亶父，可谓能尊生矣。能尊生者，虽贵富不以养伤身，虽贫贱不以利累形。今世之人居高官尊爵者，皆重失之，见利轻亡其身，岂不惑哉！

2803

越人三世弑其君，王子搜患之，逃乎丹穴。而越国无君，求王子搜不得，从之丹穴。王子搜不肯出，越人薰之以艾，乘以王舆。王子搜援绥登车，仰天而呼曰："君乎，君乎！独不可以舍我乎！"王子搜非恶为君也，恶为君之患也。若王子搜者，可谓不以国伤生矣，此固越人之所欲得为君也。

2804

韩、魏相与争侵地。子华子见昭僖侯，昭僖侯有忧色。子华子曰："今使天下书铭于君之前，书之言曰：'左手攫之则右手废，右手攫之则左手废，然而攫之者必有天下。'君能攫之乎？"昭僖侯曰："寡人不攫也。"

子华子曰："甚善！自是观之，两臂重于天下也，身亦重于两臂。韩之轻于天下亦远矣，今之所争者，其轻于韩又远。君固愁身伤生以忧戚不得也！"

僖侯曰："善哉！教寡人者众矣，未尝得闻此言也。"子华子可谓知轻重矣。

2805

鲁君闻颜阖得道之人也，使人以币先焉。颜阖守陋闾，苴布之衣而自饭牛。鲁君之使者至，颜阖自对之。使者曰："此颜阖之家与？"颜阖对曰："此阖之家也。"使者致币。颜阖对曰："恐听（者）谬而遗使者罪，不若审之。"使者还，反审之，复来求之，则不得已。故若颜阖者，真恶富贵也。

故曰：道之真以治身，其绪余以为国家，其土苴以治天下。由此观之，帝王之功，圣人之余事也，非所以完身养生也。今世俗之君子，多危身弃生以殉物，岂不悲哉！凡圣人之动作也，必察其所以之与其所以为。今且有人于此，以随侯之珠弹千仞之雀，世必笑之。是何也？则其所用者重而所要者轻也。夫生者，岂特随侯（珠）之重哉！

2806

子列子穷，容貌有饥色。客有言之于郑子阳者曰："列御寇，盖有道之士也，居君之国而穷，君无乃为不好士乎？"郑子阳即令官遗之粟。子列子见使者，再拜而辞。

使者去，子列子入，其妻望之而拊心曰："妾闻为有道者之妻子，皆得佚乐。今有饥色。君过而遗先生食，先生不受，岂不命邪！"子列子笑谓之曰："君非自知我也。以人之言而遗我粟，至其罪我也，又且以人之言。此吾所以不受也。"其卒，民果作难而杀子阳。

2807

楚昭王失国，屠羊说走而从于昭王。昭王反国，将赏从者，及屠羊说。屠羊说曰："大王失国，说失屠羊；大王反国，说亦反屠羊。臣之爵禄已复矣，又何赏之有！"

王曰："强之。"屠羊说曰："大王失国，非臣之罪，故不敢伏其诛；大王反国，非臣之功，故不敢当其赏。"

王曰："见之。"屠羊说曰："楚国之法，必有重赏大功而后得见。今臣之知不足以存国，而勇不足以死寇。吴军入郢，说畏难而避寇，非故随大王也。今大王欲废法毁约而见说，此非臣之所以闻于天下也。"

王谓司马子綦曰："屠羊说居处卑贱而陈义甚高，子綦为我延之以三旌之位。"

屠羊说曰："夫三旌之位，吾知其贵于屠羊之肆也；万钟之禄，吾知其富于屠羊之利也。然岂可以贪爵禄而使吾君有妄施之名乎！说不敢当，愿复反吾屠羊之肆。"遂不受也。

2808

原宪居鲁，环堵之室，茨以生草，蓬户不完，桑以为枢，而瓮牖二室，褐以为塞，上漏下湿，匡坐而弦（歌）。

子贡乘大马，中绀而表素，轩车不容巷，往见原宪。原宪华冠縰履，杖藜而应门。子贡曰："嘻！先生何病？"原宪应之曰："宪闻之：无财谓之贫，学（道）而不能行谓之病。今宪，贫也，非病也。"子贡逡巡而有愧色。

原宪笑曰："夫希世而行，比周而友，学以为人，教以为己，仁义之慝，舆马之饰，宪不忍为也。"

2809

曾子居卫，缊袍无表，颜色肿哙，手足胼胝。三日不举火，十年不制衣，正冠而缨绝，捉衿而肘见，纳履而踵决。曳縰而歌《商颂》，声满天地，若出金石。天子不得臣，诸侯不得友。故养志者忘形，养形者忘利，致道者忘心矣。

2810

孔子谓颜回曰："回，来！家贫居卑，胡不仕乎？"颜回对曰："不愿仕。回有郭外之田五十亩，足以给飦粥；郭内之田十亩，足以为丝麻；鼓琴足以自娱；所学夫子之道者足以自乐也。回不愿仕。"

孔子愀然变容曰："善哉，回之意！丘闻之：'知足者不以利自累也，审自得者失之而不惧，行修于内者无位而不怍。'丘诵之久矣，今于回而后见之，是丘之得也。"

2811

中山公子牟谓瞻子曰："身在江海之上，心居乎魏阙之下，奈何？"瞻子曰："重生。重生则利轻。"

中山公子牟曰："虽知之，未能自胜也。"瞻子曰："不能自胜则从，神无恶乎？不能自胜而强不从者，此之谓重伤。重伤之人，无寿类矣。"

魏牟，万乘之公子也，其隐岩穴也，难为于布衣之士，虽未至乎道，可谓有其意矣！

2812

孔子穷于陈蔡之间，七日不火食，藜羹不糁，颜色甚惫，而弦歌于室。颜回择菜，子路、子贡相与言曰："夫子再逐于鲁，削迹于卫，伐树于宋，穷于商周，围于陈蔡，杀夫子者无罪，藉夫子者无禁。弦歌鼓琴，未尝绝音，君子之无耻也若此乎！"

颜回无以应，入告孔子。孔子推琴喟然而叹曰："由与赐，细人也。召而来！吾语之。"

子路、子贡入。子路曰："如此者，可谓穷矣！"孔子曰："是何言也！君子通于道之谓通，穷于道之谓穷。今丘抱仁义之道以遭乱世之患，其何穷之为！故内省而不穷于道，临难而不失其德，天寒既至，霜雪既降，吾是以知松柏之茂也。（桓公得之莒，文公得之曹，越王得之会稽）陈蔡之隘，于丘其幸乎！"

孔子削然反琴而弦歌，子路扢然执干而舞。子贡曰："吾不知天之高也，地之下也。"

古之得道者，穷亦乐，通亦乐，所乐非穷通也。道德于此，则穷通为寒暑风雨之序矣。故许由娱于颍阳，而共伯得乎共首。

2813

舜以天下让其友北人无择，北人无择曰："异哉后之为人也，居于畎亩之中而游尧之门！不若是而已，又欲以其辱行漫我。吾羞见之。"因自投清泠之渊。

2814

汤将伐桀，因卞随而谋，卞随曰："非吾事也。"汤曰："孰可？"曰："吾不知也。"

汤又因瞀光而谋，瞀光曰："非吾事也。"汤曰："孰可？"曰："吾不知也。"汤曰："伊尹何如？"曰："强力忍垢，吾不知其他也。"

汤遂与伊尹谋伐桀，尅之，以让卞随。卞随辞曰："后之伐桀也谋乎我，必以我为贼也；胜桀而让我，必（以）我为贪也。吾生乎乱世，而无道之人再来漫我（以其辱行），吾不忍数闻也。"乃自投稠水而死。

汤又让瞀光曰："知者谋之，武者遂之，仁者居之，古之道也。吾子胡不立乎？"瞀光辞曰："废上，非义也；杀民，非仁也；人犯其难，我享其利，非廉也。吾闻之曰：'非其义者，不受其禄；无道之世，不践其土。'况尊我乎！吾不忍久见也。"乃负石而自沈于庐水。

2815

昔周之兴，有士二人处于孤竹，曰伯夷、叔齐。二人相谓曰："吾闻西方有人，似有道者，试往观焉。"至于岐阳，武王闻之，使叔旦往见之，与盟曰："加富二等，就官一列。"血牲而埋之。

二人相视而笑曰："嘻，异哉！此非吾所谓道也。昔者神农之有天下也，时祀尽敬而不祈喜；其于人也，忠信尽治而无求焉。乐与政为政，乐与治为治，不以人之坏自成也，不以人之卑自高也，不以遭时自利也。今周见殷之乱而遽为政，上谋而（下）行货，阻兵而保威，割牲而盟以为信，扬行以说众，杀伐以要利，是推乱以易暴也。吾闻古之士，遭治世不避其任，遇乱世不为苟存。今天下暗，周德衰，其并乎周以涂吾身也，不如避之以絜吾行。"二子北至于首阳之山，遂饿而死焉。若伯夷、叔齐者，其于富贵也，苟可得已，则必不赖。高节戾行，独乐其志，不事于世，此二士之节也。

CEDI LA TRONON

2801

Yao volus cedi la tronon al Xu You, sed Xu You ne akceptis. Do, Yao provus cedi ĝin al Zizhou Zhifu[668]. Zizhou Zhifu diris: "Eblus fari min la Ĉiela Filo. Sed mi hazarde malsaniĝis je spleno. Mi devas ĝuste kuraci la malsanon, do ne havas tempon por regi la mondon. Kvankam la mondo estas tre grava, tamen pro tio oni ne devus damaĝi sian vivon. Des pli pro aliaj aĵoj." Sed al kiu reĝi super mondo valoras nenion, al tiu oni povas konfidi la mondon.Shun dezirus cedi la tronon al Zizhou Zhibo. Zizhou Zhibo diris: "Min trafis la malsano de spleno, do mi devas ricevi la kuracadon. Al mi ne estas tempo por regi la mondon, ĉar la mondo estas granda aparato. Mi ne povas anstataŭigi la vivon per tio." Jen malsamas la persono de Tao ol vulgaraj mondanoj. Finfine li ne akceptis kaj, foririnte, eniris en la profundan monton, ne sciate kien. Shun volus cedi la tronon al Shan Quan[669]. Sed Shan Quan diris: "Mi staras en la universo.

En vintro mi vestiĝas per felo kaj pelto, en somero – per puerario. En printempo mi terkulturas kaj semas, laborante per korpo. En aŭtuno mi rikoltas, sufiĉe nutras kaj ripozigas korpon. Kun sunleviĝo mi laboras kaj kun sunsubiro ripozas. Mi vagadas inter la Ĉielo kaj la Tero. Mia koro kaj volo estas plena de memkontento. Kiel mi povus fari iun ajn aferon de la mondo? Bedaŭrinde, vi ne komprenas min."

Shun volus cedi la tronon al sia amiko, kamparano de Ŝtona Pordo. Tiu kamparano de la Ŝtona Pordo diris: "Vi, laborema diligentulo, estas persono de forta penado." Li taksis la virton de Shun ankoraŭ ne perfekta. Tiel do li kune kun sia edzino, portante infanojn, foriris al maro, kaj ĝis la morto ne revenis plu.

2802

La Granda Reĝo, Danfu, loĝis en Bin[670]. Barbaroj de Di-tribo atakis ĝin.[671]   Danfu proponis felojn-peltojn kaj silkojn, sed Di ne ricevis. Proponis hundojn kaj ĉevalojn, sed ne ricevis. Proponis perlojn kaj jadojn, sed ne ricevis. Ĉar barbaroj de Di postulis la teron.La Granda Reĝo, Danfu, diris: "Mortigi malgrandajn fratojn por ke mi postvivu kun iliaj grandaj fratoj, kaj mortigi filojn por ke mi postvivu kun iliaj gepatroj, estas ne eltenebla al mi. Vi ĉiuj restu ĉi tie daŭre loĝi. Esti miaj subuloj aŭ esti subuloj de Di estos tute same. Kia diferenco? Mi aŭdis jenon: 'Ne damaĝu nutratojn por ilo nutranta.[672]' " Li, apogante sin sur la bastono, forlasis la regnon. La popolo kune postsekvis lin. Kaj ili konstruis regnon sub la monto Qi[673]. Endas diri, ke la Granda Reĝo, Danfu, povis estimi la vivon. Kiu povas estimi la vivon, tiu, estante nobla kaj riĉa, ne damaĝas sin mem, kiel viktimon por ilo nutranta. Aŭ estante malriĉa kaj mizera, li ne damaĝas sian korpon, kiel viktimon por profito. Nuntempuloj, starante altaj je posteno kaj estimante rangojn, ĉiuj perdas ion gravan. Vidante profiton, ili malestimas la perdiĝon de sia korpo. Ĉu tio ne estas perturbo?

2803

Yue-anoj mortigis siajn reĝojn en tri generacioj sinsekve. Princo Sou, ĉagreniĝinte pri tio, eskapis al la kavo, nomata Dan[674]. Do en lando Yue ne ekzistis reĝo. Oni serĉadis la princon Sou sed ne povis trovi lin. Sekve oni trovis lin ĉe la kavo de Dan. Sed la princo ne konsentis eliri de tie. Yue-anoj fumpelis lin per artemizio, kaj sidigis lin sur reĝan kaleŝon. La princo Sou rajdis supren laŭ ŝnuro. Li, supren rigardante la Ĉielon, kriis: "Ho ve, reĝi, reĝi! Kial oni ne povus lasi min libera?" La princo Sou ne malamis fariĝi reĝo, sed malamis la aflikton de reĝumado. Eblas diri, ke tia reĝo, kiel la princo Sou, ne volus damaĝi sian vivon pro regnopotenco. Tial do Yue-anoj deziris fari lin sia reĝo.

2804

Regnoj de Han kaj Wei konfliktis unu kun la alia pro peco de teritorio. Majstro Huazi vidis markizon Zhaoxi[675]. La markizo Zhaoxi havis ĉagreniĝintan mienon. La Majstro Huazi diris: "Supozu, ke nun antaŭ vi estas metita la dokumento por subskribi. Sur la dokumento estas skribite: 'Kiu ekprenos ĉi tiun per sia maldekstra mano, tiu perdos sian dekstran manon. Kiu ekprenos ĉi tiun per sia dekstra mano, tiu perdos sian maldekstran manon. Sed kiu ekprenos ĝin, al kiu nepre estos donita la tuta imperio.' Ĉu vi povus ekpreni ĝin?" La markizo Zhaoxi diris: "Mi ne ekprenos."

La Majstro Huazi diris: "Tre bone. Se tiel vidi la situacion, ambaŭ brakoj estas pli gravaj ol la tuta imperio. La korpo estas multe pli grava ol ambaŭ brakoj. La regno Han estas multe malpli grava ol la tuta imperio. Koncernante la nunan konflikton, ĝi estas multe malgrava al la regno Han. Vi ĉagrenas vin tiom, ke vi damaĝas vian vivon, malgraŭ ke ne akireblas peceto per via ĉagrenego."

La markizo Zhaoxi diris: "Bone dirite. Multe da homoj instruis min, sed mi ankoraŭ ne aŭdis tian opinion." Eblas diri, ke la Majstro Huazi scias la diferencon de graveco kaj malgraveco.

2806

Reĝo de Lu aŭdis, ke Yan He estas persono de Tao, kaj la reĝo sendis unue subulon kun donaco al li[676]. Yan He loĝis en sia domaĉo sur mizera angulo, vestante sin en kanabo kaj bredante bovon. La sendito diris: "Ĉu tiu ĉi estas domo de s-ro Yan He?" Yan He respondis: "Jes, ĝi estas la domo de He." La sendito donintus al li la donacon. Yan He diris al li: "Eble, iu erare aŭdis la nomon. Mi timas, ke la sendito estu kulpigita pro tio. Estas pli bone, ke oni esploru skrupule por konstati." La sendito revenis por konstati, kaj denove alvenis viziti lin. Sed tamen li jam ne povis trovi lin. Homo, kiel Yan He, vere malŝatas riĉon kaj rangon.Estas dirite, ke vero de Tao kuŝas ĉefe en la regado de memo je la korpo. Sekve per la kroma restaĵo oni regas la regnon, kaj sekve per superflua feĉo oni regas la mondon. El tiu vidpunkto, afero de reĝo kaj imperiestro estas nur superfluaĵo por sanktulo. Ĉar je la afero ne eblas kompletigi la korpon kaj nutri la vivon. Nun ordinaraj nobluloj en vulgara mondo plejparte endanĝerigas sian korpon kaj forĵetas sian vivon, dediĉante sin al aĵoj. Kia tragedio! Ĝenerale je sia konduto sanktuloj pripensas rezonon de sia estado kaj rezonon de sia ago.   Ekzemple, supozu, ke nun ĉi tie troviĝas iu homo, kiu estas pafanta per kugloj el perloj de markizo Sui paserojn, flugantajn alte je mil renoj. Mondanoj, vidante tion, nepre mokridus lin. Kial? Ĉar la ilo estas pli grava, kaj la celo estas malpli grava. La vivo estas multege pli grava ol la perlo de markizo Sui[677].

2806

Majstro Liezi vivis en la fundo de mizero. Lia mieno havis malsatiĝintan koloron. Iu gasto diris tion al s-ro Zi Yang, ministro de regno Zheng: "Lie Yukou estas persono de Tao, tamen en via regno li vivas en ekstrema mizero. Ĉu al vi ne plaĉus bona personeco[678]?" Zi Yang de regno Zheng tuj ordonis sendi al li grenojn. La Majstro Liezi renkontis la senditon, riverencadis lin, sed rifuzis ricevi la donacon.

La sendito foriris. La Majstro Liezi eniris domon, lia edzino kun rankoro, batante la bruston, diris: "Mi aŭdis, ke edzino kaj gefiloj de persono strebanta al Tao, ĉiuj havigus al si komforton kaj plezuron, sed tamen nun havas malsatiĝintan mienon. La ministro, sciiĝinte sian eraron, sendis al vi ion por manĝi. Sed vi ne akceptis. Ĉu tio ne estas la Ĉiela Ordono?" La Majstro Liezi, ridante, diris: "S-ro ministro mem ne konas min, li nur tra alies eldiro sendis al mi grenojn. Aliokaze, kiam mi estus kulpigota, li ankaŭ per alies eldiro punos min. Tial do mi ne akceptis." Finfine, popolanoj ekribelis kaj mortigis la ĉefministron Zi Yang.

2807

Kiam Zhao, la reĝo de Chu, perdis la regnon, iu ŝafobuĉisto, nomata Yue, fuĝis kune, sekvante la reĝon Zhao[679]. Post kiam la reĝo revenis hejmen al sia regno, li zorgis rekompenci sekvintojn por lojaleco.

Estas inkluzivita ankaŭ la ŝafobuĉisto Yue. Ŝafobuĉisto Yue diris: "La Granda reĝo perdis la regnon, kaj samtempe mi perdis ŝafojn. La Granda reĝo reprenis la regnon, ankaŭ Yue reprenis la ŝafojn. Tio estas, ke rango kaj salajro de subulo jam estas restarigitaj. Kiun rekompencon vi mencius?"

La reĝo ordonis: "Donu al li la rekompencon." Ŝafobuĉisto Yue diris: "En tio, ke la Granda reĝo perdis la regnon, mi ne estas kulpa, do mi ne aŭdacis ricevi akuzon. En tio, ke la Granda reĝo reprenis la regnon, mi faris nenion por meriti, do mi ne aŭdacas ricevi la rekompencon."

La reĝo diris: "Mi mem renkontos lin." Ŝafobuĉisto Yue diris: "Laŭ la leĝo de regno Chu estos nepre multe laŭdataj la grandaj merituloj, kaj nur poste eblos ricevi aŭdiencon ĉe la reĝo. Mia nuna scio ne sufiĉas por subteni ekzistadon de la regno, mia kuraĝo ne sufiĉas por rezisti kontraŭ malamika invado.

Kiam armeo de regno Wu eniris en la ĉefurbon Ying, mi ektimis malfacilon kaj nur eskapis ĉe la malamika invado. Tial do mi vere ne sekvis vin, Via Moŝto. Nun Via Moŝto volus kontraŭi al la leĝo kaj detrui la regulojn por aŭdienci min. Pro tio mi, kiel subulo, ricevus riproĉon, se pri tio estus aŭdate de la mondo."

La reĝo diris al Sima Ziqi[680]: "Ŝafobuĉisto Yue estas nenobela laŭ deveno kaj loĝloko, tamen li eldiras justecon tre altan. Anstataŭ mi, vi promociu lin unu el Tri Vasaloj-Flagportistoj[681]."

Ŝafobuĉisto Yue diris: "Pri la rango de Tri Vasaloj-Flagportistoj mi scias, ke ĝi estas pli nobla ol mia profesio de ŝafobuĉado. Mi scias, ke la salajro de dek mil zhong[682] estas pli riĉa ol mia profito el ŝafobuĉado. Sed per tio, ke mi povus ĝui grandan salajron kaj rangon, via nomo estus malestimita kiel reĝo malŝparema je favorado. Mi ne aŭdacas akcepti la favoron. Mi deziras reveni al la stalo de ŝafobuĉado." Yue finfine malakceptis la proponon.

2808

Yuan Xian[683] loĝis en regno Lu, en dometo malvasta je nur 1 kvadrata zhango[684], ĉirkaŭita apenaŭ per kvar muraĉoj. Ĝi estis tegmentita per kreskanta herbo. Ne fermiĝas komplete pordeto el artemizio kun ĉarniro el morusujo. Du buŝoj de rompiĝintaj potoj, remburitaj per ĉifonoj, konsistigas fenestrojn por la ĉambro. De supre likas, sube humidas. Li, sidante digne, estis ludanta liuton.Zigong[685] venis, rajdante sur granda ĉevalo. Li vestis sin en robo de blanka silko kun subŝtofo de malhelblua koloro. Lia luksa kaleŝego ne povas eniri en la pordon de strateto. Li piediris vidi Yuan Xian. Yuan Xian kun flora krono[686] kaj rompitaj ŝuoj, apogante sin sur bastono el kenopodio, salutis ĉe la pordo. Zigong diris: "Ho, sinjoro, je kio vi malsaniĝis?" Yuan Xian respondis: "Mi aŭdis jenon. Tio, ke ne estas havaĵo, estas nomata 'malriĉo'. Ke kvankam lernas, tamen ne povas praktiki, tio estas nomata 'malsano'. Nun mi estas malriĉa, sed ne malsana."Zigong, embarasite, mienis, ke li ekhontis.Yuan Xian ridis, dirante: "Troviĝas iu, kiu kondutas flate al la mondo, faras amikecon kliko, lernas por aliuloj, instruas por sia egoo, faras bonvolecon kaj juston kamuflilo, samkiel ornamo de ĉevalo. Mi ne povas elteni tian konduton."

2809

Zengzi[687] loĝis en regno Wei, Li vestiĝis en vatita robo kun forfrotiĝinta surfaco. Lia vizaĝo ĝis gorĝo estis ŝvelinta. Liaj manoj kaj piedoj estis plenaj de kaloj. Tri tagojn sinsekve li ne povas manĝi kuiritaĵon per fajro. Dek jarojn li ne havis ordinaran vestaĵon. Do, kiam li portas kronon, tiam li iradas kun ornama ŝnuro de mentonbendo forfrotita; kiam li tiris refaldon, tiam elmontriĝas kubutoj; kiam li metas al si ŝuojn, tiam videblas difektiĝinta kalkanumo de ŝuoj. Sed kiam li, dancopaŝante[688], ekkantas odon de la dinastio Shang, la Ĉielo kaj la Tero plenas de liaj voĉoj kvazaŭ elirantaj el bronzoj kaj ŝtonaj muzikiloj. La Ĉiela Filo ne povis fari lin ministro, landestroj ne povis fari lin amiko. Ĉar, kiu nutras sin je la strebo, tiu forgesas la korpon; kiu nutras sin je la korpo, tiu forgesas profitamon; kiu atingas la Taon, tiu forgesas la menson.

2810

Konfuceo diris al Yan Hui: "Nu, Hui, via familio vivtenas malriĉe kaj humile, kial vi ne enoficiĝas?" Yan Hui respondis: "Mi ne volas enoficiĝi. Mi posedas en suburbo kampon vastan je 50 muoj[689]. Tio estas sufiĉa por manĝi poriĝon kaj kaĉon. Kaj en urbo estas 10 muoj. Tio estas sufiĉa por produkti silkon kaj kanabon. Mi estas kontenta ludadi perkutomuzikilon kaj liuton por amuziĝi. Lernado de via Vojo estas sufiĉa por plezurigi min. Mi ne deziras enoficiĝi."

Konfuceo, kun mieno kortuŝita, serioze diris: "Tre bona estas via aspiro! Mi aŭdis, ke, tiu, kiu scias kontenton, ne lacigas sin per la serĉado de profito; kiu havigas al si ion per sia peno, tiu ne timas perdon; kiu kulturas sin mem interne, tiu ne hontas je senrango. Mi dum longe predikas tion. Poste, nun, mi vidas vin, Hui, praktikanta tion. Jen kion mi gajnas."

2811

Princo Mou de Zhongshan[690] diris al Zhanzi: "Mi mem nun estas ĉe la bordo de granda rivero, sed mia koro restas sub la pordo de la palaco en regno Wei. Kion mi devas fari[691]?" Zhanzi diris: "Gravas la vivo. Rigardu la vivon grava, la profiton malgrava."

Princo Mou de Zhongshan diris: "Kvankam mi scias tion, tamen ne povas konkeri la senton." Zhanzi diris: "Se vi ne povas konkeri vin mem, tiuokaze obeu al via memo." Mou diris: "Sed ĉu al spirito tio ne estas malbona?" Zhanzi diris: "Kiu ne povas konkeri sin mem kaj altrudas ne obei al si, tiu damaĝas sin duoble. Kiu damaĝas sin duoble, tiu ne estos inkludita en la grupon de longevivuloj.

Mou de Wei estis la princo de regno granda je dek miloj da militĉaroj. Por vi estas pli malfacile ermitiĝi en kavo ĉe klifo, ol por ordinaraj senrangaj personoj. Malgraŭ ke vi ankoraŭ ne alvenis al la Vojo, tamen eblas diri, ke vi havas almenaŭ la strebon."

2812

Konfuceo estis en ekstrema mizerego survoje inter regnoj Chen kaj Cai. Dum sep tagoj li ne manĝis kuiritaĵon per fajro krom trinkaĵo el kenopodio sen ajna greno. La vizaĝkoloro iĝis treege marasma. Sed li kun liuto estis kantanta en sia ĉambro. Yan Hui kolektis manĝeblan herbon, dume Zilu kaj Zigong babilis kune, dirante: "La Majstro estas denove elpelita el de regno Lu. En regno Wei oni forviŝis eĉ liajn piedsignojn. En regno Song oni hakis la arbon, sub kiu li ripozis. Sur la teroj de Zhou kaj Shang li falis en mizeron. En Chen kaj Cai oni sieĝas lin. Tiuj, kiuj provis atenci la Majstron, estis pardonitaj, ne punate. Kiuj molestas la Majstron, al tiuj estas ne malpermesate fari tion. Spite ĉion ĉi tion, li kun muzikiloj kantas, tamburas kaj ludas liuton, neniam ĉesigante la sonon de muziko. Jen ĝis kiomgrade la noblulo sentas nenian honton!"

Yan Hui ne respondis al ili. Enirinte, li raportis al Konfuceo. Konfuceo flankenpuŝis la liuton, sopirĝemis kaj lamentis, dirante: "Kiaj bagateluloj estas Youĉjo kaj Ciĉjo! Alvoku ilin veni ĉi tien. Mi parolos al ili."

Zilu kaj Zigong eniris. Zilu diris: "Eblas nomi ĉi tiun situacion ekstrema mizero, ĉu ne?"

Konfuceo diris: "Kion vi diras? Koncerne la noblulon, se la Vojo-Tao estas malfermita, tiam direblas, ke estas malfermite; se la Vojo-Tao estas fermita, nur tiam direndas, ke estas fermite per mizero. Nun mi, kun la Vojo-Tao de bonvoleco kaj justo, renkontas aflikton de senorda mondo. En kia mizero mi estas? Se retrospekti sin interne, rilate al la Vojo-Tao mi estas en neniu mizero. Ĉe malfacilo la virto ne estas perdita. Spite ke la vetero estas treege malvarma kun prujno kaj neĝo, mi scias, ke plenkreskas la pino kaj kverko pli kaj pli. Ĉi tiu ŝtopiĝo en Chen kaj Cai estas por mi feliĉo."

Konfuceo, denove reprenante liuton, daŭre kantis plu. Ankaŭ Zilu, akompanante, tuj ekdancis kun halebardo en mane. Zigong diris: "Mi ne scias la Ĉielon kiom alta, nek la Teron kiom profunda."

Kiu atingis la Vojon-Taon antikvan, al tiu la mizero estas plezuro kaj ankaŭ la feliĉo estas plezuro. Troviĝas plezuro ĉie, tute egale, kie ajn ne estas mizero aŭ feliĉo. Se laŭ la Vojo-Tao kaj la virto, tiukaze mizero kaj feliĉo estas samkiel nura veterŝanĝo, t. e. malvarmo, varmo, vento, pluvo. Tial do Xu You ĝuis norde de la rivero Ying, kaj Gong Bo akiris kion deziris sur la pinto de monto Gong.[692]

2813

Shun volus cedi la tronon al sia amiko, Wu Ze, loĝanta norde. Wu Ze de nordo diris: "Kiel stranga vi estas je personeco. Antaŭe vi terkulturis en la kampo, kaj poste vi envagadis en la pordon de Yao, kaj ne ĉesas per tio. Vi dezirus malhonori min per hontinda konduto. Mi hontas vidi tion." Tial do Wu Ze ĵetis sin profunden en la pure-malvarman akvon[693].

2814

Tang intencis ataki Jie[694]. Li turnis sin al Bian Sui por konsiliĝi pri intrigo. Bian Sui diris: "Tio ne estas mia afero." Tang demandis: "Kiu do povas?" Respondis: "Mi ne scias."

Tiel Tang iris al Wuguang por konsiliĝi pri la intrigo. Wuguang diris: "Tio ne estas mia afero." Tang demandis: "Kiu do povas?" Respondis: "Mi ne scias." Tang diris: "Kia estas Yi Yin?" Respondis: "Li estas forta kaj trudema, povas elteni honton. Krom tio mi ne scias."

Tang finfine, konsiliĝante kun Yi Yin, konspiris renversi Jie kaj venkis. Poste li volus cedi la tronon al Bian Sui. Bian Sui rifuzis, dirante: "Kiam vi proponis al mi konspiri por renversi Jie, vi intencis nepre fari min perfidulo al dinastio. Post la venko sur Jie, vi proponas cedi al mi la tronon, por ke mi nepre estu rigardata kiel profitavidulo. Mi naskiĝis en senorda mondo. Nun, persono sen Vojo-Tao turnas sin denove al mi por malhonori min per hontinda konduto. Mi ne povas elteni aŭdi tion." Kaj li, forĵetinte sin mem en la riveron Chou, mortis.Tang volus cedi la tronon al Wuguang, dirante: "Intelektulo konspiras renversi reĝimon, bravulo realigas tion, kaj persono de bonvoleco regas la mondon. Tia estas la Vojo-Tao de antikvo. Kial vi ne surtroniĝos?" Wuguang rifuzis, dirante: "Detronigi la superulon estas maljuste. Mortigi la popolon estas ne bonvoleco. Se kiam la alia homo faris la krimon kaj mi ĝuas la profiton, tio estas ne pura. Mi aŭdis, ke estas dirite: 'De tiu, kiu ne estas justa, oni ne devas ricevi salajron. La mondon, kie ne estas

223

Vojo-Tao, oni ne devas enpaŝi, nek surtreti la teron.' Ĉu vi diras, ke vi respektas min? Mi ne povas elteni pli longe vidi vin." Tiel do, li mergiĝis kun ŝtono en la riveron Lushui.

2815

Antaŭ longa tempo, kiam leviĝis la dinastio Zhou, vivis en Guzhu du personoj, nomataj Bo Yi kaj Shu Qi[695]. Ili ambaŭ diris unu al la alia: "Ni aŭdis, ke okcidente estas iu homo, simila al posedanto de Vojo-Tao. Prove ni iru vidi lin." Tiel do ili alvenis al nordo de monto Qi. Reĝo Wu, aŭdinte tion, sendis sian fraton Dan vidi ilin. Traktante kun ili, Dan diris, ke ili estu postenigitaj en la unua klaso kun salajro de la dua klaso kaj ili ĵuros tion per sango de oferaĵo, enterigonte la ĵuron. Ambaŭ Bo Yi kaj Shu Qi ekridis, vidante unu la alian, kaj diris: "Ho, Ne! Tio ne estas la Vojo-Tao, nomata de ni. Kiam antikve regis la mondon Shen Nong, li oferadis laŭ sezonoj kun la pleja respekto, sed tamen ne preĝis por sia feliĉo. Kiel personeco, li estis lojala kaj fidinda, okupiĝis pri la regado kaj nenion postulis. Li ĝuis nur ĝustan politikon por ĝusta politiko, ĝuis regadon por la regado. Li perfektigis sin ne per detruo de la aliaj, altigis sin ne per malaltigo de la aliaj. Li profitigis sin ne per hazarda fortuno de tempo. Nun, Zhou, vidante malordon en dinastio Yin, subite ekfaris ĝustigan politikon. Superuloj intrigas, subuloj komercas. Apogante sin sur armea forto, ili tenas majestecon. Ili faras interkonsenton per tranĉo de oferaĵo por firmigi fidelecon. Ili per agitado de atingitaĵo ĝojigas la popolamason. Ili kvazaŭ vetlude gajnas profiton per mortigo de malamikoj. Tio estas nur anstataŭigi tumulton per perforto.   Ni aŭdis, ke antikvaj personoj ne evitis plenumadon de taskoj en la bone regata mondo, kaj en tumulta tempo ili ne alkroĉiĝis al sia ekzistado. Nun la mondon regas mallumo. Virto malfortiĝis en la tendaro de Zhou. Al ni estas preferinde eskapi de ĉi tie kaj foriri rezolute, ol ŝmiri nin per malpuraĵo, per nia aliĝo al Zhou." Ambaŭ du foriris norden, atingis la monton Shouyang. Finfine ili malsatis kaj mortis. Bo Yi kaj Shu Qi, rilate al riĉaĵo kaj posteno, estis kontentaj nur je io akceptebla. Ili kondutis, tenante sin en alta ĉasteco. Ili nur ĝuis sian alstrebon, ne flatante al la mondo. Tio estis ilia ĉasteco[696].

29. 盗跖 Dao Zhi

孔子与柳下季为友，柳下季之弟，名曰盗跖。盗跖从卒九千人，横行天下，侵暴诸侯，穴室枢户，驱人牛马，取人妇女。贪得忘亲，不顾父母兄弟，不祭先祖。所过之邑，大国守城，小国入保，万民苦之。

孔子谓柳下季曰："夫为人父者，必能诏其子；为人兄者，必能教其弟。若父不能诏其子，兄不能教其弟，则无贵父子兄弟之亲矣。今先生，世之才士也，弟为盗跖，为天下害，而弗能教也，丘窃为先生羞之。丘请为先生往说之。"

柳下季曰："先生言为人父者必能诏其子，为人兄者必能教其弟，若子不听父之诏，弟不受兄之教，虽今先生之辩，将奈之何哉！且跖之为人也，心如涌泉，意如飘风，强足以距敌，辩足以饰非，顺其心则喜，逆其心则怒，易辱人以言。先生必无往。"

孔子不听，颜回为驭，子贡为右，往见盗跖。盗跖乃方休卒徒大山之阳，脍人肝而餔之。孔子下车而前，见谒者曰："鲁人孔丘，闻将军高义，敬再拜谒者。"

谒者入通，盗跖闻之大怒，目如明星，发上指冠，曰："此夫鲁国之巧伪人孔丘非邪？为我告之：'尔作言造语，妄称文武，冠枝木之冠，带死牛之胁，多辞缪说，不耕而食，不织而衣，摇唇鼓舌，擅生是非，以迷天下之主，使天下学士不反其本，妄作孝弟而侥幸于封侯富贵者也。子之罪大极重，疾走归！不然，我将以子肝益昼餔之膳！'"

孔子复通曰："丘得幸于季，愿望履幕下。"谒者复通，盗跖曰："使来前！"孔子趋而进，避席反走，再拜盗跖。盗跖大怒，两展其足，案剑瞋目，声如乳虎，曰："丘来前！若所言，顺吾意则生，逆吾心则死。"

孔子曰："丘闻之，凡天下有三德：生而长大，美好无双，少长贵贱见而皆说之，此上德也；知维天地，能辩诸物，此中德也；勇悍果敢，聚众率兵，此下德也。凡人有此一德者，足以南面称孤矣。今将军兼此三者，身长八尺二寸，面目有光，唇如激丹，齿如齐贝，音中黄钟，而名曰盗跖，丘窃为将军耻不取焉。将军有意听臣，臣请南使吴越，北使齐鲁，东使宋卫，西使晋楚，使为将军造大城数百里，立数十万户之邑，尊将军为诸侯，与天下更始，罢兵休卒，收养昆弟，共祭先祖。此圣人才士之行，而天下之愿也。"

盗跖大怒曰："丘来前！夫可规以利而可谏以言者，皆愚陋恒民之谓耳。今长大美好，人见而悦之者，此吾父母之遗德也。丘虽不吾誉，吾独不自知邪？且吾闻之，好面誉人者，亦好背而毁之。今丘告我以大城众民，是欲规我以利而恒民畜我也，安可久长也！城之大者，莫大乎天下矣。尧舜有天下，子孙无置锥之地；汤武立为天子，而后世绝灭；非以其利大故邪？且吾闻之：古者禽兽多而人少，于是民皆巢居以避之，昼拾橡栗，暮栖木上，故命之曰有巢氏之民。古者民不知衣服，夏多积薪，冬则炀之，故命之曰知生之民。神农之世，卧则居居，起则于于，民知其母，不知其父，与麋鹿共处，耕而食，织而衣，无有相害之心，此至德之隆也。然而黄帝不能致德，与蚩尤战于涿鹿之野，流血百里。尧舜作，立群臣，汤放其主，武王杀纣。自是之后，以强陵弱，以众暴寡。汤武以来，皆乱人之徒也。今子修文武之道，掌天下之辩，以教后世，缝衣浅带，矫言伪行，以迷惑天下之主，而欲求富贵焉，盗莫大于子，天下何故不谓子为盗丘，而乃谓我为盗跖？子以甘辞说子路而使从之，使子路去其危冠，解其长剑，而受教于子，天下皆曰孔丘能止暴禁非。其卒之也，子路欲杀卫君而事不成，身菹于卫东门之上，是子教之不至也。子自谓才士圣人邪！则再逐于鲁，削迹于卫，穷于齐，围于陈蔡，不容身于天下。子教子路菹此患，上无以为身，下无以为人，子之道岂足贵邪？　世之所高，莫若黄帝，黄帝尚不能全德，而战涿鹿之野，流血百里。尧不慈，舜不孝，禹偏枯，汤放其主，武王伐纣，文王拘羑里。此六子者，世之所高也。孰论之，皆以利惑其真而强反其情性，其行乃甚可羞也。世之所谓贤士，伯夷、叔齐。伯夷、叔齐辞孤竹之君，而饿死于首阳之山，骨肉不葬。鲍焦饰行非世，抱木而死。申徒狄谏而不听，负石自投于河，为鱼鳖所食。介子推至忠也，自割其股以食文公。文公后背之，子推怒而去，抱木而燔死。尾生与女子期于梁下，女子不来，水至不去，抱梁柱而死。此六子者，无异于磔犬流豕、操瓢而乞者，皆离名轻死，不念本养寿命者也。世之所谓忠臣者，莫若王子比干、伍子胥。子胥沈江，比干剖心。此二子者，世谓忠臣也，然卒为天下笑。自上观之，至于子胥、比干，皆不足贵也。丘之所以说我者，若告我以鬼事，则我不能知；若告我以人事者，不过此矣，皆吾之所闻知也。今吾告子以人之情：目欲视色，耳欲听声，口欲察味，志气欲盈。人上寿百岁，中寿八十，下寿六十，除病瘦死丧忧患，其中开口而笑者，一月之中不过四五日而已矣。天与地无穷，人死者有时，操有时之具，而托于无穷之间，忽然无异骐骥之驰过隙也。不能说其志意，养其寿命者，皆非通道者也。丘之所言，皆吾之所弃也，亟去走归，无复言之！子之道狂狂汲汲，诈巧虚伪事也，非可以全真也，奚足论哉！"

孔子再拜趋走，出门上车，执辔三失，目芒然无见，色若死灰，据轼低头，不能出气。

归到鲁东门外，适遇柳下季。柳下季曰："今者阙然数日不见，车马有行色，得微往见跖邪？"孔子仰天而叹曰："然。"柳下季曰："跖得无逆汝意若前乎？"孔子曰："然。丘所谓无病而自灸也，疾走料虎头，编虎须，几不免虎口哉！"

2902

子张问于满苟得曰："盍不为行？无行则不信，不信则不任，不任则不利。故观之名，计之利，而义真是也。若弃名利，反之于心，则夫士之为行，不可一日不为乎！"

满苟得曰："无耻者富，多信者显。夫名利之大者，几在无耻而信。故观之名，计之利，而信真是也。若弃名利，反之于心，则夫士之为行，抱其天乎！"

子张曰："昔者桀纣贵为天子，富有天下，今谓臧聚曰，汝行如桀纣，则有怍色，有不服之心者，小人所贱也。仲尼、墨翟，穷为匹夫，今谓宰相曰，子行如仲尼、墨翟，则变容易色称不足者，士诚贵也。故势为天子，未必贵也；穷为匹夫，未必贱也。贵贱之分，在行之美恶。"

满苟得曰："小盗者拘，大盗者为诸侯，诸侯之门，义士存焉。昔者桓公小白杀兄入嫂，而管仲为臣；田成子常杀君窃国，而孔子受币。论则贱之，行则下之，则是言行之情悖战于胸中也，不亦拂乎！故《书》曰：'孰恶孰美，成者为首，不成者为尾。'"

子张曰："子不为行，即将疏戚无伦，贵贱无义，长幼无序，五纪六位，将何以为别乎？"

满苟得曰："尧杀长子，舜流母弟，疏戚有伦乎？汤放桀，武王杀纣，贵贱有义乎？王季为适，周公杀兄，长幼有序乎？儒者伪辞，墨子兼爱，五纪六位，将有别乎？且子正为名，我正为利。名利之实，不顺于理，不监于道。吾日与子讼于无约，曰：'小人殉财，君子殉名。其所以变其情，易其性，则异矣；乃至于弃其所为而殉其所不为，则一也。'故曰：无为小人，反殉而天；无为君子，从天之理。若枉若直，相而天极，面观四方，与时消息。若是若非，执而圆机；独成而意，与道徘徊。无转而行，无成而义，将失而所为；无赴而富，无殉而成，将弃而天。比干剖心，子胥抉眼，忠之祸也；直躬证父，尾生溺死，信之患也；鲍子立干，申子（不）自理，廉之害也；孔子不见母，匡子不见父，义之失也。此上世之所传，下世之所语，以为士者正其言，必其行，故服其殃，离其患也。"

2903

无足问于知和曰："人卒未有不兴名就利者。彼富，则人归之，归则下之，下则贵之。夫见下贵者，所以长生安体乐意之道也。今子独无意焉，知不足邪，意知而力不能行邪，故推正不忘邪？"

知和曰："今夫此人以为与己同时而生，同乡而处者，以为夫绝俗过世之士焉；是专无主正，所以览古今之时，是非之分也，与俗化世。去至重，弃至尊，以为其所为也。此其所以论长生安体乐意之道，不亦远乎！惨怛之疾，恬愉之安，不监于体；怵惕之恐，欣欢之喜，不监于心；知为为而不知所以为，是以贵为天子，富有天下，而不免于患也。"

无足曰："夫富之于人，无所不利，穷美究埶，至人之所不得逮，贤人之所不能及，侠人之勇力而以为威强，秉人之知谋以为明察，因人之德以为贤良，非享国而严若君父。且夫声色滋味权势之于人，心不待学而乐之，体不待象而安之。夫欲恶避就，固不待师，此人之性也。天下虽非我，孰能辞之！"

知和曰："知者之为，故动以百姓，不违其度，是以足而不争，无以为，故不求。不足，故求之，争四处而不自以为贪；有余，故辞之，弃天下而不自以为廉。廉贪之实，非以迫外也，反监之度。势为天子，而不以贵骄人；富有天下，而不以财戏人。计其患，虑其反，以为害于性，故辞而不受也，非以要名誉也。尧、舜为帝而雍，非仁天下也，不以美害生也；善卷、许由得帝而不受，非虚辞让也，不以事害己。此皆就其利，辞其害，而天下称贤焉，则可以有之，彼非以兴名誉也。"

无足曰："必持其名，苦体绝甘，约养以持生，则亦久病长阨而不死者也。"

知和曰："平为福，有余为害者，物莫不然，而财其甚者也。今富人，耳营（于）钟鼓筦籥之声，口嗛于刍豢醪醴之味，以感其意，遗忘其业，可谓乱矣；侅溺于冯气，若负重行而上[坂]也，可谓苦矣；贪财而取慰，贪权而取竭，静居则溺，体泽则冯，可谓疾矣；为欲富就利，故满若堵耳而不知避，且冯而不舍，可谓辱矣；财积而无用，服膺而不舍，满心戚醮，求益而不止，可谓忧矣；内则疑劫请之贼，外则畏寇盗之害，内周楼疏，外不敢独行，可谓畏矣。此六者，天下之至害也，皆遗忘而不知察，及其患至，求尽性竭财，单以反一日之无故而不可得也。故观之名则不见，求之利则不得，缭意（绝）体而争此，不亦惑乎！"

227

RABISTO ZHI

2901

Konfuceo amikiĝis kun Liuxia Ji. Juna frato de Liuxia Ji nomiĝas Rabisto Zhi[697]. Lin sekvis naŭ mil subuloj. La bando feroce ĉirkaŭvagadis la mondon, invade atakadis landestrojn, trude eniradis ĉambrojn, detruante pordojn, kaj ŝteladis alies bovojn kaj ĉevalojn, forprenadis alies virinojn. Estante avida, Zhi forgesis siajn parencojn, ne zorgis pri siaj patro, patrino kaj fratoj, nek festoferis por prapatroj. Kiam la bando trapaŝadis lokojn, se grandan landon, popolanoj defendis sin en la urbo, se malgrandan, loĝantoj fermis sin en la fortikaĵo. Multe da popolanoj suferis pro la bando.Konfuceo diris al Liuxia Ji: "Se patro, li nepre povas admoni sian filon, se frato, li nepre povas instrui malpliaĝan fraton. Se la patro ne povus admoni sian filon, se la frato ne povus instrui sian malpliaĝan fraton, neniiĝus la valoro de parenca rilato inter patro kaj filo, inter fratoj. Nun vi estas kapabla persono en la mondo. Via frato estas rabisto Zhi, kiu damaĝas la mondon. Se vi ne povas instrui lin, mi kaŝe supozas, ke vi hontas pri tio. Mi petas, permesu al mi iri anstataŭ vi admoni lin."

Liuxia Ji diris: "Vi diris, ke se patro, li povus nepre admoni sian filon, se frato, li povus nepre instrui sian malpliaĝan fraton. Sed se la filo ne aŭskultas la admonon de patro, se la frato ne akceptas la instruon de pliaĝa frato, tiuokaze kion fari, laŭ via nuna konsilo? Aldone, personeco de Zhi estas tia, ke lia koro bolas kvazaŭ ŝprucanta akvofonto kaj lia volo furiozas kvazaŭ ventego. Li estas sufiĉe forta por repuŝi malamikojn. Li disputas sufiĉe lerte por ŝajnigi sian eraron prava. Je tio, kio konformas al sia koro, li tuj ekĝojas. Je tio, kio ne konformas al la koro, li tuj ekkoleras. Al li estas facile hontigi aliajn per vortoj. Vi nepre ne iru al li."

Konfuceo ne aŭskultis. Yan Hui akompanis lin kiel kondukisto, Zigong – kiel dekstra mano. Ili veturis vidi la rabiston Zhi. La rabisto Zhi ĝuste lasis siajn subulojn ripozi sude de la Granda Monto kaj estis manĝanta por kolaziono tranĉpecojn de vinagrita homa hepato.   Konfuceo descendis de ĉaro, antaŭen iris kaj diris respekteme al peranto: "Mi estas Kong Qiu, Lu-ano. Aŭdinte altan heroecon de generalo, venis riverenci al li."

La peranto, enirinte, transdonis tion al bandestro. Aŭdinte tion, la rabisto Zhi ege ekkoleris kun okuloj flamantaj kiel hela stelo, kun haraj disstarigitaj ĝis la krono. Li diris: "Li estas Kong Qiu, ruza trompanto de regno Lu, ĉu ne? Ci diru al li anstataŭ mi jenon: ‘Vi fabrikas vortojn kaj inventas parolojn. Tiel vi absurde laŭdaĉas reĝojn Wen kaj Wu de Zhou dinastio. Vi vestiĝas strange kun krono surmetita kvazaŭ per branĉeto de arbo, kun fela zono ornamita per ripo de mortinta bovo. Vi paroladas multe da vortoj, plenaj de eraroj. Mem ne terkulturante, vi manĝas; mem ne teksante, vi vestiĝas. Tremante lipojn kaj tamburante langojn, vi laŭplaĉe naskas pravecon aŭ malpravecon, kaj tiel do vi erarigas estrojn de la mondo kaj malhelpas al lernantaj personoj en la mondo reveni al la baza fonto. Vi kaprice fabrikis fi-ideon de fila pietato kaj devo de malpliaĝuloj. Tiel vi esperas favoron, flatante feŭdajn landestrojn, riĉulojn kaj nobelojn. Via kulpo estas la plej grandega. Foriru tuj! Aŭ mi faros vian hepaton kuirita kaj metita por kolaziono sur posttagmezan manĝtablon.’ ”

Estas transdonita la diritaĵo kaj Konfuceo diris al la peranto: “Mi ricevis feliĉon tra s-ro Ji koni vin, do mi dezirus videti viajn ŝuojn eĉ se el sub kurteno.” La peranto denove transdonis al Zhi la vorton de Konfuceo. La rabisto Zhi diris: “Lasu lin veni antaŭ min.” Konfuceo haste iris antaŭen, sed retropaŝinte de la seĝo, riverencadis la rabiston Zhi. La rabisto Zhi ege koleris, sidante kun kruroj dissternitaj kaj, apogante sin al glavo kun okuloj elstarigitaj, roris laŭtvoĉe, kvazaŭ ĵus naskinta tigrino: “Qiu! Venu pli antaŭen! Se tio, kion vi parolos, estos laŭa al mia volo, vi restos viva. Se mallaŭa al mia koro, vi mortos.”

Konfuceo diris: “Mi, Qiu[698], aŭdas jenon. Estas tri virtoj en la mondo. Ke iu naskiĝis, kreskas nekompareble tre bela, kaj ĉiuj ajn, infanoj, plenaĝuloj, nobeloj, nenobeloj, ĝojas vidi lin, tio estas supera virto. Ke la alia havas scion, sintezanta la Ĉielon kaj la Teron, kapablon elokvente paroli pri aĵoj, tio estas meza virto. Ke la tria, estante kuraĝa kaj rezoluta, kapablas kolekti amason da homoj kaj gvidi soldatojn, tio estas suba virto. Tiu, al kiu apartenas almenaŭ unu el ili, povas sidi sur trono fronte al sudo[699], nomiĝi unu sola estro. Nu vi, Generalo, posedas nun ĉiujn tri. Je staturo vi estas alta je 8 chioj kaj 2 cunoj[700]. El vizaĝo kaj okuloj radias lumo. Lipoj koloras kvazaŭ cinabraj. Dentoj vicas kvazaŭ konkaĵoj. Voĉo sonas kvazaŭ flava sonorilo[701]. Spite ĉion ĉi tion oni nomas vin ‘rabisto Zhi’. Mi elkore ne povas ne honti tion por vi, Generalo. Generalo, se vi havas orelojn por aŭskulti mian opinion, mi petas vin jen pri tio: Suden sendu ambasadorojn al regnoj Wu kaj Yue[702], norden sendu ambasadorojn al Qi kaj Lu, orienten sendu ambasadorojn al Song kaj Wei[703], okcidenten sendu ambasadorojn al Jin kaj Chu. Konstruu por vi, Generalo, grandan kastelon je kelkcent lioj kvadrataj. Starigu urbon de kelkcent mil familioj. Vi, Generalo, estu respektota, kiel unu el landestroj. Renovigu la mondon. Retiru armeon kaj permesu al soldatoj ripozi. Kolektu kaj nutru fratojn kaj parencojn por komune festoferi la prapatrojn. Tia estas la konduto de sanktuloj kaj talentuloj. Tio estas ja espero de la mondo.”

La rabisto Zhi ege furiozis, dirante: “Qiu, vi venu proksimen. Ĝustigeblaj per profito aŭ konsileblaj per vortoj estas nur stultaj kaj ordinaraj popolanoj. Kio kreskigis min tiom bela, ke oni ĝojas vidi, tio estas la virto heredita el miaj gepatroj. Eĉ se vi ne laŭdus ĝin, mi mem scias. Mi aŭdas, ke kiuj laŭdas iun antaŭ li, tiuj mallaŭdas lin malantaŭ li. Nun vi diris al mi pri la konstruo de granda urbo kun amaso da popolanoj, intrigante ĝustigi min per profito. Per tio vi fitraktas min kiel ordinaran popolanon. Kiel longe daŭrus tia profito? Ajna urbo ne estas pli granda ol la mondo. Yao kaj Shun posedis la mondon, tamen al iliaj posteuloj ne restis eĉ loko pikebla per aleno. Tang kaj Wu staris kiel Filoj de la Ĉielo, tamen ekstermiĝis iliaj postaj generacioj. Ĉu ĉar ne granda estis ilia profito? Plue mi aŭdas, ke antikve da birdoj kaj bestoj vivis pli multe kaj ekzistis malpli multe da homoj. Tial do popolanoj loĝis en nestoj por eviti ilin. Tage homoj kolektadis glanojn kaj kaŝtanojn, nokte ili loĝis sur arboj. Tial oni nomis ilin popolo havanta nestojn. Antikve popolanoj ne sciis pri vestaĵoj. Somere ili amasigis multe da brullignoj, vintre hejtis per tio. Tial oni nomis ilin popolo scianta vivrimedon. En la epoko de Shen Nong, popolanoj komune kuŝis dormi, komune loĝante, kaj kune levante sin, kune iradis ien ajn[704]. Tial do ili sciis sian patrinon, sed ne sciis

la patron. Ili vivis kune kun alkoj kaj cervoj. Terkultivante, manĝis. Teksante, vestiĝis. Ili ne havis koron damaĝi sin unu la alian. Tio estas florado de la pleja virto. Sed la Flava Imperiestro ne povis atingi la virton. Li batalis kontraŭ Chi You sur la kampo Zhoulu, verŝis sangon cent liojn. Yao kaj Shun fondis regnon kaj starigis la administrantaron de oficistoj-subuloj. Tang forpelis sian mastron, reĝo Wu mortigis Zhou. Post tio la pligranda regas la malpli grandan, la plimulto perfortas la malpli multon. Post Tang kaj Wu, ĉiuj estas puĉoj-ribelantoj.

Nun vi, lernante Vojon de la reĝoj Wen kaj Wu, elokvente disvastigas vian ideologion en la opinio de la mondo kaj volas instrui ĝin al postaj generacioj. Vestiĝante en loza robo kun zono malstreĉita, vi trompas per vortoj kaj hipokritas je konduto, tiel do konfuzas estrojn tra la mondo. Kaj vi deziras serĉi la riĉon kaj la altan rangon. Neniu rabisto estas pli feroca ol vi. Kial en la mondo oni ne nomas vin 'Rabisto Qiu', nomante min 'Rabisto Zhi'? Vi per miela vorto ĝojigis Zilu, igis lin sekvi vin, ke li demetis sian krestosimilan kronon, forĵetis la glavon kaj ekricevis vian instruon. Ĉiuj en la mondo diradis, ke Kong Qiu povas haltigi violenton kaj malpermesi malbonan konduton. Sed finfine Zilu dezirus atenci reĝon de Wei, kio ne estis plenumita[705]. Lia korpo, peklita, estis eksponata sur la orienta defendpordo. Ĉar via instruo

estis ne sufiĉa. Ĉu vi mem nomas vin talentulo-sanktulo? Oni elpeladis vin fojojn el regno Lu, forviŝis viajn piedsignojn en regno Wei, faligis vin en mizeron en regno Qi, sieĝis vin inter regnoj Chen kaj Cai. Vi ne estas akceptita de la mondo. Vi instruis al Zilu aflikton, por ke la lasta estu peklita. Rilate al supro vi ne povas enpostenigi vin mem, rilate al subo vi nenion povas fari por homoj. Ĉu eblus diri, ke via Vojo estus sufiĉe estiminda?

El inter estimataj de la mondo, neniu estas pli alta ol la Flava Imperiestro. Eĉ la Flava Imperiestro ne povis esti komplete virta. En la batalo de kampo Zhuolu, sango fluis cent liojn. Yao ne estis mizerikorda, Shun estis sen fila pietato. Yu kadukiĝis pro paralizo, Tang forpelis sian mastron, reĝo Wu batis Zhou, reĝo Wen estis izolita en provinco. Ĉi tiuj ses personoj estas rigardataj de la mondo kiel la plej altaj[706].

Se pristudi ilin, ĉiuj por profito misrigardis la veron, kaj forte kontraŭis al la denaska natura sento. Ege hontinda estis ilia konduto.Koncerne de tiel nomataj saĝaj personoj de la mondo, famaj estas Bo Yi kaj Shu Qi, kiuj rifuzis tronon de landestro Guzhu. Ili malsatmortis ĉe la monto Shouyang, iliaj ostoj kaj karnoj estis forlasitaj sen funebro. Bao Jiao alteniĝis al bela konduto, kritikante la mondon, kaj tiel li mortis, liginte sin mem al arbo. Shentu Di admonis, ne aŭdate, do ŝarĝinte ŝtonon sur si, ĵetis sin en riveron, tie estis formanĝita de fiŝo kaj testudoj. Jie Zitui famas kiel la plej lojala, ĉar li detranĉinte sian femuron, donis ĝin al duko Wen por ke li manĝu ĝin. Sed kiam la duko Wen preterlasis lin, Zitui ekkoleris kaj foriris. Li, liginte sin al arbo kaj forbruligante, sinmortigis. Wei Sheng promesis rendevuon al iu virino sub ponto, sed ŝi ne venis. Atendante ŝin, li ne forlasis la lokon de rendevuo malgraŭ inundo, tiel mortis, brakumante kolonon de la ponto.   Tiuj kvar homoj ne diferencas de buĉoferita hundo aŭ mergita porko kiel oferaĵoj aŭ almozuloj kun kalabaso en mano. Ĉiuj, algluiĝinte al nomo, malestimis morton, ne konsiderante la nutradon de longviveco baza principo.Se temas pri la fideleco de subuloj en la mondo, neniu estas pli supera ol princo Bi Gan kaj Wu Zixu. Zixu mergiĝis en riveron, koro de Bi Gan estis dissekcita[707]. Tiuj

du homoj estas famaj en la mondo kiel fideluloj, sed finfine ili estas ridmokataj de la mondo. Se observi ĉiujn de supre menciitaj ĝis Zixu kaj Bi Gan, ili ne povas esti estimindaj.Vi, Qiu, provas konsili al mi. Se temas pri Spiritoj, mi ne povas kompreni, tamen se temas pri homaj aferoj, estas sufiĉe je tio, kion mi jam rakontis. Ĉion, kion mi aŭdas, mi scias. Nun mi diras al vi pri la homa sento. Okuloj deziras vidi koloron, oreloj deziras aŭskulti voĉon, buŝo deziras gustumi, aspiro deziras esti plenumita. Homo vivas cent jarojn se supre, okdek jarojn se meze, sesdek jarojn se sube. Escepte de tempoj dum malsano, funebrado kaj suferado, restas nur malmulte da tempo por gajehumore ridi kun buŝo malfermita, nur malpli ol 4-5 tagoj en unu monato. Kvankam la Ĉielo kaj la Tero estas senlimaj, tamen homo mortas en limigita tempo. Li mastrumas la limigitan je la tempo kondiĉon, dum senlima estas la spaco. La subiteco estas tute sama, kiel vidi tra fendeto la ĉevalon trakurantan. Kiuj ne povas ĝojigi sian strebon kaj volon, kiuj ne povas nutri longvivecon, tiuj ĉiuj ne estas komprenantoj de la Vojo-Tao. Kion diras vi, Qiu, ĉion mi rifuzas. Iru tuj hejmen for! Ne ripetu vian parolon. Via Vojo-Tao estas falsa, fabrikita freneze, obsedite kaj ruze. Ne eblas preni ion ajn vera. Kial indas diskutadi?"

Konfuceo riverencadis kaj rapide forkuris, elirinte pordon. Li, rajdante sur ĉaron, miskaptadis tri fojon ŝnuron-apogilon. Okuloj ne vidis, stuporigite, kun vizaĝkoloro simila al cindro. Apogante sin al stango, kun kapo malsupren, li ne povis elspiri.

Alveninte eksteron de la orienta pordo de regno Lu, li hazarde renkontiĝis kun Liuxia Ji.Liuxia Ji diris: "Abrupte dum kelke da tagoj mi ne vidis vin. La ĉaro kun ĉevalo ŝajnas ĝuste reveninta de vojaĝo. Ĉu, eble, vi iris vidi Zhi?" Kongzi, vidante supren la Ĉielon, vespiris: "Jes." Liuxia Ji diris: "Ĉu Zhi ne kontraŭis al via opinio, kiel mi antaŭdiris?" Kongzi diris: "Jes, kontraŭis. Ŝajne, kvazaŭ mi, Qiu, kaŭterus min mem sen ajna malsano, kvazaŭ mi haste alkurus al tigro por karesi lian kapon, plekti lian barbon, kaj apenaŭ ne eskapus el lia buŝo." [708]

2902

Zizhang diris al Man Goude[709]: "Kial vi ne konsideras justan konduton grava? Sen la konduto ne estas fido. Sen la fido ne eblas konfido de aliaj. Sen la konfido ne eblas profito. Tial do observado de nomo-reputacio kaj kalkulado de profito estas reale efektivigeblaj per justo. Aliokaze, se forĵeti nomonprofiton kaj reveni al sia koro, ankaŭ tio estas ja 'konduto' de alta persono. Ne pasas eĉ unu tago sen tia konduto!"

Man Goude diris: "Senhontulo riĉiĝas. Akiras popularecon multejurpromesulo[710]. Kiu gajnas grandan nomon kaj profiton, tiu preskaŭ estas senhonta kaj ĵurpromesema. Ĉar li observas la nomon kaj kalkulas la profiton, kaj gajnas vere popularecon pere de la ĵurpromeso. Se eĉ forĵeti nomon kaj profiton kaj reveni al sia koro estus la konduto de alta personeco, ĉu tiuokaze eblus teni la Ĉielon?Zizhang diris: "Antikve, Jie kaj Zhou okupis altan rangon, kiel la Ĉielan Filon, kaj posedis riĉon, kiel mondon. Sed se nun oni dirus al iu sklavo aŭ popolano: 'Via konduto similas al tiu de Jie-Zhou', tiuokaze li pro honto ŝanĝas la vizaĝkoloron. Li ne volas akcepti en sia koro tion, ĉar eĉ malgranduloj malestimas la tiranojn. Zhong Ni kaj Mo Di estis ege malriĉaj kaj simpluloj je rango. Sed se nun oni diras al iu ministro: 'Vi kondutas same, kiel Zhong Ni kaj Mo Di', tiam li ĝojplene ŝanĝas mienon radianta, dirante: 'Ne indas laŭdegi min tiel.' Ĉar oni estimas ilin vere noblaj. Tiel do, kiu nun havas potencon kiel filo de la Ĉielo, tiu ne ĉiam nepre nobla. Kaj kiu estas malriĉa kaj simpla, tiu ne ĉiam nepre malnobla. La distingo inter nobleco kaj malnobleco kuŝas en la konduto, ĉu bela aŭ malbela."

Man Goude diris: "La malgrandajn ŝtelistojn oni arestas, la grandajn ŝtelistojn oni faras landestroj. Personoj de justo troviĝas ĉe la pordo de landestroj. Antikve, la duko Huan, nomata Xiao Baj, mortigis sian fraton kaj prenis lian edzinon kiel amatinon. Guan Zhong fariĝis lia ministro. Cheng Zi Chang mortigis reĝon kaj ŝtelis la regnon[711]. Eĉ Kongzi ricevis de li donacon. Tiel la ideologoj, kvankam malestimas tion laŭ sia argumento, tamen fakte laŭ sia konduto obeas la realon. Ĉu ne okazus, ke parolo kaj konduto konfliktas unu kun la alia en ilia brusto? Do estas skribite en la Libro: 'Kiu estas malbela kaj kiu estas bela? Kiu sukcesas, tiu fariĝas kapo; kiu ne sukcesas, tiu fariĝas vosto.[712]' "

Zizhang diris: "Sen justa konduto ne povus esti ia etiko por distingi rilatojn de homoj malproksima kaj proksima, nek justo de nobleco kaj malnobleco, nek vicordo de pliaĝulo kaj malpliaĝulo. Kie laŭ vi estas kvin moralprincipoj kaj ses klasifikoj, kaj per kio eblus apartigi socion?" [713]

Man Goude diris: "Yao mortigis sian plej aĝan filon. Shun ekzilis sian duonfraton laŭ la ordono de bopatrino. Ĉu estas etiko de parenco je proksimeco kaj malproksimeco? Tang forpelis Jie, reĝo Wu mortigis Zhou – ĉu estas justo je nobleco kaj malnobleco? Reĝo Ji surtroniĝis anstataŭ sia pliaĝa frato[714], Duko Zhou mortigis la pliaĝan fraton, – ĉu troviĝas la aĝa vicordo? Kofuceanoj falsas vortojn. Mohistoj propagandas universalan makroamon. El ilia vidpunkto, 'la kvin moraloj kaj ses klasoj' estas ja aparta mikroamo, ĉu ne? Aldone, vi volas ĝustigi la nomon. Mi volas ĝustigi la koncepton de profito. Realo de la nomo kaj profito ne obeas al rezona teorio, nek estas direktata de Vojo-Tao. Kiam ni kun vi turnis nin al s-ro Wu Yue[715] kun demando, li diris, ke etulo dediĉas sin al mono kaj noblulo – al nomo. Ili malsamas je celo, por kiu ili ŝanĝas la denaskan naturon en sian propran senton. Sed ili estas tute samaj, ĉar ili finfine forĵetas tion, kion devas fari, kaj dediĉas sin al tio, kion ne devas fari. Tial do estas dirite: 'Ne fariĝu etulo, revenu dediĉi vin al la Ĉielo. Ne fariĝu noblulo, sekvu la rezonon de la Ĉielo. Esti kaj kurba kaj rekta –

ambaŭ konsistigas la Ĉielan poluson. Observadu ĉirkaŭen kvar direktojn kaj ŝanĝiĝu laŭ tempo. Esti aŭ ne esti – ĉiukaze tenu al vi centron de cirklo, tiel do via volo efektiviĝos per si mem. Vagadu kun Vojo-Tao, ne turniĝante, iru laŭ ĝi. Ne faru vian propran juston, alie, vi perdos kion fari. Ne alteniĝu al riĉo, nek dediĉu vin al prosperigo, aŭ vi ĝuste forlasos la Ĉielon.' Bi Gan estis dissekcita je koro, ĉe Zixu estis elplukitaj la okuloj – malfeliĉa rezulto de lojaleco. Zhi Gong denuncis sian patron, Wei Sheng dronis – malsano de fideleco. Bao Jiao, starante, sekiĝis, Shenzi sinmortigis sen ajna apologio – noco de puranimo. Kongzi ne vidis la patrinon, Kuangzi ne vidis la patron – perdo pro justeco[716]. Tiuj epizodoj estas transdonitaj el antaŭaj generacioj kaj estos parolataj de postaj generacioj. Kiu volus fariĝi homo de alta personeco, tiu devus ĝustigi la vorton kaj nepre devus konduti komforme al la vorto. Tial do li devus akcepti plagon pro tio kaj devus esti obsedita de la malsano[717]."

2903

Ĉiama Malkontentulo demandis Harmoni-sciulon[718], dirante: "Troviĝas neniu ajn homo, kiu ne serĉas renomon kaj profiton. Kiu estas riĉa, al tiu obeas aliaj homoj. Obeantoj submetas sin al li. Submetiĝintoj respektas lin. Ke estas rigardata de suboj kiel respektinda, tio estas la vojo de longviveco, korpa ripozo kaj plezurigo de volo. Nun vi sola ne havas deziron. Ĉu ĉar al vi mankas scio, ĉu ĉar vi ne kapablas fari kion la scio deziras? Aŭ ĉar vi ne forgesas juston, kiun vi intence serĉas?"

Harmoni-sciulo diris: "Tia homo rigardas la aliajn jen kiel: 'Li naskiĝis samtempe kun mi, aŭ li devenis de la sama vilaĝo kun mi. Aŭ li estas persono, kiu vivas detranĉite el de la mondo.' Tiele ĉe tia homo tute ne estas la ĝusta subjekto. Tial li, rigardante la tempon antikvan kaj nunan, juĝas sian distingon inter 'Esti aŭ ne esti'. Li kune kun vulgara mondo ŝanĝiĝas, foriras de la plej grava, forĵetas la plej respektindan. Tiele li faras kion oni faras. Kaj argumentas pri la vojo de longviveco, korpa ripozo kaj plezurigo de volo! Ĉu ne estas fore? Je la korpo vi ne atentas pesi la suferplenan mizeran malsanon kaj ĝojplenan trankvilon. Je la koro vi ne atentas pesi la zorgoplenan timon kaj gajplenan ĝojon. Vi, sciante fari kion oni faras, ne scias por kio vi faras. Tiele, eĉ se vi fariĝus alta, kiel la Ĉiela Filo, kaj posedus riĉon de la mondo, ajnokaze vi ne povas eviti aflikton."

Ĉiama Malkontentulo diris: "Por riĉulo nenio estas ne profita. Li satĝuas belecon, akiras potencon, kiujn nek la Pleja Homo povus kapti nek sanktuloj povus atingi. Li povas majeste fortigi sin pere de alies kuraĝo kaj forto de kavaliroj, povas klare kompreni pere de alies saĝa konsilo de potenculoj, povas aspekti saĝa kaj bona pere de alies virto. Eĉ se ne posedante regnon, li povas sinteni majeste kvazaŭ patro de reĝo. Li povas, eĉ ne lernante mem, ĝui ĝissate en sia koro la plezuron homan, kiel muzikon, virinon, bonguston, potencon. Kaj en sia korpo li povas ripozi sen ajna trejnado por teni formon. Kion avidi, kion malami, kion eviti, kion preni, por tio ne necesas instruisto. Ĉar tio estas denaska homa naturo. Ne nur mi, sed kiu alia en la mondo povus rifuzi tion?"

Harmoni-sciulo diris: "Kion saĝulo faras, tio estas labori por popolanoj por ke ili ne kontraŭu al reguloj. Se ili estas kontentaj, do ili ne kverelas inter si. Se ne postulata, bezonatas fari nenion. Se ili ne estus kontenta, ili postulus kaj kverelus ĉie en kvar direktoj, tamen tio ne estas pro ilia avideco. Se superfluus aĵo, la saĝulo malakceptus ĝin, aŭ eĉ forĵetus la regadon de mondo, tamen tio ne estas pro lia honesteco. Honesteco aŭ avideco fakte ne dependas de ekstera kondiĉo, nek de konformeco al reguloj. Do se laŭ furora modo li fariĝus la Ĉiela Filo, li ne fieraĉus antaŭ homoj malgraŭ sia alta posteno. Eĉ se li havus riĉon de la mondo, estante riĉa, ne mokridus homojn. Li kalkulas la riskon, konsideras la kontraŭon, kiuj povus damaĝi al li la denaskan naturon. Do li rifuzas kaj malakceptas la proponatan ne tial, ke li serĉas honoron. Yao kaj Shun fariĝis reĝoj kaj pacigis la mondon, ne por ke bonvoleco estu en la mondo, sed por ke la vivo ne difektiĝu pro beleco. Shan Quan kaj Xu You malakceptis la tronon, ne por ke ili cedu sen kialo, sed por ke la afero ne damaĝu ilin mem. Ĉiuj prenis al si la profiton, rifuzis la difekton. La mondo laŭdas ilin pro saĝeco, ĉar tio laŭdeblas. Sed ili mem ne intencis fari tion por honoro."

Ĉiama Malkontentulo diris: "Se por teni nepre la renomon oni suferigas la korpon kaj rezignas la dolĉaĵon, nutras sin kaj tiel konservas la vivon, tio estas tute same, kiel kuŝi sen morti en longdaŭra malsano."

Harmoni-sciulo diris: "Mezeco faras feliĉon kaj superfluo faras damaĝon – al tio aplikiĝas nenio pli ĝuste, ol la riĉo-posedaĵo. Nun riĉuloj plezurigas siajn orelojn per belsono de sonoriloj, blov-perkutmuzikiloj, siajn buŝojn per bongustaj viandoj kaj vinoj. Ili preferas sencon al volo kaj forgesas sian aferon. Tio estas ja malordo. Ili dronas en pasio, obsedite per freneza fantomo. Ili supren grimpas kvazaŭ peze ŝarĝite. Tio estas ja sufero. Por konsoli sin ili avidas monon, por elmontri fortecon avidas potencon, diboĉas dum malvigla loĝado, obsediĝas kun sukoplena korpo. Eblas diri, ke tio vere estas ja malsano. Por deziri riĉon ili nur serĉas profiton ekscese plene kvazaŭ amasigi termuron – tio estas neevitebla al ili. Obsedite, ili ne povas forlasi. Tio estas ja hontinda. Amasigante monon, ili ne povas uzi, konservante skrupule, ili ne povas forlasi. Ilia koro pleniĝis de kleŝo kvazaŭ vino plena je spleno. Ili nur alstrebas plimultigi kaj ne povas ĉesi. Tio estas ja ĉagreno. Hejme ili suspektas alvenon de ĉantaĝistoj kaj ŝtelistoj, ekstere timas ricevi damaĝon de rabistoj. Do ili konstruas fuorton ĉirkaŭ sia domo. Eksteren ili ne aŭdacas eliradi sola. Tio estas ja timo. Tiuj ses menciitaj supre estas ja pleja malbono de la mondo, pri kio oni forgesas kaj ne povas pristudi. Tiel do la malsano atingas la kulminon. Tiam, eĉ se ili volus, eluzante denaskan naturon aŭ forkonsumante akumulitan monon, reveni al almenaŭ unutaga senzorga ripozo jam ne eblas al ili. Tial, se observi renomon, oni ne vidos ĝin. Se serĉi profiton, oni ne akiros. Por akiri ilin oni konkurencas, kun volo komplikita, kun korpo konsumita. Tio estas ja iluzio, ĉu ne?"

30. 说剑 Shuo Jian

3001

昔赵文王喜剑，剑士夹门而客三千余人，日夜相击于前，死伤者岁百余人，好之不厌。如是三年，国衰，诸侯谋之。

太子悝患之，募左右曰："孰能说王之意，止剑士者，赐之千金。"左右曰："庄子当能。"

太子乃使人以千金奉庄子。庄子弗受，与使者俱往见太子，曰："太子何以教周，赐周千金？"太子曰："闻夫子明圣，谨奉千金以币从者。夫子弗受，悝尚何敢言！"

庄子曰："闻太子所欲用周者，欲绝王之喜好也。使臣上说大王，而逆王意，下不当太子，则身刑而死，周尚安所事金乎？使臣上说大王，下当太子，赵国何求而不得也！"太子曰："然。吾王所见，唯剑士也。"庄子曰："诺。周善为剑。"

太子曰："然吾王所见剑士，皆蓬头突鬓，垂冠，曼胡之缨，短后之衣，瞋目而语难，王乃说之。今夫子必儒服而见王，事必大逆。"庄子曰："请治剑服。"

治剑服三日，乃见太子。太子乃与见王，王脱白刃待之。庄子入殿门不趋，见王不拜。王曰："子欲何以教寡人，使太子先？"曰："臣闻大王喜剑，故以剑见王。"王曰："子之剑何能禁制？"曰："臣之剑，十步一人，千里不留行。"王大悦之，曰："天下无敌矣。"

庄子曰："夫为剑者，示之以虚，开之以利，后之以发，先之以至。愿得试之。"王曰："夫子休就舍，待命令设戏请夫子。"

王乃校剑士七日，死伤者六十余人，得五六人，使奉剑于殿下，乃召庄子。王曰："今日试使士敦剑。"庄子曰："望之久矣。"王曰："夫子所御杖，长短何如？"曰："臣之所奉皆可。然臣有三剑，唯王所用。请先言而后试。"王曰："愿闻三剑。"曰："有天子剑，有诸侯剑，有庶人剑。"

王曰："天子之剑何如？"曰："天子之剑，以燕谿石城为锋，齐岱为锷，晋魏为脊，周宋为镡，韩魏为夹，包以四夷，裹以四时，绕以渤海，带以常山，制以五行，论以刑德，开以阴阳，持以春夏，行以秋冬。此剑，直之无前，举之无上，案之无下，运之无旁，上决浮云，下绝地纪。此剑一用，匡诸侯，天下服矣。此天子之剑也。"

文王芒然自失，曰："诸侯之剑何如？"曰："诸侯之剑，以知勇士为锋，以清廉士为锷，以贤良士为脊，以忠圣士为镡，以豪杰士为夹。此剑，直之亦无前，举之亦无上，案之亦无下，运之亦无旁，上法圆天，以顺三光，下法方地，以顺四时；中和民意，以安四乡。此剑一用，如雷霆之震也，四封之内，无不宾服而听从君命者矣。此诸侯之剑也。"

王曰："庶人之剑何如?"曰："庶人之剑，蓬头突鬓，垂冠，曼胡之缨，短后之衣，瞋目而语难，相击于前，上斩颈领，下决肝肺。此庶人之剑，无异于斗鸡，一旦命已绝矣，无所用于国事。今大王有天子之位而好庶人之剑，臣窃为大王薄之。"

王乃牵而上殿。宰人上食，王三环之。庄子曰："大王安坐定气，剑事已毕奏矣。"于是文王不出宫三月，剑士皆服毙其处也。

RAKONTO PRI SKERMADO

3001

Antaŭe, reĝo Wen de Zhao[719] ŝatis skermadon. Da gastoj-skermistoj kolektiĝis ĉe la reĝa pordo pli ol tri miloj. Ili tagnokte skermadis antaŭ la reĝo kaj en ĉiu jaro mortis aŭ vundiĝis pli ol cento. La reĝo tiom ŝatis tion, ke ne satrigardis. Do en tri jaroj la regno ŝrumpis tiel, ke aliaj landestroj ekintrigis agresi. Kronprinco Kui ĉagreniĝis je tio. Li alvokis dekstren kaj maldekstren, dirante: "Al tiu, kiu povis sukcese admoni la reĝon ĉesigi la skermadon, estos donita mil orpecojn[720]."

Dekstraj kaj maldekstraj subuloj[721] diris: "Tion povas fari nur s-ro Zhuangzi." La kronprinco sendis sian subulon al Zhuangzi por proponi mil oropecojn. Zhuangzi ne tuj akceptis. Li kune kun la sendito iris renkonti la kronprincon kaj diris: "Via Moŝto, kronprinco, kion vi instrukcias al mi, donacante mil orpecojn?" La kronprinco diris: "Mi aŭdis, ke vi estas klera sanktulo. Do mi tra mia subulo volus sendi al vi mil orpecojn, sed tamen vi malakceptis. Kion mi aŭdacus diri al vi plu?"

Zhuangzi diris: "Mi aŭdis, ke vi volus dungi min, ĉar vi deziras ĉesigi al la reĝo lian ŝatokupon. Se mi ne sukcesus admonante la grandan reĝon supre, mi kontraŭus al la reĝa volo, kaj samtempe mia ago ne konformus al la intenco de kronprinco sube[722], tiuokaze mi mem estus kondamnita al morto. Tiam por mi al kio utilus oro? Sed tamen se mi sukcesus admoni la grandan reĝon supre, konforme al la intenco de kronprinco sube, tiuokaze la regno Zhao devus doni al mi kion ajn mi postulus." La kronprinco diris: "Jes, konsentite. Sed kion nia reĝo atentas, tio estas nur skermistoj." Zhuangzi diris: "Bone, mi akceptas. Mi estas sufiĉe lerta je la skermado."

La kronprinco diris: "Skermistoj vidataj de la reĝo, ĉiuj havas apartan formon kun kapo taŭzita, kun barboj hirtaj, portas ĉapon kun nukŝirmilo, ligitan per longa ekzotika ŝnuro, vestas sin en kurta vestaĵo, rigardegas kun minacaj okuloj kaj parolas krude. Ĉar la reĝo ĝojas je tio. Nun se vi surmetos konfuceanan vestaĵon por renkontiĝi kun la reĝo, nepre efektos tre malbone." Zhuangzi diris: "Do bonvolu pretigi la vestaĵon de skermisto."

Post tri tagoj estis preta la skerma vestaĵo. Li iris vidi la kronprincon. La kronprinco lasis lin vidi la reĝon. La reĝo atendis lin kun la glavo elingigita en mano. Zhuangzi eniris en la pordon ne hastante, kaj, vidante la reĝon, ne riverencis. La reĝo diris: "Kion vi deziras instrui al mi, heroldinte tra la kronprinco?" Zhuangzi diris: "Mi aŭdis, ke Via Moŝto ŝatas la skermadon. Do mi vidas vin por montri skermarton." La reĝo demandis: "Kia estas via skerma kapablo por lukti?" Zhuangzi diris: "En ĉiu deka paŝo unu homon. Eblas trairi mil liojn senhaltigite." La reĝo tre ĝojis, dirante: "Senrivala, senkompara en la mondo!"

Zhuangzi diris: "Lerta skermisto estas jen kia – li al la alia prezentas sin malplena, je malfermo lasas la alian trovi avantaĝon, post la alies movo ekmovas sian glavon kaj sia glavo atingas la alian pli frue ol lia. Mi volus provi tion[723]." La reĝo diris: "Majstro, vi ripozu en via tranoktejo, atendante ordonon. Oni pretigos la ludejon kaj petos vin."

Sep tagojn la reĝo provis ekzameni skermistojn. Dume mortis aŭ vundiĝis pli ol 60. Estas elektitaj 5-6 por montri skermadon ĉe la palaco. Ankaŭ Zhuangzi estas alvokita kaj estas dirite al li: "Hodiaŭ okazos la matĉo, vi montru al skermistoj vian skermarton." Zhuangzi diris: "De longe mi deziris tion."

La reĝo diris: "Kian glavon vi uzos, Majstro? Longan aŭ mallongan?" Zhuangzi diris: "Kian ajn eblas al mi. Sed mi havas tri specojn de glavoj. Nur diru, kiun el ili Via Moŝto elektos. Antaŭ ĉio mi petas, lasu min diri kaj poste vi provu." La reĝo diris: "Mi volus aŭdi pri tiuj tri specoj de glavoj." Zhuangzi diris: "Estas glavo de la Ĉiela Filo. Estas glavo de regnestro. Estas glavo de popolano." La reĝo demandis: "Kio estas la glavo de la Ĉiela Filo?" Zhuangzi diris: "La glavo de la Ĉiela Filo estas jena. Pinto de la glavo estas valo de regno Yan kaj la Ŝtona Muro, klingo estas regno Qi kaj monto Tai, dorso estas regnoj Jin kaj Wei, glavkonko estas dinastia regno Zhou kaj regno Song, glavingo estas regnoj Han kaj Wei. Ĝi estas envolvita de kvar barbaraj triboj, subtenata de kvar sezonoj, ĉirkaŭita de maro Bohai, zonita de monto Chang[724]. Ĝi estas manipulata per kvin elementoj[725], kondukata per punjuro kaj virto, malfermata per jino kaj jango, subtenata per printempo kaj somero, praktikata per aŭtuno kaj vintro. Se la glavo estas tenata ĝuste antaŭen, estiĝas nenio fronte; se tenata supren, estiĝas nenio supre; se tenata suben, estiĝas nenio sube. Svingate flanken, estiĝas nenio ĉirkaŭe; se supren, estas ŝirita la nubo ŝvebanta; se suben, estas tranĉita la nodo de la Tero. Se foje uzi ĉi tiun glavon, eblas ĝustigi aliajn regnestrojn kaj obeigi la mondon. Jen tia estas la glavo de la Ĉiela Filo."

La reĝo Wen, mirkonsternite kaj stuporite, diris: "Kia do estas la glavo de regnestro?"

Zhuangzi diris: "La glavo de regnestro estas jen kia. Pinto estas persono intelekta kaj kuraĝa, klingo estas persono honesta, dorso estas persono saĝa kaj bona, konko estas persono lojala kaj fidela, glavingo estas persono brava. Kun la glavo tenata ĝuste antaŭen, estiĝas nenio fronte; tenate supren, estiĝas nenio supre; tenate suben, estiĝas nenio sube; svingate flanken, estiĝas nenio ĉirkaŭe. Supre la glavo sekvas la rondecon de la Ĉielo kaj per tio ĝi obeas tri lumojn de suno, luno kaj steloj; sube ĝi sekvas kvadraton de la Tero[726] kaj per tio ĝi obeas kvar sezonojn; meze ĝi harmonias kun popola volo kaj per tio pacigas kvar direktojn. Se uzi ĉi tiun glavon, kvazaŭ tremigite de fulmo-tondro, interne en la mondo kun kvar direktoj estiĝos neniu, kiu ne obeas aŭ ne aŭskultas la ordonon de reĝo. Jen tia estas la glavo de regnestro."

La reĝo demandis: "Kia estas la glavo de popolano?"

Zhuangzi respondis: "La glavo de popolano estas jena - kun kapo taŭzita, kun barboj hirtaj, ĝi portas ĉapon kun nukŝirmilo, ligita per longa ekzotika ŝnuro, vestas sin en kurta vestaĵo, rigardegas kun minacaj okuloj kaj parolas krude. Ĝi batas unu la alian antaŭ si, kaj supre tranĉas alies kapon aŭ kolon, sube disfendas alies hepaton aŭ pulmon. Tia estas la glavo de popolano. Tio neniom diferencas de kokbatalo. Subite unu matenon ekstermiĝas la vivo. Por la ŝtata afero ne uzeblas. Nun, Via Moŝto, postenigite sur la Ĉiela Filo, ŝatas la glavon de popolano. Mi en mia koro rigardas Vian Moŝton malnobla."

La reĝo, trenante baskon, supreniris al sia halo. La reĝo, donate de servistoj al si manĝi, tri fojon ĉirkaŭvagadis la manĝotablon. Zhuangzi diris: "Via Moŝto, trankviliĝu kaj sidiĝu por ke vi estu stabila je humoro. Rilate al la glavo, mi jam ĉion rakontis." Post tio la reĝo Wen ne eliris de la palaco tri monatojn. Dume ĉiuj skermistoj mortiĝis tie[727].

31. 渔父 Yu Fu

3101

孔子游乎缁帷之林，休坐乎杏坛之上。弟子读书，孔子弦歌鼓琴，奏曲未半，有渔父者，下船而来，须眉交白，被发揄袂，行原以上，距陆而止，左手据膝，右手持颐以听。曲终，而招子贡、子路，二人俱对。

客指孔子曰："彼何为者也？"子路对曰："鲁之君子也。"客问其族。子路对曰："族孔氏。"客曰："孔氏者何治也？"子路未应，子贡对曰："孔氏者，性服忠信，身行仁义，饰礼乐，选人伦。上以忠于世主，下以化于齐民，将以利天下。此孔氏之所治也。"又问曰："有土之君与？"子贡曰："非也。""侯王之佐与？"子贡曰："非也。"客乃笑而还行，言曰："仁则仁矣，恐不免其身，苦心劳形以危其真。呜呼！远哉其分于道也！"

子贡还，报孔子。孔子推琴而起曰："其圣人与！"乃下求之，至于泽畔，方将杖拏而引其船，顾见孔子，还乡而立。孔子反走，再拜而进。

客曰："子将何求？"孔子曰："曩者先生有绪言而去，丘不肖，未知所谓，窃待于下风，幸闻咳唾之音，以卒相丘也！"

客曰："嘻！甚矣子之好学也！"孔子再拜而起曰："丘少而修学，以至于今，六十九岁矣，无所得闻至教，敢不虚心！"

客曰："同类相从，同声相应，固天之理也。吾请释吾之所有而经子之所以。子之所以者，人事也。天子、诸侯、大夫、庶人，此四者自正，治之美也，四者离位而乱莫大焉。官治其职，人忧其事，乃无所陵。故田荒室露，衣食不足，征赋不属，妻妾不和，长少无序，庶人之忧也；能不胜任，官事不治，行不清白，群下荒怠，功美不有，爵禄不持，大夫之忧也；廷无忠臣，国家昏乱，工技不巧，贡职不美，春秋后伦，不顺天子，诸侯之忧也；阴阳不和，寒暑不时，以伤庶物，诸侯暴乱，擅相攘伐，以残民人，礼乐不节，财用穷匮，人伦不饬，百姓淫乱，天子有司之忧也。今子既上无君侯有司之势，而下无大臣职事之官，而擅饬礼乐，选人伦，以化齐民，不泰多事乎！且人有八疵，事有四患，不可不察也。非其事而事之，谓之揔；莫之顾而进之，谓之佞；希意道言，谓之谄；不择是非而言，谓之谀；好言人之恶，谓之谗；析交离亲，谓之贼；称誉诈伪以败恶人，谓之慝；不择善否，两容颊适，偷拔其所欲，谓之险。此八疵者，外以乱人，内以伤身，君子不友，明君不臣。所谓四患者：好经大事，变更易常，以挂功名，谓之叨；专知擅事，侵人自用，谓之贪；

见过不更，闻谏愈甚，谓之很；人同于己则可，不同于己，虽善不善，谓之矜。此四患也。能去八疵，无行四患，而始可教已。"

孔子愀然而叹，再拜而起曰："丘再逐于鲁，削迹于卫，伐树于宋，围于陈蔡。丘不知所失，而离此四谤者何也？"

客凄然变容曰："甚矣，子之难悟也！人有畏影恶迹而去之走者，举足愈数而迹愈多，走愈疾而影不离身，自以为尚迟，疾走不休，绝力而死。不知处阴以休影，处静以息迹，愚亦甚矣！子审仁义之间，察同异之际，观动静之变，适受与之度，理好恶之情，和喜怒之节，而几于不免矣。谨修而身，慎守其真，还以物与人，则无所累矣。今不修（之）身而求之人，不亦外乎！"

孔子愀然曰："请问何谓真？"

客曰："真者，精诚之至也。不精不诚，不能动人。故强哭者，虽悲不哀；强怒者，虽严不威；强亲者，虽笑不和。真悲无声而哀，真怒未发而威，真亲未笑而和。真在内者，神动于外，是所以贵真也。其用于人理也，事亲则慈孝，事君则忠贞，饮酒则欢乐，处丧则悲哀。忠贞以功为主，饮酒以乐为主，处丧以哀为主，事亲以适为主。功成之美，无一其迹矣。事亲以适，不论所以矣；饮酒以乐，不选其具矣；处丧以哀，无问其礼矣。礼者，世俗之所为也；真者，所以受于天也，自然不可易也。故圣人法天贵真，不拘于俗。愚者反此，不能法天而恤于人，不知贵真，禄禄而受变于俗，故不足。惜哉，子之蚤湛于人伪而晚闻大道也！"

孔子又再拜而起曰："今者丘得遇也，若天幸然。先生不羞而比之服役，而身教之。敢问舍所在，请因受业而卒学大道。"

客曰："吾闻之，可与往者与之，至于妙道；不可与往者，不知其道，慎勿与之，身乃无咎。子勉之！吾去子矣，吾去子矣！"乃刺船而去，延缘苇间。

颜渊还车，子路授绥，孔子不顾，待水波定，不闻拏音而后敢乘。

子路旁车而问曰："由得为役久矣，未尝见夫子遇人如此其威也。万乘之主，千乘之君，见夫子未尝不分庭伉礼，夫子犹有倨敖之容。今渔父杖拏逆立，而夫子曲要磬折，言拜而应，得无太甚乎？门人皆怪夫子矣，渔人何以得此乎？"

孔子伏轼而叹曰："甚矣，由之难化也！湛于礼仪有间矣，而朴鄙之心至今未去。进，吾语汝！夫遇长不敬，失礼也；见贤不尊，不仁也。彼非至人，不能下人，下人不精，不得其真，故长伤身。惜哉！不仁之于人也，祸莫大焉，而由独擅之。且道者，万物之所由也，庶物失之者死，得之者生；为事逆之则败，顺之则成。故道之所在，圣人尊之。今渔父之于道，可谓有矣，吾敢不敬乎！"

FIŜISTO

Kongzi vojaĝis tra arbaro, nomata nigra kurteno. La grupo ripozis sur la altaĵo kun arboj de abrikoto. Disĉiploj legis librojn. Kongzi ludis liuton, kantante. Kiam li ankoraŭ ne estas ludinta duonon de unu peco, iu fiŝisto alvenis, elboatiĝinte. Li estis kun grizaj barboj kaj brovoj, kaj kun haroj frapantaj manikojn. Suprenirante digon laŭ herbaro, li haltis surtere, kaj aŭskultis, kun maldekstra mano metita sur genuo kaj dekstra mano subtenanta mentonon. La melodio finiĝis, la gasto alvokis al du homoj, Zigong kaj Zilu, kaj montrante per fingro Konfuceon, demandis: "Kiu estas li?" Zilu respondis: "Li estas noblulo de regno Lu."

La gasto demandis: "Al kiu familio apartenas li?" Zilu respondis: "Al familio Kong." La gasto demandis: "Kion faras s-ro Kong laŭ profesio?" Zilu ne respondis. Zigong respondis al la gasto: "S-ro Kong estas persono lojala kaj fidela. Li mem praktikas bonvolecon kaj juston. Li rafinas decregulojn kaj muzikon. Li kompilis la elektitan esencon de homa moralo. Supre li estas lojala al suvereno, sube li alstrebas transformi la popolon kaj ordigi ĝin per edukado. Tiele li profitigas la mondon. Jen kion faras s-ro Kong laŭ profesio." La gasto demandis: "Ĉu li posedas sian teritorion kiel landestro?" Zigong diris: "Ne." Demandis: "Ĉu li asistas al landestroj kaj reĝoj?" Zigong diris: "Ne." La gasto ridas kaj turnas sin retroiri, dirante: "Se temas pri bonvoleco, li estas ja homo de bonvoleco. Eble, li ne povus eviti suferadon je la koro kaj penigan laboron je la korpo. Estas endanĝerigita lia denaska vereco. Ho ve! Kiel malproksime li apartiĝis de la Vojo-Tao!"

Zigong, reveninte, raportis al Kongzi pri tio. Kongzi, forlasinte la liuton, ekstaris, dirante: "Li estas ja sanktulo, ĉu ne?" Kongzi iris al la bordo de marĉo. La fiŝisto ĝuste ekmovis la boaton puŝante per bastono. Li, rimarkinte Kongzi, stariĝis turnante sin al li. Kongzi, retroirinte kelkajn paŝojn, riverencis kaj denove antaŭeniris.La gasto diris: "Kion vi serĉas ĝuste nun?" Kongzi diris: "Ĵus vi, sinjoro, dirinte kelke da indikaj vortoj, foriras. Mi nomiĝas Qiu sentaŭga, ne scias ion diritan de vi. Atendante humile subvente, mi havigus al mi feliĉon aŭdi vian voĉon eldirotan per via gorĝo kaj lango. Iel ajn helpu min."

La gasto diris: "Ha ha, vi ege ŝatas lerni!" Kongzi riverencadis kaj stariĝis dirante: "Mi iomete lernis instruadon, kaj tiel fariĝis nun 69-jaraĝa, dum ne povas aŭdi la plejan instruon. Mi ne povas malplenigi mian koron."

La gasto diris: "Kiuj samas je klasifiko, tiuj sekvas unu la alian, kaj voĉoj samaj sonoras kune konforme unu al la alia. Mi petas, flanken ni lasu portempe la mian kaj diskutu unue pri la via. Vi okupas vin pri la temo de homa afero. Se ĝustaj estos la Ĉiela Filo, landestroj, grandoficistoj kaj popolanoj, la regado estos bela. Kiam tiuj kvar klasoj disiĝos unu de la alia, estiĝos la grandega malordo. Dum oficistoj mastrumas siajn taskojn kaj homoj zorgas pri sia servado al aferoj, estiĝos neniu altrudado. Kiam kampo iĝas sterila, en ĉambro estas humide, mankas vestaĵo kaj manĝaĵo, prokrastiĝas impostopago, malakordiĝas inter edzino kaj kromedzino, mankas vicordo inter pliaĝulo kaj malpliaĝulo – tio estas ja malĝojo por popolanoj. Ke personoj ne kompetentas al la tasko, ne bone estas mastrumata la administra afero, konduto ne estas pura kaj honesta, amaso da subuloj dezerte maldiligentas sen bela merito, ne estas tenata la sistemo de salajroj kaj rangoj – tio estas ja malĝojo por grandoficistoj.   Ke en kortego ne troviĝas lojalaj vasaloj, la ŝtato estas en tuta malordo, metiistoj-inĝenieroj estas ne lertaj, tributoj al la Ĉiela Filo ne estas belaj, rango en la kortego estas malaltigita ĉe printempo-aŭtuna vizito, ne favorate de la Ĉiela Filo – tio estas ja malĝojo por landestroj.   Ke jino kaj jango ne harmonias, malvarma kaj varma klimato ne estas regulaj je la tempo kaj per tio difektiĝas aĵoj, tumultas landestroj atakante unuj la aliajn laŭplaĉe kaj per tio damaĝas popolanojn, decreguloj kaj muziko estas senprudentaj, urĝas la financa malfacilo, homa etiko estas senorda, popolanoj diboĉas – tio estas malĝojo por la Ĉiela Filo kaj kancelieroj.   Nun vi ne okupas postenon en la alta nivelo por servi al landestroj kaj kancelieroj, nek en la malalta nivelo por servi al ministroj kaj oficistoj. Malgraŭ tio vi ornamas decregulojn kaj muzikon, klasifikas homan etikon, por tiel transformi popolon kaj ordigi ĝin – tio estas al vi tro multe da aferoj por plenumi. Aldone, homo havas ok makulojn kaj al aferoj adheras kvar malsanoj. Pri ili oni ankaŭ ne devas ne konsideri. Nefakulo okupas sin pri la afero – tio estas nomata 'kaĉo'. Proponi tion, kio ne estos zorgata poste – tio estas nomata 'miellango'. Diri opinion por komplezi alies deziron – tio estas nomata 'komplimento'. Paroli pri la temo sen jesado-neado – tio estas nomata 'flatado'. Ŝati klaĉadi pri aliuloj – tio estas nomata 'kalumnio'. Disfendi interrilaton kaj disigi parencojn – tio estas nomata 'interveno'. Filaŭdegi aliulon kaj per tio enfaligi lin en malvenkon aŭ malbonon – tio estas nomata 'insido'. Ŝajnigante akcepti kaj bonon, kaj malbonon, gvatante ŝancon ŝteli ĉion deziratan de si – tio estas nomata 'ruzo'. Havanto de tiuj ok makuloj ekstere konfuzas homojn kaj interne vundas sin mem. Nobluloj ne faras lin sia amiko. Klera reĝo ne faras lin sia vasalo. Se temas pri kvar malsanoj, jen tiuj. Ŝati entrepreni grandan aferon, ĉiam ŝanĝante planon, tiel ŝajnigi sin meritulo – tio estas nomata 'fanfarono'. Pretendi sin fakulo pri scio kaj pri afero, tiel lasi sin libere interveni por sia utilo en alies aferon – tio estas nomata 'avido'. Ne korekti sian eraron trovitan kaj aŭdante alies admonon des pli rigidigi sin – tio estas nomata 'obstineco'. Se aliulo estas sama je opinio al li – aprobi, se aliulo havas malsaman opinion – ne aprobi, eĉ se alies opinio estas bona – tio estas nomata 'aroganteco'. Jen estas kvar malsanoj. Nur kiam eblus forigi ok makulojn kaj preventi je konduto kvar malsanojn, tiam vi povus komenci vian aferon de instruado[728]."

Kongzi ĉagreniĝinte suspiris. Li riverencadis kaj stariĝinte diris: "Mi estadis ekzilita du fojojn el regno Lu. En regno Wei oni forviŝis eĉ miajn piedsignojn. En regno Song oni hakis la arbon sur min.

Inter regnoj Chen kaj Cai oni sieĝis min. Mi ne scias en kio mi kulpas. Kial sekvadis min la kvarfoja persekutado?"

La gasto triste ŝanĝis mienon, dirante: "Domaĝe, ke al vi estas malfacile kompreni! Jen estis iu, kiu timante sian ombron, malamis siajn piedsignojn, kaj forkuris de tie. Ju pli kuris kun piedoj levataj, des pli multe da piedsignoj. Spite ke li kuris laŭeble rapide, la ombro neniom foriris de li. Li mem pensis, ke li kuras tro malrapide, kaj tial sen ripozo kuregis. Finfine li mortis, forkonsumiĝinte. Al li ne estis sciate, ke en mallumo ĉesas la ombro kaj en kvieteco endas ripozigi piedojn. Kiel stulta li estis. Vi esploras la rilaton inter bonvoleco kaj justo, studas la limon de sameco kaj malsameco, observas la ŝanĝiĝon inter movo kaj senmovo, provas ĝustigi la regulon por ricevi kaj doni, volas raciigi la emocion de ŝato kaj malŝato, deziras harmoniigi la ritmon de ĝojo kaj kolero, sed tamen vi mem apenaŭ povus eskapi el damaĝo. Estu prudenta por kulturi vin mem, tenu skrupule la veron, redonu aĵojn al homoj – kaj neniu zorgo lacigos vin. Nun, dum vi mem ankoraŭ ne plenkulturis vin, vi jam postulas tro multe de aliaj homoj. Ĉu tio ne estas mistrafa?"

Kongzi, grimacante, diris: "Permesu al mi demandi vin, kion signifas la 'vero'?"

La gasto diris: "La vero kuŝas en pleja sincereco kaj honesteco. Se ne sincera, se ne honesta, oni ne povas movi homojn. Tial do, kiu devigas sin plorkrii, tiu ne tristas vere, kvankam malĝoja; kiu ŝajnigas sin koleranta, tiu ne efikas, eĉ se severa; kiu ŝajnigas sin esti intima, tiu ne amikiĝas, eĉ se ridetante. Vera malĝojo senvoĉe tristas, vera kolero sen eksplodo minacas, vera intimo sen rido akordigas. Kiu havas veron interne, tiu movas spiriton ekstere. Ĉar la vero estas altvalora. Se estas la vero en la homa rilato, ĉe la servado al gepatroj estiĝas kompato kaj fila pietato, aŭ ĉe la servado al reĝo – lojaleco kaj ĉasteco. Ĉe drinkado kaj kunmanĝado – gajeco kaj ĝojo, ĉe funebro – malĝojo kaj tristeco. En lojaleco kaj ĉasteco estas la plej grava la merito, en drinkado kaj kunmanĝado estas la plej grava la gajeco kaj ĝojo, en funebro estas la plej grava la malĝojo, en la servado al gepatroj estas la plej grava la ĝustatempeco. Beleco je efektivigo de merito kuŝas ne en la ununura maniero. Kaj ĉe komforta servado al gepatroj povas esti ajna maniero. Ĉe plezuriga drinkado kaj kunmanĝado ne necesas elekti ilojn. Ĉe esprimo de malĝojo en funebro ne temas pri la decreguloj. Decreguloj apartenas al la vulgaraj mondanoj. Oni ricevas la veron pere de la Ĉielo. Ĝi per si mem ne estas ŝanĝebla. Tial la sanktulo laŭ la Ĉielo faras la veron altvalora, kia ajn estus vulgara mondo. Stultuloj faras malon, ne povas laŭ la Ĉielo konduti kaj, zorgante je populareco inter homoj, ne scias altvalorecon de la vero. Ili inerte ŝanĝiĝas, influate de vulgara mondo. Tiel do ili estas malkontentaj. Estas domaĝe, ke vi frue mergiĝis en falso kaj ekaŭdis la Grandan Vojon-Taon malfrue."

Kongzi riverencadis kaj stariĝis, dirante: "Nun, ke mi renkontiĝis kun vi, tio ŝajnas al mi feliĉo donacita de la Ĉielo. Sinjoro, vi sen hezito akceptis min kiel lernanton kaj vi mem instruis min. Ĉu mi aŭdacas demandi vin, kie vi loĝas? Mi petas, mi volus ricevi instruon kaj ellerni ĉe vi la grandan Vojon-Taon."

La gasto diris: "Mi aŭdis jenon. Kiu havas kuniranton, tiu povas kune atingi la mirindan Vojon-Taon. Kiu ne havas kuniranton, tiu ne komprenas la Vojon-Taon. Atentu tion, kaj vi povos eviti la eraron. Estu diligenta je tio. Mi adiaŭas vin, mi adiaŭas vin!" Li ekveturis per la boato, deŝovita de stango, kaj foriris laŭ akvolinio inter kanoj. Interalie Yan Yuan revenis per ĉaro.

Zilu donis al Kongzi apogŝnuron por rajdi. Sed Kongzi ne atentis tion. Li atendis ondojn de lago ebeniĝintaj, kaj post kiam iĝis ne aŭdata la sono de remilo, li finfine aŭdacis surĉariĝi.Zilu sidante apud li sur ĉaro demandis dirante: "Mi, You, longe servis al vi, tamen ankoraŭ ne vidis vin tiom respekteme renkontinta homon. Eĉ reĝoj de dek mil militĉaroj kaj landestroj de mil militĉaroj, renkontinte vin, salutas unu la alian sur la egala nivelo, aŭ vi aspektas eĉ pli fiera ol ili. Nun al la fiŝisto: havante bastonon li staris antaŭ vi kaj vi, kontraŭe, kun kokso mallevita kaj spino kurbigita riverencadis kaj aŭdadis. Ĉu tio ne estas tro? Ĉiuj disĉiploj dubis vian sintenon. Kial iu fiŝisto povus esti respektinda por vi?"

Kongzi, apogante sin al stango, spirĝemis kaj diris: "Ho ve! Kiel malfacile estas al vi, You, ŝanĝiĝi! Kvankam dum longe vi okupiĝis pri decreguloj kaj justo, tamen vi ne povas forigi ĝis nun vian servilecan koron. Proksimiĝu, por ke mi parolu al vi: 'Estas maldece ne respekti pliaĝulon renkontiĝintan. Estas ne bonvoleco, se vidante saĝulon, oni ne respektas lin. Eĉ se li ne estas persono de pleja bonvoleco, vi ne devas malestimi lin. Estas ne sincere rigardi homon senvalora, ĉar tiel ne eblas atingi la veron. Pro tio dum longe oni difektas sin mem. Domaĝe. Manko de bonvoleco estas al homo la plej granda eraro. Bedaŭrinde, ke vi, You, kondutas tiel. Se temas pri la Vojo-Tao, ĉio kaj ĉiuj estaĵoj devenas de la Vojo-Tao. Estaĵoj, kiuj perdas ĝin, mortas; kiu posedas ĝin, vivas. Farante aferon, se kontraŭ ĝi, oni malsukcesas; se konforme al ĝi, oni sukcesas. Tial do, kiu ajn apartenas al la Vojo-Tao, tiun respektas la sanktulo. Nun, koncernante la fiŝiston, eblas diri, ke li posedas la Vojon-Taon. Ĉu mi aŭdacus ne respekti lin?"

32. 列御寇 Lie Yukou

3201

列御寇之齐，中道而反，遇伯昏瞀人。伯昏瞀人曰："奚方而反?"曰："吾惊焉。"曰："恶乎惊?"曰："吾尝食于十浆，而五浆先馈。"伯昏瞀人曰："若是，则汝何为惊已?"

曰："夫内诚不解，形谍成光，以外镇人心，使人轻乎贵老，而齐其所患。夫浆人特为食羹之货，（无）多余之赢，其为利也薄，其为权也轻，而犹若是，而况于万乘之主乎! 身劳于国而知尽于事，彼将任我以事而效我以功，吾是以惊。"伯昏瞀人曰："善哉观乎! 女处已，人将保女矣!"。

无几何而往，则户外之屦满矣。伯昏瞀人北面而立，敦杖蹙之乎颐，立有间，不言而出。宾者以告列子，列子提屦，跣而走，暨乎门，曰："先生既来，曾不发药乎?"曰："已矣! 吾固告汝曰人将保汝，果保汝矣。非汝能使人保汝，而汝不能使人无保汝也，而焉用之感豫出异也! 必且有感，摇而本才，又无谓也。与汝游者，又莫汝告也。彼所小言，尽人毒也。莫觉莫悟，何相孰也! 巧者劳而知者忧，无能者无所求，饱食而敖游，汎若不系之舟，虚而敖游者也。"

3202

郑人缓也，呻吟裘氏之地。祇三年而缓为儒，河润九里，泽及三族，使其弟墨。儒、墨相与辩，其父助翟。十年而缓自杀。其父梦之，曰："使而子为墨者，予也。阖胡尝视其良? 既为秋柏之实矣!"

夫造物者之报人也，不报其人而报其人之天。彼故使彼。夫人以己为有以异于人，以贱其亲，齐人之井饮者相捽也。故曰今之世皆缓也。自是，有德者以不知也，而况有道者乎! 古者谓之遁天之刑。圣人安其所安，不安其所不安；众人安其所不安，不安其所安。

3203

庄子曰："知道易，勿言难。知而不言，所以之天也；知而言之，所以之人也。古之人，天而不人。"

朱泙漫学屠龙于支离益，单千金之家，三年技成而无所用其巧。

圣人以必不必，故无兵；众人以不必必之，故多兵。顺于兵，故行有求。兵，恃之则亡。

小夫之知，不离苞苴竿牍，敝精神乎蹇浅，而欲兼济道物，太一形虚。若是者，迷惑于宇宙，形累不知太初。彼至人者，归精神乎无始，而甘冥乎无何有之乡。水流乎无形，发泄乎太清。悲哉乎，汝为知在毫毛而不知大宁!

3204

宋人有曹商者，为宋王使秦。其往也，得车数乘。王说之，益车百乘。反于宋，见庄子曰："夫处穷闾阨巷，困窘织屦，槁项黄馘者，商之所短也；一悟万乘之主，而从车百乘者，商之所长也。"

庄子曰："秦王有病召医，破痈溃痤者得车一乘，舐痔者得车五乘，所治愈下，得车愈多。子岂治其痔邪，何得车之多也？子行矣！"

3205

鲁哀公问于颜阖曰："吾以仲尼为贞干，国其有瘳乎？"

曰："殆哉圾乎！仲尼方且饰羽而画，从事华辞，以支为旨，忍性以视民而不知不信，受乎心，宰乎神，夫何足以上民！彼宜女与？予颐与？误而可矣。今使民离实学伪，非所以视民也。为后世虑，不若休之。难治也。施于人而不忘，非天布也，商贾不齿。虽以事齿之，神者弗齿。为外刑者，金与木也；为内刑者，动与过也。宵人之离外刑者，金木讯之；离内刑者，阴阳食之。夫免乎外内之刑者，唯真人能之。

3206

孔子曰："凡人心险于山川，难于知天。天犹有春秋冬夏旦暮之期，人者厚貌深情。故有貌愿而益，有长若不肖，有顺懁而达，有坚而缦，有缓而釬。故其就义若渴者，其去义若热。故君子远使之而观其忠，近使之而观其敬，烦使之而观其能，卒然问焉而观其知，急与之期而观其信，委之以财而观其仁，告之以危而观其节，醉之以酒而观其侧，杂之以处而观其色。九征至，不肖人得矣。

3207

正考父一命而伛，再命而偻，三命而俯，循墙而走，孰敢不轨！如而夫者，一命而吕钜，再命而于车上儛，三命而名诸父，孰协唐许！

3208

贼莫大乎德有心而心有睫，及其有睫也而内视，内视而败矣。凶德有五，中德为首。何谓中德？中德也者，有以自好也而吡其所不为者也。

穷有八极，达有三必，形有六府。美、髯、长、大、壮、丽、勇、敢，八者俱过人也，因以是穷。缘循、偃佒、困畏不若人，三者俱通达。知，慧外通，勇，动多怨，仁、义多责。（六者所以相刑也。）达生之情者傀，达于知者肖；达大命者随，达小命者遭。

3209

人有见宋王者，锡车十乘，以其十乘骄稚庄子。庄子曰："河上有家贫恃纬萧而食者，其子没于渊，得千金之珠。其父谓其子曰'取石来锻之！夫千金之珠，必在九重之渊而骊龙颔下，子能得珠者，必遭其睡也。使骊龙而寤，子尚奚微之有哉！'今宋国之深，非直九重之渊也；宋王之猛，非直骊龙也。子能得车者，必遭其睡也。使宋王而寤，子为齑粉夫！"

3210

或聘于庄子，庄子应其使曰："子见夫牺牛乎？衣以文绣，食以刍叔，及其牵而入于太庙，虽欲为孤犊，其可得乎！"

3211

庄子将死，弟子欲厚葬之。庄子曰："吾以天地为棺椁，以日月为连璧，星辰为珠玑，万物为齑送。吾葬具岂不备邪！何以加此！"弟子曰："吾恐乌鸢之食夫子也。"庄子曰："在上为乌鸢食，在下为蝼蚁食，夺彼与此，何其偏也！"

以不平平，其平也不平；以不征征，其征也不征。明者唯为之使，神者征之。夫明之不胜神也久矣，而愚者恃其所见，入于人，其功外也，不亦悲乎！

LIE YUKOU

3201

Lie Yukou[729] estis iranta al regno Qi. Mezvoje li retroiris malantaŭen kaj hazarde renkontis s-ron Bohun Wuren[730]. Bohun Wuren demandis: "Kio do igis vin nun reveni?" Lie Yukou diris: "Mi konsterniĝis." Demandis: "Je kio vi konsterniĝis?" Diris: "Mi manĝis en dek bufedejoj laŭ vojo. En kvin el ili oni donis al mi manĝi ekstervice pli frue ol al la aliaj." Bohun Wuren diris: "Se tiel, kial vi konsterniĝis?"

Diris: "Se internaj dispozicioj superfluas ekscese, tio en la formo elmontriĝas kaj eligas radion. Ili eliras eksteren kaj subpremas koron de aliaj homoj. Tio igus la personon malzorgi je la respektado de maljunuloj kaj putras lin. Bufedistoj gajnas monon nur per kuirado de manĝaĵoj kaj vendas, ricevante malmulte da profito de ĉiu. Malgraŭ ke ili ne tiom estas potencaj, tamen ili traktis min tiel komplezeme. Se temas pri la reĝo kun dek mil militĉaroj, kiel? Li je korpo laĉiĝas pro ŝtato kaj je scio elĉerpiĝas pro aferoj, li nepre komisios al mi la ŝtatan aferon, atendante de mi certan meriton. Mi konsterniĝis je tio." Bohun Wuren diris: "Estas tre bone, ke vi, observante tion, kondutis tiel. Homoj ĝuste volas reteni vin ĉe si por eluzi vin."

Dum ne pasis kelke da tempo, baldaŭ ĉe la pordo de Lie Yukou iĝis plenplene de ŝuoj. Bohun Wuren haltis, turnante sin norden kaj apogante sian mentonon sur bastonon. Starante dume, li silente sen ajna eldiro foriris. Lakeo raportis pri li al Liezi. Liezi kun ŝuoj en mane haste kuris nudpiede post lin. Ĉe la pordo Liezi kuratingis lin. "Majstro, vi alvenis, kial ne vi donas al mi kuracadon?" Li diris: "Ĉesu! Mi jam diris al vi, ke homoj ĝuste volas reteni vin ĉe si. Kaj fakte ili tenas vin. Tiu estas ne vi, kiu igis ilin reteni vin, sed vi mem ne povas lasi ilin ne teni vin. Por kio tio utilus? Vi donas al ili ion aparte mirindan kaj afekcias ilin. Se estas la afekcio, tio nepre ŝancelas bazan denaskan naturon. Mi havas nenion diri al vi. Kiuj ludas kune kun vi, tiuj parolas al vi nenion. La vortetoj, dirataj de vi, ĉiuj estas venenoj por homoj. Ili neniam vekiĝas, neniam komprenas. Kiel do ili povus interhelpi unu la alian? Laciĝas lertulo, ĉagreniĝas intelektulo. Sed nekapabluloj nenion serĉas. Ili satmanĝadas kaj ludadas laŭplaĉe. Samkiel malligita boato, ili nur laŭplaĉe ludadas vante."

3202

Estis iu Zheng-ano, nomata Huan, kiu legis librojn en la loko nomata Qiushi[731].　　Tri jarojn poste Huan fariĝis konfuceano. Kiel la Flava Rivero fekundigis la terenon, foran je 9 lioj, ankaŭ liaj parencoj de tri familianoj[732] riĉiĝis dank' al lia kariero. Li lasis sian plijunan fraton fariĝi mohisto. La fratoj, kiel konfuceano kaj mohisto, disputadis unu kontraŭ la alia. Ilia patro subtenis la mohiston Di[733]. Post dek jaroj Huan sinmortigis. La patro sonĝis, ke Huan diras jene: "Estas mi, kiu faris vian plijunan filon mohisto. Kial vi ne vizitis mian tombon por vidi eĉ kverkon, jam kreskantan kun glanoj en aŭtuno[734]?"

Kiam la Kreinto de estaĵoj rekompencas iun homon, ne rekte lin rekompencas, sed rekompencas la denaskan naturon dotitan de la Ĉielo, kiu lasis lin fariĝi tia.[735] Tiu Huan konsideris sin posedanta rajton diferencàn ol aliuloj, kaj li malestimas sian patron. Tio estas sama, kiel Qi-anoj kverelantaj unu kun la alia ĉirkaŭ tio, kiu rajtas trinki el la puto. Do estas dirite, ke en la nuna mondo ĉiuj estas samkiel Huan, konsiderante sin mem havanta rajton. Kiu posedas virton, tiu mem ne scias tion, des pli tiu, kiu posedas la Vojon-Taon. Antikvuloj nomis tiun homon, kiel Huan-on, ricevinta 'punon pro ignoro de la Ĉielo' [736].

Sanktulo ripozas tie, kie eblas ripozi, kaj ne ripozas tie, kie ne eblas ripozi. Popolamasoj ripozas tie, kie ne eblas ripozi, kaj ne ripozas tie, kie eblas ripozi[737].

3203

Zhuangzi diris: "Estas facile scii la Vojon-Taon, sed malfacile diri per vortoj pro tio, ke ne estas vortoj pri ĝi[738] . Scias, sed ne parolas – tia estas la Ĉielo. Scias kaj parolas – tia estas la homo. Antikvuloj aliris al la Ĉielo, ne al homoj."

Zhuping Man lernis la buĉadon de drakoj ĉe Zhili Yi. Por tio li elspezis mil orpecojn, tutan posedaĵon de sia domo[739]. Pasis tri jaroj, kaj li mastris la lertecon. Sed troviĝis nenie, kie li povus elmontri la lertecon.

Sanktulo ne faras neprecon neevitebla, tial do ne havas armilon. Popolamaso faras neneprecon neevitebla, tial do havas multajn armilojn. Ili obeas al armiloj, tiel do marŝas kaj postulas. Kiu apogas sin al armiloj, tiu pereas.Intereso de malgrandulo ne malligiĝas de donado-redonado kaj interŝanĝo de leteroj, tiel do ili laciĝas je la spirito por malprofundaj bagatelaĵoj. Sed tamen ili deziras gvidi ĉion al Vojo-Tao kaj unuigi Estaĵojn en la malpleneco. Tiaj personoj ŝanceliĝas en la spactempo de kosmo. Ili, kun korpo implikigita, ne scias grandan komencon de komencoj. La Pleja Homo lasas sian spiriton reveni al Senkomenco kaj dormi dolĉe en la vilaĝo de Nenio, kie akvo fluas senforme kaj ekŝprucas kun granda pureco[740]. Ho ve!

Bedaŭrinde, vi faras ion ajn, sciante nur harfendan bagatelaĵon. Vi ne scias Grandan Trankvilecon."

3204

Iu Song-ano, nomata Cao Shang, estas sendita de la reĝo de Song al regno Qin.[741] Kiam li

ekveturis, al li estis asignata kelke da ĉaroj. La reĝo de Qin tre ĝojis vidi lin kaj donacis al li cent ĉarojn.

Kiam li revenis al Song, li vidis Zhuangzi kaj diris: "Al mi ne estas konvene iri malvastan pordon aŭ

sufokan straton kaj teksadi sandalojn en povra vivo kun malgrasa kolo kaj flavpalaj oreloj[742]. Por mi estas

pli bone konsili al reĝo kun dek mil militĉaroj kaj sekvigi al mi cent militĉarojn."

Zhuangzi diris: "La reĝo de Qin alvokas kuraciston, kiam li malsaniĝas. Kiu lancetas furunkon aŭ

drenis absceson, tiu ricevas unu ĉaron. Kiu likas hemoroidon, tiu ricevas kvin ĉarojn. Ju pli malalta iĝas

la kuracata parto, des pli multe da ĉaroj. Kian kuracadon por hemoroido vi faris, ricevinte tiom multe da

ĉaroj? Vi iru for!"

3205

Duko Ai de regno Lu demandis Yan He, dirante: "Se mi proponus postenigi Zhong Ni estrarano, ĉu

la regno resaniĝos[743] ?"

Yan He respondis: "Estos preskaŭ danĝere fari tiel. Zhong Ni ĝuste ŝatas ornamadi per plumoj kaj

pentraĵoj, okupiĝas pri belaj vortoj, prenante branĉon por ĉefa trunko. Li altrudas paciencon al denaska

naturo kaj tiel observas la popolon, kiun li ne scias nek kredas. Akceptante per sia koro subjektive, li

mastrumas laŭ sia spirito[744]. Kiel li povus administri de supre la popolon? Se al vi plaĉas li, tiam nutru

lin, donante nur salajreton. Tiuokaze la eraro estos allasebla. Sed disigi la popolon de realo kaj lernigi al

ili falson – tio jam ne estas la prizorgado de la popolo. Tio estos maltrankvilo por postaj generacioj. Estas

preferinde ĉesi tion. Al li estas malfacile administri. Favori la aliajn kaj ne forgesi tion, ke vi favoris ilin

– tio ne estas la Ĉiela maniero. Eĉ komercistoj ne kalkulas siajn akumulitajn virtojn, spite ke la negocado

estas ja kalkulado[745]. Dieca Homo ne kalkulas siajn virtojn.Ekstera punado estas farata per torturiloj el

metalo kaj ligno, interna punado estas farata per laboro kaj ekzilo. Kiam malgrandulo ricevas la eksteran

punadon, metalo kaj ligno akuzas lin. Kiu ricevas la internan punadon, tiun mordas jino kaj jango. Tiu, kiu

povas eviti ajnan punadon eksteran aŭ internan, estas nur Vera Homo[746].

3206

Kongzi diris: "Ĝenerale homa koro estas pli kruta ol montoj kaj riveroj, pli malfacile scii ĝin ol scii

la Ĉielon. Se temas pri la Ĉielo, estas periodeco kiel printempo, aŭtuno, vintro, somero, mateno kaj vespero.

Sed koncerne de homoj, mieno estas dika kaj sento estas profunda. Al homo okazas, ke lia vizaĝo aspektas

humila, sed li fakte estas aroganta. Ŝajnas kapabla, sed fakte estas sentaŭga. Ŝajnas tordita je karaktero, sed

fakte estas fakulo. Ŝajnas firma, sed fakte estas loza. Aspektas milda, sed fakte estas malkompatema. Tiel

do troviĝas iu, estinte iam fervora je la serĉado de justo, subite forlasas la juston kvazaŭ inflamon. Tial la

reĝo, forigante iun ajn personon malproksimen, observas lian lojalecon; venigante lin proksimen, observas gradon de lia respektemo; donante al li komplikan taskon, observas lian kapablon; abrupte demandante lin, observas lian saĝon; urĝe promesante kun li, observas lian fidindecon; komisiante al li monon, observas lian bonvolecon; sciigante lin pri urĝa danĝero, observas lian fidelecon; donante al li drinki vinon, observas lian decon de sinregado; lasante lin miksiĝi kun virinoj, observas lian voluptemon. Per tiuj naŭ provoj estas rekoneble pri la personeco de malgranduloj. "

3207

Zheng Kaofu[747], enoficigite unuafoje, iradis kapkline; oficigite duafoje en alta rango, iradis dorskline; oficigite triafoje en plialta rango, iradis lumbokline laŭ vojflanka muro. Kiel do li aŭdacus mispaŝi je la konduto? Se temas pri ordinarulo, unuafoje enoficigite, li sintenas aroganta, rigardante sin alta kaj granda; duafoje oficigite, li dancas sur kaleŝo; triafoje, li eknomas pliaĝajn parencojn per personaj nomoj. Kial li povus egali al Xu You ĉe Yao[748] ?

3208

Estas nenia malbono pli granda ol subjektiva virto en koro. La koro havas okulharojn por ŝirmado. Se iu havas okulharojn, tiu vidas subjektive internen. Kiu vidas nur internen, eraras.Estas kvin sinistraj virtoj. El ili la ĉefa estas egocentra virto[749]. Kion oni nomas 'egocentra virto' ? La egocentra virto estas 'taksi sin bona' kaj 'kritiki tiun, kiu ne faras same' .

Estas ok ekstremoj, mizerigantaj homon. Estas tri necesaj kondiĉoj, alportantaj sukceson. Estas ses faktoroj, kondukantaj al punado. Ok ekstremoj estas jenaj – beleco, barboj de vangoj, alta staturo, granda korpa konstitucio, plena energio, belstilo, kuraĝo, decidemo. Se iu je ok punktoj tro superas aliulojn, tiu pro tio suferos. Tri necesaj kondiĉoj estas jenaj – la obeado al situacio, la sinkaŝado-malleviĝo, la humila timemo. Tio signifas malaltigi sin pli ol aliulojn. Kiu havigas al si ĉiujn tri sintenojn, tiu sukcesos je promocio. Kiu havas intelekton kaj saĝon, tiu transpasos eksteren; kiu havas kuraĝon kaj aktivecon, tiu alvokos venĝemon; kiu havas bonvolecon kaj juston, tiu estos multe akuzata. (Jen ses faktoroj.) Kiu akiras senton de la vivo, estas granda; kiu akiras scion, estas malpli granda. Kiu komprenas la grandan ordonon de la Ĉielo, tiu sekvas ĝin; kiu komprenas la malgrandan ordonon, tiu estas kondukata de hazardeco.

3209

Iu homo ricevis aŭdiencon de la reĝo de Song, kiu degnis donaci al li dek kaleŝojn. Li montris parade kaj fiere tiujn dek kaleŝojn al Zhuangzi. Zhuangzi diris: "Ĉe la Flava Rivero loĝis iu malriĉa familio, kiu vivtenis per teksado de kanoj kaj artemizioj. Iam lia filo mergis sin en profundon de rivero kaj prenis perlon je mil orpecoj. Lia patro diris al la filo: 'Frakasu la perlon per ŝtono! Ĝi devis troviĝi nepre en abismo, profunda naŭoble, sub la mentono de la Nigra Drako. Vi povis akiri ĝin, dum la Nigra Drako estis dormanta. Se ĝi vekiĝus, kiom da pecetoj el via korpo restus?' Nun la abismo de regno Song estas multe pli profunda ol la rivera abismo profunda naŭoble. La reĝo de Song estas multe pli feroca ol la Nigra

Drako. Vi povis ricevi kaleŝojn nepre pro tio, ke la reĝo hazarde estis dormanta. Se oni vekus la reĝon de Song, vi estus frakasita en pulvorojn."

3210

Iu provis inviti Zhuangzi kiel altrangulon. Zhuangzi respondis al la sendito, dirante: "Ĉu vi iam vidis bovon, oferotan al altaro? Oni vestas ĝin per ornamita vesto kun brodaĵo kaj donas al ĝi manĝi furaĝon kaj fabon. Sed kiam ĝi estas entirita foje en maŭzoleo, eĉ se ĝi dezirus fariĝi ankoraŭfoje solsola bovido, jam neniel eblas."

3211

Zhuangzi estis mortanta. Disĉiploj volus lukse funebri lin. Zhuangzi diris: "Mi faros la Ĉielon kaj la Teron ekstero kaj interno de mia ĉerko, faros la sunon kaj la lunon vico da muroj, faros stelojn perloj kaj gemoj, faros ĉion adiaŭa oferaĵo. Ĉu ne estas sufiĉe preta mia funebraĵo? Kion ankoraŭ aldoni?" Disĉiploj diris: "Ni timas, ke korvoj kaj milvoj formanĝos vin." Zhuangzi diris: "Se supren, mi fariĝu manĝaĵo por korvoj kaj milvoj, se suben, mi fariĝu manĝaĵo por talpogriloj kaj formikoj. Tio estas nur forpreni de unu kaj doni al la alia. Kiel partiema tiu favoro estas!

Se uzi maljuston por atingi juston, ĉi tiu justo ne estas justa. Se uzi la malklaran pruvon por atingi klarecon, ĉi tiu klareco ne estas klara. Klera homo faras ion ajn laŭ devonteco. Dieca Homo klarigas tion. Iu klera neniam superas la diecan. Sed stultuloj kredas nun kion ili vidas, kaj aplikas tion nur al la aferoj inter homoj. Tio estas maltrafa preter la esenca merito. Ĉu tio ne estas bedaŭrinda[750] ?"

33. 天下 Tian Xia

3301

天下之治方术者多矣，皆以其有为不可加矣。古之所谓道术者，果恶乎在？曰："无乎不在。"曰："神何由降？明何由出？""圣有所生，王有所成，皆原于一。"

不离于宗，谓之天人；不离于精，谓之神人；不离于真，谓之至人。以天为宗，以德为本，以道为门，兆于变化，谓之圣人；以仁为恩，以义为理，以礼为行，以乐为和，薰然慈仁，谓之君子。以法为分，以名为表，以参为验，以稽为决，其数一二三四是也，百官以此相齿，以事为常，以衣食为主，蕃息畜藏，老弱孤寡为意，皆有以养，民之理也。

古之人其备乎！配神明，醇天地，育万物，和天下，泽及百姓，明于本数，系于末度，六通四辟，小大精粗，其运无乎不在。其明而在数度者，旧法，世传之史尚多有之；其在于《诗》《书》《礼》《乐》者，邹鲁之士、搢绅先生多能明之。《诗》以道志，《书》以道事，《礼》以道行，《乐》以道和，《易》以道阴阳，《春秋》以道名分。其数散于天下而设于中国者，百家之学时或称而道之。

天下大乱，贤圣不明，道德不一，天下多得一察焉以自好。譬如耳目鼻口，皆有所明，不能相通。犹百家众技也，皆有所长，时有所用。虽然，不该不徧，一曲之士也。判天地之美，析万物之理，察古人之全，寡能备于天地之美，称神明之容。是故内圣外王之道，暗而不明，郁而不发，天下之人各为其所欲焉以自为方。悲夫，百家往而不反，必不合矣！后世之学者，不幸不见天地之纯，古人之大体。道术将为天下裂。

3302

不侈于后世，不靡于万物，不晖于数度，以绳墨自矫，而备世之急。古之道术有在于是者，墨翟、禽滑厘闻其风而说之。为之大过，已之大循。作为非乐，命之曰节用，生不歌，死无服。墨子汎爱兼利而非斗，其道不怒。又好学而博，不异，不与先王同，毁古之礼乐。黄帝有《咸池》，尧有《大章》，舜有《大韶》，禹有《大夏》，汤有《大濩》，文王有《辟雍》之乐，武王、周公作《武》。古之丧礼，贵贱有仪，上下有等，天子棺椁七重，诸侯五重，大夫三重，士再重。今墨子独生不歌，死不服，桐棺三寸而无椁，以为法式。以此教人，恐不爱人；以此自行，固不爱己。未败墨子道，虽然，歌而非歌，哭而非哭，乐而非乐，是果类乎？其生也勤，其死也薄，其道大觳，使人忧，使人悲，其行难为也，恐其不可以为圣人之道，反天下之心，天下不堪。墨子虽独能任，奈天下何！离于天下，其去王也远矣！墨子称道曰："昔禹之湮洪水，决江河而通四夷九州也，名

254

山三百，支川三千，小者无数。禹亲自操橐耜而九杂天下之川，腓无胈，胫无毛，沐甚雨，栉疾风，置万国。禹大圣也，而形劳天下也如此。"使后世之墨者，多以裘褐为衣，以跂蹻为服，日夜不休，以自苦为极，曰："不能如此，非禹之道也，不足谓墨。"

相里勤之弟子，五侯之徒，南方之墨者苦获、已齿、邓陵子之属，俱诵《墨经》，而倍谲不同，相谓别墨；以坚白、同异之辩相訾，以觭偶不仵之辞相应，以巨子为圣人，皆愿为之尸，冀得为其后世，至今不决。

墨翟、禽滑厘之意则是，其行则非也。将使后世之墨者，必自苦以腓无胈，胫无毛相进而已矣。乱之上也，治之下也。虽然，墨子真天下之好也，将求之不得也，虽枯槁不舍也，才士也夫！

3303

不累于俗，不饰于物，不苟于人，不忮于众，愿天下之安宁，以活民命，人我之养，毕足而止，以此白心。古之道术有在于是者，宋钘、尹文闻其风而悦之。作为华山之冠以自表，接万物以别宥为始。语心之容，命之曰心之行，以聏合驩，以调海内，请欲置之以为主。见侮不辱，救民之斗；禁攻寝兵，救世之战。以此周行天下，上说下教，虽天下不取，强聒而不舍者也。故曰上下见厌而强见也。

虽然，其为人太多，其自为太少，曰："请欲固置五升之饭足矣。"先生恐不得饱，弟子虽饥，不忘天下。日夜不休，曰："我必得活哉！"图傲乎救世之士哉！曰："君子不为苛察，不以身假物。"以为无益于天下者，明之不如已也。以禁攻寝兵为外，以情欲寡浅为内，其小大精粗，其行适至是而止。

3304

公而不当，易而无私，决然无主，趣物而不两，不顾于虑，不谋于知，于物无择，与之俱往。古之道术有在于是者，彭蒙、田骈、慎到闻其风而悦之。齐万物以为首，曰："天能覆之而不能载之，地能载之而不能覆之，大道能包之而不能辩之。"知万物皆有所可，有所不可，故曰："选则不徧，教则不至，道则无遗者矣。"

是故慎到弃知去己，而缘不得已，泠汰于物，以为道理，曰："知不知，将薄知而后邻伤之者也。"謑髁无任，而笑天下之尚贤也；纵脱无行，而非天下之大圣。椎拍輐断，与物宛转；舍是与非，苟可以免。不师知虑，不知前后，魏然而已矣。推而后行，曳而后往，若飘风之还，若羽之旋，若磨石之隧，全而无非，动静无过，未尝有罪。是何故？夫无知之物，无建己之患，无用知之累，动静不离于理，是以终身无誉。故曰："至于若无知之物而已，无用贤圣，夫块不失道。"豪杰相与笑之曰："慎到之道，非生人之行，而至死人之理，适得怪焉。"

田骈亦然，学于彭蒙，得不教焉。彭蒙之师曰："古之道人，至于莫之是、莫之非而已矣。其风窢然，恶可而言？"常反人，不见观，而不免于魭断。其所谓道非道，而所言之韪不免于非。彭蒙、田骈、慎到不知道。虽然，概乎皆尝有闻者也。

3305

以本为精，以物为粗，以有积为不足，澹然独与神明居。古之道术有在于是者，关尹、老聃闻其风而悦之。建之以常无有，主之以太一；以濡弱谦下为表，以空虚不毁万物为实。

关尹曰："在己无居，形物自著；其动若水，其静若镜，其应若响；芴乎若亡，寂乎若清；同焉者和，得焉者失；未尝先人，而常随人。"

老聃曰："知其雄，守其雌，为天下溪；知其白，守其辱，为天下谷。"人皆取先，己独取后，曰："受天下之垢。"；人皆取实，己独取虚，无藏也故有余，岿然而有余；其行身也，徐而不费，无为也而笑巧；人皆求福，己独曲全，曰："苟免于咎"；以深为根，以约为纪，曰："坚则毁矣，锐则挫矣。"常宽容于物，不削于人，可谓至极。关尹、老聃乎，古之博大真人哉！

3306

芴漠无形，变化无常，死与生与，天地并与，神明往与！芒乎何之，忽乎何适，万物毕罗，莫足以归。古之道术有在于是者，庄周闻其风而悦之。以谬悠之说，荒唐之言，无端崖之辞，时恣纵而不傥，不以觭见之也。以天下为沉浊，不可与庄语，以卮言为曼衍，以重言为真，以寓言为广。独与天地精神往来，而不敖倪于万物，不谴是非，以与世俗处。其书虽瑰玮而连犿无伤也，其辞虽参差而諔诡可观。彼其充实，不可以已，上与造物者游，而下与外死生、无终始者为友。其于本也，宏大而辟，深闳而肆；其于宗也，可谓稠适而上遂矣。虽然，其应于化而解于物也，其理不竭，其来不蜕，芒乎昧乎，未之尽者。

3307

惠施多方，其书五车，其道舛驳，其言也不中。历物之意曰："至大无外，谓之大一；至小无内，谓之小一。无厚，不可积也，其大千里。天与地卑，山与泽平。日方中方睨，物方生方死。大同而与小同异，此之谓小同异；万物毕同毕异，此之谓大同异。南方无穷而有穷，今日适越而昔来。连环可解也。我知天下之中央，燕之北，越之南是也。泛爱万物，天地一体也。"

惠施以此为大，观于天下而晓辩者，天下之辩者相与乐之。卵有毛；鸡三足；郢有天下；犬可以为羊；马有卵；丁子有尾；火不热；山出口；轮不蹍地；目不见；指不至，至不绝；龟长于蛇；矩不方，规不可以为圆；凿不围枘；飞鸟之景，未尝动也；镞矢之疾，而有不行不止之时；狗非犬；黄马骊牛三；白狗黑；孤驹未尝有母；一尺之捶，日取其半，万世不竭。辩者以此与惠施相应，终身无穷。

桓团、公孙龙辩者之徒，饰人之心，易人之意，能胜人之口，不能服人之心，辩者之囿也。惠施日以其知与（人）之辩，特与天下之辩者为怪，此其柢也。

然惠施之口谈，自以为最贤，曰："天地其壮乎！"施存雄而无术。南方有倚人焉曰黄缭，问天地所以不坠不陷，风雨雷霆之故。惠施不辞而应，不虑而对，徧为万物说。说而不休，多而无已，犹以为寡，益之以怪。以反人为实，而欲以胜人为名，是以与众不适也。弱于德，强于物，其涂隩矣。由天地之道观惠施之能，其犹一蚊一虻之劳者也，其于物也何庸！夫充一尚可，曰愈贵道，几矣！惠施不能以此自宁，散于万物而不厌，卒以善辩为名。惜乎！惠施之才，骀荡而不得，逐万物而不反，是穷响以声，形与影竞走也，悲夫！

LA MONDO

3301

En la mondo troviĝas multe da sciencistoj, el kiuj ĉiu konsideras la sian superba kaj nealdonebla plu. Kie do ekzistas tiel nomata antikva 'Arto de Tao'? Estas dirite: "Estas nenie, kie ĝi ne ekzistas." Oni demandas: "De kie spiritoj descendas? De kie lumiĝo devenas?"

Estis kie sanktuloj naskiĝis. Estis kie reĝoj surtroniĝis. Ĉiuj devenas de unu sama fonto. Kiu ne disiĝas de Fonto-Prapatro, tiu estas nomata 'la Ĉiela Homo'. Kiu ne disiĝas de Spiritoj, tiu estas nomata 'la Dieca Homo'. Kiu ne disiĝas de Vero, tiu estas nomata 'la Pleja Homo'. Rigardi la Ĉielon sia Prapatro, rigardi la virton sia fonto, rigardi la Taon sia pordo, antaŭvidi ŝanĝon kaj transformacion – tio estas nomata la agmaniero de Sanktulo. Rigardi bonvolecon sia devo, juston sia racio, decregulojn bazo de sia konduto, muzikon sia harmonio, kaj plenigi sin per bonodoro de mizerikordo – tio estas nomata la agmaniero de Noblulo. Fari leĝojn normoj de distingo, nomojn tabulo de rangoj, komparadon metodo de eksperimento, konsideron bazo de decido – per tio estas ordigite en la vico kvazaŭ je nombroj 1, 2, 3 kaj 4. Tiel eblas asigni cent oficistojn al la rangoj por reciproke servadi. Fari servadon ĉiamo, liveri vestaĵon kaj manĝaĵon kiel ĉefon, multigi dombestojn kaj amasigi posedaĵon-trezoron, zorgadi pri malfortaj maljunuloj, orfoj kaj vidvinoj por nutri ĉiujn – tio estas ja rezonado por la popolo.Antikvuloj disponis je ĉio al si, do ili havigis al si diecon kaj klerecon, estis puraj kaj majestaj samkiel la Ĉielo kaj la Tero, kreskigis ĉiujn estaĵojn, akordigis la mondon, rekompencis popolanojn, klarigis bazan politikon, kunligis delikatajn regulojn laŭ ĉiuj direktoj kaj anguloj[751] kaj ĉiuj ajn grandaj aŭ malgrandaj principoj kaj detaloj. Estis nenio, kion ili ne traktis. La klereco realigita en reguloj kaj malnovaj leĝoj, transdoniĝis al postaj generacioj per historiaj libroj, kaj ankoraŭ troviĝas multe en ili. Kio estas transdonita en la Klasikaĵoj : La Poezioj, La Dokumentoj, La Decreguloj kaj La Muziko, tion povis multe klarigi kaj publikigi personoj de regnoj Zou kaj Lu kaj sinjoroj kun porteblaj skribtabletoj en la zono[752]. La Poezioj instruas pri aspiro, La Dokumentoj instruas pri aferoj, La Decreguloj instruas pri kondutoj, La Muziko instruas pri harmonio; La Ŝanĝiĝoj instruas pri jino kaj jango, La Printempoj kaj Aŭtunoj instruas pri nomoj kaj distingo de rangoj. Tiuj diversaj verkoj disvastiĝis multenombre en la tuta mondo kaj establiĝis en la Meza Regno, laŭdataj ofte kun la nomo de 'instruoj de cent skoloj' [753].Poste la mondo ege malordiĝis. Malaperis sanktuloj kaj saĝuloj. Koncepto de Vojo-Tao kaj virto perdis unuecon. Multaj en la mondo komprenas nur unu flankon prava por sia vidpunkto. Por ekzemplo, oreloj, okuloj, nazo, buŝo – ĉiu pretendas la siajn pravaj, kaj tiel inter ili ne eblas komunikiĝi. Talentuloj de cent skoloj, ĉiu el ili posedas sian bonan talenton, uzeblan laŭokaze kaj laŭtempe. Sed ili, ne havante senpartiemon, estas nur unuflankaj fakuloj. Ili malkombinas la belon de la Ĉielo kaj la Tero, malkomponas la rezonon de ĉiuj estaĵoj, se kompari kun la kompleteco de antikvuloj, ili tre malmulte povas posedi la belon de la Ĉielo kaj la Tero aŭ la amplekson de spiriteco kaj klereco. Tiel do la Vojo-Tao, sankta je la interno kaj reĝa je la ekstero, kaŝiĝis en mallumo, ne klaras pli, vualite, ne elmontriĝas. Homoj en la mondo, ĉiu el ili faras kion volas, nur konsiderante sin prava. Domaĝe! Cent skoloj, nur impetante, ne revenas, kaj nepre ne kuniĝas. Sciencistoj de postaj generacioj, malfeliĉaj, ne povas vidi purecon de la Ĉielo kaj la Tero aŭ grandan ampleksecon de antikvuloj. Por la mondo distordiĝis la Arto de Tao.

3302

En antikva ideologio estis instruo jen kia – ne lasi al postaj generacioj elspezi tro ekscese, ne lasi superkonsumadi ĉiujn aĵojn, ne lasi trouzi leĝ-regulojn, sed pretigi sin al la monda urĝo per sinperfektigo, apogante sin je preciza scienco-tekniko, kiel mezuriloj de 'ĉarpentista lineo'. Mo Di kun Qin Guli aŭdis tiun moralon kaj ĝojis je tio. Sed ili faris tion tro ekscesa, ĉesis malŝparon, obeante al la ideo tro ekscese, ke ili ignoris muzikon[754]. Ili ordonis tion, dirante, ke necesas la ŝparado-ekonomio. Vivi, ne kantante; morti sen ricevi funebran servadon. Mozi predikis universalan amon, reciprokan profitigon, kaj neatakadon. Lia Vojo ne baziĝas sur kolero. Li amis lernadon de scienco amplekse kaj sendevie. Sed li ne samas kun antikvaj reĝoj je neglekto de antikvaj muzikoj kaj ritoj. Ĉe la Flava Imperiestro estis tipo de muziko, nomata xianchi; ĉe Yao estis dazhang; ĉe Shun – dashao, ĉe Yu – daxia, ĉe Tang – dahuo, ĉe reĝo Wen – muziko de biyong, ĉe reĝo Wu kaj duko Zhou prezentiĝis muziko nomata Wu[755]. En antikvaj funebroj estis distingo de ritoj inter nobeloj kaj nenobeloj, ditingo de rangoj inter supro kaj subo. Se por la Ĉiela Filo – kun sep tavoloj de internaj kaj eksteraj ĉerkoj, por regnestroj – kun kvin tavoloj, por grandoficistoj – tri tavoloj, por oficistoj – du tavoloj. Nun sola Mozi predikas, ke oni ne kantu vivante, kaj ke oni ne servadu al mortintoj, kaj ke la ĉerko sufiĉas nur interna sen ekstera, farita per paŭlovnio dika je 3 cunoj. Laŭ li, tio estis normo. Sed, se oni predikus tion al homoj, tiam, eble, oni ne povus ami homojn. Se iu farus tiel nur por si mem, li ne amus sin mem. Kvankam ankoraŭ ne estas venkita la Vojo de Mozi, sed tamen, ĉu tio estas homeca, ke ne kantas, kiam oni volus kanti, ne ploras, kiam oni volus plori, ne ĝojas, kiam oni volus ĝoji[756]? Kvankam diligenta dum sia vivo, li tamen je la morto estas traktata flegme.

Se tiel, tiu maniero estas tro modesta, ke igas homon ĉagrenita kaj malĝoja. Do estas malfacile konduti laŭ tio. Eble, oni ne povas konsideri ĝin kiel la Vojon de sanktuloj. Se kontraŭa al koro de la mondo, la mondo ne povas elteni. Malgraŭ ke Mozi sola povus plenumi la taskon, kiel povus sekvi lin la mondo? Se disiĝas disde la mondo, estas malproksime de la reĝa Vojo.Mozi rakontas pri sia Vojo jene: "Antaŭe, Yu konstruis digojn por preventi inundon, ĝustigis direktojn je fluo de Flava Rivero kaj la Longa Rivero kaj trafluigis ilin tra landoj de kvar barbaroj kaj naŭ provincoj kun tricent famaj montoj, tri mil brancaj riveroj kaj nenombreblaj riveretoj. Tiam Yu mem, havante en mano korbegon kaj ŝovelilon, kombinis riverojn de la mondo. Sur liaj suroj kaj tibioj disfrotiĝis haroj. Batate per forta vento kaj surŝprucigate per torenta pluvo, li establis ĉiujn landojn de la mondo. Yu estas la Granda Sanktulo. Li tiom pene laboris per sia tuta korpo por la mondo. Sekvante lin, mohistoj de postaj generacioj vestiĝas en sovaĝa felo kaj kruda vestaĵo, metas al si lignoŝuojn aŭ pajlsandalojn, sen ripozi tagnokte, dediĉas sin mem al ekstreme peniga laboro, dirante –

'Tiu, kiu ne povas esti tia, devojiĝas de la Vojo de Yu, kaj ne povas nomi sin mohisto."

Disĉiploj de Xiangli Qin, lernantoj de Wuhou, sudaj mohistoj kiel Ku Huo, Ji Chi, Deng Lingzi k. a., ĉiuj kune recitas la Kanonojn de Mozi, sed tamen ili, malsamaj, disputas unu kontraŭ la alia, nomas la aliajn mohistojn frakciuloj. Ili kontraŭas kaj kritikas unu la alian rilate al temo de 'sameco-malsameco' inter 'dureco kaj blankeco' aŭ oponas unu al la alia, kiel neparaj kaj paraj nombroj. Ĉiu sekto starigas sian grandulon sankta, kaj ĉiuj deziras, ke sia grandulo fariĝu ĉefa heredonto por posteuloj-mohistoj, kaj tio ĝis nun ankoraŭ restas nedecidita[757].

Ideo de Mozi kaj Qin Guli estis bona, sed ilia agado ne estis bona. Ĝuste, ili donis al postaj mohistoj labori pene kun nepra memsuferado de asketismo. Ili kune nur impetas kun suroj kaj tibioj senharigitaj. Ili superas je la okazigo de malordoj, sed malsuperas je la regado. Spite tion, Mozi estas la vera amanto de la mondo. Dum la serĉata celo ne estas atingita, Mozi sindone laboradis, senkonsidere pri sia korpo malgrasigita. Li estis kapabla persono.

3303

Estas ankaŭ jen tiaj personoj. Ne ĝenate de vulgara mondo, nek flikante aĵojn, nek riproĉante la aliajn, nek spitante homamason, ili nur deziras al la mondo pacon, deziras vigligi la popolon en la vivo, deziras, ke nur sufiĉu nutraĵo por si kaj la aliuloj. Per tio ili faris sian koron blanka. La antikva arto de Tao apartenas al ili. Ili estas Song Xing kaj Yin Wen, kiuj, aŭdante la moralon de Tao, ĝojas je tio. Ili portas ĉapon forme de la monto Hua kaj per tiu signo prezentas sin[758]. Ili komencis sian metodon per tolerema aliro al ĉiuj aĵoj je distingo kaj klasifiko. Ili argumentas pri la enhavo de koro kaj provas formuli la movadon de koro. Ili provas komponi la komunan ĝojon per paco kaj harmoniigi la tutan mondon. Ili deziras estimi la senavidecon kiel ĉefan sintenon[759]. Tiel do, ili ne hontis, eĉ hontigite, kaj dediĉis sin al la lukto por la savado de popolo. Ili predikis malpermeson de agreso kaj neuzadon de armiloj. Ili luktis por savi la mondon. Por tio ili ĉirkaŭiradis la mondon, predikis al supro kaj instruis al subo. Malgraŭ ke la mondo ne alprenis ilin, tamen ili forte kaj laŭte paroladis kaj ne ĉesis paroli. Spite ke nek supro nek subo volus vidi ilin, sed ili aŭdacis vizitadi la supron kaj la subon.Kvankam ili faris tro multe por la aliaj, tamen por si mem ili faris tro malmulte, dirante: "Bonvolu doni al ni 5 sheng da rizo, tio sufiĉas por ni[760]." Eble, ili mem ne povas satiĝi. Disĉiploj, kvankam malsataj, ne forgesante pri la mondo, ne ripozis tagnokte kaj diris: "Ni nepre devas esti viglaj." Kia granda strebo! Ili estas personoj, savantoj de la mondo. Ili diris: "Noblulo ne devas esti tro detalema pri alies difektoj kaj dediĉi sin al efemeraj aĵoj." Ili konsideris, ke ne necesas okupiĝi pri io ajn malutila por la mondo. Ekstere ili postulis la malpermeson de agreso kaj la neuzadon de armiloj, interne – la malgrandigon de avideco. Jen kia estas resumo de ilia ideo kaj konduto, ampleksanta pensadon detalan kaj grandan, subtilan kaj ĝeneralan.

3304

Publikeca kaj nepartiema, ebeneca kaj malegoisma, detranĉita kaj sendependa, scivolema sed neambaŭamema, tiu personeco ne zorgas pri bagatelaĵoj, nek intrigas je scioj, nek elektas aĵojn, sed ampleksante kuniras kun ili. Jen kia estas la antikva Arto de Tao. Peng Meng, Tian Pian kaj Shen Dao aŭdis tiun moralon kaj ĝojis pri tio[761]. Antaŭ ĉio estas ĉefa la tuteco de ĉiuj estaĵoj. Estas dirite: "La Ĉielo povas kovri, sed ne povas subteni, kaj la Tero povas subteni, sed ne povas kovri. La Granda Tao povas ampleksi, sed ne povas distingi. Sciu, ke ĉiu el estaĵoj havas ion povan, kaj ion nepovan."

Tial estas dirite: "Se selektas, la ĝeneraleco perdiĝas. Eĉ se instruate, ne atingeblas. Sed la Tao forlasas nenion."

Tial do Shen Dao rezignis scion kaj forĵetis egoon, kaj sekvis la neprecon per si mem, objektive observis la naturan fluon de estaĵoj. Li faris tion la teorio de Vojo-Tao, dirante: "Sciu, ke vi ne scias[762], " por ke poste pro manko de scio apenaŭ ne vundu sin mem. Ne zorgante kiel ajn malbela aŭ ne, li libere mokridis promocion de saĝuloj en la mondo. Kiel ajn arbitra kaj libervola aŭ ne, li sendece akuzis grandajn sanktulojn en la mondo. Kiun ajn renkontante, pušante kaj hakante, kun ĉiu li kune turnadas sin, tute egale, ĉu tio pravas aŭ ne pravas. Se eblus eviti iun ajn ĝenon, li ne farus scion kaj penson sia gvidanto. Ne konsiderante pri antaŭo kaj malantaŭo, li nur staras alta kaj fiera. Li, puŝite iras, tirite reiras, kvazaŭ kirliĝas vento, kvazaŭ turniĝas falanta plumo, kvazaŭ rotacias muelŝtono. En ĉio estas neriproĉeble, je movo kaj je kvieto estas senerare. Neniam ĝis nun li restas kulpigebla. Kial? Ĉar senintelektaj estaĵoj ne prezentas al si aflikton, ne lacigas sin per senutila scio, kaj tiel en ilia racio ne disiĝas la movo kaj la kvieto. Kaj dum la tuta vivo li restas fremda al honoro. Tial do estas dirite: "Finfine nur estu tia, samkiel senintelektaj estaĵoj. Ne utilas saĝeco kaj sankteco. Terbulo ne perdas la Vojon-Taon." Sed eminentuloj kune mokridas ilin, dirante: "La Vojo de Shen Dao ne estas la vojo, laŭ kiu vivantoj povas iradi, sed ĝi kondukas al la rezonado de mortintoj. Ili certe trafas fantomon."

Ankaŭ Tian Pian estis tia. Li lernis ĉe Peng Meng, konsideranta, ke oni ne povas instrui aliulojn. Mastro de Peng Meng diris, ke antikvaj serĉantoj de Vojo-Tao atingis nur vidpunkton rigardi nenion prava kaj nenion malprava, ĉar la ekzistanta stato estas nur de subita momento. Kiel do pri tio direblas? Li ĉiam kontraŭis al homoj, ne altiris atenton, ne povis eviti inklinon dehaki aliopiniojn. La Vojo-Tao nomata de li ne estis la Vojo-Tao. Jesado dirita de li ne povis eviti neadon. Peng Meng, Tian Pian kaj Shen Dao ne atingis la komprenon de Vojo-Tao. Sed tamen ili ĉiuj estis aŭdintaj iam pri tio ĝenerale.

3305

Konsiderante la fonton esenca, la aĵojn senesencaj, la amasiĝon mankohava, sidi sola kviete kun spirita heleco – en antikva 'Arto de Vojo-Tao' troviĝas tia ideo. Limgardanto Yin kaj Lao Dan, aŭdinte tiun moralon, ekĝojis pri tio. Ili starigis la koncepton de 'Konstanta Nenio kaj Esto', kaj la principon de 'Granda Unueco'. Kiel ekstero esprimiĝas malforteco kaj humileco, kiel esenco – malpleneco, kiu ne detruas ĉiujn aĵojn[763].

Limgardisto Yin diris: "Se oni sidas, farante sin nenio, tiam estaĵoj, havantaj formon, prezentiĝas per si mem. Ili moviĝas samkiel akvo, silentas samkiel spegulo, resonas samkiel eĥo, obskuriĝas kvazaŭ perdo, kvietas samkiel io pura. Kiu akordiĝas, tiu harmonias. Kiu prenas, tiu perdas. Ili neniam anticipas antaŭ ol aliuloj, ili ĉiam sekvas aliulojn poste.Lao Dan diris: "Scii virecon, teni virinecon, kaj fariĝi la monda ravino. Scii purecon, teni malhonoron, kaj fariĝi la monda valo. Aliuloj ĉiuj prenu antaŭ ol vi, kaj vi prenu post ili." Li diris: "Akceptu la mondan malpuraĵon. Aliuloj ĉiuj prenu frukton, vi prenu ja malplenon. Ne akumulu, ĉar restas superfluo. Estas ja granda superfluo. Je konduto tenu sin lanta aŭ komplezema, kaj ne konsumiĝu tro. Nenion farante, vi ridas alies lertecon. Aliuloj ĉiuj serĉas feliĉon, sed vi sola restu perfekta en flekseco." Li diris: "Estus bone, nur se eviteblus peko. Prenu profundecon kiel radikon, ŝparemon kiel regulon." Li diris: "Io malmola detruiĝas, io akra rompiĝas. Ĉiam estu tolerema al estaĵoj. Ne estu severa al aliuloj." Eblas nomi tion la plej alta. La limgardisto Yin kaj Lao Dan estas ja grandaj je vasteco kaj estas Veraj Homoj[764], samkiel antikvuloj.

3306

Obskura, senforma. Transformiĝas, ŝanĝiĝas sen konstanteco. Kio estas morto aŭ kio estas naskiĝo? Ĉu estas kune en vico kun la Ĉielo kaj Tero? Ĉu iras kun spirita heleco? Kien, foranimite, iras? Kien, subite, impetas? Viciĝas tute sinsekve ĉiuj estaĵoj. Sed neniu el ili estas sufiĉe fidinda por apogo. Troviĝas tia pensmaniero en antikva 'Arto de Tao'. Zhuang Zhou, aŭdinte tion, ekĝojis pri tio. Li uzadis absurdajn parolojn, fantaziplenajn vortojn kaj nedifineblajn parabolojn. Estante iam arbitra kaj kaprica, li ne partiemis, nek deviis je la vidpunkto. Rigardante la mondon kotmakulita kaj ne kapablas akcepti seriozan justan alparoladon, li babiladis malkoncize kun ŝercoplenaj vortoj, veraĵojn diris kun vortoj citataj kaj propagandis per vortoj de paraboloj[765]. Li sola interkomunikiĝis kun spirito de la Ĉielo kaj la Tero,

sed rigardis estaĵojn sen aroganteco, ne akuzadis ilin laŭ praveco kaj malpraveco. Tiel do li kunloĝadis kun vulgaraj mondanoj. Lia libro aspektas granda kaj bela, glata kaj sendifekta. La vortoj estas kvankam multediversaj, tamen indas aprezi mirindan artifikon. Neniam ĉesas lia fruktplena skribmaniero. Supre li ludas kune kun Kreinto de estaĵoj, sube li amikiĝas kun tiu eternulo, kiu havas nek komencon, nek finon, estante ekster morto kaj vivo. Je la fonto – lia ideo estas vasta, granda, malfermita, profunda kaj libera. Je la enhavo – ĝi estas direbla, kondensa, modera, kaj atinginta supron. Sed, se temas pri tio, ke oni respondu laŭ transformiĝo kaj solvu pri aĵoj, lia rezonado ankoraŭ ne estas kompleta, nek elŝeliĝas, tiel do restante svaga kaj malklara, ankoraŭ ne estas sufiĉe studata[766].

Hui Shi estis persono kun multopa talento. Li havis kvin ĉarojn da libroj[767]. Lia doktrino estis senorda kaj konfuzita. Troviĝas eldiro maltrafa. Li menciis rilaton inter signifo kaj aĵo, dirante jen tiel: Estas Nenio ekster maksimumo, tio estas nomata Granda Unuo. Estas Nenio inter minimumo, tio estas nomata Malgranda Unuo. Ne eblas amasigi ion sendikecan. Sed la dimensio povas esti granda je mil lioj. Kaj la Ĉielo kaj la Tero estas malalta, kaj monto kaj marĉo estas ebena. La suno post tagmezo kliniĝas; estaĵoj, naskiĝinte, estas mortantaj. Granda sameco diferencas de Malgranda sameco. Tio estas nomata Malgranda sameco-malsameco. Ĉiuj estaĵoj samas kaj malsamas, tio estas nomata Granda sameco-malsameco. Sudo estas senlima kaj limigita. Mi iras al regno Yue hodiaŭ, kaj alvenis tien hieraŭ. Ringoj kunĉenigitaj estas elĉenigeblaj[768]. Mi scias kie troviĝas la centro de la mondo. Ĝi estas norde de Yan, sude de Yue[769]. Se ami universale ĉiujn estaĵojn, la Ĉielo kaj la Tero iĝas unu tuto.Hui Shi konsideris sin kiel la penetrintan en la mondon, kaj klerigis sofistojn. Sofistoj en la mondo kune ĝuis tion: Ovo havas plumojn. Koko havas tri krurojn. Ĉefurbo Ying posedas la mondon. Hundo povas esti konsiderata kiel ŝafo. Ĉevalo havas ovojn. Bufo havas voston. Fajro ne estas arda. Monto eliris el de buŝo. Rado ne premas la teron. Okuloj ne vidas. Fingro-montrilo ne atingas la objekton. Se ĝi atingus, restas neelĉerpebla[770]. Testudo estas pli longa ol serpento. Ortilo ne estas rekta. Cirkelo ne povas krei cirklon. Mortezo ne ĉirkaŭjuntas la tenonon. Ombro de fluganta birdo neniam movas sin. Rapidas sago, sed al la fluganta sago estas tempo ne iri kaj ne halti. Gou ne estas Qian[771]. Flava ĉevalo kaj nigra bovo konsistigas tri nociojn. Blanka hundo estas nigra. Orfa ĉevaleto neniam havas patrinon. Skurĝo, longa je unu chi, eĉ se oni deprenus el ĝi la duonon ĉiutage, ne elĉerpiĝus eterne. Tiele sofistoj kun Hui Shi interparoladis senĉese dum la tuta vivo.

Huan Tuan kaj Gong Sun Long estis tiuj sofistoj[772]. Ili ornamis koron de homoj kaj komplezis al homoj menson. Ili per buŝo povis venki la aliajn en disputo, sed ne povis sekvigi alies korojn. Jen la limigiteco de sofistoj.Hui Shi tagon post tago per sia scio diskutadis kun homoj, kaj aparte, kune kun aliaj sofistoj, konsternis la mondon per kuriozaĵoj. Jen kia estas la skizo. Je parolado kaj diskutado Hui Shi mem konsideris sin plej saĝa, dirante: "Ĉu la Ĉielo kaj la Tero estas pli viglaj ol mi?" Hui Shi estis heroo, sed sen Arto. Li estas malforta je virto, sed forta je aĵoj. Lia vojo estas malrekta. El la vidpunkto de Vojo-Tao je la Ĉielo kaj la Tero, kapablo de Hui Shi similas nur al laboro de moskito aŭ kulo. Koncernante la aĵojn, kio utila troviĝas en lia opinio? Estis allaseble, se li enfokusiĝus al unu. Estas dirite, ke estus iom pli bone, se li pli respektus la Vojon-Taon. Sed Hui Shi mem ne povis kontentiĝi je tio, kaj, ne laciĝinte, malkoncentre okupadis sin per ajnaj aĵoj. Kaj tiel li finis la vivon, kiel renoma sofisto. Tre bedaŭrinde! Talenta estis Hui Shi, sed li misuzis la talenton kaj akiris nenion. Ĉasadis ĉion ajn, kaj ne revenis. Tio estas samkiel per laŭta voĉo ĉasadi eĥon, aŭ kvazaŭ korpo konkurencus kun sia ombro je la vetkurado. Estas triste.

POSTPAROLO AL ESPERANTIGO DE ZHUANGZI

BIOGRAFIO

Zhuangzi 庄子 – lia familia nomo estis Zhuang 庄, persona nomo estis Zhou 周; zi 子, ofte tradukita "mastro" aŭ "majstro", estas nur titol-sufikso aldonata al nomoj de famaj filozofoj. Li devenis de urbo Meng 蒙 en regno Song 宋国, en nuna provinco Henan 河南省, proksime al tiama ĉefurbo Shangqiu 商 邱 [773]. Nun tie staras monumento de Zhuangzi, montranta lian loĝlokon. Kaj restas la puto, nomata Zhuangzi-jing 庄子井. Ĉirkaŭe nun staras malgrandaj dometoj de kamparanoj, sterniĝas kampo kaj ne videblas monto. Lia rondforma tombo alta je 9 m, estis konstruita en 1789 p. K. de imperiestro Qian Long en vilaĝo nun nomata Yanji-xiang. Tie staras la sanktejo por Zhuangzi[774].

Ne estas certe, en kioma jaro li naskiĝis kaj mortis. Estas skribite en Shiji 史 记 [775] jene: "Zhuangzi devenis de Meng. Persona nomo estas Zhou. Li estis malaltranga oficisto de uruŝia arbaro 漆园吏 Qiyuanli. Li estis samtempulo kun reĝo Hui de regno Liang (surtrone 370-301 a. K.) kaj reĝo Xuan de regno Qi(surtrone 319-301 a. K.). Lia scienco traktis multediversajn sferojn, sed la bazo estas sama kun la ideo de Laozi. La verko enhavas pli ol cent mil vortojn, en kiu troviĝas multe da paraboloj. En la ĉapitroj "Fiŝisto", "Rabisto Zhi", "Ŝtelado de kofro", li kritikis konfuceanojn kaj klarigis la Arton de Laozi. <···> Kiam la reĝo Wei de regno Chu, aŭdinte pri lia saĝo, sendis sian subulon al li kun donaco kaj propono, ke li enoficiĝu kiel ministro, li rezignis, ridante."

Laŭ Ma Xulun – li vivis en jaroj 369–286 a. K., laŭ Liang Qichao – 375–300 a. K., laŭ Qian Mu – 368–268 a. K. Estas malfacile konjekti pri datoj, ĉar eĉ epoko de menciitaj reĝoj diversas inter Shiji kaj Analoj de Bambua Libro 竹书纪年. Fakte, li estis samtempulo de Hui Shi 惠施 (ĉ. 360? – ? a. K.), fama nominalisto, kun kiu li amikiĝis tre proksime. Ankaŭ Hui Shi naskiĝis en regno Song, sed diference de Zhuangzi li servis kiel ĉefministro al reĝoj de regno Wei (惠王, 襄王, Hui wang, Xiang wang). Hui Shi vizitis Zhuangzi je la morto de lia edzino. Ili disputadis inter si kaj profundigis siajn argumentojn. Hui

263

Shi, eksiĝinte, foriris al regno Chu en 306 a. K. Zhuangzi vivis pli longe ol Hui Shi. Zhuangzi adorvizitis la tombon de Hui Shi, kaj diris, ke la lasta estis nepre necesa kolego por diskutadi pri diversaj temoj. Mengzi (372-289 a. K.) estis samtempulo kun Zhuangzi. Sed ŝajne, ili ne interrilatis, samkiel Tolstoj kaj Dostojevskij, Ĉeĥov kaj Zamenhof[776]. Nur unu fojon en Zhuangzi estas menciita iu ‘konfuceano de Zou 邹’, kiu povus esti Mengzi[777].

Estas dirite, ke Zhuangzi, eksiĝinte de la posteno de Uruŝio-arbaro, li vivtenis sian familion, farante pajlsandalojn kaj hokfiŝante. Samtempe li verkis, profundigis lernadon kaj pensadon. Li havis edzinon kaj gefilojn. Sed pri liaj familianoj restas neniu informo. Ĉe li estis ankaŭ disĉiploj, kiuj funebris lin.Lia materia vivo estis malriĉa, ke li loĝis en malvasta angulo, vestiĝis ĉifone kaj prunteprenadis manĝaĵojn. Kiam li renkontiĝis kun reĝo de Wei, la lasta konsterniĝis pro lia mizera vestaĵo, kun vesto flikita, kun ŝnuro zonita, kun ŝuoj rompiĝintaj. Kolorŝanĝiĝis liaj oreloj en flavajn kaj malgrasiĝis lia kolo. Sed li diris: "Mi estas kvankam malriĉa, tamen nepre ne mizera."

En la alia loko estas skribite: "Iam Zhuangzi vestis sin en granda robaĉo flikaĵplena, kun fi-ŝuoj truitaj kaj noditaj per ŝnuroj, kaj renkontiĝis kun reĝo de Wei. La reĝo de Wei demandis: ‘Ĉu vi, Majstro, ekstreme ellaciĝis?’ Zhuangzi diris: ‘Pro malriĉo, sed ne pro ellaciĝo’ ." [2006]Sub tia kondiĉo li verkis ‘pli ol cent mil vortojn’ (laŭ Shiji). Tiel do lia verko estas plena de epizodoj, ke pro malriĉeco kaj malsato suferis tiuj grandaj pensuloj, kiel Konfuceo, Liezi k. a. Spite malriĉon, Zhuangzi ne sentis sin mizera nek laciĝinta, sed ludvagadis trankvile, pensante kun fantazio.STRUKTURO DE TEKSTOJNuna libro de Zhuangzi, kompilita de Guo Xiang 郭象, konsistas el tri partoj: Interna 内篇 "Neipian" (7 ĉapitroj), Ekstera 外篇 "Waipian" (15 ĉapitroj), kaj Diversmiksaĵa 杂篇 "Zapian" (11 ĉapitroj). Sed en antikvaj libroj estis skribite, ke ekzistis 52 ĉapitroj. Guo Xiang rearanĝis la libron, ekskludinte tri dekonojn. Multaj el esploristoj rigardas la Internan parton esenca kaj teorie klara, verkita de Zhuangzi mem, kaj jam antikve en la epoko Han estis elektitaj la unuaj Internaj sep ĉapitroj. Aliaj partoj, Eksteraj kaj Diversaj, enhavas multe da epizodoj, en kiuj estas malfacile trovi iun ajn normon por distingi tiujn partojn. Multaj tekstoj en ili estas rigardataj dubindaj, kiel verkitaj eble de posteuloj. En tiuj tekstoj iuj esploristoj eĉ vidas pensmanieron alispecan ol Zhuangzi, admonon de subjektivisma agmaniero de memstara persono, samkiel ĉe konfuceismo kaj mohismo.Mi opinias, ke en la Eksteraj kaj Diversmiksaĵaj aperadas iuspeca dialektika pensmaniero, kiel "Jes, sed tamen···" (ekz-le pri Utileco de senutilaĵo). Tie aperadas multfoje epizodoj de Konfuceo kaj videblas sinkretismo inter konfuceismo kaj taoismo. Iuj esploristoj rigardas tion devia el la pura ideo de "nenionfarado kaj naturo" . Sed mi konsideras, ke tio ne estas devio sed disvolviĝo. Rakontoj pri la inklino de Konfuceo al taoismo estas prezentita ankaŭ kiel disvolviĝo de konfuceismo, tie Konfuceo, ne forlasante sed tenante sian ideon, aŭskultas la instruon de Laozi. Ŝajnas, ke verkistoj intencis skribi ‘daŭrigon aŭ kompletigon’ de Analektoj Lunyu 论语 de Konfuceo. Mi opinias, ke oni ne devas ekskludi verkojn de Eksteraj kaj Diversmiksaĵaj kiel herezon, sed devas konsideri ilin kiel havantan saman valoron kun Internaj capitroj. ANTAŬIRINTOJMi opinias, ke Zhuangzi mem strebis sinkreti konfuceismon kaj sian ideon. Por tio estas fabrikitaj multaj fabeloj pri Konfuceo, kvazaŭ daŭrigo de Analektoj. Per la buŝo de Konfuceo estas elparolate pri ‘evoluo’ de konfuceismo laŭ la Vojo de

Laozi kaj Zhuangzi.Unuflanke Konfuceo kaj konfuceanoj estas objekto de kritiko el la vidpunkto de Laozi kaj Zhuangzi pro artifiko de formalaĵoj, kiel decreguloj, justo, bonvoleco kaj aliaj moralaj disciplinoj. Sed samtempe konfuceismo donas al Zhuangzi altan nivelon de etiko, sur kiu estis konstruita la ideo de Zhuangzi.Mozi kaj mohismo predikis gravecon de scienco, saĝo, scio kaj tekniko. Zhuangzi kritikas scion aŭ saĝon, kiun Mozi konsideras grava. Sed tamen la neglekto de saĝo ĉe Laozi kaj Zhuangzi eblas nur surbaze de mohismo, predikanta estimon al saĝo 尚贤. Verko de Zhuangzi estas plena de kritiko al saĝo (vid. ĉap. 8-10). Se ne estus anticipe la mohismo, ne troviĝus eĉ la objekto de kritiko. Mozi alte taksis aktivan agadon de personoj kaj sinperfektigon de personeco pere de scienco kaj tekniko. Sen tia ideologio ne eblus ankaŭ la kontraŭa ideo, kiel altetaksado de nenionfarado. Do mohismo liveris al Zhuangzi la objekton de kritiko el la vidpunkto de 'senago laŭ naturo'.Alta nivelo de du ĉinaj ideologioj, kiel konfuceismo kaj mohismo, faris zhuangziismon tiel rafinita, ke eĉ nun ĝi donas al homaro inspiron por pensado. Konfuceismo estas arkaika ideologio de naciismo, kastismo kaj feŭdismo, estante gvidlibro por nobluloj-reĝoj 君子 junzi kaj regatoj-subuloj 臣民 chenmin. Ĝi donas al la nunaj gvidantoj ian inspiron por la mastrumado de diversaj organizoj, kiel kompanio, firmao, oficejo k.c., ĉar la pensmaniero de konfuceismo liveras saĝon por firme konservi societon kaj ŝtaton per solida vicordo.Mohismo estas simila al la moderna ideologio de internaciismo, socialismo kaj scienco. Ĝi estas ideologio por inĝeniero kaj pensanta proleto. Ĝi akcelas modernigon de homa societo per scienca kaj utilisma pensmaniero.Sed Zhuangzi prezentas ideologion de ludvaganta 'superfluulo', do ĝi restas eterna revo por estonteco. Ĝia kritiko kontraŭ tiel nomata modernigo estas ĝuste trafa el la nuna ekologia vidpunkto.

SENAGO—NENIONFARADO KAJ KONTRAŬ SCIO-SAĜO

Por kompreni koncepton 'senago' ni devas scii kion Zhuangzi mem 'faris', kiel 'agadis'. Li manĝis, laboris, verkis, instruis, disputadis, nutris familion··· Do li mem ne devus konsideri tiun menciitan 'faradon' kiel 'agon'. Lia 'senago' signifas admonon, ke ne faru kontraŭon al naturo 自然. Kaj lia kritiko estas ĉefe direktata al aparta sfero, kiel politiko. Estas skribite en Zhuangzi pri fikcia diskuto inter Laozi kaj Konfuceo: "Lao Dan diris: 'Permesu al mi demandi vin, kion vi nomas bonvoleco kaj justo?' Kongzi diris: 'Ĝui ĉion en la koro, ami universale sen egoo[778]. Jen tio estas sento de bonvoleco kaj justo.' Lao Dan diris: 'Ho! Apenaŭ. Se temas pri la lasta frazo, ĉu la universala amo ne estas ĉirkaŭfrazo? Intenci forigon de egoo ankaŭ estas la egoo[779]. <...> Majstro, se vi libere iros, sekvante la naturan virton, paŝos laŭ la Vojo, tiam je ĉio estos atingite per si mem. Kial vi bezonus laŭte recitadi kaj meti supren bonvolecon kaj juston?' " [1303]Ĉi tie estas esprimite pri la kerna ideo de Lao-Zhuang 老庄思想, kiel nenionfarado kaj obeo al naturo 无为自然 wuwei ziran, kaj kritiko kontraŭ konfuceismo kaj mohismo por artefarado de justo kaj amo. Koncernante la efektivan renkontiĝon de Laozi kaj Kongzi, multaj el la nuntempaj esploristoj suspektas la verecon, malgraŭ ke estas skribite en Shiji pri la renkontiĝo[780].

Estas notinde, ke en la ĉapitro 13 "La Ĉiela Vojo" la ideo de senago estas rekomendata nur al la supro, sed ne estas rekomendata al la subo:

"Se la supro estas senaga kaj ankaŭ la subo estas senaga, tiuokaze la subo fariĝas egala al la supro je la virto. Se la subo al la supro estas egala je la virto, tiuokaze la subo ne estas subulo. Se la subo estas agema kaj ankaŭ la supro estas agema, tiuokaze la supro kaj la subo fariĝas samaj je la vojo. Se la supro kaj la subo samas je la vojo, tiam la supro ne estas ĉefo. Kiam la supro, estante nepre senaga, uzas la mondon, kaj la subo, estante nepre agema, estas uzata de la mondo – tio estas la Senŝanĝa Vojo." [1301]

El tiu citaĵo oni devas konsideri, ke la ideo de la nenionfarado estas direktita al la supro, t. e. al la regantoj, ne al la regatoj. Tiu pensmaniero estos heredata de Han Feizi, unu el elstaraj legalistoj – kie estas starigita la leĝaro, tie al la reĝo necesas nenion fari.

PENSADO GRANDA KAJ MALGRANDA

En la unua ĉapitro de Zhuangzi estas plena de fantazio. Iu Granda Fiŝo ŝanĝiĝis en grandan birdegon, nomatan Peng, kiu flugas suden naŭdek mil liojn. Cikado kaj turto mokridas tion, dirante: "Ni foje ekflugas supren impete, strebas sidi sur branĉoj de arboj, kiel ulmo kaj pterokarpo, tamen ne atingante eĉ tien, estas tiritaj suben al tero. Por kio do necesus flugi suden je naŭdek mil lioj?" [1001]Unuavide tiu fabelo rakontas pri tio, ke malgranduloj ne povas kompreni koron de granduloj, do gravas liberigo el de konvencia pensmaniero kaj el de ŝablona scio. La rakonto pensigis legantojn pri gravaj temoj, kiel taksi la voĉon de cikado kaj turto, vivantaj ankaŭ nature. Kompilinto de la nuna verko de Zhuangzi, Guo Xiang mem interpretis ĝin jene: "Kvankam ili diversas je grandeco kaj malgrandeco, sed tamen ĉiuj havigis al si sian lokon laŭ sia naturo de estaĵoj asignita de la Ĉielo. Ĉiu laŭ sia kapablo okupiĝas pri asignita devo, do ĉiu estas tute unu sama je sia ludvagado."

Laŭ Guo Xiang, eĉ cikado ludvagadas en naturo, samkiel la birdego Peng. En realeco ĉiuj estaĵoj, inkluzive homojn, povas ludvagadi nur same, kiel cikado kaj turto, ene de natura limo. Sed en la unua ĉapitro estas pli laŭdata la ludvagado de Peng. Kaj tiu Peng estas fikcia birdego, fantazie fabrikita per 'vortoj' en mito aŭ la cerbo de Zhuangzi, estanta ekstreme malriĉa en la reala vivo kaj povanta ludvagadi nur en limigita sfero ĉirkaŭ la regno Song. Tiel do al li eblus libere ludvagadi nur en fantazio, konsistanta el vortoj. En la verko de Zhuangzi estas prezentite pri du specoj de libero: mensa libero kaj korpa libero. La mensa libero apartenas al romantikismo, la korpa – realismo. La cikado kaj la turto vivas en naturo, flugante de branĉo al branĉo. Ili estas pli feliĉaj ol birdoj en la kaĝo. Estas skribite en Zhuangzi jene: "Fazano ĉe marĉo bekas unu fojon en ĉiu deka paŝo, trinkas unu fojon en ĉiu centa paŝo, sed ĝi ne volas esti nutrata en la kaĝo. Eĉ se oni traktus vin kvazaŭ reĝon, via animo ne sentas sin bona." [0303] Zhuangzi mem rifuzas la kaĝon, do li rezignis la proponon de reĝo de Chu posteniĝi kiel ministro. Zhuangzi preferas ludvagadon ol kaĝon, sed ludvagadi ne tiel, kiel cikado kaj turto. Li revus ludvagadi, kiel Peng, sed efektivigi la revon en realo ne eblas. Tial do li verkis fabelojn per vortoj, por prezenti al legantoj sian ideon. Vortoj estas flugiloj al malriĉa Zhuangzi por liberiĝi el de ŝablona, konvencia pensmaniero. La scio, saĝo kaj vortoj, kiujn Zhuangzi mem havis, devas esti ekskluditaj el objekto de lia kritiko.

MALKONFIDO AL VORTOJ

Antaŭ ĉio oni ne devas preterrigardi, ke Zhuangzi verkis pli ol cent mil vortojn kaj instruis per vortoj. Malgraŭ tio, je transdono de vero li malkonfidas al vortoj. Li skribis jenon: "Kio estas estimata en la vortoj, tio estas signifoj. Sed estas io, kion la vortoj sekvas. Tio, kion la vortoj sekvas, estas netransdonebla per vortoj. <···> Io videbla per rigardado estas formo kaj koloro. Io aŭdebla per aŭskultado estas nomo kaj voĉo. Bedaŭrinde, oni konsideras formon kaj koloron, nomon kaj voĉon, sufiĉaj por la atingo de la realo. Sed la formo kaj la koloro, la nomo kaj la voĉo, ne sufiĉas por la atingo de la realo. Do, kiu scias, tiu ne diras; kiu diras, tiu ne scias." [1306]

Vorto estas nur signo, per kiu estus ne transdonebla plene la vero. Zhuangzi pravas, ĉar per vortoj estas netransdoneble pri gusto, pri koloro, pri sono, pri ceteraj realo kaj vero. Ankaŭ netransdoneble estas pri la lerteco, akumulita per sperto. "Radfaristo Pian diris: <···> Necesas ĉizi ne malrapide nek rapide. Tio eblas nur per manoj kaj konforme al koro. Per buŝo ne eblas diri. Kvankam devas esti certe iu ciferado en tio, sed tamen mi ne povas transdoni la sekreton per vortoj al mia filo. Ankaŭ mia filo ne povas ricevi tion de mi. Tiel do mi, maljunulo de 70-jara, ĉizadas radojn. Ankaŭ antikvuloj mortis kun io netransdonebla." [1306] Estas skribite, ke "vortoj estas nur rekrementoj, feĉoj". Tio estas memkritiko de Zhuangzi. Zhuangzi mem estas verkisto per vortoj, sed tamen atentigas, ke je vortoj estas limo por transsendi signifon.Kiu ricevas vorton, tiu komprenas laŭ sia kapablo signifon de la vorto. Ju pli alta la kapablo de ricevanto, des pli riĉa la kompreno. Ankaŭ leganto de libro komprenas vortojn laŭ sia propra sperto. Ju pli riĉa la sperto de leganto, des pli riĉa la kompreno de vortoj. Malaltetaksado de vortoj per Zhuangzi montras gravecon de senĉesa altigo de personeco kaj sperto pere de praktikado tiomgrade, kiom tia ago ŝanĝiĝos en senkonscian kutimon, en mensostaton similan al nenionfarado. Zhuangzi prezentas en la epizodo de Radfaristo la konatan proverbon: "Kutimo estas la dua naturo". Kaj samtempe, "naturo je lerteco" estas atingebla ne per legado de libroj, sed per longdaŭra sperto kaj praktikado. Nun komputilo kaj roboto anstataŭigas la laboron de lertaj metiistoj, sed pro tio estiĝas ankaŭ seriozaj problemoj, kiel ekskludo de homeco, do des pli gravas la ideo de Zhuangzi.

LIBERO: KUTIMIĜINTA LERTECO

En Zhuangzi estas montritaj kelkaj ekzemploj de libera movado de korpo, kiel kutimiĝinta lerteco. Notinde estas, ke la ĉapitro "Nutrado de vivo" enhavas la epizodon pri la lerteco, akumulita longdaŭre dum la vivo. Sed la lerteco ne estas heredebla eĉ al propra filo. En tiu senco, "nia vivo estas limigita, sed scio estas senlima." [0301] Pri lerta buĉisto estas skribite jene:. "Ĉe ĉiu tuŝado per mano, ĉe ĉiu levado de ŝultro, ĉe ĉiu paŝado de piedoj, ĉe ĉiu premado per genuoj, membroj de bovo estas distranĉataj kun belsono. Kun ĉiu movo de haktranĉilo eksonanta muzikharmonie, simile al la danco de Morusa Arbaro aŭ al la movimento Jingshou. La reĝo Wen Hui diris: 'Ho, bonege! La tekniko atingis tioman altecon.' " [0302] Zhuangzi rigardas senkonscian lertecon senaga nenionfarado aŭ libera ago. "Iu metiisto, nomata Chui, desegnis linion precize kvazaŭ laŭ lineo kaj cirkelo. Liaj fingroj akordiĝis kun aĵoj tiom nature, ke li mem ne bezonas intenci. Do fundamento de lia spirito tute koncentriĝis en unu, kaj estis ne katenita. Oni forgesas siajn piedojn, kiam la ŝuoj estas komfortaj. Forgesas talion, kiam la zono estas komforta. Forgesas je praveco-malpraveco de scio, kiam la koro estas komforta. Okazas nek ŝanĝiĝo je interno, nek obeo je ekstero, kiam la afero iras komforte. Komforto en la komenco kaj io neniam malkomforta, – tio estas komforto de forgesita komforteco[781]." [1912]

Je libera situacio oni forgesas sin mem, kaj iĝas libera korpe kaj mense. Al libera menso malhelpas troa konscio je profitamo. Pri tio estas skribite jene: "En pafarka vetludo oni pafas lerte la celon, se veti je tegolo. Se veti je fajna buko, oni pafas iomete kun skrupulo. Se veti je oro, oni pafas kun hezitado. Lerteco de pafarkisto estas sama." [1904]

Zhuangzi asertas, ke troa konscio malhelpas liberan movon. Do konscio katenas homon.

MEMFORGESADO

Laŭ Zhuangzi 'forgesado' estas fenomeno de liberiĝo. Kulmino de forgesado estas 'forgesi sin mem' 忘我 wangwo. "Mi nepre ordigas la koron kaj faras la koron kvieta. Ordigante tri tagojn, mi ne zorgas pri laŭdo, rango kaj salajro. Ordigante kvin tagojn, mi ne zorgas pri kritiko, honoro, lerteco kaj mallerteco. Ordigante sep tagojn, mi trankvile forgesas min mem, havantan kvar membrojn kaj korpon <···> Tiel do mia Ĉiela naturo akordiĝas kun la Ĉiela naturo de ligno. Jen, eble estus la kaŭzo, kial oni suspektis mian laboron farita de la Spiritoj. [1910]Ideala estas la natura movo, akirata per la trejnado, kiam la lerteco atingas tiom altan gradon, kiom forgesiĝas pri ĉio krom la celo. "La Majstro Bian diris: 'Ĉu vi ne aŭdis pri la Pleja Homo, kondutanta per si mem. Li forgesis sian hepaton kaj galon, forlasis siajn orelojn kaj okulojn, vagadis malligite ekster kotoj kaj polvoj, promenadis en senaga disciplino. Tio signifas, ke li faras sed ne apogas sin sur sia forto, kreskas sed ne mastras'." [1913]Tiu stadio de lerteco estas atingebla nur per ĉiama trejnado, t. e. 'farado'. Prof. Yan Shian trafe rimarkis, dirante: "Ideo de Zhuangzi ekis el la punkto de 'por egoo' kaj atingis la punkton 'sen egoo'." [782] Zhu Xi 朱熹,

Qian Mu kaj Feng Youlan atentis al egoismo, kaj rigardis Zhuangzi heredanto de egoismo-liberalismo laŭ Yang Zhu 杨朱. Sed Zhuangzi, kritikante profiton-utilecon kaj egocentrismon, laŭdis 'akordiĝon al naturo'. Per tio li idealigis mensostaton de sen-egoismo. Jen en kio kuŝas granda diferenco de Yang Zhu, kaj difernco de altruismo (Mozi) kaj bonvoleco (Konfuceo). "Post tajlado kaj polurado, denove reveni al simpleco. En malpleneco estu senkonscia por fari aferon, estu malskrupula kaj pigra por dubi homojn.

Rilate al kuniĝo kaj disiĝo, sendu foriranton, akceptu alvenanton. Lasu alveni, ne barante, kaj lasu foriri, ne haltigante[783]." [2003]

La forgesado estas mensostato de simpleco kaj malpleneco. "Posedi ion estas homece. Forgesi aĵojn, forgesi la Ĉielon, forgesi nomojn kaj sin mem, forgesi sin mem kiel homon. Jen tio estas nomata la enirado en la Ĉielon[784]." [1207]

La esprimo "forgesi sin mem" estas pli konkreta kaj ĝusta ol "sen egoo", ĉar estas dirite de Zhuangzi mem per buŝo de Laozi, ke "Intenci forigon de egoo ankaŭ estas la egoo."

Sed tamen Zhuangzi mencias ankaŭ pri la danĝereco de "forgesi sin mem", okazanta dum alkroĉiĝo al eksteraĵo. Estas skribite jene: "Nun mi iris al Diaoling kaj tie mi forgesis min mem. Do stranga pigo tuŝis min je frunto. Promenante en kaŝtanarbaro mi forgesis realon, do gardisto de kaŝtanarbaro ege riproĉis kaj hontigis min[785]." [2008]

Tiel la argumento fare de Zhuangzi estas ofte dialektika, ke en tio kunestas "neado de neado".

LAŬ NATURO

Por Zhuangzi la Ĉiela naturo ekzistis en pasinteco kaj ekzistas ekstere de homoj. Li idealigis la laŭnaturan vivon de antikvuloj, en kiu estis ĥaoso, simpleco kaj harmonio. "Antikvuloj, estante en ĥaosa krudeco, kune kun samtempuloj de sia generacio, atingis la simplan trankvilecon. En tiu tempo harmonie kvietis jino kaj jango, Spiritoj ne tumultis, kvar sezonoj turniĝis en ordo, ĉio sen difekto, amaso da estaĵoj ne mortis tro frue. Homoj, kvankam intelektaj, tamen ne havis okazon uzi sian intelekton. Tio estas nomata la Pleja Unu-tuteco 至一 zhi-yi. En tiu tempo oni artefaris nenion, sed vivis ĉiam spontanee laŭ la naturo." [1601]

Zhuangzi distingas naturon inter la homan kaj la Ĉielan. Li atentigis, por ke homoj ne lasu la homan naturon elmontriĝi laŭplaĉe, sed lasu la Ĉielan naturon disvolviĝi en la homoj. Estas dirite jene:. "Ne malfermu la homan naturon, sed malfermu la Ĉielan naturon[786]. Kiu malfermas la Ĉielan, tiu naskas virton. Kiu malfermas la homan, tiu naskas kanajlon. Ne malŝatu la Ĉielan. Ne preterlasu la homan. Por ke la popolo alproksimiĝu al la vero." [1902]

En tiu aserto videblas, ke homa denaska naturo ne ĉiam estas aprobata. Zhuangzi rigardas la subjekton de personeco grava por akcepti la Vojon. Tiel do "Zhuangzi en Eksteraj Ĉapitroj" inklinas al sinkretismo kun konfuceismo kaj mohismo. "Kiu ne havas subjekton en si mem, tiun la Vojo preterpasas[787]. Kiu ne havas ekstere de si justecon, al tiu la Vojo ne aliras. Se oni ne akceptas ekstere tion, kio eliras de interne, tiuokaze la sanktulo ne elmontriĝas." [1405]

Sed tamen, diference de aliaj skoloj, Zhuangzi substrekas 'senagon laŭ naturo'. Li preferas la eksteran Ĉielan forton ol la propran personan forton. "La mondo ankoraŭ ne decidis distingon de praveco kaj malpraveco. Sed la senago povas decidi tion. Nur la senago ebligas homojn vivi en la pleja plezuro. Ni provu argumenti pri tio. La Ĉielo estas pura per la senago. La tero estas kvieta per la senago. Per kombiniĝo de senago en ambaŭ sferoj ĉio transformiĝas." [1801]Laŭ Zhuangzi, la Ĉielo ekzistas kaj moviĝas per si mem, do homoj kun sia artefarado ne devas interveni en la naturan procezon de la Ĉielo. Tasko de homoj kuŝas en la vivado laŭnatura.UTILECO DE SENUTILAĴO

Zhuangzi prezentas kelkajn ekzemplojn por klarigi utilecon de io ŝajnanta senutila. Estas skribite pri disputo inter Huiz kaj Zhuangzi jene. "Huizi diris al Zhuangzi: 'Viaj paroloj estas senutilaj.' Zhuangzi diris: 'Nur komprenante senutilecon, oni povas ekscii la utilecon de parolo. Tero ne estas malvasta, sed granda. Sed punktoj, kiujn homo uzas por treti dum la paŝo, estas nur tiom grandaj, kiom la piedoj. Malgraŭ tio, se oni fosus teron ĝis la terfundo krom la punktoj de piedoj, ĉu restintaj partoj estus utilaj al la piediranto?' Huizi diris: 'Ne utilas.' Zhuangzi diris: 'Tiel do, estas klare, ke io neuzata estas ankaŭ utila.' [2607]

En nuna tempo oni rigardas senutila tion, kio ne profitdonas 'nun', malgraŭ ke ne estas sciate kiam ĝi fariĝos utila. Io, kio ŝajnas senutila nun, povos esti utila iam en estonteco aŭ fakte eĉ nun estas utila el la alia vidpunkto. Zhuangzi ofte mencias pri la lasta. Arbo povas kreski granda, ĉar ĝi ne uzeblas por lignoj. La granda arbo, rigardata kiel senutila, diris jenon:. "Koncernante min, mi delonge serĉis resti senutila, ke nenie mi estu uzata. Nun proksima al morto, mi atingis la celon, per tio mi faris la grandan utilon. Se mi estus iam utila, ĉu al mi eblus atingi la grandan?" [0404]

Verko de Zhuangzi estas plena je laŭdado de io superflua. Sed tamen, la laŭdado de senutileco ne ĉiam estas aplikebla laŭ Zhuangzi. Pri tio estas skribite jene: "Disĉiplo demandis Zhuangzi, dirante: 'Hieraŭ rilate al la arbo de monto, ĝi povas longe vivi ĝis la natura morto pro sia senutileco. Nun la ansero de la mastro mortis pro sia senutileco. Kiun do vidpunkton vere prenas vi, Majstro?'

Zhuangzi, ridante, diris: 'Mi, Zhou, vere situas inter la utilan kaj la senutilan. Sed tiu pozicio diversas unu al la alia, kiuj, kvankam similaj, tamen tute malsamaj. Do neeviteblas miskompreno'." [2001]

Fama tezo "Utileco de senutilaĵo" estas principo por Zhuangzi, sed la apliko al realo ŝanĝiĝas depende de situacioj, kiujn alfrontas la persono mem.

VANTO DE VANTOJ

Zhuangzi prenas ŝanĝiĝon kiel neprecon por estaĵoj. En la ĉapitro 'Arbo de Monto' estas skribite jene: "Kuniĝo estas tuj disiĝo, perfektiĝo estas tuj ruiniĝo. Iu brava tuj estos tordita, iu respektinda tuj estos akuzita, faranto de afero tuj estos renversita, saĝulo tuj estos viktimo de ruza intrigo, humilulo tuj estos trompita. Kiel do eblus atingi nepre la atenditan rezulton? Ho, domaĝe! Miaj disĉiploj, nur strebu nur al hejmo de la Tao kaj virto 道德之乡 Dao de zhi xiang." [2001]En la libro de Ekklesiasto de la Sankta Biblio estas skribite: "Vantaĵo de vantaĵoj, ĉio estas vantaĵo". Pensmaniero de Zhuangzi estas simila al la eldiro de la Predikanto. Kaj samtempe troviĝas komuneco kun budhismo.Ĉe la morto de sia edzino,

Zhuangzi ĉesis plorkriadi, dirante pri la nepreco de ŝanĝiĝo jene. "El inter miksa ĥaoso en subtila mallumo okazis iu ŝanĝiĝo kaj estiĝis la energio Ĉjio. Ĉjio ŝanĝiĝis kaj estiĝis organismo. La organismo ŝanĝiĝis kaj estiĝis vivaĵo. La lasta denove ŝanĝiĝis kaj ĉi tiu nun mortis. Tio estas sama, kiel sinsekve moviĝas la kvar sezonoj, printempo, aŭtuno, vintro kaj somero. La homo, mia edzino, kviete dormis en la granda ĉambro. Ke mi plorkriegus, daŭre plorsinglutus, tion mi konsideras nekomforma al la ordono. Tial do mi ĉesis." [1802] Vanto ĉe Zhuangzi ne estas hazarda okazo, sed ŝanĝiĝo laŭ nepra leĝo de la Vojo. Kion do necesas fari al ĉiu persono en la mondo? Respondo de Zhuangzi al tiu demando estas: "Nenion fari" . Sed homoj vivas kaj agas por vivteni sin. Lia 'nenionfarado' signifas 'vivon laŭ naturo' . Por tio necesas polurado de personeco. Persona altigo estas atingebla ne laŭ decreguloj de konfuceismo, ne laŭ scienco de mohismo, sed nur laŭ taoismo. Estas skribite jene: "Iu loĝas en profunda provinco aŭ sur vasta kampo kaj tie li hokadas fiŝon, nur nenion farante. Tia estas la persono de rivero kaj maro. Tion preferas tiu, kiu evitante la mondon ĝuas liberan tempon. Li en- kaj elspiradas aeron, eligante la malnovan kaj enigante la novan. Li ekzercadas movon de animaloj, samkiel urso kaj birdo, nur por vivi longan vivon. Tia estas la persono induktanta Tao-energion. Li nutras sian korpon. Tion preferas tiu, kiu zorgas pri longviveco, kiel Peng Zu." [1501].Je taoismo estas pli valore nutradi sian vivon. Ĉi tie montriĝas la komparo de vivmanieroj inter konfuceismo kaj taoismo, kaj estas laŭdata la personeco de rivero kaj maro. Aldone, iuj iras ankaŭ en la popolon. Do ne nur en monto kaj rivero, sed ankaŭ en la popolo troviĝas idealaj ermitoj. En ĉapitro 25 "Zeyang" 则 阳 , estas skribite per la buŝo de Konfuceo: "Zhong Ni diris: 'Ili estas servantoj al sanktulo, kiu mem eniris en la popolon por vivi sen renomo. Li mem kaŝis sin ĉe kampodigeto. Spite ke lia famo ne estas laŭta, tamen lia strebo estas senlima. Kvankam li parolas per buŝo, tamen en koro estas vorto, ankoraŭ ne parolata. La direkto de lia vivo estas tute malsama ol tiu de mondanoj, do lia koro malestimas vivon kun ili. Tiel do li subteriĝis; lia nomo estas Shinan Yiliao' [788]." [2504]

Tiel do Zhuangzi admonas homojn ermitiĝi el de vulgara mondo, aŭ en izolitan monton, aŭ en popolon, kaj vivi laŭ nepreco de naturo. La nepreco estas ne Dia volo, nek Ĉiela ordono, nek Ĉiela volo, sed elmontriĝo de Tao. Oni ne povas vidi en fenomenoj de naturo arbitron de iuj mondregantoj. Nek la arbitro, aŭ diaj pasioj, nek blindaj hazardoj povas klarigi la vivon de la naturo. Ĉiu fenomeno en la naturo – falo de iu ŝtono, fluo de iu rivero, vivo de certa arbo, aŭ animalo, – estas necesaj elmontriĝoj de la ecoj de la kompleta tuto, de la tuta viva kaj malviva naturo.INFLUO AL BUDHISMOVortoj, uzataj de Zhuangzi, donis al budhismo ŝlosilan terminologion, ekzemple yuan 缘 t.e. leĝo-kaŭzeco[789].

"Alian tagon s-ro Sang Hu aldone diris: 'Ĉe sia morto Shun ordonis al Yu, dirante: «Vi atentu jenon. Io havanta formon estu rigardata laŭ leĝo-kaŭzeco. Io koncernanta senton estu rigardata laŭ natura normo.» [790]." [2005]

Zhuangzi uzas la terminon 缘 (leĝo-kaŭzeco) por esprimi la necesajn elmontrojn de fenomenoj. Ili estas neeviteblaj kaj logika sekvo de la evoluo de fundamentaj trajtoj de la naturo kaj de la tuta ĝia antaŭa vivo. Kaŭze de tio ĉinaj pensuloj ofte anticipis la eltrovojn de scienco, esprimante ilin en poezia formo. Efektive, dank' al tia kompreno de la universala vivo jam en kvina-kvara jc. a. K, kelkaj ĉinaj pensuloj

271

esprimis tiujn supozojn pri naturfenomenoj, ke oni povas nomi ilin antaŭanoncintoj de la moderna scienca fiziko.Se temas pri la influo de Zhuangzi al taoismo, oni ne bezonas ĝin mencii, ĉar li estas adorata kiel unu el fondintoj de taoismo. kaj al li estis donita la sankta nomo de taoismo 南华真人 Nanhua Zhenren.

Aparte, en sutroj de budhismo estas uzataj multaj ideogramoj de Laozi-Zhuangzi. Alteco de iliaj ideoj plialtigis la budhismon, importitan el Hindio. En Ĉinion enfluis budhismo ĉirkaŭ antaŭ la unua jarcento p. K., sed ekprosperis poste en la 4-a j. c., ĝuste post la apero de Rimarkigo al Zhuangzi 庄子注 Zhuangzizhu fare de Guo Xiang 郭象 (?-312?), nuna originala teksto, kiu revivigis la ideon de Zhuangzi. Guo Xiang aldonis sian rimarkigon laŭ sia kompreno je tutegaleco.

Dum samtempa Tumulto de la epoko Yongjia 永嘉之乱 (Yongjia Zhi Luan), norda parto de Ĉinio estis okupita de barbaroj, kaj starigitaj la landoj, nomataj 五胡十六国 Kvin Minoritataj Naciecoj kaj la Dek Ses regnoj. Tiam budhistoj-barbaroj alvenis el okcidento al Ĉinio. Do revivigo de Zhuangzi kuniĝis kun la alveninta budhismo el okcidenta areo: 西域 Xiyu.Budhisto Zhi Dun 支遁 (316-366 p. K.) interpretis la unuan ĉapitron de Zhuangzi alie ol Guo Xiang. Guo Xiang rigardis la Grandan birdegon Peng kaj malgrandan birdon egalrajtaj, ĉar ambaŭ ili vivas laŭ sia naturo. Sed Zhi Dun asertis necesecon diferencigi la naturon inter bonan kaj malbonan, dirante, ke nur al tiu, kiu altigas sian naturon, estas permesate ludvagadi. Zhi Dun komprenas 'ludvagadon' 逍遥 xiaoyao kiel 'liberigon aŭ malligiĝon' 解脱 jietuo de budhismo[791]. Tiel Budhismo enkondukis gravecon de persona ekzercado en komprenon de Zhuangzi[792].

Ankaŭ budhismo estis interpretita per konceptoj de Laozi-Zhuangzi. Budhistoj, uzante iliajn terminojn, klarigis konceptojn de budhismo. Tia maniero estis nomata 'budhismo geyi' 格义仏教[793]. Aparte Hui Yuan 慧远 utiligis Zhuangzi por klarigo de budhismo.[794] Estas dirite, ke famaj tradukoj far Jiumoluoshi[795] 鸠摩罗什 (350-409) konkeris tiun taoismecan budhismon. Sed tia eldiro estas dubinda, ĉar tuj poste en Ĉinio naskiĝis novaj skoloj de budhismo, enhavantaj ideojn de Laozi-Zhuangzi. Tio estas zen-budhismo 禅宗[796] kaj purlandismo 净土宗.

Ambaŭ skoloj baziĝas sur ignoro de saĝo aŭ scio por atingi altan staton, t. e. sur ekzaltigo de natura senpera kompreno. Gravaj nocioj de zen-budhismo, kiel "nestariĝinta teksto" 不立文字 buli wenzi kaj "sid-meditado" 座禅 zuo chan, trovas similan pensmanieron en Zhuangzi (忘言 wang yan, 座忘 zuo wang)[797]. Sed laŭ ideologoj de la purlandismo kiel Tan Luan (昙鸾, 476-542), Dao Chuo (道绰, 562-645) kaj Shan Dao (善导, 617-681), nur per recitado de la nomo de Amitabo[798], per la plej facila ago, oni povas esti savita kaj povas atingi la paradizon. En tio reflektiĝas la ideo de senfarado kaj la obeo al naturo 无为自然 Wu Wei Zi Ran[799].

NENIO, MALPLENECO KAJ SENLIMO-INFINITO

Oni ofte diras, ke diference de okcidenta filozofio, rigardanta 'eston' 有 you grava, budhismo konsideras grava la 'malplenecon' 空 kong, kaj Laozi– 'neniecon' 无 wu. Zhuangzi, starante sur la pozicio de "Unu-tuteco" 万 物 齐 同 "wan wu qi tong", kritikis la distingon de esto kaj nenio. Zhuangzi diris jene: "Morto kaj vivo ne atendas unu la alian, sed ambaŭ ili konsistas en unu tuto. Estas io antaŭ ol la Ĉielo kaj la Tero estiĝas. Ĉu ĝi estus aĵo? Ne estas aĵo tiu, kiu faras aĵojn estantaj kiel aĵoj. Aĵo mem ne povas esti anticipe antaŭ ol aĵo. Se antaŭ ĉio estus la aĵo, tiuokaze la aĵo estus ne alia ol nura Nenio." [2211]

Zhuangzi vidas ne 'Nenion', sed senlimon-infiniton en la komenco de estaĵoj. "Je la Estaĵo estis la komenco. Antaŭ la komenciĝinta Estaĵo estis io, ke ankoraŭ ne komenciĝas. Ĉe la antaŭa komenciĝonta Estaĵo estis ankaŭ io, ke ankoraŭ ne komenciĝis. Estis Estaĵo. Estis Ne-estaĵo[800]. Ĉe Ne-estaĵo estis antaŭe io, ke ankoraŭ ne komenciĝas. Ĉe la komenciĝonta Ne-estaĵo estis antaŭe ankaŭ io, ke ankoraŭ ne komenciĝis. Subite, ekestis Estaĵo kaj Ne-estaĵo. Inter Estaĵo kaj Ne-estaĵo estas ne sciate, kiu estas Estaĵo aŭ kiu estas Ne-estaĵo. <···> Universo[801] kaj mi naskiĝis kune. Ĉiuj aĵoj kunfandiĝis kun mi en unu." [802]En la lasta parto de ĉap. 25: "Zeyang" videblas argumento kontraŭa al Nenio el la vidpunkto de Senlimo. "Se mi rigardas la fonton, tiam ĝi foriras senlime. Se mi rigardas la pinton de futuro, tiam ĝi alvenas senĉese. Pri tiu senlimeco kaj senĉeseco ne estas vorto. Koncernante aĵojn la rezono estas sama. Ĉu estis unue kreinto aŭ ne – tio estas samkiel la fonto, esprimata de vorto pri la fino kaj komenco de aĵoj. Tao ne povas esti rigardata kiel esto, kaj la esto ne povas esti rigardata kiel nenio. Tio estas nomata la Tao, nur hipoteze[803]."

Tao estas nur hipoteza nomo. Zhuangzi opinias, ke per vortoj ne eblas difini la Taon. Li rigardas koncepton de Tao disvolviĝanta per disputo aŭ dialogo. "Se vorto estus sufiĉa je esprimpovo, tiam per la vortoj dum tuta tago eblus penetri Taon. Kvankam vorto estas ne sufiĉa, tamen, se pri aĵoj tutan tagon esplori per la vortoj, eblus penetri ilin. Tao estas la pleja ekstremo de aĵoj, ke ne eblas atingi ĝin per vortoj kaj per nevortoj. Ne per difino de vortoj nek per silento, sed per dialogo estas diskutebla pri la ekstremo[804]."

Dialogo pri Tao estas senlima. Koncepto de Unu-tuteco senlime ampleksas en si mem ĉion ajn, Eston kaj Nenion. Kio povas ampleksi en si mem ĉion ajn, tio devas esti malplena. Do malplena kaj senlima estas kvalito de Unu-tuteco. KONKLUDOLegante Zhuangzi, mi rememoras la ofte uzatajn de rusoj esprimojn: 'Всё равно' [vsjo ravno] (Tute egale), 'Ничего' [niĉevo] (Nenio), kaj filozofajn terminojn 'цельность' [celjnostj], 'целость' [celostj], 'одно целое' [odno-celoje) (Unu-tuteco), 'лишний человек' [liŝnij ĉjelovjek] (superfluulo). Tutegalismo en Rusio formigis karakteron malzorgeman pri bagatelaj detaloj kaj ebligas ampleksi ĉiujn ajn diversaĵojn, kaj formiĝis la plej granda lando en la mondo. Sed unu fojon, kiam estis enkondukita la normo de distingo, kiel leĝo-reguloj, partiemo, naciismo, profitamo k. a., la lando frakasiĝis kaj dispeciĝis.

Se la tutegalismo kombiniĝas kun aroganteco, tiuokaze estiĝas tirano. Se ĝi akordiĝas kun humileco, naskiĝas elstara rusa literaturo – Puŝkin, Tolstoj, Dostojevskij k. a. Mi opinias, ke amantoj de rusa literaturo nepre povas trovi en ĝi la similan pensmanieron, kiel ideon de Zhuangzi. Interalie, se temas pri la duelo de Onegin kaj Lenskij, profunda estas la diferenco de pensmaniero inter du protagonistoj. El la vidpunkto de Ĉina pens-historio, ili malsamas tiom grade, kiom inter Lao-Zhuangzismo kaj Konfuceismo. Lenskij, adepto de Kanto, "kun kredo al bono absoluta", similas al konfuceano. Sed al Laozi-Zhuangzi estas simila la pensmaniero de Onegin – tial en prefaco Puŝkin metas signifoplenan frazon:

"Penetrita de vanteco, li havis ankoraŭ pli da tiu speco de fiero, kiu konfesigas kun la sama indiferento la bonajn kiel la malbonajn agojn, sekve de sento de supereco eble imagita." (trad. de N. V. Nekrasov)

Puŝkin mem konscias la necesecon translimigi la pensmanieron de Onegin, fieran senton de imagita supereco. Do Onegin finfine devas humiliĝi antaŭ Tatjana.

Zhuangzi predikis Unu-tutecon. Sed li mem strebis elekti la vojon, veran, liberan kaj taŭgan por si mem. Tial do, proponite je la altranga posteno, Zhuangzi rifuzis. Al li mem ne estis tute egale fariĝi altranga oficisto aŭ ne. Do en lia propra vivo 'la libera volo' por li estis pli grava ol la tutegalismo. Kaj estas atentinde, ke la tria ĉapitro estas nomata "Nutrado de vivo". Al ĉiu vivanto estas grave nutri la vivon antaŭ ĉio.

Se temas pri saĝo–scio, en la 70-aj jaroj de la XIX-a jc. aperis disputo inter revolucia movado de narodnikoj: narodnikismo de Lavrov pledis por graveco de scio, sed Bakunin[805] – por malutileco de intelekto. Pensmaniero de Zhuangzi pli similas al bakunismo[806] ol al Lavrismo.

Aziaj poetoj-verkistoj kaj budhistoj ricevis sugestojn el Zhuangzi. En Ĉinio la influo de Zhuangzi estas tre granda, ke ne eblas ĉi tie nomi ĉiujn plejadojn. Li Bai 李白, Su Shi 苏轼, Wang Anshi 王安石 alte estimis Zhuangzi en siaj verkoj. En Japanio, Macuo Basho 松尾芭蕉 ricevis grandan influon de Zhuangzi. Ĉina pentrarto 山水画 ŝuldas multe al la ideo de Zhuangzi. Grandega estas la kontribuo de Zhuangzi al disvolviĝo je filozofio, literaturo, arto kaj scienco en Azio. Ankaŭ Eŭrazio baldaŭ komprenos la valoron de Zhuangzi.

Scientistoj en Japanio tre ŝatis pensmanieron de Zhuangzi. Unu el ili estas fama fizikisto Yukawa Hideki (1907-1981), ricevinta Nobel-premion en 1949. Rilate al renkontiĝo de gastoj el nordo kaj sudo ĉe Ĥaoso en lasta rakonto de Internaj Ĉapitroj, Yukawa diris, ke Zhuangzi donis al li inspiron por la eltrovo de mezono (中间子 japane: ĉuukanŝi, ĉine: zhongjianzi), kaj skribis jene: "Lastatempe mi ekpensas, ke tiu fabelo estas multe pli interesa ol antaŭe. Mi provas konsideri, ke Shu kaj Hu similas al elementaj partikloj. Dum ĉiu el ili respektive propravole kuras, tiam nenio okazas. Sed ili, venintaj de sudo kaj de nordo, kuniĝis en la teritorio de Ĥaoso kaj koliziis unu kun la alia. <…> Tiuokaze la Ĥaoso estas la spaco kaj la tempo, akceptanta la elementajn partiklojn (素粒子 japane: sorjuuŝi, ĉine: sulizi)." [807]

Zhuangzi, sen komputilo, sen aviadilo, liveras al homaro neelĉerpeblan fonton de ideo pri Universo.

Mi dediĉas ĉi tiun tradukon de Zhuangzi al samideano Sun Shoude, fondinto de Esperanto-Arbaro en Ĉinio, Zaozhuang, la historia loko de antikvaj regnoj Qi kaj Lu 齐鲁 . Li praktikas la revon de Zhuangzi, invitante al sia edeno ludvagantajn esperantistojn de la mondo. Mi elkore dankas ankaŭ al lia instruisto, s-ro Semio, Sun Mingxiao, la direktoro de Esperanta Muzeo, kreskiganta verdajn arbojn de Esperanto sur la iama tereno de regnoj Qi kaj Lu, kie disfloris ĉinaj antikvaj pensuloj. Ĉi tie mi amikiĝis kun elstaraj personoj kaj studentoj. Doktoro-profesoro Bak Giwan kaj lia edzino kondukadis min per sia aŭto al lokoj de Zhuangzi, Laozi, Konfuceo, Mengzi, Xunzi k. a. Sen ilia helpo ne eblus percepti la agsferojn de grandaj pensuloj. Doktoro-profesoro Maciej St. Zięba el Polando aldonis al la traduko ĉinlingvan tekston kaj valorajn rimarkojn. En tiu senco la urbo Zaozhuang mem ebligis la Esperantigon de grandaj pensoj en Antikva Ĉinio.

SASAKI Teruhiro
2020.5.1

KLARIGOJ DE LA KONTROLINTO

[1] 里 lio (ĉine: li) – mezurunuo de longo – "ĉina mejlo"; dum la tempo de Zhuangzi 1 lio egalis al 300 '[duoblaj] paŝoj' (bu 步), egalaj mem unu paŝo al 6 'piedoj' chioj 尺 (ĉine: chi), kiuj lastaj variis laŭ regnoj de 22 ĝis 23.1 cm; do 1 lio estis varianta de 396 ĝis 415.8 m; modernatempe ĝi egalis al 360 'duoblaj paŝoj', kaj nuntempe estas fiksita je 500 m. Nature ĉi tie (kaj simile kun aliaj mezurunuoj de longo, volumeno kapacito aŭ pezo, menciitaj alegorie en tuta teksto de Zhuangzi), temas ne pri precizaj mezuroj, sed pri metaforaj grandecoj. [MSZ]

[2] 北 冥 Bei Ming, la Norda Mallumo kaj 南 冥 Nan Ming, la Suda Mallumo estas nomoj de mitologiaj maroj. Ambaŭ estas ankaŭ nomataj 天池 Tian Chi, "la Ĉiela Lageto". [MSZ] "Mallumo" estas grava koncepto en la filozofio de Zhuangzi, por ekzemplo, en la ĉap. 11 estas skribite: "La kvintesenco de la pleja Vojo estas profunda mallumo, la kulmino de la pleja Vojo estas malluma kvieto".[vd.1103]

[3] 冥灵 Ming Ling, iuj konjektas, ke tio estas arbo.

[4] 彭祖 Peng Zu, legenda longevivulo, kiu vivis 700–800 jarojn.

[5] Tang estis la reĝo de dinastio Yin, kiu batis la tiranon Jie de dinastio Xia. En Beishanlu (ĉ. 800 a. K) estas skribite: "Tang 汤, demandis al Ji 棘, – 'Ĉu ekzistas limo al kvar direktoj kaj al supro - subo?' Ji respondis – 'Trans senlimo ankoraŭ estas alia senlimo.'" Tio, ke la sama epizodo estas ripetata ĉi tie, estas ekzemplo de 重言, menciita en "Paraboloj", la ĉap. 27.

[6] 泰山 Taishan, monto en la centro de nuntempa provinco Shandong, norde de regno Lu, 1545 m alta, la orienta sankta monto, la plej sankta el kvin sanktaj montoj de Ĉinio; simbolo de grandeco. [MSZ]

[7] 仞 reno (ĉine ren), mezurunuo de longo, "etenditaj brakoj", "brakospano", 'klafto' (komparu rusa с я ж е н ь [prononcu: sjaĵenj], pola sążeń [sonĵenj], angla fathom), sen unu fiksita valoro (ekzemple, estis reno mezurita kun brakoj etenditaj horizontale aŭ veritikale; malsamaj "vira reno" kaj "virina reno" ktp.); dum la tempo de Zhuangzi 1 reno egalis al 7 aŭ 8 "piedoj" chioj, do variis de 154 ĝis 161.3 cm (se 7 chioj), aŭ de 176 ĝis 184.8 cm (se 8 chioj), laŭ regnoj. Nuntempe ne uzata. [MSZ]

[8] 蓬蒿 Penghao, laŭvorte "artemizio kaj manĝebla krizantemo"; ĉi tie signifas "kampo".

[9] 宋荣子, ankaŭ nomata 宋牼、宋钘 Song Keng, Song Xing –, pensulo de la Epoko de Militantaj Regnoj en 4-a jc. a.K., fama de senperfortismo kaj senavideco. Xunzi 荀子 kritikis ambaŭ lin kun Mozi. Sed Zhuangzi alte taksis lin en la lasta ĉapitro "La mondo" 天下. Estas notinde, ke, ankaŭ ĉi tie, en la unua ĉapitro, li estas laŭdata.

[10] Multaj esploristoj prenas ĉi tiun pronomon zhi 之 por indikanta personon, t. e. Song Rongzi, kaj tradukas: "Eĉ se la tuta mondo laŭdus lin, li ne ĝojas; eĉ se la tuta mondo riproĉus lin, li ne ĝenas sin." Sed mi konsideras, ke ĝi estas samsignifa, kiel la antaŭiranta 之. Do mia traduko estas tute alia.

[11] 列子，列御寇 Liezi, Lie Yukou – taoisto de 4-a aŭ 3-a jc. a. K. Estas dirite, ke li verkis la libron Liezi. Pri lia malriĉeco vidu sube, la ĉapitron 32.

[12] 六气之辩 Liu (6) qi zhi bian. Ses aeroj aŭ spiroj (ĉjioj) laŭ iuj konsistas el jino 阴, jango 阳, feng 风 (vento), yu 雨 (pluvo), hui 晦 (sombreco) kaj ming 明 (lumo). (Aldono: Laŭ aliaj ili estas: vento, fajro, frosto, varmego, humideco kaj sekeco. Bian 辩 "disputado" signifas ankaŭ "regadon" zhi 治 aŭ "ŝanĝadon" bian 变 – tial "kontrolado".

[13] 待 Dai signifas "atendi" aŭ "esperi". Vidu Fang Yong p. 18 方勇，陆永品，庄子诠评（上）。

[14] 至人、神人、圣人 – Zhi Ren, Shen Ren, Sheng Ren – la Pleja, la Dieca kaj la Sankta Homo, tri terminoj ofte uzataj en Zhuangzi por signifi taoisman idealon. Poste aperos ankaŭ la kvara: 真人 Zhen Ren, la Vera Homo. [MSZ]

[15] 尧, antikva sankta reĝo. Li kreis kalendaron, laŭ kiu popolo okupiĝis pri agrikulturo. Li cedis la tronon al Shun 舜.

[16] 许 由, antikva ermito. Laŭ Mozi li influis Shun-on: "Shun estis tinkturita de Xu You." Li, rifuzinte akcepton de la trono post Yu, estis pli respektata de taoistoj ol Shun, heredinta la tronon. Eble taoistoj elknedis tiun epizodon de Xu You.

[17] 宾 Bin, io aldona al la esenco (priskribata kiel gastiganto, mastro, zhu 主). [MSZ]

[18] 樽、俎 Zun, Zu, vinujo kaj hakplato estas iloj por religiaj ritoj.

[19] 肩吾、连叔, ambaŭ estas konsiderataj kiel fikciaj personoj.

[20] 接舆 Freneza ermito de regno Chu, aperanta en Analektoj 论语, ĉap. 18:, "Weizi" 微子.

[21] 藐姑射, legenda monto, kie loĝas dihomoj 神仙 shen-xian. La monto estas menciita en Shanhai jing 山海经 (Libro pri montoj kaj maroj, ĉap. 东山经 "Dongshan jing", "Orientaj montoj"). Pri prononco "Guye" (anstataŭ "Gushe") mi sekvis Yu Wanjun 俞婉君.

[22] 五谷 Wugu, Kvin grenoj aŭ kvin cerealoj estas listitaj malsame ĉe aŭtoroj el diversaj epokoj kaj regionoj de Ĉinio, kaj plej probable dum la epoko de Zhuangzi ili estis: milio, hordeo, sezamo, rizo kaj sojo. Aliaokaze en la listo aperadis ankaŭ aveno, tritiko, fazeolo, arakido kaj sorgo (nuntempe eĉ maizo, veninta pasintjarcente el Ameriko, estas enlistigata). Tiu esprimo signifas ankaŭ: "ĉiuj tipoj de kultivataj manĝeblaj grenoj kaj pizoj", "ĉiutaga manĝaĵo". En ĉina lingvo nombro "kvin" (五 wu) rilate al kategorioj de naturaj fenomenoj ofte signifas "ĉiuj", "komplete", ĉar respondas al kvin elementoj de la tuta naturo (五行 wuxing, laŭvorte: 'kvin agantoj'): arbo aŭ ligno (木 mu) – rilata ankaŭ al la vento-aero (风 feng), fajro (火 huo), tero (土 tu), metalo aŭ oro (金 jin) kaj akvo (水 shui). (Kvin elementoj estas ankaŭ nomataj 'kvin konstantaĵoj' 五常 wuchang). Vidu ekzemple pli sube: "kvin visceroj", "kvin sensorganoj", "kvin tonoj", "kvin gustoj" ktp. [MSZ]

[23] 章甫 Song-anoj estis posteuloj de dinastio Yin, heredis ĝian ceremonian kostumon. Yue-anoj estis konsideritaj duonbarbaroj.

[24] 四子 Sizi,Yu Wanjun konsideras ilin esti: Wang Ni, Nie Que, Bei Yi kaj Xu You 王倪，啮缺，被衣 kaj 许由 (laŭ Sima Biao kaj Li Yi). (Laŭ la tradukinto temas pri Xu You, Jian Wu, Lian Shu kaj Jie Yu.)

[25] 汾水 Fenshui, nomo de iu rivero, fluas en nuntempa provinco Shanxi. La ĉefurbo de regno ĉeYao situis en Ping Yang 平阳 , flanke de la rivero.

[26] 惠子 , t.e. Hui Shi 惠施 , estis unu el reprezentantoj de nominalistoj en la Epoko de Militantaj Regnoj, ministro (343-322 a. K.) ĉe la reĝo Liang Hui, poste anstataŭigita de Zhang Yi 张仪 . Vidu ĉi sube, en ĉapitroj 18, 24, 25 kaj speciale lasta parto de 33.

[27] 魏王、梁惠 Liang Hui surtrone 370-319 a. K.

[28]   石 dano, ĉine dan, mezurunuo de pezo: "ŝtono" aŭ "ŝarĝo" (kiom unu homo povus porti sur ŝultroj); dum la tempo de Zhuangzi egalis al 29.28 kg (120 "ĉinaj funtoj" jin 斤 , po 244 g unu), nuntempe 50 kg. Samtempe mezurunuo de volumeno – respondanta al "sakego" enhavanta unu pez-danon da greno – variante laŭ regnoj – de aveno (45.82 l), hordeo (39,09 l), tritiko (34.86 L), aŭ rizo (39.8L), kio estis monata pago de laboristo. Nuntempe – 100 L. [MSZ]

[29] 百金 Bai jin. Unu jin (orpeco) egalis en tiu epoko al 244 g da oro. [MSZ]

[30] En 494 a. K. lando Yue estis venkita de lando Wu.

[31] Uzante la medikamenton pro protekti la haŭton de soldatojn kaj ŝipistoj, velistoj kaj remistoj kontraŭ malvarma akvo. [MSZ]

[32] 蓬之心 peng zhi xin – laŭ rimarko de Yu Wanjun – metaforo de malvasta koro.

[33] Poefago aŭ tibeta bovo.

[34] 南郭子綦 Unuj konsideras lin reale ekzistinta, duonfrato de Zhao, la reĝo de Chu. Ziqi estas nomo, Nanguo, t. e. "Suda Muro" estas lokonomo, kie li loĝis. Aliaj konsideras lin fikcia nomo.

[35] 耦 ou, Laŭ iu opinio ĝi signifas korpon kaj animon. Sed mi sekvas la ordinaran signifon de la ideogramo "kuplado" .

[36] 颜成子游 Yancheng Ziyou, lernanto de Nanguo Ziqi, kun alinomo, Yan 偃 (ĉi tie uzata kiel Yanĉjo).

[37] 吾丧我 wu sang wo. La esprimo incitis gramatikistojn pri uzado de du unuapersonaj pronomoj. Mi komprenas wo 我 kiel egoo–centro de individuo konscia pri si mem.

[38] 籁 lai, unu speco de antikvaj blovinstrumentoj.

[39] 大块 dakuai . La vorto estas uzata, samkiel naturo, ziran 自然 .

[40] 唯无 weiwu signifas subjunkcion "se" .

[41] 百围 baiwei ĉirkaŭe – laŭ Li Yi 李颐 tio egalas al 10 zhangoj 丈 , t. e. ĉ. 22.5 m diametre. (Unu zhango ("ega brakospano" , "ega klafto") egalis al 10 chioj – do la diametro de 22 ĝis 23,1 m respondus al ĉirkaŭaĵo de ĉ. 69.12 ĝis 72,57 m – tiamaniere 1 wei de 0.69 ĝis 0.73 m egalus al 3 chioj, po 22-23.1 cm unu. [MSZ])

[42] 枅 sheng(dou). Multaj esploristoj komprenas la ideogramon kiel stangon sur pilastro(枅). Mi komprenas ĝin kiel volumen-mezurilon, ĉar la ĉiuj aliaj estas konkavaj.

[43] 于 yú kaj 喁 yóng esprimas imitsonojn de vento. [44] Esploristoj diversas je opinioj pri kion indikas la pronomo "tio" fu 夫 : fajfon de la Ĉielo, tiun de la homo, aŭ tiun de la Tero? Mi konsentas kun la opinio, ke tio estas la fajfo de la Ĉielo.

[45] 怒者是谁邪? Nu zhe shi shui xie? Ne estas respondo al demando kio estas la fajfo de Ĉielo 天籁. Leganto mem devas konjekti kio ĝi estas – Dio, naturo, nenio, aŭ io alia.

[46] 真宰 zhen zai – tiu, kiu vere mastrumas ĉion.

[47] 芒 mang. Esploristoj prenas la ideogramon por mei 昧 "stulta", aŭ 暗 "mallumo", aŭ hutu 糊涂 "konfuzo". La ideogramo estas uzata samkiel mang 茫 ("senlime vasta").

[48] 无有为有 wu you wei you. Estas dirite, ke akceptado de "neesto" wu 无 kiel fonto de "esto" you 有, estas distinga trajto de taoismo, sed ĉi tie troviĝas kontraŭa aserto, ke eĉ la Dieca Yu, Shen Yu 神禹 "ne eblas fari neeston esto".

[49] 辩 bian, "diskutado, parolado", ĉi tie signifas lingvon, ne "distingon" bian 辨.

[50] Al la vorto 明 ming estas donita la ŝlosila rolo en la argumento de Ziqi.

[51] 道枢 Dao shu. De iuj esploristoj ĝi estas tradukita kiel "ĉarnilo de Vojo" (hinge of the Way).

[52] 指 zhi. Ĉi tie la ideogramo estas uzata rilate al la titolo de la verko far Gongsung Long 公孙龙, la Zhiwulun 指物论 (ĉapitro "Pri blanka ĉevalo", "Baimalun", "白马论").

[53] 西施, fama belulino el lando Yue, veninta en landon Wu (ŝi reaperos en ĉapitro 14). [MSZ]

[54] 道, laŭ la moderna transskribo (hanyu pinyin) devus esti "Dao", tamen la Tradukinto uzas la tradician formon: "Tao". [MSZ]

[55] 升 shengo (ĉine: sheng), mezurunuo da volumeno, kiu dum la tempoj de Zhuangzi egalis al 0.19–0.34 litroj (1 dano = 100 shengoj), nuntempe 1 litro. En la originalo la mezurunuo ne estas menciita, sed la tradukinto aldonis la mezurmon, sekvante al Sima Biao 司马彪. Iuj tradukintoj havas simple "tri glanoj". [MSZ]

[56] 两行 liang xing-. Rekta traduko: "Ambaŭ iras."

[57] 爱 Multaj esploristoj prenas tiun amon por "aparta amo" bie' ai 别爱、偏好. Sed laŭ mia opinio, ĝi inkluzivas "la Amon" aŭ "makroamon", jian' ai 兼爱, kiun Mozi predikis kiel solvon de konfliktoj. (Vidu: Mozi, p. 67-86). En Laozi, Tao De jinng 道德经, estas dirite: "Post kiam perdiĝis la Granda Vojo-Tao, ekaperis la Bonvoleco kaj Justo."

[58] 昭文 Zhao Wen, 师旷 Shi Kuang kaj 惠子 Weizi., Zhao Wen estis muzikisto de regno Zheng 郑, Shi Kuang estis muzikisto ĉe duko Ping en regno Jin: 晋平公乐师 Jin Ping gong liaoshi. Iuj esploristoj prenas wu 梧 por "kotoo(kuŝanta citaro)" [司马 Sima "释文" "Shiwen"]. Estas malfacile kompreni la argumenton. K. Fukunaga interpretas, ke se foje ekaperis iu majstro, atinginta la plej alton kiel la pravecon, aliaj kaŝiĝas, kaj la riĉo je diverseco en Tao perdiĝas. 福永光司『莊子（内篇）』朝日新聞社, p. 91

[59] Mi komprenas ideogramon bi 彼 "tiu" kiel Huizi.

[60] 坚白 jian bai, Laŭ ĉinaj nominalistoj kiel Gongsun Long 公孙龙 (ĉ. 284–257 a.K.), ŝtono estas sentata per vidado (kiel "blankeco') kaj tuŝado (kiel "dureco" aŭ "solideco"), kiuj diferencas je percepto. [MSZ])

[61] 文之纶 wen zhi lun, Iuj prenis lun 纶 por "sitaro" qinse 琴瑟 [俞 Yu, "庄子" "Zhuangzi"; 崔 Cui "释文" "Shiwen"] .

[62] Mi uzas por traduko de you 有 kaj wu 无 vortojn "Estaĵo" kaj "Ne-estaĵo". La lastan anstataŭ "Nenio", ĉar ĉe Zhuangzi nocio de wu 无 similas iam al infinito, iam al kontraŭaĵo. [MSZ]

[63] Temas pri unua impulso. Kio estas la unua impulso por la komenciĝo kaj neniiĝo? La respondo laŭ Zhuangzi estas infinito wuxian 无限 .

[64] Grandeco kaj malgrandeco, longeco kaj mallongeco, ĉio estas relativa el la vidpunkto de Vojo-Tao. Koncepto de infinito kaj infinitezimo estas relativa, do pinto de hareto povas esti granda kaj monto Tai povas esti malgranda.

[65] 天地 Tian-Di, Ĉielo kaj Tero, t. e. Universo.

[66] Laŭ mia kompreno la argumento estas jena. Kunfanditaĵo konsistas el 'aĵoj kaj mi' (1+ ① =1). Se poste estas aldonita la nocio, esprimita de "vorto", 1+1=2. Kaj se aldoniĝas mia subjekto, leganta vortojn, 2+1=3. Se mia subjekto ne malaperas kiel nenio, mondo multobliĝas senlime. Ankaŭ ĉi tie troviĝas infinito.

[67] 其 qi, Tio kaj ĉi tio.

[68] 畛 zhen, limoj por dividi kampojn. Tio prezentas, kompreneble, simboligon de subdividoj.

[69] 八德：左右伦义分辩竞争 Ba de: zuo, you, lun, yi, fen, bian, jing, zheng., Laŭ Laozi, estas skribite: "post kiam la Taŭo estas perdita, leviĝas la Virto" 故失道而后德，道德经 38 Gu shi Dao, er hou de, Dao De Jing ĉ. 39 (Trad. de Wang Chongfang). Virto aperas rezulte de distingo.

[70] 六合 liu he, ses sferoj (aŭ ses limoj): Ĉielo ("Supro" aŭ "Supero"), Tero ("Subo") kaj kvar direktoj. "Esktero de ses sferoj" liu he zhi wai 六合之外 signifas sferon de metafiziko.

[71] 圣人 Sheng Ren, Sankta Homo, Ĉi tie estas uzata kiel signifo de altnivela intelektulo.

[72] 春秋 Chunqiu, [Analoj de] Printempoj kaj Aŭtunoj. Konfuceo kompilis analojn (kronikojn) de regno Lu, sed ekzistis ankaŭ analoj de aliaj regnoj.

[73] 言辩不及 Yan bian bu ji. Ekzemple, ne eblas esprimi precize per vorto gustojn aŭ odorojn.

[74] 天府 Tian Fu, t.e. Trezorejo, kapabla percepti la Ĉielan naturon.

[75] 葆光 Bao Guang, t.e. Lumo, Kaŝita Interne; bao 葆 signifas 'kovri' .

[76] 宗 Zong、脍 Kuai、胥敖 Xu'ao–tri barbaraj triboj najbaraj al regno Xia. [MSZ]

[77] 南面 nanmian, "rigardante suden" –reĝoj tiele sidis sur seĝo antaŭ subuloj.

[78] Pri mitologiaj dek sunoj estas skribite en diversaj libroj: 吕览、淮南子、 楚辞、 说苑、 山海经 (Lvlan, Huajnanzi, Chuci, Shuoyuan, Shanhaijing).

[79] Ĉi tie estas uzata la vorto "Virto" 德 De, en bona senco. [80] 啮缺 Nie Que, saĝulo vivanta dum epoko de reĝo Yao; 王倪 Wang Ni – lia instruisto. [MSZ]

[81] 猵狙 bianju,, harplena hundosimila simio. (Laŭ rimarko deYu Wanjun 俞婉君)

[82] 毛嫱 Mao Qiang, estis belulino de lando Yue, 丽姬 Li Ji–belulino de regno Jin. [83] 仁义 ren-yi–terminoj uzataj de konfuceanoj, kiel esprimo de la plej alta virto.

[84] 利害 lihai. La ideogramo li 利 estas uzata kunmetite kiel liyi 利益 (profito), liyong 利用 (utiligo).

[85] 至人 , Zhi Ren , laŭvorte: "Tiu (= homo), kiu atingis" .

[86] 瞿鹊子 Ququezi, disĉiplo de Konfuceo. [MSZ]

[87] 长梧子 Zhang Wuzi, nekonata persono, laŭ iuj – landlimgardisto. [MSZ]

[88] 夫子 Fuzi , ĉi tie kaj sube "la Majstro" – signifas Konfuceon. [MSZ].

[89] 不缘道 Bu yuan Dao. Estas diversaj opinioj pri tiu frazo. Mi komprenas la frazon kiel "ne algluiĝi al la vorto de Tao."

[90] 皇帝 Huang Di, la Flava Imperiestro (tiele nomata en la sekvontaj partoj de la traduko), legenda reĝo, fondinto de Ĉinio kaj ĉina kulturo. Por taoistoj – la plej sankta el reĝoj. [MSZ]

[91] 丘 persona nomo de Konfuceo. Tiu esprimmaniero estus signo de manko de respekto por la Majstro. Iuj konjektas, ke Zhang Wuzi tiele diras pri si mem [MSZ].

[92] Multaj esploristoj konsideras la frazon "Metus··· mallumon" ··· dirita de iu sanktulo.

[93] 丽戎国艾地 Lirong guo Ai di, provinco Ai de lando Lirong, en nuntempa provinco Shaanxi.

[94] 献公 Xian gong, princo Xian (surtrone 676-651 a. K.).

[95] 万 wan, 'dek mil' (10 000), ĉi tie signifas 'multego', same kiel la greka μ υ ρ ι άς (myriás, el kiu devenas la Esperanta 'miriado'), kun sama signifo kaj sama uzo. [MSZ].

[96] 使同乎我与若 Shi tong hu wo yu ruo. Tiu frazo estas memkontraŭdiro. Logike ne povas ekzisti tia homo, ĉar opinioj diferencas inter mi kaj vi. Ĉu estas allasebla tia kontraŭdiro por tiu, kiu rigardas ĉion prava? (Aldono de la redaktinto: Fakte, se tiu kvara frazo estu konsiderata logika memkontraŭdiro, la tria jam devas esti prenata por ĝi. Tio tamen – de praktika vidpunkto – estas ne tiel kontraŭdira. Ofte oni renkontriĝas kun situacio, kiam iu diras al ni: «Vi ambaŭ (parte) pravas – kaj vi, kaj vi (parte) pravas». Tial mi prefereble ŝanĝus la sekvontan parton de la traduko en: "li estas sama je opinio kaj kun mi, kaj kun vi". Tio ankaŭ rememorigas la kvaraspektan diskuton de tezoj ĉe buddhistoj (catuṣ-koṭi), kaj la sepopan diskuton ĉe ĝinistoj (sapta-bhaṅga). [MSZ]).

[97] 天倪 Tian ni, laŭvorte - Ĉiela rigardo.

[98] 曼衍 manyan, laŭvorte - senlima etendiĝo

[99] 是 shi, jeso, praveco; 然 ran–tia, tiel

[100] 年 nian , jaro, vivdaŭro. Mi komprenas ĝin kiel "tempo" .

[101] 无竟 wujing, sen limo. Mi komprenas tiun frazon kiel neniigon de "limo" , kiu distingas aĵojn. Unu el ŝlosilaj vortoj ĉe Zhuangzi estas 'Sen limo' , t. e. infinito 无限 wuxian.

[102] 网两 wangliang, ombreto, formiĝanta ĉirkaŭ ombro, do per si mem dependanta de la ombro. [103] 庄周 Zhou estas nomo de Zhuangzi.

[104] 物化 wuhua, aliiĝo, transformado.

[105] 名 ming, fameco, honoro, gloro.

[106] Mi tradukas laŭ litere: 督 du signifas kontroli kaj direkti. 缘 yuan havas signifon interrilateco. Iuj esploristoj konsideras 缘督 kiel observadon de natura vojo.

[107] Estas ne sciate, kiu estas la reĝo. Iuj supozas, ke li estis reĝo de Liang 梁惠王 Liang Hui wang, aliaj – reĝo de Wei 魏惠王 Wei Hui wang.

[108] 害、向、驕 huo, xiang, huo –, ĉiuj ideogramoj estas onomatopeoj. Vivi libere estas movi sian korpon libere, nature kaj muzike. Por tio necesas ĉiutaga trejnado, kiun Zhuangzi ne rigardas 人 为 的 renweide 'artefarata'. Tiu libereco kaj natureco je movo estas atingebla nur per kutimo.

[109] 桑林 Sang Lin (danco de 'Morusa Arbaro') estas nomo de muzikaĵo de reĝo Tang, fondinto de dinastio Shang, kontinuata en regno Song. 经首 Jingshou estis muzikaĵo pri leviĝanta suno, de reĝo Yao 尧 aŭ de Flava Imperiestro.

[110] 族 zu, nodaĵo, kie koncentriĝas membroj.

[111] 公文轩 nomo de iu Song-ano.

[112] 右师 youshi, titolo de eduka oficisto en regno Song. [113] Laŭ mi, la ekskonsilisto volas diri, ke pli bone estas vivi sendepende en povreco, ol servi kiel altranga oficisto senlibera. Se nutrata en la kaĝo, oni devas akcepti ajnan punon, kiel donacon de la Ĉielo. Eble, li ne plaĉis al superulo, do estis hakpunita je unu kruro. Kaĝo estas simbolo de malliberejo, en kiu estas donita la nutraĵo sed ne donita la libera.

[114] 秦失 ermito el regno Song [MSZ].

[115] Iuj esploristoj rigardas la frazon 其 人 qiren,, malbona, kaj amendas ĝin per 至 人 zhiren, tradukante: "Mi taksis Laozi la Pleja Homo." Aliaj prenas ĝin por "liajn homojn", ĉar daŭras sama uzado 其子 qizi (liaj filoj), 其母 qimu (liaj patrinoj). Mi sekvas la duan aliron.

[116] 帝之县解 Dizhi xian jie, Cheng Xuanying interpretis la frazon kiel "natura malligiteco".

[117] Troviĝas diversaj interpretoj de tiu paragrafo. Iuj konsideras 指 (fingron) por 脂 (graso). Laŭ mia kompreno, la fajro de Laozi ne forkonsumiĝos, eĉ se la disĉiploj degeneras.

[118] Yan Hui 颜回 (521-490 a. K.), la plej amata disĉiplo de Konfuceo; Zhong Ni (ankaŭ skribata: 'Zhongni') 仲尼 – publika nomo de Konfuceo (551-479 a. K.).

[119] Konforma reĝo devus esti tiatempa duko de Chu 出公 (Chu-gong) – do la duko laŭnome Zhe (辄), surtrone 492-481 a. K.

[120] 知 zhi, 'scio', 'intelekto'; ĉi tie: 'saĝo'.

[121] 名 ming, 'nomo'; ĉi tie 'renomo'.

[122] 札 zha, 'lignopeco uzata por skribado'. La ideogramo ofte estas anstataŭigata de esploristoj per 轧 zha. Mia traduko apogas sin sur origina 札 zha.

[123] 绳墨之言 sheng mo zhi yan, 'strikta vorto, kiel mezurata per tuĉŝnura linio'.

[124] 仁义 ren-yi, 'bonvoleco kaj justo' –terminoj uzataj de konfuceanoj, kiel esprimo de la plej alta virto.

[125] 淄人 zi ren, 'plago al homoj'.

[126] Iuj interpretas paragrafon kiel flatadon, la aliaj – kiel deziron kritiki. Ĉiuokaze estas skribite, kiel vana estas la pozicio de konsilisto al tirano.

[127] Jie 桀, tirano, lasta reĝo de dinastio Xia. Zhou 纣 – tirano, lasta reĝo de dinastio Yin. Guan Longfeng 关龙逄 – subulo de Jie, Bi Gan 比干 – onklo de Zhou laŭ patro.

[128] 人之民 ren zhi min; ambaŭ mortigitoj ne estis reĝoj, do popolo ne estis sia.

[129] Yao 尧 kaj Yu 禹, sanktaj reĝoj. 丛 Cong, 枝 Zhi, 胥敖 Xu'ao kaj 有扈 Youhu, – nomoj de malgrandaj landoj.

282

[130] 礼 li, decreguloj, ankaŭ tradukitaj kiel 'etiketo', 'ceremonioj', 'ritualoj', k.a. [MSZ]

[131] 之 zhi. Iuj esploristoj prenas ĝin por "persvadi [la reĝon de Wei]". Sed mi prenas ĝin por "fasti". Konfuceo ĉi tie donas al "fasto" ne religian signifon, sed pli filozofian aŭ moralan, kiel "sinpurigo" 戒洁.

[132] Ĉjio 气 (ĉine: qi, japane ki, koree gi, vjetname: khí), aero, spiro. Laŭ la vortaro de Wang Chongfang: ĉjio, abstrakta koncepto rilatanta al la homa subjektiva spirito aŭ al la plej elementa substanco en la universo. (Aldono: Ĝi respondas al hindia (sanskrita) pr ā ṇa, greka pneŭma (π ν ε ῦ μ α), hebrea (Biblia) ru' aĥ (רוּחַ), élan vital de Bergson, energio de certaj posteuloj de Einstein. Estos ĉi sube skribita per majusklo, se ne temas pri unu el pluraj ĉjioj, elementaj energioj de la naturo. [MSZ])

[133] 虚 xu, malpleneco, nenieco. Estas notinde, ke la aŭtoro prezentas gravajn konceptojn de taoismo (akceptitajn poste ankaŭ per zen-budhismo) per la buŝo de Konfuceo.

[134] 无门无毒 Wu men wu du. "Sen pordo estos senvenene". Esploristoj konfuziĝas antaŭ la esprimo, kaj trovas diversajn interpretojn. Mi prenis la pordon kiel limon apartigantan.

[135] 坐驰 zuochi .Oni komprenas tiun esprimon kiel "korpo sidas, sed koro kuras." Mi prenas ĝin alie, por deziro fari maleblon.

[136] 禹 Yu, 舜 Shun, 伏羲 Fu Xi estis antikvaj reĝoj. Probable, ankaŭ 几蘧 Ji Qu, sed ne konstatebla. Iuj konsideras, ke Ji Qu estas Suiren 燧人 .

[137] 散 san, Mi prenas tiun vorton por 散漫 sanman, manko de koncentriĝo.

[138] 梁子高 Liang Zigao, parenco de princoj 昭 Zhao (515-489 a. K.) kaj 惠 Hui (488-432 a. K.) de regno Chu.

[139] Iuj esploristoj tradukas la frazon alie: "Se tiel, eblos konservi vin nedifektita."

[140] Troviĝas diversaj interpretoj pri la frazo. Iuj komprenas, ke kolero estiĝas pro ruzaj vortoj. Aliaj prenas koleron por kolero de reĝo. Mi prenas la vortojn 言 yan kaj 辞 ci por flatado kaj rezonado, konvena nur por sia flanko.

[141] 此其难者 Ci qi nan zhe. Iuj aldonas demandsignon, tradukinte: "Ĉu tio estas malfacila?" Ĉi tie oni povus demandi: Kiel kompreni la prezentadon de Konfuceo en la libro de Zhuangzi? Nur ensorbas ĝi la konfuceismon? Aŭ adoptas al si partojn de konfuceismo? En ĝi Konfuceo kreskas, konforme al taoismo. Verŝajne, ĉi tie videblas sinkretismo, malgraŭ ke Zhuangzi kritikas ĉiam konfuceismon, konsiderante sian ideon de Tao pli alta.

[142] Yan He 颜阖 estis Lu-ano, samtempulo de Konfuceo. Duko (gong 公) Ling 灵公 (Ling gong) estis surtrone 534-493 a. K. Kronprinco Kuai Kui 蒯聩 (庄公 Zhuang gong, 480-478 a. K.) surtroniĝis preninte la tronon de sia filo Zhe 辄 (出公 Chu gong, 492-481, 477-456 a. K.).

[143] Qu Boyu 蘧伯玉 , granda oficisto de regno Wei, pri kiu estas skribite en Analektoj de Konfuceo, ĉap. 18: "Wei Linggong". Konfuceo alte taksis lin pro lia saĝeco. Tiu paragrafo povas esti konsiderata daŭrigo de Analektoj.

[144] 入出 ruchu. Laŭ mi "eniro kaj eliro" ĉi tie signifas same, kiel "iri tro profunden". "Eliri" estas samkiel "flatadi" aŭ "elmontri sin". En akordiĝo kunestas danĝero de flatado. Aŭtoro avertas tion.

[145] 曲辕 Qu Yuan, lokonomo.

[146] 栎社 Lishe, sanktejo, kiu faris kverkon dieca, aŭ kverko mem estis adorata kiel la ejo sanktigita. Mi prenas la lastan.

[147] 围 wei, "ĉirkaŭo", malnovĉina nepreciza mezurunuo de perimetro (cirkonferenco) de rondigitaj aŭ kvadrataj objektoj. Unuavice 1 wei egalis al perimetro de objekto diametre dika je 2 chioj kaj egalis al 3.14 (aŭ π) da 2 chioj. Dum la epoko de Zhuangzi estis po de 22 ĝis 23.1 cm unu chio, do 1 wei de 138 ĝis 145 cm. En postaj epokoj ĝia valoro fojfoje ŝanĝiĝis kaj ĝi povis egali aŭ al 'perimetreto' de objekto diametre dika je 1 chio, do al ĉ. 70 cm; aŭ al "brakumo" de ĉ. 2.5 chioj diametre, do ĉ. 180 cm, t.e. ĉ. 8 chioj perimetre (tiam egalinta al 1 reno, klafto, "brakospano"); aŭ eĉ al perimetro de unu "staloloko" de 10 chioj, ĉ. 220-231 cm (tiam ĝi egalis al 1 zhango). Nuntempe ne uzata. [MSZ].

[148] 南伯子綦 Nanbo Ziqi, sama homo kiel 南郭子綦 Nanguo Ziqi. 商之丘 Shang zhi qiu, estis en la (preskaŭ samnoma: Shangqiu) ĉefurbo de regno Song. Ĝi estis en nuna provinco Henan (河南). Sed en nuna urbo Shangqiu 商丘 ne troviĝas iu-ajn monteto, kiam mi vizitis ĝin en 2018.

[149] 神人 Shen Ren. Ĉi tie estas skribite, ke la grandeco de Dieca Homo kuŝas en senutileco laŭ ordinara mezurilo. Koncepto de Dieca Homo estas tute alia ol moderna utilismo.

[150] Temas pri tuto kaj partoj. Ĉiu parteto ne povas esti elstara aŭ utila. Sed gravas, ke ekzistas la tuto, per kiu troviĝas iu homo, sentanta feliĉon. Malgraŭ ajnaj malbelaj partoj, estas sufiĉe, se la tuto donas al iu feliĉon. Spite ke mezurilo de utileco estus adaptebla al iu parteto en iama mallonga tempo, ĝi ne sufiĉas mezuri valoron de la tuta ekzistado. Mem la ekzistado estas grava. Do laŭeble longa ekzistado estas plej bona en taoismo. Dieca Homo estas tiu, kiu atingis la tian vidpunkton kaj praktikas en la vivo.

[151] 荆氏 Jingshi. Lokonomo ne konata, eble fikcia. [MSZ]

[152] 把 ba, "manpleno", "tenilo" aŭ "fasko". Verŝajne la Tradukinto komprenas la ideogramon kiel zha 拃 "spano" (rara, nepreciza mezurunuo de longo, de ĉ. 7 cunoj po 2.4-2.7 cm unu, do de ĉ. 16.8 ĝis 18.9 cm dum la epoko de Zhuangzi). [MSZ]

[153] 围 wei, "perimetro", aŭ klafto (= "brakospano"), mezurunuo de longo de nekonata valoro. Iuj opinias, ke 1 wei egalas al 3 aŭ 4 chioj (po 22 ĝis 23.1 cm unu, do sume ĉ. 66-69.3 cm aŭ 88-92.4 cm), aliaj – ke al 8 chioj (do ĉ. 176-184.8 cm), aŭ eĉ al 10 chioj (do ĉ. 220-231 cm). Tiamaniere arbo dika perimetre je 3-4 wei, estus dika diametre de je ĉ. 63-118 cm ĝis je ĉ. 210-294 cm, tiu dika perimetre je 7-8 wei estus dika diametre de je ĉ. 147-235 cm ĝis je ĉ. 490-588 cm. [MSZ].

[154] Ĉar ili evitas morton ĉe la Festo.

[155] 五管 wuguan, kvin "truoj" – kvin organoj de sensa percepto: okuloj 目 mu, oreloj 耳 er, nazo 鼻 bi, buŝo 口 kou, kaj koro 心 xin, per kiu eniras sentoj (ĉe aliaj aŭtoroj la kvina estas haŭto 皮 pi aŭ lango 舌 she). Vidu finon de la ĉapitro 12 "La Ĉielo kaj la Tero" 天地. [MSZ]

[156], 钟 zhong, rara mezurunuo de volumeno de sekaj produktoj, de nekonata valoro; laŭ iuj 1 zhongo egalas al 1 barelo, = 6 斛 hu kaj 4 斗 dou, kaj, egalas al ĉ. 124 litroj.

[157] 又况支离其德者乎 You kuang zhi li qi de zhe hu. Kompreni tiun frazon estas malfacile. Mi prenas ĝin signifanta, ke la handikapulo ('sentaŭgulo') je virto estas tiu, kiu ne povas vivi laŭ ordinara mezuro de 'virto'. En la pensmaniero de Zhuangzi pri 'utileco de sentaŭgulo' 无用之用 wuyong zhi yong, videblas la profunda amo al mizeruloj. Iuj esploristoj komprenas 'virton' kiel konfuceismecan.

[158] 接与 Jie Yu, lia familia nomo estis: 陆 Lu, persona nomo: 通 Tong. 狂 kuang, sankta frenezulo, samkiel "jurodivij" en Rusio. La paragrafo estas sama, kiel en Analektoj, ĉ. 18: "Weizi". Zhuangzi disvolvas sian ideon surbaze de Analektoj, kvazaŭ taoismo estus iuspeca daŭrigo de konfuceisma kanono.

[159] 凤 feng. Multaj esploristoj opinias, ke la "Fenikso" estas Konfuceo. Se tiel la teksto devus esti laŭdado de Konfuceo, malestimata de tiamaj landestroj pro neutileco. Zhuangzi kompatas ne nur handikapulojn, sed ankaŭ superfluulojn, ignoritajn de samtempuloj.

[160] 趋 qu, Laŭ tiama decregulo oni devas kuri etpaŝe antaŭ superuloj, aparte en kortego.

[161] 王骀 Wang Tai, fikcia nomo. Tai signifas stultan ĉevalon.

[162] 常季 Chang Ji, disĉiplo de Konfuceo el regno Lu.[MSZ]

[163] Starigo de unusola personeco estas grava por ĝustigo de ĉirkaŭaĵoj. Li, starante senmove, povas fariĝi spegulo por ke la aliaj reflektas sin mem kaj per si mem. Pro tio Konfuceo ĉi tie taksas alte la personecon de Wang Tai. Interalie, proverbo diras: "Fluanta akvo estas pli pura ol staranta senmove." Estas notinde, ke el la vidpunkto de "taoismeca" Konfuceo, ĉi tie estas taksata la akvo, staranta senmove."

[164] 九军 jiu (9) jun, ĉirkaŭ 108000 soldatoj. Unu armeo konsistis el 12000 soldatoj.

[165] 六骸 liu (6) hai, ses membroj de la korpo–brakoj, gamboj k. a.

[166] 申徒嘉 Shentu Jia, saĝulo en regno Zheng.

[167] 子产, 公孙侨 Zi Chan, Gongsun Qiao (585?-552? a. K.), fama ĉefministro de regno Zheng. 伯昏无人 Bohun Wuren (jam menciita) estas konsiderata, kiel fikcia persono. Sed li aperas ankaŭ kiel instruisto de Liezi 列子.

[168] 状 zhuang, ekspliki pri plendletero aŭ akuzletero en juĝejo.

[169] 命 ming, fatalo, sorto, aŭ ordono de la Ĉielo.

[170] 羿 Yi, Legenda pafarkisto. Laŭ mi, la frazo aludas pri neevitebleco de puno al ĉiuj vivantoj en la mondo.

[171] 游 you, ludi kaj vagi. Aŭtoro esprimas la interrilaton de nobluloj per tiu vorto "ludi".

[172] 至人 Zhi Ren, Tiu, kiu atingis la plej altan.

[173] Iuj esploristoj prenas la verbon 刑 xing por esprimo de pasinteco kaj tradukas jene: "La Ĉielo punis". Sed mi prenas ĝin por esprimo de estonteco, konsiderante, ke 'nur hakite je piedoj oni estos liberigita el de antaŭjuĝo al handikapuloj.' [174] 哀公 Ai gong (surtrone 494-467 a. K.)

[175] 哀骀它 Aitai Tuo, nomata ankaŭ "Malbelulo Ta", probable fikcia persono. [MSZ] [176] 翣 sha, Ĉerko de mortinto estis ornamita per ĉevala felo.

[177] 取妻者止于外不得复使 Qu qi zhe zhi yu wai bu de fu shi. Diversaj estas opinioj pri la paragrafo. Iu tradukas: "Li servas ekster la palaco, ne bezonas servi en la palaco." Iu alia tradukas: "Li servas ekster la palaco, kaj ne estas sendota pli al danĝera misio." Tria traduko jenas: "Estas permesate, ke li tranoktu hejme, kaj ke li ne bezonas dormi nokte en oficejo."

[178] 才 全 caiquan, Mi prenas la vorton por talento, harmonie sekvanta al ĉio okazanta. En unu ruslingva traduko estas uzataj vortoj: "целостные способности"(legu: [celostnyje sposobnosti]).

[179] 德不形者、物不离也 De bu xing zhe, wu bu li ye. Signifo estas, ke laŭ naturo ĉio moviĝas en ordo, sen interveno de artefarita ago de virtulo. Simila esprimo videblas en ĉap. 21: "Tian Zifang" 田子方："至人之德也、不修而物不离焉" "zhi ren zhi de ye, bu xiu er wu bu li yan." Sed tie la frazo estas dirita ne per buŝo de Konfuceo, sed de Laozi. Tia miksiĝo de ambaŭ filozofoj oftas en la verko de Zhuangzi.

[180] 闵子 Minzi, 子骞 Zi Qian, disĉiplo de Konfuceo, pli juna ol Konfuceo je 15 jaroj.

[181] 南面 nanmian, Reĝo sidas antaŭ subuloj, kun vizaĝo direktita al sudo.

[182] Fakte, la duko Ai preferas subulon, kiel Aitai Tuo-n, ol Konfuceon. Tiel do Konfuceo forlasis regnon Lu por vagadi aliajn landojn. Mozi 墨子 avertas (en la 1-a ĉap. 亲士 "Qinshi" "Estimo al personeco"), ke estro havu kritikeman subulon, nesimilan al Aitai Tuo.

[183] 卫灵公 Wei Linggong (surtrone 534-493 a. K.).

[184] 齐桓公 Qi Huangong (surtrone 685-643 a. K.).

[185] 天鬻 Tian yu, signifas, ke la Ĉielo nutras homojn.

[186] 情 qing, sensa afekcio. Zhuangzi konsideras naturon grava, do estas kontraŭdire, ke li neglektas ĉi tie 'senson'. Li ekskludas egoismecan senson el "natura senso'.

[187] 是非 shi-fei, jesado kaj neado, praveco kaj malpraveco, aprobo kaj malaprobo.

[188] 坚白 jian-bai, dureco kaj blankeco, unu el la gravaj temoj ĉe ĉinaj sofistoj, kiel Gongsun Long.

[189] 天 Tian. Multaj esploristoj komprenas la Ĉielon kiel naturon 自然 ziran.

[190] 养 yang. Mi komprenas tiun vorton kiel "disvolviĝon" laŭ naturo.

[191] 真人 Zhen Ren. La vorto, uzata de Zhuanzi, ne videblas en Analektoj kaj Mozi. Ili uzas la vorton 圣人 sheng ren (sanktulo) ofte. Ankaŭ Zhuangzi poste uzas ĝin (Sankta Homo) anstataŭ 真人 Zhen Ren.

[192] 众人 zhong ren, t. e. ordinaraj homoj.

[193] Multaj esploristoj amendas la ideogramon 志 zhi (aspiri) per 忘 wang, (forgesi), sed mi obeas al originalo.

[194] 爱 ai, Ĉe Mozi, tiu vorto havas la plej gravan koncepton. Zhuangzi preferas senkonscian laŭnaturan bonfaron. Mozi inklinas al altruismo, Yang Zhu – al egoismo, Zhuangzi – al naturo.

[195] 乐通物，非圣人也 Le tong wu, fei Sheng Ren ye. Estas malfacile kompreni la frazon 通物，mi prenas tion por scikoni aĵojn.

[196] 亡身不真 Wang shen bu zhen. Teni veron aŭ honestecon (保真 bao zhen) laŭ taoismo signifas teni naturon.

[197] 狐不偕、 务光、伯夷、叔齐、箕子胥余、纪他、申徒狄 – legendaj justuloj en antikva Ĉinio. Preskaŭ ĉiuj el ili mortigis sin mem. Hu Buxie ĵetis sin en la riveron, ne akceptante tronon, kiun Yao volus transdoni al li. Wu Guang mortigis sin en la rivero, proponite de Tang ricevi la tronon. Bo Yi kaj Shu Qi malsate mortis, protestante al uzurpo pere de Wu. Jizi Xu Yu fuĝis de tirano Zhou kaj feŭdita al Koreio. Ji Tuo, kaj Shentu Di estis ermitoj en la epoko de dinastio Shang kaj mortigis sin, timante surtroniĝi post Tang. Tiel do Zhuangzi ne estimas sinmortigintojn.

[198] 适人之适、而不自适其适者也 Shi ren zhi shi, er bu zi shi qi shi zhe ye. Sama frazo troviĝas en ĉap. 8: "Palmopiedulo" 骈拇.

[199] Esploristoj inklinas preni la frazon daŭrigo de parolado pri la Vera Homo. Sed laŭ mia opinio, tio kontraŭus al vidpunkto de taoismo. En la paragrafo estas prezentitaj la vidpunktoj de legalismo (punjuĝo), konfuceismo (decreguloj), mohismo (scio). Ĉiuj ideoj apartenas al "farado" 有为 youwei, ne al "ne-farado" 无为 wuwei.

[200]　卓 zhuo, Iuj konsideras tiun ideogramon signifanta "Grandan Taon", aliaj – prapatron de ĉielo kaj tero.

[201] 真 zhen Vero, Esploristoj komprenas tiun ideogramon kiel 道 Dao "Vojon = Taon". [202] 大块 dakuai. La vorto estas konsiderata egala al naturo 自然 ziran. En ĉap. 2: "Unueco de aĵoj" 齐物论 aperas la vorto en la frazo: 大块噫气。 Dakuai yiqi, "La Granda Glebo ruktadas".

[203] 山 shan. Suferigas la vorto esploristojn. Iuj prenas ĝin por fiŝkapta reto 汕.

[204] Okulfrapas la ideogramo 犯 fan, "akiri per krimo". La esprimo mistera, ĉar tiam ankoraŭ ne estis sciate pri koncepto de "prapeko" de kristanismo.

[205] 情、信 qing, xin – natura sento kaj kredo= nevidebla interna funkcio; 为、形 wei, xing – farado kaj formo = videbla ekstera fenomeno.

[206] 太极 Taiji, Laŭ ĝenerala opinio, 太极 estas "aerospaco malplena kaj ĥaosa antaŭ ol naskiĝo de la Ĉielo kaj la Tero". (Aldono: Spite la opinion de la Tradukinto, pri la signifo de Taiji, nocio venanta de La Klasikaĵo de Ŝanĝiĝoj 易经 Yijing, kaj tre grava filozofia koncepto por taoistoj kaj konfuceanoj de postaj epokoj, ekzistaj multaj, treege diversaj opinioj inter esploristoj. Vidu ankaŭ la sekvantan piednoton. [MSZ])

[207] 六极 liuji, ses fundoj estas "kvar direktoj de la Ĉielo kaj la Tero" (东西南北 dong-xi-nan-bei: oriento, okcidento, sudo kaj nordo) al kiuj oni devas aldoni 'la supron' [aŭ 'la superon'] 上 shang kaj 'la subon' 下 xia, aŭ la Ĉielon kaj la Teron 天地 Tian-Di, mem. Estas notinde, ke ĉi tie kaj 'firmamento', kaj 'fundo' estas tradukoj de la sama vorto: 极 ji, en aliaj lokoj de Zhuangzi tradukita kiel 'limo' aŭ 'polo', aŭ 'apogeo'. [MSZ])

[208] 豨韦 Xiwei – unu el la plej antikvaj reĝoj. [MSZ].

[209]　挈 qie = 契 qi. La verbo signifas: "trakti, tiri, kontrakti". Okulfrapas la uzado de tia ideogramo por esprimi la koncepton de la komenco de interrilatoj inter homoj kaj la Ĉielo.

[210] 伏羲 Fu Xi 伏羲 Fu Xi – legenda reĝo, kreinta la mondon.

[211] 气母 qimu, fundamento de Ĉjio (aero, spiro), la plej elementa substanco de la universo.

[212] 堪坏 Kan Huai, nomo de dio de montoj Kunlun 昆仑山脉 Kunlun shanmai, kun homa vizaĝo kaj besta korpo.

[213] 冯夷 Ping Yi, nomo de dio de la Flava Rivero 黄河 Huang he.

[214] 肩吾 Jian Wu, nomo de dio de monto Tai 泰山 Tai shan.

[215] 黄帝 Huang Di , legenda reĝo de Ĉinio.

[216] 颛顼 Zhuan Xu, nepo de Huang Di. 玄宫 Xuangong, "Malluma Palaco" signifas la nordan palacon.

[217] 禺强 Yu Qiang, dio de akvo kun homa vizaĝo kun birda korpo.

[218] 西王母 Xi WangMu , legenda feino, loĝanta sur okcidenta monto nomata 少广 Shaoguang.

[219] 彭祖 Peng Zu, legenda longevivulo. 五伯 Wu Bo, estis kvin potencaj monarĥoj en la Epoko de Printempoj kaj Aŭtunoj.

[220] 传说 Fu Yue, vasalo de la reĝo Wuding 武丁 el dinastio Yin 殷 . Laŭ legendo, li post la morto fariĝis stelo. 东维 Dongwei kaj 箕 · 尾 Ji –Wei estas nomoj de stelaroj, laŭ Graham – Sagitario kaj Skorpio.

[221] 南伯子葵 Nanbo Zikui = 南伯子纂 Nanbo Zizuan = 南郭子纂 Nanguo Zizuan – filozofo de regno Chu. 女偊 Nv Yu (Iu kosideras tiun virino), 卜梁倚 Buliang Yi – eble fikciaj nomoj.

[222] Ideogramo 吾 wu: mi prenas tiun ideogramon ne por "mi", sed por "ni", t. e. ili instruas unu la alian. Mi vidas, ke ĉi tie ideogramo 我 wo estas uzata kiel "mi" kaj 吾 wu – kiel "ni".

[223] 撄宁 yingning, La signifo de 撄 ying estas "aliro", "tuŝo", "alproksimiĝo inter kotraŭaĵoj". En Mozi estas skribite: 撄, 相得也。Ying, xiang de ye. (ĉap. 32: 经上 Jing shang, "Kanonoj kaj eksplikoj – A", 68)

[224] 副墨 Fumo, 洛诵 Luosong, 瞻明 Zhanming, 聂许 Niexu, 需役 Xuyi, 于讴 Yu' ou, 玄冥 Xuanming, 参寥 Canliao, 疑始 Yishi. Tiuj nomoj estas personigoj de filozofia evoluo. Lasta vorto 疑始 Yishi, tiras atenton, kial estas uzata la ideogramo 疑 yi, (duba, suspekta, necerta, nesolvebla). Laŭ mia opinio, tio, probable, rilatas al filozofio de taoismo, konsideranta la komencon nesciebla.

[225] Ĉiuj nomoj estas fikciaj.

[226] 造物者 Zaowuzhe. Tiu termino, estos uzata poste por la traduko de "Dio" ("la Kreinto") en ĉinlingva Biblio.

[227] 阴阳 yin-yang; jino-jango. Ili estas la du kontraŭaj (polusaj) elementoj de la naturo, energioj de la Ĉielo kaj la Tero, nome jino – la virinseksa aŭ "negativa" (akceptanta, absorbanta, fariĝanta, kalmanta, kaŝanta, sombra, humida, ripozeca, Tera) kaj jango – la virseksa aŭ "pozitiva" (donanta, influanta, iganta, instiganta, malkovranta, luma, seka, aktiveca, Ĉiela). 气 qi aŭ ĉjio – estas (ilia) energio. [MSZ]

[228] 形 xing, t. e. korpo.

[229] 镆鋣 Moye estis fama glavo, dediĉita al la reĝo de Wu, Helv (surtrone 514-496 a. K.).

[230] Ĉiuj nomoj estas fikciaj, kvankam la nomo de Mengzi Fan 孟子反 aperas en la ĉap. 6 雍也 "Yongye" de Analektoj.

[231] Same kiel membroj de korpo en unu homo, ĉiuj, ne konsciante unuj pri aliaj membroj, funkcias harmonie kun ili en unu organismo de homa korpo.

[232] Iuj esploristoj prenas la subjekton por Zigong.

[233] 方 fang, mi komprenas la ideogramon kiel ekzistantan socian sistemon.

[234] 一气 yiqi. Ĉjio (qi) estas spiro, pneŭmo aŭ aero, sed ĝi iam havas signifon de "elemento, atomo".

[235] 丘天之戮民 Qiu Tian zhi lu min. La esprimo estas atentinda. Ne sciate, kiu konsideris Konfuceon tia, ĉu taoistoj aŭ Konfuceo mem? Antaŭe en la 5-a ĉap. 0503 Wuzhi diris, ke Konfuceo estos punita de la Ĉielo.

288

[236] 无事而生定 Wu shi er sheng ding. Eblas traduki: "La vivo iĝas stabila, se homo nenion faras."

[237] 道术 Dao shu. Restas demando, ĉu la arto de Tao estas farado aŭ nenionfarado?

[238] 畸人 ji ren laŭvorte 'homo ekster limo', t. e. superflua homo, ruse лишний человек (legu: [liŝnij ĉjelovjek]). 畸 ji estis origine superflua tero, ekster naŭona reĝimo 井田 jingtian. (Laŭvorte: "put-tero" – terpeco kultivata, kiu estis dividita en naŭ egalajn kampojn: ok eksteraj por kultivado fare de ok kamparan-familioj, kun kuna paŝtejo kaj kuna puto meze, en la na ŭ a. [MSZ])

[239] 天之小人、人之君子；人之君子、天之小人 Tian zhi xiao ren, ren zhi jun zi; ren zhi jun zi, Tian zhi xiao ren. Ŝajnas taŭtologio. Iuj esploristoj konjektas, ke la lasta farzo devus esti: "La Ĉiela noblulo estas homa malgrandulo" 天之君子，人之小人 (王先谦，马叙伦)

[240] Mozi asertis simpligon de funebro, sed konfuceanoj kontraŭis. Ĉi tie, laŭ Zhuangzi, Konfuceo mem laŭdas simpligon de funebro, spite tradician konfuceismon.

[241] 造适 zaoshi. Mi prenas tiun vorton kiel artefarata sinteno. En tiu rakonto al Yanhui 颜回, Konfuceo estas ŝanĝita en predikanton de papilia sonĝo, t. e, en Zhuangzi-on.

[242] 意而子 Yi Erzi estas fikcia nomo. 许由 Xu You, en ĉi tiu verko ofte aperas kiel ermito rifuzinta heredon de la trono, cedota de la reĝo Yao 尧.

[243] 无庄、拠梁 Wu Zhuang, Juliang – nomoj de legendaj personoj: belulino kaj fortulo.

[244] 此所游已 Ci suo you yi. Iuj esploristoj tradukas la frazon: "Ĉi tie mi (Xu You) ludas." Sed mi prenas la Majstron-Taon kiel la subjekton.

[245] 坐忘 zuowang. Poste zen-budhismo 禅宗 chan zong heredis tion kiel la plej gravan metodon por meditado.

[246] 大通 Datong. Poste en Huajnanzi, ĉap., 览冥篇 Lanming, estos uzata tiu vorto.

[247] 化则无常 Hua ze wu chang. En ĉi tiu fragmento troviĝas ĉefaj konceptoj de posta zen-budhismo. Tio signifas, ke zeno heredis gravajn ideojn el Zhuangzi. Notinde, ke tiuj konceptoj, similaj al zeno, estas diritaj de 'konfuceanoj' en la teksto de Zhuangzi.

[248] Tio estas, probable, la krio de Zhuangzi mem, vivanta en la ekstrema malriĉo.

[249] En la ĉap. 2: "Unueco de aĵoj" 齐物论 jam aperis ĉi tiuj du personoj: kvar demandoj de Nie Que 啮缺, serĉanta perfektan scion, kaj kvar agnostikaj respondoj de lia instruisto Wang Ni 王倪. La demando estas ĉirkaŭ la distingebleco de aĵoj laŭ konfuceismo kaj taoismo: pri sameco de aĵoj, pri scio kaj nescio, pri distingo de praveco-malpraveco, pri distingo de profito-malprofito .

[250] 蒲衣子 Pu Yizi, ankaŭ nomata 被衣 Bei Yi, estas konsiderata kiel instruisto de Wang Ni.

[251] 有虞 You Yu estas Shun, la sankta reĝo. Laŭ Sheng Xuanying, 泰 Tai eble povus esti Fu Xi 伏羲, legenda reĝo, pli antikva ol Huangdi 黄帝. Sed multaj esploristoj konsideras tion nesciata.

[252] 而未始出於非人、而未始入於非人 Er wei shi chu yu fei ren, er wei shi ru yu fei ren. Mi prenis la frazon 非人 fei ren (ne-homo) por artefarita homo. Pu Yizi opinias, ke Shun strebis al transformigo de homo en personecon kun bonvoleco, t. e. en ne-homon. Koncernante kion signifas 非人 fei ren, diversas opinioj inter esploristoj. [253] 肩吾、接与 Jian Wu kaj Jie Yu: ambaŭ jam aperis en la ĉap. 1: "Libera

ludvagado" 逍遥遊 . Pri la nomo de 日中始 Ri Zhongshi diversas opinioj. Iuj prenas tri ĉinogramojn por nomo, aliaj – nur du ĉinogramojn: 中始 Zhongshi.

[254] 治外乎 zhi wai hu. Laŭ Zhuangzi sanktulo ne prenas la regmanieron de ĉinaj legalistoj 法家 fajia, malgraŭ ke Han Feizi citadas multe pensmanieron de 'senago', laŭdata de Laozi-Zhuangzi.

[255] 天根 Tian Gen, fikcia nomo. La signifo estas Ĉiela radiko.

[256] 无名人 Wumingren. La signifo estas sennomulo.

[257] 六极 liu ji. En ĉap. 6: "Granda respektinda instruisto" 大宗师 , jam estas menciite pri ili. Temas pri limoj de supro, subo, oriento, okcidento, sudo kaj nordo.

[258] 无何有之乡 Wuheyou zhi xiang. Tiu frazo aperas en la fino de la unua ĉapitro. [259] 阳子居 Yang Ziju. Tradicie esploristoj konsideras lin sama kun Yang Zhu 杨朱 , fama pensulo, kiu agadis post Mozi aŭ samtempe. Lia ideo baziĝis sur la estimo de egoismo.

[260] 老聃 Laozi. Lia familia nomo estis Li 李 , persona nomo estis Er 耳 . Li estis bibliotekisto en regno Zhou 周 , aŭtoro de Dao De Jing 道德经 . [261] 季咸 Ji Xian. Ordinare 巫 wu signifis inon. Vir-aŭguristo estis 觋 xi. Nomo de Xian 咸 estis fama, kiel la plej dieca el dek elstaraj aŭguristoj [vidu: 山海经 , 诅楚文 , 楚辞 Shanhaijing, Zuchuwen, Chuci]. Spite ke multaj esploristoj prenis ankaŭ tiun por vir-aŭguristo, mi prenas tiun por ino.

[262] 列子 Liezi, pensulo de taoismo dum Epoko de Militantaj Regnoj. Estas dirite, ke li vivis post Laozi kaj antaŭ Zhuangzi. Restas la libro, nomata Liezi. La 32-a ĉapitro de la libro Zhuangzi havas la nomon de Liezi, Lie Yukou.

[263] 壶子 Huzi estis konsiderata kiel instruisto de Liezi. Familia nomo – Lin 林 , nomiĝis alie 壶丘子 Hu Qiuzi.

[264] 地文 Di wen, esprimo de trankvila kvieteco.

[265] 正 zhi. Esploristoj inklinas anstataŭigi ĝin per 止 zhi. Mi opinias, ke legeblas per originalo.

[266] 杜德机 du de ji. Mi komprenas ideogramon 德 de kiel naturon.

[267] 衡气机 heng qi ji, ekvilibla stato de animo.

[268] 未始出吾宗 wei shi chu wu zong, fonto, antaŭ apero de mi mem.

[269] 委蛇 weiyi havas diversajn signifojn: 1) moviĝi sinue, 2) malstreĉi, k. a. Mi prenis la duan signifon.

[270] 弟靡，波流 di mi, bo liu. Mi tradukis nur laŭvorte.

[271] 无朕 wuzhen, Iuj prenas la ideogramon 朕 zhen por 迹 ji (postsigno, trajto), aliaj por 兆 zhao (antaŭsigno, omeno). Mi komprenas ĝin kiel 我 wo (mi, "sin mem").

[272] 倏 Shu, 忽 Hu – ambaŭ signifas rapidecon, 浑沌 Hundun – ĥaoson. La ĥaoso, laŭ Zhuangzi, prezentas primitivan unu-tutecon, ankoraŭ ne dividatan nek dispecigitan. La traborado de truoj estas la ago por doni al ĝi la kapablon distingi. En la rakonto kristaliĝas la kerna ideo de Zhuangzi. Japana scientisto, Yukawa Hideki, nobel-laŭreato, skribas en sia rememoro, ke la rakonto donis al li la inspiron por prognozo de mezono 中间子 . [273] 性 xing – "interna naturo de homo", io konforma al denaska ecaro; 德 de "virto"ĉi tie signifas "normalan obeon al naturo aŭ natura leĝo". Laŭ Zhuangzi, virto estas natura esenco, donanta al homoj la rezonon de ekzistado. Jen troviĝas la diferenco inter konfuceanoj kaj taoistoj, rilate al koncepto

290

de virto. Por konfuceanoj ĝi estas iu artefarata moralo, akirebla nur per edukado, per obeo al superuloj. Por mohistoj la virto estas akirebla per kritikado de memo kaj de ĉirkaŭo, t. e. per lukto kaj agado por justo. Konfuceanoj strebis al la estetiko de obeo al la socio, mohistoj – al la estetiko de reformo agado laŭ cirkelo kaj ortilo, taoistoj – al absoluta obeo al naturo, nenion farante.

[274] 五藏 wuzang. Kvin visceroj estas plej ofte: hepato, pulmo, koro, renoj kaj lieno. Laŭ la teorio de kvin elementoj 五行, bonvoleco apartenas al hepato, decreguloj – al koro, fido – al lieno, justo – al pulmo, saĝo – al renoj. (La Tradukinto prenas ideogramon 藏 zang 'tenejo' por 脏 zang, 'interna organo'. [MSZ])

[275] 道德 Daode – ĉi tie ne eblas traduki la vorton per ĝenereale uzata signifo "moralo".

[276] 五色 wu se, kvin koloroj: blua, flava, ruĝa, blanka kaj nigra. [MSZ]

[277] 离朱 Li Zhu, legenda figuro kun akra vido.

[278] 五声 wu sheng, kvin tonoj: 宫 gong–do (C), 商 shang–re (D), 角 jiao–mi (E), 征 zheng–sol (G) kaj 羽 yu–la (A). [MSZ]

[279] 师旷 Shi Kuang, fama muzikisto en la Epoko de Printempoj kaj Aŭtunoj.

[280] 曾参 Zeng Shen, 史鰌 Shi Qiu – disĉiploj de Konfuceo.

[281] 杨墨 Yang-Mo: Yang Zhu kaj Mozi. Estas notinde, ke Zhuangzi ne nomumis sofistojn, sed Yang kaj Mo, kiel disputantojn pri sameco kaj malsameco. Yang kaj Mo ĉi tie estas konsiderataj kiel antaŭirintoj de sofisma skolo.

[282] Multaj esploristoj revizias 正正 zhengzheng per 至正 zhizheng (la plej justa). 性命之情 xingming zhi qing, denaska sento. Iu tradukas la frazon per "inbornnature" (denaska naturo). De ĉi tie la tono de argumento ŝanĝiĝas al agnosko de palmopiedoj kiel estiĝo de denaska naturo.

[283] 三代 san (3) dai, estis tri plej antikvaj dinastioj de Ĉinio: 夏、商、周: Xia, Shang kaj Zhou [MSZ].

[284] 士 shi, rango de oficistoj aŭ militistoj. Sed estis ankaŭ uzata por esprimo de virta personeco.

[285] 伯夷 Bo Yi malsatmortis sub la monto, 首阳 Shouyang, protestante kontraŭ la dinastio Zhou 周.

[286] 盗跖 Dao Zhi, fama ŝtelisto en la Epoko de Printempoj kaj Aŭtunoj. Dong Ling 东陵 situis en urbo Jinan 济南.

[287] 五味 wu wei, kvin gustoj: dolĉa, acida, amara, pikanta kaj sala. [MSZ]

[288] 俞儿 Yu Er, Qi-ano, kuiristo de la Flava Imperiestro, legende fama pro akra sento je gusto, eltrovinto de cinamo kaj zingibro.

[289] 任其性命之情 Ren qi xing ming zhi qing, En tiu senco, Zhuangzi havas komunecon kun Yang Zhu 杨朱, pensulo de egoismo-liberalismo, fragmentoj de kies ideoj restas nur en la taoisma libro Liezi 列子, (Laŭ Philip J. Ivanhoe and Brian W. Van Norden ankaŭ rabisto Zhi el la ĉap. 29 "Rabisto Zhi" 盗跖, prezentas opiniojn yangismecajn. [MSZ]).

[290] Sama frazo estas en la ĉap. 6 "Granda respektinda instruisto" 大宗师, sed mi tradukis diverse laŭ situacioj.

[291] 余愧乎道德 Yu kui hu Dao-de, 道德 Daode, Vojo kaj virto, ne signifas ĉi tie moralon, sed regulojn de ŝanĝiĝo en universo kaj naturo.

[292] 伯乐 Bo Le, familia nomo Sun 孙, persona nomo Yang 阳, alinome – Bo Le. Fama bredisto de ĉevaloj en regno Qin en la epoko de la duko Mu 穆公 Mu gong.

[293] 常性 changxing. Konstanta denaska naturo estas egala al 本性 benxing (vera naturo).

[294] 同德 tongde. Akordiĝo al virto egalas al la ideo "Akordiĝo al la Ĉielo" de Mozi.

[295] 天放 Tianfang. La Ĉielo lasas la popolon fari ion. Mi konjektas, ke liberalismeca ideo de Yang Zhu estas heredita de Zhuangzi.

[296] 至德 zhide. Speciala vortuzo de Zhuangzi signifas ne artefaritan 'moralon', sed 'naturan ordon', laŭ kiu atingeblas la plej bona rilato inter homoj.

[297] 素朴 supu, neartefarita simpleco

[298] Oni ne scias, ĉu ĉi tie kaj ĉi sube temas pri ĝenerala signifo de la "muziko" 乐 yue kaj de la "decreguloj" 礼 li, kiel agado kaj agadformoj, aŭ pri du el la Ses Klasikaĵoj 六经 Liujing, klasikaj aŭtoritataj (sanktaj) libroj (经 jing) de konfuceismo, nomataj mallonge La Muziko 《乐》 kaj La Decreguloj 《礼》. [MSZ]

[299] 牺樽 xizun, vinbareloj uzataj por festado-oferado; 珪璋 guizhang, insignoj de decreguloj uzataj dum ceremonioj pro montri rangojn.

[300] 盗 dao signifas ne ŝteladon, sed oponadon.

[301] 赫胥 He Xu, nomo de antikva reĝo, kiu aperas en la libro Liezi, kiel 华胥 Hua Xu. En Zhuangzi sanktulo estas taksata iam pozitive, iam negative, kiel en ĉi tiu ĉapitro.

[302] 方二千余里 fang erqian (2000) yu li, ĉirkaŭ 810 km2.

[303] 邑 yi, vilaĝo, 屋 wu – domkvartalo, 州 zhou – prefekteco, 闾 lv – bieno, 乡 xiang – kantono kaj 曲 qu – angulo. Yi vilaĝo, konsistis el 12 wu domkvartaloj; lv bieno konsistis el 25 familioj jia 家; zhou prefekteco konsistis el 125 lv bienoj; xiang kantono konsistis el 5 zhou prefektecoj. [MSZ]

[304] 田成子 Tian Chengzi, lia persona nomo estis Heng 恒 aŭ Chang 常, Chengzi estas postmorta nomo. En 481 a. K. la granda oficisto Tian Chang mortigis dukon Jian kaj starigis sur trono lian parencon, dukon Ping. De tiam la familio de Tian Chengzi fakte regis regnon Qi. En 391 a. K., Tian He (posteulo de Tian Chang) detronigis la dukon Kang (posteulon de duko Ping), kaj en 386 a. K., forpelinte Kang al maro, fariĝis oficiale la reĝo de Qi. (Aldono: Tamen la rakonto pri dekdu generacioj montras aŭ la postan redakcion de la teksto, aŭ aldonon, ĉar la historio finiĝas en 209 j. a. K., ĉ. 50-80 jarojn post la morto de Zhuangzi. [MSZ])

[305] Guan Longfeng 龙逢 estis ministro en la fino de dinastio Xia, mortigita de Jie pro kritika admono al li. Bi Gan 比干, onklo de Zhou, estis mortigita de Zhou, kiu volis vidi inteston de la saĝulo. Chang Hong 苌弘, ministro kaj granda oficisto en dinastio Zhou, estis mortigita de la reĝo Jing. Wu Zixu 伍子胥, Chu-ano, granda oficisto kaj strategisto en regno Wu, sinmortigis pro la reĝo Fu Chai, kaj lia korpo estis forĵetita en la riveron. Laŭ mia kompreno, Zhuangzi citas la ekzemplojn de saĝuloj por montri, ke ili mem estis elstaraj je "sia saĝo", lojalaj servantoj al tiranoj kaj mortigitaj pro "sia saĝa" admono.

[306] 五者 wuzhe, laŭvorte: "la kvinopo": sankteco 圣 sheng, kuraĝo 勇 yong, justo 义 yi, saĝo 知 zhi kaj bonvoleco 仁 ren. Tiuj kvin principoj de ŝtelistoj similas al kvin virtoj 五得 wude de konfuceismo:

292

bonvoleco 仁 ren, justo 义 yi, decreguloj (t.e. sanktaj ritualoj) 礼 li, saĝo 知 zhi kaj lojaleco 忠 zhong aŭ fideleco-sincereco 信 xin. [MSZ]

[307] 唇竭则齿寒 Chun jie ze chi han. 鲁酒薄而邯郸围 Lu jiu bo er Handan wei. 竭 jie signifas "leviĝi" kaj "elĉerpiĝi. Lipoj gardas dentojn, do por protekti dentojn devas esti zorgataj la lipoj. La dua proverbo ofte aperas en antikvaj ĉinaj libroj: "Se regno Lu estas atakata pro maldolĉa vino, eĉ la ĉefurbo de regno Zhao estas sieĝata". La vino devus esti pura, sankta. Por klarigo de la frazo troviĝas du diversaj versioj. Unu estas jena: Je la kunveno de estroj de regnoj kaj landoj, iniciatita de la reĝo de Chu, donacis vinon Lu-ano kaj Zhao-ano. Unu estis maldensa kaj la alia estis densa. Servisto de regno Chu, ne ricevinte koruptaĵon de Zhao, ŝanĝis vinojn. Do la reĝo de Chu, preninte la regnon Zhao por donacinto de maldensa vino, atakis la lastan. La alia versio estas jena: regnoj Zhao kaj Chu, estis aliancanoj. Chu ekatakis regnon Lu pro maldensa vino, regno Liang, prenante okazon de militiro far Chu al Lu, ekatakis regnon Zhao.

[308] 培击圣人，纵舍盗贼 Pei ji Sheng Ren, zong she dao zei. Laŭ la vortaro de Shirakawa estas skribite: "盗 dao signifas ĝenerale politikajn emigrantojn, kiuj rifuzis estantan socian ordon de la komunumo kaj postulas la reformon." (Aldono: Pri tiu klarigo, vidu la finan noton de la redaktinto [MSZ]).

[309] La citaĵo venas de Laozi, Dao De Jing, ĉap. 36 老子《道德经》第 36 章 (36 ĉapitro). Traduko de Wang Chongfang.

[310] Vidu ibid., ĉap. 19: 绝圣弃智、民利百倍 . Jue sheng qi zhi, min li bai bei. "Forigu la saĝecon kaj rezignu la sagacon, kaj la popolo havos de tio centoble pli da bono."

[311] 玄同 xuantong, Wang Chongfang Esperantigis la vorton per "la perfekta harmonio". Ambaŭ pensulojn, Yang Zhu kaj Mozi, kritikis ne nur konfuceanoj, sed ankaŭ taoistoj. Tiel malaperis en Ĉinio heredantoj de ideoj yangismo kaj mohismo.

[312] 工 倕 Gong Chui. Legenda metiisto. En tiu ĉi ĉapitro estas kritikata la ideologio de Mozi je la laŭdado de saĝo 尚 贤 kaj tekniko. Kontraŭ tia ignoro de saĝo far Lao-Zhuang 老 莊 disvolvis siajn argumentojn Xunzi 荀子 kaj Hanfeizi 韩非子 .

[313] 容成 Rong Cheng, 大庭 Da Ting, 伯皇 Bo Huang, 中央 Zhong Yang, 栗陆 Li Lu, 骊畜 Li Xu, 轩辕 Xuan Yuan, 赫胥 He Xu, 尊卢 Zun Lu, 祝融 Zhu Rong, 伏羲 Fu Xi kaj 神农 Shen Nong, – ĉiuj estis legendaj antikvaj reĝoj.

[314] En Rusio en la 19-a jc. slavofiloj kritikis okcidentalistojn per la sama logiko, ke la lastaj perdas sian fundamentan terenon, serĉante la saĝon de Eŭropo. Tio estis la plej grava temo de la rusa literaturo – "superflua persono", suferanta pro saĝo.

[315] Cui Qu – fikcia nomo. 藏 cang, multaj esploristoj prenas ĝin por eraro de 臧 zang (plibonigi). Sed ĝi havas signifon "konservi, kontroli" .

[316] 黄帝 Huang Di, 尧 Yao, 舜 Shun, nomoj de legendaj sanktaj reĝoj. 讙兜 Huan Dou, estante subulo de Yao, kontraŭis al li. 三苗 San (3) Miao estis 3 triboj, kontraŭintaj al Yao. 共工 gonggong estis nomo de ofico okupiĝanta pri akvo. 崇山 Chongshan (monto Chong), 三峗 Sanwei, kaj 幽都 You dou (urbo You), estas lokonomoj. Laŭ Shiji 史记 , Historiaj rakontoj fare de Sima Qian 司马迁 ĉap. 1: 五帝本纪 "Wudi benji" "Analoj de kvin imperiestroj", ili fariĝis prapatroj de barbaroj (di 狄 aŭ 夷 yi): 共工 - 北 狄 Gonggong bei-di (nordaj barbaroj Gonggong), 讙兜 - 南蛮 Huang Dou nan-man (sudaj barbaroj Huang

293

Dou), 三苗 - 西戎 San Miao xi-rong (okcidentaj barbaroj San Miao). Aldone ekzistis orientaj barbaroj Jigun– 殂鯀 - 东夷 Jigun dong-yi.

[317] 嚆矢 haoshi, fajrosago signifas antaŭanoncanton. Sed tirano Jie vivis pli antikve ol konfuceanoj, do tiu vorto devas esti simbola.

[318] 广成子 Guang Chengzi, fikcia nomo de iu feo. Iuj konsideras ĝin kiel alinomo de Laozi. 空同 Kong Tong, fikcia nomo de iu monto. La signifo estas "malplena sameco". Iuj opinias, ke la monto reale ekzistas.

[319] 窈窈冥冥，昏昏默默 Yao yao ming ming, hun hun mo mo., Iuj esploristoj komprenas la esprimon kiel "nenion" wu 无. En Dao De Jing de Laozi, ĉap. 21, estas skribite: "Tiel profunda kaj obskura ĝi [Tao] estas, tamen en ĝi estas tenata la subtila esenco." 窈兮冥兮，其中有精 Yao xi ming xi, qi zhong you jing.

[320] 云将 Yunjiang, signifas ‘Generalo de Nuboj’, 鸿蒙 Hongmeng, signifas ‘Fonto de Spiroj’. 扶摇 Fuyao estas sankta arbo, kreskanta ĉe la Orienta Maro.

[321] 天气 Tian-qi, ĉiela spiro, 地气 Di-qi, Tera spiro, kaj 六气 liu qi, ses spiroj (aeroj, ĉjioj). Ses ĉjioj konsistas el jino, jango, vento, pluvo, mallumo kaj lumo: 阴阳风雨晦明 yin, yang, feng, yu, hui, ming. [MSZ].

[322] 玄天 Xuan Tian, Nigra aŭ Malluma Ĉielo. En la komenco de Dao De Jing estas la fama frazo: 玄之又玄、众妙之门 Xuan zhi you xuan, zhong miao zhi men. ("Mistero el la misteroj, la pordo de ĉiuj mirindaĵoj" – trad. de Wang Chengfang)

[323] Problemo de punktado. Mi sekvas la punktadon: 因农以宁。所闻不如农技农矣。 Yin zhong yi ning. Suo wen bu ru zhong ji zhong yi.

[324] 独有 Du you. Unu sola Estaĵo, povanta vagadi laŭ Granda vojo.

[325] 至贵 Zhi gui. La plej kara, t. e. neniu estas pli alta ol li.

[326] Multaj esploristoj konsideras esprimon 于天不助 Yu Tian bu zhu, kiel "ne helpas al la Ĉielo". Ĉi tie "sanktulo" estas traktata ne negative sed pozitive. Multaj esploristoj konsideras, ke ĉi tiu teksto estis skribita de la alia ol en la antaŭa ĉapitro.

[327] En tiu ĉapitro ne estas ignorata la Homa Vojo spite distancon de la Ĉiela Vojo. Diference de antaŭaj ĉapitroj estas alte taksata la sanktulo. Esploristoj konsideras tiun malsamecon kiel ŝanĝon de aŭtoroj. Sed mi ne konsentas kun la opinio, ke ĉi tie troviĝas cedo al konfuceismo. Gravas, ke en Zhuangzi estas starigita la Ĉiela Vojo kiel pli alta ol la Homa. Tiu ideo neniam ŝanĝiĝas. [328] Ne estas sciate, el kiu libro (ĉi tie priskribita kiel 记 Ji "Registro" aŭ "Notoj", "Memoraraĵo") venas la citaĵo. Iuj konsideras, ke tia eldiro estis en verko de Laozi (tamen ĝi ne troviĝas en la nun konataj versioj de 道德经 Dao De Jing), aŭ en 西升经 Xi Sheng Jing. Spiritoj kaj Dioj 鬼神 guishen. [329] Tiu pensmaniero pri la tutsameco estas la kerno de Zhuangzi, vidanta "Mallumon" tiel granda, kiel "Lumo".

[330] 王德 wangde, ‘reĝa virto’ 耻通于事 chi tong yu shi ‘hontas je lerteco pri aferoj’. En tradicia konfuceismo ne estis alte taksata ia ajn lerteco aŭ tekniko en farado de aferoj.

[331] 知通于神 zhi tong yu shen. Ĝenerale saĝo zhi 知 ĉe Zhuangzi estas traktata negative, sed ĉi tie traktata pozitive.

[332] 神之又神而能精焉 Shen zhi you shen er neng jing yan. Esploristoj prenas la ideogramon 神 shen 'dio', 'dieca', 'spirito' por 'mistero'.

[333] 赤水 Chishui, nomo de fikcia rivero; ruĝo estas simbola koloro de sudo. 昆仑 Kunlun – antikve: simbola, la plej okcidenta monto de Ĉinio; nuntempe: nomo de montaro en norda Tibeto.

[334] 玄珠 Xuan Zhu, nigra perlo - simbolo de Tao. [335] 知 Zhi 'Saĝulo', 离朱 Li Zhu 'Akrevidulo', 喫诟 Chigou 'Disputemulo', 象网 Xiangwang 'Senformulo'. Ĉiuj estas fikciaj nomoj. (Tial ili estis tradukitaj. Pri Li Zhu 离朱 jam estis dirite en ĉap. 8 "Palmopiedulo" 骈拇. [MSZ]).

[336] 尧 Yao, nomo de la antikva sankta reĝo. 许由 Xu You, 啮缺 Nie Que, 王倪 Wang Ni, kaj 被衣 Bei Yi estas nomoj de ermitoj. Nomoj havas signifojn: Xu You – 'permesi', Nie Que – 'mordi difektojn', Wang Ni – 'rigardi reĝe', Bei Yi – 'la vestito'. (La unua aperis jam en ĉapitroj 1 kaj 6, la dua en ĉapitroj 2 kaj 7, la tria en ĉapitro 2, la kvara en ĉapitro 7, kaj ili reaperos kelkfoje poste. [MSZ])

[337] 给数 geishu. Mi tradukis laŭvorte, sed multaj esploristoj prenas ĝin por alia signifo: 'elokventa', 'rapida', ktp.

[338] 北面 beimian, la norda flanko, signifas la flankon de subuloj ('kun vizaĝo norden'), 南面 nanmian, la suda flanko – la flankon de reĝo ('kun vizaĝo suden').

[339] 华 Hua, nomo de loko en nuntempa provinco Shaanxi, ĉe la limo kun provinco Henan 河南. [MSZ]

[340] Per la buŝo de la limgardisto estas eldirata la idealo de la Ĉiela Vojo. Yao diras la realon de la mondo, kie abundas la kontraŭdiro: maldungo, senlaboreco, malegaleco inter riĉuloj kaj malriĉuloj.

[341] 伯成子高 Bocheng Zigao, ermito, landestro aperanta ankaŭ en Liezi, ĉap. 7. [MSZ]

[342] 性 xing, 'Naturo' aŭ 'Karaktero'.

[343] 同之虚、虚之大 Tong zhi xu, xu zhi da. estas dialektika procezo. 虚 xu vanteco, malpleneco. Cirkulado al la komenco ŝajnas vanta, sed plialtigita ŝtupo.

[344] 玄德、同乎大顺 Xuan de, tong hu da shun. 玄 xuan 'nigra', laŭvorte: 'malluma', 'malhela' - ĉi tie signifas "profundan" virton. 顺 shun obeado, sekvado, submetiĝo, akordiĝo.

[345] 离坚白若县寓 Li jian-bai ruo xianyu. Gongsun Long prezentis sian teorion pri atributoj de ŝtono – pri dureco kaj blankeco 坚白 jian-bai. Ĝenerale, peco de ŝtono, dura kaj blanka, havas tri ecojn, kiuj estas ŝtoneco, dureco kaj blankeco. Sed Gongsun Long diris, ke dureco kaj blankeco estas tute apartaj, ĉar la atributo de blankeco videblas per okuloj, sed dureco koneblas per tuŝado. Oni ne povas vidi durecon, kaj oni ne povas scii koloron per tuŝado. Do li atentigis, ke laŭ percepto de homa sento tiuj du atributoj devas esti apartigitaj.

[346] 无形无状 wuxing wuzhuang, io senforma kaj senbilda. Multaj esploristoj konsideras ĝin Vojo (Tao).

[347] 忘己 wangji, forgesi sin mem. En la alia loko estas esprimo 座忘 zuowang (sidi kaj forgesi, ĉap. 6 "Granda respektinda instruisto" 大宗师). Estas eble forgesi nur senkonscie. Do senkoscia ago laŭ la denaska virto estas ideala por Lao Dan.

[348] 将闾菣 Jianglv Mian (iuj legas tiun nomon Jianglv Wan [MSZ]), kaj 季彻 Ji Che - ambaŭ povas esti fikciaj nomoj. (Sed iuj esploristoj konjektis, ke ili vere ekzistis. Laŭ skribo en 艺文志 Yiwenzhi, la unua estis amanto de scienco kaj verkisto. Laŭ Ma Shulun 马叙伦 , la dua estis Ji Zhen 季真)

[349] 摇荡 yaodang. Multaj esploristoj prenas la frazon por "liberigi la popolon" kaj "lasi popolon fari kion ili volas". Sed laŭ sekva frazo 成教易俗 cheng jiao yi su mi komprenas, ke popolanoj ne devas obei malbonan kutimon. 若性之自为 Ruo xing zhi zi wei, "sekvi kion la naturo direktas" ne egalas al nura obeo al sia kutimo, sed reakirigo de natura boneco.

[350] 百畦 bai (100) qi. Unu kampo (qi) egalis al 91 arojn.

[351] 机心 jixin, koro maŝineca.

[352] 神生 shensheng, spirita vivo. Iuj esploristoj prenas la ideogramon 生 sheng por 性 xing (denaska naturo).

[353] 神气 shen Qi, laŭvorte – dieca Ĉjio.

[354] 里 li. Vidu la piednoton 1.

[355] 圣人 Sheng Ren, alie tradukita per 'Sankta Homo'. [MSZ]

[356] Tia pensmaniero apartenas al mohismo pli ol al konfuceismo.

[357] 全德之人 Quan De zhi Ren; 风波之民 Feng Bo zhi Min. La dua titolo signifas homon facile ŝanceliĝantan inter laŭdo kaj mallaŭdo.

[358] 浑沌氏之术 Hundun shi zhi shu, arto de s-ro Ĥaoso signifas taoismon.

[359] Aŭtoro de tiu teksto, uzante nomojn de konfuceanoj, igas ilin aprezi la pensmanieron de taoismo.

[360] 谆芒 , 苑风 Zhun Mang kaj Yuan Feng estas fikciaj nomoj. La unua havas signifon "Kvieta Obskuro" aŭ "Vaste Fluanta Akvo", la dua – "Venteto, Zefiro".

[361] 横目之民 heng mu zhi min "popolo kun migdalaj okuloj" signifas "homoj (= ne bestoj)".

[362] Iuj konsideras la riĉon kiel rezulton de pensmaniero: 知足 zhizu ("Kontentulo estas la pleja riĉulo".

[363] 照旷 Zhao Kuang Brila Vanteco; 混冥 Hun Ming Kunmiksiĝa Mallumo; 情 qing denaska (natura) sento. Estas notinde, ke reveno al la komenco estas konsiderata kiel Kunmiksiĝa Mallumo. La reveno aŭ ripetado estas ne nur "vantaĵo de vantaĵoj", sed reveno al naturo.

[364] 门无鬼 Men Wugui, 赤张满稽 Chizhang Manji – ambaŭ estas fikciaj nomoj. 武王 Wu wang, la reĝo de dinastio Zhou, kiu faligis la dinastion Yin (Shang) batinte la tiranon Zhou, 纣王 .

[365] 有虞氏 You Yu shi; You Yu estas Shun 舜 , al kiu estis transdonita la trono per Yao.

[366] Ĉar multe pli bone estas, ke la patro ne malsaniĝas.

[367] 义 yi, 仁 ren, 忠 zhong, 信 xin: justo, bonvoleco, lojaleco kaj honesteco estas terminoj por esprimo de konfuceismaj principoj aŭ virtoj (de 德). 赐 ci, favora donitaĵo el supro. Mi konjektas, ke tio povus esti skribitaj leĝoj-reguloj aŭ libroj.

[368] Obeemo 孝 xiao de (ge)filo 子 zi al sia (ge)patro 亲 qin, kaj lojalo 忠 zhong de ministro (subulo) 臣 chen al sia princo 君 jun (suprulo, estro), estas la fundamentoj de du unuaj el kvin bazaj sociaj rilatoj de konfuceismo. [MSZ]

[369] En la unua ĉapitro de Mozi（"Estimo al personeco" 亲士 Qin shi) estas skribite tiel same pri flatado.

[370] 道谀 dao yu estas 谄谀 chan yu. Laŭ mia konjekto, de tiu frazo devenus la sekvanta frazo 道人 daoren, signifanta flatulon. 世俗 shisu publiko, mondaj popolanoj. Jam videblas kritiko al fenomeno de nuntempa populismo.

[371] Da Huo "Granda Ŝanceliĝinto" kaj 大惑 Da Yu "Granda Stultulo" 大愚 ŝajnas ŝercaj parafrazoj de "Granda Saĝo" 大知 Da Zhi (de taoistoj), kaj samtempe mokaj kontraŭoj de sciulo (konatulo, sagaculo) 贤 xian, kaj kapablulo 能 neng de konfuceismo kaj mohismo. [MSZ]

[372] Parafrazo de eldiro de Konfuceo: 三人行，必有我师焉 San ren xing, bi you wo shi yan. "Kiam iuj iras triope, unu el ili certe estus mia majstro-instuisto" (Analektoj 论语论语 Lunyu, ĉap. 7: 述而 "Shu Er").[MSZ]

[373] 杨墨 Yang-Mo: Yang Zhu kaj Mozi. La unua predikis egoismon kiel la plej gravan principon, la dua – altruismon. Ambaŭ estimas saĝon kaj sciencon por perfektigi personecon.

[374] La sufero devenas de saĝo samkiel ĉe superfluaj protagonistoj en la rusa literaturo. Mi ne tute konsentas kun la komento fare de Cheng Xuanying 成玄英, ke la sufero devenas nur de konfuceismaj principoj. 仁义礼法约束其心者、非真性者也。既偽其性、则遭困苦。 Ren yi li fa yue shu qi xin zhe, fei zhen xing zhe ye. Ji wei qi xing, ze zao kun ku. Ne nur kontraŭ konfuceismo, sed kontraŭ Yang-Mo estas skribita la teksto pri la sufero pro devojiĝo el la denaska naturo.

[375] 天道 Tian Dao, La Ĉiela Vojo; 帝道 Di Dao – La Reĝa Vojo; 圣道 Sheng Dao – La Sankta Vojo. [376] 大本 Da Ben, Granda Fonto, 大宗 Da Zong–Granda Origino.

[377] 人乐 Ren Le, Homa Plezuro, 天乐 Tian Le – Ĉiela Plezuro.

[378] 庄子曰 Zhuangzi yue - en la ĉapitro 6 "Granda respektinda instruisto" 大宗师 jam aperis preskaŭ sama frazo. Laŭ tia esprimo oni povas konjekti, ke tiu teksto ne estis skribita per mano de Zhuangzi.

[379] 与阴同德，与阳同波 Yu yin tong de, yu yang tong bo. Yin kaj yang konsistigas Ĉjion 气 Qi, kiu estas la plej elementa substanco en la universo. Ĉi tie yin rilatas al la virto kaj yang – al ondo.

[380] 上必无为而用天下、下必有为为天下用、此不易之道也 Shang bi wuwei er yong tianxia, xia bi youwei wei tianxia yong, ci Buyizhi Dao ye. Ĉi tie videblas kompromiso al konfuceismo kaj ĉina legalisma skolo. Estas notinde, ke 'senago' estas grava nur al la supro. La subo devas fari la necesan, laborante. Ideo de nenionfarado estas aplikebla nur al la supro.

[381] 莫神于天、莫富于地、莫大于帝王。故曰、帝王之德配天地。此乘天地驰万物、而用人群之道也 Mo shen yu Tian, mo fu yu Di, mo da yu di wang. Gu yue: 'Di wang zhi de pei Tian-Di', ci cheng Tian-Di chi wan wu, er yong ren zhi Dao ye. Ĉi tie videblas la reĝo imperiestro, rajdanto sur ĉio kaj ĉiuj.

[382] 礼法度数、刑名比详 Li fa du shu, xing ming bi xiang. Al decreguloj, leĝoj, mezuriloj, nomo kaj esenco de aĵoj aldoni detalan esploron.

[383] Ne estas sciate, pri kiu "Libro"《书》"Shu" estas dirite. Ne pri La Klasikaĵo de Dokumentoj《书经 》Shujing, ĉar la citaĵo estas tie netrovebla. Jam en malnovaj komentarioj estas dirite ke temas pri iu "Libro" pli antikva ol La Dokumentoj. [MSZ]

[384] 有形有名 You xing you ming. Akordiĝo de formo kaj nomo, 形名参同 xing ming can tong, estas termino ofte uzata de ĉina legalisma skolo, ekz. ĉe Han Feizi. La idealo de senaga reĝo estas heredata de Hanfeizi en la ĉapitro de Zhudao.（韩非子：主道篇 Han Feizi, ĉap. 5: "Zhu dao".）Ĝi inkluzivas akordiĝon de "enhavo kaj formo" aŭ de "ago kaj vorto".（内容和形式、行为和言。Nei rong he xing shi, xing wei he yan). Ĉi tie la frazo estas uzata kiel 刑名 xing ming (nomo de punjuro).

[385] Pri la kvina kaj la naŭa turniĝoj estas menciite supre: 1) Ĉielo, 2) Voja virto, 3) bonvoleco-justo, 4) ranga devo, 5) formo-nomo, 6) laŭkompetenta oficigo, 7) poentado, 8) juĝo pri sukceso-malsukceso, 9) laŭdado-punado. 1-2 estas nocioj de Laozi-Zhuangzismo, 3-8 nocioj de konfuceismo, 9 estas nocio de legalismo. Do tiu ĉapitro prezentas sintezon de taoismo-konfuceismo-legalismo.

[386] Iuj esploristoj ŝanĝas la ideogramon 出 chu, en 土 tu, kaj aldonas "sur Tero".

[387] 胶胶扰扰 jiaojiao raorao. Iuj komprenis la frazon kiel esprimon pri konfuziĝo de Yao; aliaj – kiel admiron de Yao al Shun. Mi konsentas kun la unuaj.

[388] "Konfuceo" estas latinigita ĉina 孔夫子 "Kong Fuzi", "La Majstro Kong" (aŭ "Sinjoro Majstro Kong"), tamen ĉinaj nekonfuceanoj preferas diri nur 孔子 "Kongzi" ("Majstro Kong"), do tiun formon 'Kongzi' oni ofte renkontiĝos sekve, netradukitan. [MSZ]

[389] 子路 Zilu, unu el disĉiploj de Konfuceo. [MSZ].

[390] Ne estas sciate, kial "dek du", ĉar tiu nombro neniam aperas kun iu ajn listo de Klasikaĵoj. Iuj konjektas ke temas nur pri dek du ĉapitroj de analoj de regno Lu, La Printempoj kaj Aŭtunoj, verkitaj per Konfuceo mem. [MSZ]

[391] 兼爱 jian'ai. La termino estis uzata de mohistoj 墨家 mojia, ne de konfuceanoj. Estas interese, ke el la vidpunkto de taoistoj tute egalas bonvoleco de konfuceismo kaj universala amo de mohismo. (Pri Mozi–vidu la kompletan libron Mozi tradukitan en Esperanton fare de la Tradukinto, T. Sasaki mem, publikigitan en Zaozhuang en 2017. [MSZ]) [392] Multaj esploristoj prenas la ideogramon 牧 mu por "simpleco" 朴 pu. Sed mi sekvas la ordinaran signifon.

[393] Ankaŭ en Shiji 史记 (老庄申韩列伝 Lao-Zhuang shenhan lieyun) estas skribite pri la renkontiĝo de Laozi kaj Konfuceo. Sed nuntempe multe da esploristoj dubas eblecon de la renkontiĝo kaj konsideras, ke tia epizodo estis fabrikita de taoistoj por propagandi superecon de la skolo.

[394] 士成绮 Shi Chengqi, nomo fikcia. Signifo de ideogramoj – "Persono, fariĝanta bela".

[395] Ĉapitro 56 de Laozi, Dao De Jing.

[396] 桓公 Huan gong, la reĝo de Qi, surtrone 685-643 a. K.

[397] 有数存焉于其闲 You shu cun yan yu qi xian. Esploristoj prenas la ideogramon 数 shu por tekniko 术 shu. Sed nun en komputila epoko estas pli bone konsideri ĝin cifero.

[398] 不能以喻 bu neng yi yu, laŭvorte "ne eblas per paraboloj".

298

[399] Koncerne de ŝamano 巫 Wu Xian, iuj konsideras ĝin fikcia nomo, aliaj konsideras reale ekzistinta persono de dinastio Shang, kiu estis ministro kaj kreinto de aŭgurado- astrodiveno ĉe reĝo 殷中宗太戊 Zhongzong Taiwu.

[400] 六 极 五 liu (6) ji, wu (5) chang. Diversas opinioj pri ses apogeoj. Iuj konsideras ilin kvar direkcioj 东西南北 dong-xi-nan-bei (oriento-okcidento-sudo-nordo) aldone kun supro kaj subo. Aliaj – komprenas ilin kiel ses ĉjiojn 六气 liu qi: 阴阳风雨晦明 yin(jino), yang(jango), feng(vento), yu(pluvo), hui(sombreco) kaj ming(lumeco). Multaj konsentas, ke 'kvin konstantaĵoj' (五常 wuchang) estas 'kvin materioj' aŭ 'kvin elementoj' 五行 wuxing: 木火土金水 mu – huo – tu – jin – shui, t. e. arbo – fajro – tero – metalo – akvo. [401] 九洛 jiu luo. Iuj prenas ĝin por tuta mondo 九州 jiu zhou. Aliaj komprenas ĝin kiel naŭ instruojn 九畴洛书 jiu chou luo shu, kiujn Dio transdonis al reĝo Yu 禹 . Laŭ legendo tio estis skribita sur la testudo de la rivero Luo.

[402] 商太宰荡 Shang taizai Dang. Shang 商 estas alinomo de Song 宋 . Dang estas la nomo de ministro.

[403] 郢 Ying, ĉefurbo de regno Chu. 冥山 Ming Shan - iuj konsideras ĝin fikcia nomo, la aliaj – nomo de reale ekzistanta monto en la sudo de Henan.

[404] Argumento iras laŭgrade de alligiteco ĝis malligiteco (attachment-detachment). Zhuangzi metas demandon, kiel konfuceanoj povus atingi la plejan bonvolecon, rigardante grava filan pietaton, alligitan al korinklino.

[405] 北门成 Beimen Cheng – fikcia nomo. 黄帝 Huang Di, la Flava Imperiestro – legenda monarĥo de komenca epoko de ĉina kulturo. 咸池之乐 xianchi zhi yue – unu el ses tipoj de dancmuziko apud la dinastio Zhou, ludita por la festo de Tera Spirito. 洞庭 Dongting – vasta kampo, ne nomo de fama lago nuntempa en Hunan. Kvin virtoj estas bonveloco, justo, decreguloj, saĝo kaj fido. [406] Ne estas certe, pri kiuj virtoj temas, ĉar estas diversaj listoj [MSZ]. Ne troviĝis en la originalo tiu parentezo.

[407] 文武 wenwu. Troviĝas diversaj opinioj pri tiu frazo. Unuj komprenas laŭvorte (kiel: "civiloj kaj militistoj"), aliaj komprenas 文 wen kiel tamburon, 武 wu kiel sonorilon. En Notoj pri Decreguloj 礼记 Li Ji (ĉap. 19 乐记篇 "Yue Ji" pian) estas skribite: "En la komenco ekludas per 文 wen, en la fino per 武 wu."

[408] 涂郤守神、以物为量 Tu que shou shen, yi wu wei liang. Multaj esploristoj prenas la ideogramon 郤 que por sentaj organoj kaj 神 shen por koro, sed mi komprenas ilin kiel 'krevon' kaj 'dion'. Pri la lasta duono diversas esploristoj je kompreno. Mi konjektas, ke la frazo signifus "esprimi la estaĵon per kvanto de voĉo". Do sekvanta frazo 挥绰 ...... Hui chuo... (Tremante larĝa...) estas ĝia daŭrigo.

[409] 窈冥 yaoming. La sama frazo estas en Laozi, Dao De Jing, ĉap. 21.

[410] Vidu la piednoton 155. [MSZ]

[411] 有炎氏 You Yan shi. Li estas 神农 Shen Nong, la Sankta Terkulturisto (legenda reganto, la dua el la Tri Majestuloj 三皇 San Huang).

[412] Koncernante muzikon, mohistoj ignoris ties valoron. Zhuangzi taksas ĝin kiel aliron al la Vojo. Okulfrapas, ke malkiel Yuan Ji 阮籍 , la muziko, taksata de Zhuangzi, donas antaŭ ĉio malĝojon (timon, langvoron, konfuziĝon). Ĝojo alvenas post la sperto de malĝojo.

[413] 刍狗 chu gou. Pajlhundo estis uzata kiel oferaĵo por forpeli malpurajn spiritojn, ĉi tie signifas "ne uzeblaj aĵoj de pasinteco", "nur memorigiloj sen hodiaŭa valoro" [MSZ]

[414] Pri tiu okazintaĵo, vidu multaj rakontoj ĉi sube, en la ĉap. 20 "La arbo de monto" 山木, 28 "Cedi La Tronon" 让王, 29 "Rabisto Zhi" 盗跖 kaj 31 "Fiŝisto" 渔父. La situacio estas ankaŭ priskribita en aliaj libroj, kiel Historiaj rakontoj (Shiji 史记) de Sima Qian, 孔子家语 Kongzi jia yu (Familiaj rakontoj de konfucea skolo) ĉap. 20, k.a. [MSZ]

[415] 三皇、五帝 San Huang, Wu Di. La Tri Majestuloj kaj Kvin Imperiestroj (Suverenoj) estas ĝenerala nomo por antikvaj (parte mitologiaj) saĝaj reĝoj. Diferencas opinioj, kiuj estis ili: 三皇 San (3) Huang：天皇、地皇、泰皇 Tian Huang, Di Huang kaj Tai Huang, aŭ 伏羲、神农、黄帝 Fu Xi, Shen Nong kaj Huang Di; 五帝 Wu (5) Di：伏羲、神农、黄帝、尧、舜 Fu Xi, Shen Nong, Huang Di, Yao kaj Shun, aŭ 少昊、颛顼、高辛、尧、舜 Shao Hao, Zhuan Xu, Gao Xin, Yao kaj Shun.

[416] 周公旦 Zhou gongdan, pli juna frato de reĝo Wu (fondinto de la dinastio Zhou). Konfuceo ege respektis lin.

[417] 西施 Xishi, belulino de regno Yue.

[418] 沛 loknomo en nuna provinco Jiangsu 江苏.

[419] 老聃 Lao Dan = Laozi. En Shiji, estas skribite pri la deveno de Laozi el gubernio 苦 Ku (nuna urbo Lu en provinco Henan 河南省鹿邑 Henan sheng Luyi). Nun tie estas fondita la sanktejo de Laozi.

[420] 度数 dushu. En ĉap. 13: "La Ĉiela Vojo" 天道, aperas la frazo kiel 礼法度数 lifa dushu.

[421] 阴阳 yin-yang; t. e. en La Libro de Ŝanĝiĝoj, Yijing 易经 (aŭ I Ĉing, unu el La Ses Klasikaĵoj 六经 Liujing, kiu okupiĝas speciale pri tiuj du. Pri jin kaj jango – vidu la piedonoton 227. [MSZ]).

[422] 中无主而不止 zhong wu zhu er bu zhi. Ĉi tie "subjekto" 主 zhu estas sentanta, volanta 'mi-o', kiu estas preta al akceptado de io ajn donata.

[423] 名公器也 ming gong qi ye. Ilo signifas rimedon provizoran, ion ne esencan.

[424] 苟简之田、不贷之圃 Gou jian zhi tian, bu dai zhi pu. Ne estas sciate kia estis la proprieto de tero. Mi prenas ĝin kiel povran terenon, kiun ne esblas pruntedoni al la aliaj.

[425] 逍遥无为 xiaoyao wuwei, simila al la termino por la skolo de Aristotelo: "peripateistoj" ('ĉirkaŭvagantoj'). (Komparu la titolon de la unua ĉapitro: 逍遥游 Xiaoyao you "Liber[vagad] a (you) ludvagado". [MSZ]).

[426] 采真之游 Cai zhen zhi you. 游 you 'libervagado' estas sama, kiel 逍遥 xiaoyao 'ludvagado'.

[427] 正者正也 Zheng zhe zheng ye. En Analektoj estas simila esprimo: 政者正也。 Zheng zhe zheng ye. (ĉap. 12: "Yan Yuan" 颜渊). Eblas diverse traduki la frazon.

[428] 亡子 wang zi. Iu tradukas la frazon "fuĝinto".

[429] Reciproka helpo en malbona situacio estas malpli bona ol forgeso de aliuloj en bona situacio. Tio estas kritiko de mohismo, laŭdanta reciprokan helpon.

[430] 龙合而成体，散而成章 Long he er cheng ti, san er cheng zhang. Mi tradukis nur laŭvorte.

[431] Pri reĝo Wu 武王 (Wu wang) kaj reĝo Zhou vidu la piednoton 364. [MSZ]

[432] La popolanoj, unuigite je koro, ne distingis diferencon inter proksimuloj kaj malproksimuloj.

[433] 为其亲杀其杀 Wei qi qin sha qi sha. La frazo estas tre malfacila por kompreni. Estas diversaj opinioj inter esploristoj. Mi prenas la ideogramon 杀 sha por 'maldelikata traktado'.

[434] 杀盗非杀人 Sha dao fei sha ren. La sama frazo troviĝas en Mozi, ĉap. 35: "Elekto de la malpli granda". Yu estis ideala reĝo por mohistoj.

[435] 而 今 乎 妇 女 Er jin hu fu nv. La frazon estas malfacile kompreni. Esploristoj diversas pri punktado kaj kompreno.

[436] 六经 Liujing La Ses (liu) Klasikaĵoj estas la ses plej antikvaj libroj, aŭtoritataj por konfuceismo: 诗 [经] Shi[jing] La [Klasikaĵo de] Pezioj 书 [经] Shu[jing] : La [Klasikaĵo de Historiaj] Dokumentoj · 礼（经）Li[jing] : La [Klasikaĵo de] Decreguloj (aŭ Li Ji 礼记 : Notoj pri Decreguloj) · 乐（经）Yue[jing] : La [Klasikaĵo de] Muziko (ne konserviĝis) 易（经）Yi[jing] : La [Klasikaĵo de] Ŝanĝiĝoj kaj 春 秋 Chunqiu: La [Klasikaĵo de Analoj, nomata] Printempoj-kaj-Aŭtunoj. Pro tio, ke La Muziko ne konserviĝis (estas perdita post 213 j. a.K.), oni nomiĝas nun tiun kolekton La Kvin (wu) Klasikaĵoj, Wujing 五经 .[MSZ]

[437] 周公旦 Zhou gongdan、召公 Zhao gong , ili estis fratoj de reĝo Wu.

[438] Ammofilo metas ovojn sur raŭpon, do ŝajnas, ke raŭpo naskas ammofilon.

[439] 道引 Daoyin, signifas taoisman ekzercadon por longigi la vivon.

[440] 彭祖 Peng Zu, legenda homo, kiu longvivis ĉ. okcent jarojn.

[441] 精神 Jingshen. Ĉi tie la argumento disvolviĝas de la homa menso al Spiritoj, kiuj egalas al dioj. El la teksto mem estas malfacile distingi inter la argumentado de homa menso kaj dieca spirito, kvankam tio estas tre grava por klarigi la ideon de Zhuangzi pri religio kaj psikologio, ĉu la homa menso estus dieca aŭ ne. Posteuloj en Ĉinio utiligis la tekston de Zhuangzi por kompreni budhismon, ke la Vera Homo egalas al la Vekiĝinto, t. e. Budho. [宗炳 "明佛论" Zong Bing "Mingfolun"]

[442] Pri la ideogramo 滑 hua kontraŭas opinioj inter esploristoj. Iuj prenas ĝin por ordigo, aliaj – por malordigo. Mi konsentas kun la unuaj.

[443] 至一 Zhi Yi. Esploristoj komprenas tion kiel Perfektan Unuiĝon kun Tao.

[444] 常自然 chang zi ran. La esprimo devenas de Laozi, 51-a ĉapitro.

[445] Legendaj reĝoj 燧人 Suiren instruis uzadon de fajro. 伏羲 Fu Xi instruis fiŝkaptadon per reto. Pri 神农、黄帝、唐、虞 Shen Nong, Huang Di, Tang kaj Yu estas jam menciite en antaŭaj ĉapitroj.

[446] 河伯 He Bo, dio de la Flava Rivero, kies nomo estis Feng Yi 冯夷 .

[447] 北海 Beihai. Ne temas certe pri la Norda Maro (Beihai) de nuntempa geografio, ĉar ĝi troviĝas en Eŭropo. Ne estas probable ankaŭ nur pure metafora loko, samkiel en la fino de ĉap. 7 "Konformo al reĝo imperiestro" 应帝王 , ĉar la Flava Rivero (黄 河 Huanghe) estas tute reala geografia objekto, kiu enfluas norodrienten en la maron nomatan hodiaŭ en ĉina lingvo "maro Bo" 渤海 Bohai (skribata per ideogramo 渤 bo uzata speciale nur por tiu ĉi lokonomo), kaj en nuntempaj okcidentaj kaj Esperanta terminologioj "golfo Bohaj" (aŭ angle: "Hebei Gulf" , kie "Hebei" 河 北 signifas "norde da la Rivero" , t.e. de la Flava Rivero), pritraktatan kiel la okcidenta parto de la Flava Maro 黄海 Huanghai. Mi konjektas, pro cirkonstancoj menciitaj kaj ankaŭ pro la simileco de prononcoj "Bo" kaj "Bei" , ke temas pri maro Bohai. Laŭ la okcidenta kutimo oni do povus nomi ĝin "la Nordĉina Maro" (simile al "la

Orientĉina Maro" – ĉine 东海 Donghai, laŭvorte: "la Orienta Maro", kaj al la "la Sudĉina Maro" – ĉine 南海 Nanhai, laŭvorte: "la Suda Maro"). Mi lasas la nomon donitan de la Tradukinto, ĉar magraŭ ĉio la rakonto estas pli metafora ol reala. [MSZ]

[448] 若 Ruo, dio de la Norda Maro (北海 Beihai).

[449] 尾闾 Weilv, imagata truo ekzistanta en marfundo.

[450] 受气于阴阳 shou qi yu yin-yang. Se traduki laŭlitere, "ricevante energion de minuso kaj pluso".

[451] 仁人之所忧、任士之所劳 Renren zhi suoyou, renshi zhi suolao. La unua ('bonvoleculo' 仁人 renren) estas ideala persono de kofuceismo, la dua ('respondeculo' 任士 renshi), kapabla saĝulo, laŭ mia opinio, ideala persono de mohismo.

[452] 分无常 fen wu chang. Dividado estas ĉiam ŝanĝiĝanta kaj senlima. La termino "divido" estas grava por konfuceismo.

[453] Antikvaj ĉinaj pensuloj, kiel mohistoj, nominalistoj kaj taoistoj, jam bone sciis pri la senlimeco de la malgranda kaj la granda, pri la valordiferenco inter mallonga kaj longa dumdaŭro, kaj pri la rezonado de antaŭo kaj malantaŭo.

[454] 势 shi, Multaj esploristoj prenas la ideogramon por cirkonstanco. Sed mi komprenas ĝin kiel tendencon, kiu ŝajnas minimuma aŭ maksimuma. 至精 Zhi jing, la pleja minimumo, infinitezimo, jam ne havas formon, sed 精 jing 'mikro' ankoraŭ havas formon, do estas propulso.

[455] 约分之至 yue fen zhi zhi. Multaj esploristoj komprenas la ideogramon 分 fen kiel 'asignitan devon / parton' 本分 benfen. Sed ĉi tie temas pri divido de estaĵoj. Konsentante kun Yu Yuanjun, mi prenas 约 yue por "koncizigo", "elimino" 消除 xiaochu. Do la frazo signifas "Persono, kiel la kulmino de nedividebla Unu-tuteco". Samkiel en 至精 zhijing, 至大 zhida, 至分 zhifen–aldono de 'kulmino' 至 zhi senigas la signifon de sekva vorto.

[456] Yao 尧 estis la sankta reĝo, sed Jie 桀 estis tirano.

[457] 哙 Kuai estas nomo de reĝo de Yan 燕. En 316 a. K., li komisiis al Zi Zhi 子之 la regpotencon, sed la regno tuj malordiĝis.

[458] Tang 汤 estis fondinto de dinastio Yin, Wu 武 estis fondinto de dinastio Zhou. Duko Bai 白公 (Bai gong) intencis renversi la tronon de regno Chu, sed malsukcesis en 479 a. K.

[459] 骐骥 Qiji, 骅骝 Hualiu - bonaj ĉevaloj, kiuj povis trakuri mil liojn en unu tago.

[460] 反衍 fanyan. Ideogramo 衍 fan signifas akvan "fluon", "etendiĝon", "ebeniĝon".

[461] 谢施 xieshi. Laŭlitera traduko estas "danko por donitaĵo" de la Ĉielo.

[462] 万物一齐 wanwu yiqi, 'Unututeco de ĉiuj estaĵoj', komenca kaj samtempe ideala alta stato en la filozofia sistemo de Zhuangzi.

[463] 夔 Kui, legenda besto kun unu piedo, menciita en la Libro pri montoj kaj maroj, Shanhaiing 山海经.

[464] Multaj esploristoj konsideras Kuang 匡 lokonomo de regno Wei 卫, sed ĉi tie estas skribite, ke ĝi estis en Song 宋

[465] 子路 Zilu, disĉiplo de Konfuceo.

302

[466] 由 You, alinomo de 子路 Zilu. [MSZ]

[467] 阳虎 Yang Hu, nomo de iu rabisto. Tiu epizodo estas ankaŭ en Analektoj, ĉap. 9: 子罕 "Zihan", 11: 先进 "Xianjin".

[468] 公孙龙 Gongsun Long estis fama filozofo de nominalisma (aŭ sofisma) skolo. Kulmino de lia agado estas supozata dum ĉirkaŭ 284–257 a. K. 魏牟 Wei Mou estis reĝido de Wei, feŭdita en lando Zhongshan 中山.

[469] Unu lio 里 egalis al ĉirkaŭ 405 m, unu reno 仞 – al ĉ. 157 cm.

[470] 商距 shangju, iuj supozas, ke ĝi estas skolopendro.

[471] 寿陵 Shouling estis lokonomo en regno Yan 燕. 邯郸 Handan estis la ĉefurbo de regno Zhao 赵.

[472] 濮水 Pu shui. La rivero estis en prefekteco Pu de provinco Henan: 河南省濮州濮阳县 Henan-sheng Pu-zhou Puyang-xian (kantono Puyang de prefekteco Pu de provinco Henan).

[473] La reĝo estas konjektata de Cheng Xuanying kiel 威王 (surtrone 339-329 a. K.). [474] Multaj esploristoj prenas la frazon por "mortinta antaŭ tri mil jaroj".

[475] 梁 Liang, ĉefurbo de regno 魏 Wei. 惠子 Huizi estas 惠施 Hui Shi, li fariĝis ĉefministro de Wei ĉe reĝoj Hui kaj Xiang 惠王 (Hui wang), 襄王 (Xiang wang). (Li estis fama filozofo de nominalisma skolo, same kiel Gongsun Long. Vidu la lastan parton de ĉapitro 33: "La mondo" 天下. [MSZ])

[476] 鹓鶵 yuanchu, unu speco de feniksoj. Iuj konjektas, ke ĝi estus "feniksido", aliaj ke "feniksino".

[477] 梧桐 wutong, sterkulio, nomata ankaŭ ombrela arbo; 练实 lianshi, semo de bambuo; 礼泉 liquan, fonto de akvo bongustanta kiel dolĉa vino.

[478] 濠 Hao, nomo de rivero. Laŭ Chen Xuanying la rivero estis en gubernio Zhongli de Anhui 安徽钟离郡 (Anhui-sheng Zhongli-jun), nuna provinco Anhui, gubernio Fengyang 安徽省凤阳县 (Anhui-sheng Fengyang-xian). Tiuj epizodoj estas famaj kiel "Pensado ĉe Hao kaj Pu". Klare videblas la diferenco inter nominalistoj (Huizi) kaj taoistoj (Zhuangzi), ke la unuaj konsideris konscion de aliulo nekonebla, la lastaj – konebla.

[479] 列子 aŭ 烈子 liezi. Laŭ mia opinio tiu vorto esprimas "kritike-pensantan personon", kiu estis idealo de mohistoj 墨家 mojia. Mi uzas la terminon el la rusa lingvo "inteligenciulo".

[480] 伍子胥 Wu Zixu forkonsilis misagon al la reĝo Fu Chai de Wu.

[481] 至乐无乐 zhi le wu le. Plezuro ordinare estas relativa kaj kunekzistas nepre kun malplezuro. Pormomenta senigo de malplezuro estas plezuro, kaj senigo de plezuro estas malplezuro. En tio ne ekzistas absoluta pleja plezuro. Laŭ Zhuangzi la plej alta plezuro atingeblas nur per neniigo de nepra ĉeno je plezuro-malplezuro. Tio similas al ataraksio ĉe Epikuro.

[482] 形 xing, formo, korpo, organo, organismo.

[483] Ĉjio 气, en ĉina filozofio abstrakta koncepto rilatanta al la homa subjektiva spirito laŭ la ideismo aŭ al la plej elementa substanco en la universo laŭ la materiismo. Laŭlitera signifo estas "spiro". Do el la ideisma vidpunkto eblas traduki ĝin per la termino "spirito". Ĉjio konsistas el jino (pasiva energio) kaj jango (aktiva energio).

[484] Ordono 命 ming. Eblas traduki per vortoj: 'Ĉiela ordono', 'sorto', 'destino', 'neceseco', k. a.

[485] 支离叔 Zhili shi kaj 滑介叔 Huajie shu – ambaŭ nomoj fikciaj. La signifo de la unua estas 'Disigitaj membroj', kio laŭ komentarioj signifus forgesemon de sia korpo, de la dua estas 'Glita eno', kio signifus drolulon forgeseman je sia konscio. [MSZ] Mingbo signifas monteton por mortintoj, kaj Kunlun estas la loko por transformiĝo en feon.

[486] Ambaŭ Mingbo kaj Kunlun estas fikciaj nomoj, signifas monteton de mallumo kaj malplenan lokon de Kunlun.

[487] Yan Hui, Yan Yuan, unu el la plej saĝaj disĉiploj de Konfuceo.

[488] 九 韶 Jiu Shao, laŭvorte: "naŭ belecoj", klasika muziko de la epoko de Shun. Pri muziko xianchi (ĉi sube) kaj kampo Dongting. "Kuiraĵo de diversaj viandoj" 太牢 tailao, estis festa kuiraĵo el tri viandoj: bovaĵo, ŝafaĵo kaj porkaĵo. [489] 先圣不一其能、不同其事 Xian sheng bu yiqi neng, bu tongqi shi. Eblas alia traduko: "Antaŭaj sanktuloj diversas je sia kapablo, kaj ne samas je la aferoj."

[490] 名止于实、义设于适 Ming zhi yu shi, yi she yu shi. Frazoj estas tre delikataj por trakti. Laŭlitera traduko estus: "La nomo haltas antaŭ la realo, la justo estas starigita laŭ konveneco." Sed tia traduko renversus la principon de konfuceismo.

[491] 条达而福持 Tiao da er fu chi. Laŭvorte: "Kun la racio atingita, la feliĉo estas tenata."

[492] 养 yang. Multaj esploristoj prenas la ideogramon por "malĝoji".

[493] Nomojn de diversaj estaĵoj nun estas malfacile konjekti, do mia traduko prezentas nur hipotezon. 几 ji signifas "subtilan ĝermon".

[494] 颐辂 yilu. Mi suspektas, ke 辂 lu povus esti 酪 lao. 颐 yi havas signifon "nutraĵo".

[495] 斯弥 simi, 食酰 shixi, 颐辂 yilu, 黄軦 huangkuang, 九猷 jiuyou, 瞀芮 maorui, 腐蠸 fuquan, 青 宁 qingning, nomoj de nekonataj mikroboj, baciloj, larvoj aŭ insektoj, kiuj laŭ tiama kompreno transformiĝus unuj post la aliaj.

[496] 程 cheng, iuj konjektas ĝin leopardo.

[497] Tiu teksto estas preskaŭ sama kiel Liezi 列子, ĉap. 1 "La Ĉiela bonaŭguro" 天瑞篇 "Tian rui" pian.

[498] 关尹 Guan Yin. La nomo estas sama, kiel de la fama limgardisto de Hangu Guan 函谷关, kiu petis al Laozi skribi Dao De Jing.

[499] 不开人之天、而开天之天 Bu kai ren zhi tian, er kai Tian zhi tian. Ĝenerale estas aprobite kompreni nur la unuan 天 Tian de la dua parto – kiel 'la Ĉielon', kaj la finfrazan 天 tian de ambaŭ partoj – kiel 'la naturon'. Tiuokaze estas notinde, ke en Zhuangzi 人之天 ren zhi tian ('la homa naturo') portas malbonan signifon. Linzi 林 自 komprenas la frazon (returninte la ordon) kiel 'aga, artefarata naturo' kaj 'senaga naturo'. (人之天、有为中之自然、天之天、无为中之自然 Ren zhi tian–you wei zhong zhi zi ran; Tian zhi tian–wu wei zhong zhi zi ran.)

[500] 民几乎以之真 Min ji hu yi zhi zhen. Laŭvorte eblus traduki alie: "Popolo estas proksima al la vero". El la vidpunkto de M. Bakunin la popolo estis rigardata tia, sed mi komprenas la frazon laŭ P. Lavrov, kiu insistis la necesecon eduki la popolon. (Aldono: Miĥail Aleksandroviĉ Bakunin (1814-1876), rusa ĵurnalisto kaj revoluciulo, anarkisto kaj ateisto, fondinto de moderna kolektivisma (aŭ socia) anarkismo, forĵetanta ajnan valoron ne nur de ŝtateco, sed de iu organizita socio. Pjotr Lavroviĉ Lavrov

(1826-1900), rusa sociologo kaj revoluciulo, fondinto de 'narodnika' movado, predikanta la necesecon de morakla altigo de revoluciuloj kaj la rusa popolo.

[501] Preskaŭ sama teksto troviĝas en Liezi, ĉap. 2 黄帝篇 "Huang Dipian".

[502] Wei estis filo de juna frato de la reĝo Kao 考 (surtrone 440 – 426 a. K.)

[503] 桓公 Huan gong, reĝo de Qi (surtrone 685-643 a. K.); 管仲 Guan Zhong, fama ĉefministro.

[504] 父 'Fu', 'Paĉjo' esprimas respekton.

[505] 委蛇 Weiyi , ekzistas aliaj latinigoj, laŭ aliaj prononcoj de la dua ideogramo: Weituo, Weishe, Weichi. Ideogramoj de aliaj menciitaj fantomoj estas jenaj: 履 Lv, 髻 Ji, 雷霆 Leiting, 陪阿 Pei' a, 鲑龙 Guilong, 泆阳 Yiyang, 网象 Wangxiang, 莘 Shen (aŭ: Xin), 夔 Kui, 彷徨 Panghuang.

[506] 吕梁 Lvliang, lokonomo ĉe la limo inter antikvaj regnoj Lu kaj Song, en sudokcidenta parto de nuntempa provinco Shandong 山东 . La priskribita akvofalo el la digo aŭ akvobaro sur la rivero Sishui 泗水 jam ne ekzistas . 30 renoj (仞) = ĉ. 46 – 55 m; 40 lioj (里) = ĉ. 16 km, 100 paŝoj (步 bu) = ĉ. 135 m. [MSZ].

[507] 梓庆 Zi Qing. 梓 zi estas nomo de profesio. 巨 ju estas stativo de sonoriloj aŭ muzikiloj kun la ĉizita desegno de birdoj kaj bestoj.

[508] 齐 qi. Iuj esploristoj prenas la ideogramon por 'fasti'.

[509] 以天合天 yi tian he tian. Laŭvorte – "akordiĝo de la Ĉielo kun la Ĉielo".

[510] 进退 jin tui. Mi dubas, ĉu ĉevalo scipovus malantaŭen iri rekte.

[511] 文 Wen. Mi tradukis laŭlitere. Sed multaj esploristoj konsideras tiun Zao Fu 造父.

[512] 钩百 gou bai. Frazo ne komprenebla. La ĉefaj signifoj de 钩 gou estas 'hoko', 'kroĉilo', kaj 'mansigno por numero 9' (t.e. kurbita montrofingro). [MSZ]

[513] 颜阖 Yan He, saĝulo de regno Lu, lia nomo aperas en ĉap. 4 "La mondo de homoj" 人间世 ("Ren jian shi"), 28 "Cedi la tronon" 让王 ("Rang wang"), kaj 32 "Lie Yukou" 列御寇 ("Lie Yukou").

[514] Simila epizodo videblas en aliaj verkoj (Xunzi, 荀子 , ĉap. 31 哀公 "Ai gong", Lv-shi chunqiu 吕氏春秋 – ĉap. 113 适威 "Shi wei", k.c.).

[515] Lerta metiisto en la epoko de Yao. La nomo jam aperis en ĉap. 10 "Ŝtelado de kofroj" 胠箧 (Qu qie).

[516] Laŭ ĉi tiu teksto, "senago" 无为 wuwei estas senkonscia ago, perfekte kutimiĝinta al profesia laboro. Tial 忘适之适 wang shi zhi shi, 'la komforto de forgesita komforteco" estas atingebla per forgeso de distingo 'komforteco – malkomforteco'.

[517] 扁庆子 Bian Qingzi, nomo de iu saĝulo el regno Lu.

[518] 无事之业 wu shi zhi ye. Kontraŭdira esprimo konsistanta el senago 无事 wu shi, kaj afero 事业 shi ye. Por la Pleja Homo ankaŭ senago estas ago de afero.

[519] 浮游者 fu-you zhe, la ŭ vorte: estas 'flosanto-ludanto'.

[520] 物物而不物于物 Wu wu, er buwu yu wu. Mi prenas la frazon kiel esprimon de ekzistado de du kontraŭoj en unu aĵo. La abstrakta esprimo allasas diversajn tradukojn.

[521] 道德之乡 Dao de zhi xiang, vilaĝo (domo) de Tao kaj ĝia virto. Se traduki laŭ nuntempa signifo de 道德 daode kiel 'moralo': "Strebu al la morala hejmo", tiu devizo similus al alvoko de narodnikoj:

«Стремиться к нравственному идеалу» (prononcu: [Strjemitsja k nravstvjennomu idjealu] , ruse: ‘Strebi al morala idealo’). Por Zhuangzi tiu idealo estas la naturo, sed por naronikoj – idealo de la progresema intelektulo.

[522] 大方 Da Fang. Laŭ multaj esploristoj la vorto estas egala al la Granda Vojo 大道 Da Dao.

[523] 大莫之国 Da Mo zhi guo. Ideogramo 莫 mo havas signifon de “krepusko”. Multaj esploristoj prenas ĝin por signifo de “Nenio” aŭ “Malpleneco”.

[524] 一之闲 yi zhi xian. Iuj konjektas la signifon de la frazon esti “koncentriĝi pure en unu”, aliaj – “laŭ naturo”, triaj – “sekvi popolon”.

[525] 自穷 zi qiong. Mi komprenas tiun frazon, ke ĉiu laboru tiel, kiel sia propra neceseco igas lin konduti.

[526] 大 涂 Da Tu, laŭvorte: ‘Granda Trapaso’. Multaj esploristoj komprenas la vorton kiel la Grandan Vojon 大道 Da Dao.

[527] Vidu la piednoton de la ĉap. 天运, La epizodo gravas kiel ŝanco de humiliĝo, ke ĝi tre ripete aperadas en Zhuangzi.

[528] 大公任 Dagong Ren aŭ 太公任 Taigong Ren. Nomo fikcia.

[529] Multaj esploristoj konsideras la respondon de Konfuceo finiĝinta nur per “Bone” 善哉 Shan zai. Sed mi, samkiel Lu Shuzhi 陆树芝, suspektas, ke lia parolo daŭras ĝis la fino.

[530] 子桑雩 Zi Sang Hu. En la ĉap. 6 “Granda respektinda instruisto” 大宗师, li aperas kiel 桑戸 Sang Hu. En alia eldono estas skribite 桑雩 Sang Yu.

[531] 商、周 Shang kaj Zhou–teritorioj de posteuloj de dinastio Yin, t. e. tiamaj regnoj Song kaj Wei.

[532] 假 Jia, nomo de lando. Sun Yirang suspektas, ke tio devus esti Yin 殷, t. e. regno Song.

[533] 千金之璧 qian (1000) jin zhi bi - ceremonia, skulptita jado (璧 bi), valora ĉirkaŭ 244 kg da oro.

[534] Urĝa malfeliĉego, 迫穷祸患害 po qiong huo huan hai, laŭvorte, “urĝeco de kulmina mizero, katastrofo, malsano, damaĝo”.

[535] 君子之交淡若水、小人之交甘若礼，君子淡以亲、小人甘以绝 Junzi zhi jiao dan ruo shui, xiaoren zhi jiao gan ruo li. Junzi dan yi qin, xiaoren gan yi jue. Japanoj preferas lakonan interrilaton al tro intima, t. e. sensaporan al dolĉa, kaj ofte citas tiun ĉi frazon el Zhuangzi kiel la proverbon por interrilato de homoj.

[536] Mi uzas vorton “leĝo-kaŭzeco” por traduki 缘 yuan, kiu esprimas interrilatajn leĝojn de estaĵoj, t. e. leĝojn de homoj, societo, naturo, historio. La vorton 率 lv mi prenas por natura normo aŭ normaleco. Por ideogramoj 形 xing kaj 情 qing mi uzas respektive “formo, formiĝo” kaj “sento”. Iuj opinias la citaĵon de Shun iri ĝis la 若率 ruo lv “laŭ natura normo” (mi kunsentas kun tiu opinio).

[537] La frazo 固 不 待 物 gu bu dai wu estas laŭ mia kompreno – “nepre ne signifas nur atendi materian ŝanĝiĝon, restante kun nenia ago”. Sed tia nocio diferencas de ordinara kompreno de taoismo 无 为 wu wei, senago. Ideogramo 待 dai, laŭ mi signifas “atendi kun espero”, “obei” aŭ “sekvi”. Por ideogramo 物 wu mi uzas “materia aĵo”.

[538] 魏王 Wei wang. Iuj konsideras tiun reĝon esti reĝo Hui 惠王 Hui wang, aliuj – reĝo Xiang 襄王 Xiang wang.

[539] Vidu la piednotojn 305. [MSZ]

[540] 炎氏之风 yan shi zhi feng, muziko de Shen Nong 神农.

[541] 无宫角 wu gong jiao, sen gamo. Gamo konsistas el kvin tonoj: 宫商角征羽 gong, shang, jiao, zheng kaj yu (vidu la piednoton 278).

[542] Laŭ la teksto, unueco de homo kaj la Ĉielo kuŝas en tio, ke ambaŭ ekzistas dank' al la Ĉielo. Per la frazo 有天, 亦天也 you Tian, yi Tian ye, estas supozate du specoj de la Ĉielo: la Ĉielo per si mem kaj la Ĉielo kiel kreinto, kiu devas esti Universala Leĝo aŭ Dio.

[543] 雕陵 Dialing, loknomo nekonata. [MSZ]

[544] 寸 cuno (ĉine: cun), mezurunuo de longeco, "ĉina colo", aŭ larĝo de polekso. Dum epoko de Zhuangzi 1 cuno egalis al 2.44-2.57 cm (variante laŭ regno), 1 chio egalis al 9 cunoj. Nuntempe 1 cuno = 3,33 cm [MSZ]

[545] 二类相召 Er lei xiang zhao. Diversas opinioj pri la frazo inter esploristoj. Iu komprenas ĝin, ke du similaj specoj estas cikada kun manto kaj manto kun pigo. Alia komprenas du specojn profito-malprofito.

[546] 不庭 bu ting. Iuj prenis la frazon por "malagrabla", aliaj–por "ne aperi en kortego".

[547] 阳朱 Yang Zhu. Unu el grandaj pensuloj pri egoismo.

[548] 田子方 Tian Zifang, lia familia nomo estis Tian, nomo – Wuce 无择, kromnomo – Zifang. Markizo Wen – 魏文候 Wei Wen hou, la reĝo de Wei surtrone 424-387 a. K.

[549] 天 虚 Tian xu. 虚 xu, 'malpleneco' estas grava koncepto de taoismo kaj zen-budhismo. Estante malplena, io povas ampleksi ĉion ajn. [550] 缘而葆真 yuan er bao zhen. La ideogramo 缘 yuan havas riĉan signifon en orientazia filozofio: kaŭzeco, kialo, motivo, antaŭdestinita interrilato, sorto, k. a.

[551] 温伯雪子 Wenbo Xuezi, saĝulo de regno Chu. En Lvshi chun-qiu 吕氏春秋 estas preskaŭ sama epizodo. Lu regno nomiĝis 中国 Centra Regno.

[552] 哀公 Ai gong, surtrone 494-468 a. K., dum tiuj jaroj ne eblus al Zhuangzi vidi la dukon Ai.

[553] 百里奚 Baili Xi. En regno Chu li paŝtis bovojn. Poste li estis invitita al regno Qin, kaj dediĉis sin al fortigo de la regno. 穆公 Mu gong, reĝo de Qin, surtrone 659-621 a. K. 有虞氏 You Yu shi, klano de You Yu = dinastio de reĝo Shun 舜, kiu estis ankaŭ nomata Hu.

[554] 文王 Wen wang, la patro de reĝo Wu （武王）Wu wang, kiu disbatis dinastion Yin, kaj fondis dinastion Zhou.

[555] 臧 Zang, lokonomo en nuntempa privinco Shaanxi, ĉe la bordo de rivero Wei. [MSZ]

[556] Fiŝhokisto similas al kaj tradicie estas konsiderata kiel Lv Shang 吕尚, familianome Jiang 姜, personanome Wang 望, plej bone konata kiel Taigong 太公, sed la lasta servis al Wen tutan vivon.

[557] La patro de reĝo Wen, nomata Ji Li 季历.

[558] 列御寇 Lie Yukou estas Liezi 列子, 伯昏无人 Bohun Wuren, instruisto de Liezi, ne estis reale ekzistanta. Signifo de ideogramoj estas "En mallumo forlasinta sin mem grandulo". La nomo jam aperis en la ĉap. 5 "Signo de pleneco je virto" 德充府.

[559] De ĉirkaŭ 155 ĝis ĉ. 185 m. [MSZ]

[560] 肩吾 Jian Wu, legenda figuro, jam aperis en la ĉap. 1 "Libera ludvagado" 逍遥游. 孙叔敖 Sunshu Ao servis kiel ĉefministro al la reĝo Zhuang de Chu (庄王 Zhuang wang, surtrone 613-531 a. K.).

[561] 楚文王、凡僖侯 Chu Wen wang kaj Fan Xi hou. Fan 凡 estas nomo de unu, malgranda lando, estinta en sud-okcidenta parto de Huixian en nuna provinco Henan 河南省辉县西南 Henan sheng Huixian xi-nan.

[562] 楚未始存 Chu wei shi cun. La frazo estas malfacila por kompreni. Estas demandate, kio do estas la reala ekzistado. En longa historio aperis kaj malaperis multe da regnoj kaj landetoj. Per kio do oni povus aserti la ekzistadon de malaperintoj? En historio, fakte, la regno Chu malaperis tute same, kiel antaŭe Fan. Tial do la frazo prezentas tutan samecon de estaĵoj.

[563] Roluloj en tiu teksto estas simboligintaj "Scio"知 Zhi, "Senago"无为谓 Wu-wei-wei, "Frenezo" 狂屈 Kuang-qu.

[564] Tiu ĉi citaĵo, kaj la sekvonta, estas du fragmentoj de la ĉapitro 38 de Dao De Jing. [MSZ]

[565] 无为而无不为也 Wu wei er wu bu wei ye. Laŭ mi, la senago estas unu el agoj, do per frazo "ne estas senago" estas supozata "la absoluta senago", je kiu fareblas ĉio laŭ la logiko de frazo "nenion ne fari".

[566] Tiu frazo estas origino de Ĉjio-monismo 气一元论 qiyiyuanlun en ĉina filozofio.

[567] Laŭvorte: 六合 liu (6) he, ses sferoj: la Ĉielo, la Tero, kaj la kvar direkcioj – t.e. la Universo. Vidu la piednoton 72.

[568] 本根 Ben Gen, la Fonta Radiko, t. e. la fonto de fontoj, la radiko de radikoj.

[569] 啮缺 , 被衣 Nie Que kaj Bei Yi jam kune aperis en la ĉap. 7 "Konformo al reĝo imperiestro" 应帝王 .

[570] 舜 Shun, nomo de reĝo, 丞 Cheng estis instruisto de Shun.

[571] 阳气 yang qi, janga Ĉjio estas vitala aktiva energio.

[572] 中国 Zhongguo. Esploristoj opinias tiun vorton nomo de lando, t. e. la Centra Lando (= Ĉinio). Sed mi konsideras ĝin nur emfazita 中 Zhong – "la Mezo", la regiono inter la Ĉielo (上 Shang – "la Supro", "la Supero", aŭ "la Komenco") kaj la Tero (Xia – "la Subo", "la Fino").

[573] 大得 da de. Multaj esploristoj prenas tiun vorton por "Granda Virto" 大德 Da De.

[574] 冯闳 feng hong. Esploristoj ofte prenas la ideogramon 冯 feng por havanta aliajn signifojn, kiel "vasta kosmoso" aŭ "senlima malpleneco" , sed mi supozas, ke ĝi havas signifon "konflikti" .

[575] 不际之际、际之不际 Buji zhi ji, ji zhi Buji. 不际 Buji ("Io Senlima") estiĝas en la limigitaĵo, 际 ji (io limigita) estiĝas en io senlima.

[576] La nomo 婀荷甘 estas ankaŭ skribata per aliaj tradukistoj kiel Ke Hegan, E Hegan, Ahe Gan. [MSZ]

[577] Kelkaj esploristoj skribas la nomon 老龙吉 kiel 'Laolong Ji', ne 'maljuna Longji'. Fakte, pli sube, kie la Tradukinto skribas 'Longji', en la originalo li estas ĉiam menciita kiel 老龙 'Laolong'. [MSZ]

[578] La simbola, plej okcidenta monto de antikva Ĉinio. Transiri Kunlun, iri pli okcidenten (same kiel la kuŝanta suno, iranta en la Ĉielon) signifis "atingi la Plejon" . [MSZ]

[579] 太虚 Tai Xu. Eblas ankoraŭ traduki "Granda Vasteco".

[580] Tiu rakonto temas pri filozofia-religia demando: Kio estas Nenio? Ĉu estas Nenio nur rilate, aŭ absolute? Tiu demando koncernas ankaŭ lingvistikon, por ekzemplo: Neestado esprimiĝas ne per nominativa kazo "Ничто". (prononcu: [ništo]), sed per genitiva kazo "Ничего" [niĉjevo] en la rusa lingvo. (Aldono: La unua rusa vorto signifas "nenio", la dua "da nenio" aŭ "estas nenio". Ambaŭ estas uzataj samkiel Esperanta: "Ne gravas". [MSZ]).

[581] 无不用 Wu buyong, laŭvorte – "Nenio senutila". Io senutila estas ankaŭ utila. Por forĝisto ĝi lasas lin koncentriĝi je profesio. Kaj por atinginto de Tao, eĉ se neuzebla nun, ĝi estos utila iam kaj ie. Kaj ĝuste nun samtempe io senutila estas utila por estigi ion uzeblan.

[582] Okulfrapa estas aludo al "Amo" 爱 ai（圣人之爱人也终无已者）, kiu estas la idealo de mohistoj. En tiu teksto mi komprenas la esprimojn "有先天地生者" "You xian Tian Di sheng zhe": "Estas io antaŭ ol la Ĉielo kaj la Tero estiĝas" kaj "物物者非物" "Wu wu zhe fei wu", "Ne estas aĵo tiu, kiu faras aĵojn estantaj kiel aĵoj" – kiel idealismecaj. Diversaj opinioj pri tiu demando, kiu (aŭ: kio) do estas "la antaŭulo" (aŭ: "io antaŭ"): 有先 you xian. Iuj konsideras ĝin esti Tao (ekz.: 褚伯秀 Chu Boxiu), aliaj – Naturo (自然 ziran, ekz: 郭注·成疏 Guozhu – Chengshu), triaj – Nenio (无 wu, ekz.: 吕 Lv), kvaraj – Ŝanĝego (大易 Dayi, ekz: 林自 Lin Zi), kvinaj – Polusego (太极 Taiji, ekz: 陈景元 Chen Jingyuan), sesaj – io metafizika (形而上者 xing'ershang zhe, ekz: 陆树芝 Lu Shuzhi. Se oni komprenus Taon laŭ materialismo, Tao similus al "leĝo" de naturo, de vivo, de historio, de universo. Tamen en la teksto de Zhuangzi kiel la konkludo estas menciita "Amo" el la buŝo de Konfuceo.

[583] 豨韦氏之囿, 黄帝之圃, 有虞氏之宫, 汤武之室 Xiwei shi zhi you, Huang Di zhi pu, You Yu shi zhi gong, Tang-Wu zhi shi. Notinde, ke ĉiuj povis esti lokoj de 'akceptado kaj sendado' 将迎 jiang ying por "ludi" 游 you. (Nenio estas sciate pri la parko de Xiwei aŭ la ĝardeno de Huang Di. Pri Xiwei, vidu la piednoton 212. [MSZ])

[584] Tiuj frazoj en la teksto devus esti eldiroj de Konfuceo. Tamen, dum li vivis, ne povis okazi ia ajn disputo inter konfuceanoj kaj mohistoj: 儒墨 ru-mo (ĉar Mozi naskiĝis tuj antaŭ la morto de Konfuceo [MSZ]). Kiel devus esti taksata tia "taoismigita Konfuceo"? Sintezo aŭ emendo de konfuceismo?

[585] 庚桑楚 Gengsang Chu, disĉiplo de Laozi. En Liezi 列子 ĉap. 2: 黄帝 "Huang Di", li aperas kiel 亢仓子 Kang Cangzi.

[586] 畏垒 Wei Lei. Iuj konsideras ĝin nomo de iu monto en regno Lu 鲁 aŭ en provinco Liang 梁州 (Liang zhou).

[587] 尸而祝之、社而稷之 Shi er zhu zhi, she er ji zhi. Tiu teksto montras, ke ne nur mortintoj, sed ankaŭ respektindaj vivantoj estis sanktigataj en sanktejoj 社稷 sheji. Ĉe tio, oni rigardis la vivanton jam mortinta 尸 shi.

[588] 杓 shao, "Kulero", tio laŭ mia opinio estas la Granda Ursino.

[589] 南荣 Familia nomo 南荣 Nanrong, persona nomo 趎 Chu, unu el disĉiploj de Gengsang Chu.

[590] 德 de, laŭvorte "virto". Sed ĉi tie signifo estas "natura kvalito".

[591] 规规然 gui gui ran. Multaj esploristoj prenas la frazon por "stupore aŭ foranime", sed mi tradukis laŭ litere.

309

[592] Laŭ Mozi, konfuceanoj serĉis mortintajn gepatrojn ĉie, por montri sian filan pietaton. Bonvoleco kaj justo de Konfuceismo estas kritikata en la buŝo de Nangrong Chu pro tio, ke la reflektado pri tiuj principoj incitas angoron en la persono mem.

[593] 人舍之 ren she zhi. La ideogramo 舍 she havas du signifojn: "loĝejo" kaj "forĵeti". Do povas traduki kaj alie: "Al havanto de konstanteco kolektiĝas homoj".

[594] 学者一天钧败之 Xue zhe...Tian jun bai zhi. Inter esploristoj diversas kompreno de la teksto. La kritiko de troa lernado kaj troa strebo al translimo.

[595] 灵台 ling tai. Iuj konsideras ĝin "koro" 心 xin, aliaj – "konscio de sia memo" 自我意识 zi wo yi shi.

[596] 业 ye. Poste la koncepto de "karmo" de budhismo estos tradukita per tiu ideogramo.

[597] Rilate al 与物穷者 yu wu qiong zhe ĝis 尽人 jin ren, mia traduko estas tute malsama ol tiuj de aliaj renomaj esploristoj. Ĉar mi ne povas konsenti kun ili pri kompreno de ideogramoj 穷 qiong, 且 qie kaj 尽 jin. Laŭ mia traduko, la signifo de teksto estas, ke homon regas la aĵoj, kiujn li posedas.

[598] Laŭ la teksto de la templo Takajama 高山寺 en Japanio, estas aldonita la frazo（成也 sintezo, fariĝo）post 其分也．道通其分也（成也），其成也，毁也。

[599] 昭 Zhao, 景 Jing kaj 甲（屈）Jia (Qu) estis familiaj nomoj de reĝoj de Chu.

[600] Ĉina agadmaniero kaj kutimo de etiketo, tute fremda kaj stranga al okcidentanoj. Estas notinde, ke multaj okcidentaj tradukistoj (ekz. Legge) komprenas la lastan frazon inverse: "Se unu el gepatroj surtretis la piedon [de sia infano]". [MSZ]

[601] La fonto de citaĵo nekonata. [MSZ]

[602] Kvar sesopoj de eraroj estas 1) 勃志：贵富显严名利 Bo zhi: gui, fu, xian, yan, ming, li; 2) 谬心：容动色理气意 Miu xin: rong, dong, se, li, qi, yi; 3) 累德：恶欲喜怒哀乐 Lei de: e, yu, xi, nu, ai, yue; 4) 塞道：去就取与知能 Sai dao: qu, jiu, qu, yu, zhi, neng.

[603] 全人恶天、恶人之天 Quan ren e tian, e ren zhi tian. 'Ĉielo' ĉi tie signifas 'naturon'. Ĉiuj esploristoj prenas la vorton 全人 Quan Ren por 'Perfekta' Homo. Sed por tiu signifo estas jam 至人 Zhi Ren, la Pleja Homo. Kelkaj esploristoj prenas ĉi tiun propozicion por demando, kontraŭvera. Laŭ mia konjekto, eĉ 全人 Quan Ren ne ĉiam estas kontenta pri la Ĉiela ordono kaj pri la naturo de homoj, kiel montras la lasta krio de Jesuo.

[604] 则缘于不得已 Ze yuan yu bu de yi. La vorto 缘 yuan estas nepreco, necesigita per interrilato. Mi uzas la vorton "necesigiteco" kiel esprimon de tia konduto, farata en situacio "nepre necesa". En la ĉina kortego okupis altajn postenojn la eŭnukoj, eble, laŭ simila rezonado. [605] 徐无鬼 Xu Wugui, ermito de regno Wei, loĝanta en la monto 缗山 Min shan. 女商 Nv Shang favorata vasalo de markizo Wu, 魏武侯 Wei Wuhou, kiu estis surtrone 386-371 a. K.

[606] 金板、六弢 Jin ban, Liu (6) tao. Iuj esploristoj konjektas, ke ili estas nomoj de ĉapitroj en iu libro de dinastio Zhou, aliaj – titoloj de militteknikaj libroj.

[607] 大隗 Da Wei, Granda Glebo, nomo de dio, jam menciita en ĉap. 6: "Granda respektinda instruisto" 大宗师. Monto Juci 具茨山 (Juci shan) situas en Henan, alia nomo: 泰隗山 Dawei shan. 襄城 Xiangcheng estas loko en nuna provinco Henan 河南.

310

[608] 六合 liu (6) he, ses limoj aŭ sferoj. [MSZ]

[609] 儒墨杨秉 ru, mo, yang, bing. Iuj konsideras bing kiel Gongsung Long（公孙 long), aliaj – kiel Song Keng（宋钘 aŭ Song Rongzi 宋荣子）. Mi konjektas, ke la ideogramo 秉 bing signifas "la nun havanta", t. e. skolon de Laozi-Zhuangzi.

[610] Preskaŭ ĉiuj esploristoj prenas ke inter Lu Ju kaj lia disiĉplo ne estas granda diferenco, tiel do Zhuangzi kritikas Huizi, ke maniero de Lu Ju estus tute sama, kiel de Huizi..

[611] Laŭ mia konjekto, la unua konformigis la filon al la nomo de pordgardisto pro tio ke nur difektito je kruro aŭ kastrito povas fariĝi pordgardisto.

[612] Estas tre malfacile kompreni la tekston, kial ĉi tie devus aperi la Chu-ano kaj Qi-ano. En la lasta paragrafo, eble, estas kritikata la disputemo aŭ kverelemo de Huizi.

[613] 鲍叔牙 Bao Shuya, ministro de regno Qi, amiko de Guan Zhong 管仲. Li rekomendis al la duko la kontraŭreĝan Guan Zhong, kiel ĉefministron. 隰朋 Xi Peng estis klera vasalo de regno Qi, menciita en la libro Zuozhuan 左传(t.e. Komentario de Zuo pri Analoj de Aŭtunoj kaj Printempoj). La sama epizodo troviĝas ankaŭ en Liezi 列子，力命 kaj en Lushi Chunqiu 吕氏春秋，贵公. La epizodo montras, kiel malfacile estas taksi personon, ĉar Bao Shuya estis altetaksata en aliaj historiaj materialoj, kiel en Shiji.

[614] 颜不疑 Yan Buyi, reĝa amiko de regno Wu 董梧. Aperas simila nomo en Zuozhuan 左传. La epizodo montras, ke estas danĝere proksimiĝi al tirano, kaj regno Wu pereis subite pro tia reĝo.

[615] 南伯子綦 Nanbo Ziqi = 南郭子綦 Nanguo Ziqi, kaj lia lernanto 颜成子 Yan Chengzi, jam aperis en la ĉap. 2 "Unueco de aĵoj" 齐物论.

[616] 田禾 Tian He = 田和 Tian He, potenculo de regno Qi, malbonfama pro uzurpinto (386 a. K.). Nanbo Ziqi pentas ĉi tie, ke li eble helpis al Tian He altigi popularecon.

[617] 孙叔敖 Sun Shu'ao estis ministro ĉe la reĝo Zhuang, kiam Konfuceo ankoraŭ ne naskiĝis. 市南宜僚 Shinan Yiliao estis bravulo en regno Chu, aperas en alia ĉapitro kiel ermito en kampo.

[618] Okaze de insurekcio far la duko Bai en 479 a. K., Shinan Yiliao kaj Sun Shu'ao kondutis tiel, kiel estas skribite ĉi tie kaj ne aliĝis al Bai.

[619] Mozi naskiĝis en lasta jaro de la vivo de Konfuceo, do ankoraŭ ne eblis ekzisti tiam disputo inter konfuceanoj kaj mohistoj. Konfuceo mortis en tiu jaro, kiam okazis ribelo de la duko Bai en 479 a. K., do ne eblis okazi tia renkontiĝo post la ribelo.

[620] 渠公 Qu gong. Iuj supozas tion iu riĉulo, aliaj – buĉisto, triaj – duko Kang.

[621] 啮缺 Nie Que jam aperis en la ĉap. 2: "Unueco de aĵoj" 齐物论. Laŭ la ĉap. 12: "La Ĉielo kaj la Tero" 天地, li estas instruisto de Xu You 许由, la ermito kiu fuĝis de la sankta reĝo Yao 尧, kiam la lasta volus abdiki al li.

[622] 暖姝 nuanshu, 濡需 ruxu, 卷娄 juanlou. La unua estas supozata de iuj kiel servila flatemulo, de aliuj kiel memkontentulo. La dua estas tiu, kiu atendas favoron de ekstere. La tria – tiu, kiu estas malliberigita, aŭ tiu, kiu alkroĉiĝas je io posedata.

[623] 豕零 shiling, unu speco de fungoj.

[624] 勾践 Goujian, reĝo de Yue, surtrone 497 – 465. 会稽 Kuaiji, monto proksime de nuntempa urbo Shaoxing. La evento troviĝas en ĉapitro 1 de historio de regno Yue en de Rakontoj de regnoj 国语 Guoyu. [MSZ]

[625] 文种 Wen Zhong, grandoficisto de regno Yue, estis mortigita pro kalumnio post la venko super Fu Chai.

[626] 大扬搉 Da yang que. Estas diversaj opinioj pri tiuj ideogramoj, iuj komprenas tion 大道的概略 [方勇 827], aliaj – 包举宇宙之理 [陈鼓应 667].

[627] 则阳 Zeyang estas kromnomo, lia familia nomo kaj persona nomo estis 彭阳 Peng Yang, li estis Lu-ano. 夷节 Yi Jie estis vasalo de regno Chu. Laŭ Cheng Xuanying 成玄英, la Reĝo (王 wang) estas Wen 文王 (Wen wang 689-677 a. K.). 王果 Wang Guo estis grandoficisto de regno Chu. 公阅休 Gong Yexiu estis ermito.

[628] 仞 mezurunuo de longo, unu reno egalis al 7 aŭ 8 chioj 尺, ĉ. 180 cm. Dek renoj estas 18 m. Tiu paragrafo estas rigardata kiel parabolo, ke estas ĝojiga la eltrovo de sanktulo, samkiel la reveno al denaska naturo.

[629] 冉相氏 Ran Xiang shi, nomo de antikva legenda sankta reĝo.

[630] 嬴法 ying fa. Ideogramo 嬴 ying havas signifon 'superflua, plusa'.

[631] 容成氏 Rong Cheng shi. Iuj konsideras lin antikva sankta reĝo, kiu ĉe la Flava Imperiestro okupiĝis pri kalendaro, aliaj – instruisto de Laozi.

[632] 莹 Ying estas reĝo Hui de Wei 魏惠王 (Wei Hui wang). Multaj esploristoj konjektas, ke 田牟 Tian Mu, ankaŭ nomata Tian Ji (vidu sube), estas supozeble reĝo Wei de Qi 齐威王 (Qi Wei wang). Sed la nomo de la lasta ne estis Mu.

[633] 犀首公孙衍 xishou Gongsun Yan, generalo de regno Wei. 田忌 Tian Ji, generalo de regno Qi.

[634] 季子 Jizi estas saĝulo de Wei-regno, 华子 Huazi–ministro, supozate, ke li estas sama persono, kiel Zi Huazi 子华子 en la ĉap. 28.

[635] 惠施 Huishi, amiko de Zhuangzi. Li servis al la filo de la reĝo Hui. 戴晋人 Dai Jinren, saĝulo de regno Wei.

[636] 蚁丘 Yi qiu, lokonomo nekonata. [MSZ]

[637] 市南宜僚 Shinan Yiliao. Lia familinomo estis 熊 Xiong, alinomo 宜僚 Yiliao. Aperas la nomo ankaŭ en la ĉap. 20 "La arbo de monto" 山木 kaj 24 "Xu Wu Gui" 徐无鬼 .

[638] 长梧 Zhangwu (aŭ Changwu) estas lokonomo. 子牢 Zilao estis lernanto de Konfuceo nomata ankaŭ 琴牢 Qinlao.

[639] 柏矩 Bo Ju, nekonata lernanto de 老聃 Lao Dan, t.e. de Laozi. [MSZ] La epizodo revokas al ni impreson de Leo Tolstoj, unuafoje vojaĝanta okcidenten.

[640] 蘧伯玉 Qu Boyu, grandoficisto en regno Wei 卫 . Li aperas ankaŭ en ĉapitroj 14 "Xian Wen" 《宪问》, kaj 15 "Wei Ling Gong" 《卫灵公》 de Analektoj 论语 Lunyu. Preskaŭ sama epizodo aperas en la ĉap. 27 寓言 de Zhuangzi, kiel la ŝanĝiĝo de Konfuceo. [641] 大弢 Da Dao, 伯常骞 Bo Changqian, 狶韦 Xi Wei – personoj nekonataj. 大史 dashi (aŭ daishi) 'historiisto', laŭ komuna opinio de esploristoj

estas 太 史 taishi, titolo de granda oficiulo pri kronikoj, astronomio, astrologio, aŭgurado kaj oferadaj ceremonioj. [MSZ]

[642] 灵 ling havas signifon «spirito, animo». 卫灵公 Wei Ling Gong – estis surtrone 534 – 493 a. K. (Vidu ankaŭ la ĉap. 15 "Wei Ling Gong"《卫灵公》de Analektoj. [MSZ])

[643] 丘里之言 qiu-li zhi yan, laŭvorte: 'vortoj de kolonioj kaj loksidoj' aŭ (laŭ aliuj esploristoj) 'vortoj de 4 vilaĝoj kaj 25 familioj'. Laŭ La Decreguloj de Zhou 周 礼 Zhouli, kampara lando estis dividita laŭsurface tiele: naŭ kampoj konsistigis unu putlokon 井 jing, kvar putlokoj konsistigis unu vilaĝon 邑 yi, kvar vilaĝoj konsistigis unu kolonion 丘 qiu (laŭvorte: 'monteton'); aŭ laŭdomnombre tiele: kvin familioj 家 jia konsistigis unu najbararaĵon 邻 lin, kvin najbararaĵoj konsistigis unu loksidon 里 li-on. Komparante ambaŭ oni vidas, ke unu loksido lio estis egala al unu bieno lv 闾 ('25 familioj'). Lio estis samtempe mezurunuo de longo, de nur ĉ. 400 m, do la loksido ne estis tre granda. [MSZ] .

[644] 季 真 Ji Zhen, filozofo de regno Wei dum la Epoko de Militantaj Regnoj, predikis, ke estas neniu, kiu movas la mondon. 接 子 Jiezi, filozofo de regno Qi, insistis, ke estas iu, kiu ekmovis la universon.

[645] 关龙逢 Guang Longfeng – saĝulo dum la fino de dinastio Xia. 比干 Bi Gan avertis tiranon, kaj estis dissekcita. 箕子 Jizi avertis tiranon Zhou, sed ne aŭdite, ŝajnigis sin freneza. 恶来 Elai (iuj legas lian nomon 'Wolai' aŭ 'Wulai'), subulo de Zhou, estis mortigita de Wu. 桀 Jie kaj 纣 Zhou, tiranoj. 伍员 Wu Yuan = 伍子胥 Wu Zixu, ordonita de reĝo sinmortigi. 苌弘 Chang Hong estis ekzilita laŭ kalumnio, poste sinmortigis. 孝己 Xiao Ji, filo de reĝo Gao Zong Wuding de dinastio Yin. 曾参 Zeng Shen (aŭ 曾子 Zengzi), disĉiplo de Konfuceo, fama je fiela pietato. Ĉi tie estas substrekite pri la malfacileco de konfuceismaj kodoj, kiel lojaleco, fila pietato k. c.

[646] 月固不胜火 Yue gu bu sheng huo. (Iuj komprenas la ideogramojn 月固 yue gu ne kiel 'dum monato' sed kiel 'origina luna'. [MSZ]) La duobliĝo de persona menso estiĝas laŭ la aŭtoro pro la nenatura alstrebo, kiel profitamo, pro la devojiĝo de la Tao.

[647] Iuj konjektas, ke Jian He estis markizo Wen de regno Wei 魏 文 侯 Wei Wen hou. Sed estas dubinde. Aliaj tradukis tion kiel 'superintendanton de rivero'.

[648] 任 公 子 Ren gongzi, princo de lando Ren, kiu situis je 50 lioj sude de nuntempa Jining de provinco Shandong. La lando pereis dum la periodo de Milit-regnoj.

[649] 五十犗 wushi jie. Tio estas ne alio ol hiperbolo.

[650] La monto situas en la centro de nuna provinco Zhejiang. Ne eblas fiŝhokadi de tie ĉe la Orienta Maro.

[651] Tiu citaĵo ne troviĝas en la nuntempe konata versio de La Poezioj (Shijing). [MSZ]

[652] 老莱子 Lao Laizi, ermito de regno Chu. Estas skribite en Historiaj Rakontoj (Shiji), ke li verkis 15 librojn. (Iuj supozas, ke li estis Laozi. [MSZ]) Ĉi tie estas kritikate pri la distingo de bono kaj malbono en la konfuceismo, kiel sanktulo Yao kaj tirano Jie, ke tia portempa distingo, devenanta de la aroganteco kaj la predilekcio de nuntempulo, kondukas homojn al la reciproka vorado.

[653] 相引以名，相结以隐 Xiang yin yi ming, xiang jie yi yin. Mi esperantigis laŭvorte. Homoj altiriĝas per fameco, kaj kunvivas, havante la komunan sekreton – pri tio estas skribite en "Besy", la verko de F. M. Dostojevskij.

[654] 宋元君 Nomo Zuo 佐, postmorta nomo 元. Aperis en la ĉap. 21: "Tian Zifang" 田子方. Divenado per testuda krusto estis tradicia en dinastio Yin 殷, kies posteuloj estis feŭditaj en regno Song.

[655] La nombro 72 estis konsiderata bonaŭgura, aŭ eĉ sankta. Ankaŭ Konfuceo vivis 72 jarojn. [MSZ]

[656] 夫流遁之志，决绝之行，噫，其非至知厚德之任与 La propozicio estas tre subtila, ke dependas de la kompreno ŝanĝiĝas la fundamenta ideo de Zhuangzi. Mi prenas lastan ideogramon 与 kiel partikulon de kontraŭveraĵo. Multaj esploristoj tute alie prenas la signifon de frazo 流遁之志，决绝之行 por malbona konduto de "senbrideco" kaj "temerareco". [657] 豨韦 Xiwei, tre antikva reĝo. [MSZ]

[658] 务光，纪他，申徒狄 aperas en la ĉap. 大宗师 kiel durkapaj, ne sciantaj kiel ĝui la vivon. Ili estis similaj al mortintoj pro malsato, imitante filan pietaton. Laŭ Zhuangzi la konduto kiel "malgrasiĝo" aŭ "retiriĝo" estus nur "ilo" por esprimi sinceran koron, do ĉi tie estas kritikataj ne nur konfuceanoj, sed ankaŭ taoistoj, alteniĝantaj al formalaĵoj.

[659] 卮 zhi signifas pokalon por vino.

[660] [言]无言，言无言，终身言，未尝（不）言，终身不言，未尝 Okazas, ke io dirita havas nenion gravan, kaj okazas, ke io ne dirita havas gravecon. Laŭ la libro de la japana Templo Takayama 高山寺, estas [言]antaŭ 无言.

[661] 天均是天倪 En la ĉap. 齐物 aperas la termino 天均.

[662] Mi prenas ĉi tie ideogramon 吾 wu, por havanta signifon pluran: 'ni', ne 'mi' kiel aliaj esploristoj..

[663] Unu 钟 chong (ĉirkaŭ 40 litroj) egalas al 4 釜 fu marmitoj.

[664] 曾参 disĉiplo de Konfuceo, fama je sia fila pietato.

[665] 颜成子游，东郭子綦 aperas en la ĉap. 齐物篇, kaj en la ĉap. 徐无鬼 aperas dialogo inter 颜成子游 kaj 南郭子綦.

[666] 阳子居 Yang Ziju estas supozata fama pensulo Yang Zhu 阳朱. Laŭ ĉi tiu epizodo Laozi loĝis en la urbo 沛 Pei, nuna 徐州 Xuzhou. 梁 Liang estis la ĉefurbo de regno Wei 魏.

[667] 太白 Multaj esploristoj tradukas laŭ Laozi, 大白若辱, "Plej pura blanko ŝajnas malpura".

[668] 许由 aperas en la ĉap. Ludvagado. 子州支父 kaj 子州支伯 estas rigardataj kiel nomoj de unu sama persono.

[669] 善券 Shan Quan, ermito. Ekzistis lia altaro en la monto（常德府武陵南苍山）.

[670] 亶父 Danfu, prapatro de la reĝo Wen, fondinto de la dinastio Zhou. Bin 邠 situis sudokcidente de nuna 旬邑 provinco Shanxi.

[671] 狄 Di, unu el triboj de 匈奴 Xiongnu.

[672] 不以所用养害所养 Ilo nutranta signifas teron.

[673] 岐山, nord-oriente de nuna Qishan en provinco Shanxi.

[674] Laŭ Pi Yuan 毕沅, en 449 a. K. estis mortigita 不寿 Bu Shou, en 376 a. K. – 子翳 Zi Yi, en 364 a. K. – 无余 Wu Yu. Yu Yue 俞樾 Yu Yue konjektas, ke 无颛 Wu Zhuan estis princo Sou 搜.

[675] 子华子 aperas en ĉap. 10 kaj 25. Pri lia penso pri graveco de la korpo estas skribite en Lvshi Chunqiu 吕氏春秋 . Ĉe Mozi estas simila argumento. 昭僖侯 Zhao Xi estas 昭侯 markizo Zhao de regno Han 韩 (surtrone 362-333 a. K.).

[676] 颜阖 Lu-ano, ermito, aperas ankaŭ en la ĉap.4 人间世 .

[677] 随侯之珠 , Legenda perlo, kiun la markizo Sui ricevis de serpentego.

[678] 列子 , 列 御冠 La sama epizodo estas en la Liezi kaj Lvshi Chunqiu. 子阳 Zi Yang estis ĉefministro de Zheng regno 郑 , mortigita en 398 a. K. Laŭ alia fonto 释文 li estis mortigita de siaj subuloj per hundoj.

[679] 楚王昭 Zhao estis surtrone 515-489 a. K., en 506 a. K. atakite de armeo de Wu Zi Xu 伍子胥 , li fuĝis, sed en la sekva jaro revenis.

[680] 司马子綦 Maljuna frato de la reĝo Zhao laŭ malsama patrino, estis mortigita dum ribelo de Bai Gong 白公 en 479 a. K.

[681] 三旌 San Jing. Iuj esploristo konsideras la rangon egala al unu el Tri Dukoj 三公 San Gong, aliaj–al unu el Tri Grandoficistoj 三珪 San Gui.

[682] zhong, mezurunuo de volumeno de greno, egala al 6 hu kaj 4 dou, ĉ. 120 litroj. [683] 原宪 unu el disĉiploj de Konfuceo. Estas supozate, ke li verkis la ĉapitron 14: "Xian Wen" de Analektoj.

[684] 堵 du estas muro longa je unu zhango (ĉine: zhang) 丈 ; dum la tempo de Zuangzi 1 zhango egalis al 10 chioj = 2.20-2.31 m); do unu kvadrata zhango egalis al ĉirkaŭ 4.84 – 5.34 m2. [MSZ]

[685] 子贡 unu el disĉiploj de Konfuceo, kaj li fariĝis riĉulo kiel spekulanto.

[686] 华 冠 huaguan. Iuj konjektas, ke ĝi estis krono el betulo, aliaj – krono kun ŝiraĵo. Mi prove tradukis laŭvorte.

[687] 曾子 unu el disĉiploj de Konfuceo, 曾参 , 子舆 .

[688] Multaj esploristoj prenas la esprimon por "trene paŝi kun rompiĝintaj ŝuoj" .

[689] 亩 muo (ĉine mu), mezurunuo de areo; dum la tempo de Zhuangzi 1 muo egalis al ĉ., 225 kvadrataj metroj; nuntempe 625 kv. m (1 ha = 16 muoj). [MSZ]

[690] 中山 Zhongshan, malgranda lando en regno Wei, hodiaŭa provinco Hebei.

[691] Mou 公子牟、魏牟 , princo de regno Wei, estis feŭdita en la lando 中山 Zhongshan. 胆子 aŭ 詹子 Zhanzi estis taoisto, aperas en Han Feizi 韩非子 , ĉap. 解老 , kiel 詹何 .

[692] 共伯 Gong Bo, persona nomo estas 和 He (surtrone 841-828 a. K.) post la reĝo Li de Zhou 厉王 li estis surtronigita de landestroj. Per lia nomo politika reĝimo nomiĝas respubliko 共和 .

[693] 北人无择 Beiren Wu Ze, Unu el amikoj de Yao, la sankta reĝo. 清冷 Qingleng, iu konsideras ĝin lokonomo.

[694] 汤 , 天乙 Tang, Tian Yi, fondinto de dinastio Yin. 桀 Jie, lasta reĝo de dinastio Xia. 卞随 Bian Sui, 瞀光 Wuguang legendaj ermitoj. 伊尹 Yi Yin – la plej fama konsiliulo kaj poste ministro de Tang. Koncernante revolucion far Tang, troviĝas diversaj pozicioj je la taksado en la historio de Ĉinio. Mozi, Xunzi taksis Tang pozitive. Sed, kiu rigardas lojalecon grava, tiu subtaksas lin, kiel uzurpinton.

[695] Guzhu 孤竹 estas nomo de la lando, kie Bo Yi kaj Shu Qi 伯夷叔齐 loĝis kiel princoj. Qiyang 岐阳 estis ĉefurbo de Zhou.

[696] 不赖高节 Bu lai gao jie. Mi prenas la ideogramon 节 jie kiel ĉasteco.

[697] 柳下季 Liuxia Ji estis grandoficisto en regno Lu ĉe la duko Xi 僖公 (surtrone 659-627 a. K.) 盗跖 Dao Zhi estis nomo de rabisto en la epoko de Chun-Qiu. Do la rakonto estas fikcia.

[698] Laŭvorte: 丘 Qiu – persona antaŭnomo de Konfuceo. Konfuceo parolas tiamaniere pri si mem (signo de deca humileco). Tamen ankaŭ Zhi parolas al li tiele en antaŭa kaj sekvaj paragrafoj. Tia parolmaniero ja estas signo de manko de respekto. [MSZ]

[699] Maniero sidi por reĝoj. [MSZ] .

[700] 寸 cuno (ĉine cun), mezurunuo de longo, "ĉina colo", aŭ larĝo de polekso. Dum epoko de Zhuangzi 1 chio egalis al 9 cunoj, 1 cuno egalis al 2.44-2.57 cm (variante laŭ regno), do 8 chioj kaj 2 cunoj estis de 181 ĝis 190 cm. Nuntempe 1 cuno = 3,33 cm. [MSZ]

[701] 黄 钟 huangzhong "flava sonorilo" – mi ne povas konsenti kun la opinio, ke ĝi signifas muzikan terminon 音律 yinlv.

[702] 臣请、南使吴越···Chen qing, nan shi Wu Yue··· Multaj esploristoj konsideras Konfuceon la sendoto. Sed laŭ ĉi tiu propozicio mi ne povas legi tiel.

[703] 东使宋卫···Dong Shi Song Wei···Se la Granda Monto estu Taishan 泰山 , tiu direkto 东 dong "orienten" estas malprava.

[704] 卧则居居、起则于于 Wo ze juju, qi ze yuyu. Mi prenas ju 居 por 'kunvivado' de gepatroj juzhu 居诸 , kaj yuyu 于于 por 'irado' .

[705] Reĝo de Wei 卫君 Weijun, duko Zhuang 庄公 Zhuanggong, lia personnomo estis Kuai Kui 蒯聩 . Atenco okazis en 480 a. K. Zilu estis mortigita kaj lia korpo estis peklita per salo.

[706] Menciitaj estas sep sanktaj reĝoj.

[707] La tirano Zhou dissekcigis la koron de Bigan por vidi, kia estas la koro de sanktulo.

[708] 无病而自炙 wu bing er zi jiu, signifas superfluan konduton. Sushi 苏轼 (1036-1101) suspektis la tekston pri Rabisto Zhi neverkita de Zhuangzi. Multaj esploristoj inklinas ne doni al la teksto grandan valoron. (Aliaj inverse, ekzemple P. J. Ivanhoe kaj B.W. Van Norden estimas ĝin praktika, ne teoria, kiel pensmanieron de yangzhuisto 杨朱 kaj estimas la tekston unika priskribo de yangzhuisma vidpunkto. [MSZ]). Laŭ mia opinio tiu teksto estas unika por pripensi la signifon de 'konduto' 行为 xinwei. Zhi kritikas la ideologion de konfuceismo per preskaŭ sama argumento kaj vidpunkto kiel taoismo. Tamen argumentas ne sanktulo, sed rabisto. Konduto estas kriterio por juĝi, ĉu la parolanto pravas aŭ ne. Kiel ajn bela ŝajnus la argumento, se la konduto de parolanto estas neakceptebla, ankaŭ la parolado estas fuŝa. Kia estas konduto, tia estas valoro de argumento. Estas notinde, ke graveco de konduto estas prezentata en la verko de taoismo, laŭdanta senagon 无 为 wuwei. Kaj estas atentinde, ke Konfuceo provus turni rabiston al la Vojo, esperante al 'pentonto' bonan konduton por granda afero. Al vera 'pentanto' jam ne estas tute egale kiel konduti kaj argumenti. Tiaj pentantoj estis por ekzemplo sanktaj Petro kaj Paŭlo, rusaj nobeloj kiel Leo Tolstoj. La sekva teksto estas daŭrigo de diskuto pri konduto.

[709] 子张 Zizhang, disĉiplo de Konfuceo. 满苟得 Man Goude, fikcia nomo, signifanta tiun, kiu kontentigas sin per akiraĵo. Multaj esploristoj rigardas la vorton 行 kiel virta konduto 德行 .

[710] 多信者 Ĉi tie 信 xin signifas 'ĵuri, promesi' 誓约 Zizhang, konfuceano, uzas la vorton kiel signifon de 'fido, konfido'.

[711] 恒公小白 Duko Huan mortigis pliaĝan fraton, surtroniĝinte, faris 管仲 Guan Zhong ĉefministro. Menciita amafero kun frata edzino ne troveblas en aliaj libroj. 田成子常 Tian Cheng Zi Chang mortigis la dukon Jian 简公 de Qi 齐. En Analektoj 论语 estas skribite pri la protesto de Konfuceo. Ke li ricevis la donacon de Tian Cheng, tio povus esti onidiro.

[712] En la nuna Libro 书经 ne troviĝas la citaĵo.

[713] 别 bie, apartigi. Konfuceanoj konsideras apartigon grava. 五纪六位 estas specoj de moralo. Laŭ esploristoj ekzistas diversas klasifikoj. Laŭ unu ekzemplo el ili, kvin moralprincipoj konsistas el rilatoj inter estro kaj subulo, patro kaj filo, edzo kaj edzino, pliaĝulo kaj malpliaĝulo, amiko kaj amiko; ses klasifikoj – estro, subulo, patro, filo, dezo kaj eszino. Mohistoj kontraŭe starigis universalan amon 兼爱 jian'ai, kaj nomis la amon de Konfuceo 'apartiganta amo, 别爱 bie'ai.'

[714] 季 Ji estas patro de la reĝo Wen 文王. Pliaĝaj fratoj 太伯·虞仲 cedis al li la tronon.

[715] 无约 Wu Yue, fikcia nomo, signifas la homon, ne katenitan per promesoj.

[716] 直躬 Zhi Gong aperas en Analektoj kiel tro honesta filo, denuncinta la patron. 鲍焦 = 鲍子 Bao Jiao estis ermito. Shengzi estas supozata 申生 aŭ 申徒狄, 匡章 Kuang Zhang estis Qi-ano, kiu admonis la patron kaj estis elpelita.

[717] Tragedio de idealistoj, alteniĝintaj al abstrakta justeco, detranĉitaj el de konkreta realeco estas kritikata ĉi tie kiel fikuraĝo dediĉi sian vivon al fiksita 'justo' per sinmortigo. Kiu havas tian malsanon, tiu juĝas kaj punas la aliajn laŭ sia mezurilo de justo.

[718] 无足 Wuzu, 知和 Zhihe. Nomojn de protagonistoj mi tradukis laŭ signifo.

[719] 赵文王 Zhao Wen wang. Esploristoj konjektas, ke la reĝo estas 惠文王 Huiwen wang (surtrone 298-266 a. K.). Laŭ Historiaj Rakontoj (Shiji 史记, ĉap. 赵世家 "Zhaoshijia"), la nomo de kronprinco estis Dan 丹, kaj ne troviĝas iu ajn Kui 悝. Se li estus samtempa kun Zhuangzi, la reĝo devus esti Wuling wang 武灵王 (surtrone 325-299 a. K.). Ĉi tiu ĉapitro estas rigardata de esploristoj kiel fikcio.

[720] 千金 qian jin. Unu jin (orpeco) egalis en tiu epoko al 244 g da oro.

[721] Temas pri du kategorioj de subuloj, kiuj okupadis lokon aŭ dekstre, aŭ maldekstre de la superulo, laŭ iliaj rangoj. [MSZ]

[722] "Supre" 上 shang kaj "sube" 下 xia, povas ankaŭ esti komprenitaj kiel "antaŭe" kaj "poste", aŭ "unue" kaj "due, ankaŭ". [MSZ]

[723] 后之先 retroatako. En proverbo estas tiu esprimo; "Ekmovi pli malfrue ol la aliulo, atingi sukceson pli frue."

[724] Partoj de la glavo estas nomataj per nordaj, orientaj, sudaj, centraj kaj okcidentaj lokonomoj. Norde: 燕奚 Yan qi, 石城 Shicheng; oriente: 齐 Qi, 岱 Dai (泰山 Taishan, monto Tai en regno Lu), sude: 晋 Jin, 魏 Wei, centre: 周 Zhou, 宋 Song; okcidente: 韩 Han, 魏 Wei. 夷 Yi (barbaraj triboj), 渤海 Bohai (maro), 常山 Changshan (laŭ: 北岳恒山 Beiyuehengshan).

[725] 五行 wuxing, kvin elementoj – t. e. arbo, fajro, tero, metalo kaj akvo. [MSZ]

[726] Laŭ tiama ĉina kosmologio, oni estimis la Ĉielon ronda, la Teron kvadrata. [MSZ]

[727] 服毙其处 fu bi qi chu. Iuj esploristoj prenas la frazon por sinmortigo.

[728] 八疵四患：摠佞诌谀谗贼慝险；叨贪很矜 Baci sihuan: zong ning chan yu chan zei te xian; dao tan hen jin. Ĉu tiuj ok makuloj kaj kvar malsanoj estas produktoj de denaska naturo, aŭ ne? Taoistoj devas konsideri ilin nedenaskaj. Tamen por konfuceanoj – ili estas denaskaj, kaj per decreguloj korektendaj. Jen la diferenco inter konfuceanismo kaj taoismo.

[729] 列御寇 = 列子 Lie Yukou = Liezi, antaŭe menciita.

[730] 伯昏瞀人 Bohun Wuren (Maoren),, ermito, Chu-ano, en antaŭa ĉap. aperas kiel 伯昏无人 Bohun Wuren (德充府 De Chongfu).

[731] Huan 缓 Zheng-ano 郑 , 裘氏 lokonomo.

[732] 三族 parencoj laŭ patro, patrino kaj edzino.

[733] 翟 Nomo de la plijuna frato, ankaŭ la nomo de Mozi, fondinto de mohismo.

[734] Iuj esploristoj prenas frukton kiel ŝanĝiĝon de mortinta Huan.

[735] 夫造物者之报人也，不报其人，而报其人之天 Estas notinde, ke en tiu frazo Kreinto estas pli alta, ol la Ĉielo. Multaj esploristoj supozas, ke ĉi tie 'la Ĉielo' 天 Tian indikas 'naturon' 天性，自然. Frazo signifas, ke la frato fariĝis mohisto laŭ sia Ĉiela naturo, sed ne farita de Huan.

[736] 遁天之刑 signifas punon al tiu, kiu, konsiderante subjektan agon grava, malatentas naturon. En sinmortigo prezentiĝas subjektivismo de Huan kaj problemo de konfuceismo, baziĝanta sur fila pietato kaj supereco de pliaĝuloj. En ĉi tiu teksto estas prezentata granda temo, kiel konfuceismo, mohismo, homa ago, Ĉielo, kaj Kreinto, sed bedaŭrinde, mankas preciza argumentado. Estas tre strange, ke konfuceano Huan malestimas la patron （贼其亲）.

[737] Laŭ la rakonto, tiu, kiu fieras je sia merito kaj pretendas sian rajton, estas sama erarinto, kiel la konfuceano Huan, ne povanta kompreni la Ĉielon. Nuntempaj popolamasoj ĉiuj estas punataj pro ignoro de la Ĉielo.

[738] 知道易、勿言难 Mi prenas tiun frazon por signifanta, ke estas facile scii guston, sed malfacile esprimi ĝin per vortoj.

[739] 朱泙漫 familia nomo – Zhuping, persona nomo Man; 支离益 familia nomo – Zhili, persona nomo – Yi. 千金 qian jian – unu orpeco jin 金 egalis al ĉ. 244g da oro.

[740] 太清 Granda pureco estas unu el plej gravaj nocioj en taoismo. Ĝi estas uzata por la nomo de taoisma sanktejo.

[741] 曹商 Familinomo Cao, persona nomo – Shang. Laŭ Sima Biao 司马彪 , reĝo de Song estis 偃 - 康王 (surtrone 328-286 a. K.), reĝo de Qin - 惠文王 (surtrone 337-311 a. K.).

[742] Zhuangzi mem vivis en tia stato, ke li vivtenis, teksante sandalojn.

[743] 哀公 Ai Gong(surtrone 494-467 a. K.) 颜阖 Yan He, Subulo en regno Lu, aperas en ĉap. 人间世, 让王 . Zhogn Ni estas nomo de Konfuceo. [744] 宰乎神 . Ne depende de la Ĉielo, sed depende de sia volo li mastrumas la aferojn.

[745] 齿 Estis esprimo 齿德 , do mi prenas la ideogramon kiel kalkuladon de virto, kiom da favoroj oni donis al aliaj homoj.

[746] 动过 Mi prenas tiun punon kiel punlaboron kaj elpelon en foran vojon. Multaj esploristoj prenas ilin por maltrankvilo kaj rimorso. Vera Homo 真人 .

[747] 正考父 estis prapatro de Konfuceo antaŭ dek generacioj, servis kiel grandoficisto en regno Song en 8-a jc. a. K.

[748] 唐许 estas reĝo Yao 尧 , kaj ermito 许由 . Alvoki pliaĝan onklon per la persona nomo ne estis dece. [749] 中德 zhongde, laŭvorte "centra virto", estas malfacile traduki la frazon. Plia klarigo estas sube: 有以自好也而吡其所不爲者也 . T. e. rigardi sin mem bona kaj kritiki la aliajn, ne samajn laŭ sia opinio. Kritiko 吡 ĉe taoismo estis maltaksata laŭ ĉi tiu teksto. Sed la verko Zhuangzi estas plena de kritiko de aliaj pensmanieroj.

[750] La teksto temas pri justeco de luksa funebro, rigardata de konfuceanoj kiel grava devo. Mohistoj kontraŭis al ili, kaj pledis por simpligo de funebro. Estas interese, ke je la funebro Zhuangzi mem staras sur la sama pozicio kun mohistoj, sed liaj disĉiploj staras por konfuceismo. Mortanta Zhuangzi konsideras luksan funebron maljusta, senpruva kaj malklara. (不平 , 不征). Sed en sekva ĉapitro 天下 estas kritikite je la simpla funebro de mohismo.

[751] 六通四辟 liu tong si bi, signifas tion, ke ĉie eblas interkomunikiĝi kaj informiĝi. [752] 邹鲁 之士 , 缙绅先生 . Zou-Lu zhi shi, Jin sheng xiansheng, 邹 Zou kaj 鲁 Lu estas nomoj de landoj. 缙绅 先 生 indikas konfuceanojn. ("Konfuceano de Zou" –eble Mengzi (Mencio), vidu la Postparolon de la Tradukinto. [MSZ])

[753] 百家之学、诸子百家 Diversaj skoloj de Ĉinaj antikvaj pensuloj en la epokoj de Printempoaŭtuno ĝis la fino de Milit-regnoj.

[754] 作为非乐 Ideogramo 乐 signifas ambaŭ muzikon kaj plezuron. Ĝi originas el religia ceremonio por plezurigi diojn-spiritojn per muziko. Mohistoj kontraŭis al plezurigo de homoj per pompa muziko fare de riĉuloj-potenculoj.

[755] 咸池、大章、大韶、大夏、大濩、辟雍、 武 estas nomoj de muziko. Ankaŭ Mozi sciis pri la ekzistado de muziko ĉe antikvaj reĝoj. Li kritikis muzikon pro tio, ke la muziko estas ludata por landestroj pere de ekspluatado de laboruloj, kaj pro tio, ke muziko ne efikas al plibonigo de politiko.

[756] Mozi pledis por simpligo de funebro, kaj ke popolanoj komencu labori post la funebro laŭeble rapide. Zhuangzi mem ordonis al disĉiploj sian funebron multe pli simplan ol de Mozi.(ĉap. 32)

[757] 相里勤、五侯、苦获、已齿、邓陵子 Xiangli Qin, Wuhou, Ku Huo, Ji Chi, Deng Lingzi estas nomoj de postaj mohistoj. 墨经 Mo Jing estas Kanonoj kaj Dialektoj. 别墨 Bie Mo estas frakcioj de mohistoj. 坚白同异 Jianbaitongyi estas temo de disputo pri sameco kaj malsameco. 觭偶不仵 Qi' oubowu estas diverseco inter para kaj nepara nombroj.

[758] 宋钘 Song Xing estis pensulo, kiu verkis 宋子十八篇 . Li estas fama kiel pacifisto-senperfortisto, (ano de ideologio simila al tolstojismo, filozofio de Tolstoj). Pri Song Xing estas nun publikigita la libro, verkita de Lin Zhipeng: 林志鹏 , "宋钘学派遗著考论" 台北 ,2009, 487p. 尹文 Yin Wen verkis 尹文子 . Sed ambaŭ verkoj perdiĝis. Ili ambaŭ metis sur sin ĉapon, similan je formo al la monto Hua 华山之冠 , kiel simbolo de egalismo inter supro kaj subo. Ili estas pensuloj samtempaj kun Mengzi kaj Zhuangzi.

[759] 别宥 Bieyou difino, klarigo de koncepto kaj klasifiko de aĵoj. 白心 Baixin pura koro kaj 寡欲 Guayu senavideco estis fama devizo de Song Xing.

[760] 升 shengo, ĉine sheng, mezurunuo de volumeno, egalis al ĉirkaŭ 0.2 litroj.

[761] 彭蒙 Peng Meng estis instruisto de 田骈 Tian Pian. 田骈 kaj 慎到 Tian Pian kaj Shen Dao estis scienculoj, kolektiĝintaj en regno Qi, kiel instruituloj de Jixia 稷下之学士. Ĉefa ideo por ili estis la tuteco de ĉiuj estaĵoj 齐万物.

[762] 知不知 zhibuzhi Eblus diverse traduki la frazon. [763] 常无有 Konstanta Nenio kaj Esto, 太一 Granda Unueco, 空虚 Malpleneco estas gravaj konceptoj de taoismo. 太一 estas alinomo de Tao 道.

[764] 真人 Zhen Ren, Vera Homo, alia termino por taoisma idealo. [MSZ]. 关尹 Limgardisto Yin ricevis la Sutron 道德经 Dao De jing, kiam Laozi estis trapasanta la landlimon. [765] 卮言, 重言, 寓言 Tiuj tri vortoj estis jam en la ĉap.27 "寓言".

[766] 其应于化……未之尽者 Diversas opinioj pri la lastaj frazoj. Iuj komprenas ilin kiel kritikon de Zhuangzi, aliaj – kiel laŭdon de mistera profundeco. Mi konsentas kun la unuaj.

[767] Iuj konjektas librojn verkitajn de Hui Shi, aliaj – posedatajn.

[768] 连环可解也 Ŝajnas, ke en ĉi tiu frazo troviĝas nenio kurioza. Estas komprenebla nur kondiĉe, ke estis epizodo pri donacita magia ringo de, regno Qin al regno Qi. La ringo estis detruita, ne elĉenigite, laŭ la libro 《战国策》.

[769] 燕 Yan estis la regno la plej norda en Ĉinio de epoko de Zhuangzi, kaj 越 Yue la tiama regno la plej suda. [MSZ]

[770] Diversas frazoj je diversaj tekstoj. 指不至, 物不绝 aŭ 至不绝。

[771] 狗非犬 Gou kaj Qian ambaŭ signifas en la ĉina lingvo "hundon". Nur nomo diversas.

[772] 桓团 Huan Tuan, Zhao-ano. 公孙龙 Gong Sun Long, aperas en la ĉap.17 秋水.

[773] Nuna adreso 河南省民权县顺河乡青莲寺 Henan-sheng Minquan-xian Shunhe-xiang Qinglian-si (aŭ: templo Qingliang en vilaĝo Shunhe, en distrikto Minquan de provinco Henan).

[774] Nun la loko estas nomata 河南省民权县老颜集乡唐庄村 Henan-sheng Minquan-xian Lao Yanji-xiang Tangzhuang-cun (aŭ: loko Tangzhuan en antikva vilaĝo Yanji, en distrikto Minquan de provinco Henan). Sed estas diversaj opinioj pri hejmo de Zhuangzi – iuj konsideras ĝin antikva regno Chu 楚, aliaj – Qi 齐, triaj – Lu 鲁, ĉar troviĝas ankaŭ tie ja lokonomoj 蒙城 Mengcheng, 蒙山 Mengshan。

[775] Shiji, Historiaj rakontoj, aŭ Taishigong shu (Verko de Granda Historioficisto) fare de Sima Qian 司马迁 (135-86 a. K.), en 130 volumoj, kovras la tutan historion de Ĉinio, el de la Flava Imperiestro ĝis dinastio Han, ne nur de unu regno kiel ĝistiamaj analoj. Anonimaj Zhushu jinian aŭ Analoj de Bambua Libro priskribas la historion de regno Jin ĝis 299 j. a.K., skribita sur bambuaj tabuletoj, estis trovita en 281 p. K. en tombejo de princo Ji. [MSZ]

[776] Lev N. Tolstoj (1828-1910) kaj Fjodor M. Dostojevskij (1821-1881), Anton P. Ĉeĥov (1860-1904) kaj Ludwik L. Zamenhof (1859-1917), ili vivis proksime unu de la alia, sed ne interrilatis. [MSZ] [777] Vidu komenco de la ĉap. 33 [MSZ].

[778] 兼爱 jian'ai. La termino estis uzata de mohistoj 墨家 mojia. Estas interese, ke el la vidpunkto de taoistoj tute egalas bonvoleco de konfuceismo kaj universala amo de mohismo.

[779] Laŭ ĉi tiu argumento, ankaŭ altruismo kaj universala amo estas egoismo. Mengzi kritikis egoismon de Yang Zhu kaj altruismon de Mozi en la sama kunteksto.

[780] Hu Shi 胡适 kredis la realan ekzistadon de Laozi, sed Qian Mu 钱穆 ignoris ĝin. En la epoko de Zhuangzi kaj Sima Qian, la renkontiĝo estis rigardata kiel la historia fakto.

[781] Laŭ ĉi tiu teksto, "senago" 无为 wuwei, estas senkonscia ago, perfekte kutimiĝinta al profesia laboro. 忘适之适 wang shi zhi shi estas atingebla per forgeso de komforteco-malkomforteco. En realo ekzistas multe da malkomforteco. Laŭ mi, unu malkomforteco estas forgesita per la alia malkomforteco, kontraŭpezante unu la alian.

[782] 颜世安 Yan Shian, 庄子评传 Zhuangzi pingzhuan, 南京 Nanjing, 1999, p. 311.

[783] Ĉi tie videblas iuspeca dialektiko de Zhuangzi, tra polurado reveni la sumpleco.

[784] 忘己 wangji, forgesi sin mem. En alia loko estas esprimo 座忘 zuowang (sidi kaj forgesi, Ĉap. 6: "Granda respektinda instruisto" 大宗师). Estas eble forgesi nur senkonscie.

[785] Ĉap. 20: "La arbo de monto" 山木篇 "Shan mu" pian. [786] 不开人之天, 而开天之天 Bu kai ren zhi tian, er kai Tian zhi tian. Ĝenerale estas aprobite en la frazo "Tian zhi tian" kompreni la unuan 天 Tian, kiel la Ĉielon, la alian – kiel la naturon. Tiuokaze estas notinde, ke en Zhuangzi 人之天 ren zhi tian ("la homa naturo") portas malbonan signifon.

[787] 中无主而不止 Zhong wu zhu er bu zhi. Ĉi tie "subjekto" 主 zhu estas sentanta, volanta "mi-o", kiu estas preta al akceptado de io donata.

[788] Ĉi tie troviĝas io simila al la idealo de V Narod (En la Popolon) de Rusa narodnikismo.

[789] Ankaŭ al kristanismo influo de Laozi-Zhuangzi estas granda. Ekz-le fama frazo "En la komenco estis la Vorto" (de la Evangelio laŭ Johano) estis unufoje tradukita en la ĉinan: 太初有道 Taichu you Dao "En la komenco estas Tao."

[790] Mi uzas vorton "leĝo-kaŭzeco" por traduki 缘 yuan, kiu esprimas interrilatajn leĝojn de estaĵoj, t. e. leĝojn de homoj, societo, naturo, historio.

[791] 邓联合 Denglianhe, p. 350.

[792] 《世说新语》文学篇、"高僧传" 四 « Shi shuo xin yu » ĉap. Wenxue pian, "Gao seng yun" IV.

[793] 格义佛教 geyi fojiao, laŭvorte "budhismo konformiganta ideojn-nociojn". La ideogramo 格 ge separi, normigi, havas gravan filozofian signifon en konfuceismo, en la teksto Daxue aŭ Granda Instruo, 格物致知 gewu zhizhi, 'ekzameni aĵojn por pliprofundigi (aŭ plilarĝigi) sian scion', sed ĉi tie temas pri 'ekzameni ambaŭ flankojn por trovi komunan signifon', 'konformigi' kaj 'normigi'. [MSZ]

[794] 竺法雅 Zhu Faya, 竺道潜 Zhu Daoqian (286-347) kaj 慧远 Hui Yuan (344-416) estis reprezentantoj de tiu frua formo de budhismo en Ĉinio.

[795] Lia sanskrita (= denaska) nomo estis Kum ā raj ī va (legu: [Kumaaraĝiiva]. La ĉina versio estas nur fonetika transskribo de ĝi (memoru, ke ankaŭ mezepoka ĉina lingvo havis malsaman prononcon ol la nuntempa ĉina lingvo, tial ekzemple en la japana lingvo oni prononcas tiun nomon, skribitan per la samaj ideogramoj, kiel 'Kumaraĵuu'). Li estis altranga monaĥo, poligloto, militkaptito de ĉina armeo en Meza Azio, ĝis vivfino loĝanta en la ĉefurbo de tiama Ĉinio, Luoyang, kie li fondis lernejon de tradukado. [MSZ]

[796] 禅宗 chan zong, aŭ budhisma skolo de chan（"kontemplado, meditado"）, konata ankaŭ per siaj nomoj korea sŏn kaj vjetnama thiên, estas mondvaste plej konata per la japana prononco de tiu nomo, kiel skolo de zen, aŭ simple zeno. [MSZ]

[797] 达摩 Damo (mallongigo de sanskrita) Bodhidharma (440–528/536 aŭ 470–543), alveninta el suda Hindio per maro ĉ. 475 aŭ 523 [MSZ]）estas rigardata kiel 28-a patriarko de meditada budhismo, kaj fondinto de ĉina zen-budhismo. Poste aperis multaj famaj bonzoj, kiel 弘仁 Hongren (601-674), 神秀 Shexiu (?-706), 惠能 Huineng (638-713), 神会 Shenhui (670-762) k.a. kiuj plie disvolvigis tiun skolon laŭ taoismecaj ideoj kaj aliroj.

[798] Sanskrite: Amit ā bha, "Senlima Lumo", ĉine Omituo-fo, japane Amida, nomo de la Budho de Okcidenta Paradizo, nomata sanskrite Sukh ā vat ī -vy ū ha, ĉine 净土 Jingtu, japane J ō do（"Pura Lando" aŭ "Lando de Pureco"）, kiu promesis savon al ĉiu, kiu nur alvokos lian nomon (savo «per la forto de aliulo» do «ne per propraj agoj»). Tial alia nomo de tiu skolo estas "amidismo". [MSZ]

[799] Estas rimarkinde, ke en Ĉinio purlandismo kaj zeno kunigis post la 12-a jarcento kaj fariĝis fakte unu skolo de budhismo. [MSZ] En Japanio disvolviĝis kaj zen-budhismo kaj purlandismo sendepende.

[800] Mi uzas, por, traduko de 有 you kaj de 无 wu, vortojn "Estaĵo" kaj "Ne-estaĵo", anstataŭ "Nenio".

[801] 天地 Tian-Di, Ĉielo kaj Tero, t. e. Universo.

[802] La lasta frazo memorigas al ni la eldiron en Mevo de Ĉeĥov.

[803] Laŭ tiu argumento, Tao ne estas Estaĵo, nek Ne-Estaĵo. La lasta frazo troviĝas en Laozi.

[804] 非言非黙、议有所极 Fei yan feimo, yi you suo ji. (ĉap. 25: "Ze yang" 则阳) Estas notinde, ke ĉi tie estas menciita la rolo de dialogo.

[805] M.A. Bakunin alvokis "iri en Popolon" al iintelektuloj, por ke ili lernu de simpla popolo, sed P. L. Lavrov – por ke ili klerigu Popolon. [806] Mao Dun 茅盾 interpretante, menciis pri nihilismo 虚无主义 xuwu zhuyi, kaj anarkismo 无政府主义 wuzhengfu zhuyi de, Zhuangzi. Vidu 名家 Mingjia, 品 78.

[807] 汤川秀树 Yukawa Hideki《莊子》Zhuangzi en 汤川秀树著作集 6 Kolektoj de verkoj, vol.6. 1989 年岩波书店 , p. 24-25.

BIBLIOGRAFIO

1. 郭象子玄注 . 庄子十卷 . 上海 . 扫叶山房 . 1919.

2. 郭庆藩撰 . 王孝鱼点校 . 庄子集释上下 . 新编诸子集成 . 北京 . 中华书局 . 2016.

3. 陆德明撰 . 庄子音义 . 古文尚书 . 天理大学出版部 . 东京 . 八木书店 . 1982.

4. 林希逸着 . 周启成校注 . 庄子鬳齐口义校注 . 北京 . 中华书局 . 1997.

5. 焦竑 . 庄子翼 . 富山房刊 "汉文大系" 收录 .

6. 王先谦着 . 庄子集解 . 新编诸子集成 . 第一辑 . 北京 . 中华书局 . 1999.

7. 马叙伦 . 庄子义証三十三卷 . 上海商务印书馆排印本 . 1929.

8. 钱穆 . 庄子纂笺 . 北京 . 九州出版社 . 2016.

9. 方勇 陆永品撰 . 庄子诠评上 · 下 (增订新版). 巴蜀 . 四川出版集团 . 2007.

10. 俞婉君译注 . 庄子 . 南昌 . 二十一世纪出版社 . 2014.

11. 陈鼓应注译 . 庄子今注今译上下 . 中华书局 . 2016.

12. 思履注 . 图解庄子 . 北京 . 北京联合出版公司 . 2016.

13. 孙通海译注 . 庄子 . 中华经典藏书 . 北京 . 中华书局 . 2016.

14. 任志宏校注 . 庄子 . 长沙 . 岳麓书社出版 . 2016.

15. 迟双明解译 . 庄子全鉴 . 北京 . 中国纺织出版社 . 2017.

16. 西田长左卫门着 . 荘子上 · 下 . 东京 . 至诚堂书店 . 1928.

17. 坂井 唤三着 . 荘子新释上 · 下 . 东京 . 弘道馆 . 1930-1931.

18. 赤冢 忠訳注 . 荘子上 · 下 . 全释汉文大系 16. 东京 . 集英社 . 1974-1977.

19. 池田知久译注 . 荘子上 · 下 . 中国の古典 5-6. 东京 . 学习研究社 . 1983-1986.

20. 远藤 哲夫 · 市川　安司　着 . 荘子下 . 新释汉文大系 8. 东京 . 明治书院 . 1967.

21. 金谷 治译注 . 荘子 1 - 4 册 . 东京 . 岩波文库 . 1971, 1975, 1982, 1983.

22. 仓石 武四郎 · 关　正郎译注 . 荘子 . 平凡社 . 中国古典文学大系 . 1973.

23. 福永 光司著 .　荘子内篇、外篇上中下、雑篇上下 . 中国古典选 12-17. 东京 . 朝日新闻社 . 1978.

24. 森　三树三郎译注 . 荘子内篇外篇杂篇 . 中公文库 . 1974.

25. 严灵峰 . 列子庄子知见书目 . 广东集成图书公司 . 1961.

26. 严灵峰 . 无求备齐庄子集成 . 初篇 · 继篇 . 台北 . 艺文印书馆 . 1972

27. 弘道文化事业编辑部编辑 . 庄子引得 . 台北 . 1971.

ESPLORAJ MATERIALOJ

1. 刘笑敢 . 庄子哲学及其演变 . 北京 . 中国社会科学出版社 . 1988.

2. 许抗生 . 三国两晋玄佛道简论 . 济南 . 齐鲁书社 . 1991.

3. 崔大华 . 庄子思想与两晋佛学的般若思想《道家文化研究》 第二辑 . 上海古籍出版社 . 1992.

4. 崔大华 . 庄学研究 . 北京 . 人民出版社 . 1997.

5. 颜世安著 . 庄子评传 . 南京 . 南京大学出版社 . 1999.

6. 王博 . 庄子哲学 . 北京大学出版社 . 2004.

7. 彭自强 . 支遁《逍遥论》的内容与特点《世界宗教研究》2004 年第 3 期 .

8. 徐克谦 . 庄子哲学新探－道，言，自由与美，中华书局 . 2005.

9. 孙克强 耿纪平主编 . 庄子文学研究 . 北京 . 中国文联出版社 . 2006.

10. 过常宝 刘德广主编 . 名家品莊子 . 北京 . 中国华侨出版社 . 2007.

11. 方勇著 . 庄子学史 . 北京 . 人民出版社 . 2008.

12. 邓联合著 . "逍遥游"释论 庄子的哲学精神及其多元流变 . 北京 . 北京大学出版社 . 2010.

13. 安蕴贞 . 西方庄学研究 . 北京 . 中国社会科学出版社 . 2012.

14. 阿部　吉雄著 . 荘子 . 中国古典新書シリーズ . 東京 . 明徳出版社 . 1968.

15. 佐藤　明著 . 荘子内篇の研究 . 福岡 . 中国書店 . 1998.

16. 福永　光司著 . 禅の無心と荘子の無心 . "禅の本質と人間の心理"（久松真一・西谷啓治編）東京 . 創文社 .1968.

17. 守屋　洋著．荘子の人間学：自在なる精神、こだわりなき人生　東京、プレジデント社、1996.

18. 森三樹三郎著．　老子・荘子．　人類の知的遺産 5 東京 . 講談社 . 1978.

19. 池田　知久著．　道家思想の新研究："荘子"を中心として東京 . 汲古書院 .2009.

20. ビルテール、ジャン・フランソワ著.亀節子訳.荘子に学ぶ　コレージュ・ド・フランス講義.東京 . みすず書房 .2011.

21. 关　正郎著．　荘子の思想とその解釈（郭象、成玄英）東京 . 三省堂 . 1993

湯川　秀樹著 . 荘子 . 湯川秀樹著作集 6 東京 . 岩波書店 . 1989

MATERIALOJ EN OKCIDENTAJ LINGVOJ

TRADUKOJ

1.Balfour F. H. The Divine Classic of Nan-hua. Shanghai, 1881.

2.Feng Gia-fu & English Jane, Chuang-Tseu: Inner Chapters. New York, 1974.

3.Fung You-lan, Chuang-tzŭ. (The Inner Chapters). Shanghai, 1933.

4.Fung You-lan, Chuang-Tzŭ: A new selected translation with an exposition of the philosophy of Kuo Hsiang. Paragon Book Print, 1964.

5.Giles Herbert Allen, Chuang Tzŭ: Music, Moralist, and Social Reformer. AMS Press, 1974 (Reprinted from the Edition of 1926, Shanghai, 1-st Ed. 1889).

6.Giles Herbert Allen. Chuang tzŭ: Taoist Philosopher and Chinese Music. Routeledge, 2005 (Orig. 1926).

7.Graham Angus C. Chuang-tzu. The Seven Inner Chapters and Other Writings from the Book Chuang-tzu. London, Allen & Unwin, 1981. (Indianapolis, Hackett, 2001; London-Boston-Sydney-NewZealand, 1989).

8.Höchsmann Hyun. Zhuangzi. Longman Library of Primary Sources in Philosophy. New York, Pearson Longman, 2006.

9.Kuczera S, = Чжуан-цзы, перевод С. Кучера, [en:] Дао – Гармония мира. Антология мысли. Москва, изд-во «Эксмо-Пресс», 2000 / Харьков, «Фолио», 2000: 451-464.

10.Legge James. Texts of Taoism. Sacred Books of the East. Vols. 39, 40. Oxford, 1891.

11.Levy Jean. Les Œuvre de Maître Tchouang. Encyclopédie des Nuisances, 2006.

12.Liou Kia-hway. Œuvre complète de Tchouang-tseu. Paris, Unesco, 1969.

13.Maljavin V. V. = Малявин В. В., Чжуань Цзи. Москва, 1978 / Чжуан-цзы. Москва, 1985.

14.Pastor Jean-Claude. Zhuangzi (Tschouang-tseu). Les chapitres intérieurs. Paris, Cerf, 1990.

15.Pozdnejeva L., = Чжуанцзы, перевод Л. Позднеева. [en:] Дао – Гармония мира. Антология мысли. Москва, изд-во «Эксмо-Пресс», 2000 / Харьков, «Фолио», 2000: 151-388.

16.Schipper Kristofer. Zhuang Zi: De volledige geschriften – Het grote klassieke boek van het taoïsme. Amsterdam, Uitgeverij Augustus, 2007.

17.Waley Arthur. Three Ways of Thought in Ancient China. London, G. Allen & Unwin, 1939; Doubleday, 1956; Stanford University Press, 1982; Routledge, 2005.

18.Wang Chongfang. Dao De Jing de Laŭzi. Pekino, Fremdlingva Eldonejo, 2012.

19.Watson Burton. The Complete Works of Zhuangzi. Columbia University Press, 2013. (First published in 1968).

20.Willhelm Richard. Dschuang-Dsi. Das Wahre Buch vom Svdlichen Blvtenland. Jena, Diederichs, 1920.

21.Ziporyn Brook. Zhuangzi: The Essential Writings, with Selection from Traditional Commentaries. Indianapolis, Hackett, 2009.

ESPLOROJ K. A.

1.Allinson Robert Elliott, How to Have One's Cake and Eat It, Too: Evaluation and Trans-Evaluation in Chuang-Tzu and Nietzsche. "Journal of Chinese Philosophy" 1986, 13: 429-443.

2.Allinson Robert Elliott, Chuang-Tzu for Spiritual Transformation: An Anlysis of the Inner Chapters. Albany, State University of New York Press, 1989.

3.Allinson Robert Elliott, Wittgenstein, Lao Tzu and Chuang Tzu: The Art of Circumlocution. "Asian Philosophy", Mar. 2007, vol. 17: 97-108.

4.Allinson Robert Elliott, How to Say What Cannot be Said: Metaphor in the Zhuangzi. "Journal of Chinese Philosophy", Sep.-Dec. 2014, vol. 41: 268-286.

5.Allinson Robert Elliott, Snakes and Dragons, Rat's Liver and Fly's Leg: The Butterfly Dream Revisited. "Dao: Journal of Comparative Philosophy", Dec. 2012, vol. 11: 513-520.

6.Allinson Robert Elliott, Of Fish, Butterflies and Birds: Relativism and Nonrelative Valuation in the Zhuangzi. "Asian Philosophy", Feb. 2015, vol. 25: 238-252.

7.Allinson Robert Elliott, Zhuangzi ang Buber in Dialogue: A Lesson in Practicing Integrative Philosophy. "Dao: A Journal of Comparative Philosophy", Dec. 2016, vol. 15: 547-562.

8.Alt Wayne E., Logic and Language in the Chuang Tzu. "Asian Philosophy", Mar. 1991, vol. 1: 61-76.

9.Ames Roger T., Nakajima Takahiro eds., Zhuangzi and the Happy Fish. Honolulu, University of Hawaii Press, 2015.

10.Ames Roger T. (ed.), Wandering at Ease in the Zhuangzi. Albany, State University of New York Press, 1998.

11.Berkson Mark, Language: The Guest of Reality – Zhuangzi and Derrida on Language, Reality, and Skillfulness. In: Essays on Skepticism, Relativism and Ethics in the Zhuangzi, ed. Paul Kjellberg & Philip J. Ivanhoe. Albany, State Unniversity of New York Press, 1996: 97-126.

12.Berthel Ken, Language in Zhuangzi: A theme of that Reveals the Nature of its Relativism and Skepticism. "Journal of Chinese Philosophy", Dec. 2015, vol. 42: 562-576.

13.Billeter Jean-François, Arrêt, vision et langage: Essai d'interprétation du Ts'i-wou-louen de Tchouang-tseu. "Philosophie", 44 (1994): 12-51.

14.Billeter Jean-François, Études sur Tchouang-tseu. 2004.

15.Blakeley Donald N, Hearts in Agreement: Zhuangzi on Dao, Adept Friendship. "Philosophy East & West", Jul. 2008, vol. 58: 318-336.

16.Brecher W. Puck, Bash ô and the Dao: The Zhuangzi and the Transformation of Haikai. "Philosophy East & West", Oct. 2008, vol. 58: 605-608.

17.Barret Nathaniel F., Wuwei and Flow: A Comparative Reflections on Spirituality, Transcendence, and Skill in the Zhuangzi. "Philosophy East & West", Oct. 2011, vol. 61: 679-706.

18.Buber Martin, Reden und Gleichnisse des Tschuang-Tse. Leipzig, Insel, 1910 (1922).

19.Chai David, Zhuangzi's Meontological Notion of Time. "Dao: A Journal of Comparative Philosophy", 2014, vol. 13: 361-177.

20.Chai David, Zhuangzi and Musical Apophasis. "Dao: A Comparative Philosophy", 2017, vol. 16: 355-370.

21.Chang Tsung-tung, Metaphysik, Erkentniss und Praktische Philosophie im Chuang-Tzu. Frankfurt, Klosterwonn, 1982.

22.Chen Derog, Three Meta-Questions in Epistemology: Rethinking Some Metaphors in Zhuangzi. "Journal of Chinese Philosophy", Sep. 2005, vol. 32: 493-507.

23.Cheng Kai-Yuan, Self and the Dream of the Butterfly in the Zhuangzi. "Philosophy East & West", Jul. 2014, vol. 64: 563-597.

24.Chiu, Wai Wai, Zhuangzi's Idea of 'Spirit': Acting and 'Thinking Things' without Self-Assertion. "Asian Philosophy", Feb. 2016, vol. 26: 38-51.

25.Chinn Erving Y., Zhuangzi and Relativistic Scepticism. "Asian Philosophy", Nov. 1997, vol. 7: 207-220.

26.Chong Kim-chong, Zhuangzi and the Nature of Metaphor. "Philosophy East & West", Jul. 2006, vol. 56: 370-391.

27.Chong Kim-chong, The Concept of Zhen in the Zhuangzi. "Philosophy East & West", Apr. 2011, vol. 61: 324-346.

28.Cline Erin M, Mirrors, Minds and Metaphors. "Philosophy East & West", Jul. 2008, vol. 58: 337-357.

29.Cook Scott (ed.), Hiding the World in the World: Uneven Discourses on the Zhuangzi. Albany, State University of New York Press, 2003.

30.Creller Aaron B., Zhuangzi and Early Chinese Philosophy: Vagueness, Transformation and Paradox. "Philosophy East & West", Apr. 2011, vol. 61: 385-388.

31.Defoorst Carine, Instruction Dialogues in the Zhuangzi: An 'Anthropological' Reading. "Dao: A Journal of Comparative Philosophy", Dec. 2012, vol. 11: 459-478.

32.Dull Carl J., Zhuangzi and Thoreau: Wandering Nature and Freedom. "Journal of Chinese Philosophy", Jun. 2012, vol. 39: 222-239.

33.Fischer Paul, Zhuangzi: The Essential Writings, with Selections from Traditional Commentaries. Book Review. "Philosophy East & West", Apr. 2011, vol. 61: 402-404.

34.Fox Alan, Reflex and Reflecting: Wuwei in the Zhuangzi. "Asian Philosophy", Mar. 1996, vol. 6: 59-73.

35.Fried Daniel, What's in a Dao? Ontology and Semiotics in Laozi and Zhuangzi. "Dao: A Journal of Comparative Philosophy", Dec. 2012, vol. 11: 419-436.

36.Fraser Chris, Emotion and Agency in Zhuangzi. "Asian Philosophy", Feb. 2011, vol. 21: 97-121.

37.Fraser Chris, Wandering the Way: A Eudaimonistic Approach to the Zhuangzi. "Dao: A Journal of Comparative Philosophy", Dec. 2014, vol. 13: 541-565.

38.Fraser Chris, Zhuangzi and Heterogeneity of Value. "New Visions in Zhuangzi, ed. by Livia Kohn. St. Petersburg, Fl., Three Pine Press, 2015.

39.Froese Katrin, Humour as the Playful Sidekick to Language in the Zhuangzi. "Asian Philosophy", May 2013, vol. 23: 137-152.

40.Galvany Albert, As Introduction to Daoist Thought: Action, Language and Ethics in Zhuangzi. "Philosophy East & West", Jul. 2011, vol. 61: 579-580.

41.Ge Ling Shang, Liberation as Affirmation: The Religiosity of Zhuangzi and Nietzsche. Albany, State University of New York Press, 2007.

42.Girardot N. J., Chaotic Order and Benevolent 'Disorder' in the 'Chuang-tzu'. "Philosophy East & West", 1978, No. 3, vol. 28.

43.Graham Angus C., How Much of 'Chuang-Tzu' did Chuang-tzu write?, "Jounal of the American Academy of Religion", Thematic Issue, 1979, vol. 47.

44.Graham Angus C., Disputers of the Tao. Philosophical Argument in Ancient China. Open Court. La Salle, Illinois, 1989.

45.Graham Parkes, Lao-Zhuang and Heidegger on Nature and Technology. "Journal of Chinese Philosophy", Dec. 2012, vol. 39: 112-133.

46.Grange Joseph, Zhuangzi's Tree. "Jounal of Chinese Philosophy", Jun. 2005, vol. 32: 171-182.

47.Graziani Romajn, Fictions Philosophiques du 'Tchouang-tseu'., Paris, NRF, Editions Gallimard, 2006. 338 p.

48.Han Xiaoping, Interpreting the Butterfly Dream. "Asian Philosophy", Mar. 2009, vol. 19: 1-9.

49.Hansen Chad, A Tao of Tao in Chuangzi. [en:] Experimental Essays on Chuang-tzu, ed. by Victor Mair. Honolulu, University of Hawaii Press, 1983.

50.Hansen Chad, Guru or Skeptic? Relativism in the Zhuangzi. [en:] Hiding the World in the World, 2003.

51.Hao Changchi, Relativity of the Human World and Dao in Lao-Zhuang – An Interpretation of Chapter 1 of the Zhuangzi and of the Laozi 1. "Asian Philosophy", Nov. 2005, vol. 15: 265-280.

52.Heitz Marty, Knocking on Heaven's Door; Meister Eckhart and Zhuangzi on the Breakthrough. "Dao: A Journal of Comparative Philosophy", 2007, vol. 6: 53-61.

53.Höchsmann Hyunn, The Starry Heavens Above – Freedom in Zhuangzi and Kant. "Journal of Chinese Philosophy", Jun. 2004, vol. 31: 235-252.

54.Hoffert Brian, Distinguishing the 'Rational' from the 'Irrational' in the Early Zhuangzi Lineage. "Journal of Chinese Philosophy", Jan. 2006, vol. 33: 159-173.

55.Hong C. Lynne, Clearing up Obstructions: An Image Schema Approach to the Concept of 'Datong' 大通 in Chapter 6 of the Zhuangzi. "Asian Philosophy", Aug. 2013, vol. 23: 275-290.

56.Irving Goh, Chuang Tzu's Becoming Animal. "Philosophy East & West", Jan. 2011, vol. 61: 110-133.

57.Ivanhoe Philip J., Zhuangzi on Skepticism, Skill and Ineffable Dao. "Journal of the American Academy of Religion" 61, No. 4 (1993): 639-654.

58.Jiang Tao, Isaiah Berlin's Challenge to the Zhuangzian Freedom. "Journal of Chinese Philosophy", Dec. 2012, vol. 39: 69-92.

59.Jiang Tao, The Problem of Authorship and the Project of Chinese Philosophy: Zhuang Zhou and the Zhuangzi between Sinology and Philosophy in the Western Academy. "Dao: A Journal of Comparative Philosophy", Mar. 2016, vol. 15: 35-55.

60.Jones David, Crossing Currents: The Over-flowing/Flowing over Soul in Zarathustra & Zhuangzi. "Dao: A Journal of Comparative Philosophy" 2005, vol. 4: 235-251.

61.Johnson Daniel M., Social Morality and Social Misfits: Confucius, Hegel and the Attach of Zhuangzi and Kierkegaard. "Asian Philosophy", Nov. 2012, vol. 22: 365-374.

62.Kohn (Knaul) Livia, Chuang-tzu and the Chinese Ancestry of Ch'an Buddhism. "Journal of Chinese Philosophy",1986, vol. 12: 411-428.

63.Kohn Livia (ed.), New Visions in Zhuangzi. St. Petersburg, Fl., Three Pine Press, 2015.

64.Kjellberg Paul & Ivanhor Philip J. (ed.), Essays on Skepticism, Relativism and Ethics in the Zhuangzi. Albany, State University of New York Press, 1996.

65.Lai Karyn Lynne, Philosophy and Philosophical Reasoning in the Zhuangzi: Dealing with Plurality. "Journal of Chinese Philosophy", Sep. 2006, vol. 33: 365-374.

66.Lai Karyn L., Chiu Wai Wai, 'Ming' in the Zhuangzi Neipian: Enlightened Engagement. "Journal of Chinese Philosophy", Sep.-Dec. 2013: vol. 40: 527-543.

67.Lee Jung H., The Way of Poetic Influence: Revisioning the 'Syncretist Chapters' of the Zhuangzi. "Philosophy East & West", Oct. 2008, vol. 58: 552-571.

68.Levinovitz Alan, The Zhuangzi and You 游 : Defining an Ideal without Contradiction. "Dao: A Journal of Comparative Philosophy", Dec. 2012, vol. 11: 476-496.

69.Li Dahua, Nature and Freedom: The Philosophy of Zhuangzi. Book Review. "Dao: A Journal of Comparative Philosophy", Sep. 2015, vol. 14: 463-466.

70.Lian Xinda, Zhuangzi the Poet: Re-Reading the Peng Bird Image. "Dao: A Journal of Comparative Philosophy", 2009, vol. 8: 233-254.

80.Lin Ma, Heidegger on East-West Dialogue: Anticipating the Event. New York, Routledge, 2008.

81.Lin Ma & Van Brakel Jaap, Out of the Ge-stell? The Role of the East in Heidegger's das Andere Denken. "Philosophy East & West", 2014, vol. 64: 527-562.

82.Lin Ma, Thinking with Zhuangzi and Su Shi agajnst Heidegger on Artwork. "Philosophy East & West", Oct. 2015, vol. 65: 809-845.

83.Loy David, Zhuangzi and N ā g ā rjuna on the Truth of No Truth. [en:] Essays on Skepticism, Relativism and Ethics in the Zhuangzi. Albany, State University of New York Press, 1996. pp. 50-67.

84.Lynn Richard John, Stratifying Zhuangzi: Rhyme and other Quantative Evidence. "Journal of Chinese Studies", Jan. 2012, vol. 54: 333-339.

85.Machek David, Beyond Sincerity and Pretense: Role-playing and unstructured self in the Zhuangzi. "Asian Philosophy", Feb. 2016, vol. 26: 52-65.

86.Mair Victor H. (ed.), Experimental Essays on Chuang Tzu. Honolulu, University of Hawaii Press, 1983.

87.Mair Victor H., Wandering on the Way. New York, Bantam Books, 1994.

88.Major John S., The Efficacy of Uselessness: A Chuang-Tzu Motif. "Philosophy East & West", 1975, No. 3, vol. 25: 265-279.

89.Maspero Henri., Le taoïsme et les religions chinoises. UFP, Paris, 1971

90.Ming Thomas, Sleeping Beauty and the Dreaming Butterfly: What did Zhuangzi Doubt about?, "Dao: A Journal of Comparative Philosophy", Dec. 2012, vol. 11: 497-512

91.Ming Thomas, Who Does the Sounding? The Metaphysics of the First-Person Pronoun in the Zhuangzi. "Dao: A Journal of Comparative Philosophy", Mar. 2016, vol. 15: 57-59.

92.Ming Thomas, Fixing the White Horse Discourse: Zhuangzi's Proof of 'A White Horse is not a Horse'. "Philosophy East & West", Jan. 2016, vol. 66: 271-289.

93.Moeller Hans-Georg, Liezi's Retirement: A Parody of a Didactic Tale in the Zhuangzi. "Dao: A Journal of Comparative Philosophy", 2016 Sep., vol. 15: 379-392.

94.Mori Mikisaburo, Chuang-tzu and Buddhism. "The Eastern Buddhist", 1972, vol. 2: 44-69.

95.Nelson Eric Seau, Hiding the World in the World: Uneven Discourse on the Zhuangzi. "Journal of Chinese Philosophy", Sep. 2005, vol. 32: 529-532.

96.Nelson Eris S., The Human and the Inhuman: Ethics and Religion in the Zhuangzi. "Journal of Chinese Philosophy", Dec. 2014, vol. 41: 723-739.

97.Nivison David, Hsun Tzu and Chuang Tzu. [en:] Chinese Texts and Philosophical Contexts, ed. Henry Rosemont, Jn, Lasalle, Il., Open Court Press, 1991.

98.Olberding Amy, Sorrow and the Sage: Grief in Zhuangzi. "Dao: A Journal of Comparative Philosophy", Dec. 2007, vol. 6: 339-389.

99.Park So-Jeong, Musical Thought in the Zhuangzi: A Criticism of the Confucian Discourse on the Ritual and Music. "Dao: A Journal of Comparative Philosophy", Sep. 2013, vol. 12: 331-350.

100.Peterman James, Why Zhuangzi's Real Discovery is One that Let Him Stop Doing Philosophy When He Wants to? "Philosophy East & West", Jul. 2008, vol. 58: 372-394.

101.Radice Thomas, Clarity and Survival in the Zhuangzi. "Asian Philosophy", Mar. 2001, vol. 11: 33-40.

102.Singh Danesh, Zhuangzi, Wuwei, and the Necessity of Living Naturally: A Reply to Xunzi's Objection. "Asian Philosophy", Aug. 2014, vol. 24: 212-226.

103.Stevenson Frank W., Zhuangzi's Dao as Background Noise. "Philosophy East & West", Apr. 2006, vol. 56: 301-331.

104.Sturgeon Donald, Zhuangzi, Perspectives and Greater Knowledge. "Philosophy East & West", Jul. 2015, vol. 65: 892-917.

105.Svarverud Rune, The Usefulness of Uselessness: The Realm of Useless Trees According to Zhuangzi. [en:] Studies in Chinese Language and Culture. Festschrift in Honour of Christoph Harbsmeier on the Occasion of His 60th Birthday. Ed. Halvor Bøyesen, Eifring & Christoph Anderl. Oslo, Hermes Academic Publishing, 2006. 157-168.

106.Thiel Paul J. Das Erkenntnis Problem bei Chuang-tzu. «Sinologia», 1969, 11-1:1-89.

107.Торчинов Евгений А., Даосско-буддийское взаимодействие(Теоретико-методологические проблемы исследования).«Народы Азии и Африки», 1988, № 2.

108.Trowbridge John, Skepticism as a Way of Living: Sextus Empiricus and Zhuangzi. "Jounal of Chinese Philosophy", Jun. 2006, vol. 33: 249-265.

109.Van Brakel Jaap, Heidegger on Zhuangzi and Uselessness: Illustrating Preconditions of Comparative Philosophy. "Journal of Chinese Philosophy", Sep.-Dec. 2014, vol. 41: 387-406.

110.Van Norden Bryan W, Zhuangzi's Ironic Detachment and Political Commitment. "Dao: A Journal of Comparative Philosophy", Mar. 2016, vol. 15: 1-17.

111.Van Norden Bryan, Competing Interpretations of the Inner Chapters of the 'Zhuangzi'. "Philosophy East & West", 1996, No. 2, vol. 46: 247-268.

112.Wang Youru, An Inquiry into the Liminology of Language in the Zhuangzi and in Chan Buddhism. "International Philosophical Quarterly", 1997, 37-2.

113.Wang Youru, The Strategies of 'Goblet Words': Indirect Communication in the Zhuangzi. "Journal of Chinese Philosophy", Jun. 2004, vol. 31, issue 2.

114.Wawrytko Sandra A., Deconstructing Deconstruction: Zhuangzi as Butterfly, Nietzsche as Gadfly. "Philosophy of East & West", 2008, No. 4, vol. 58: 524-551.

115.Williams Georg Willis, Free and Easy Wandering among Upbuilding Discourses: A Reading of Fables in Zhuangzi and Kierkegaard. "Journal of Chinese Philosophy", mar. 2013, vol. 40: 106-122.

116.Williams John R, The Vanishing Wild Card: Challenge and Implications of Ziporyn's Zhuangzi. "Philosophy East & West", 2017, vol. 67: 1-.

117.Williams John R., The Radiance of Drift and Doubt: Zhuangzi and the Starting Point of Philosophical Discourse. "Dao: A Journal of Comparative Philosophy", 2017, vol. 16: 1-14.

118.Wim De Reu, How to Throw a Pot: The Centrality of the Potter's Wheel in the Zhuangzi. "Asian Philosophy", Mar. 2010, vol. 20: 43-66.

119.Wu Kuang-ming, Chuang Tzu: World Philosopher at Play. New York, Crossbord, 1982.

120.Wu Kuang-ming, The Butterfly as Companion: Meditations on the First Three Chapters of the Chuang Tzu. Albany, State Unniversity of New York Press, 1990.

121.Wu Kuang-ming, 'Emperor Hundun 混 沌': A Cultural Hermeneutic. "Dao: A Journal of Comparative Philosophy", Sep. 2007, vol. 6: 263-279.

122.Yeh Michelle, The Deconstructive Way: A Comparative Study of Derrida and Chunag Tzu. "Journal of Chinese Philosophy", 1983, vol. 10.

123.Ziporyn, Brook, How Many Are the Ten Thousand Things and I? Relativism, Mysticism, and the Privileging Oneness in the 'Internal Chapters'. [en:] Scott Cook (ed.) Hiding the World in the World. Uneven Discourses on the Zhuangzi. Albany, State University of New York Press, 2003.

124.Ziporyn Brook, Beyond Oneness and Difference: Li and Coherence in Chinese Buddhist Thought and Its Antecedents. Albany, State University of New York Press, 2013.

PRI LA PRONONCO DE ĈINAJ VORTOJ

Spite ke la teksto tradukita venas de antikveco, laŭ moderna kutimo de ĉinologoj kaj aliaj lingvistoj, la propraj nomoj kaj specialaj terminoj netradukeblaj estas donitaj nur en la nuntempa regula ĉina (huayu) prononco de ĉefurba (Pekina) dialekto[1], nomata ankaŭ la ŝtata lingvo (guoyu), la komuna lingvo (putonghua) aŭ la mandarena lingvo (guanhua). La antikva ĉina prononco certe estis malsama[2], tamen estas malfacile rekonstruata, ekzistas multaj malsamaj provoj, do estas pli oportune, eĉ se malpli ĝuste kaj ne tute taŭge, uzi la modernan prononcon. La traduko do akceptas tian kutimon de ĉinologoj.

En la plejparto de la traduko[3] oni sekvas la oficialan modernan transskribosistemon de la Ĉina registaro, akceptitan ankaŭ per OUN, la hanyu pinyin (ĉinan norman prononc-skribon). Ekzistas multaj aliaj transskribosistemoj de la ĉina lingvo en la mondo, iuj eble pli konataj al Esperantistoj en diversaj landoj, sed tia ĉi estas iamaniere internacie norma, tial fariĝas pli kaj pli populara (ankaŭ en internacia ĉinologio), do estas pli facile kaj pli unusignife uzi ĝin.

Tamen por legantoj el aliaj partoj de la mondo, kaj ne ĉinologoj, la regula transskribo hanyu pinyin restas ofte nekomprenebla sen aldonaj klarigoj. Por faciligi legadon mi proponas uzi ĉi suban gvidilon, bazitan sur la transskribo de El Popola Ĉinio[4] proponata per la revuo dum la jaroj 1970-80-90-aj, kun kelkaj miaj aldonaj rimarkoj[5].

---

[1] Kontraŭ la komuna kredo, ekzistas nuntempe ne unu ĉina lingvo (hanyu), sed multaj ĉinaj lingvoj: la familio de foje tute ne interkompreneblaj lingvoj (kiel ekzemple la hakka (kejia) kaj la dongana, la kantona kaj la ŝanhaja; samkiel la islanda kaj la afrikansa ene de la ĝermanida lingvofamilio, aŭ la portugala kaj la moldava ene de la latinida familio, aŭ la bulgara kaj la kaŝuba ene de la slava familio, por uzi nur bone konatajn al mi, kaj al aliiuj, eŭropajn ekzemplojn). La komuna mandarena (putonghua) estas nur la plej disvastigita inter ili, kaj jam por kelkaj jarcentoj ludaj la rolon de la oficiala lingvo en Ĉinio, kaj nun ankaŭ tiun de unu el oficialaj lingvoj de OUN.

[2] La pruvo estas ekzemple la vortoj prunteprenitaj dum la historio el la ĉina lingvo en lingvojn japanan, korean kaj vjetnaman.

[3] Pri esceptoj, vidu je la fino de ĉi tiu enkonduka noto.

[4] Mi uzos la mallongigon EPĈ por ĝi.

[5] Jam parte publikigitaj de mi en: Esperanta transskribo de orientaj skribosistemoj, „Forumilo" 1989, n-ro. 11, p. 26-32.

La ĉinoj estis konvenkitaj ke ilia transskribo estas facila kaj memklara[1]. Do la plej mallonga konsilo povus esti: prononcu tiel, kiel ŝajnas al vi eble. Certe, ofte tio estos malkorekte. Sed se vi ne havas tempon (aŭ emon, aŭ – laŭ via malĝusta opinio – sufiĉan talenton) por lerni iom pri la ĉina lingvo – tio almenaŭ ebligos vin iel tion prononci kaj pli facile kompreni... Por multaj tio sufiĉos.

Iom pli longa konsilo (por kiuj la unua ne sufiĉas) estus: prononcu la literon 'y' kiel la Esperantan 'j', 'w' kiel 'ŭ' , 'r' kiel 'ĵ' , kaj litergrupojn 'sh' kiel 'ŝ' , 'ch' kiel 'ĉ' , 'zh' kiel 'ĝ' , literojn 'x' kiel 'ŝj' , 'q' kiel 'ĉj' , 'j' kiej 'ĝj' , 'v' kiej 'ju' – kaj la aliajn literojn same kiel en Esperanto. Tio estus vere la propono de EPĈ, pli proksima al la ĝusta prononco, ol la unua „memklara" aliro. Tamen sen aldonaj klarigoj atentema legont(in)o tujtuje demandos: „Haltu! Kaj tiun ĉi komplikegan grupon da literoj en la komenco, vere la unuan vorton de la libro: la «Zhuangzi», kiele ĝin prononci? Ĉu ĉion prononci kune? (Sed, je Dio!, kiamaniere?) Aŭ ĉu eble separi/apartigi ilin en pecojn (silabojn)? Kaj kie apartigi? Ĉu eble: «Zhu-an-gzi», kun ĉiu vokalo fariĝanta la bazo de unu silabo? Ĉu 'h' post 'z' estu muta, aŭ prononcita?" ,

Mi povas tuj respondi al la unua demando de ŝi (li): "Prononcu nur du silabojn: [ĝŭann-dzi]" . Sed tio nur estigos aliajn demandojn, kaj la atentemega legont(in)o ne ripozos, fojfojfoje havos multajn (mal) similajn demandojn.

Do ĉi sube mi prezentas la trian, ankoraŭ pli longan, tamen nur iomete pli (do: ne tute) precizan priskribon de la ĉina sonsistemo rilate al tiu ĉi transskribosistemo, por ke la atentemulo povu diveni la respondon mem. Mi nur lasos nerespondita precize la finfine ekspektotan demandon: " Kial la ĉina lingvo havas tiel multe da homonimoj, ke jam enpiedonotoj de tiu ne tiel longa teksto (eĉ ne en la plena leksiko de la teksto, sed ene deselektitaj vortoj), jam aperas multfoje samsonaj vortoj kun tute apartaj signifoj? Kiamaniere la ĉinoj povus tiukaze interkompreniĝi?" La respondo malplej longa estus la plej simpla:

[1]   Certe, plejparte jes, eĉ se, kiel mia sperto de instruado de fremdaj lingvoj en Ĉinio montras al mi, se oni proponas al ĉinoj aplikadon de certaj (facilaj) reguloj de latina alfabeto hanyu pinyin al aliaj lingvoj (ekzemple al Esperanto, al la pola lingvo aŭ al la germana, ili ne estas eblaj fari tion, kaj tuj komencas provi apliki (tre malfacilajn, komplikegajn kaj malbone komprenitajn) regulojn de rilato inter la skribo kaj la prononco de la angla lingvo. Ili scias, ke la angla 'regulo' de prononco estas fakte manko de plena aplikado de ĝeneralaj reguloj pro multegeco da esceptoj, do ili protraktas anglajn vortojn same kiel la ĉinajn signojn: ile estas ideogramoj, oni devas lerni aparte kaj skribmanieron, kaj prononcmanieron, kaj la signifon por ĉiu vorto. La plej granda malhelpo al ĉinoj kaj aliaj azianoj estas, ke la unua fremda lingvo kiun ili lernas estas plejparte la angla. Per la perspektivo de angla ili rigardas aliajn okcidentajn lingvojn, kaj eĉ orientajn lingvojn skribitajn per latinida skribo. Kaj la angla skribmaniero kaj prononcmaniero estas, pro sia historio, treege speciala, tute aparta en la familio de okcidentaj lingvoj. Plejparte ili ne konas la nomon „latina alfabeto" , kontraŭ la faktoj ili nomas ĝin „angla alfabeto" , eĉ ĉe edukitaj usonanoj, Ĉinoj do plej ofte scipovas uzi tiujn regulojn de hanyu pinyin (t.e. simplajn regulojn de latinida alfabeto) nur por ilia propra lingvo, kaj kontraŭ la rekta esprimo de 'simpla memklareco' de tiu sistemo, kaj kontraŭ la verforto de faktoj, ili subkonscie akceptas, ke hanyu pinyin estas tre aparta, tre speciala legmaniero, ne transferebla al aliaj lingvoj, kaj ke la angla 'regulo de manko de certaj reguloj' estas la alirmaniero al aliaj naciaj kaj lokaj latinidaj alfabetoj. Do reguloj de hanyu pinyin estas certe meklaraj kaj facilaj, se oni antaŭe lernas ilin, sed ne por ĉiuj.

" Ĉartia estis la historio de evoluo de tiu lingvo, kaj la konteksto ĉiam helpas al interkompreno. Oni ne parolas per unuopaj vortoj, sed per frazoj" , tia ĝi verŝajne ne plaĉus al multaj kaj certe ne helpus.[1]

Estas en la ĉina lingvo ses vokaloj: ‘a’ , ‘e’ , ‘i’ , ‘o’ , ‘u’ kaj ‘v’ (praktike, ĉar de la vidpunkto de la skribo per hanyu pinyin). Kvin unuaj povas esti prononcataj kiel en Esperanto. La lasta, nekonata en Esperanto, prononcata samkiel la germana, hungara, suoma (fina), aŭ turka ‘v’ , samkiel afrikansa, franca, nederlanda, portugala aŭ skandinava ‘u’ – do meze inter ‘i’ kaj ‘u’ ; por alinaciuloj ne havantaj tiun sonon en sia lingvo, ĝi povas esti plisimpligita kaj prononcata aŭ kiej ‘ju’ (simile al angla kutimo, kiel ‘-ew’ en ‘New York’ ; aŭ konforme al la tradicia rusa transskribo de Palladij: ‘ ю ’ , foje ‘ ю й ’ , do foje eĉ kiel ‘juj’), aŭ kiel ‘i’ (simile al la ĉeĥa, jida, litova aŭ pola kutimoj), aŭ kiel ‘u’ (samkiel en la hispana, itala, kroata aŭ rumana kutimoj). Estas notinde, ke la lasta aliro estus plifortigita per la ĉina hanyu pinyin regulo, ke la du punktoj de ‘v’ ne estas skribitaj, se la ‘v’ sekvas literojn ‘j’ , ‘q’ , ‘x’ kaj ‘y’ . (Fakte do la silaboj kiel ‘yu’ , ‘xu’ , ‘que’ , ‘juan’ , ‘yun’ , k.a., enhavas la sonon ‘v’ , sed kiel la nespecialistoj vidus tion?). La japanoj kaj koreoj, ne havante tiun sonon en siaj lingvoj, jam delonge akceptis tiun aliron, prunteprenante ĉinajn vortojn. (Mi ne disputos la diferencojn de prononco de ‘i’ post konsonantoj de ‘sh’ -grupo, post tiuj de ‘s’ -grupo, post tiuj de ‘x’ -grupo, kaj posta aliaj, ekz. chi, ci, qi, li. Kaj mi ne disputos la diferencon de la prononco de ‘e’ sola kaj de ‘e’ en grupoj ‘ei’ , ‘en’ , ‘eng’ , post diversaj konsonantoj, ekz.: le, re, lei, ren, fen, reng, feng, ktp. Nek mi disputos la specialan prononcon de ‘a’ kiel ‘e’ en grupoj ‘ian’ , ‘van’ , kaj ‘an’ (post certaj konsonantoj); de ‘o’ kiel ‘u’ en grupo ‘ong’ ; de ‘e’ kiel ‘o’ (post certaj konsonatoj; speciale ene de la grupo ‘eng’), ktp. Por kiuj ne estas specialistoj, nek lernantoj de la ĉina lingvo, ili vere ne estas tiel gravaj)

Estas en la ĉina lingvo du duonvokaloj, bone konataj en Esperanto eĉ se malsame skribitaj: ‘w’ prononcata kiel Esperanta ‘ŭ’ , ‘y’ estas prononcata kiel Esperanta ‘j’ .

Fakte kelkfoje uzo de unu de ili estas nur skribmaniero, ortografia regulo: oni skribas ‘wu’ sed prononcas nur ‘u’ ne ‘ŭu’ ; oni skribas ‘yi’ sed prononcas nur ‘i’ , ne ‘ji’ ; oni skribas ‘yu’

---

[1]   La komenco de la dua, multe pli longa, povus esti: „La homonimeco ne estas tiom granda, kiom ĝi ŝajnas unuavice, estas vere nur apenaŭ kvaroble malpli granda. La ĉina lingvo uzas kvar tonojn, kaj eĉ foje la kvinan neŭtran duonsonon, kiuj kune kun konsonatoj kaj vokaloj konstruas la strukturon de la silabo – silabo sen tono ne estas ĉina silabo. Tiamaniere oni havas (teorie) pli ol kvar foje pli multe da eblaj silaboj. Bedaŭrinde komune uzata, ankaŭ an ĉi tiu libro, simpligita hanyu pinyin ne markas tiujn tonojn (normale markitajn per diakritaj kromsignoj super vokaloj, kiel: ‘ ā ’ , ‘á’ , ‘ ǎ ’ , ‘à’ , ‘å’), do oni ne vidas tion en la transskribo” . Sed klarigo de tonoj por uzantoj de lingvoj ne havantajn tonojn postulus tro multe da spaco, do mi ne sekvos. Nur fakte, anstataŭ 5 foje 413 eblaj silaboj (sen tonoj) oni ricevas la nombron de 1283 silaboj fakte uzataj en kvar tonoj, kaj aldone de 77 ĝis 286 (laŭ diversaj aŭtoroj) silabojn eblajn kun la kvina, neŭtra tono (por la dua silabo en iaj dusilabaj vortoj). Komparu tion kun la nombro de 65 000 sinogramoj (se ne 96 000, se mi malbone komprenas la priskribojn) sur retejo de Richard Sears „Uncle Hanzi” , Ann Wu kaj Dixin Yan: Chinese Etymology, https://hanziyuan.net, aŭ de 48 000 de Unicode-kodado de komputiloj, aŭ eĉ kun 16 550 , de la 4-voluma Granda vortaro ĉina-rusa de Oŝanin, ofte uzata de mi).

336

sed prononcas nur 'v' , ne 'jv' – tamen eble por simpla Esperantisto el malproksima lando tio tute ne gravas.

Duafakte, ekzistas ankaŭ la tria duonvokalo – temas pri v antaŭ vokalo (rara en aliaj lingvoj – mi scias ke en la franca ĝi ekzistas en la vortoj kiel huit, nuit, muet), sed en hanyu pinyin ĝi ne estas skribita per aparta signo, sed same kiel vokalo 'v' , per 'yu' , do oni povas simple konsideri ĝin kiel grupo de du duonvokaloj 'jŭ' (malfacila por prononci, certe!). Kiun tio koncernus?

Estas en la ĉina lingvo du finsilabaj konsonantoj, 'n' kaj 'ng' . La dua, kvankam skribita per du literoj, estas nur unu sono, do tiuj, kiuj ne havas tiun sonon en sia lingvo, atentu la finaĵon '-ng' – ne ĝin prononcu '–nk' , eble pli bone estus prononci ĝin pli longa 'n' , kiel 'nnn' . (Sed se vi ne estas specialisto-lingvisto, eble ne gravas).

Estas en la ĉina lingvo 21 komencsilabaj konsonantoj:

a) 'f' , 'l' , 'm' , 'n' 's' povas esti prononcataj samkiel la Esperantaj, sen aldona komento;

b) 'b' , 'c' , 'd' , 'g' , 'k' , 'p' , 't' kiuj povus esti prononcataj preskaŭ same kiel en Esperanto – tiel proponas EPĈ – sed bezonas etan komenton, se oni volus esti pli preciza;

c) 'h' kiu estus pli bone prononcata kiel Esperanta 'ĥ' ol 'h' , sed vere ne gravas, ĉar iu dua por la paro ne ekzistas en la ĉina, do EPĈ proponas 'h' (fakte kiu ververe konas bone la originalan (Zamenhofan, ne Akademian) diferencon inter tiuj du Esperantaj sonoj?, kaj eĉ se „jes" , ĉu tio vere gravas?);

d) 'z' prononcata malsame ol en Esperanto; EPĈ proponas 'z' , kvankam fakte la sono 'z' ne ekzistas en la ĉina lingvo, kaj la litero estas tie prononcata samkiel 'dz' de kelkaj slavaj lingvoj (la voĉa ekvivalento de Esperanta 'c' , se oni komprenas, ke 'c' estas unu sono, kaj 'ts' du sonoj) – tamen Esperanto tiun sonon 'dz' ne havas (Kion do fari? Ambaŭ proponoj malbonaj, do iu ajn el ambaŭ selektita same bona); pli da klarigo sekvos;

e) 'j', kaj 'r' prononcataj malsame ol en Esperanto, do bezonantaj iom da klarigo; EPĈ proponas 'ĝj' kaj 'ĵ' ; la dua vere bona, eĉ se ĉinoj havas problemon distingi la Esperantan 'ĵ' de la angla (amerika) 'r' , pri la unua mi ankoraŭ poste iom komentos, kune kun la sekvonta grupo;

f) 'q' , 'x' , kiuj ne nur ne ekzistas en Esperanto, sed ankaŭ laŭ la ĉina metodo estas prononcataj tute neatendite, malsupozeble, neintuicie, kontraŭ iu ajn ĝenerala kutimo de latinidaj skribosistemoj (eble nur albanoj povus „nature" prononci ilin ĝuste, se ili divenus, ke malgraŭ ilia ĝistiama ĝeneraligita sperto tiuj du literoj, same kun la dulitera grupo 'zh' devas esti prononcataj kiel en ilia lingvo); do EPĈ proponas por ili 'ĉj' kaj 'ŝj' ;

g) kaj tri unuopaj konsonantoj skribitaj per duliteraj grupoj: 'ch' , 'sh' , 'zh' , nekonataj en Esperanto, kiuj (pro komparo kun grupoj e) kaj f) bezonas iom da klarigo); EPĈ proponas por ili 'ĉ' , 'ŝ' kaj 'ĝ' .

Por klarigi b) ĝis f), mi devas aranĝi tiujn sonojn alimaniere.

A. Se temas pri frotaj (frikativaj), kaj eksplodfrotaj (afrikataj) konsonantoj [krom f kaj h], kiuj havas tri estiĝlokojn en la ĉina lingvo: ili estas dentaj, retrofleksaj aŭ palatalaj.

337

	ĉinaj					polaj			
dentaj		s	z	c		z	s	dz	c
retrofleksaj	r	sh	zh	ch		ż	sz	dż	cz
palatalaj		x	j	q		ź	ś	dź	ć

La plejparto de lingvoj ne havas klaran (plenan) kontraston inter la retrofleksaj kaj palatalaj konsonantoj. De lingvoj konataj al mi nur mia gepatra lingvo, la pola, kaj eble ankaŭ montenegra, distingas unujn de aliiujn (kvankam eble ne tute precize samloke prononcatajn; tamen eĉ iom pli plene ol la ĉina, ĉar havante la voĉajn frikativojn), tial mi donis la polajn ekvivalentojn en dua kolono.

El aliaj lingvoj kelkaj (raraj) havas ĝin nur parte (kiel la serba, kroata kaj bosna, kiuj distingas 'č' kaj 'ć', 'dž' kaj 'đ'; aŭ sanskrito, kiu distingas inter 'ṣ' kaj 'ś'); aŭ nur havas ion iomete similan al parto de ĝi (kiel la germana kun distingo inter 'sch' en Schinke kaj 'ich-Laut' en China, aŭ la norvega kun simila distingo inter 'rs-sono' en slik, Oslo, værsågod kaj 'tj-sono' in tjue, kjære). Plej ofte ili tute ne havas similan distingon – aŭ havas unuan grupon, aŭ la alian – plej ofte havante nur frikativojn kaj afrikatojn prononcatajn ie meze de tiuj du grupoj, do konfuzas ilin prononcante la ĉinan. Tia estas precize la Esperanta sonsistemo: nur havas 'ĵ', 'ŝ', 'ĝ' kaj 'ĉ', nomatajn en la PAG "ĝingivaloj".

Tial EPĈ proponas prononci la ĉinajn retrofleksajn simple kiel la Esperantaj ĝingivaloj, kaj „palataligi" ilin per 'j' por ricevi ion similan al la ĉinaj palatalaj. Por multaj Esperantistoj el multaj landoj eĉ tia maniero estas tro malfacila, pli ĝusta unuavice (sen instruisto) preskaŭ ne imagebla. Prononcos kiu eblos!

Se temas pri eksplodaj kaj eksplodfrotaj konsonantoj.

Skribite per latina alfabeto laŭ hanyu pinyin, ŝajne ili similas al la sonoj eŭropaj, sud- kaj okcidentaziaj (skribitaj per apartaj transskribosistemoj), afrikaj, amerikaj, oceaniaj ktp. Tamen en la ĉina lingvo:

'p', 't', 'k', 'c', 'ch', 'q' estas aspiraj, senvoĉaj,
'b', 'd', 'g', 'z', 'zh', 'j' estas neaspiraj, nek-voĉaj-nek-senvoĉaj.

Aspiraj estas prononcataj kiel la ekzemple la komencvortaj senvoĉaj konsonantoj en la angla aŭ la germana; aŭ kiel sanskritaj mah ā pr ā ṇa-j en komenca aŭ mezvorta pozicio; por alilandanoj (ekz. por slavoj, kiuj tute ne konas tian diferencon) povas esti klarigita simile al kiel kun tre mallonga 'h' samtempe prononcata kun la konsonanto.

Por la ĉinoj (parte ankaŭ por koreoj) la distingo inter aspireco kaj neaspireco estas fundamenta, la distingo inter voĉeco kaj senvoĉeco tute ne grava, eĉ ne ekzistanta. Por multaj lingvoj de la mondo estas inverse, distingo de la voĉa kaj de senvoĉa estas tre grava, la distingo de aspira kaj de neaspira aŭ nur io aldona (kiel por la angla kaj aliaj ĝermanidaj lingvoj), aŭ tute ne ekzistanta, kiel por lingvoj latinidaj aŭ slavaj, ankaŭ por la japana. Kaj ankaŭ por Esperanto[1].

Do kiel prononci? Ju plej ĝuste, des pli bone. Sed se vi ne lernas la ĉinan lingvon, nur legas tiun ĉi libron, prononcu kiel eblas por vi kaj ne estas tro malfacile.

Post la problemo de unuopaj sonoj, ni devas nun pasi al silaboj.

Unu ĉina ideogramo (sinogramo) ĉiam respondas al unu silabo – ĉu vorto aŭ ne vorto – unu morfemo de la ĉina lingvo (en la moderna japana lingvo ĝi povas esti du silaboj, se en la malnovĉina lingvo la silabo finiĝis per konsonanto -p, -t, -k, -s, -l, aŭ -m).

Do ĉu la silaboj en la transskribo de hanyu pinyin estas skribitaj aparte (kiel la unuopaj vortoj), aŭ la vorto estas skribita kiel plursilaba, oni devas kompreni ke:

- la ĉina silabo povas komenci nur per unu konsonanto, aŭ duonvokalo (y-, w-), aŭ vokalo a-, e-, o-, ekz. ke, ma, shi, nv, liao, huai, shuang, xue, ye, wo, yan, wang, yue, a, ao, ai, ang, en, ou;

- la silabo povas finiĝi nur per vokalo aŭ per unu el tri finsilabaj konsonantoj -n, -ng kaj -r ekz. ba, kai, liu, fei, jin, meng;

- se kelkaj vokaloj sekvas unu la alian, ĉiuj apartenas al nur unu silabo, do krom la "ĉefa", la aliaj estas prononcataj kiel duonvokaloj. Kiu vokalo estas la "ĉefa"? Se troviĝas unu de la „plej fortaj", 'a' aŭ 'e' – certe ĝi. Ankaŭ 'o' estas forta, sed ĝi subordiĝas al 'a'; 'u' subordiĝas al ĉiuj aliaj krom 'i'; kaj 'i' kaj 'v' estas ĉiam la malplej fortaj, subordiĝas al ĉiuj aliaj. Do ekz. 'ai' prononciĝas kiej Esperanta 'aj', 'ei' kiel 'ej', 'ao' kiel 'aŭ', 'ou' kiel 'oŭ', 'liao' kiel 'ljaŭ', 'bian' kiel 'bjan', 'huai' kiel 'hŭaj', 'guang' kiel 'gŭann', 'nve' kiel 'njŭe' kaj 'xue' kiel 'ŝjŭe' (malfacile, ĉu?), 'shui' kiel 'ŝuj'. (Fakte: 'ŝŭej', sed tio ne videblas por nespecialistoj, kaj 'ŝuj' restas plejparte komprenebla por ĉinoj). Por kiuj ne estas specialistoj pri ĉinologio, nek lernantoj de la ĉina lingvo, aliaj distingoj kaj diferencoj vere ne estas tiel gravaj[2].

Restas al ni nur la problemo de plursilabaj ĉinaj vortoj.

En la malnovĉina lingvo ĉiuj vortoj (ŝajne) estis unusilabaj, sed jam frue komenciĝis procedo de vortkunmetado por akiri pli kompleksajn nociojn. Se iu tiel nomata 'vortkunmeto' aperadis tre ofte en la literaturo, oni povas diri ke tio estis certe unu memstara vorto, kaj la silaboj de ĝi eble ne plu estas 'vortoj' sed nur vortelementoj (radikoj, afiksoj, ktp.), tio estas: morfemoj. Sed se la tiel nomata 'vortkunmeto' aperadis malofte, oni ne povas esti certaj ĉu ĝi jam fariĝis „vera" memstara vorto, kaj ne estas nur rara kunmeto de du aŭ de pli da vortoj [3] (tiam: morfemo = vorto).

---

[1]   Por lingvoj sudaziaj ambaŭ la distingo de voĉeco–senvoĉeco, kaj de spireco–nespireco estas same gravaj faktoroj, do por Esperantistoj el tiuj landoj la problemo estas unuflanke iom malpi grava (kiam ili prononcas), duaflanke iom pli grava (kiam ili aŭdas).

[2]   Oni ne disputos la specialan prononcon de 'a' kiel 'e' en grupoj 'ian', 'van' (ankaŭ tre ofte skribita 'uan'), kaj 'an' (post certaj konsonantoj); de 'o' kiel 'u' en grupo 'ong'; de 'e' kiel 'o' (post certaj konsonatoj; speciale ene de la grupo 'eng'), ktp.

[3]   Do ne ĉio, kion d-ro Sasaki nomis 'vorto', certe estas vorto.

Se la vorto estas pli ol unu silabon longa, la nova (dua, tria ktp.) silabo ene de la vorto komenciĝas kaj finiĝas sammaniere kiel priskribite supre. Fojege povas okazi, ke la silabkunmeto skribita laŭ hanyu pinyin gvidas al malcerteco pri prononco. Tiam oni uzas apostrofon por separi silabojn kaj nuligi la dubon.

Ekzemple oni skribas shu' ao ĉar teorie povus esti ankaŭ shua' o; jian' ai por kontrasti kun teoria jia' nai; deng' an por distingi de den' gan; li' ao kaj xi' an por eviti unusilabajn prononcojn liao kaj xian. Eble malfacile por scii kiam kion skribi, sed facilege por scii kiel legi.

Finfine pri komence menciitaj esceptoj al ĉiuj klarigitaj reguloj.

Troviĝas du esceptoj en la traduko, por du tre gravaj nocioj de taoisma filozofio. Unu estas la vorto 'Tao', "La Vojo", skribita majuskle, donita en tradicia okcidenta transskribo kun 't' anstataŭ 'd' ('dao'), kiel volas la moderna regula hanyu pinyin. La vorto 'taoismo' mem, „filozofio de La Vojo" , devenas de tiu nocio, do skribi samtempe 'dao' kaj 'taoismo' farus tiun rilaton nevidebla, kaj d-ro Sasaki evidente volis eviti la neologismon 'daoismo' .

La dua estas la vorto 'Ĉjio' „la Spiro" , skribita plejofte ankaŭ majuskle (kiam ĝi estas aŭ la plej elementa substanco de la mondo, la energio, aŭ spirito mem de la homo); foje ankaŭ minuskle, speciale se uzata plurale: 'ĉjioj' (unu el pluraj energioj specialaj); kiel vi jam komprenis, tiu esperantigita skribmaniero 'ĉjio' (kun Esperanta–o finaĵo) sekvas la EPĈ proponon, anstataŭ la regula hanyu pinyin ' ' Qi' , 'qi' .

Mi nur bondeziras al ĉiuj: ĝuu bonan, kaj (mi esperas) nun pli facilan lekturon de la libro Zhuangzi.

Maciej St. Zięba

Mi volas danki S-ron Sato Ryûsuke por tre utilaj komentoj pri la unua versio de tiu ĉi artikolo.

Mapo de Epoko de Militantaj Regnoj de Antikva Ĉinio

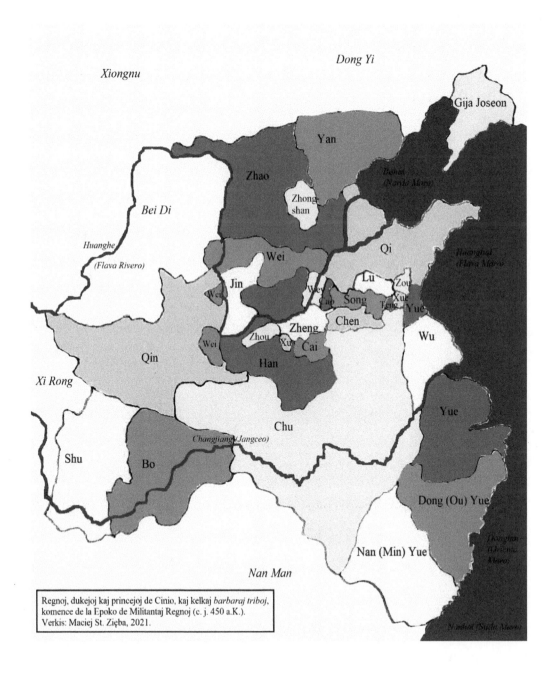

Regnoj, dukejoj kaj princejoj de Ĉinio, kaj kelkaj *barbaraj triboj*,
komence de la Epoko de Militantaj Regnoj (c. j. 450 a.K.).
Verkis: Maciej St. Zięba, 2021.